PLATFORM STRATEGY

平台战略

无边界的价值共创与共享

张文松 ◎编著

本书分为 11 章，涵盖平台产生的背景、平台概述、平台战略的内涵、平台成长、平台竞争、平台开放、平台演化、平台生态系统、工业互联网平台、平台治理、平台组织等内容，有助于读者深入理解并掌握平台战略相关知识。每章开篇设置了"学习目标"和"开篇案例"，以引导读者思考；每章末尾设置了"本章要点"和"讨论问题"，以辅助读者回顾与感悟。

本书适合管理学类专业本科生、研究生作为教材使用，也可供对平台战略领域研究感兴趣的人士阅读学习。

图书在版编目（CIP）数据

平台战略：无边界的价值共创与共享 / 张文松编著 . —北京：机械工业出版社，2023.11
ISBN 978-7-111-74267-8

I. ①平⋯ Ⅱ. ①张⋯ Ⅲ. ①网络公司 - 企业管理 - 研究 Ⅳ. ① F490.6

中国国家版本馆 CIP 数据核字（2023）第 222284 号

机械工业出版社（北京市百万庄大街 22 号　邮政编码 100037）
策划编辑：吴亚军　　　　　责任编辑：吴亚军
责任校对：潘　蕊　牟丽英　责任印制：邓　敏
三河市国英印务有限公司印刷
2024 年 2 月第 1 版第 1 次印刷
185mm×260mm・24.25 印张・583 千字
标准书号：ISBN 978-7-111-74267-8
定价：79.00 元

电话服务　　　　　　　　网络服务
客服电话：010-88361066　机 工 官 网：www.cmpbook.com
　　　　　010-88379833　机 工 官 博：weibo.com/cmp1952
　　　　　010-68326294　金　书　网：www.golden-book.com
封底无防伪标均为盗版　机工教育服务网：www.cmpedu.com

前 言

　　进入 21 世纪，以数字技术与通信技术为基础的技术变革加速驱动了新一轮工业革命，基于互联网、云计算、大数据与人工智能的新型技术范式将第一次工业革命下的"蒸汽时代"、第二次工业革命下的"电气时代"、第三次工业革命下的"信息化时代"推向了新工业革命下的"智能时代"[一]。在智能时代，数字经济引领新一轮科技革命和产业变革，推动社会组织方式向平台化、生态化转型。其中，平台处于数字经济产业体系的核心枢纽地位，是全球科技竞争的前沿阵地，是提高全社会资源配置效率、贯通国民经济循环环节、提升国家治理能力的重要推动力量。我国要建成社会主义现代化强国，实现中华民族伟大复兴，就要深度参与甚至引领新工业革命，向新工业革命要动力、要空间、要未来。

　　平台不仅影响线上的电子信息技术，也给线下的各种传统企业带来震撼性的冲击，对人类社会生产方式和生活方式的影响是持久、深刻和巨大的。在生产制造领域，以工业互联网为代表的平台模式，通过数字化、网络化、智能化技术极大地提升了传统生产制造的质量和效率，促进了智能制造和智能服务的一体化；在零售、出行、物流、金融、能源等领域，各类平台更是极大地突破了传统组织的既有边界，在产业融合和资源共享中实现了降低成本、提高效率、节约资源等目标。

　　平台不断塑造着企业"逆袭"的神话。阿里巴巴的电商平台、腾讯的社交平台、美团的

[一] 达沃斯世界经济论坛创始人克劳斯·施瓦布（Klaus Schwab）认为，第一次工业革命以采用蒸汽为动力实现生产机械化为标志；第二次工业革命以使用电力实现大规模生产为标志；第三次工业革命以使用电子和信息技术实现生产自动化为标志；第四次工业革命的主要特征是各项技术融合，以移动互联网、云计算、大数据、人工智能技术为代表，日益消除物理世界、数字世界和生物世界之间的界限。

外卖平台、百度的搜索平台为这些企业创造了巨大的价值，使它们成为中国互联网企业的代表。苹果的音乐交易平台 iTunes 颠覆了传统音乐制作从歌曲创作、经纪人、唱片公司、流通渠道到终端消费者这一冗长繁复的价值链，对音乐产业产生了深远影响。亚马逊的 KDP（Kindle Directing Publishing）出版系统相当于一个去中心化的出版社，作者可在该系统自行出版新书，包括电子版、平装或精装版，彻底颠覆了传统出版行业动辄数月的出版周期。麦肯锡（McKinsey）于 2018 年在全球调研了 800 家企业，发现 70% 以上的企业启动了数字化转型。互联网江湖的演绎逻辑一再证明：得平台者得"天下"。目前，有越来越多的企业认识到平台的重要性，在积极布局或正实践着平台战略。

对 2000 年的国际学界与业界来说还很陌生的平台一词，现在已广为人知○。平台的精髓在于打造一个完善、强大的生态系统，拥有独树一帜的精密规范和机制体系，能有效激励多方群体之间互动，以达成平台愿景。在通用目的技术突破和信息基础设施建设的共同推动下，平台已经走过了相互关联的三个阶段：一是 20 世纪六七十年代以英特尔（Intel，1968）、微软（Microsoft，1975）、苹果（Apple，1976）等为代表的个人电脑平台的发展；二是 20 世纪 90 年代以后以亚马逊（Amazon，1994）、网景（Netscape，1994）、易贝（eBay，1995）、雅虎（Yahoo，1995）、谷歌（Google，1998）、网易（1997）、搜狐（1998）、腾讯（1998）、新浪（1998）、京东（1998）、阿里巴巴（1999）等为代表的互联网平台的爆发；三是进入 21 世纪，伴随着移动通信网络的成熟，以脸书○（Facebook，2004）、推特（Twitter，2006）、爱彼迎（Airbnb，2008）、优步（Uber，2009）、百度（2000）、高德（2001）、大众点评（2003）、饿了么（2009）、哔哩哔哩（2009）、美团（2010）、字节跳动（2012）、拼多多（2015）等为代表的移动互联网平台的勃兴。平台企业凭借网络经济和共享经济○，不断颠覆着传统的主要基于规模经济的管道型企业（Parker & Alstyne，2016），不断冲击着汽车、化工、家电、能源、零售、金融等传统行业的企业，从而成为商业世界中成长最快的一类企业，这也成为过去几十年的技术革命和产业变革浪潮中最为亮丽的商业景象（Cusumano et al.，2019），成就了商业史上的平台革命（Parker

---

○ "有趣的论文，但不要把'平台'这个词放在标题中，没人知道它的意思"，这是麻省理工学院的一位教授于 2000 年看完安娜贝拉·加威尔（Annabelle Gawer）的博士毕业论文的第一反应……如果现在还有人劝加威尔女士少用该词，理由就会与之相反：用得太多了。（2016 年 5 月 21 日的《经济学人》刊载"商圈反击"一文，以这段文字开头）

○ 2021 年 10 月 28 日，脸书的创始人马克·艾略特·扎克伯格（Mark Elliot Zuckerberg）宣布，将公司名称更改为"Meta"（来源于 Metaverse，即元宇宙）。Meta 作为官方公司名称，涵盖 Facebook、Instagram、WhatsApp、Messenger、Horizon 等。脸书等应用程序的名称不会改变，其社交媒体服务将继续称为脸书。

○ 共享经济（sharing economy）又称协同消费（collaborative consumption）、零工经济（gig economy）。共享经济模式有闲置资源、共享平台和人人参与三个重要因素（Chase，2015）。常见形式例如共享汽车、网约车、在线短租、共享衣橱、共享办公、共享物流、共享金融、共享停车、共享雨伞、共享充电宝、共享厨房、共享电动车、共享茶仓等。

et al., 2016)。

移动互联网平台在 21 世纪的全球经济生活中占据了重要的地位，发展势头迅猛，成为助推经济增长的主要引擎。2021 年，全球市值最高的 10 家上市企业中有 7 家是平台企业，而前 5 家平台企业的市值共计 4.5 万亿美元，当年全球只有美国、中国和日本三个国家的 GDP 超过这 5 家企业的市值总和。在用户规模上，仅脸书就拥有 30 亿活跃用户，这一数量已经超过全球任意一个国家的人口。建立或参与平台生态系统已逐渐成为越来越多企业的重要战略方向。企业利用自身竞争优势与合作企业进行价值共创以降低成本或增加用户基数，并间接地利用网络效应从生态系统层面优化企业生存条件及扩大资源优势，实现企业的数字化、平台化、生态化，从单赢走向共赢（李鹏、胡汉辉，2016）。

未来的竞争不再是个体企业之间的竞争，而是商业生态系统之间的对抗。在未来 5~10 年内，不善于经营平台的企业、组织甚至个人，必将遭遇严峻的发展困境。但凡在事业上持续取得辉煌成就的企业和组织，绝不是靠一己之力去谋求自身的发展，而是平衡地利用关联组织的能量和价值组成一个新的竞争平台，从而突破成长的上限（Iansiti，2004）。

本书汲取平台模式所独具的多边市场、交叉网络外部性、正反馈以及市场设计理论的精髓，从生态系统的连接、赋新、跨界、集体行动视角，阐述了如何通过共生、互生、再生将多边市场内部化，创造和分享价值。本书是在迭代数轮的"平台战略"讲义的基础上打磨而成的，经过多届学生和企业内训学员的实战检验。全书共分为 11 章，按照平台产生的背景、平台概述、平台战略的内涵、平台成长、平台竞争、平台开放、平台演化、平台生态系统、工业互联网平台、平台治理、平台组织的编写逻辑做了序贯安排。

综上所述，本书具有以下特色。

（1）遵循平台发展规律，内容全面系统深入。平台战略的核心在于使多边市场内部化，打造一个生态系统，促进生态系统里的参与者积极踊跃地产生互动，以此来提高平台企业的价值专属特性和价值捕获能力。本书的编写立足于平台战略的以下要点：遵循平台发展的固有逻辑，刻画平台的产生、成长、成熟等生命周期各阶段特征，揭示平台成功规律；剖析网络效应、平台结构、平台特征，寻找平台发展良方；通过战略空间、模式空间、生态空间的升维，提升平台发展格局；构筑平台的竞争、包络、开放、演化、治理等战略，为平台可持续发展累积动能；通过突破优势选择、资源能力、产业边界，创造平台生态优势。

（2）融入平台前沿理论，能够指导管理实践。本书汲取了《核心竞争力》《边缘竞争》《定位》《商业模式新生代》《颠覆性创新》《第二曲线》等作品中的理论和思想，借鉴了有关平台战略、平台模式、平台竞争、平台垄断、平台生态、平台包络、平台开放、平台演化、平台领导、平台治理、平台经济、平台管理等方面的理论文献和丰富实践经验，使读者学到的知识能够有效指导未来的管理实践。

（3）全书编排逻辑清晰，利于读者学习思考。本书共分为 11 章，每章开篇设置"学习目标"和"开篇案例"，以引导读者思考；每章末尾设置"本章要点"和"讨论问题"，以辅助读者回顾与感悟。

本书在编撰过程中参考了大量的国内外专业文献、已经出版的平台相关著作以及平台研究报告，对这些作者的卓越贡献表示衷心感谢！特别感谢机械工业出版社吴亚军编辑为本书的出版所做的周到而细致的安排。感谢汪家源、张雪、李想、张艳丽、王青青、温馨、李艳丽、张逸慧、吴思、庄心宇在各章开篇案例撰写以及文稿校正中所做的积极贡献。限于编者水平，书中难免有疏漏之处，欢迎读者批评指正。

张文松
于北京交通大学红果园
2024 年 1 月

目录

前言

第1章 平台产生的背景 …… 1
开篇案例 美国沃尔格林公司的"忠诚计划" …… 1
1.1 互联网对经济发展的作用 …… 2
1.2 互联网塑造的价值空间 …… 15
1.3 互联网促进传统产业发展的机制 …… 22
1.4 价值形态迭代与商业关系重构 …… 26
1.5 互联网时代的商业模式演进 …… 34
本章要点 …… 37
讨论问题 …… 38

第2章 平台概述 …… 39
开篇案例 约会俱乐部 …… 39
2.1 平台的内涵 …… 41
2.2 平台的特征 …… 54
2.3 平台的网络效应 …… 59
2.4 平台遵循的定律 …… 64
本章要点 …… 66
讨论问题 …… 67

第 3 章　平台战略的内涵　68

开篇案例　淘宝与易贝的平台思维　68
3.1　平台理论溯源　70
3.2　平台战略的兴起　75
3.3　从经典战略到平台战略　81
3.4　从竞争优势到生态优势　86
本章要点　97
讨论问题　98

第 4 章　平台成长　99

开篇案例　英特尔是如何变成平台领导的　99
4.1　平台成长的阶段划分　101
4.2　平台成长的机制与路径　116
4.3　平台跨界　121
本章要点　140
讨论问题　141

第 5 章　平台竞争　142

开篇案例　美团平台的发展路径　142
5.1　平台竞争的架构与逻辑　145
5.2　平台竞争机理　149
5.3　平台竞争策略　155
5.4　平台垄断　167
本章要点　176
讨论问题　177

第 6 章　平台开放　178

开篇案例　美团与饿了么：流量集成与生态开放之争　178
6.1　平台开放的缘由　181
6.2　平台开放的类型　182
6.3　全球平台间互联互通概述　187
本章要点　188
讨论问题　188

第 7 章　平台演化　189

开篇案例　蘑菇街与云集的平台演化　189
7.1　平台的演化逻辑和运营机理　191
7.2　从交易平台到产业平台的演化　198
7.3　平台生态参与者战略　203
本章要点　209
讨论问题　209

第 8 章　平台生态系统　210

开篇案例　价值引领、互利共生、万物互联的小米　210
8.1　平台生态系统的内涵　212
8.2　平台生态系统的兴起　215
8.3　平台生态系统的成长　220
8.4　平台领导与生态权力　223
8.5　平台生态中的多边关系　231
本章要点　235
讨论问题　235

第 9 章　工业互联网平台　236

开篇案例　数据共舞、赋智于制：树根互联平台的数字
　　　　　赋能之路　236
9.1　从消费互联网寡头迈向工业互联网生态共同体　239
9.2　工业互联网平台系统架构与技术架构　244
9.3　基于工业互联网的企业战略与组织模式　248
9.4　世界主要工业互联网平台的战略与功能　252
9.5　工业互联网平台的作用机制、路径与模式　260
本章要点　264
讨论问题　264

第 10 章　平台治理　265

开篇案例　抖音的平台治理之路　265
10.1　平台治理的内涵与进程　268
10.2　平台治理的动因与理念　271

10.3	平台治理的主体与对象	279
10.4	平台治理的模式与机制	281
10.5	平台治理的架构与体系	294
本章要点		298
讨论问题		299

第 11 章　平台组织　　300

开篇案例　海尔的"人单合一"双赢模式　　300

11.1	平台战略倒逼企业变革	303
11.2	企业组织形态的演进	309
11.3	平台组织的演进	315
11.4	平台组织的运行	318
本章要点		322
讨论问题		322

参考文献　　323

第 1 章

平台产生的背景

■ 学习目标
- 了解互联网的发展史；
- 理解互联网对企业成长的作用；
- 理解互联网平台免费的运行机理；
- 理解互联网与传统产业融合的机制；
- 掌握互联网时代的商业模式演进。

■ 开篇案例

美国沃尔格林公司的"忠诚计划"

美国沃尔格林公司（Walgreens，简称沃尔格林）是 20 世纪初创建于美国的一家连锁药店，它是一家拥有百年历史的公司，2020 年的营业额为 1 368.66 亿美元。

沃尔格林过去像传统药店一样运营：顾客走进药店，拿药、付钱，仅此而已。如今，沃尔格林变成了一个非常大的平台，在短短 5 年内就积累了 8 000 万名用户。沃尔格林能成功地向平台过渡，得益于一项短期商业计划。它启动了一项名为"忠诚计划"的商业计划，每一个进店购买药品的顾客都会成为"忠诚计划"的会员，购买药品还会获得积分，每次购买药品的时候，顾客需要把自己的数据授权给沃尔格林的数据开放平台。于是，沃尔格林就拥有了顾客的消费记录，知道顾客经常买什么药，进而了解这些顾客有什么样的医疗需求。顾客购买的药品越多，公司得到的数据就越多。

第一阶段，顾客为了获得积分去购买更多的药品；第二阶段，公司的数据开放平台会与顾客的健身程序等应用程序相关联，并从中获取更多数据；第三阶段，公司将这些顾客产生的全部数据与医生相关联，从而创建了一个远程医疗平台，让医生可以为这些顾客提供医疗诊断等服务。而这个平台也会不断地"学习"医生的各项建议数据，从而变得更加智能。

资料来源：https://www.walgreens.com。

面对人工智能、区块链、云计算、大数据、边缘计算的冲击，所有企业，无论昔日的领跑者，还是今日的跟跑者，都成为同一起跑线上的并跑者，都要直面传统商业如何链接现代科技前沿的巨大挑战。随着互联网的普及、网民数量的增加和数字化社会的深刻变革，互联网平台已经从商业模式、技术工具上升为信息社会的核心组织形式（Cohen, 2017），成为当前战略管理领域最具价值的研究热点之一（Mcintyre & Srinivasan, 2017）。

当今社会已经进入平台时代，以平台为核心的新经济模式深刻地影响着产业结构、商业模式和生活方式，以及整个社会经济体系，促进政府、制度甚至整个社会发展形态的深刻变革，并进一步改变着人们的思维模式。平台模式是21世纪极为重要且耀眼的经济模式，成功的平台模式创造了一个又一个优秀的企业。无论是苹果、沃尔玛、亚马逊、脸书、爱彼迎，还是阿里巴巴、腾讯、百度、美团、京东、字节跳动，它们的成功都与平台密不可分。平台企业扮演着市场交易、媒体沟通、支付税收、软件仓库、通信交流等多重角色，向企业、消费者以及平台等多方市场主体提供多样化的创新服务。平台模式出现在社交网络、电子商务、信用卡、第三方支付、搜索引擎、在线游戏、包裹快递以及期货交易等诸多领域。平台可以汇聚用户、数据、资金、技术，有利于企业进一步拓展新的业务，创造和满足新的用户需求。

互联网平台在技术上突破了交易的时空界限，在供需两端间搭建了更加高效的沟通桥梁，通过改变原有产业内外分工与合作的格局，进而重构服务业内部、制造业内部、产业之间新一轮秩序或系统（吴义爽，2014），平台企业将成为移动互联网时代占主导地位的组织形态。

1.1 互联网对经济发展的作用

1969年美国国防部高级研究计划署（Defense Advanced Research Projects Agency, DARPA）组建的阿帕网（Advanced Research Projects Agency Network, ARPANET）标志着计算机网络的正式诞生，TCP/IP（Transmission Control Protocol/Internet Protocol）协议簇的开发和应用为现代互联网的发展奠定了基础。互联网从最初作为一种提高军事部门和科研机构信息传播效率的新兴技术工具，逐渐发展成为个人和企业提供信息传输、存储和检索等基本信息服务的技术系统。

互联网时代，信息成为改变交易模式和降低交易成本的关键要素。随着市场规模的扩大和专业化分工，原有产业内的资源分布格局被打破，新的交易规则兴起并演化出新的市场势力和商业形态。这个过程就是商业模式创新，它与互联网时代的商业环境特征紧密联系在一起。互联网时代的商业环境具有十种特性（Afuah, 2002）：将相互依存或有此希望的个体联系起来；具有压缩或扩大世界的能力；能够压缩或延展时间；可作为渠道进行信息产品的销售和传播；具备无限的虚拟容量；降低信息不对称；降低社会经济生活中的交易成本；因其标准化而具备低成本特征及开放性;具备网络外部性,从而具有收益递增特性;通过一种创造性的破坏深刻影响企业的协调、商务、社团、内容和沟通等各种商业活动,使大量新的商业模式创新成为可能。互联网打破了传统市场的信息壁垒,降低了信息搜集与传输成本,使得信息流通更高效便捷,企业得以充分利用信息创造更多价值进而获取竞争优势(Porter & Millar,1985)。越来越多的社会主体融入互联网,政府应用互联网与大数据推进社会治理,工业企业采用互联网打造制造互联,消费者通过互联网交流交易。

20世纪90年代中期以来,以亚马逊和易贝为代表的电子商务企业相继诞生,以贝宝(PayPal)为代表的第三方支付、以借贷俱乐部(Lending Club)为代表的P2P(peer to peer)借贷[○]、以Kickstarter为代表的众筹融资等互联网金融平台相继成立,电子商务和互联网金融的快速发展,使得互联网的特征从一种单纯的技术系统演变为一种支撑性的应用平台。

1.1.1 对互联网资源性的再认识

互联网出现之前的几千年的人类社会可以称为网前时代,网前时代的人类社会经历了一次又一次的跨越式发展,新技术、新资源、新方法层出不穷,已经形成了一个动态稳定并且不断创新发展的经济社会系统。

互联网给人类社会的发展带来了新的影响。互联网在经济社会系统运行中表现出的特征和价值一直在不断丰富与深化,从诞生初期作为一类提高信息传播效率的技术系统逐渐演变为线上经济时代提供各种在线服务的应用平台,直至当前成为一类不断融入经济社会系统的战略性人造资源,如图1-1所示。

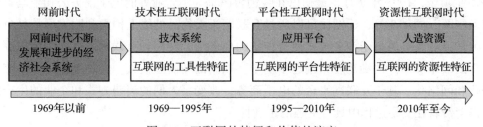

图1-1 互联网的特征和价值的演变

资料来源:杨善林,周开乐,张强,等.互联网的资源观[J].管理科学学报,2016(9):1-11.

1. 技术性互联网时代

1969年10月,美国国防部高级研究计划署进行的世界首次网络通信试验标示了计算机网络的正式诞生,随后数年,接入阿帕网的节点数不断增加,逐渐实现了世界范围的互联。但是,在互联网诞生初期,人们所持的态度和观念较为谨慎保守,不同的领域、国家或地区,先后建立了独立封闭的教育网、科研网或国家网等网络小圈子,这些网络之间的电子设备接入和数据传输标准并不一致。而经过十多年的努力和协商,最终阿帕网的TCP/IP协议成为人们共同遵守的网络传输控制协议,形成了统一开放的全球性网络——互联网。

○ P2P借贷意即个人对个人(伙伴对伙伴)借贷,也称点对点网络借款,是一种将小额资金聚集起来借贷给有资金需求人群的一种民间小额借贷模式。

互联网实现了基于计算机系统的信息传输，极大地提高了信息传播的效率。应用于企业之间的电子数据交换（electronic data interchange，EDI）技术促进了商业文件在计算机之间的传输，使得企业处理商业文件的效率大幅提升，成本得以降低；而电子邮件、浏览器和搜索引擎的相继出现，逐渐打破了物理位置的局限性，降低了人际沟通和利用信息的成本，使得人们远程沟通和信息检索效率大幅提升。这一时期的互联网表是一类技术系统，是计算机及其外部设备之间或网络与网络之间，通过一组通用的协议连接起来，借助网络操作系统和网络管理软件等，实现信息传递与共享，从而形成的逻辑上的网络系统。

围绕互联网的技术性特征，这一时期关于互联网研究的主要理论技术问题有分布式通信系统理论、TCP/IP 协议、分组交换理论、路由选择算法和超文本传输协议等。为了充分发挥互联网的技术系统价值，人们关注的主要产品应用问题有计算终端的运算性能、信息传输和存储效率、路由交换配置与管理，以及信息检索与人机交互等。

对于诞生初期作为一类技术系统的互联网，人们关注的焦点在于其技术性特征与价值。关于互联网研究的主要任务是不断提高计算机网络系统的相关技术，从而更好地发挥其技术系统效用价值。为网络经济加速提供助力的，恰恰是端到端的大平台：一个构建成本非常低、运营成本接近于零，具备高度可替代性，全部 API（application protocol interface）化，可以完整地满足人类生产、生活不同需求的，端到端的，具备数字化和虚拟化能力的大平台。

2. 平台性互联网时代

20 世纪 90 年代以来，以遍布全球的互联网为重要平台，新兴的在线服务模式日益多样，开创了基于互联网平台的线上经济时代，互联网的平台性特征和价值日益显现。

在商业领域，1995 年 7 月，最初以在线销售图书为主营业务的电子商务公司亚马逊成立于美国的西雅图；同年 9 月，让网民可以通过互联网买卖物品的线上拍卖和购物网站易贝在美国诞生。亚马逊和易贝等电子商务模式使得传统的商务活动转移到互联网上，极大地提高了商务交易过程的效率和用户的满意度，创建了基于互联网的新商业模式，实现了传统商务交易过程的电子化和网络化。基于互联网平台的电子商务，改变了人们的消费方式和企业的生产经营方式，使得消费者在交易过程中具有更强的主动性。

在金融领域，人们也开始利用互联网平台开展筹资、融资和投资理财等金融活动。互联网金融是基于互联网平台和大数据分析的金融创新形式，其发展始于满足金融市场中零散的、多样的和个性化的少量尾部市场的需求。互联网金融的主要形式有支付结算、P2P 借贷、众筹融资、网络理财和金融征信等。互联网金融具有透明度高、参与广泛、中间成本低、支付便捷、风险分散、信用数据更为丰富和信息处理效率更高等特征。

电子商务和互联网金融是互联网平台性特征的典型体现，以互联网作为重要平台的线上经济时代标志着互联网的商业化进入了快速发展阶段。移动互联网和移动智能终端的快速发展进一步推动了电子商务与互联网金融的应用和创新，推动了基于互联网平台的商务和金融服务活动朝着分散化与移动化方向发展，形成了移动电子商务和移动互联网金融等，基于互联网平台的服务和交易活动更加灵活、高效和便捷。

在这个时期，人们关注的重点是用户多样化的服务需求与先进的互联网平台技术如何在市场运作中更好地匹配，不同市场主体之间信息分享和沟通的模式发生了深刻变化，人与人之间的沟通打破了地理位置的局限,交流和沟通成本大幅降低,整个经济社会系统的交互和沟通呈现扁平化发展趋势,带来了企业营销策略和商业模式的改变,洞察需求、流量变现和营销至上成为线上经济时代企业的主要经营策略。互联网成为一类应用平台,是一种能在线提供商务和金融等服务的应用平台,为开展线上交易活动提供了重要载体,改变了用户与产品或服务的提供者之间的交互方式,显著提高了用户获得产品或服务的效率,催生了线上经济时代新的商业模式、服务模式和营销模式。

围绕着互联网的平台性特征,人们关注的焦点是如何更好地利用互联网平台开展在线商务或金融服务等活动,以有效发挥互联网的平台性特征,充分实现互联网的平台性价值,推动基于互联网平台的服务模式和商业模式创新,提高服务过程的效率和服务质量,更加灵活高效地满足用户个性化、多样化、分散化和动态性的服务需求(Amit & Zott,2000;Chaffey,2007)。例如,在电子商务领域的研究主要集中在:电子商务产品或服务的个性化推荐方法、电子商务交易环境和交易主体之间的信任(Hu et al.,2012)、电子商务平台的用户评论和口碑营销、企业对电子商务模式的接受度以及电子商务对企业绩效的影响(Gefen,Karahanna & Straub,2003)、电子商务交易过程的安全和隐私保护以及电子商务用户的决策行为建模与决策支持系统等(McKnight,Choudhury & Kacmar,2002)。

在平台性互联网时代,互联网作为一种全新的、高效率且低成本的信息共享以及产品或服务获取的平台,已经成功地应用在金融、制造、物流、交通等各个经济社会领域,提升了经济社会系统运行的效率,同时也不断地孕育出新型的商业模式、服务模式乃至社会运作模式。

3. 资源性互联网时代

随着互联网内涵和外延的不断丰富与扩展,互联网已经不再仅仅是一类技术系统或应用平台,其资源性特征在经济社会系统中的表现越来越显著。例如,互联网汽车网络中的每一辆智能网联汽车都通过自身的无人驾驶规划和控制经验获取相关驾驶数据,并将天气、路况、车况和汽车操控效果数据上传到平台的数据中心,形成互联网汽车的自主学习网络,从而改进无人驾驶和智能交通技术水平。又如在医疗服务领域,利用基于互联网的全息影像技术,医疗系统通过传感器、摄像头和可穿戴设备等,可以自动记录人体的心脏、骨骼、血液和脑电波等指标数据,通过互联网自动实现人体健康数据的采集分析并形成辅助医生的诊断建议,开启了基于互联网的全新医疗服务模式。互联网已经远远超越技术系统和应用平台的范畴,深度融入产品系统之中,表现为一类重要的战略性人造资源。

大数据也是一类由互联网衍生而来的重要人造资源。大数据是一类能够反映物质世界和精神世界运动状态及状态变化的资源,它具有复杂性、决策有用性、高速增长性、价值稀疏性、可重复开采性。围绕大数据资源的研究主要有大数据资源的获取、大数据资源的加工处理、大数据资源的应用方式、大数据资源的产权、大数据资源的产业发展以及大数据资源的相关政策法规等(杨善林、周开乐,2015)。

互联网资源正在深刻地改变着产业的发展模式和人们的生活方式,以一种强大的力量变革和重组当前的经济社会系统。互联网作为一种战略性新兴资源不断融入经济社会发展过程中,推动资源性产业、制造业和服务业朝着网络化、智能化、服务化和协同化方向发展,实现线上线下多种资源的重组、整合与互动,加快商业模式创新和消费形态转变,促进产业结构调整和社会管理方式变革。

1.1.2 互联网的经济与市场特征

1. 互联网的经济特征

(1)商业形态由工业经济转向互联网经济。在工业经济时代,企业经营逻辑函数的基本稀缺条件为生产资料及货币,由此形成了分别以大规模制造为核心的规模化拐点穿越和以客户细分与产品增值为核心的多元化拐点穿越,企业发展靠的是规模经济和稀缺经济,即大规模生产、大规模销售、大规模传播。而在互联网时代,随着带宽与存储容量的快速增加,信息的传送与存储边际成本接近于零,这时,企业经营逻辑函数中的基本稀缺条件变成了客户的时间和注意力,企业发展靠的是长尾经济和信息经济,即个性化生产、多样化消费、社会化传播(见图1-2)。

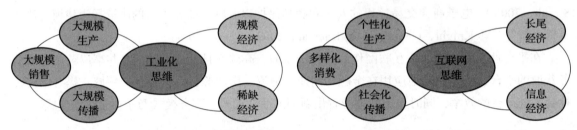

图 1-2　工业化思维的商业逻辑与互联网思维的商业逻辑

(2)价值创造方式由 B2C 转向 C2B。C2B(customer to business)改变了原有生产者(企业和机构)与消费者的关系,是一种消费者贡献价值、企业和机构消费价值的模式。真正的 C2B 应该先有消费者需求产生,后有企业生产,即先有消费者提出需求,后有生产企业按需求组织生产。通常情况为消费者根据自身需求定制产品和价格,或主动参与产品设计、生产和定价,产品、价格等彰显消费者的个性化需求,生产企业进行定制化生产。但是,长期以来,定制生产成本很高,产消双方的交易过程中存在空间障碍、时间障碍、金融支付障碍和沟通障碍等,这些导致交易成本也很高。于是,消费者和生产企业退而求其次,牺牲个性化,以此换取工业化生产的低成本,这就是以生产企业为中心、少品种大批量的 B2C(business to customer)。进入 21 世纪,互联网技术为产消双方提供了低成本、快捷、双向的沟通手段,现代物流畅达,金融支付手段便捷,以模块化、延迟生产技术为代表的柔性生产技术日益成熟,这些使交易成本和柔性生产成本大幅下降,为发展 C2B 创造了条件。在互联网技术的推动下,传统工业经济时代以生产企业为中心、大规模生产、大规模促销和低成本竞争的 B2C,逐渐转变为以消费者为中心、个性化营销、柔性化生产和精准化服务的 C2B。

(3)价值呈现方式由价值链转向价值网,游戏规则由零和博弈转向生态协作。价值网竞争模式比价值链竞争模式具有更大的优势,主要表现在:一是与多个价值链独立服务客户相比,价值网可以产生更大的客户价值,满足客户的多种需求;二是价值网通过整合,可以比多个价值链独立服务客户降低更多的成本。现在的手机、照相机、计算机三者合一的发展趋势,不仅可以实现客户价值最大化，同时，由于三种产品共用部分配件，还可以使成本大大降低。价值链更注重在运行中控制成本，而忽视了战略性的长期目标；更注重增创收入，而错失了一些良好的盈利机会；只关注企业所涉入部分的价值链，而忽视了在更宽范围内发展市场。价值网是由客户、供应商、合作企业和它们之间的信息流构成的动态网络。它是由真实的客户需求所触发，能够快速、可靠地对客户偏好做出反应的一个网状架构。价值网的概念突破了原有的价值链的范畴，它是从更大的范围内根据客户需求组成的，是一个由各个相互协作的企业所构成的虚拟价值网。价值网的概念是由亚德里安·J. 斯莱沃斯基（Adrian J. Slywotzky）等学者在《发现利润区》（*The Profit Zone*）一书中首次提出的。对价值网做了进一步发展的是大卫·波维特（David Bovet），他认为，价值网是一种新业务模式，它将客户日益提高的苛刻要求与灵活及有效率、低成本的制造相连接，采用数字信息快速配送产品，避开了代价高昂的分销层；将合作的供应商连接在一起，以便交付定制解决方案；将运营设计提升到战略水平，适应不断发生的变化。价值网理论突破了价值链管理的局限性，真正站在客户的角度为客户创造价值，满足客户的多元化需求。

价值网向更高层次发展，就进化到商业生态阶段。1993 年，詹姆斯·F. 穆尔（James F. Moore）在《哈佛商业评论》上首次提出了商业生态系统[1]这一概念。所谓商业生态系统，是指供应商、生产商、销售商、市场中介、投资商、政府、消费者等以生产商品和提供服务为中心组成的经济联合体。各主体在一个商业生态系统中发挥不同的功能，各司其职，但又互相依赖、共同生存。处在一个商业生态系统中的不同组织和个人，虽各自受不同利益的驱动，但彼此互利，资源共享，注重社会、经济、环境等方面的综合效益，共同维持系统的存在和发展。消费者的需求驱动经济的发展，加速了商业生态系统的形成。因为单个企业无法独立为消费者提供全套产品，所以，为了满足消费者的需求，企业必须与相关的企业更加紧密地合作。也就是说，消费者的需求推动了企业间的联合，并使企业最终走向一种更高水平的合作，即商业生态系统。亚马逊为了给消费者提供无缝服务，在它的网上书店上联合了很多企业，雅虎为它提供搜索引擎，维萨（Visa）、万事达（MasterCard）、美国运通（American Express）等信用卡机构为它提供支付服务，英迈（Ingram）为它提供仓储和物流服务，等等。

（4）价值取向由企业利润最大化转向用户价值最大化。吉姆·柯林斯（Jim Collins）和杰里·波勒斯（Jerry Porras）在《基业长青：企业永续经营的准则》（*Built to Last：Successful Habits of Visionary Companies*）一书中，对 18 家长期存活的大公司进行了研究，总结出这些公司有一个共同点，就是超越利润。他们同时指出，就像身体需要空气、食物和水一样，企业不可缺少利润，但这不是最终的目标。成功的伟大企业所追求的目标不会是利润最大化，而是企业的长期生存与发展。在互联网时代，谁拥有的用户群多，谁就拥有了繁荣昌盛的基石，企业应以用户为中心，努力为用户创造更多的价值。在互联网时代，人与人、人与物、企业与企业、企业与用户，都不再是孤立的、隔绝的，世界变为扁平的、透明的。延续千年的交易方式被颠覆，分散的、封闭的、碎片化的传统市场被互联网连为一体，商家与消费者信息不对称、

---

[1] 生态系统的概念是由英国生态学家 A. G. 坦斯利（A. G. Tansley，1871—1955）在 1935 年提出的，指在一定的空间和时间范围内，各种生物之间以及生物群落与其无机环境之间，通过能量流动和物质循环相互作用，由此形成的一个统一整体。随着对生态系统及社会组织结构认识的不断深入，人们发现，人类社会的组织、运转和生物学意义上的生态系统极为类似，于是将"生态系统"这一概念大量引入社会科学领域。

不平等的格局被改变。互联网令用户的市场地位有所提升。例如，粉丝的口碑创造了小米手机年销售 1 870 万台的神话，粉丝的"吐槽"也可令原来的"香饽饽"变得一文不值。互联网的力量正在迫使所有企业真正尊重市场、尊重用户，竭其所能去创造更好的产品、提供更优的服务，以更快的速度满足市场的需求。可以预见，随着"互联网＋"的不断深入推进，传统制造业的价值链也将得以重塑，从而更加贴近用户、贴近市场。

用户不仅是单纯的购买者，他们还是裁判，是媒体，是渠道，是规则，是观念和行为的数据库……这些都能产生价值。用户价值包括三个不同的方面。

- 企业为用户提供的价值，即从用户的角度来感知企业提供的产品的价值。
- 用户为企业提供的价值，即从企业角度出发，根据用户的消费行为和消费特征等变量，估测出用户能为企业创造的价值。这种用户价值可用于衡量用户对于企业的相对重要性，是企业进行差异化决策的重要依据。
- 企业和用户互为价值感受主体和价值感受客体的用户价值。

（5）商业模式由中介转向平台。中介是指在不同事物之间或同一事物内部的对立两极之间起居间联系作用的环节，其存在的根本目的是把对立的两极联成一体。中介为生产经营者和用户等买卖双方的交易活动提供咨询、价格评估等服务。因为企业的价值创造方式已经由 B2C 转变为 C2B，价值取向已偏向用户价值最大化，所以，如何把分散的、独立的、个性化的、海量的、弱势的用户群体的智慧和创造力集中起来，就成为企业不得不考虑的问题，这无形中要求企业必须打造一个开放包容的共享、共生、共荣平台。平台作为"联结"和"聚合"双边/多边市场不同主体的普遍组织形式，由于能够降低各参与方的交易成本并充分发挥网络的同边效应和跨边效应，正在成为企业获取竞争优势的新的主要手段。同时，平台集聚了包括供应商、生产商、用户等相关利益者在内的各方主体的价值诉求，需要这些主体多次博弈、群策群力以达到各方利益的平衡，并创造性地最大限度地提升各方的价值追求。

互联网时代的经济特征可用图 1-3 概括。

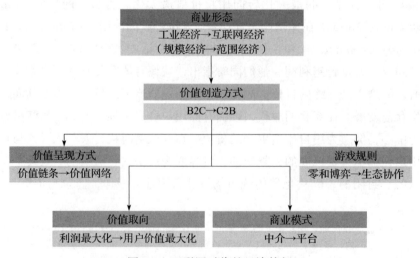

图 1-3　互联网时代的经济特征

2. 互联网的市场形态及特征

（1）互联网的市场形态。根据平台提供商在商业生态系统中担任的角色，可将互联网市场划分为三种不同的类型：交易市场、信息市场、技术市场。

1）交易市场。在交易市场中，卖家和买家通过平台彼此连接，平台通过技术手段和辅助工具促成买卖双方的交易达成。对卖家而言，加入平台可以获得接触更多买家的机会；对买家而言，可以简化购买流程，降低交易成本，接触到更多的产品或服务；对平台提供商而言，在为用户创造更多价值的同时主要通过交易提成获得收益。典型的交易平台有电子商务平台（如淘宝）、网约车平台（如高德打车）等。这些交易市场中的平台企业有一个共同的特征：平台价值与生态系统网络规模（用户的安装基础和互补者的可获得性）密切相关，网络规模成为交易市场中生态间竞争的核心。这也是网约车平台最初施行巨额双向补贴（用户打车补贴、车主高额出单补贴），以尽快激发生态网络的主要原因。

2）信息市场。在信息市场中，平台充当用户间信息交换的枢纽，不同用户通过平台进行连接和互动，平台通过其技术手段实现相关信息的分类、搜索和匹配。信息市场的参与者既可以成为信息的提供者，也可以成为信息的需求者。通过平台，不同参与主体能够及时获取大量精准的信息。平台提供商依靠巨大的用户基数可以获得巨额的广告收益。典型的信息市场有社交媒体（脸书、微信等）、短视频平台（YouTube、抖音等）、搜索引擎（谷歌、百度等）。信息市场的平台提供商除了关注生态网络规模，同样重视平台内容质量和类型。以短视频平台为例，哔哩哔哩网站是一个ACG［动画（animation）、漫画（comics）、游戏（games），合称ACG］内容创作与分享的视频网站；抖音和快手定位于社交短视频平台，用户在此分享日常生活并实现互动。虽然信息市场的用户存在重叠，但不同类型的内容提供商为各平台塑造了独特的市场身份属性，使得它们之间的竞争达到一种平衡。因此，不同类型的内容提供商成为信息市场中生态间竞争的核心资源。

3）技术市场。在技术市场中，平台充当创新的引擎，为其他互补创新公司提供技术创新的核心架构。对技术市场中的用户而言，可以获取更完善的技术产品，从而享受更优质的集成解决方案；对互补技术提供商而言，创新任务的模块化分工降低了企业进入行业的门槛及创新成本；对平台提供商而言，在为用户创造更多价值的同时，主要通过提供集成的创新产品或服务获取收益。典型的技术市场有移动系统平台（如 iOS、Android）、计算机平台（如 Firefox、SAP NetWeaver[⊖]）、企业开放创新平台（如海尔的 HOPE 平台、腾讯应用开放平台）等。对技术市场而言，尽管生态网络规模同样是平台提供商不可忽视的资源要素，但技术市场会更加重视互补技术提供商的质量和类型。这也是不少技术平台控制开放度，并与部分互补企业签订排他性入驻协议的主要原因。优越的技术提供商可以为平台塑造独特的身份属性并形成竞争优势，因此，高质量的互补技术提供商成为技术市场中不同生态间竞争的核心资源。

（2）互联网的市场特征。它主要包括双边市场、SNS 关系链与网络效应、非物质转移成本的锁定等特征。

⊖ SAP NetWeaver 是基于专业标准的集成化应用平台，能够大幅度降低系统整合的复杂性，帮助企业跨越技术和机构组织的界限，实现人员、信息和业务流程的集成。

1)互联网平台的双边市场特征。互联网具有典型的双边市场（two-sided networks）特征，原因有三：一是存在一个双边或多边的平台结构，即同时存在两类或两类以上的用户通过平台服务发生交易或相互影响，平台运营商提供有形或无形的平台服务；二是处于平台两边或多边的用户存在较强的交叉或间接网络外部性，这种网络外部性通过平台内部化；三是平台对双边或多边用户的定价是非中性结构的，定价结构会直接影响平台的交易量和交易额（详细论述见2.2节）。

2）SNS关系链与网络效应。网络效应（network effect）是互联网产业最重要的属性特征之一。Rohlfs（1974）最早注意到网络外部性导致的正反馈问题及"临界容量"（critical mass）的存在。达到用户基数临界值的产品会形成自反馈（Economides & Himmelberg，1995）并产生用户锁定或产品锁定（Witt，1997），锁定效应将增加用户的转移成本（Farrell & Klemperer，2007），最终形成赢者得多数的局面。具有直接网络效应的产品更多体现为利用社交网络服务（social networking services，SNS）产生的效应突破临界容量，诸如早期的QQ、MSN㊀等即时通信产品，都源于社会关系网络，迅速形成了庞大的用户基础，尤其是在网络效应的自增强机制作用下，短短几年间就成为当时具有市场垄断地位的产品。随着脸书的热度席卷全球，SNS的内涵与外延也在不断发展，而今所谓的SNS不仅是熟人之间或熟人的熟人之间的交往互动，更包含了由各种共同偏好形成的圈子。例如，可以按照共同的话题、共同的爱好、共同的学习经历、共同的旅游计划等聚类，细分维度可以更加多元化，这也使得满足各细分需求的中小型网站可以很好地生存和发展。在现代社会，人们既有维护已有社会关系的需求，更有根据各自需求建立或进入新圈子的需求，互联网的开放性、SNS服务的便捷性使得这些需求得到很好的满足；基于社会关系网络的产品应需求而生，其协同价值又随着需求的爆发得到进一步提升，成为互联网产业的普遍且基础的属性。

3）非物质转移成本的锁定。互联网平台企业提供的基本服务多数是免费的，通常用户没有金钱投入一类的固定成本，也不存在货币形式的转移成本，这与银行卡、电信、软件等产业转移的货币成本不同，互联网用户更多地会同时持有多种同类竞争性产品。但是，用户基于互联网某种产品或服务形成的SNS关系圈的转换成本会成为用户放弃该产品或服务的障碍，如果用户换了一个邮箱账号，就产生需要告知其他用户的机会成本，否则会削弱以往的社会关系网络。转换收益如果不是足够大，用户就不会轻易转换到其他产品或服务。这样，用户在选择一个平台以后便被锁定了。所以，互联网产业赢家通吃或赢者得多数的现象普遍存在。中国目前的互联网产业较高的集中度也证实了这一自锁定效应，通常互联网产业的CR3㊁都在70%以上。用户被锁定后，会给平台企业带来丰厚的利润，所以，企业有足够的动机在前期为获得足够大的用户规模进行激烈的价格竞争，以获得较大的用户规模基础。

1.1.3 互联网对产业发展的作用

互联网已经成为当今产业发展不可或缺的战略性资源和现代产业创新必不可少的关键要素，不仅对国家经济发展、进出口贸易及全要素生产率有显著的促进作用（Czernich et al.,

---

㊀ MSN是微软于1999年7月推出的一款即时通信软件，支持文字聊天、语音对话、视频会议等即时交流。
㊁ 通常指业务规模排名前三的公司共占的市场份额。

2011；Meijers，2014），而且对组织变革、企业创新及企业绩效都有较大的影响（王海光，2003；Arthur，2007；Koellinger，2008）。互联网正在推动着新一轮产业革命和管理创新，变革传统产业的生产组织方式，加速形成新的企业与用户互动关系，从而极其深刻地影响传统产业的经营模式和发展战略。

互联网作为一类重要的战略性人造资源，不断融入资源性产业、制造业和服务业，为我国调整产业结构、转变经济发展方式、促进经济转型升级，推动我国由经济大国向经济强国的转变创造了十分难得的历史机遇（李晓华，2016）。具体而言，互联网在促进传统产业及产业集群转型升级、价值链攀升及产业融合等方面均发挥着重要的作用。首先，互联网帮助服务业实现精准匹配，实现其构成要素的性能提升和系统结构优化（柳洲，2015），进而推动传统制造业、服务业的升级（黄群慧 等，2019；Pisano et al.，2015）；其次，互联网促进了制造业价值链的攀升（石喜爱 等，2018）；最后，互联网通过大数据技术完成不同行业间的信息交换，推动产业的跨界融合（黄楚新、王丹，2015）。

下面从互联网资源对服务业和制造业的影响等方面做重点论述。

1. 融入互联网资源的服务业发展

在网前时代，由于科学技术的发展和各类自然资源及人造资源的利用，已经形成了相应的产品设计与生产方式、服务提供与交易方式、经济组织与发展方式。因此互联网作为一类新的人造资源加入经济发展过程中，必然引起产业发展的重大变革。

对于商务服务，网前时代的传统商业活动都在线下，形成了线下交易和商务服务的基本规则和体系；在平台性互联网时代，以 Web2.0 为基础的信息发布技术推动了 B2B（business to business）、B2C 和 C2C（customer to customer）等新型电子商务交易模式的形成；而在资源性互联网时代，包含云计算、大数据和移动互联网等在内的广义互联网资源融入商务交易过程中，推动了线上线下资源的重组与互动，变革了网前时代形成的线下商业规则和体系，重构了平台性互联网时代形成的线上交易规则和体系。

对于金融服务，网前时代的传统金融利用保险、证券和银行等线下资源满足企业或个人的金融服务需求；在平台性互联网时代，P2P 借贷、众筹融资、电商小贷和理财超市等新型线上金融服务模式不断涌现，能更加灵活高效地满足企业或个人的金融服务需求，提高了金融服务效率；而在资源性互联网时代，金融服务的线上资源和线下资源不断融合互动，金融服务更加智能化。

对于 O2O（online to offline）[⊖]，一方面，传统企业加快实施互联网战略，实现产品设计、生产、运维、营销和服务的数字化和网络化，将线下的商务活动与互联网有机结合，让互联网成为支撑线下交易的重要平台；另一方面，新兴互联网企业和平台型互联网企业积极参与到线下资源的整合与价值创造过程中，通过线下的商业活动来促进线上交易的进行。而且，当前的 O2O 已经不再是单纯的线上到线下或线下到线上，而是线上线下的双向互动与融合发展，O2O

[⊖] O2O 这一概念最早由美国 Trialpay 创始人兼 CEO 亚历克斯·兰佩尔（Alex Rampell）于 2010 年 8 月提出，他认为 O2O 是指在网上寻找消费者，然后将他们带到现实的商店中，是支付模式和为商家创造线下流量的一种结合。

模式下的用户体验链条被延伸，体验元素更为丰富，满足用户需求的维度也更为多元，用户体验链条上的任何一个环节都可能成为连接用户的重要入口，而互联网入口往往意味着可以通过高黏度的内容和服务将流量优势与用户规模优势转化为产品或服务的竞争优势。O2O模式推动线上线下生产要素的重组与重构，加速线上线下资源的深度融合，不断催生新的商业模式和新的服务模式，变革网前时代和平台性互联网时代的经济社会系统。

2. 融入互联网资源的制造业发展

在制造领域，互联网作为一种战略性人造资源，不断融入传统产品中，形成了智能互联产品，改变着制造业的组织方式，加速形成新的企业与用户关系，极其深刻地影响着产业的经营模式和组织架构，从而成为现代制造业创新不可或缺的组成部分，推动着制造业的新一轮重大技术创新、管理创新和商业模式创新。

（1）对产品构造的影响。在产品技术方面，原先单纯由机械和电子部件组成的产品，现已进化为由物理部件、智能部件和互联部件构成的智能互联产品。其中，物理部件包含产品的机械和电子零件；智能部件利用传感器、数据储存装置、微处理器和软件，提供跨界乃至超越传统产品的新功能；互联部件则通过接口、天线和连接协议使得产品数据在制造商和用户之间联通，能在用户体验的整个生命周期内提供全新价值。产品逐步成为联网的智能化终端，形成智能互联产品，这极大地提升了产品的效能价值，拓展了产品的范围（Porter M E，2014）。例如，智能网联汽车搭载先进的车载传感器、控制器、执行器等智能部件，通过互联部件融合车联网等互联网技术，具备了复杂环境感知、智能化决策、自动化控制功能，使车辆与外部节点实现信息共享与控制协同。首先，汽车产品能对自身的运行状态和周边环境进行实时监测，帮助汽车制造商获得产品性能和使用报告，改进产品设计；其次，通过互联接口将汽车的智能部件与企业数据中心连接，对汽车提供远程服务和软件升级，提升产品的性能和使用率；最后，将监测数据、远程控制和智能决策技术融合，实现汽车产品的半自动化甚至全自动化驾驶。

（2）对产品全生命周期的影响。互联网在制造价值链的广泛渗透，深刻影响着产品研发、生产、销售、运行、维修、维护和再制造等产品全生命周期各阶段，提高了产品研发的创新能力和生产及维护的智能化水平，并使制造价值链中员工、原材料、能源、工厂以及设备的生产与利用效率大大提升，缩短制造周期，减少制造成本，降低制造风险。因此，在产品全生命周期过程中，互联网提供了全新的技术手段与海量数据，改变了传统制造业的流程。例如，基于用户浏览行为数据、购买行为数据、用户态度数据以及用户生成内容（user generated content，UGC）的分析结果，汽车企业可以监测用户的行为模式，对用户进行全方位的洞察，从而准确把握目标用户群体及其需求，发现产品创新需求，并针对目标用户群体开发相应的车型，提高产品创新设计水平。在汽车产品设计方面，汽车企业可以获取大量的汽车产品的运行状态数据（如用户的驾驶行为数据和车况数据），对汽车产品运行状态数据的分析，有助于企业改进汽车产品的设计，提高汽车产品的质量。在汽车生产制造方式方面，互联网资源的不断融入使得以网络化、智能化和服务化为核心的模块化生产方式在汽车生产制造环节逐步得到广泛应用，推动汽车生产制造方式由大规模批量生产向大规模定制化生产转变。

（3）对制造资源组织方式的影响。在制造资源的组织方式方面，互联网资源被广泛应用于供应商、销售商和协作商的协同过程中，通过价值链的横向集成和制造企业内部纵向集成，能够形成全球化网络制造，优化价值链和价值网络，使得制造企业能够更敏捷地发现市场需求。同时，利用开放创新平台汇聚全球化的制造资源和社会化的智慧资源，制造企业能够更好地在全球组织制造资源，显著提高资源利用效率。例如，美国波音（Boeing）公司在 20 世纪 50 年代生产波音 707 客机时，几乎所有的研发、设计、制造都在美国本土完成，只有大约 2% 的零部件是在美国以外生产的。而今，互联网已彻底改变了波音公司制造资源的组织方式，建立了基于互联网资源的互联互通的全球供应链控制中心。在波音 787 梦想客机的制造过程中，通过全球供应链控制中心，波音公司与全球合作伙伴实现了史无前例的高度协同，90% 的工程量由全球各地的 40 多个合作伙伴共同完成，如机翼在日本生产、机身在意大利和美国生产、起落架在法国生产、方向舵在中国生产，等等。

（4）对制造业务模式的影响。互联网资源的加入，使得企业能够了解用户使用产品的方式，加速制造业服务化进程，将各类服务纳入销售范围，用基于产品的服务销售模式取代原有的产品销售模式，使得产品与服务之间的界限越来越模糊。例如，通用电气（GE）航空通过在飞机引擎上安装数百个传感器，利用互联网实时监控引擎性能参数，确保发动机处于良好的工作状态。飞机买家是按照发动机可用小时数来签署合同的，因此，GE 航空必须利用互联网优化产品正常运行时间、开发增值服务以及支持运营商更好地管理成本，其商业价值在于"销售飞行小时数"的服务，而不是引擎。互联网资源正在推动航空航天产业从销售产品向提供基于产品的个性化服务转变，包括一站式服务、远程服务、预防式服务和新型服务等（Porter & James，2015）。

（5）对满足用户需求的影响。20 世纪后半叶，大规模定制模式登上历史舞台，并成为制造型企业战略转型方向的理想选择（Anderson & Pine Ⅱ，1999）。大规模定制兴起于美国，最早可以追溯到 1970 年阿尔文·托夫勒（Alvin Toffler）在《未来的冲击》(*Future Shock*) 一书中提出的一种设想：以大规模生产的成本和时间，提供用户特定需求的产品或服务。大规模定制最开始应用于电脑、汽车行业，服装行业的大规模定制尚处于探索阶段。目前，在这一领域发展较为成功的企业有美国的李维斯（Levis）、英国的 Baird Menswear 西服公司、中国的青岛红领（Red Collar）。李维斯牛仔裤的大规模定制模式不仅成功地让企业步入了一个新的台阶，更赢得了大量消费者的青睐（金鹏 等，2020）；Baird Menswear 80% 的西服都是通过大规模定制完成的；青岛红领以专业专注的定制行业平台作为支撑体系，为用户提供个性化正装定制。可以看到，服装大规模定制这种新型的战略模式在服装行业中已初显势头，越来越多的服装企业开始尝试将服装大规模定制融入实际的生产过程。

1.1.4 互联网对企业成长的作用

1. 互联网对企业生产要素的影响

现代通信技术与 PC 等的结合形成了传统互联网，现代通信技术与手机等的结合形成了移动互联网。现在，用户占据手机端移动互联网的时间已大大超过了占据 PC 端传统互联网的时间。移动互联网、物联网、大数据、云计算、人工智能和区块链等技术及其应用，使得企业的运营所需要的连接、信息和计算等三大要素的成本大幅度降低。产业经济学理论告诉我们，某行业运营要素成本的大幅度降低一定会给该行业带来巨大变革，而连接、信息和计算几乎是所有行业都需要的运营要素。因此，要适应新的互联网技术及其应用带来的变化，几乎所有的行业都需要变革。

（1）互联网将一切重新塑造，主要表现在以下几个方面。

1）改变了交易场所。产品供给方和需求方可以跨越空间约束，自由进入电子商务网站等虚拟场所，实现商品线上交易。

2）拓展了交易时间。供需双方可实现 24 小时不间断的网络交易。

3）丰富了交易品类。网络空间不仅交易畅销产品、大众产品，而且交易在实体空间里大量存在的所谓的滞销产品、小众产品等。

4）加快了交易速度。消费者通过手机、PC 等智能终端接入互联网进入网络购物平台，根据商品历史交易信息和其他消费者的评价选择商品，这减少了信息不对称性，加快了供需双方的交易速度。

5）减少了中间环节。去中介化、去渠道化，点对点、端到端，直通直达，将产品从研发、制造到营销、营运各个区段的时间大大缩短。

（2）互联网加剧了竞争，主要表现在以下几个方面。

1）提高了信息对称性。在互联网不发达的年代，信息不对称导致了市场交易双方的利益损失，损害社会公平、公正及市场配置资源的效率（Akerlof，1970）。互联网一方面加快了信息流动速度，降低了信息传递成本，打破了信息不对称的壁垒，促进了信息传播（王可、李连燕，2018；谭松涛 等，2016），让企业可以提高获取、传递和处理信息的准确性与及时性，进而提高参与竞争的决策效率。另一方面，互联网也提升了供需双方的信息对称性，降低了企业的交易成本，企业需要在动态竞争中保持高度的竞争积极性和警觉性（戴德宝 等，2015）。

2）增强了技术可复制性。在云计算、大数据的技术辅助下，连接一切、信息共享已成为现实，企业生产经营的各种手段都很容易被竞争对手观察到。无论压缩渠道、去中介化，还是控制某个业务环节成本等企业拥有的异质性资源，都极易被学习、模仿、复制、超越，企业将面临更为激烈的竞争。

3）降低了进入壁垒。互联网环境的不确定性，使得互联网环境下企业的商业模式具有高度的随机性和不固定性，一切原有的进入壁垒在互联网时代都很难持续，企业已经没有坚固的堡垒可依托和支撑，只能求新、求变，新进企业进入市场的自由度扩大（罗珉、李亮宇，2015）。

4）加剧了价格竞争。企业使用互联网可以缩减不必要的中间环节，减少产品到消费者之间的中间渠道，降低销售、库存及交易成本等；企业借助互联网的大数据分析等功能可以改进企业日常运营管理，实现有效的成本控制（戴德宝 等，2015），进而降低价格，加剧企业间的竞争。

2. 互联网促进了企业本质的回归

企业的真正目的就是创造客户（Drucker，1954）。但客户拥有的选择权带来了企业之间的竞争，要赢得竞争就需要企业更高效率、更低成本地满足客户的需求。亚当·斯密（Adam Smith）提出的分工理论认为分工可以带来效率，但单个工种的高效率并不必然带来整体高效率，因为存在着罗纳德·H.科斯（Ronald H. Coase）所说的交易成本。如果把外部大量的交易活动变成组织内部的协调活动，就可以降低相关的交易成本，企业就有了存在的理由。当然，企业内部也存在交易成本，尤其是大企业病的存在，使得企业的内部交易成本甚至会高于外部的交易成本。产生外部交易成本和内部交易成本的一个主要根源就是信息不对称，而信息传递和处理的能力不足是产生信息不对称的重要原因。

随着IT技术的发展，企业建立的ERP（enterprise resource planning）、SCM（supply chain management）、E-business等系统有效地降低了内部和上下游之间的信息不对称程度。一些企业以互联网为基础转型为平台企业后，一个比传统企业更有效的市场替代就出现了。例如，海尔建立了卡奥斯平台（Cloud of Smart Manufacture Operation Platform，COSMOPlat），该平台整合了需求、设计、金融、供应、生产、物流等各种角色的个体和组织等，让客户全流程参与产品的设计研发、生产制造、物流配送、迭代升级等环节，真正达到了以"客户需求驱动"作为企业持续创新、提供产品解决方案的原动力，不仅让分工更细，而且带来更高的效率和更低的成本。

因此，互联网的发展促进了本质上是为创造客户而存在的企业组织的变革，这个变革的方向就是平台化，平台化企业组织的主要目标并不是拓展新的客户，而是满足客户的各种个性化需求。

3. 互联网实现了人的价值

员工属于企业的雇员，在企业范围内的自主性很有限。因为信息不对称、有限理性和交易费用的存在，现实中的契约通常是不完全的，剩余收入和剩余控制权并不一定是捆绑在一起的（Oliver，2016）。移动互联技术的应用使得信息不对称所带来的交易成本大幅度降低，亚当·斯密的分工理论在实践中可以得到强化，掌握一定知识和技能的人们可以不再依附于某个组织而生存，一些劳动者逐步成为自由职业者。

根据克里斯·阿吉里斯（Chris Argyris）的"不成熟-成熟"理论，组织行为是由个体和正式组织融合而成的，个体在组织中所处位置在一定意义上代表着个体自我实现的程度。然而，对一个正式组织而言，传统的原则就是众所周知的专业分工、层次结构、统一领导等完全理性的纯逻辑化原则，希望能消除独立个体之间的性格差别给工作带来的影响，员工一直处于依赖、被动、从属的地位。这种正式组织所要求的不成熟的成员特征与个体实际经历的成熟过程的矛盾导致了组织中的混乱，导致了个体的短期行为和思想矛盾。互联网的技术特征可使每个个体就自己能够实现的功能成为一个平台，借由连接完成组织的生产运作，一切都由具备主动、独立、自觉的成熟特质的自己说了算，员工真正成为自己的主人，这是对人性的极大释放，有助于发挥人的潜力，实现人的全面发展，实现人的价值最大化。

1.2 互联网塑造的价值空间

1.2.1 互联网带来的战略机遇

1. 价值链变革

价值链是实现用户价值的产品或服务的所有活动的集合，包括原材料、研究开发与设计、制造或运营、物流、销售、交付、售后等活动。传统单边市场的价值链多采用管道结构商业模式,使得价值的创造和传递呈现单向直线式。此种价值链模式过于注重上游与下游企业之间的线性互动,不仅延长了最终产品到达用户手中的时间,更增加了该产品的成本,浪费了大量社会资源。平台模式弯曲了原本垂直的价值链条,使得价值的创造和传递呈现双向互动式。这种双边市场的价值链模式使得原本以传统供应链为核心的企业价值创造被改变,新涌现的网络平台代替供应链成为企业商业价值新的聚合器。平台企业并不是为买卖双方生产交易所需的产品或提供服务,而是利用平台对买卖双方产生相互吸引作用,并通过制定合理的交易规则将买卖双方聚集在平台上进行持续的商业互动(Tirole & Rochet,2003)。与传统单边企业不同,平台企业服务双边市场,在交易过程中扮演中立角色,并关注价值在双边市场中进行合理分配,以确保平台的市场黏性和网络效应。平台企业为双边或多边用户创造价值,即以产品或服务为基础创造供应方和需求方的匹配与交互,将潜在的用户转化为平台上的活跃生态。同时,平台上的活跃用户所带来的积极网络效应又促进了平台企业极速增长,否则企业则会面临极速崩溃。平台网络效应的存在促使传统单边市场的企业摆脱传统思维模式,摒弃单向垂直的产业链而向平台企业转型。平台企业正是利用基于网络效应的"尽快长大"战略来实现对用户的锁定,即依靠平台的正向同边网络效应及正向跨边网络效应,个别企业很快地实现赢家通吃(winner take all),成为垄断者。

价值链变革的大趋势是裂变,即从一体化向企业内部的专业化分工,再进一步向企业外部的专业化分工转变,专业化、规模化和协同性带来规模经济和范围经济,甚至推动了产业链环节或活动的区域集群,从而形成了全球产业链的格局。从价值链结构和价值链范围的变革来看,价值链变革包括价值链数字重生、价值链数字增生、价值链数字孪生、价值链数字新生等基本形式(见图1-4)[⊖]。

(1)价值链数字重生。价值链数字重生指价值链的某个环节以数字化方式实现,以数据实时在线为基础来完成价值链环节的必要活动。在线销售是价值链数字重生的典型代表。在线销售已从书籍、电子产品等标准化、交付

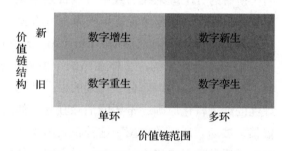

图1-4 数字创新驱动的价值链变革

便利的品类开始,实现了生鲜等非标准化、需要冷链物流交付的品类的在线销售。无人零售、O2O新零售等方式都进入了实用阶段,交易物品和交易对象的实时在线成为零售数字化的关键。在线支付、在线设计都已经有一些相当规模的在线平台。在线销售能让用户需求更好地与产品或服务匹配,在线设计能够帮助用户实现个性化需求。

(2)价值链数字增生。价值链数字增生是指以数字化的形式来实现新增价值链环节,这些环节给用户带来全新的价值。依靠在线实时数据完成供需匹配的价值链新环节,催生了在线打车、在线外卖、在线民宿等互联网平台,让用户的出行需求、美食需求和住宿需求得到更好、更快、更便利的满足,同时也让多样化的出行服务提供者、美食供应商、民宿拥有者更便利地找到合适

⊖ 王毅. 数字创新与全球价值链变革[J]. 清华管理评论,2020(3):52-58.

的用户,彻底改变用户出行、美食和住宿的习惯。新型数字价值环节的引入,是价值链数字增生的另一种形式。例如,自动驾驶汽车既需要在汽车上新增数字控制系统甚至操作系统,也需要实时数据在线的智能平台支撑。随着产品或服务数字化程度的提升,价值链数字增生也会越多。

(3)价值链数字孪生。价值链数字孪生是指多个价值链环节实现数字化,产品制造数字化、产品使用数字化、产品维护数字化等多个环节利用实时在线数据创造价值。例如,高铁车厢、核电设备等复杂产品系统的数字三维模型能为设计、制造、运行、维护等多个环节带来新价值;发动机、风电设备、机床、空调等多种设备,其运行过程的实时在线数据能形成虚拟设备的使用再现,制造商可以据此进行设备远程监控、预检、维护和维修等。价值链数字孪生能够实时在线复现具象的价值链,孪生数据的累计为价值链的持续改进带来众多价值创造的机会。

(4)价值链数字新生。价值链数字新生是以新定义的用户价值为中心,以数据实时在线为基础,融合新价值链要素,创造全新价值链结构,涉及的价值链范围广,甚至波及价值链全局。例如,要想整合旅游目的地的各种资源要素,为用户提供更便利、服务质量有保障的综合旅游服务,大幅度提升用户旅行前、旅行中和旅行后的服务体验,就需要整合旅游服务价值链上的景点、酒店、交通、餐饮、旅行社、纪念品商店等要素,更重要的是这些价值链要素、用户旅行轨迹能够实现数据实时在线。这些数据既能直接提升用户旅游体验,也能为相关政府监管部门对用户的行为和商家的服务进行监管提供数据基础,从而做到快速跟踪处理,大幅度提升用户旅游体验,实现用户价值和旅游资源要素的相互正反馈和良性发展。

价值链的聚变主要是通过数据治理来实现全球价值链环节一体化,或者是围绕用户定义价值来聚合全球价值链活动。由此可知,价值链的聚变是从需求端出发,以用户价值为中心,催生一些与用户价值密切关联的平台,甚至是超级平台;价值链的裂变是从供给端出发,对用户价值实现有贡献的供给,分工更细,专业化更强,接入价值链更便利,价值网络演化推动复杂开放生态系统的形成。

2. 全球价值链变革趋势

价值链的结构变化和聚变、裂变趋势驱动全球价值链(global value chain)的纵向聚变、横向裂变、价值重构和开放畅联。

(1)全球价值链的纵向聚变。全球价值链的纵向聚变是价值链上的某个主体采用数字技术对分布在全球的主要或全部价值链环节实现一体化。纵向聚变与原有复杂产品系统在全球分工裂变的过程相反。产品越复杂,生产工序越多,纵向维度越长。但是,纵向聚变不是简单地回到最初价值链的企业内纵向一体化的状态,而是对企业外部价值链活动的信息指导和监管,通过实时在线数据的聚集来拓宽价值链活动的组织界限。

纵向聚变的另一表现是价值链的延伸,可从制造向服务延伸,也可从服务向制造延伸。例如,飞机发动机、风力发电设备、机床等制造商,通过设备运行数据实时在线,可以在研发、制造、销售和金融服务的价值链上延伸到分时租赁或发电效益分享,甚至有制造商转型为软件和服务提供商,以工业互联软件完成全球价值链的纵向聚变。

(2)全球价值链的横向裂变。以用户为起点的价值定义带来围绕用户价值的横向裂变。对于已有标准价值定义的产品或服务,用户可以在线完成个性化价值定义。例如,多种家用电器、服装、配饰、首饰、礼品等的用户可以参与的聚合平台以用户为起点，围绕用户定义价值的实现来组织价值链活动，原材料供应、设计、制造、销售、交付等活动都可以通过平台协调完成。用户分散在全球各地，数字平台集中度很高，产品生产成本和交付成本的平衡决定了原料与成品生产的地理布局，其关键在于横向裂变平台拥有对全球价值链活动的实时跨层次管控能力。

横向裂变平台大体分为三类。

- 原本拥有多元化产品或服务、具有规模经济和范围经济的领先企业，可在此基础上增加用户个性化定制，如一些家电业巨头、大型装备制造商等。
- 大规模信息化终端制造商，如以手机终端加物联网、手机终端加在线内容服务、手机加多样化信息终端等多种形式，成为横向裂变平台。
- 一些众包在线设计和新兴个性化定制平台，随着设计师数量和水平的上升、平台上资源要素的集聚，以及用户消费习惯的培育，可以演变成横向裂变平台。

（3）全球价值链的价值重构。全球价值链的价值重构体现在价值结构的变化，其影响会率先在信息密集、数据资产重要和安全性要求高、信息不对称程度高的产业出现，然后波及所有产业。数字化领先的平台将有机会实现更大的范围经济和规模经济，全球领先的互联网公司将在全球价值链的价值重构中发挥重要作用。

（4）全球价值链的开放畅联。从技术层面来看，无论产品还是服务，数字化接口为各种价值链活动的链接提供了便利。全球价值链上的交易复杂程度下降、标准化程度提高，信息不对称性显著下降甚至消除，让智能合约成为可能，参与主体之间的单次交易、多次交易或长期交易都能在数字平台上低成本甚至零成本、短时间、高质量完成。

从用户价值端来看，产品或服务的即时增值、柔性增值空间扩张。手机等智能终端的表现特别典型，app 供应商可以在短时间之内服务全球用户，用户可以通过这些 app 实现价值链联通，满足自己个性化的价值需求。鞋子、袜子、配饰等可以增加数字接口，接入全球用户的价值链之中，实现譬如医疗健康数据的监测和处理等。

从供应商来看，无论自然人个体还是新成立的小企业，如网红、独立作家、设计师、网约车司机、民宿拥有者等，都可以通过多种平台参与到全球价值链当中。各类要素市场在全球价值链中可实现动态实时连接，形成全球价值链的开放畅联局面。

3. 产业空间的可塑性

未来的社会发展将以互联网技术向各行各业的深度渗透为特征，从工业文明向信息文明过渡。与此相适应，企业不再被动适应环境，而是主动塑造环境。企业与环境之间不再是机械式的决定与被决定的关系，而是你中有我、我中有你的协同演化。可塑性将成为未来产业的共性，它的驱动力主要来自价值要素的模块化、价值整合的无界化、价值交付的服务化。

（1）价值要素的模块化。模块化是一种处理复杂性的组织技术，它将各种资源、功能、组织通过标准化接口相互连接，以形成更高级的系统。模块之间的互动被标准化，模块内的复杂性被封装。平台是通用性很强的模块，可供通用性相对弱的其他模块调用，共同为最终用户创造价值。例如，优步通过 API 开放，使送花、送餐、接送小孩等场景需求都能被满足，实质上是为全社会提供模块化的运力资源。

（2）价值整合的无界化。任何商业模式都离不开多要素整合。随着各行各业价值要素都在数字化和模块化，跨界整合已不足为奇，其经济逻辑主要是单要素范围经济和多要素互补性。单要素范围经济驱动要素供应商乐见其要素被无界整合，而多要素互补性驱动企业寻求跨界价值要素以扩大互补价值。企业通常既是模块提供者，也是价值整合者。例如，共享型制造平台既提供模块化制造能力，又整合上游制造产能。京东将其多年沉淀的零售资源和能力模块化封装并对外提供，即所谓零售即服务。它没有被动等待被调用，而是不断拓展各种线上线下场景，通过广泛合作，主动整合适配人、货、场等要素，追求其互补性。整个京东在零售之外不断拆分新的事业单元（即价值模块），如物流、金融和健康，这是以自身能力模块为基础的无界逻辑。同时，京东以用户需求为基础，围绕核心用户群体的互补性需求，通过内部创业、合作联盟、少数股权投资等手段，提供一揽子服务或解决方案。

（3）价值交付的服务化。服务化意味着从有形产品到无形服务、从一次性购买到按需付费、从交易到持续互动的转变。服务化更意味着把用户纳入价值系统，促进后者的开放性、自适应、交互性和扩展性。需求与供给的交互处是价值系统中最活跃的部分，交互过程中产生的数据资源极具价值，且交互有助于能力培育和机遇发掘。因此，服务化极大地强化了价值系统的可演化性，不仅带来客户全生命周期价值的提升，还带来面向未来的价值共创机遇。价值交付的服务化可反向影响价值要素和价值整合。一方面，服务的基本特性之一是生产与消费的同时性，以用户需求为基础的无界价值整合，通过服务平台与价值交付同时进行。智能服务会按需整合相关价值要素，以结果为导向交付。另一方面，服务化交付会从需求端驱动价值要素的模块化，即对要素客体进行智能化改造。只有这样，该模块才能纳入服务系统中来，成为交付体验的一部分。互联网成为产业互联网重要推手的原因之一，就在于它们掌握了服务交付界面，可以倒逼上游模块化。

价值要素的模块化、价值整合的无界化、价值交付的服务化等发展趋势使产业从某种给定结构变成了高度可塑的产业空间。

- 高不确定性。过去，产业状态通过其最终产品以及生产该产品所需的产业结构来描述。现在，最终产品和围绕该产品的产业结构都变得高度不确定了。看似处于同一市场的竞争者，可能采取截然不同的价值整合和交付方式，从而使得以洞察未来为己任的产业分析很难再从结构入手。
- 高复杂性。复杂性源于海量异质性要素。要从海量要素中识别正确的模块加以调用并不容易。异质性意味着要调用来自不同行业的模块也并非易事——模块化仅提供了技术上的可能性，无界整合的复杂更多体现在商业上的现实性。
- 高可塑性。不确定性和复杂性不仅意味着挑战性，也意味着可能性和可塑性。在多维空间中，企业不是为唯一最佳定位而竞争，在寻求各自最优解的意义上，每个企业都可能按照自身需要和能力塑造该空间，而无须完全服从既定的产业结构。

4. 生态竞争的本质

穆尔在 1993 年提出生态这一概念时，很大程度上是出于对经典产业分析的不满。与其视企业为某个产业中的一员，不如视其为一个横跨若干产业的生态中的一员。生态以产业空间为基础但又不同于产业空间。一方面，产业空间的高可塑性为企业跨产业整合资源以构建自身生态创造了条件。生态就是以高度互动的商业世界为基础的经济性社群，而产业空间便是支持该社群的商业世界（Moore，1996）。另一方面，生态不是产业空间，但它代表着企业塑造产业空间的努力。生态就是某个核心企业领导某些合作性企业完成某个共同蓝图所形成的社群。

商业模式对生态的建立至关重要，价值要素模块化、价值整合无界化和价值交付服务化，最终都通过商业模式起作用。没有哪个企业会因为生态而加入某生态，而是只会因为商业模式而加入，因为离开了商业模式，社群将难以建立。这样，生态构建可以理解为以商业模式为工具从产业空间吸引各种要素、获取各种支持的过程。但企业持续成长不可能依赖单一的商业模式，生态借助商业模式诞生后，将不断孕育新的商业模式以捕获新的战略机遇。诚如现代管理学之父彼得·德鲁克所说，企业的竞争不是产品或服务的竞争，而是商业模式的竞争。生态竞争则更高一个层次，它不是单个商业模式之间的竞争，而是一套动态链接协作的商业模式间的竞争。

从产品竞争到商业模式竞争，企业家开始把眼光从企业内部转移到外部。商业模式创新者通常能够抓住趋势，创造性地利用某个或某几个外部环境中出现的新要素，改变满足某类需求的方式。从商业模式竞争到生态竞争，企业家开始有意识地大规模、系统化调用海量外部要素。生态竞争超越单个平台之间的竞争，成为多个平台、多个商业模式组合之间的竞争。

1.2.2 互联网平台免费的逻辑

很多平台企业通过免费策略打开了市场，并实现了迅猛的发展。平台免费价格策略蕴藏了合理的定价逻辑和科学的定价机理。

1. 互联网平台免费的形式特征

平台价格体系有两个组成部分：一是平台方对使用平台的用户群体征收的费用，如门票、租金（统称平台使用费）；二是平台内容和服务提供者对其购买方与消费者的计价收费（统称产品价格），细分为内容价格和服务收费。据此，平台免费策略可分为两种基本类型：平台自身的免费共享，包括平台基础设施、空间载体、平台资源的免费共享，即平台无偿开放给各类用户群体，免收平台使用费；平台外部生产经营者提供免费的产品及服务，如服务内容生产者、服务提供者、程序开发者向最终消费者免费提供产品或服务。

（1）互联网平台免费的形式。互联网平台免费具有如下几种形式。

- 平台对部分用户免费、对部分用户收费，比如平台对消费者、内容供给者、互补服务供给者免费或提供补贴，对广告商、经销商收费。
- 平台上部分产品免费、部分产品收费，比如基础性、大众性产品免费，增值性、延伸性产品收费。
- 平台上互补服务流程体系中部分环节免费、部分环节收费，比如普通环节免费，关键环节、高附加值环节收费。
- 平台上存在由具有共同志向、兴趣爱好、行业或知识背景的群体自愿组织起来的互助或沟通自组织平台，平台在互助自治、学习交流、信息资讯共享等方面提供免费的服务。

（2）互联网平台免费的特征。互联网平台免费具有如下特征。

- 广泛而普遍。平台在整合供给资源、吸引用户入驻、匹配供需信息、促进供需交互的过程中，往往需要免费开放平台资源，借助免费甚至价格补贴策略获取较大的市场份额。
- 局部而非完全。平台的免费策略不可能面向所有用户，也不可能在所有产品、服务和业务环节均实施免费策略，否则无法实现盈利。即便是自组织平台，也需要投入或付费。
- 与收费、补贴相统一。平台免费策略是为了吸引更多的用户入驻，以便获取更多的市场份额，实现企业盈利，但仅靠免费策略根本无法实现企业的最终目标。为实现平台的正常运作，必然需要实行收费策略或通过其他途径进行补贴。

2. 互联网平台免费的运行机理

互联网平台为扩大市场份额、增加盈利，根据用户群体的特质以及平台中存在的网络效应，实行不对称的价格结构，其定价与盈利机理值得关注。

（1）互联网平台免费的定价机理。互联网平台定价必然涉及多边群体的权益，由于多边群体各自的网络吸引力、外部性、价格弹性不同，因此平台只能选择包括免费策略在内的不对称价格结构。免费策略不仅出于提高平台吸引力的考虑，更是维持平台生态系统成员利益的均衡、实现系统总体价值最大化的策略。

免费的对象一定是被补贴方。补贴是对平台的某一用户群体提供免费或低于边际成本的服务，以吸引该群体成员入驻平台，以此为筹码吸引另一边用户群体的策略（Evans & Schmalensee, 2007）。根据需求价格弹性、网络效应、边际成本、用户多平台归属的可能、现金流汇集的方便度（收费实施的难度），决定谁是付费方、谁是免费者（Eisenmann et al., 2006）。具体要考虑以下几个方面。

1）用户的需求价格弹性。需求价格弹性反映了用户对价格的敏感程度。需求价格弹性越大，意味着用户对价格越敏感，免费的吸引力就越大。在竞争十分激烈的市场环境中，尤其是平台产品接近于同质的情况下，需求价格弹性趋向于无穷大。此时，只能实行免费的策略，增加用户黏性，否则用户就会容易放弃平台而选择同质的替代品。

2）网络效应的方向及强弱。在双边市场中最重要的是同边网络效应更强的一方应该受到价格优待甚至免费，这样容易产生需求方规模经济；跨边网络效应更强的一方也应该受到价格优待甚至免费，以吸引其加入，继而吸引另一边用户群体的加入，以实现平台规模的"滚雪球"效应。平台定价模式中常见的是高端用户补贴低端用户，享受免费或补贴的低端用户主要产生网络效应（陈威如、余卓轩, 2013）。

3）平台的成本结构及边际成本。平台创建时需要投入巨额的固定成本，之后只需付出相对低廉的边际成本。固定成本形成了沉没成本，对成本定价影响甚微。平台运行的边际成本较低或接近于零，为平台免费定价策略奠定了基础。

4）平台用户的多归属行为。可供用户选择的平台越多，平台间的竞争越激烈，平台价格也就越低。为了降低用户的平台多归属行为的不利影响，就要选择免费甚至补贴策略来提高用户的平台入驻率。

5）收费实施的难度。对平台而言，若收费的技术难度过大、现金流难以汇聚或收益不足以弥补投入的成本，必然选择免费的价格策略。

（2）互联网平台免费的盈利机理。免费策略作为平台的重要价格策略、竞争策略和营销策略，有助于汇聚用户群体、提高用户流量继而激发网络效应，有利于维持平台生态系统的利益均衡、防范用户流失，还能帮助平台迅速打入市场，扩大平台规模和业务的覆盖性，从而形成竞争优势。

1）提高用户流量，激发网络效应。免费是吸引用户进驻平台的最有效策略，如果存在付费门槛，就会把大量的用户拒之门外。免费使更多用户愿意试用，从而为获得大量的用户打好基础，进而就有了多元化的用户需求和庞大的客户流量，各种商机由此而生，如吸引互补服务提供者、广告商、内容提供者、程序开发者进驻平台，继而激发网络效应，实现平台自动扩张的良性循环。

2）维持利益均衡，防范用户流失。平台定价反映了平台参与者各自的影响力和对平台的价值贡献，是维持平台生态系统持续成长的重要举措。定价必然涉及各方权益的分配，影响多边群体参与平台的积极性，最终影响平台用户的规模和价值创造。而免费可以提高平台用户的黏性，并且面对免费的服务，用户对服务的质量就少有苛刻的要求。如果平台持续实行免费，在其他平台服务或功能无显著差异的情况下，用户一般不会再选择其他平台。

3）促进市场营销，实现业务扩张。免费策略营销效果明显，免费使用户主动试用并了解内容，节省了营销费用；免费还使平台及其产品获得较高的声誉和关注度；在考虑免费产品或服务时，用户会更宽容。更重要的是，免费是击败竞争对手、覆盖对手业务、快速进入新兴市场的有效策略。

1.3 互联网促进传统产业发展的机制

1.3.1 互联网与传统产业融合的机制

1. 互联网对传统产业融合的影响

在互联网背景下，产业发展出现了技术融合、产品融合、业务融合、市场融合和组织融合的趋势（欧阳日辉，2015）。这种趋势的出现有三大原因。

（1）互联网利于企业资源配置优化，提高资源整合和动态管理能力。资源编排理论（resource orchestration theory，ROT）指出，企业除获取充足的有价值（valuable）、稀缺（rare）、不可模仿（imperfectly imitable）、不可替代（non substitutable）（即 VRIN 模型）的资源外，更重要的是掌握协调、整合、利用资源的能力，平衡"做正确的事"与"正确地做事"之间的关系，使资源编排行为与战略目标相匹配（Sirmon et al., 2011）。互联网具有连接一切的特征，大大提升了传统企业资源的利用率。通过互联网，企业资产的所有者或是未来潜在的使用者都可以以较低的成本来获得更多关于该项资产的用途及所有者、使用者的相关信息，并以此提高该资产用于其他用途或使用者的可能性，从而在一定程度上降低了资产专用性（杨蕙馨 等，2008）。随着各类企业资源的专用性降低，企业创新性将来自不同产业的各类资源重新编排整合，以促进不同产业之间的融合。

（2）互联网改变了企业与其他主体的竞合关系。互联网时代的生态战略布局趋势愈加明显，企业面临的未来考验不再是单打独斗的能力，而是能否在整个产业生态系统中构建自己的核心竞争力。因此，互联网给商业实践界带来的显著改变在于企业与企业之间由竞争关系变为竞合关系，进而共建商业生态（李海舰 等，2014）。不同类型的产业在同一个商业生态系统中，随着企业与企业之间的连接愈加紧密，行业与行业之间的聚合产生集聚和扩散的效应，产业融合是传统产业发展的必然趋势。

（3）互联网改变了传统产业的竞争规则。信息技术革命是制度创业的重要外部动因（Wang & Swanson，2007），在互联网背景下，组织为了应对高度的外部环境动荡性和竞争性，自身的创新行为甚至改变了产业的竞争规则，推动了传统产业的跨界融合。例如，阿里巴巴跨界进入金融行业不仅提高了企业的竞争优势，而且推动了大数据等高新技术与传统金融产业的深度融合，传统的金融经济规则和格局也随之改变（张军成 等，2016）。

2. 互联网驱动传统产业融合的技术创新机制

人类文明发展过程中的四次工业革命为产业发展带来了翻天覆地的变化，其背后的基本逻辑是技术创新促进产业融合（Broring，2007）。互联网时代的创新不是颠覆性创新，而是迭代创新，并受到更多企业的青睐（孙黎、杨晓明，2014；朱晓红 等，2019）。选择迭代创新主要有两点考量。

一是互联网扩大了企业跨界进行知识搜寻的范围。作为技术创新的基本要素，企业搜寻到有用的知识并加以内化十分重要。互联网背景下的企业知识搜寻的目标、方式和范围都发生了改变；有用的信息和知识可以通过各类平台低成本地、实时地产生和分享，进而产生明显的正外部性；数量巨大的用户群体所带来的低边际成本和网络外部性会进一步刺激企业的研发投入（杨德明、刘泳文，2018）。

二是互联网改变了传统商业逻辑。互联网通过大数据将人、物、场景、企业和产业更加紧密地连接起来，服务主导逻辑（service-dominant logic，SDL）取代了传统的产品主导逻辑（product-dominant logic，PDL），企业以往以提升生产效率为导向的技术创新逐渐转变为以用户需求为中心的技术创新。并且，由于用户的需求在不断发生变化，企业根据用户反馈不断提升和迭代更新会变得高效，微信的成功便源于此。而技术创新之所以可以推动传统产业融合，一方面是因为技术融合本身可以引发产业的融合。例如，互联网技术和通信技术融合创新成功，推动了通信行业和移动PC行业的融合，催生了智能手机行业的产生。另一方面则是因为技术具有高渗透性和扩散效应，可以快速渗透到其他产业，促进了产业融合（马健，2008）。

3. 互联网驱动传统产业融合的商业模式创新机制

互联网在消费领域的渗透和应用已经催生了一系列新的产品、业态和模式，如无人商店、免费模式、共享经济、平台模式等，但这些新概念、新模式背后的主导逻辑在于互联网对企业价值创造和获取方式的改变，即商业模式创新。商业模式具有三个关键要素：价值主张、提供产品或服务的方式以及盈利模式（Amit & Zott，2001）。

首先，企业的价值主张往往根据目标客户群体来确定，互联网可以帮助企业更加精准地了解客户需求，定位目标客户。并且，互联网催生了新的价值主张。互联网时代，消费者的个性化需求越来越强烈,传统的产品导向的价值主张开始转变为用户导向的价值主张。例如,张瑞敏就创新性地提出"人单合一"模式,将企业的价值主张聚焦于员工,在为用户创造价值的同时实现自身价值,这种新的价值主张奠定了海尔集团新的商业模式成功的基础。

其次,互联网丰富了企业提供产品或服务的方式,并且提高了企业提供产品或服务的效率。从电子商务的出现,到新零售强调O2O的深度融合,互联网通过大数据、云计算等的应用从价值链的各个环节不断优化企业为顾客创造价值的方式和效率,不仅改变着价值链各环节之间分工协作的体系和模式,而且改变着价值链各环节的相对重要程度。

最后,互联网推动了信息快速传播,新的盈利模式可以被借鉴和应用。传统企业的盈利模式相对比较简单,即通过规模经济效应、范围经济效应等来降低企业成本从而获得盈利;而互联网催生了多种新型商业模式,例如,平台将供给方和需求方直接匹配并实现动态定价,具有明显的价格优势(郑志来,2016)。而商业模式创新有时甚至比技术创新对产业融合的驱动作用更大(Chesbrough,2007)。而且,同一产业链上的不同企业如果进行商业模式的协同创新,可以促进相关产业的跨界融合(王翔、肖挺,2015)。

1.3.2 互联网经济下创新正反馈机制

与传统经济相比,互联网经济具有不同的运行特点。互联网经济下交易环节大大减少,交易成本下降;客户和企业可以直接互动,更加自由地表达个性化需求;经济主体跨越国界、打破交易时间限制,市场规模更大;交易频率高、周期短,竞争格局变化快。互联网经济的这些特点为企业创新行为提供了坚实的发展基础。

1. 节点创新与网络价值的正反馈

梅特卡夫定律(Metcalfe's law)指出,互联网的价值与联网的用户数的平方成正比(详见第2章)。网络成员越多,网络价值就越大,进而人们就越愿意加入网络。网络外部性使得网络本身的发展突破临界点之后能够呈现爆发式增长。网络外部性存在的根本原因是网络的系统性、互补性,以及信息分享的非耗费性。互联网经济下的创新行为也存在显著的网络外部性。互联网经济中最重要的生产要素是信息和知识。互联网使信息和知识能够快速甚至实时地产生、交流和分享,创新主体的创新思路、创新成果相互启发、相互激励、相互竞争,创新行为网络的外部效应大大加强。任何一个节点上网络成员的创新成果都会给网络上的其他成员带来价值。节点创新被快速传播,为所有网络成员带来价值,进而吸引更多成员加入网络,增大了节点创新能够获得利益的可能边界。网络经济的边际效益递增使互联网经济下节点创新与网络价值存在着正反馈效应。

在互联网经济下,节点创新与网络价值之间除了创新的同边正反馈效应,跨边正反馈效应也非常突出○。例如,网络中企业的创新性产品提升了用户价值,促进用户规模的增长,用户的增多又促进更多企业向网络提供更好、更多的创新性产品,企业和用户通过互联网实现了良性互动。对于企业和用户,虽然网络价值的定义不同,但是创新行为提升了双方的网络价值。在

○ 创新的同边正反馈效应是指相同性质的企业在网络上相互分享和启发,跨边正反馈效应是指一种网络主体的创新行为促进了另一种网络主体群体的发展。

互联网经济下，网络主体的多样性促进了创新的同边正反馈和跨边正反馈效应。

2. 软件创新和硬件创新的正反馈

互联网经济建立在互联网技术的基础上，网络技术分为硬件层和软件层。晶体管和集成电路技术的出现是人类科技史上的重大突破，创造了人类数据处理、存储和传输的新范式。在这个范式下，技术不断成熟，技术进步速度不断加快。摩尔定律和反摩尔定律[一]很好地说明了这一情况。吉尔德定律（Gilder's law）预测，网络带宽每 6 个月就会增长 1 倍。由于技术的成熟带来的每比特传输成本降低，因此数据传输速度增长比计算存储能力增长更快。摩尔定律、反摩尔定律和吉尔德定律说明，进入 IT 时代后，硬件技术发展速度加快，企业竞争异常激烈，创新压力更大。

互联网跨越时空限制的特性能够迅速传播优质用户体验并吸引大量用户涌入。优秀的软件供应商因此获得了规模经济，摊薄了研发成本，享受了高额利润，进而更有动力进行软件创新。同时，越来越高的用户体验要求给软件供应商施加了巨大的竞争压力，迫使软件供应商竞相创新。软件供应商逐渐发现，能够合理利用最新的硬件性能，创造出用户认同、市场接受的产品或服务，实现持续创新，才是在互联网经济中获取持续竞争优势的唯一途径。互联网经济特性使得软件供应商尽全力快速创新、快速获利。

软件供应商的快速创新迫使硬件供应商进入更为激烈的创新竞争。因为在互联网经济中，硬件创新成果的消耗速度比软件创新成果的消耗速度快得多。硬件速度提高十倍带来的软件性能提高可能只会让用户体验改善一点点。因为用户体验的提升不只是简单的速度提高，而是寻求更为复杂的体验。例如，从磁盘操作系统，即 DOS（disk operating system）黑箱操作系统转向 Windows 可视化操作界面，再转向语音识别操作界面，再转向动作识别操作界面，每一次操作界面的升级对硬件速度都提出了十倍甚至百倍的要求。因此，软件供应商的各种用户体验设计迅速消耗掉硬件的创新成果，迫使硬件供应商快速进入下一轮创新竞争。安迪 – 比尔定律[二]指出，硬件的技术升级无论多快，都会被新一代软件耗费。软件的规模和复杂性的增长速度甚至超过了摩尔定律。硬件的发展给软件功能的实现提供了条件，软件的发展反过来又提高了对处理器和存储芯片的需求，从而刺激了集成电路的更快发展。只要软件还在不断地创新和升级，在摩尔定律支配下就不会出现硬件升级过剩的情况。安迪 – 比尔定律说明，在互联网时代，技术发展和对于用户需求的把握都是创新的原动力，这个原动力比单纯的技术驱动更加坚实、更加持久。硬件供应商最终也发现，先进的硬件迟早都会吸引感兴趣的软件供应商来购买。互联网经济特性也使得硬件供应商必须尽全力快速创新、快速获利。

在用户体验和硬件技术快速发展的背景下，互联网在创新上呈现了用户体验、软件创新和硬件创新的正反馈效应。如果新的商业模式、新的用户体验理念出现，开发和传导了新的用户

[一] 英特尔创始人之一戈登·摩尔（Gordon Moore）1975 年预测：集成电路的性能每 18 个月会提高 1 倍，而价格将会减少到原来的一半。2012 年 10 月，科学家研制的碳纳米管芯片仍符合摩尔定律周期。谷歌前 CEO 埃里克·施密特（Eric Schmidt）还提出了反摩尔定律：如果你反过来看摩尔定律，那么一个 IT 公司如果今天和 18 个月前卖掉同样多的、相同的产品，它的营业额就要下降一半。

[二] 安迪 – 比尔定律是能够更深刻描述硬件与软件之间正向反馈、相互促进的规律。安迪是指英特尔公司创始人安迪·格鲁夫（Andy Grove），比尔是指微软公司创始人比尔·盖茨（Bill Gates）。有人说："安迪提供什么，比尔拿走什么。"

价值，可能就会立即驱动软硬件技术的开发和创新；同样地，硬件技术的进步、软件技术的创新也可能给用户体验、商业应用提供更大的创新空间。因此，互联网经济特性使得软件供应商和硬件供应商在用户体验升级的压力下进入了加速创新的竞争格局。

3. 企业创新与产业地位的正反馈

在互联网经济下，企业之间的竞争更公开、更充分，具有核心能力、善于创新的企业将会取得更大的成功。在互联网时代，知识、信息是主要的生产投入要素，由于信息的分享和复制的成本几乎为零，且能重复销售和使用，因此，定价机制不再由成本和供求关系主导，而是依据用户评价和用户价格敏感度来制定，个别企业的控制力被强化了，因而更加趋近于垄断（李怀、高良谋，2001）。同时，在互联网环境下，用户搜寻信息的成本急剧下降、搜寻信息的能力极大增强，优势的竞争者更容易被找到。由于注意力是稀缺资源，取得优势地位的产品和企业不但容易实现规模经济效应，还能获得网络经济下独特的口碑效应和平台效应，形成更大的优势甚至设置产品标准。这种"强者更强，赢家通吃"的马太效应将使市场结构趋于寡头垄断。

但是，互联网经济下获得寡头垄断地位的企业地位并不稳固，竞争对手的高质量创新随时可以复制并再次形成马太效应，创造新的寡头。互联网经济下新的发展方向和新的技术层出不穷，市场份额与创新频率、创新质量高度关联，即使获得寡头地位的企业也不能高枕无忧。寡头企业需要不断研发、优惠定价、持续投入，以保持自身的市场地位。互联网的特性使得互联网相关的产业具有竞争性垄断的特征，这种产业结构非常有利于创新的发展。竞争充分的情况下容易出现垄断结构，而垄断程度高会造成竞争激烈、创新迭出的情形。这样的竞争性垄断能够提高创新的效率，垄断企业既拥有创新所需的资源，又具有创新的动力。对互联网企业而言，创新越有效，销量就越高；销量越高，就越有信誉；更好的信誉将带来更高的销量；更高的销量意味着更多利润，进而鼓励进一步创新。这样的创新良性循环将使得创新能力最强的企业获得最高的产业地位——更好的创新带来更高的产业地位，更高的产业地位只有通过创新才能维系。由此，在企业创新和产业地位之间，形成了一个正反馈机制。

1.4 价值形态迭代与商业关系重构

1.4.1 价值形态的迭代

企业存续的根基是它能满足用户的需求，即能为市场提供价值，而市场反哺企业交换价值的货币实现，维持企业的生命线。伴随经济时代和价值创造逻辑的演化，企业为社会提供的价值形态呈现从简单到复杂的迭代，价值空间维度呈现出从一元线性到二元平面，再到三元立体空间的拓展。因此，企业的利润空间也从单一到多元，产生了更高的投入-产出效率，实现了资源整合效率和市场份额攫取的更大化[一]。

[一] 毕玮. 基于平台型商业生态系统的工业企业新价值形态创造策略[J]. 中共青岛市委党校青岛行政学院学报，2021（5）：26-34.

1. 工业经济时代的价值形态

在工业经济时代，企业在专业化分工的生产服务和治理框架下，通过一定的价值传递机制，使处于价值链上不同阶段和具有某种专用性资产的相对固化的企业及利益相关者彼此组合在一起，共同为顾客创造价值（Gulati et al., 2000）。此时的价值是工业企业基于独占的资源和能力提供的使用价值形态，并不是体现用户真正需求和感知的使用价值；仅以产品或服务为载体存在的某种需求特性，它被物化于工业企业能够提供的产品形态上。受限于价值链创造单一使用价值的逻辑，工业企业为了拓展价值空间、获得更多的利润，始终与价值链的上下游企业博弈，通过掠取对方的利润空间来实现自己的利润最大化，强烈的上下游竞争意识打破了价值共创的可能性。然而，工业企业为了获得规模经济和范围经济的好处，借助他人的渠道或分销商体系进行销售和配送，是在产品经济时代完成价值创造和实现价值增值的基本工具（罗珉、李亮宇，2015）。分销渠道成了割裂供给和需求的屏障。价值创造环节与流通环节的割裂，使工业企业无法有效统筹价值创造和资源整合的过程。因此，创造主体的少众性、创造维度的单一性和创造环节的局限性，使工业企业能够提供的价值形态仅为一元线性的物化形态，其利润空间十分有限。工业企业在微笑曲线中的不利位置，迫使其进行价值创新和商业模式迭代。

2. 互联网经济时代的价值形态

在互联网经济时代，SNS、LBS（location based service）逐渐在企业和用户中普及，互联网成为社会生活的必要组成部分（金帆，2014），这使得用户不再以个体形式存在，而形成社群集聚形式，继而产生围绕用户需求的规模经济效应和范围经济效应。社群逻辑进一步催生了用户主导的 C2B 商业形态，即从用户需求到生产端供给的虚拟价值链连接，由信息构成的虚拟价值链逐渐成为价值创造机制的重要组成部分（Rayport & Sviokla, 1995）。基于对生产制造和商品流通两个环节建立的价值连接，价值创造由单向价值传递过渡为厂商与用户双向价值协同。在社群的影响下，传播被赋予了价值交互的新含义。工业企业与用户建立连接和交互，以用户信息为价值创造起点，提升用户感知在价值创造机制中的地位，最终促使有用户参与的价值共创取代产品导向的制造生产成为价值创造活动的核心环节。工业企业创造出的价值形态从物化的使用价值迭代成为附加了用户期望和感知的使用价值。这为工业企业带来了经济租金，是其在虚拟价值链条中追求的连接红利（Prahalad & Ramaswamy, 2004）。基于虚拟价值链实现的价值创造与流通环节的融合，从纵向上突破了价值创造环节的局限性和创造维度的单一性问题；凝聚有用户期望和感知的使用价值拓展了价值的存在形态，变一元为二元价值，从线性形态演化为平面形态。

3. 平台经济时代的价值形态

在平台经济时代，互联网平台企业通过用户交互拓展了价值创造空间与形态，迭代了利润的源泉；借助虚拟网络和平台优势，以开放的产品平台界面和逐步复制封包的平台策略，打造出涵盖开发者、操作系统、可穿戴设备、车载电子设备、智能家居、协同办公等业务内容的整合商业生态系统。中国的工业企业纷纷转型升级，对产品生产链进行平台化改造，对流通渠道构建社群交易平台，实现创新平台与交易平台的产业生态融合发展。企业平台化与平台网络化的转型，放弃了垂直整合型的供应链、价值链等链式价值创造模式，创新性地采用了虚拟整合型的价值网络、价值星系型的价值创造方式（王千，2014）。价值网络对多方资源的整合，再次迭代满足用户需求的价值载体，产生了价值的第三种存在形态，即网络价值。商业生态系统内的价值网络不但连接了供应端和流通端的价值网络，还连接了跨产业的资源整合网络。价值网络产生的网络价值，超越了凝结在产品或服务中被感知的使用价值，形成了满足用户立体需求的整体解决方案。被感知的使用价值是通过用户需求驱动工业互联网平台的模块化资源自整合而实现的，这不但是消费者或用户所需要的，也是核心企业和其他利益相关者企业所需要的。基于商业生态系统价值网络产生的价值除了涵盖被感知的使用价值，还衍生出了可供消费者和合作企业共享的网络价值。这是由于产业链从垂直的演变为依托平台的环形网络，平台的正外部性不断被激发，不断积累的正外部性为资源的整合创造了无限可能，从而形成一种新价值形态，即价值空间。

1.4.2 商业关系的重构

物与物之间通过互联网连接，形成了物联网；人与人之间通过微博、微信等社会化媒体连接，形成了用户社区；场景与场景之间通过互联网连接，形成了产品生态网络。互联网促进了企业与企业在空间上的连接，使得传统的集聚于一定地理空间的产业集群得以去中心化，推动传统产业集群的演化；互联网促进了企业与企业之间在价值链上的连接，使得传统的价值链向虚拟价值链演进（张骁，2019）。互联网具有"连接一切，跨界融合"的基本特征（马化腾、赵博，2015），连接一切是互联网功能发挥的基础、手段和支撑。基于脆弱、单向、模糊、简单的价值链的商业模式，需要进入强韧、交互、清晰、复杂的价值网络中去，否则不但无法在当下的市场情境中赢得竞争优势，还可能被无情地淘汰[⊖]。

1. 从连接机制变化看商业关系重构的逻辑

"企业－产品－用户"作为最主要的商业要素，其交互作用实现了交易的可能性，构成了价值创造的基本逻辑。在商业关系的体系中，连接主要元素的机制比各元素本身更加重要。商业要素的连接机制的差异化，导致苹果和诺基亚（Nokia）、小米和酷派等，虽处于同样的产业，有类似的产品、近似的用户需求，却可能是竞争力完全不同的企业。

（1）传统的商业关系形态。在传统的商业关系形态中，企业、产品和用户虽然是整个市场的重要组成部分，但却相对独立，彼此的连接是松散的、间接的。微观层面的连接表现为研发、生产、管理、销售等企业运营模式，宏观层面的连接表现为企业间、产业间甚至区域和国家等经济体之间的竞合互动模式，不同资源整合并系统化，形成价值创造和价值获取能力。在这种连接商业关系形态下，商业元素和关联路径的系统化程度并不高，连接强度较低，交互性不足，连接目的不清晰，连接范围有限。

（2）新型的商业关系形态。在新型的商业关系形态中，企业、产品、用户与市场的边界愈加模糊，彼此间的关联愈加紧密、深入、清晰和广泛。企业不再是一切的主宰，用户有了更多的发言权，产品更需要提供个性化的体验。价值创造和价值收获等基本连接路径不断增强与繁

⊖ 廖建文，施德俊. 从"连接"到"联结"：商业关系的重构，竞争优势的重建 [J]. 清华商业评论，2014（9）：24-36.

衍，交织形成复杂的、范围更广但价值流动更快的商业网络。

2. 从网络构建模式看商业关系重构的变化

企业、产品、用户之间商业关系的基本形态（见图1-5）包括"企业—产品—用户"的价值创造路径以及"用户—产品—企业"的价值收获路径。这样的商业关系实为一个社会网络，企业、产品、用户是基本的节点，价值创造、使用价值实现、消费价值实现、价值收获则是连接。

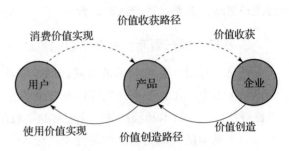

图1-5 商业关系的基本形态
资料来源：CKIRC创新研究中心。

（1）新角色与新价值的转变。企业是产品或服务的供给者，是价值创造的发动机，没有企业的努力，需求不会被发现，价值也无法被创造，当然企业的价值获取要依赖于用户的认可；用户是产品或服务的使用者，是价值创造的土壤，一切价值从用户来，并最终回归到用户；产品是实现价值创造的工具，也是企业努力和用户需求的具体凝结。

（2）变化特征及差异的观察。社会网络理论对于连接的测量有完整的指标体系，包括连接强度、连接交互性、连接清晰度、连接多维性。连接强度是指连接双方的关联强度，包括连接的速度、频率、时间长度、深入程度等。在重构后的联结形态下，实时在线的连接，情感、精神的投入程度也非常高。连接交互性是指连接的方向（单向还是双向）、双方权利是否对等。重构后的联结是交互性的，用户有了更多的权利，甚至连产品都有了自己独立的位格，不再只是企业的附属而已。连接清晰度是指连接双方对于"建立连接的价值"以及"对方连接的意图"的明确程度。随着连接的加强，企业愈加清楚用户要什么，用户也愈加清楚企业提供的是什么和价值为何。连接多维性是指连接双方"连接路径"的多少。重构后的企业、产品、用户可以通过更多的节点和路径联结更多的媒体、更多的社交网络、更多的相关企业、更多的产品、更多的社群圈子……

（3）新经济商业模式特征。在巨头平台布局对消费者的影响日益扩大的今天（如B2B平台的快速渗透、智慧门店等新零售模式的涌现），建立平台并拥有直接对接消费者（direct to customer，D2C）的能力，可赋予国内消费品企业与互联网巨头进行博弈的资本。中国在这方面具备发展消费者平台业务的独特优势。

第一，中国的平台往往能够获得更丰富的数据支持和分析经验。中国消费者在有更好的产品和体验等有偿情况下分享个人数据的意愿较高，其中年轻一代尤甚（Kearney，2021）。

第二，中国消费品与零售企业经过数十年的发展已经沉淀了大量资产，无论消费者、产品、品牌、渠道、供应链，还是数字化能力，均已无法与传统模式兼容，需要一种新模式进行承载与输出以最大化其商业价值。

第三，技术的成熟使得平台变得越来越具象化。在消费品领域，美的、百胜中国、欧莱雅等企业均已由内而外地开始构建领先的数字化能力。同时，互联网巨头乃至AI（人工智能）初创企业，已经可以提供成熟的解决方案，大大优化平台的功能与体验。企业和用户之间的关系是直接、紧密、长久、平等的，两者交互影响。

小米、腾讯、阿里巴巴等平台基本都具有这样的特征：企业和用户间都是直接发生互动关系，用户很少受传统广告宣传的影响，而是依赖口碑和自然延伸的关系；企业与用户的联系很紧密，产品的使用是高频次、长时间和排他性的，如微信、米柚（MIUI）等频繁地升级、通知，直接地反馈；可从使用行为和用户的直接反馈中获得研发信息，可以通过"beta版"⊖来获得改进策略，甚至是边测试边运营。

3. 从技术成长看商业关系重构的驱动力量

网络、计算、数据技术的发展，催生了社交网络、移动互联、大数据等商业技术的应用，也推动了去中心化、去中介化等商业规则的变化。连接一切的连接强度、交互性、清晰度、多维性等特征，与技术和经济的变化趋势是一致的。

（1）基本的驱动力量。网络提速、接入设备增加、接入范围扩大等通信网络的增强化，计算设备的小型化、移动化直至隐形化，以及数据采集和数据分析的智能化，构成了商业关系重构的基本驱动力量（Kelly，2010）。人与人、组织与组织、物与物以及"人-组织-物"的连接得到了极大的强化，表现形式就是社交网络、移动互联和大数据。因为社交网络的发展，连接由间接变为直接，行为由未知变为可知，到达由模糊变为精准，沟通由单向变为互动，传播由无序变为社群；而移动互联的发展，带来了连接随时性、服务随地性、功能简捷性、体验极致性、应用多样性；大数据则实现了来源可溯性、信息可得性、数据连通性、分析可行性和反馈及时性。

（2）新的商业规则。社交网络、移动互联、大数据在市场环境中体现为去中心化和去中介化。

去中心化表现为以用户为中心的信息结构模式，这是"企业-产品-用户"连接程度增强的必然结果。互联网的本质是强调集中，即最大限度地集中并扩大影响力；后互联网的本质则是强调分散，即最大限度地到达并连接用户。过去是用户通过谷歌、百度搜索产品信息，现在是企业通过网络行为和社交网络搜集用户信息；过去是以新浪、搜狐等门户网站为中心来聚集用户，现在是用户按照兴趣自由组合信息来源的结构。

去中介化意味着规模化、集中化的中间环节服务，被直接到达的、交互性的小节点联结所替代。互联网最大的功能在于使工业化时代非常长的连接路径缩短，降低信息搜寻成本和交易成本。一方面，连接的可直达性和数据管理的便捷性，降低了企业对中介型中心节点的依赖性。过去携程、艺龙、飞猪、美团等网站发挥了积极的中介职能，现在任何人都可通过微博、微信公众号、地图标注认领等形式来获得客源。另一方面，连接的用户中心性及交互性要求传统的中介服务必须整合，从而提供个性化的信息服务。过去用户需在出门之前先搜索查找目的地信息，找好要吃的和玩儿的；现在可随时随地获取附近美食、酒吧等推荐，这背后是地理、商户与用户信息的连接。

4. 从历史演进看商业关系重构的脉络趋势

不同社会发展阶段中，价值创造和价值收获的变化、商业元素关联形态的更新，都体现出商业关系重构的变化特征。从商业关系的连接强度和连接形态来看，是从紧密到松散再到紧密的过程。

⊖ 通常指软件产品最早对外公开的版本。

（1）商业关系1.0：农业时代。农业时代的商业关系是最基本的"生产者－产品－用户"网络：生产者与用户在交易前多半有着一定意义上的社会关系，生产者是具体的人而非模糊的组织。因为联系方式的落后，所以对于产品质量、付费可信度，须做出更加细致的判断。农业（手工业）时代的商业元素连接方式，是以人为中心但效率低下的信息组织模式。

（2）商业关系2.0：工业时代。工业时代商业元素的连接是以物为中心的信息组织模式（见图1-6）。生产者开始规模化、组织化，演变成为"企业－产品－用户"形态。产品和交易流程日益标准化，企业和用户不需要做太多的可信度考察，价值创造的效率大幅提升。

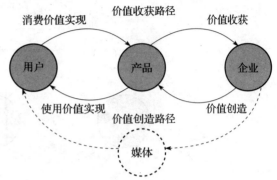

图1-6 工业时代的信息组织模式

资料来源：CKIRC创新研究中心。

在工业时代的前期，产品是商业关系网络最重要的核心元素，它将企业和用户连接起来，是价值创造和价值收获的桥梁。而随着大众媒体的发展和广告业的发展，企业和用户间的连接开始加入广告传播元素。商业关系发生了改变，产品不再是唯一重要的连接要素，品牌的作用开始凸显。

（3）商业关系3.0：信息时代。信息时代的"企业－产品－用户"在更大范围、更多维度上有了更多的连接路径，商业关系变得愈加紧密，但仍是对物的信息组织（见图1-7）。例如，搜索引擎、门户网站都是以产品或服务为核心来组织信息的，价值创造与收获路径并未发生根本性变化。在企业、产品、用户间的连接方面，虽环节减少了，但还是间接的；商业关系网络仍是虚拟的、脆弱的。

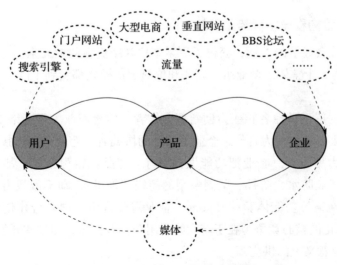

图1-7 信息时代的信息组织模式

资料来源：CKIRC创新研究中心。

（4）商业关系4.0：后互联网时代。在后互联网时代，以移动互联和社交网络为主，信息的组织主要是以人的行为为核心，这种"人的行为数据"比之前的物理数据更加精确、直接和相关（见图1-8）。市场的主导力量从传统上居中心地位的企业转向了分散的用户。在信息可获得性无限放大的今天，资源占有、专业知识等在工业化时代为企业赢得市场领导优势的要素，不再能继续帮助企业保持其竞争优势。

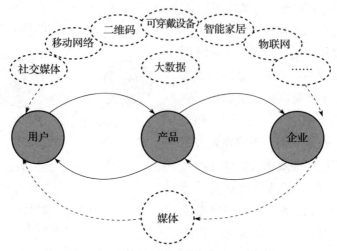

图1-8　后互联网时代的信息组织模式

资料来源：CKIRC创新研究中心。

这种以人为中心的、高效的信息组织模式，让"企业－产品－用户"等商业元素联结为一个整体。同时，价值创造和收获路径变得复杂而模糊，不再是简单的价值链条。新的信息渠道对商业元素的组织起到了更强的联结作用。企业和用户之间不再是卖与买的简单交易关系，而是价值的共同创造者；企业和产品之间不再是简单的流程化生产关系，而是可不断打破行业边界的联结体系；产品和用户之间也不再是简单的功能满足关系，而是可通过交互联结创造更多的体验价值。

5. 从商业关系重构看竞争优势重建的方向

企业因科技和社会经济的发展，获得了更紧密地联结更多商业元素的能力。整个商业世界因此而逐步联结成为一个整体。商业组织模式和价值创造模式都受到了巨大而深远的影响。

（1）角色转变。

第一，企业从创造型掌控者转变为创新型合作者。传统商业关系网络中企业是掌控主体，新型商业关系中企业由掌控变为合作，企业是网络的协调者，企业所能连接的关系和整合利用的资源，远比其实力更重要。企业把功能做得更好、产品做得更完善，却可能无法创造更大的价值。例如，诺基亚防水、防摔、坚固耐用的超级"神机"，却不敌致力于整合用户真正期待的音乐、电脑、网络等功能体验的iPhone。企业需要将用户纳入合作创新网络之中，安卓（Android）和苹果真正的核心竞争力在于庞大的应用开发者群体，而这些开发者其实是产品/系统的用户，而非传统意义上的供应商。

第二，用户从分散被动的消费者转变为积极主动的创造主体。用户是新型商业关系中的主角，连接效应使他们从传统的同质性群体变为个性化个体，从分散化的弱势群体变为组织化的社群，也从需要被教导的"无知小白"变成精通技术的专家，从普通消费者变成创新引领者。企业须尽一切努力赢得用户关系，培养使用习惯、增加用户黏性、拓展价值链条，构建并融入用户社群，因为真正有价值的用户不是分散的个体，而是有组织地成长的社群。

第三，产品从交易的功能载体转变为服务网络的接口。产品在传统商业关系中扮演着重要的连接媒介角色。在新型商业关系形态下，产品成为不同服务网络的接口，不再是孤立的，而是在服务网络中相连的；不再是独立的，而是可协作的；不再是不变的，而是不断迭代的；不再是完美的，而是特别的。企业要做到以下三点。一是抢占生态位。生活场景可看作以用户为中心的生态系统，各类产品在其中占据不同的位置。其中不可或缺的，就是占领一个重要的生态位。二是做一个好的接口。Nest 作为一款恒温控制器，把既有的空调体系连接起来，使空调体系变得更加智能，把用户和舒适的室内气温连接了起来。谷歌重金收购 Nest 就是看中了它是一个很好的接口。三是接入更多的网络。例如，iTunes 通过 iPod 把音乐网络连接起来，通过 iPhone 把移动网络和海量应用连接起来。

（2）联结建立。

第一，企业与用户：价值共同创造的联结。在新型商业关系中，由以企业为主导的连接变为企业与用户日渐对等的连接，由间接连接变为直接连接，由单向连接变为交互连接，由短期连接变为长期连接。

- 让用户有更多的发挥空间。例如，iPhone 不只是手机，它在提供的基本功能上加上了用户的个性化选择和设置，完成了共同创造，生成了全新的产品。
- 扩展和延伸价值链。例如，360 公司从免费杀毒做起，构建起坚实的用户关系，真正收入却主要来自浏览器和搜索引擎的流量分成与广告费用；而后其开发的路由器、儿童安全卫士一路收割用户价值，获得了远超任何一家杀毒软件公司的成功。
- 跟随用户去跨界。例如，小米跟随用户社群和高度信任它的"粉丝大军"不断涌现的需求，从米柚系统、小米手机、小米路由器、小米电视，一直做到小米豆浆机等。

第二，企业与产品：打破产业边界的联结。在企业从创造型掌控者转变为创新型合作者、产品从交易的功能载体转变为服务网络的接口之后，企业和产品的价值创造有了更多的可能性——不再是单纯地研发产品，而是有意识地创新产品；不再是延续性的研发，而是颠覆性的创新；不是自己制造，而是合作创造。

- 为产品注入生命活力。只有能与用户、与更大的产品或服务网络连接和互动的产品，才是有生命力的产品。
- 持续挖掘产品的创新应用。用户创造性使用产品的地方，就是创新成长的沃土。推特想不到自己会成为媒体，豆瓣的程序员也没想到用户居然创造了一个文艺而又小资的网上社区。
- 与更多的接口合作，实现产品以外的价值。智能家电、物联网代表着呼之欲出的市场未来，但智能化产业价值的实现，需要更多接口合作和标准制定。

第三，产品与用户：交互联结创造体验价值。因为联结的商业关系重构，产品和用户的关系呈现出从较少路径到多维路径、从低频次到高频次、从低卷入度到高卷入度、从单向到互动的连接特征。用户已经成为积极主动的创造主体，产品则是接入服务网络的接口，价值创造是产品与用户交互连接的结果。物以稀为贵的思维已经过时，没有体验就不会有认同，没有认同就无法实现产品价值。更多的用户、更多的使用，才是市场成功的基础。体验是共同创造的而非产品供给的。差别性的体验,是产品功能和用户选择共同完成的。没有用户参与,就不会有真正的共同创造;没有对用户的充分尊重,就不可能获得用户的参与。真正以人为本的好产品,会给用户留出足够的创意空间。

1.5 互联网时代的商业模式演进

伴随互联网技术的快速发展和广泛应用,商业模式的演进过程可以划分为四个阶段:从互联网 1.0 时代的平台商业模式,到 2.0 时代的社群商业模式,再到 3.0 时代的 O2O 商业模式,继而到 4.0 时代的生态商业模式。不同阶段分别呈现出不同的性质、结构和特征,互联网 1.0 和互联网 2.0 时代遵循"线上流量变现"的商业交换逻辑,互联网 3.0 和互联网 4.0 时代倡导"线下融合聚变创新"的价值共创逻辑。

1.5.1 平台商业模式

20 世纪 90 年代初期,最普遍的创新性商业模式是以奇虎 360 为代表的免费商业模式和以阿里巴巴为代表的平台商业模式。

免费模式中有一个庞大的客户细分群体享受免费的基础服务,同时存在其他客户细分群体愿意来付费,给免费的客户细分群体提供财务支持(Anderson,2009;周生辉、张永强,2014)。免费模式主要有三种形式:一是基于双边或多边市场的免费产品或服务,存在第三方支付从而弥补产品或服务生产运营的成本;二是基础服务免费、高级服务溢价收费;三是诱饵模式,即使用免费或廉价的初始产品或服务来培养用户的使用习惯,吸引客户重复购买后续的产品或服务。免费模式的典型是爱奇艺、优酷、土豆等在线视频网站(宋杰,2016),它们在提供大量在线免费视频内容的基础上,通过会员制收费为高端客户提供更高清、更丰富的视觉内容和体验。同时,它们还通过搭建视频播放平台吸引大量客户的眼球,并据此引入广告商在播放平台中插入广告,实现交叉补贴。网易旗下有道搜索出品的有道云笔记通过免费提供 PC 端和移动互联网端口的笔记功能,在成立两周年时总用户量达到 1 500 万名,此后,它加入收费的扩容套餐功能,收费标准有 18 元/月、54 元/3 个月、108 元/半年和 188 元/年四个档位,吸引消费者为获得更大的容量来购买扩容套餐(周枫,2013)。

平台模式的核心则是打造足够大的双边或多边市场平台,产品选择更为多元化和多样化,更为重视商务交易的闭环实现和一体化的用户体验。平台将两种或更多种类、有明显区别但又相互依赖的客户群体集合到一起,只有当它们同时存在的时候,平台才具有价值。平台通过促进各种客户群体之间的互动来创造出更大的价值(陈威如 等,2013)。例如,世纪佳缘网、百合网等相亲网站往往采用男性用户付费获得更多心仪女性用户资料的方式来补贴女性用户这一免费方;淘宝建立开放式的购物平台为消费者提供一站式的轻松购物体验,从进驻平台的商家的交易收入中抽取一定金额作为自身的收入。

奇虎 360 是免费模式和平台模式结合运用最成功、最广为人知的典型案例之一(周鸿祎,2014)。在江民、瑞星、金山毒霸等杀毒软件普遍收费的环境下,奇虎 360 于 2007 年 1 月起,将 360 安全卫士与卡巴斯基杀毒软件捆绑，为消费者提供免费使用卡巴斯基半年的服务，以此吸引和争取用户，签约用户另外半年所交的费用则由卡巴斯基和 360 分成。同年，奇虎 360 推出软件管家服务内嵌到安全卫士中，凡是用户在软件管家中下载软件，该软件的供应商都要向奇虎 360 支付佣金。2008 年，奇虎 360 全年近 1 700 万美元的收入中，有 36% 来自杀毒软件销售分成，34% 来自推荐第三方软件下载的佣金。2008 年 5 月，奇虎 360 推出 360 安全浏览器，当时的活跃用户达到 2.55 亿名，仅次于 IE（Internet Explorer）浏览器。凭借平台强大的用户资源，奇虎 360 架设了类似于 hao123 的导航网站，其中每个网址链接都是一个广告位，通过收取广告费的方式，奇虎 360 获得了大量的现金流。为进一步提高用户黏性，奇虎 360 推出完全免费版的 360 杀毒软件，颠覆了杀毒软件市场的收费模式。为弥补经营成本，奇虎 360 为游戏用户推出 360 游戏浏览器，游戏玩家只要用 360 游戏浏览器进入游戏，奇虎 360 即可获得游戏开发商的收益分成。之后，奇虎 360 推出的 360 桌面等一系列产品都是采用类似的模式，先建立平台以免费的方式吸引大量用户，再以此吸引另一端商户的入驻，平台双边或多边之间相互影响、相互刺激，形成强大的协同效应。

1.5.2 社群商业模式

基于互联网的商业模式有三个层次，底层以产品为中心，中间层以平台为中心，高层则以社区为中心，企业经营逐步从产品导向朝着用户导向过渡。在互联网 2.0 时代，社群商业模式随着小米的示范带动作用迅速崛起。

社群商业模式的核心是"内容 + 社群 + 商业"三位一体。内容是媒体属性，用来吸引流量；社群是关系属性，用来沉淀流量；商业是交易属性，用来变现流量。用户因为好的产品或服务 / 内容 / 应用 / 工具而聚合在一起，然后通过社群沉淀下来，因为共同的价值观、兴趣爱好和价值诉求，用户开展参与式的互动形成社群而留存。最后，有了深度联结的用户，企业用定制化 C2B 的商业交易来满足这些用户多性化和个性化的高级需求。在社群商业模式中，内容、社群和商业三个要素相互支撑、相互促进（刘海政，2014）。

内容是指一切事物皆媒体。在互联网 2.0 时代，企业已经不满足于只是通过免费或补贴的方式来吸引用户，它们需要更有针对性地连接来提高用户的黏性和忠诚度。随着微信等自媒体的出现和快速增长，在人人都是媒体的社会化关系网络中，企业所有的经营行为都变成符号和媒体，在研发、设计、生产、包装、运输、渠道、销售的每一个环节上，企业与用户都进行接触并传播产品和品牌信息，都是用户流量的入口。

社群是指一切关系皆渠道。互联网的出现尤其是移动互联网的快速发展，打破了时空限制，使得人们可以足不出户，在任何时间、任何地点都能购买各种各样的商品。这意味着传统渠道的重要性被削弱，甚至传统的经销商被去中介，取而代之的是线上直接互动的社会关系网络（罗珉、李亮宇，2015）。在这种社会关系网络中，企业与用户之间、用户与用户之间可以实时地相互联系、相互影响。小米手机通过小米社区和线上线下的活动，聚合了大量的手机发烧友群体（"米粉"），这些"米粉"通过这个关系网络源源不断地给小米手机产品的迭代创新提供建议与反馈，同时帮助小米进行口碑传播。

商业是指一切环节皆体验。过去，用户购买商品主要看产品或服务的功能、质量、价格和性价比；现在，用户更看重产品或服务使用过程中的体验以及感知。从本质上讲，用户真正关心的不是企业提供的产品或服务本身，而是能否完美地解决他们的问题或帮助他们更高效、更便利、更低成本地完成他们希望完成的任务（Johnson et al., 2008）。建筑工人关心的不是钻枪，而是需要高效地完成钻孔任务。对用户来说，只存在被感知的使用价值（value-in-use）。因此，企业需要为用户提供一整套的多维度服务，来增强用户关于产品或服务的功能性、情感性和社会性的体验，创造出更大的用户价值。

小米运用社群商业模式最为成功。小米以让用户惊喜、发烧和尖叫为基本导向对产品精雕细刻，基于极致的产品来吸引和创建米粉社群，靠灵活的组织结构从米粉社群中汲取养分来完善和升级产品，在米柚操作系统中表现为 10 万人开发模式与每周迭代（丁辰灵，2014）；同时，小米组织有吸引力的活动来促进企业与外部用户的互动以及社群成员之间的互动，持续地扩大米粉社群并增强社群的黏性，这是一个持续增强的正循环，结果是用户参与感、忠诚度的提升以及市场份额的扩大。小米强调"一切环节皆体验"，对小米用户提供全方位的服务，并首创"保修期内 1 小时快修服务""7 天无理由退货""15 天免费换货""满 150 元包邮""520 余家售后网点"等服务。这些服务有效地提升了小米用户在购买和使用产品过程中的体验与感知，用户满意度和忠诚度得到大幅提升。

1.5.3　O2O 商业模式

2012 年后，互联网发展进入一个新时代，这是一个万物互联、移动互联和高速互联的阶段，也被称为"互联网+"时代。互联网以前所未有的速度对传统行业进行渗透与融合，互联网产业链条不断拉长，从线上向线下延伸，参与者日益增多，基于互联网的产业新应用和新商业模式层出不穷，不仅扩大了产业市场的需求和供给，而且显著提高了产业经济的运行效率。因此，"互联网+"时代是基于互联网的商业模式创新的一次重大飞跃和变革，从虚拟走向现实，从技术走向应用。之前，无论互联网 1.0 时代的平台商业模式，还是互联网 2.0 时代的社群商业模式，流量就是一切。企业通过免费或打造平台或建立社群来汇聚线上流量，再把流量导入广告或游戏或其他增值产品和服务的销售来进行变现，互联网产业链条短，参与方少，经济活动均在线上完成。在这种"流量变现的逻辑"的商业模式指导下，谁握有流量谁就有竞争优势，从而产生"流量为王、赢家通吃"的市场格局（王禹媚，2015）。而到了互联网 3.0 时代，纯粹的线上流量变现的商业模式有效性大大降低，互联网与传统产业相互融合而聚变形成的各式各样的 O2O 新商业模式则在不断崛起，展现出强大的生命力。

O2O 商业模式的本质是互联网技术应用向传统产业拓展，从单纯的线上向线下延伸并实现深度融合，一方面大幅提升传统产业链上信息流、资金流、业务流和物流的运行效率；另一方面对传统产业价值链进行重塑，创造出新的供需流程和商业模式，在产业的供给端和需求端都产生增量，从而扩大市场空间（叶开，2015）。例如，视频网站向上游内容端和下游硬件端延伸，电商向上游商品定制供货和下游物流仓储延伸，旅游网站向上游景点及旅游路线开发和旅行社网点进行整合……以京东为例，京东大力投资发展线下物流和上游的商品定制供货，从而形成完整的产业链闭环，最终打造了自己的核心竞争力。

相比传统的线上流量变现逻辑，O2O商业模式的价值创造方式发生了根本性的变化，强调线下融合产生化学聚变：高度重视商业应用创新，遵循顾客导向的经营原则，聚焦于传统产业中的顾客痛点，利用互联网新技术来开发新的应用或解决方案，重构现实的供需关系，扩大传统产业的需求和供给，创造出增量的市场空间，提高产业资源综合利用水平。供给侧是"点石成金"，将原本闲散的资源集中起来实现碎片整合，充分利用；需求侧是"无中生有"，创造了原本不存在但是顾客重视的新消费场景（俞永福，2015）。例如，优步将社会中的闲散车辆资源整合起来作为新的供给，乘客则在出租车之外又获得了专车的新选择，需求也增加了（陈妍，2015）。由此，互联网发展的动力出现升级换挡：从技术进步向商业应用转变、从技术创新向商业模式创新转变、从新产业向传统产业转变、从单体竞争向产业链或生态网络竞争转变。

1.5.4 生态商业模式

互联网3.0时代，互联网开始渗透到传统产业的全产业链布局；互联网4.0时代，企业基于互联网跨越多个产业界限，打造更广泛、更高效、更系统、更健康的商业生态网络。此时，互联网连接的不仅仅是某个传统产业链上下游的现实供需，而是互联网所能触及的各种相关产业，"连接一切，跨界融合"。经济活动的参与主体变得更加丰富多样，主体行为也从过去的单打独斗，变成了生态网络中的一个节点，合纵连横、相互协同、共创价值。在非线性的生态网络中，每个节点既是信息的传播者，也是信息的接受者，这打破了信息不对称的壁垒，在信息流动与融合中完成更有效的知识创造和创新；每个节点既是资源的提供者，也是资源的整合者，通过跨界整合，利用自身的资源以及其他参与者的资源来共创价值（罗珉、李亮宇，2015）。跨产业的生态网络为企业价值创造空间的扩大提供了无限可能。

"互联网+"的现实基础是传统产业的在线化、数据化。传统产业中的商品、人和交易行为在线化才能形成活的数据，可被随时调用和挖掘利用，同时也可以在产业上下游、跨产业协作主体之间以最低的成本和最快的速度进行流动和交换（阿里研究院，2015）。"互联网+"的现实表现是"云、网、端"。"云"是指云计算、大数据；"网"是指互联网、物联网；"端"则是指用户直接接触的个人电脑、移动设备、可穿戴设备、以传感器或是软件形式存在的各种智能终端与应用。云作为"互联网+"的后端为数据提供支持，网为数据的流动提供基础设施，智能终端是"互联网+"的前端，负责数据的获得。三者相互协同工作，共同形成"互联网+"的生态网络。

目前，国内大型互联网企业都在朝着"互联网+跨产业生态网络"商业模式的方向推进：一方面，基于原有的商业平台大力发展云计算和大数据平台并对外部开放，如百度推出金融云、医疗云，阿里巴巴推出电商云、政务云等；另一方面，大范围地进行跨界和融合，例如，阿里巴巴发展菜鸟物流、大手笔进军文化及影视娱乐体育产业等，整合各种优质的社会资源，建立起一个更庞大、更丰富、更健康的生态网络。

■ 本章要点

互联网打破了传统市场的信息壁垒，降低了信息搜集与传输成本。原有产业内的资源分布格局被打破，新兴的在线服务模式日益多样，开创了基于互联网平台的线上经济时代，互联网的平台性特征和价值日益凸显。

商业特征由工业经济转向互联网经济，价值创造方式由 B2C 转向 C2B，价值呈现方式由价值链条转向价值网络，游戏规则由零和博弈转向生态协作，价值取向由企业利润最大化转向用户价值最大化。连接、信息和计算几乎是所有行业都需要的运营要素，价值要素的模块化、价值整合的无界化、价值交付的服务化，通过商业模式重塑了产业空间，产业空间的高可塑性为企业跨产业整合资源以构建自身生态创造了条件，驱动传统产业融合的技术创新和商业模式创新，产业发展出现了技术融合、产品融合、业务融合、市场融合和组织融合的趋势，企业在创新和产业地位之间形成了一个网络价值的正反馈机制。互联网作为一类重要的战略性人造资源，不断融入资源性产业、制造业和服务业，互联网改变了交易场所、拓展了交易时间、丰富了交易品类、加快了交易速度、减少了中间环节，已经成为当今产业发展不可或缺的战略性资源和现代产业创新必不可少的关键要素；但互联网同时也提高了信息对称性、增强了技术可复制性、降低了进入壁垒、加剧了价格竞争。

平台模式"弯曲"了原本垂直的价值链条，使得价值的创造和传递呈现双向互动式发展。这种双边市场的价值链模式使得原本以传统供应链为核心的企业价值创造模式被改变，供应链不再是商业价值的聚合器，新涌现的网络平台成为企业商业价值新的聚合器。价值链数字重生、价值链数字增生、价值链数字孪生、价值链数字新生等驱动了价值链的结构变化和聚变裂变，进而驱动了全球价值链的纵向聚变、横向裂变、价值重构和开放畅联。

"连接一切，跨界融合"是互联网功能发挥的基础、手段和支撑。基于脆弱、单向、模糊、简单的价值链的商业模式，需要进入强韧、交互、清晰、复杂的价值网络中，重构商业关系。"企业－产品－用户"作为最主要的商业要素，其交互作用实现了交易的可能性，构成了价值创造的基本逻辑。企业、产品、用户与市场的边界愈加模糊，企业不再是一切的主宰，用户有了更多的发言权，产品则更注重提供个性化的体验。企业、产品、用户是基本的节点，而价值创造、使用价值实现、消费价值实现、价值收获则是连接。企业和用户之间不再是卖与买的简单交易关系，而是价值的共同创造者；企业和产品间不再是简单的流程化生产关系，而是可不断打破行业边界的连接体系；产品和用户间也不再是简单的功能满足关系，而是可通过交互连接创造更多的体验价值。于是，企业从创造型掌控者转变为创新型合作者、用户从分散被动的消费者转变为积极主动的创造主体、产品从交易的功能载体转变为服务网络的接口。

互联网助力企业形成了以下商业模式演进：平台商业模式→社群商业模式→O2O 商业模式→生态商业模式，实现了"线上流量变现"的商业交换逻辑到"线下融合聚变创新"的价值共创逻辑的突破。

■ 讨论问题

1. 工业化思维与互联网思维下的商业逻辑有什么不同？
2. 互联网时代，全球价值链发生了哪些重大变革？给企业带来了哪些影响？
3. 互联网时代下"企业－产品－用户"应该是一种什么样的关系形态？企业、产品、用户新的角色、作用和价值是什么？如何构建具有竞争优势的价值创造模式？
4. 平台商业模式、社群商业模式、O2O 商业模式、生态商业模式之间有什么区别和联系？

| 第 2 章 |

平台概述

■ 学习目标
- 掌握平台与平台企业的概念内涵;
- 了解平台的特征;
- 掌握平台网络效应;
- 理解平台定律。

■ 开篇案例

约会俱乐部

日本有一类酒吧被称为约会俱乐部(dating club),是专门供未婚的青年男女相互接触的场所。约会俱乐部的收费方式与国内许多酒吧和茶馆的模式有点相似,各种饮品的价格非常接近,都是每杯60元左右。年轻人点上一杯酒或茶,能坐上两三个小时来聊天,所以60元与其说是饮品的价格,不如说是门票的价格。这类约会俱乐部曾经很火爆,各地相继开了许多家;各家为了争夺客源便打起了价格战。在价格战中,大部分俱乐部都是以打折为主,每杯饮品的价格从60元降到50元、40元,甚至30元,事实上一杯饮品的成本是很低的,所以降价空间比较大。可是有一家俱乐部却别出心裁地推出了一种特殊的定价模式:男士点饮品保持原价,女士的第一杯饮品免费,第二杯维持原价。当时大家都认为,顾客中男士与女士的比例大致相当,所以这种定价模式也就相当于第一杯饮品打对折,第二杯饮品不打折,没什么新鲜的。可是出乎意料,这家约会俱乐部在这种定价模式下变得相当火爆,远远超过其他打折的同类店。

这是为什么呢？通过调查发现，这种定价模式会产生一种"良性循环"：由于第一杯饮品免费，因此吸引了一批女士去这家俱乐部；而男士冲着结识女士也愿意去这家俱乐部，所以这家俱乐部就变得客源络绎不绝，财源滚滚而来。

上述良性循环是平台最为核心的性质，是检验一个企业是否属于平台的关键性因素，在理论上称为交叉网络效应。一家约会俱乐部可以看成是一个双边平台，一边为男士群体，另一边为女士群体。由俱乐部的属性我们知道，两边之间相互都有着显著的吸引力，这种吸引力的大小称为交叉网络效应强度。俱乐部当然是通过向双边用户，即光顾的男士和女士收取费用而获得利润的；然而，因为双边之间存在显著的相互吸引，所以在向每边用户定价时，不仅要考虑价格上涨（或下降）引起的用户减少（或增加），还要考虑一边用户减少（或增加）对另一边用户造成的影响以及由此带来的用户规模变化，这就意味着平台企业在定价时具有一定的特殊性和复杂性。理论研究表明，从平台的利润最大化出发，吸引力相对大的一边的用户可以享受较低的价格，直至免费甚至获得补贴。

约会俱乐部由于深谙双边市场（平台）的精髓，因此在激烈的竞争中脱颖而出！

资料来源：陈宏民. 平台的价值[J]. 商周刊，2016（6）：46.

在很多年前，经济学人集团出版过一本名为《管理思想》的书。这本书更像是管理词典，里面囊括了半个多世纪以来的管理名词，但唯独没有"平台"这个词。也许"平台"是一个太没有必要专门提及的概念了，因为"平台"就是"市场"的具象化。

亚里士多德（Aristotle）认为，人的本质是社会动物。通过情感互动、商品交易、社会交往，人们得以彼此生活在一起。这一切都源于价值的交换。人的交往注定会因为多向互动，而成为一个关系的集合体。当商业活动或管理的本质落脚点在人的时候，就不难理解为何平台就是企业的天然属性了。

美国麻省理工学院斯隆管理学院院长理查德·L.施马兰奇（Richard L. Schmalensee）并没直接使用"平台"这个词，而是使用了一个化学术语——催化剂（曾称触媒），意为催化其他物质之间发生化学反应的物质，恰如其分地表达出了平台的根本特征。企业作为催化剂需具备如下条件：有两组或更多顾客群体，顾客群体在某种程度上相互需要，这些顾客群体无法依靠自身力量获取它们之间相互吸引的价值，顾客群体依赖某种催化剂来推动它们之间的价值创造。企业在这里扮演的更像是社区搭建者的角色，这个社区的宗旨就是为用户提出价值主张，并设定管理的规则和标准，同时提供信息服务。从最古老的集市到现在的淘宝、易贝，无一不是这样。⊖

进入21世纪，随着移动互联网、大数据、人工智能等数字化技术的加速渗透，人类社会正在经历着一场平台革命。互联网技术与传统行业的结合催生了新的商业形态——平台模式，并逐步发展成为一种主流的商业模式。根据普华永道发布的2021年全球市值100强上市公司排行榜，前10名中有7家是数字平台企业，分别是苹果、微软、亚马逊、Alphabet（谷歌母公司）、脸书、腾讯、阿里巴巴（宗良 等，2021）。这些平台企业发展速度惊人，远远超越了传统企业，以脸书为例，其年均增长率超过了150%，而可口可乐、宝洁等著名传统企业仅为10%。

网络平台作为新的社会基础设施，挑战了技术、市场、机构和社会的传统关系，重塑了

⊖ 胡泳，郝亚洲. 平台的逻辑[J]. 经理世界，2013（15）：127-128.

衣、食、住、行、游、医等行业的商业模式（Josévan，2020），平台在经济和生活中所起的作用越来越重要（Mcintyre & Srinivasan，2017），平台正在吞食整个世界，成为继市场、企业之后的第三种主要的资源配置与组织方式（Alstyne，Parker & Choudary，2016），具有深远的经济影响和社会影响。如果说以往的工业革命是围绕工厂的变革，那么当前的变革就是以这些数字平台为中心而展开的（Kenney & Zysman，2016）。

2.1 平台的内涵

平台这一名称由来已久，最初是指船体局部水平板架，可以作为工作人员安装设备和工作的场所。自20世纪汽车实现大批量、流水线作业以来，它便作为一个工程概念逐渐推广。在早期，平台多用于研究产品开发、技术组件集成等领域，是一个包括核心技术在内的共同产品元素的集合概念；在后期，纯技术视角的平台逐步向生产与消费领域演化，体现为互联网平台企业的生产运营活动能够超越传统资源配置的时空限制，基于平台技术与数字技术，跨组织边界、跨时间边界以及跨越国家边界开展社会生产、分配、交换与消费活动，传统的单边市场逐步扩展为双边或多边市场，广泛连接交易主体，实现供需精准匹配，提升生产和交易效率，节省交易成本，平台已成为资源配置和利益协调的重要载体，在经济和生活中所起的作用越来越重要，平台成长到与市场、企业占据同等重要的地位（谢富胜 等，2019）。过去，市场经济的主要资源配置方式是企业，企业的存在是为了节约市场交易费用；现在，技术驱动的互联网平台成为市场经济、社会生活中新的资源配置与组织方式。互联网平台成为经济的新引擎（阳镇 等，2018；肖红军、李平，2019）。

近年来，管理学界基于战略和价值逻辑的视角，为平台研究添加了一些新的分支（高良谋、张一进，2018）。一个分支是从战略管理的角度，认为平台是一种企业层面的成长和竞争战略（张小宁，2014），企业可通过一个外部生态系统来催生互补品或服务的创新，并且在互补品和平台之间建立一种正反馈循环（Pekkarinen & Ulkuniemi，2008；Meyer & Lehnerd，1997；Sawhney，1998；Meyer & De Tore，2001；刘家明，2016）；另一个分支是将平台作为一种商业模式，认为其创造价值的逻辑是以"连接""聚合"的方式降低各个平台参与方的交易成本，促使网络外部性发挥作用（冯华、陈亚琦，2016）。此外，由平台企业主导的创新或创业生态系统成为经济发展的重要支撑（Jacobides et al.，2018）。日益兴起的生态系统视角下的平台研究，主要关注平台主导者开放度治理、平台参与者行为机理以及多重制度逻辑等议题（Su et al.，2018；Rong et al.，2013；West et al.，2014；王节祥、蔡宁，2018）。现有工程设计视角的平台研究注重平台创新，将平台视作帮助产生产品创新的技术设计，而多边市场视角的平台研究更关注平台竞争，将平台视为协调不同顾客群体交易的市场，这两个视角长期各自独立发展，未来需要着眼于建立新的、整合的平台研究框架，实现平台创新与平台竞争两个聚焦点的融合（Gawer，2014）。

2.1.1 平台概念与结构

平台概念来源于双边市场理论（Rochet & Tirole，2003），平台企业是双边市场研究的核心

（Mcintyre & Srinivasan，2017）。正是由于双边市场兴起[一]，平台企业才得以发展，进而推动平台生态系统的发展。与传统市场仅涉及商品交易不同，双（多）边市场以平台为核心，通过实现两方或多方顾客之间的交互来获取利润，平台起着类似"红娘"或"中枢"的作用（Caillaud & Jullien，2003；刘启、李明志，2008）。平台成为市场、企业和供应链之外一种新的商业模式，既不同于完全基于价格信号的市场交易机制，也不同于将剩余控制权明确配置给资本一方，从而依靠内部行政权力配置资源的企业组织，平台是基于模块化架构、通过非层级制的方式协调多边市场的各方共同进行专用性投资的组织形态（Jacobides et al.，2019）。平台将用户（需方）和厂家（供方）及其他类别的顾客作为"边缘"要素，并与平台运营商结合，构成一种"核心－边缘"结构的模块化系统。

1. 平台与平台企业的概念

（1）何谓平台？1996年，美国《组织科学》杂志的一篇论文将"平台"定义为"能在新兴的商业机会和挑战中构建灵活的资源、惯例和结构组合的一种结构"。之后学术界开始关注于此，但很多时候对平台与网络组织不加区别。随着近年来互联网经济和平台商业模式的兴起，特别是2014年研究双边市场效应的法国经济学家让·梯若尔（Jean Tirole）获得诺贝尔经济学奖，平台组织在中国企业界开始流行并逐渐形成一股热潮。

如果通过提高一方的收费，同时同等程度地降低另一方的收费，可以改变交易量，则称这一市场为双边市场（Rochet & Tirole，2006）。双边市场通过设定合理的交易规则（价格结构）并选择合适的竞争策略将市场双边的参与者吸引到平台上来。在双边市场的环境下，网络外部性普遍存在，这种外部性不仅取决于市场同一方参与者的数量，同时还取决于市场另一方参与者的数量，即属于间接网络外部性（indirect network externality），也称为交叉网络外部性（cross-group network externality）。这种市场双边间强烈的网络外部性，彻底改变了传统的企业价值创造模式。传统企业中的价值是从左边移向右边的，企业的左边是成本，右边是收益；平台中的成本和收益同时来自左边和右边。这种由于市场微观基础的变化带来的企业盈利模式的转变，直接导致单边市场中企业的商业模式及其相关理论在双边市场中的不适用。

Demange和Gale（1985）对双边市场进行了描述性的界定。双边市场不同于单边市场，其竞争特点是具有不对称的网络外部性（Caillaud & Jullien，2001）。Rochet和Tirole（2001）最早提出了"双边市场"这一概念，平台经济学创始人之一的戴维·埃文斯（David Evans）也提出了多边（双边）平台模式。

关于双边市场的定义，学术界尚未达成共识。按照理论发展的时间顺序，以下三种定义被广泛接受：Rochet和Tirole（2004）首先给出了双边市场的定义：当平台向需求双方索取的价格总水平保持不变时，如果任意一方价格的变化都会对平台的总交易量产生直接的影响，那么这个平台市场就被称为双边市场；如果交易平台实现的交易量只与价格总水平有关，而与价格

[一] 1833年，美国《纽约太阳报》带头掀起"便士报纸"运动，该报纸通过向广告商收取费用的形式，弥补对读者售价降低的部分来实现盈利，读者和广告商通过报纸这个平台形成了最初的双边市场雏形。然而，这种形态在当时并没有引起学者的大规模讨论。直到21世纪初，Rochet和Tirole（2001）、Julian Wrigh（2003）、Armstrong（2006）等对该理论的研究做出了开创性的工作，此后大批学者才纷纷投入该领域的研究。

结构无关，这个市场就是单边市场。可以看到，他们主要从价格结构方面给出了双边市场的定义，但却忽略了双边市场中存在间接网络外部性的问题。随后，Armstrong（2006）进一步将双边市场定义为：如果市场中交易平台通过一定的价格策略向交易双方提供产品或服务，并且一边所获得的效用取决于另一边参与者的数量，那么这样的市场便是双边市场。双边市场必须符合两个条件：市场的两边在同一个平台上进行交易；一边的决策会对另一边的决策结果产生影响，特别是通过外部性起作用（Rysman，2009）。

平台常被描述为双边或多边市场（Rochet & Tirole，2004），是通过促成双边（或多边）进行交易并从中获取收益的第三方接入系统（Eisenmann et al.，2006）。平台供应商在平台上建立企业并销售产品或服务，多组参与者（消费者和互补者）需进入同一平台才能相互交流。作为新的商业模式和组织架构，平台吸引传统公司从管道结构转向平台结构。平台使用系统资源来协调需求方与供应商并促成相互之间的交易，在平台用户之间产生网络效应，并通过平台参与群之间的互动创造价值（Hagiu，2006；Eisenmann et al.，2009，2011；Parker & Alstyne，2014）。

当前认可度较高的平台定义有两种：第一种，平台是将双边网络中的用户集合在一起的产品或服务，平台汇聚生产者和消费者，并提供基础设施和规则作为互补性产品或服务的基础（Gawer & Henderson，2010；Alstyne，Parker & Choudary，2016）；第二种，平台是通过一组接入点或接口为生态系统的成员提供一系列解决方案的商业生态系统（Rong et al.，2013），扮演着多方协调者的角色（Parida et al.，2019；Jovanovic et al.，2021）。

本书中的平台是指互联网平台，即在信息通信技术的基础上，建立架构和规则，形成一个复杂的网络，从而为供需双方及相关主体提供连接、交互、匹配与价值创造载体的媒介组织（汪旭晖、张其林，2016）[○]，是一种基于数字化技术的新型资源配置方式（魏际刚，2019）。

（2）何谓平台企业？平台企业的概念源于穆尔提出的在商业生态系统中的核心企业的概念。核心企业意味着为了商业生态系统可以提供核心的、共同的资产或功能的企业（Rong et al.，2013）。平台是能给企业价值带来增长的一种资产，可提供互补性产品与技术或服务（Gawer & Cusumano，2008），拥有平台这一特殊资源的企业统称为平台企业（Stabell & Fjeldstad，1998）。平台企业在平台及其生态系统的形成和发展中具备领导能力并发挥着关键作用（Cusumano & Gawer，2001；Crewal，Chakravarty & Saini，2010）。在数字经济时代，平台企业已经成为将数据和其他生产要素结合起来的主要组织（王勇、戎珂，2018）。平台企业可以是实体的，也可以是虚拟的。尽管互联网技术本身并不是界定平台企业的前提，但平台企业借力互联网是大势所趋，因此绝大多数平台企业也具有互联网的属性。

平台企业通常是平台领导者、平台提供者或平台发起者（Parker，Alstyne & Jiang，2017），是连接供需双边市场的中介者（罗珉、杜华勇，2018；张镒、刘人怀，2018），并在平台上完成交易与互动（Cennamo & Santalo，2013；罗珉、杜华勇，2018），在平台生态中处于有利的生态位；平台企业也是平台生态的协调者，负责协调平台生态系统中各类型利益主体的关系（金杨华、潘建林，2014；Parker & Alstyne，2017），参与多方提供交互机制和通道（Helfat &

[○] "平台"本身并非新生事物，古老的集市、现代的商场都是我们熟悉的"平台"，但只有与互联网深度融合之后，作为生产力组织方式的"平台"才应运而生。随着数字技术的飞速发展，双边市场和多边市场迅速崛起，数字经济的发展迈入以互联网平台为载体、以数据为驱动的时代。

Raubitschek，2018），降低平台用户的搜寻时间（Mindruta，Moeen & Agarwal，2016）；同时制定交易规则、用户筛选机制，为平台双边顺利交易提供信用契约，降低双方的交易成本（Kazan，Tan & Lin et al.，2018；Minderuta，Moeen & Agarwal，2016），以及可能毁约时产生的维权成本（Bresnahan & Greenstein，2014）。平台企业通过发挥双边市场效应的价格发现功能（Tee & Gawer，2009；李凌，2013），创造市场需求；通过发挥范围经济的功能，满足卖家和买家的需要；设计激励机制，捕捉网络效应；管理参与者的机会主义行为；保证交易安全，消除交易风险，构建彼此信任的交易环境；提供辅助服务等（Grewal，2010；Parker，2012）。

平台是一种在技术、产品和交易系统中具有基石作用的建构区块（building block）。依托基础区块，平台可以采用开放架构，吸引互补品供应商加入，原本处于不同市场和领域的主体可以通过界面联系而分工合作，由此形成为用户提供多样化产品或服务的生态系统。平台是具备范式特征的可创造价值的资产，在扩大现有市场领域和开拓新市场方面发挥着重要作用（Rong et al.，2013），而以平台为本质的平台企业将是企业未来发展的重要方向。

2. 平台的结构

平台包含了需求端用户、供给端用户、平台提供者和平台所有者四类主体（Eisenmann et al.，2009；Eisenmann，2008）。平台提供者是为需求端用户和供给端用户提供产品或服务的技术载体，而平台所有者是掌握平台的经济所有权，能够决定谁可以参与该平台生态的主体。例如，谷歌是安卓系统的平台所有者，而基于安卓系统的手机制造商华为、小米等是安卓平台的提供者。一个平台可能有多个平台所有者，诸如诺基亚、摩托罗拉（Motorola）都曾是塞班（Symbian）系统的平台所有者；一个平台所有者也可能有多个平台，如微软有Windows操作系统和IE浏览器等多个平台。平台主体因为其所处价值链的位置不同可以划分为上游和下游两部分，每个部分都扮演着不同的角色（Tiwana，2015；Adner & Kapoor，2010）。Iansiti等（2004）将平台中的企业划分为骨干企业和利基企业，骨干企业以服务、技术或工具的形式提供一个平台，利基企业借助这个平台向最终消费者提供各种专门化服务。Teece（1986）将遵循同一技术标准的企业群体划分为技术创新者和互补品生产者，前者发明核心技术，后者提供核心技术商业化所需的互补产品或服务；前者相当于平台运营商，后者相当于平台的供方用户。

（1）平台的"核心–边缘"结构。平台参与群是平台的核心资产，平台参与群管理的失败可能导致平台市场的失败，如美国的游戏机平台市场的衰落。参与群管理相关研究主要集中于对现有参与群的保持和参与者行为管理两个方面。

平台参与群越多，平台成功的机会也就越大，因此平台为了平台市场的发展需要保持相当数量的参与群（Parker & Alstyne，2017）。平台通常采用锁定策略来稳定现有用户群，提高其用户群转换到其他竞争平台的成本。锁定方法通常包括强制锁定和价值增强两类（Tiwana，2013）：平台强制锁定在于提高用户参与群的平台转换成本，在当前平台与竞争平台的产品不兼容时，转换成本就会增加；平台价值增强则通过对平台的功能和服务进行改进，让现有用户参与群认识到平台的特有价值，从而将之留在当前平台。

参与群行为影响整个平台市场的发展。例如，游戏平台和社交平台可以使用技术锁定、质量评估、声誉系统来规范参与群的行为（Boudreau & Hagiu，2009）。平台可通过非价格手段

（如法律、技术、信息和其他手段的组合）对平台参与群进行管理，还可通过惩罚、仲裁和排除等方法来解决由信息不对称导致的参与群的不良行为。

参与者之间通过共同专业化可形成"某要素若无另一要素存在就难起作用"的相互依赖性，某一参与者可从其互补者的额外可用性中获得更大价值的互为强化型相互依赖，即某一要素（产品、资产或活动）的存在会增加其他相关要素的价值。这两种互补性都强调了由要素间契合和协调产生的协同性与系统效应（Jacobides et al., 2018）。

平台是需要多方参与者协调行动的复杂系统。在平台核心未经解构的集成化系统架构下，模块化仅出现于平台核心与边缘两大部分的交叉处以及边缘部分的各子系统之间，整体上是粗粒化（coarse-graining）的平台架构。伴随着核心部分进一步分解为若干子平台（Kwak et al., 2018；Su et al., 2018），平台系统便由一组相互支持、功能互补的子系统模块构成。基于细粒化（fine-graining）架构（Levinthal & Workiewicz, 2018）的模块化设计能在各模块边界上节约交易费用（Baldwin, 2008）。模块化使得独立又相依的参与者通过一种相关方"认可的和预先确定的方式"相互连接，以此减少所需的协调工作量（Jacobides et al., 2018）。由此，模块化成为对系统复杂性进行有效管理的一种常用方式（Simon, 1962；Baldwin & Clark, 2000）。模块化与近解构不同，前者仅在单一层面上刻画具体模块间的相互依赖关系，后者则在具体模块和聚合层面上共同刻画跨模块的相互依赖关系（Levinthal & Workiewicz, 2018；Baum, Korn, 2018）。在模块化解构范围从平台边缘深入到核心部分后，从边缘部分行动主体即平台使用者的立场出发，跨模块的相互连接问题无疑涉及具体模块和聚合层面等两层关系。因此，"核心－边缘"结构的平台系统需要在横向和纵向维度上同时进行考察。

模块思想的始创者西蒙认为，层级化的可分解的系统通过增加模块内部联结强度、减弱模块间联结强度，可以帮助压缩信息并消解复杂性（Simon, 1962）。将复杂系统沿着结合点分解为若干去耦合或弱耦合的模块，再使各模块单元按照一定的规则相互联系，能在降低系统复杂性的同时使整个系统保持完整性（青木昌彦 等，2003）。这一近解构思想后来发展为产品设计层面的概念，并作为复杂产品研发与生产的新方法被加以应用（Baldwin & Clark, 2000）。模块化系统既非无耦合的状态，也区别于集成化系统，是体现模块独立性与网络整体性两面辩证统一的松散耦合系统（Orton & Weick, 1990；张首魁 等，2006）。模块化解构就是使子系统之间的联结关系弱于子系统内部的联结关系，由此构成多模块松耦合的系统。在模块化解构之后，设计者需要通过既定规则将相关的模块集结为整体系统（Baldwin & Clark, 1997）。由于模块系统是由具有标准设定界面的稳定中间形态的子系统依层次嵌套而成的，因此需要事先设定模块间连接的标准化界面（Colfer & Baldwin, 2016；Querbes & Frenken, 2018）作为开放标准（Baldwin & Clark, 2000），以使互补品（边缘要素）能够便捷地与其所承载的平台（核心要素）相连接。

目前，模块化已成为产品设计层面的主导潮流，并进而影响到组织设计层面，模块化呈现出"技术模块化－产品模块化－产业模块化－组织模块化"的演进路径，在这一发展过程中模块化组织的雏形也逐渐显现出来（芮明杰、张琰，2008）。模块化组织包括围绕产品或功能模块化来进行企业内部价值链分解而形成的一体化的模块化组织模式，以及围绕在产业链上所进行的外包、代工、联盟等外部模块化过程而形成的核心型或分散型企业网络组织模式（荀昂、廖飞，2005；芮明杰、刘明宇，2006）。对于与产品模块化和产业模块化相伴而生的组织模块化，作为可见信息的设计规则扮演着组织高效运行的协调者角色（郝斌 等，2007）。组织模块化是与产品或技术模块化同构的，组织系统与产品系统之间具有对称的关系，可以通过产品模块化来映射出组织模块化（Sanchez & Mahoney，1996）。组织管理者可以像设计师解构产品一样，使产品开发和生产流程的不同单元独立运作，就像PC系统那样以即插即用的方式进行重塑、重组和整合。当企业依照模块化原理构建组织时，紧密整合或一体化的层级制组织便被解构为模块成员间松散耦合的网络化结构（Hoetker，2006；曹虹剑 等，2015），从而能够有效地应对和管理复杂性，增强企业对动态复杂环境的适应能力和资源整合能力（Gawer，2014；田磊，2015；戴水文 等，2018）。

然而，系统解构后的模块化集合方式，在相当程度上呈现出模糊性、复杂性和不确定性（Brusoni & Prencipe，2006）。不能仅关注系统分解为可分立的模块并且可独自进行模块创新的模块化解构过程，还要关注模块化集结中的界面确立过程（王凤彬 等，2011；Cabigiosu & Camuffo，2012）。对计算机、家电、轮胎、汽车和基建行业的一些实证研究发现，组织模块化与产品模块化实际上存在非简单对应的异构关系（Langlois & Robertson，1992；Hoetker，2006；MacDuffie，2013；Sorkun & Furlan，2017；Tee et al.，2018；魏江 等，2014）。Garud等（2003）对西蒙（1962）首创的近解构模块系统进行思辨性分析，提出了"超模块系统"（ultra-modular System）的概念。在超模块系统模式下，各模块间的界面关系呈现相互交织的结构形态，而不是标准界面形态；同时，超模块系统中价值链活动过程的协调具有涌现特征，而不像模块系统中通过事先为各模块设定好产品或组件标准而进行协调的计划特征。Ethiraj等（2008）突破传统的集成系统与模块系统二分法，提出介于其间的"近模块系统"概念，并对这三种不同模块化结构形态在激发创新和抵御模仿方面的优势进行了仿真意义上的比较分析。王建安和张钢（2008）借鉴Brusoni和Prencipe（2006）提出的组织松散耦合的辩证模型逻辑，将用以识别系统各组成部分的独特性（有、无）和为保持系统内部一致性而表现出的响应性（人工响应、自动响应、无响应）两个维度结合起来，细分出6种组织松散耦合类型。系统模块化程度的高低主要取决于各子系统间的相互依赖关系在多大程度上能被转化为公开的设计规则。不能得到转化的依赖关系越多、越强，模块化程度就越不完全或越低。

（2）平台核心由集成化迈向模块化。虽然平台作为一种"核心-边缘"形式的特殊模块化结构在多个学术领域获得了认可，但其中还存在明显的观点差异（Gawer，2014）。多边市场视角的平台研究者倾向于以"黑箱"原理来看待平台核心的功能，关注平台使用者的类别（顾客）及其交互产生的网络效应，以及平台之间的竞争等经济学命题。与之不同，设计或工程角度的产品平台研究者通常将功能与结构关联起来考察，认为平台界面的标准化在平台产品设计与创新中居于至关重要的地位。保持平台的核心部分相对稳定，而边缘部分加入各种互补性的模块化组件，就可在一个平台上生产出多样性产品以满足用户的个性化需求（Baldwin & Woodard，2009；Gawer，2014）。这些出发点不同的平台研究，在早期阶段都对平台核心持集成化的主张，将平台视为一种集成化的核心子系统，认为它由相互紧密联结的零部件所组成，而边缘的子系统则以模块形式存在，以此保持稳定性与多样性的平衡（Tushman & Murmann，1998）。然而，近年来一些业界实践发现，模块化未必局限于提供互补品的边缘部分，作为核心部分的平台也可以实施必要的解构。平台核心本身亦可以是非集成化的，从而产生了有别于传统平台概念的"模块化平台"或"架构平台"概念（Lampón et al.，2017；赵福全 等，2017）。

依照模块化设计理念对平台核心进行重新架构的业界实践，最初出现于率先实施汽车平台战略的德国大众汽车公司。不同于传统的集成化平台仅实现了共用零部件在同级别车型中的应用，德国大众汽车公司对汽车平台的核心单元如汽车底盘、车身结构、动力总成、电气系统等进行了模块化定义，并通过模块之间组合装配，开发出能更好地满足客户个性化需求的多系列车型。这一战略的实施使汽车零部件的通用化程度进一步提高，平台模块组件可以在跨级别车型上灵活应用，具有更强的延伸性，生产线柔性更高，利于实现零部件共用化和产品个性化的最佳平衡（李晓赞，2016）。在创新生态系统的研究中，如 Kwak 等（2018）针对家用 3D 打印机的创新与扩散过程总结的开源硬件、低价或免费的 3D 设计软件、众筹和在线服务等互补性平台，以及 Su 等（2018）在浙大网新案例研究中开展的创意、创新、投融资和创业等平台的研究，使既往被视作"黑箱"的平台核心逐渐被打开，并初步揭示了平台核心组元具有模糊、开放和动态的边界特征，以及通过非线性、同步和双向互动而协同创造价值的功能（Kwak et al.，2018）。

通常，平台组织中流动的并不仅仅是信息，还包括各种非数字化的资源，接口界面是影响模块化集结及资源配置效率的重要方面，界面标准在模块化世界中居于支配地位（毛丰付，2009）。有关电商平台结构的研究发现，主导企业拥有电子商务搜索平台，但是支付平台和物流配送平台往往由作为模块供应方的第三方拥有，它们会独立研发较多的标准化数据库和应用软件，通过相对标准化的接口可同时为多种服务功能提供支持。与汽车模块化平台是通过技术逻辑实现界面上的无缝对接类似，电商搜索平台与支付平台、配送平台之间也是通过标准化实现互联互通，所以，两者都是完全模块化的体系。然而，就组织设计而言，在存有知识互动、资源交换和整合的界面上，纯粹的模块化很难释放知识与资源的价值潜能。以前的组织设计是在知识可知、环境稳定的前提下以降低交易成本为目的进行设计的，但是面对变化的环境、层级结构的命令链和计划职能无法满足快速变化的现实，这就需要建立能够更快进行重组的混序组织（Bahrami，1992）。磨合化（非标准化）是模块之间异化知识的互动与联结的手段，模块间具有匹配、渗透、融合和寄生等界面关联方式（郝斌、任浩，2010），模块化组织中的成员模块作为寄生物依附于主导模块。

3. 平台的分类

平台商业模式种类繁多，没有统一的分类标准。按照连接性质、平台功能、开放程度等不同标准，可以将双边平台分为多种类型㊀。

㊀ 2021年10月29日，由国家市场监督管理总局组织起草的《互联网平台分类分级指南（征求意见稿）》依据平台的连接对象和主要功能，将平台分为网络销售类、生活服务类、社交娱乐类、信息资讯类、金融服务类、计算应用类等6大类；综合考虑用户规模、业务种类以及限制能力，将互联网平台分为超级平台、大型平台、中小平台3个级别。其中，超级平台的具体标准为：超大用户规模，即平台上年度在中国的年活跃用户不低于5亿；超广业务种类，即平台核心业务至少涉及两类平台业务，该业务涉及网络销售、生活服务、社交娱乐、信息资讯、金融服务、计算应用等6大方面；超高经济体量，即平台上年底市值（估值）不低于1万亿元人民币；超强限制能力，即平台具有超强的限制商户接触消费者（用户）的能力。

Evans（2003）将双边平台划分为市场匹配型（market maker）、受众创造型（audience maker）及需求协调型（demand coordinator）三种类型。市场匹配型平台即方便交易双方，提升交易效率的平台，具体包括房屋中介、O2O电商平台与购物中心等；受众创造型平台即平台唯有获得足够多的用户或浏览量时，才能吸引企业一方加入到平台中，发布广告与产品等相关信息，如杂志、报纸、电视、新媒体等；需求协调型平台即通过平台交易满足双边用户的差异化需求的平台，如移动增值服务平台、银行金融卡机构与微软电脑操作系统等。

Armstrong（2006）依照平台的竞争程度将平台分为三类：一是垄断者平台，即市场上只有一个平台可供选择；二是用户单归属平台，即用户只与一个平台合作；三是用户多归属平台，即用户可以同时选择多个平台，在多平台间进行转换。

Baldwin和Woodard（2008）将平台分为产品平台、技术平台和双边平台三种基本类型。产品平台是指企业推出系列产品中的一项作为基础或核心的技术，象征着企业在依靠自身进行生产，其优势是可以提供产品多样性；技术平台是指共通的信息技术基础架构和支撑体系，该技术基础架构的搭建和技术支撑体系的形成是基于一定的开放标准，体现的是产品、技术和服务本身，能够促进企业创新；双边平台是指通过与外部企业建立网络关系，基于网络效应，通过组织学习和对外合作来吸收所需资源进而生产本企业互补品，能够利用企业网络来促进交易或交易效率。

Gawer（2009）认为平台可以分为产品平台、产业链平台和产业平台；Llewellyn等（2014）将平台分为组织能力平台、产品族平台、市场中介平台和技术系统平台；Srnicek（2016）在《平台资本主义》（*Platform Capitalism*）一书中将平台分为广告平台、云平台、工业平台、共享平台、精益平台五种形式；Wong（2021）将互联网平台分成交易型和非交易型两类。

Cusumano等认为平台可分为交易平台（transaction platform）和创新平台（innovation platform），并认为二者在价值创造逻辑方面存在很大区别：交易平台是作为中介机构或在线市场将供给方和需求方联系起来以促进双方信息交互以及技术、产品或服务交易活动的平台（如淘宝、饿了么等），主要通过促进双边用户互动，来减少搜寻和交易成本以创造生态价值；创新平台是提供一组技术性共同元素促进平台企业、互补者甚至竞争者在此基础上创造新的和互补的技术、产品或服务的平台（如SAP、安卓、Windows），主要通过激发互补创新，来提高互补品多样性和平台系统性能以创造生态价值（Cusumano，Gawer & David，2019）。创新平台面临的技术不确定性更大，技术复杂度更高，创新生态更加复杂，常呈现更加多层、多平台的产业组织结构，比如英特尔和微软都是个人电脑市场的平台企业；而交易平台的技术复杂度相对低，平台生态通常都是单层的，也不像创新平台那样需要进行大规模的固定资产投资。事实上，交易平台战胜传统产业的一个重要优势正是避免了大量的固定资产投资和存货（Parker et al.，2016）。创新平台往往是中间品，交易平台多为面向最终消费者的最终产品，这也导致创新平台更难以设计有效的商业模式使其从创造的价值中获利（Teece，2018）。由于以上两方面的原因，创新平台较交易平台往往更难以成功——创新平台主要出现在手机、计算机等少数领域，而交易平台则出现在几乎所有的行业。由于创新平台市场具有更高的进入壁垒和流动性壁垒，因此创新平台企业的人员规模、研发投入、销售收入和市场价值较交易平台企业也更高（Cusumano et al.，2019）。

2.1.2 平台产生的根源

平台产生和存在的根源有五个方面，分别是从技术架构角度讨论的平台技术管理、从组织架构角度展开的平台组织管理、从网络效应角度（双边市场理论）讨论的平台产业组织、从中间层理论论述的平台的组织运营、从轮毂观和协调者等角度（生态系统理论）讨论的平台生态系统。

1. 技术架构观

技术架构观认为，平台产生和存在的根源在于平台独特的模块化功能。平台是应用在跨产品系列的底层核心技术的集合（McGrath，1995），是一种基础性架构，可通过增加、替代、去除某些特征而实现产品或服务的迭代升级，以适应用户或市场需求（Wright & Clark，1992）。平台是一种具有样板意义的技术架构，该架构由稳定的核心性基础组件以及其他互补产品与服务连接核心组件的规则和界面所构成（Baldwin & Clark，2000；Tiwana et al.，2010），是一组产品共同分享的如组件、流程、知识、人员、关系等资产（Robertson & Ulrich，1998）。由此可见，平台是由模块化架构、平台接口和模块遵循的规则标准所构成的（Baldwin & Clark，2000），能够促进模块化生产，提升产品多样化，降低产品生产成本，增强对市场需求变化的适应性。

2. 组织架构观

组织架构观延续"环境－战略－结构"的理论逻辑，认为由于传统企业组织结构难以适应高不确定性的环境，故专注于传统企业的平台化转型，将平台视为一种能在新兴商业机会和挑战中构建灵活的资源、惯例和结构组合的组织架构（Ciborra，1996），具有扁平化、模块化特征（井润田 等，2016；赵宇楠 等，2019），是组织内部员工与外部消费者相互连接、共享的桥梁，是组织接受外部优质资源进行重组的通道（胡国栋、王晓杰，2019）。由此，平台能够整合更多的资源和能力，解决企业经营内容有限、经营范围受困、企业边界难以突破和延伸的问题。平台是由敏捷前台、共享中台和基础后台构成的模块化组织架构（李平 等，2020；曹仰锋，2021），是由累积性、互补性资源和能力构成的组织架构，进而适应不断变化的新环境，反映了整合资源和能力的功能。

3. 双边市场理论

产业组织学继承了新古典经济学的传统，没有研究过平台的本质问题，但双边市场理论却被产业组织学者广泛用于解释平台的本质。该理论将平台定义为双边市场中的交易中介，具有在两组或两组以上的群体之间协调交易的特征（Rochet & Tirole，2003）。双边市场不同用户群体之间存在网络外部性，平台所有者或发起者的商业模式是选择特定的价格结构或通过群体间的交叉补贴来解决跨边网络外部性产生的"鸡蛋相生"问题，并据此获利（Rysman，2009）。平台是一种通过激活两个或多个特定群体的直接互动而创造价值的特殊市场机制（Hagiu，2006），是一种实体或虚拟的交易空间，"催化"两种不同群体之间的互动，降低其交易成本，实现交易利益（Evans & Schmalesnsee，2007；Evans，2011）。

4. 中间层理论

随着人们需求变化速度的与日俱增，在生产技术和信息技术的双重推动下，专业化分工进一步深化。为满足商品多样化的需求，各企业之间纷纷采取了跨组织协调和运作的（如战略联盟、网络组织、虚拟组织等）生产方式。这种既具有科层组织性质，又融合不同组织特性的组织称为中间层组织（Spulber，1996）。Richardson（1972）充分认识到中间层组织的重要性，以生产性活动的互补性为路径，奠定了中间层组织的理论基础。较之于市场中看不见的手，中间层组织被视为组织中能看见的手（Larssonl，1993）。Spulber（2002）从市场交易过程的协调视角，构建了中间层组织的背后运作机理，标志着中间层理论的问世。中间层理论从管理学的组织运营角度对平台的产生和存在进行了另一种解释。

5. 生态系统理论

生态系统理论关于平台本质问题的考察主要包括结构和从属关系两种视角。结构视角认为，平台是数字平台生态系统的轮毂或控制中心，具有促进与协调创新、改善企业运营、促进互补者之间的互动以及多边用户交易等多种功能（Ceccagnoli et al.，2012），是由平台所有者、自治互补者和消费者组成的模块化和相互依赖系统，这些系统的核心和互补组件通过设计规则与总体价值主张绑定在一起（Tiwana，2014）。从属关系视角认为，平台是平台生态系统的协调者，关注平台协调者与其他行为人的连接和联系，尤其是平台与平台参与者的从属关系。平台生态系统是由控制知识产权和治理的平台所有者、连接平台和用户的平台提供者、生产创造产品的平台生产者和使用消费产品的平台消费者组成的（Astyne et al.，2016）。平台是控制和限制生态系统中互动的瓶颈（Boudreau，2012）。

2.1.3 平台的价值分配

1. 平台内分配与货币化机制

平台内价值分配结构主要关注数字平台企业与基于平台的参与群之间的分配关系，而数字平台企业对此的影响将主要体现为单方面的定价权，即货币化机制，而这又具体以佣金、抽成、服务费用等形式为载体。平台大致通过两种方式获得收益：将其他人的资产以产品或服务的形式向用户提供并因此收取中介费，将自身资产以服务的形式向用户提供并因此收取服务费。一方面，就前者而言，数字平台扮演了双边市场的作用，双边市场的关键在于交易的非中立性，即卖方不能将平台对其收取的费用完全转移给买方。平台对于交易双方影响的这种非中立性，正是平台所控制的稀缺资源，因此具备了单方面决定价格的权力，从而可以在不通过自身进一步劳动的基础上获得"寻租"收入。优步、苹果应用商店等数字平台单方面决定15%～30%乃至更高的抽成比例都是典型体现。另一方面，当数字平台将自身资产以服务形式向用户提供时，同样存在货币化机制的可能性。数字平台企业可以将任何产品转化为服务并通过软件许可的形式持续性获得收入（Sadowski，2020）。例如，当用户购买智能家居产品（如扫地机器人）时，虽然获得了物理形态产品的所有权，但考虑到该产品的持续运行需要依赖软件的不断升级与使用许可，用户仍受限于该产品的制造商。更进一步，考虑到产品制造商（如小米）并不一定也是数字服务提供商，后者通过多样化的智能家居产品可以建构更全面的数字环境，而这正是数字平台实现货币化机制的基础。

2. 平台间分配与数据化机制

平台间价值分配结构主要关注处于差异化市场地位的不同平台之间的分配关系，而数字平台对其影响机制将主要体现为数字平台对于数据的占有、控制与商业化开发，即数据化机制。不同数字平台所处的市场地位具有显著差异，而占据垄断性市场地位的数字平台往往体现了赢家通吃的发展特征。之所以领先平台能够占有绝大部分价值份额，是因为数据在其中发挥了重要作用。数据具有这种决定性影响的根本原因，可归结于万维网独特的技术设计方案。万维网以网页为中心的技术架构没有将应用程序与数据隔离，导致用户数据被分割在不同网页（背后是分别被不同公司占有）而难以开放共享。数据竖井（silo）使先发数字平台公司凭借用户数据优势享有网络效应和垄断势力，使其能通过广告模式获取巨额收益。

数字平台的数据化机制具体体现在两个方面：一方面，数字平台可以依托自身所掌控的海量数据获得直接收益，搜索引擎、社交媒体、资讯新闻平台基于用户数据而获得广告收入就是典型例证；另一方面，数字平台基于所掌控的数据而进行估值融资，这一商业模式间接完成了数据化机制的收益变现。风险投资与数字平台的普遍结合使得数据价值的不确定性被成功转化为基于数据规模的企业估值，被推广至全球各个国家以致成为普遍性的数字商业模板，这又进一步激励了数字平台获取、占有、控制数据的动机。由此，数字平台对于数据的获取、占有与商业化开发便形成了正反馈机制，并最终导致赢家通吃的客观结果。基于数据所具有的价值潜力而非产品可能产生的实际利润而展开的企业估值逻辑，使得数字平台企业的市场价值远远超过其他领域的企业而成为资本交易市场的头部玩家。例如，2021 年 12 月，苹果的市值接近 3 万亿美元，超越了英国 2020 年的 GDP 总额，而这一变化仅仅是在过去 15 年左右的时间里所发生的，苹果在 2006 年以前的市值不到 100 亿美元。

3. 平台与其他产业间分配与生态化机制

平台与其他产业间的价值分配结构问题须关注数字平台企业与其他产业领域企业的分配关系，而数字平台内在影响机制可被称为生态化机制。长期以来，国民经济体系往往以产业领域来划分，不同产业之间存在壁垒且相互之间并不存在直接的价值分配竞争关系；但在数字平台经济背景下，数字平台往往横跨多个产业领域而形成平台生态系统，因此与其他产业领域的企业存在价值竞争并最终影响产业间的价值分配结构。数字平台的增长依赖其他生产主体所形成的规模经济和范围经济，由此形成平台生态系统。同时，每个生态系统都存在着关键资源，其往往体现为在不同应用场景下都需要使用的基础设施或通用服务，而数字平台企业则借助对于该关键资源的把控来影响整个生态系统经济活动的收益分配结构。例如，在移动互联网的商业场景下，应用商店便是这样的关键资源，苹果和谷歌可以凭借其对于 iOS 和谷歌应用程序商店（Google Play）⊖的把控，影响整个移动互联网生态系统的收益分配。值得注意的是，不同数

⊖ Google Play 前名为 Android Market，是一个由谷歌为安卓设备开发的在线应用程序商店。一个名为 Play Store 的应用程序会预载在允许使用 Google Play 的手机上，可以让用户浏览、下载及购买在 Google Play 上的第三方应用程序。2012 年 3 月 7 日，Android Market 服务与 Google Music、Google Book、Google Play Movie 集成，并更名为 Google Play。

字平台企业建构的生态系统可能存在明显差别。美国数字平台企业更倾向于在垂直领域延伸扩张，而中国数字平台企业则体现出更为明显的横向扩展策略（Jia & Kenney，2021）。例如，谷歌虽然业务范围广泛，但其主要遵循互联网层次结构，通过控制操作系统和应用商店进而影响移动互联网生态；而腾讯和阿里巴巴往往基于其对支付环节的控制而横向扩张至社交媒体、电子商务、移动出行、生活服务等不同领域。

在数字平台企业基于不同关键资源把控而形成的异质性生态系统中，其对于收益分配结构的影响机制也呈现差异化特征。一方面，数字平台在垂直维度的生态扩张更多凭借其技术优势或先发优势（例如开发了先进的操作系统），这也使之可以通过确立标准、收取服务费用等方式影响垂直产业生态中不同企业的收益水平；另一方面，数字平台横向维度的生态扩张需要依赖多重机制，这也使其影响机制更为多元化和复杂化。以腾讯和阿里巴巴为例，两者基于移动支付横向扩张形成的丰富生态，可以通过金融衍生服务、向其他生态参与者进行股份投资等方式影响其他产业领域企业的收益水平。

2.1.4 平台成功的关键

平台的主要功能就是减少交易成本和搜索成本（Hagiu，2009），成功的关键就是确定平台运营的边界、确定平台业务经营的范围并在其平台经营范围之内开展业务、确定网络效应的范围与深度以及消费者的差异化分布（Evans & Schmalensee，2009）。

1. 科技创新是首要支撑

互联网平台形成市场支配地位的独特之处在于其创新的信息技术、商业方法和运营模式。互联网平台立足网络空间，通过"大数据+算法"技术，深入洞悉消费者需求，提供规模性的数字化服务，满足规模用户的多方位甚至全方位的需求。基于此，先行的互联网平台在用户争夺战中脱颖而出，并迅速成为头部平台，在网络服务相关市场占据支配地位。

创新是互联网企业的生存之本，而创新的原动力就在于取得垄断利润（陈汉威、胡继春，2014）。例如，凭借强大的技术壁垒，百度在2000年成立半年后，占据了国内80%的搜索引擎市场；依托自己大规模的用户群体，百度采取竞价排名的在线商业广告模式，获取了巨额广告收入。在获取搜索引擎市场支配地位的同时，百度向其海量用户群提供MP3音乐服务，并一举成为PC时代最大的流量入口。此外，利用用户搜索数据，通过算法技术深入挖掘用户对内容的需求，百度贴吧、百度知道、百度百科作为百度内容服务的三驾马车齐头并进，其中，百度贴吧一度超过新浪成为全球最大的中文站点。

2. 用户规模是关键基石

实体经济的市场支配地位可以界定为特定市场上的控制商品价格、不受竞争压力影响的地位。与实体经济相比，数字经济更多地体现为一种注意力经济。由于其轻资产化的成本优势以及技术创新的关键内核，因此它对用户提供的信息服务大多是免费的。互联网平台依托海量用户群，可以为平台内的其他经营者创造大量交易机会。平台企业最终的盈利来源于产品或服务的差价、网络广告营收、商户销售抽成、收取会员费、代理商代理的销售利润、间接利润（信用认证等）(熊艳平，2012）。

与实体经济相比，互联网平台的扩容成本极低，且对入驻平台的经营者的接纳能力几乎没有上限。因此，用户争夺是互联网平台持续运营的保障（熊鸿儒，2019），如何吸引用户的眼球是平台经营的重中之重。同时，平台内商户营业的多元化和商户平台依托的唯一性也是促进用户量增长的有力手段。这正是某些平台企业不惜冒违法风险也要迫使商户"二选一"的真正原因。对已经习惯平台推广之初所采用的免费模式的普通消费者而言，他们对价格较为敏感，平台经营者也因此不欲打破此免费模式（李静，2017）；即便偶尔打破免费模式，平台也会允诺给予消费者更多的优惠（如天猫"88会员"等模式提供的优惠），因为用户规模是互联网平台维系其市场支配地位的重要基石。

3. 算法优化是不竭动力

互联网平台利用大数据优势，以数据反哺算法并使其不断优化；通过对用户画像以实现精准营销和预测，在争取用户的同时也强化了既有市场的支配地位。在涉及数据的市场竞争中，无论数据的获取还是使用，均须利用互联网技术手段对数据进行抓取与传播（刘继峰、曾晓梅，2018），对平台用户进行区别化推送。例如，在今日头条进入信息推荐在线服务领域之前，网络社区平台多采取意见领袖引流的运营模式，微博、博客等通过吸引流量"大V"入驻，进而达到吸引并留住用户的目的；今日头条则通过优化算法，运用算法精准推荐规则，使得用户在该平台总是能刷到自己感兴趣的话题，由此使订阅用户数量呈爆发式增长。

对互联网平台而言，用户数据聚合基础上的算法优化，是洞悉用户偏好、对用户画像，从而实施精准营销、增强用户黏性，并逐步扩大用户规模的有效手段。数字平台巨头积累和控制着海量用户数据，使自己具有锁定消费者或商家、强化市场支配地位的力量，它们也会对用户进行分类管理，并利用算法实施歧视性定价，甚至会影响经济安全和网络安全（熊鸿儒，2019）。数据事实上成为影响用户选择的原料或工具，用户数据具有价值和竞争意义（金善明，2018），几乎成为互联网平台克敌制胜的商业秘密（刘继峰、曾晓梅，2018），而据此聚拢的庞大用户群体则成为互联网平台左右逢源、任意驰骋的核心资产和可靠驱动。

4. 网络效应是独特路径

20世纪80年代，有学者开始研究倾斜效应和锁定效应，他们认为导致这些效应出现的主要驱动因素是学习曲线效应和网络外部性（Arthur，1989）。学习曲线效应存储了平台产生所必需的大量核心知识资源，而网络外部性是平台产生的基础。首先，它意味着最好的技术并不总能取胜，比如通过赞助商的投资，一些不是最先进的技术也可能在市场上占据主导地位。其次，按照经济标准，这些市场可能展现出不充分或过度的惰性，当一项技术的大部分价值来源于它的网络外部性时，即使新技术更加优越，也可能难以取代平台现有技术（Schilling，2003）。再次，当互补品的价值是增加采用回报的一个重要部分时，它就为生产者采用标准化接口和模块化生产系统创造了强有力的激励，使许多第三方补充开发人员能为共同平台创造补充（Katz，2019）。最后，网络外部性容易导致赢家通吃市场，其中一个或几个参与者拥有相当大的市场力量，容易形成垄断局面。网络规模、网络结构和网络多样性分别对创新能力具有不同的影响，网络规模和网络多样性有利于平台生态的竞争力，而独特的网络结构有利于平台创新。

得益于网络空间的无形性和无限性，互联网平台的产品功能空前丰富，且迭代升级速度极快；随着用户群体的指数级增长，网络效应充分彰显，互联网平台有着天然地变现海量用户、实现跨界经营的优势和冲动（张素伦，2016）。与传统企业通过投资、并购甚至搭售等方式延伸市场支配地位不同，互联网平台独特的扩张市场路径在于它能通过用户行为甚至能利用用户数据将自己在相关市场的用户规模优势便捷地传导至其他市场。实际上，除通过网络效应拓展用户数量外，互联网平台还利用用户数据跨平台施加影响，即产生杠杆效应或双轮垄断乃至多轮垄断。杠杆效应是指优势企业利用其优势产品去推广一个新产品（吴宗法、陈伟，2016）；双轮垄断就是平台利用基础服务能力形成的流量优势、数据集中优势等，通过运用杠杆，推动其垄断地位延伸到其他领域，从而在多个新领域形成第二轮垄断（李勇坚、夏杰长，2020）。例如，腾讯利用QQ这种虚拟聊天工具所采集的用户信息为自己的用户提供邮箱服务，拓展了腾讯的邮箱市场；用户利用QQ号可以直接申请微信账号，又建立了腾讯在网络视频通信市场的竞争优势，并且使它争取到了规模庞大的用户群体，进而夺取了网络即时通信市场的支配地位。此后，腾讯进一步利用微信庞大的用户群体，推出了线上下单乘车服务，将支配地位延伸至网约车市场。

2.2 平台的特征

平台具有五个主要特征：交叉网络外部性（cross-network externality）、价格结构非中性、用户的多归属性（multi-homing）、双边需求互补性、用户的锁定效应（lock-in effect）。

2.2.1 交叉网络外部性

平台之所以拥有巨大魅力，因为它具有网络外部性。网络是一系列链路（links）直接或间接地连接起来的一组节点（Schmalensee，1995；Ecomides，1996）。网络的结构特征表现在网络组件的互补性以及其引发的网络外部性，一边用户的规模会显著影响另一边用户使用该平台的效用或价值。例如，银行卡持卡的消费者越多，POS机对商户的价值就越大；安装POS机的商户越多，银行卡对消费者的价值也越大。

网络外部性由Katz和Shapiro（1985）正式提出，并成为平台市场重要的理论基础（Rochet & Tirole，2003；Caillaud & Jullien，2003）。基于用户基础成长和互补产品的获得性是驱动平台增值和市场份额的主要机制。平台企业必须能够同时纳入多方群体并让各方获利，这样才能有效扩大自己的市场份额。同时，平台企业如想激发网络效应，必须抓住连接供给和需求间的契机。后来，Evans（2003）、Rochet和Tirole（2004）针对网络外部性，将它区分为"成员外部性"（membership externality，又称为间接网络外部性）和"用途外部性"（usage externality，又称为直接网络外部性）。

（1）平台的成员外部性。平台的成员外部性是指平台的一类用户的数量会影响该平台对于另一类用户的价值。例如，在网络购物平台里，存在典型的成员外部性：越多的卖方会吸引越多的买方，因为买方有更多的购买选择；反过来买方的踊跃参与和数量的增加会吸引更多卖方的参与。一般而言，关注成员外部性的主要原因在于最终用户的成本（包括平台收取的固定费用、客户方的技术性费用）具有交易敏感性（Evans，2003）。

（2）平台的用途外部性。平台的用途外部性是指平台的价值与使用该平台的消费者的交易相关，尤其是与用户对该产品的使用数量相关。用途外部性从产品的使用中产生，如共享软件、传真机、电邮服务和电信服务等，它们的价值几乎只与产品用户数量以及产品使用频度相关。Kim（2011）研究发现，行业领先企业的团购用户基数越大且网络外部性越强时，该企业会提供更多折扣产品和更丰富的平台营销服务，以便能培养更大的用户群体，提升企业的竞争优势。

平台网络的外部性也有正负之分，异边用户产生的是正外部性，同边用户产生的则是负外部性（Belleflamme & Toulemonde，2004）。当规模与效用成正比时称为正向网络效应，反之则称为负向网络效应。平台设立的各种机制都是为了激发正向网络效应（Shriver, Nair & Hofstetter，2013）。Wilbur（2007）对电视广告产业的实证研究发现，如果电视节目中广告的播放时间减少10%，在忽略竞争效应的前提下，观众的福利会增加25%，这也验证了该类产业中"负外部性"的存在。Reisinger等（2009）建立了一个具有负网络外部性的平台竞争模型，发现一侧用户数量随着另一侧用户数量的增加而下降。

网络效应是平台发展壮大的关键，它又可以分为同边网络效应和跨边网络效应（见图 2-1）。同边网络效应是指平台某一边市场的用户规模会影响该边市场中其他用户得到的效用；跨边网络效应是指平台某一边市场的用户规模会影响其他边市场中用户得到的效用。平台若能同时激发同边网络效应和跨边网络效应，将大大提升用户的使用意愿和满足感，进而推动盈利。

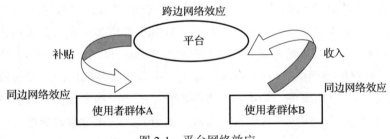

图 2-1 平台网络效应

双边市场的核心特征是不同用户群体之间存在交叉网络外部性（Evans，2003），交叉网络外部性是平台企业竞争优势的重要来源（Eisenmann, Parker & Alstyne，1999）。交叉网络外部性是一类特殊的网络外部性（Rosen，2005），产生于网络结构的互补性（Economides & Himmelberg，1995），参与平台交易的双方往往具有互补的需求，只有当双边用户同时参与平台，并同时对平台提供的产品或服务产生需求时，平台才能在实现其自身价值的同时获得利润（汪旭晖、张其林，2016）。平台的需求互补特征是指平台的需求是联合需求，即平台双方的需求同时存在，只要一方的需求消失，则另一方的需求也会随之消失（陈宏民、胥莉，2007）。

双边市场的两边交易必须在同一个平台上进行并通过外部性起作用，两边的决策行为与决策结果相互影响（Rysman，2009），网络两端的用户需求匹配得越好，平台的价值就越大（张小宁，2014）。用户数量对平台的生存与发展至关重要，平台在竞争中首先需要实现的目标不是利润，而是最低网络规模（Evans，2010）。两边用户之间的正反馈机制会使平台用户在突破最低网络规模后，推动平台成功进入市场并获得高速增长（Ruffle，Weiss & Etziony，2015）。达到临界规模后引入新用户的边际成本会不断降低，这使得平台能以较低成本维持大规模用户基础，也便于运用实质选择权获取更大的网络价值。平台的优势首先就体现为强大的现有用户基础和交叉网络外部性（Evans，2003），这是双边市场中的有效进入壁垒（Evans，2010）。在位平台在此基础上可以通过增加平台间的转移成本和利用用户锁定效应等方式来维持其市场地位（曲振涛 等，2010；刘重阳 等，2018）。平台间激烈的竞争使得平台更多利用基于网络效应的尽快长大战略，进而实现对用户的锁定效应。潜在进入平台则需要具备更强的网络外部性，或较低的平台间转移成本，才能获得用户（郭岚、张祥建，2005）。

交叉网络效应等特征的存在，使得一个平台积累更为广阔的用户基础后就可以为同边或跨边的用户传递更多的潜在或实际价值，这也符合资源基础观（resource-based view，RBV）自增强效应的"成功孕育更成功"的逻辑。正是因为这种网络效应的存在，平台才能够吸引越来越多的消费者和服务提供者，即使最初平台的规模小于竞争对手，它也可能随着时间的积累而完全占领市场（Wade，1995；Schilling，2003）。交叉网络外部性有利于平台凭借自己的现有用户基础进入另外一个行业，实现跨界竞争（鲁彦、曲创，2016）。但是，交叉网络外部性的存在增强了平台间的竞争程度（帅旭、陈宏民，2003；胥莉，2006），在平台能将交叉网络外部性内部化的条件下，网络效应越大，平台间的价格竞争就越激烈（孙军、高彦彦，2016）。

2.2.2 价格结构非中性

双边市场是一个促使平台两侧用户达成交易的中介或平台，但这显然无法将它与单边市场区分开来，因为有些单边市场也具有这一特性。比如，农贸集市通常就被视为单边市场。为了对双边市场区别于单边市场的本质特征进行刻画，Rochet 和 Tirole（2004）从价格结构非中性（非对称性或倾斜性）的角度将双边市场界定为：平台在向两侧用户索取的价格总水平保持不变的前提下，能够通过向市场一侧的参与者提高价格的同时向市场另一侧的参与者降低价格这一方式来影响总交易量。假定平台向买方索取价格为 P_d，向卖方索取价格为 P_s，当平台向需求双方索取的价格总水平 $P = P_d + P_s$ 保持不变时，P_d/P_s 的变化将直接影响平台的总需求以及相应的总交易量。换言之，价格结构是非中性的，平台必须设计好能将交易双方吸引到平台上来交易的价格结构。平台企业需要就索取的总价在买方和卖方之间进行"分配"，而不是像单边市场那样遵循边际成本定价法则。在选择自身利润最大化的策略时，平台往往采用倾斜性定价来实现均衡，在一定时期内对一边执行高收费，对另一边执行低收费、免费甚至是负价格（补贴），这是单边市场定价时所没有的现象。在单边市场中，垄断企业实行成本加成定价，价格直接与产品的边际成本和需求弹性相关。而在双边市场中，由于平台价格结构非中性和交叉网络外部性，从企业最大化利润出发的定价策略应将市场两侧一起纳入分析中。Rochet 和 Tirole

（2003）、Evans 和 Noel（2005）与 Armstrong（2006）等大量学者的研究表明，在垄断平台之下，企业利润最大化的总价格满足双边市场条件下的勒纳指数[⊖]，单边价格与单边边际成本并不成正比，且价格结构与各边的需求弹性相关，对于强交叉网络外部性与用户单栖的一侧竞争将会更加激烈，平台很可能会收取低于边际成本的价格，甚至免费提供产品或服务。在市场开拓期还会出现补贴的情形，外卖红包、打车券和骑行券等均属于此类。

按照 Rochet 和 Tirole（2004）的定义，在双边市场上，科斯定理因双边用户间充满外部性而不再适用于其相互间的交易（这是双边市场的必要条件），标准的定价原则亦不再适用，因为在价格结构的设计中，对一边用户的定价水平要着眼于其对另一边用户的外部性。尤为重要的是，平台间的竞争并不必然会产生有效的价格结构（Kaiser & Wright，2006）。于是，平台必须小心翼翼地考虑包括价格结构在内的各种影响因素，采取必要措施来吸引和稳定平台两边的用户，例如，规定双边用户间的交易条款、审查一边用户的资质、制定双边用户交易价格上限等。但无论如何，当平台采取一些措施来对一边的用户进行限制时，这些措施必须能够对另一边用户产生足够大的吸引力，以至于其因采取限制措施而在一边损失的利润可以从另一边用户数量的大幅增长中得到弥补。

2.2.3 用户的多归属性

平台通常连接两边的用户，而当市场上又有类似的平台并且用户进入平台的费用较低时，双边用户往往都会选择进入多个平台，例如，网约车司机可以同时接入优步、高德、易到等多个平台，以此来获得更多的订单；团购平台上的商户可以同时接入美团、拼多多等；酒店商家既可能会入驻马蜂窝，也可能会入驻飞猪酒店平台。双边市场上的双边用户普遍存在多平台接入特征，这一特征对双边市场中平台企业的价格结构、竞争策略选择以及平台间兼容性选择都有一定的影响（周正，2015）。对银行卡业而言，由于不同银行卡系统之间不是互通互连的，这就导致商户与客户之间可能存在多属行为（拥有很多张卡），这种多属行为对市场上至少一方而言是必需的，如此才能在平台之间不兼容或不能互通时进行交易（Evans，2003）。

多属行为可以分为成员的多属行为和用途的多属状态。有时，成员的多属行为甚至比用途的多属状态更重要，如银行卡持有方的多属行为要多于用途的多属状态（Rysman，2004）。

多属行为还可以分为买方多属和卖方多属。买方多属一般是在商品供大于求的状态下，卖方相互竞争，从而形成了买方的主动权地位。如保险市场就属典型的买方多属。形成买方多属的根本条件是社会生产力水平较高，社会供给量超过社会需求量。从微观层面来看，买方多属有利于企业不断推动技术创新，开发新产品，满足消费者的新需求，提高效率效益；从宏观层面来看，买方多属有利于资源的合理配置，促进社会效率的提高和经济的发展。卖方多属是在商品供不应求的条件下，买方相互竞争，商品价格趋于上升，从而使卖方掌握了价格上的话语权，市场主体的地位向卖方倾斜，卖方支配着买方。在拍卖市场上，针对拍卖品，拍买方踊跃

[⊖] 勒纳指数也称为勒纳垄断势力指数，它提供了一种以垄断力量为基础的计算市场结构的方法，避免了必须从销售资料推算垄断力量的问题。计算公式为 $L=(P-MC)/P$，它通过对价格与边际成本偏离程度的度量，反映市场中垄断力量的强弱。价格越高于边际成本，表明垄断力量越强；在市场完全竞争时，勒纳指数的值等于 0。

抬价，最后出价最高者获得拍卖品，这就是典型的卖方多属。在卖方多属现象中，买方对商品没有更多的选择权，尤其是对必需品，其行为属于虽不心甘又不得为之。

2.2.4 双边需求互补性

双边需求互补性是指平台两边用户对平台所提供产品或服务的需求具有互补等依存关系。平台型市场需要不同用户的需求同时存在且高度相关，这种相关是指需求既不是独立存在的，也不是简单线性相加的。平台的功能是促进不同用户之间进行互动或交易。在传统市场中，企业只需要面对一个市场的消费者，而对平台企业来讲，需要同时考虑能为多方用户提供什么样的产品或服务，并促进它们之间的互动或交易。这种相关性与多产品市场中的互补性需求不同，多产品市场中的互补性需求来自同一类消费者。在平台型市场中，用户不需要同时购买平台企业提供给不同用户的产品或服务，用户之间的相关性建立在不同用户的联合需求上，缺少任意一方用户的需求，平台型市场就难以形成。

多产品策略是吸引优势用户的重要手段。为了吸引更多优势用户，平台企业往往采用搭售、捆绑等策略来满足用户的更多需求，这些策略也成为获取其他平台优势用户的重要手段（Eisenmann，Parker & Alstyne，2011）。比如微软通过操作系统捆绑浏览器的做法，打败了网景，成功进入网络软件产业。拥有较多用户的平台往往具有赢家通吃的优势，因为用户间存在正向且很强的交叉网络效应，导致用户很少愿意退出而选择其他平台，这些平台企业还可以向用户销售更多产品，提供更多服务（Nobe & Parker，2005）。例如，腾讯除了提供即时通信服务，还向用户提供游戏、拍卖、交易等服务，已有的用户数量使腾讯的新产品具有非常高的上市成功率。这些平台采取多产品策略，通常是为了吸引更多的双边用户进入并使用它的平台，而不是寻求某一类用户的利润最大化。搭售行为使得更多消费者转变为多属买方，使得平台双方以及平台企业自身均获利（Choi，2010）。

2.2.5 用户的锁定效应

锁定效应的产生是平台企业竞争的重要手段之一。传统企业主要靠营销手段，尤其是价格手段来锁定用户，从而维持用户黏性。而在平台企业竞争中，平台这一形式本身就对消费者具有锁定效应，很多平台企业通过这一效应保持自己的优势地位进而获利。

用户锁定效应是指作为该行业先入者的大型互联网平台，由于拥有海量用户，并且用户与平台间的黏性日渐增强，因此直接增加了后入的互联网平台企业获取用户的难度。用户的锁定效应主要有三个原因。

一是源于价值效用。互联网平台提供的产品或服务覆盖人们生活的各个方面，包括日常出行、休闲娱乐、金融支付、网上购物等，而这些产品或服务的质量也因互联网平台对其拥有的海量数据进行分析使用而变得更加优质，因此用户依赖性比较强。即使存在另一个同类型的平台，用户黏性的存在也使他们不会轻易迁移到新平台。这是因为网络外部性使得互联网平台的价值和效用提升，意味着用户脱离该平台需要付出更多的机会成本。

二是源于转换成本。用户更熟悉早期进入市场的产品，包括操作方式、产品特点等，并且已经形成一定的使用习惯，而转向新产品时需要付出相应的转移成本。因此，诸多平台用户很容易被锁定在某一项由平台经营者独立提供的产品或服务上，当用户进行产品或服务转换时，就会因一定的信息资源损失而造成转换困难（陈兵，2015），或者是转换成本与用户所要实现的目的之间不存在合理对价。最有代表性的例子就是即时通信软件——微信，用户一旦注销账号，就将与该平台的其他好友失去联系。这种锁定用户的黏性给平台企业带来了稳定的市场和巨大的利润空间，形成一种"先发优势"。随着数据的累积及平台自主学习技术的不断优化，平台对用户偏好把握的精准程度不断提升，平台为用户创造的价值越多，用户黏性就越强。用户黏性主要包括内容黏性、功能黏性、社交网络黏性和市场黏性。内容黏性是指平台提供的产品或服务本身对于用户重复使用的吸引力和由此形成的依赖程度，例如网易、新浪、新华网、凤凰网等门户网站提供的信息服务，网络游戏平台提供的游戏内容服务等。如果内容服务本身能较好地满足用户的需求偏好，就会获得用户较长时间持续、反复的使用。功能黏性是指平台因提供特定的功能来满足用户某一类特定需求而产生的用户的依赖。比如百度网盘为用户存储文件的需求提供了服务，打车软件为用户打车出行的需求提供了服务。社交网络黏性是指平台基于用户的社交需求和较高的用户转移成本提供相关服务，从而增强用户对平台的依赖，如QQ、微信等。市场黏性是指基于用户市场的正向交叉网络外部效应的影响所产生的用户对平台的依赖。例如，购物平台中卖家数量的增多会吸引更多的买家用户并延长买家使用平台的时间，而买家数量的增多也会增加该平台卖方用户的数量和效用。

三是源于长尾效应[○]。在传统工业时代，受市场范围约束和固定成本约束，厂家只能满足大众化的需求，但个性化需求量小，只能被忽略。互联网让地理距离不再是约束，可以为更广范围内的人群搭建平台，使得生产可以更好地满足个性化需求。在这种情况下，平台经济经营者一旦做大做强，获得市场优势力量，不断增进其流量与数据占有，进而巩固其锁定效应，形成实质上他人难以与之有效竞争的状态，寡头市场结构就会出现。

2.3　平台的网络效应

在很多经济学文献中，一般对网络效应和网络外部性不做区分，但事实上二者是有差别的。网络外部性的概念源自于外部性（也称溢出效应），是指某行为对他人强征了不可补偿的成本或给予了无须补偿的收益的情形，本质上是这种行为对他人产生了并不反映在市场价格中的间接效应，即网络中发生的、对他人产生的、不能被内部化的网络效应（Katz & Shapiro，1985）。

○ 当商品储存、流通、展示的场地和渠道足够宽广，商品生产成本急剧下降以至于个人都可以进行生产，并且商品的销售成本也急剧降低时，几乎任何以前看似需求极低的产品，只要有卖，就会有人买。这些需求和销量不高的产品所占据的共同市场份额，可以和主流产品的市场份额相当，甚至更大。这就是最早由《连线》杂志主编克里斯·安德森（Chris Anderson）于2004年10月提出的"长尾"（the long tail）概念。过去人们只关注重要的人或重要的事，如果用正态分布曲线来描绘这些人或事，则人们只会关注曲线的"头部"，而忽略处于曲线"尾部"、需要更多的精力和成本才能关注到的大多数人或事。例如，在销售产品时，厂商关注的是少数的"VIP"客户，无暇顾及在人数上居于大多数的普通消费者。而在网络时代，关注的成本大大降低，人们有可能以很低的成本关注正态分布曲线的"尾部"，关注"尾部"产生的总体效益甚至会超过"头部"。网络时代是关注"长尾"、发挥"长尾"效益的时代。

当有新的用户接入平台时，平台上当前用户的价值将提高，这也被称为需求方范围经济。需求方范围经济会影响到消费者使用平台的意愿和采用率，从而最终影响平台的价值（Shapiro & Varian，1999）。由于需求方范围经济的存在，网络效应同来自高固定率和低边际成本的供应方范围经济有着很大的区别。网络效应也存在于双边市场中，市场一边用户数量的增加将提高平台对开发商的吸引力，同时更多的开发商加入也将提高平台对用户的吸引力（Parker & Alstyne，2005）。

网络效应又称为需求方规模经济（或用户规模经济），需求方规模经济使网络产业的需求曲线呈现倒 U 形，这样就可能出现三重均衡：市场规模为零的稳定均衡、不稳定均衡、达到帕累托最优的稳定规模，而最终的均衡取决于是否达到网络规模临界点（即临界规模）并形成正反馈。当网络规模没有达到临界点时，市场规模就会萎缩甚至为零；但一旦超过临界点，就会表现出很强的网络效应，引发正反馈效应，在正反馈效应下又会产生消费者和标准的锁定效应，增加转移成本，产生赢家通吃的市场现象（见图 2-2）。

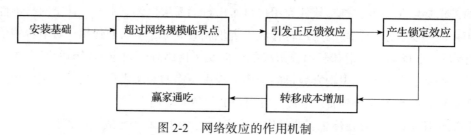

图 2-2　网络效应的作用机制

有关网络效应的最早论述可追溯至 Rohlfs（1974），他针对电信市场的研究发现，市场更青睐用户规模较大的网络。用户从产品或服务中所能获得的效用的大小受到处在同一网络中的其他用户数量多少的影响，且往往表现为随用户数量的增加而增加（Stallkamp et al.，2021）。网络效应是平台实现生态冷启动的关键（Rochet & Tirole，2003；Gawer，2009）。一旦平台形成供需匹配，网络效应便会迅速促使多边用户群体进入正反馈周期，在平台价值随用户数量上升实现爆发式增长的同时，又会吸引更多用户群体加入平台，从而推动平台价值进一步提升（Majumdar et al.，1998；Parker et al.，2005；Gawer et al.，2008）。平台发展的阶段特点取决于网络效应的演进特征（李雷 等，2016；贺锦江 等，2019），其中临界规模是关键。若供需双方没有足够多的用户，则很难形成显著的网络效应，无法实现长期平衡（Evans et al.，2010）；一旦平台用户数量达到了临界规模，参与者更愿意保持密切关系的网络就会直接或间接地形成，进而成为增长的驱动力；长时间无法到达临界规模可能会导致平台失去增长动力，最终被逐出市场（Kim et al.，2019）。在达到临界规模前，平台面临着资源包络与用户规模扩张的现实需要（阳镇 等，2021），主要采取信息支持（汪旭晖 等，2021）、免费补贴、歧视定价、高度开放等（Gawer，2009）多样化策略解决冷启动难题。在突破临界规模后，平台网络效应将进入正反馈阶段，此时平台的影响力和传播力不断增强，能够吸引更多的需方用户以及提供多样化产品或服务的供方用户加入平台（Evans et al.，2010）。在此阶段，平台除了要利用网络效应实现新一轮增长、扩大平台生态系统规模，还要权衡前期粗放式增长策略所带来的影响，着力培育诸如业务服务创新、市场细分建设和用户过滤机制等新的能力（李雷 等，2016）。

网络效应作为平台发展过程中的重要研究对象，它是潮流效应（bandwagon effect）、规模效应（scale effect）、羊群效应（herding effect）、市场中介效应（market-mediated effect）和锁定效应的综合作用结果。随着大众生产（peer production）、大规模协作（mass collaboration）、共享经济（shared economy）等新生产方式的产生，平台为了更好地发挥新时期用户的产消者（prosumer）⊖作用，提升平台综合竞争力，开始构建平台组合以形成跨平台网络效应。

2.3.1 平台内的网络效应

网络效应是网络经济的产物，也是网络产业的本质特征，而具备网络效应特性的市场则称为网络市场，具备网络效应特性的产品称为网络产品，如电子邮箱、微信、微博、淘宝和京东的购物平台等。网络产品有如下特点：网络产品具有技术兼容性。这些产品可以实现产品间、服务上或功能上的互联互通，而且用户越多，越能发挥产品的作用，进而形成一定的生态系统。这些产品不是孤立存在的，往往能和周边的资源形成互动；网络产品能实现多方效用提升。随着用户数量增加，产品效用不仅在新进用户中得到提升，老用户的效用也会随之提升。平台内网络效应的具体作用机制如图2-3所示⊖。

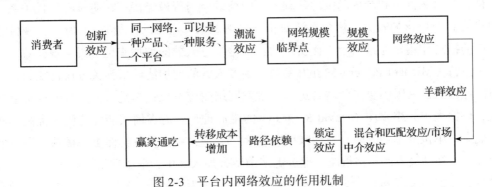

图2-3 平台内网络效应的作用机制

第一，少数零散的消费者因自身的某种需求和勇于尝试的创新精神会率先进入某一网络市场，该网络市场中存在具体的网络产品。此时，消费者获得的仅仅是商品自身价值，网络价值很少。市场中一方的创新活动可以增加价值，如企业通过产品创新来提升商品自身价值，让更多消费者进入该网络。

第二，首批消费者通过社交圈形成潮流效应。人们追求时髦的社会心理会导致消费者需求相互影响（Leibenstein，1950），加速创新产品的扩散（Abrahamson & Rosenkopf，1997），这可用收益增长理论（increasing return theory）、学习理论（learning theory）和流行理论（fad theory）等来解释。收益增长理论认为随着创新产品用户数量的增加，消费个体获得的收益率也会增长，从而吸引更多人使用创新产品，最终形成正循环；学习理论认为随着创新产品信息

⊖ "产消者"是指那些参与生产活动的消费者，他们既是消费者（consumer）又是生产者（producer）。著名未来学家托夫勒于1980年在《第三次浪潮》一书中首次提出产消者（prosumer）一词，并将那些为了自己使用或自我满足而不是为了销售或交换而创造产品、服务或经验的人命名为产消者。后来，托夫勒又在《财富的革命》一书中提出产消合一经济。

⊖ 李震，王新新. 平台内网络效应与跨平台网络效应作用机制研究［J］. 科技进步与对策，2016（20）：18-24.

量的增加，消费者对创新产品了解越多，越有利于产品扩散；流行理论认为随着采纳者增加，潜在消费者会模仿他人采纳新产品。潮流效应是网络效应的可能来源之一（Katz & Sharpio，1985），包括网络效应和互补产品潮流效应（Rohlfs & Varian，2002）。相对于网络效应，潮流效应在某些方面更符合网络的现实（Kandori & Rafael，1998）。

第三，网络效应存在临界值（规模临界点），即用户数量必须达到最低意愿门槛，其他潜在消费者才会愿意跟着进入平台。一旦跨越了网络效应的临界点，将实现用户的爆炸式增长（陈威如，2013）。如果网络规模没有达到临界点，市场就会萎缩，甚至退出市场；而超过临界点就会体现出很强的网络效应，形成正反馈（傅瑜，2013）。临界点来源于网络效应最初的定义，即网络产品的价值会随着消费数量的增加而增加。因而，基于网络产品技术兼容性、生态系统和多方效用提升等特征，网络效应需要一定的用户基础，即达到网络效应的临界数量。

第四，网络效应可称为需求方的规模经济，当一方市场规模越大时，另一方规模也会越大，双方的成本和价格会越低，需求方的规模经济使网络产业的需求曲线呈现倒U形（傅瑜，2013）。规模经济之于卖方，规模的增大使单位产品成本降低；之于买方，买的人越多商品价值越高。网络效应与规模经济的增强都给消费者带来直接利益，即较大的市场总产出和较低的市场价格；在市场价格和产量确定的基础上，网络效应与规模经济存在明显的替代关系，网络效应对市场总产出影响较大，规模经济对价格影响较大（陈宏民，2007）。所以，规模效应对网络效应的推动作用是通过两个方面实现的：一是买方人数的增加实现了买方规模效应，根据迈克尔·波特（Michael Porter）的五力模型，买方人数的增加能够增强买方议价能力，实现商品价格降低，从而又吸引更多消费者进入，激发网络效应形成；二是买方人数的增加会造成需求增长，根据大卫·李嘉图（David Ricardo）的供需理论，需求增长会促使供给提高，实现卖方规模效应，单位成本会下降，从而吸引更多客户。平台中的买方群体更为稀缺，所以通常采用向卖方收费补贴买方的价格策略，促进更多消费者加入其中，形成网络效应。

第五，羊群效应是指行为人的行动受群体中其他行为人的行动决策影响，该效应的产生是由于信息缺乏使人们无法对未来做出准确判断，因而盲目效仿他人，区别于基于产品认同而产生大众选择的潮流效应（Avery & Zemsky，1998）。随着网络规模扩大，很多人都热衷于一种具体的网络市场，此时后进入的消费者在无法对市场进行自我价值判断的前提下，会以大众行为作为参照依据，跟随主流大众加入网络当中。随着消费者人数的增加，人们获得的效用就会随之增加，形成网络效应。

第六，在网络效应、市场中介效应的双重正反馈作用下，产生消费者标准的锁定效应。锁定效应的本质是产业集群在生命周期演进过程中产生的一种路径依赖现象（Arthur，1989）。消费者增加转移成本，从而产生赢家通吃的市场现象，形成垄断市场。赢家通吃现象的发生主要依赖三个先决条件，即高度跨边网络效应、高度同边网络效应、高度转换成本（陈威如，2013）。

综上所述，网络效应是在网络经济背景下，由创新效应、潮流效应、规模效应、羊群效应、市场中介效应、锁定效应、转移成本增加等因素综合作用而形成的产品价值与消费者人数的正向反馈。

2.3.2 平台间的网络效应

平台为激活网络效应,提升市场竞争力,开始重视平台的开放性、共享性和交互性,由单平台模式转为多平台模式。跨平台网络效应(cross-platform network effect)是指消费者从单位商品所获得的效用会随该商品所参与其他平台数量增大而增大的现象,或者相关平台数量的增加将提升消费者使用其中一个平台商品所得到的效用。例如,支付宝最初是为了满足阿里巴巴(B2B)和淘宝(C2C)平台的购物结算需求,实现第三方担保交易而产生的,随着天猫、淘点点、阿里旅行[①]、全球购、阿里金融等平台的产生,支付宝用户发现使用支付宝能给自己带来越来越多的便利,甚至扩大到线下实体平台的支付交易。消费者从支付宝中获得的效用会随着支付宝参与其他平台数量的增加而增大。

跨平台网络效应包含非中心化的跨平台网络效应与中心化的跨平台网络效应。非中心化跨平台网络效应是指形成网络效应的平台之间没有明显从属关系,网络效应的产生是基于互补业务或战略合作;中心化跨平台网络效应是指形成网络效应的平台中有一个核心平台,它同时连接一个或多个其他平台,其他平台是核心平台的业务延伸或渠道拓展。多数跨平台网络效应属于中心化网络效应,即具有明确的核心平台,企业为实现核心平台的网络效应而自己建立新平台与之互动,或借助其他企业平台渠道实现业务拓展,可操作性较强。而只有少数跨平台网络效应是非中心化的,因为非中心化跨平台网络效应要求平台之间的业务必须是高度互补的,这在高度趋同的互联网环境下是难以实现的,所以较多的非中心化跨平台网络效应都发生在同一集团企业下设的不同平台之间,具体如图2-4所示[②]。

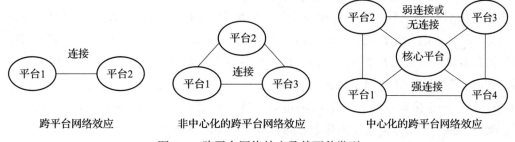

图 2-4 跨平台网络效应及其两种类型

但不是所有平台之间都能形成跨平台网络效应,具有跨平台网络效应的平台之间至少需要满足五个条件:平台隶属于同一家公司,或平台之间存在深度战略合作关系;平台之间具有共同的连接纽带,可以是共同的支付方式,也可以是共同的账号、技术、兴趣、爱好等;平台之间存在互补关系,业务可以相关但是内容不重复;平台之间是互惠互利的,共同进退,各取所需;具备网络产品、网络市场等其他条件。用户基数大的平台更容易形成跨平台网络效应,也更易于吸引其他战略合作平台加入。此外,隶属于同一家公司的多个平台更加容易形成跨平台网络效应,因为目标统一,更容易形成合力。

---

① 2016年10月,阿里巴巴将旗下旅行品牌"阿里旅行"升级为全新的品牌"飞猪"。
② 李震,王新新. 平台内网络效应与跨平台网络效应作用机制研究[J]. 科技进步与对策,2016(20):18-24.

2.4 平台遵循的定律

2.4.1 梅特卡夫定律

梅特卡夫定律（Metcalf's law）由乔治·吉尔德于 1993 年提出，但以以太网（ethernet）的发明者、3Com 公司创始人梅特卡夫的名字命名，它是指一个网络的价值等于该网络内的节点数的平方，且该网络的价值与网络用户数量的平方成正比（见图 2-5）：

$$V = kn^2$$

式中，V 为网络的价值；k 为价值系数；n 为网络用户数量。k 根据互联网行业特点及企业自身特点因素决定，主要包含：企业的行业地位、企业的商业模式、用户的活跃频率、用户在平台的获利能力。

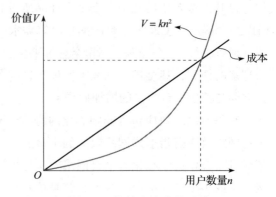

图 2-5 梅特卡夫定律示意

梅特卡夫定律揭示了网络的价值会随着用户数量的增长而呈二次方相应增长，为以用户数量来进行互联网估值提供了参考。由于 20 世纪末出现了互联网泡沫，许多学者质疑梅特卡夫定律的科学性。2013 年，梅特卡夫定律在以太网诞生 40 周年之际终于有了实证研究，梅特卡夫本人利用脸书数据做了研究论证，证实了 2004—2013 年脸书的营业收入和用户数量的平方成正比，同时互联网的成本与用户数量呈线性关系。

当网络中只有一个节点时，连接线路是不可能存在的。一位麻省理工学院的教授开玩笑说"历史上最伟大的销售员奖"应该颁给卖出第一台电话的人。因为当世界上只有一台电话的时候，拥有者没法给任何其他人打电话。但随着买电话的人增多，价值也就随之上升了。两台电话之间有 1 条连接，4 台电话之间有 6 条连接，12 台电话之间有 66 条连接，100 台电话有 4 950 条连接……连接数呈现非线性（nonlinear）或凸型增长（convex growth），而这正是微软、苹果、脸书、腾讯、今日头条等头部企业的典型增长模式。

通过网络效应得到的增长导致了市场的扩张。新的购买者受到越来越多网络中的使用者的吸引而进入市场。通常，价格会随着技术成熟和生产数量的增加而降低，网络效应和低价格的相互作用也会扩大市场。一旦平台发展形成网络外部性后，使用者黏性增强，持续吸引新的使用者加入，所以后加入的竞争者很难追上，比如 QQ 或脸书一旦取得先发优势，很难想象有后来者可以将其打败。

网络具有极强的外部性和正反馈性：联网的用户越多，网络的价值越大，联网的需求也就越大。从总体上看，消费方面存在效用递增，即需求创造了新的需求。各个利益相关者不仅相互依存，还能相互加强。正反馈性足够大，平台对该类利益相关者的黏性就会很大，除非有颠覆性的破坏因素出现，否则出现大规模退场的可能性较小。平台商业模式运营的最关键指标就是要持续保持和强化这种正反馈性。反之，随着平台用户的流失，网络节点的减少使得该网络的价值陡然下降，这被称为凸型崩溃（convex collapse）。例如，21 世纪初期，随着黑莓

(BlackBerry)用户的流失,网络节点的减少,它的网络的价值陡然下降,这促使更多用户放弃黑莓转向其他设备。

2.4.2 达维多定律

达维多定律是由曾任职英特尔高级行销主管和副总裁的威廉·达维多(William Davidow)提出并以其名字命名的。达维多认为,任何企业在本产业中必须不断更新自己的产品。一家企业如果要在市场上占据主导地位,就必须第一个开发出新一代产品,进入市场的第一代产品能够自动获得50%的市场份额;任何企业在本产业中必须第一个淘汰自己的产品。

如果被动地以第二或第三家企业的身份将新产品推进市场,那么获得的利益远不如第一家企业作为冒险者获得的利益。英特尔的微处理器并不总是性能最好、速度最快的,但是英特尔始终是新一代产品的开发者和倡导者。1995年,它为了避开IBM的PowerPC RISC系列产品的挑战,故意缩短了当时极其成功的486处理器的技术生命。1995年4月26日,许多新闻媒体都报道了英特尔牺牲486,支撑奔腾586的战略。这一决定反映了英特尔的一种长期战略,即运用达维多定律,比竞争对手抢先一步生产出速度更快、体积更小的微处理器……然后通过一边削减旧芯片的供应,一边降低新芯片的价格,使得电脑制造商和电脑用户不得不"听其摆布"。英特尔通过运用这种战略,把许多竞争对手远远抛在了后面,因为这些竞争对手在此时生产出的产品尚未能达到英特尔制定的新标准。

只有不断创造新产品,及时淘汰老产品,使成功的新产品尽快进入市场,才能形成新的市场和产品标准,从而掌握制定游戏规则的权力。要做到这一点,前提是要在技术上永远领先。企业只有依靠创新所带来的短期优势来获得高额的创新利润,而不是试图维持原有的技术或产品优势,才能获得更大发展。互联网平台企业惯常采用的产品迭代就是达维多定律的经典运用。

2.4.3 马太效应

马太效应[⊖]是社会学家和经济学家常用的术语,它反映的是富的更富、穷的更穷,一种两极分化的社会现象。1968年,美国科学史研究者罗伯特·金·默顿(Robert King Merton)提出这个术语用以概括一种社会心理现象:相对于那些不知名的研究者,声名显赫的科学家通常得到更多的声望,即使他们的成就是相似的;同样地,在一个项目上,声望也通常被给到那些已经出名的研究者。也就是说,任何个体、群体或地区,在某一个方面(如金钱、名誉、地位等)获得成功和进步后,就会产生一种积累优势,会有更多的机会取得更大的成功和进步。在网络

⊖ 马太效应这一概念来自圣经《新约全书·马太福音》中的一则寓言。从前,一个国王要出门远行,临行前,他交给三个仆人每人1锭银子,吩咐道:"你们去做生意,等我回来时,再来见我。"国王回来时,第一个仆人说:"国王,你给我的1锭银子,我已赚了10锭。"于是,国王奖励他10座城邑。第二个仆人报告:"国王,你给我的1锭银子,我已赚了5锭。"于是,国王奖励他5座城邑。第三个仆人报告说:"国王,你给我的1锭银子,我一直包在手帕里,怕丢失,一直没有拿出来。"于是,国王命令将第三个仆人的1锭银子赏给第一个仆人,说:"凡是少的,就连他所有的,也要夺过来。凡是多的,还要给他,叫他多多益善。"这就是"马太效应",反映的是当今社会中普遍存在的一个现象,即赢家通吃。

经济方面，其应用体现在企业竞争中：企业在竞争中的市场占有率越高，那它就会获取越多的利润；利润越多，其市场占有率也将越高。

马太效应在平台发展与竞争中的典型应用就是赢家通吃：市场竞争的最后胜利者获得市场上所有的或大部分的市场份额，失败者往往被市场淘汰而无法生存。需求方规模经济——网络产品的市场规模越大，价值就越高，就越受消费者青睐；供给方规模经济——由于平台企业的边际报酬递增，一旦面临新的竞争对手，其博弈策略可以将产品的价格降低到零。需求方规模经济与供给方规模经济协同作用，使得正反馈的作用更为强大，更多表现为赢家通吃。赢家通吃将使网络企业面临两种结局：赢或一无所获。

由于交叉网络外部性的存在，平台非常依赖用户规模，用户规模大到一定程度就类似于形成了黑洞效应，在不断吸引新的用户加入的同时还会在竞争过程中蚕食同类型规模较小的平台。在双边市场环境下，强者恒强。平台市场遵循赢家通吃和快速抢占市场法则，先占优势十分明显。随着用户不断投入精力学习和适应平台，用户转换成本不断上升，用户多归属概率随之下降[⊖]。

■ 本章要点

平台概念来源于双边市场理论，平台是双边市场研究的核心。平台是一种在技术、产品和交易系统中具有基石作用的建构区块，原本处于不同市场和领域的主体通过界面可以分工合作。平台呈现"核心－边缘"结构，平台核心由集成化迈向模块化。平台具有交叉网络外部性、价格结构非中性、用户的多归属性、双边需求互补性、用户的锁定效应等特征。

平台可分为交易平台和创新平台，交易平台指作为中介机构将供给方和需求方联系起来以促进双方信息交互以及技术、产品或服务交易活动的平台，主要通过促进双边用户互动、减少搜寻和交易成本以创造生态价值；创新平台是指提供一组技术性共同元素促进平台企业、互补者甚至竞争者在此基础上创造新的和互补的技术、产品或服务的平台，主要通过激发互补创新，来提高互补品多样性和平台系统性能以创造生态价值。创新平台面临的技术不确定性更大，技术复杂度更高，创新生态更加复杂，常呈现更加多层、多平台的产业组织结构。

平台的价值分配表现为平台内分配的货币化机制、平台间分配的数据化机制以及平台与其他产业间分配的生态化机制。平台内价值分配结构主要关注数字平台企业与基于平台的分散劳动者之间的分配关系，而数字平台企业对此的影响主要体现为单方面的定价权，即货币化机制；平台间价值分配结构主要关注处于差异化市场地位的不同平台之间的分配关系，而数字平台对其影响机制主要体现为对数据的占有、控制与商业化开发，即数据化机制；数字平台往往横跨多个产业领域而形成平台生态系统，因此与其他产业领域企业存在价值竞争并最终影响产业间的价值分配结构，即生态化机制。

⊖ 吸引投资者的不断进入是网络企业成长的必经阶段。许多企业做的就是"烧钱"扩大市场规模→吸引投资者进入→继续烧钱扩大市场规模→吸引投资者进入，市场规模大的企业能吸引投资，而小企业则日益缺乏资金。于是强者越强，弱者越弱。

平台成功的关键是科技创新、用户基石、算法优化和网络效应。互联网平台形成市场支配地位的独特之处在于其创新的信息技术、商业方法和运营模式，创新是互联网企业的生存之本，而创新的原动力就在于取得垄断利润；用户争夺是互联网平台企业持续运营的保障，如何吸引用户的眼球是平台经营的重中之重；对互联网平台企业而言，用户数据聚合基础上的算法优化，是洞悉用户偏好、对用户画像，从而实施精准营销、增强用户黏性，并逐步扩大用户规模的有效手段；随着用户群体的指数级增长，网络效应充分彰显，互联网平台有着天然地变现海量用户、实现跨界经营的优势和冲动。网络效应可称为需求方规模经济或用户规模经济，需求方规模经济使网络产业的需求曲线呈现倒 U 形。

平台中联网的用户越多，网络的价值越大，联网的需求也就越大。从总体上看，消费存在效用递增，即需求创造了新的需求；市场竞争的最后胜利者获得市场上所有或大部分的市场份额，失败者往往被市场淘汰而无法生存。平台商业运营和竞争优势的获得并不再取决于交叉网络效应及对不同侧用户的差别化收费，大数据已成为数字平台最重要的竞争优势与核心资源，并且支配平台日益成为行业生态的规制者。

■ 讨论问题

1. 如何理解网络外部性是平台市场重要的理论基础？
2. 请描述平台的"核心－边缘"结构。
3. 请论述平台内网络效应与跨平台网络效应的内涵及作用。

| 第 3 章 |

平台战略的内涵

■ 学习目标
- 了解产品思维、产业思维与平台思维；
- 理解经典战略理论；
- 掌握平台战略理论；
- 理解平台生态优势。

■ 开篇案例

淘宝与易贝的平台思维

淘宝在中国的拍卖市场上是绝对的领导者，曾经的竞争对手易贝已经悄无声息。在两者的竞争中，有人说淘宝赢在了解中国市场，而易贝始终坚守其全球策略，这一策略在欧美市场取得了巨大成功；有人说易贝进入中国比淘宝早，具有先发优势，更有资金和资源的优势，淘宝在很多节点都可能被易贝击退。但是，为什么最后的赢家却是淘宝？易贝是在日本市场败退之后总结了大量经验和教训才进入中国市场的，为什么那些经验和教训依然无法防止易贝在中国的失败？㊀

那么，先发优势真的管用吗？什么是平台战略真正的商业模式？

㊀ 钱丽娜. 约翰·戴顿 平台战略新思维［J］. 商学院，2015（Z1）：104-106.

易贝在日本市场输在了先发优势吗

当雅虎于 1999 年 9 月在日本推出竞拍网站 5 个月之后，易贝启动了在日本的同类业务。2001 年，易贝日本网站提供的可供拍卖的物品只有 2.5 万件，雅虎日本网站则多达 350 万件，易贝仅占日本竞拍市场 3% 的份额，2002 年，易贝不得不退出日本。

易贝总结在日本失利的经验教训时，归结于"雅虎迅速行动并且第一个抢占市场，这就是最大的优势。"但是，短短 5 个月的时间差足以打造那么强的先发优势吗？先发优势是人们选择平台的唯一因素吗？如果不是，那么雅虎有哪些不同寻常之处使它能够抢占先机？

雅虎虽然在美国拍卖市场的份额不如易贝，但是它是日本最大的互联网接入提供商，日本的门户网站和电子商务网站，能从在线业务的协同优势中受益。此外，雅虎选择与日本本土企业软银合作，凸显了"本地化"优势。在拍卖业务上线的第一周，雅虎日本的 CEO 让 120 名员工列出销售的物件，让网站看起来业务繁忙，这更符合日本消费者的观感。

易贝进入时，依然坚持其全球一致的做法，管理人员来自美国加州，主攻二手物品生意，将日本业务界定为美国的翻版。但日本消费者对新品更感兴趣，而且认为易贝网站的物品价格偏高，也不够本地化。

易贝按其全球惯例，向卖家收取 1.25%~5% 的佣金，因为其 90% 以上的收入来自交易手续费，而雅虎则对卖家免费。易贝同时还要用户提供信用卡，但是大多数日本年轻人喜欢支付现金。易贝要收取卖家广告费，雅虎却利用其强大的门户优势将用户引流到网站上来，不收取初始登录费，同时提供非信用卡支付。也可以说，雅虎对易贝在日本的阻击实则是"本地化"击败了"国际化"。

为什么先发优势在中国依然无法取胜

总结在日本的失利时，易贝反复提到的是输在了进入市场的时机。2002 年，易贝来到中国，以 3 000 万美元收购邵亦波和谭海音 1999 年所创办的中国第一家从事 C2C 在线销售的电子商务平台易趣网，一举占有中国 2/3 的网购市场份额。此时的易贝占尽先发优势的天时。时任 CEO 梅格·惠特曼（Meg Whitman）对中国投资充满信心，宣称"中国将在 5~10 年内成为易贝最大的本地市场"。

为了把"先发优势"发挥到极致，易贝与中国主要的门户网站搜狐等达成独家广告协议，若与同类拍卖网站有宣传合作将进行高额罚款，同时斥巨资投放电视台广告。按照梅格·惠特曼的预期，中国在线拍卖市场的竞争将在 18 个月内结束。

2004 年，易贝中国增加近 540 万用户，总用户达到 1 000 万，交易额达到 25 亿元，朝着一家独大的方向发展。但与此同时，易贝将易趣的平台整合成易贝易趣，将服务器放在了美国，网站的速度以及适合本地用户的功能化设计等都因此受到影响。这其实给了淘宝机会。

2003 年 5 月，淘宝正式成立。淘宝采取的策略是与易贝在多方面形成差异化竞争。淘宝有更强的本地文化，深刻反映了对中国消费者的深度认知。

如何在网络平台建立中国式诚信体系

在中国，以情感和认知为基础的关系纠缠在商业中，商业合作伙伴之间有情感上的纽带很重要，因此在网络平台建立诚信体系并不容易。

基于此，淘宝建立了一系列的机制来帮助建立买家与卖家之间的诚信体系。

- 卖家一方需要用身份证和银行账户信息来注册。
- 允许买家和卖家相互反馈，并且对买家和卖家的信用都加以区分。易贝对每个用户仅给予一个评分。相对而言，易贝上的用户获得的正反馈更多（在6个月的时间里，50%的人没有负面评价），而淘宝上仅有14%的人没有负面评价。如果买家不做评价，淘宝系统就会给予默认评价。
- 2004年，淘宝引入支付宝以减少交易风险。交易款先放在支付宝的账户中，买家付款时卖家收到通知而后发货，买家收到货后再通知银行付款。支付宝在一定程度上消除了信任风险。淘宝会员可以免费使用支付宝。但在易贝上，有很多消费者抱怨没能收到购买的东西。由于支付宝的应用，这一问题在淘宝上几乎没有出现。
- 淘宝开发出让买家可以直接跟卖家沟通的旺旺，双方都能很好地获得持续反馈，也便于买家寻求帮助。沟通问题只占淘宝非正向反馈的8%，而在易贝却占高达21%。

平台的价值在于用户数量吗

易贝把收费看作一种保证服务质量的手段，郝亦波也认为"收费是市场的过滤器"，应该收取交易服务费、商品登录费及推广费用。在免费的淘宝出现以前，大部分易贝卖家认为，如果平台服务有助于生意，那么他们也是乐意支付费用的。

淘宝则认为，中国市场还不成熟，如果没有足够的刺激，商人是不愿在网上销售的。2003年上线时，淘宝承诺三年不收费。淘宝总裁孙彤宇认为要"以培育市场为目的，不要急着去收钱"。梅格·惠特曼对此的观点是，"免费不是商业模式，收费能代表易贝在中国的体量，而淘宝没有能力为其产品收费"。易贝通过出售收集到的信息，向用户收取店铺费、商品注册费、交易服务费等。

2004年，淘宝和易贝难分伯仲。因为市场本就不成熟，所以易贝投入巨额广告培育市场、教育消费者的同时，淘宝也在间接受惠。就在易贝在门户网站"封杀"淘宝的广告时，淘宝转而依靠中小网站联盟的推广来争取大量新用户的加入。

面对淘宝的紧逼，易贝一再调低各项收费，直至2006年宣布免除所有网上交易的交易服务费。但为时已晚，2005年淘宝网购市场的规模超过中国易贝，此后更是一路急速向上，直到占有全国80%以上的市场份额，而易贝的份额一路下滑到个位数，最终退出了中国C2C市场。

资料来源：https://alibabagroup.com，https://www.ebay.cn。

平台作为企业价值创造的三种基本架构之一（Stabell & Fjeldstad，1998），为拓展传统战略管理理论提供了可能。平台型商业生态系统突破传统线性交易逻辑，提出的全新企业间战略互动模式（Adner & Kapoor，2010），以及将用户基础作为资源（Eisenmann et al.，2011）等特性，对拓展创新理论、资源观和动态能力理论以及网络理论等具有重要意义。

3.1 平台理论溯源

平台作为一种在技术、产品、交易系统中具有基石作用的建构区块，通过界面联系，促进原本处于不同市场或领域的企业开展交易和创新活动（Gawer & Cusumano，2014）。由于平台起始于产品生产线，最早出现在新产品的开发中（Wright & Clark，1992），因此产品平台首先被学者提出，随后技术平台也成为平台研究的一个重点。在信息技术的高速发展下，平台的范畴从企业内部逐渐走向企业外部，在原有的产业上下游企业之间形成了供应链平台，当传统的线性供应链在平台企业的作用下变成网状供应链时，产业平台便形成了。依照传统线性逻辑，供应链平台升级到产业平台，传统企业的运营格局便会发生巨大变化，其面临的供应关系、商业环境亦会发生翻天覆地的变革。

平台模式的成功实践，引起了埃文斯、梯若尔、罗切特（Rochet）、卡约（Caillaud）、朱利安（Jullien）、阿姆斯特朗（Armstrong）等经济学家和管理学家的高度重视，尤其是自诺贝尔经济学奖得主让·梯若尔等提出"双边平台"后，以双边/多边平台为研究对象的平台经济学与平台战略学迅速崛起，成为学界最活跃的研究领域之一。研究主题经历了技术管理平台创新到双边市场，再到平台设计、商业模式的演变（罗兴武 等，2020）。

3.1.1 经济学视角下的平台理论

经济学研究围绕平台的网络效应建构经济学模型，主要探讨主导平台定价、收入分享机制和多边市场有效性等问题（Roma & Vasi，2019；缪沁男 等，2021），关注平台作为市场中介成分，怎样在平台中不同用户之间进行交易协调，以及平台具有的网络效应是如何驱动平台市场之间的竞争的（Evans et al.，2008；Armstrong et al.，2010）。

在经济学视角下，平台被视为市场的一种特殊体现，主要功能是实现不同客户种类之间的交易（Anderson & Coate，2005；Cabral，2011；Ivaldi et al.，2011），如果不存在平台，这些交易就难以实现（Evans & Schmalensee，2012）。这样的平台被称为双边市场、多边市场或多边平台（Rochet & Tirole，2006；Evans，2003；Rysman，2009）。双边市场的双边关系远比市场本身重要（经济合作与发展组织，2009）。

双边市场的基本理论的形成，得益于2004年由法国图卢兹大学产业经济研究所（Institut d'Économie Industrielle，IDEI）和政策研究中心（Centre for Economic Policy Research，CEPR）联合主办的"双边市场经济学"会议。Rochet 和 Tirole（2003）以信用卡产业为例，试图建立一般性的模型来研究在不同治理结构下竞争性双边平台价格结构的决定因素；Armstrong（2006）从双边市场用户之间存在的间接网络外部性的角度研究了垄断和竞争性平台均衡价格的决定因素；Caillaud 和 Jullien（2003）研究了具有组间网络外部性的中介服务提供商之间的非完美竞争，指出了中介服务市场存在给予一边市场补贴，而从另一边市场赚取利润的分头征服的商业策略。许多具有网络外部性的市场都由不同两边用户的出现所表征，这两边用户的最终收益来源于他们在同一平台上的互动，平台上的交易量和平台的利润不但依赖于平台向两边收取的总价格，而且依赖于总价格在两边的分解。这就将网络外部性理论和多产品定价理论与双边市场的分析联系起来了，也将双边市场的分析视角从市场两边的经济行为转向了对双边市场中平台企业的经济行为和策略的关注。

长期以来，平台经济学理论研究主要关注平台的多边市场特征，并重点关注不平衡价格结构。对平台多边市场的研究首先是由 Cailaud 和 Julien（2001），以及 Rochet、Jean-Charles 和 Tirole（2003）展开的，其中最具代表性的论文来自 Armstrong（2006）、Rochet 和 Tirole（2006）、Weyl（2010）。对双边市场的研究包括平台概念、平台特征、运行机制、定价策略、交叉补贴、市场规则、平台归属、竞争规制等（Rochet & Tirole，2003，2006；Caillaud & Jullien，2003；Ambrus & Argenziano，2004；Armstrong et al.，2010；Chakravorti & Roson，2006）。它们主要围绕以下两个核心问题展开。

一是解释多边平台市场的独特网络外部性（Armstrong et al.，2010）。双边市场具有使用（单侧）外部性和成员（跨侧）外部性，平台经济学理论重点基于跨侧外部性来分析平台的效率来源及平台争夺用户基础的策略行为。通过平台进行的涉及两组客户群体的互动或交易（Iansiti & Levien，2004；Eisenmann et al.，2006；Boudreau，2010），一组客户群体的获益程度取决于平台另一端参与互动/交易群体的规模，用户之间的互动会受到网络效应的约束（Gawer & Cusumano，2002；Evans & Schmalensee，2007）。这一特征也被视为平台之间竞争的动力来源（Gawer，2014）。

二是研究双边市场不平衡的价格结构。双边市场中的平台定价需要合理平衡平台两侧的利益以实现跨侧网络外部性，平台收费的重点不是价格水平，而是价格结构。如果一个平台能通过向市场一侧用户索要高价而向另一侧用户索要对等幅度的低价来影响交易量，即价格结构起到至关重要作用的话，那么平台必须设计价格结构以使平台双边用户在平台交易的可能性最大化。以价格结构来判定是否属于双边市场，双边市场为降低交易成本而生（Rochet & Tirole，2006），关键在于价格结构非中性（Rochet & Tirole，2006）。由于双边主体存在网络外部性，用户定价不单纯取决于边际成本，这就导致传统单边市场定价机制难以适用（Caillaud & Jullien，2003），定价也成为该流派的核心关切（董亮、赵健，2012）。

但是，平台商业运营和竞争优势的获得并不仅仅取决于交叉网络效应及对不同侧用户的差别化收费，大数据已成为数字平台最重要的竞争优势与核心资源，并且支配平台日益成为行业生态的规制者。平台的竞争优势及策略行为产生的影响，在很大程度上取决于对大数据的采集利用及平台构建的私人规制体系。由于已有的主流多边平台理论没有充分考虑数据和平台治理因素的影响，无法对大型支配平台的崛起及其经济社会影响给出充分解释，因此，近年来平台经济学理论研究呈现出两个基本趋势：一是逐步从关注网络效应转向日益重视平台数据的采集和开发挖掘能力，以及平台数据开发利用行为对市场竞争和社会福利的影响（Prufer & Schottmueller，2017）；二是从主要关注基于网络效应来解释平台效率提升的内在原因，转向注重平台作为规制制定者的私人规制者角色。多边平台可以称为交易许可机构（Rochet et al.，2004），主要规制生态成员之间的相互作用以增加多样性和提升生产率（Iansiti & Levien，2004）。平台垄断者扮演了一个公共利益规制者的角色，平台规制部分替代了公共规制并促进了公共利益（Farrell & Katz，2000）。

3.1.2 管理学视角下的平台理论

管理学视角下的平台理论主要是基于创业管理、技术管理与战略管理视角所开展的研究。

创业管理研究将平台视为通过平台发起人的协调和指导来促进创业活动的半管制市场，主要探讨新创企业资源获取、创业角色冲突等问题（Wareham et al., 2014；Nambisan & Baron, 2021）；技术管理研究则基于设计理念和系统化思想探究平台的技术架构，主要解析平台设计及平台构建等问题（Gawer, 2014；Tiwana, 2015）；战略管理研究侧重于将平台的组织性质和结构与其战略行为联系起来，起始于工程设计领域的产品制造生产，逐步扩展到管理学界并在管理学领域得到深化（Meyer & Lehnerd, 1997；Baldwin & Clark, 2000；Evans & Schmalensee, 2016），主要探讨平台竞争、平台治理、平台革新、开放控制等问题（Parker et al., 2013；Kretschmer et al., 2022；O'Mahony & Karp, 2022；Choudary et al., 2016）。随着平台思维的拓展，企业自身作为模组的一个部分，平台由企业内部逐渐扩展到企业外部，从起始的技术平台扩展到产业平台再到生态系统。

1. 产品开发平台

从产品层面来看平台是一系列子系统和界面按一定规则组合起来能够形成通用的设计结构（Wright & Clark, 1992），从而形成产品生产线（Meyer & Lehnerd, 1997），使产品开发顺利进行（Muffato & Roveda, 2002），是产品族中通用的组成部分和系统性资产（Krishnan & Gupta, 2001）。产品开发平台是一种能够促进多款式产品创新设计的技术结构（McGrath, 1995；Sanderson & Uzumeri, 1995；Robertson & Ulrich, 1998）。产品平台由独立子系统及其之间的接口界面构成，通过特征要素的增加、替代或移除能够进行便利的调整，因此具有灵活性和动态性，有利于企业适应不确定的环境（Cattani, 2005）。

产品开发平台是企业内构建的基础共享区块，用于解决客户定制与大规模生产的矛盾，主要涉及平台内涵、绩效、设计和实施等议题。研究理论视角主要包括模块化理论、核心能力和产品生命周期等（Meyer & Utterback, 1993；Frandsen, 2017），早期研究方法以案例为主，辅以问卷调查，后期建模仿真数理化倾向明显（Farrell & Simpson, 2003；Thomas, 2010）。区块内容从物理构件、软件到模块产品（王毅、袁宇航, 2003），如何设计和实施产品平台，特别是关于多产品平台的复杂协调，已成为热点和难点（王克喜 等, 2011；Mäkinen, Seppänen & Ortt, 2014）。

2. 交易中介平台

交易中介平台最基础的经济功能是方便不同群体实现交易匹配或实现相互作用（Hagiu, 2006），是服务于不同群体的中介市场（Gawer & Cusumano, 2002；Cailaud & Julien, 2003）。这一概念界定也被经济合作与发展组织（Organization for Economic Cooperation and Development，OECD）、欧盟等采用，OECD认为"平台将多个第三方聚到一起并便利它们之间进行交易，平台主要是为第三方提供接入、交易场所、支付、内容索引、第三方产品或服务交易等基于互联网的服务"。

作为中介组织的平台具有与传统企业明显不同的经济特征和制度属性。企业最重要的制度属性是科层制的资源配置组织，用科层制合约代替市场交易合约以节省交易成本（Coase, 1937；Williamson, 1979）。企业是互补性要素所有权一体化配置组织，并且不同的所有权配置具有不同的激励效果（Grossman & Hart，1986）。因此，传统企业的基本属性是企业核心资源要素与所有权的合一性，并由此决定科层制的控制机制和以产权为核心的企业价值创造的分配格局。平台是一种企业和市场的混合体，既通过分权的市场合约组织生产和协调交易，也通过集权化的治理实现不同利益主体的利益协调与良好合作。

平台的最大特点是它打破了企业必须实现资产所有权与使用权的统一，在不改变单个个体资产所有权的情况下，通过有效的交易撮合机制，实现资产使用权的最大化利用和供需的最佳匹配，从而为不同用户群体创造价值。平台主要是一个交易协调者，它并不生产交易物品，也不拥有交易物品，不投资并拥有生产交易商品的固定资产、劳动力、原材料等必要投入品。典型的如网约车平台，平台与司机之间既不是雇佣关系，也不是承包经营关系，而是仅仅建立了一种服务合约关系。在网约车服务中，平台不拥有车辆资产，司机是车辆资产的拥有者和乘车服务的提供者，是资产和劳务合一的独立乘车服务提供者。平台和司机之间是一种授权经营关系，司机实际上成了一个"独立的服务承包商"。司机具有较大的自由度，他可以决定提供服务的时间、次数，以及是否提供特定的消费者服务要约，但市场准入、交易规则、交易质量等则要受到平台的统一管理。

3. 战略创新平台

战略创新平台是立足多边架构对组织生产和创新活动的重构，相关研究关注企业与产业和区域的跨层面互动，涉及多主体和多重逻辑的复杂生态治理，响应微观研究趋势，聚焦平台组织与战略议题（Felin，Foss & Ployhart，2015），以竞争优势理论和企业理论为基础开展平台商业模式和竞争优势构建机理研究（蔡宁 等，2015；Gawer & Cusumano，2008；刘林青 等，2015）。传统产业转型的现实需求，催生了平台型组织内涵、转型路径及战略决策的研究（Zhu & Iansiti，2012；井润田 等，2016）。微观研究也反过来影响着宏观产业和区域研究（吴义爽、徐梦周，2011；Gawer & Cusumano，2014），生态系统日益成为平台研究的重要视角，特别是在生态系统内部，主导者和参与者等多个主体、商业和公益等多重逻辑成为研究的难点与趋势（汪旭晖、张其林，2015；Gawer & Phillips，2013）。随着产业实践样本的累积，研究方法也正在从个案研究逐渐走向以大样本实证分析为主（Kapoor & Agarwal，2017）。

平台是企业核心竞争力的延伸和落实，企业通过建立新的平台取代旧的平台来增强自身的领导权并且提升在产业中的地位（朱晓红 等，2019）。对具有平台优势的企业来说，实施平台创新战略的作用是实现平台价值最大化和提升平台竞争力，在维持企业在平台中的地位和领导权的前提下，根据核心竞争要素转移方向积极调整产业的经营方向。平台创新战略主要包括产品平台创新和生态系统创新，企业在产品创新过程中运用平台战略，即产品平台创新，不仅能降低成本，还能快速满足多样化的市场需求。平台创新与产品创新的关键区别在于是否需要外部生态系统的支持，生态系统主体之间的市场关系是平台创新的基础，因此，平台创新不仅需要在产品创新的基础上运用平台战略，还需要外部生态系统的支持。目前，国内具有领先优势的平台多为交易中介平台，如百度、腾讯、阿里巴巴等，但在手机、电脑、机床等领域缺乏具有竞争优势的创新平台企业，导致创新平台的关注度在国内相对较低，交易中介平台逐渐成为大多数国内学者关于平台创新战略研究的主体。

3.2 平台战略的兴起

平台通过其运作理念,将企业的创新研发、生产制造、销售推广、售后服务等融为一体时,成为企业创造价值的三种结构之一(Stabel & Fjeldstad,1998),这为传统企业战略管理理论提供了全新视野。以平台生态系统为着眼点,将用户视为资源基础和传播整合的手段(Eisenmann et al.,2011),从改变传统线性生产、交易、服务的逻辑出发,研究全新企业战略互动模式(Adner & Kapoor,2010),对企业动态能力理论、价值链理论、供应链管理理论以及传统的资源观理论都具有重要意义。

平台战略理论认为平台提供者、互补品与用户三者之间是直接交互的关系,并进行价值创造和传递,与传统企业的管道型模式不同,平台供应者和用户之间以数据信息为反馈交流基础,用户不但可以选择互补品,还可以选择互补品组合。相比于传统企业,平台企业不仅对创新的保护机制做出了重大调整,还对创新获利机制进行了重大改善,互补性资产是传统企业从创新中获利的关键(刘人怀、张镒,2019),预测性资产和瓶颈性资产是平台企业获得最高创新租金的核心要素(如连接市场、创新网络等)。

平台战略兴起于20世纪90年代前后,当时的平台战略指的是组织内部产品开发的模块化战略。随着双边平台理论的诞生,应用于组织间竞争与合作的平台战略具有了广阔的价值空间。因此,平台战略实际上是双边(多边)平台战略,是双边平台理论在战略管理中的应用,关注的焦点从传统的以异质性资源为基础构建企业的竞争优势,转向依托平台构建共生型的网络关系,进而实现平台连接多主体协同下的价值创造(赵海然,2018)。学术界不仅应关注平台战略的演化过程(Mcintyre & Srinivasan,2017)、平台战略与商业模式的关系(Gatautis,2017)等内容,以解答平台战略是什么及其对企业成长发展的影响,而且应关注平台战略在设计、执行时与企业原有组织结构、组织文化、网络关系等的适应性(井润田 等,2016)。

平台战略经历了从产品层面、技术层面到双边平台战略和多边平台战略等几个阶段,应用领域也由单一企业向多企业、多行业甚至多产业延伸(Mcintyre & Srinivasan,2017),具体包括进入战略、构建战略、包围战略以及创新战略(Eisenmann,Parker & Alstyne,2011)。

3.2.1 产品战略与平台战略

平台战略的特点是基于模块化架构并且通过非层级形式协调多边市场,不同于完全以价格信号为基础的市场交易机制或依靠内部行政权配置资源的组织形式(刘家明,2016)。与传统的产品战略相比,平台战略的构件和逻辑发生了根本性变化(Cusumano et al.,2019):在传统的价格竞争中,企业最重要的决策是价格水平,而在平台竞争中,定价结构比价格水平对竞争绩效的影响更加重要(Rochet & Tirole,2006),平台定价更多的是一种价值创造机制,而非价值分配机制(Cennamo,2019);传统产业的竞争发生在同一个市场,而平台企业间的竞争形态多为跨产业的生态间竞争,甚至不同产业的平台也可以通过包络策略开展跨产业的竞争;平台企业价值创造和传递的方式与传统企业截然不同,传统企业像管道一样从供应商向客户线性地创造和传递价值,而在平台生态中,所有的供应者、互补品和最终用户都直接交互并创造价值,供应者和用户之间基于信息与数字工具形成了高频的社区反馈回路(Parker et al.,2016),

用户不仅可以选择互补品,甚至可以选择这些互补品如何组合(Jacobides et al.,2018);平台企业从创新中获利的方式较传统企业有重大调整,投资能力和营销能力等互补性资产对于传统企业从创新中获利至关重要,而能否准确预测并控制瓶颈性资产,如连接市场(Gawer & Henderson,2007)成为平台企业能否获得最大份额创新租金的关键(Teece,2018);平台企业具有更加特定的动态能力,传统高技术企业的动态能力主要包括感知新机会和威胁、商业模式构建和战略性投资、转化与重构既有的商业模式和战略等三种(Teece,2007),而平台企业的动态能力则表现为创新、环境监测和感知、集成这三种更加特定的能力(Helfat & Raubitschek,2018)。

3.2.2 产品思维与产业思维

自美团创始人王兴提出"互联网的下半场"、小米开始耕耘生态链以来,特别是随着腾讯、阿里巴巴等互联网巨头纷纷转向 B 端,开始以数字化转型助手的姿态布局产业互联网,精于产品思维的互联网企业如何顺利实现由 C 到 B 的转换,成为业界讨论的热点话题。⊖

1. 产品或服务:特定场景与价值的交汇点

商业是一个价值创造、传递和实现的过程,本质上是价值的交换。产品或服务是价值的载体,企业通过产品或服务为使用者提供价值,从而获得回报。企业需要面对三个重要因素。

- 正视使用者的差异性。面对同一件产品或服务,不同使用者的价值认知、体验与需求是不同的。随着市场的演进和使用者的增多,这种差异会越来越大,这既对企业的持续经营提出了更高要求,也为创新提供了机会。
- 正视使用者的特定场景。企业不能孤立地强调产品或服务的价值,必须与使用者的具体场景与效用结合起来,场景与价值组合不同,产品或服务也应不同。2007 年苹果在发布 iPhone 时,史蒂夫·乔布斯(Steve Jobs)强调它是"一个触摸屏的 iPod、一个革命性的电话、一个创新的互联网装置"的组合体。这样没有键盘、不抗摔、待机时间短等价值问题,放在音乐播放器类的产品以及个人数字终端的使用场景下就不是问题了。
- 正视价值、成本与价格的关系。从使用者的视角来看,价值不等同于价格,价值大于价格的部分才是消费者剩余;成本不只是货币价格,还包括时间、情感的付出和机会成本等无法用货币度量的部分。

2. 价值链:价值创造与利益竞合的排列

产品或服务作为价值的载体,提供了供需动态交互的界面,在任何一个界面的前端,都是涉及多个环节的价值创造与传递、利益复杂交织、既竞争又合作的链条。价值链是价值实现过程中的资源排列,资金流、物流、信息流沿着价值链流动,价值在链条上各个环节间不均衡分布,并随着产业发展而动态变化。有四个重要的问题格外值得关注。

(1)价值链管理是企业夯实产业基础的必备能力。每个企业都处于特定产业价值链的一个

⊖ 崔桂林,王盼. 从产品思维到产业思维的五层跨越[J]. 清华管理评论,2019(7-8):30-38.

或几个环节，有的则横跨多个不同的产业链。不同环节的企业既相互依存，又相互竞争，提高价值链的运转效率就是价值创造，有效管理价值链就是竞争优势构建。例如，苹果主要负责产品设计、标准、平台运营及部分分销，其余业务则主要依靠产业链与生态合作，在全球有多个组装工厂和数以百计的产品和零部件供应商；苹果对供应链的控制极强，对元器件的开发、生产和制造过程严格管控，对第三方应用开发也设立了严格的标准，通过掌控价值链，苹果形成了极深的利润池。

（2）商业模式调整是价值链上相互关系的重构。商业模式是利益相关者之间的交易结构。价值链的竞争与合作可以形成多种商业模式，价值链的上下左右各个方向上都有可能形成利润的来源。连锁经营的零售商由于充分掌握了上下游的信息而赢得主动，从向下游消费者收费变成了向上游收费，例如家乐福（Carrefour）通过向品牌方收取名目繁多的进场、上架费而获利就是遵循了这一逻辑；格力强力推行的经销商捆绑、价格倒挂与返利制度，也是价值链经营的典型案例。

（3）价值链环节权重变化带来结构性机会与挑战。一般来说，产品市场上需求的变化快于要素市场上供给链条的变化，价值链上某一环节的供不应求会促成结构洞的形成。企业如果能够洞悉产业发展规律，把握结构洞机会，识变应变、未雨绸缪，弯道超车的故事就并非神话。2011 年 12 月创立的宁德时代，正是在新能源汽车产业从小众市场走向大众市场的过程中，采用了与行业领先者不同的策略，与主流汽车厂商开展横向价值链合作，从而在 7 年内发展成为世界最大的动力电池供应商，并在相当长的时间内掌握了价值链竞合主动权[⊖]。宁德时代取得如此亮眼的成就，其实施的数字化转型战略功不可没。2021 年 9 月，世界经济论坛（World Economic Forum，WEF）公布了第 7 批全球"灯塔工厂"名单，宁德时代的宁德工厂成为全球首个获此认可的电池工厂，这确立了宁德时代在电池智能制造领域的标杆地位。

（4）展开价值链的环节并进入组织内部。迈克尔·波特将企业价值活动分为生产、销售、服务等基本活动和研发、人力、财务等支持性活动。其实，如果将它们再逐一分解的话，还可以看到一个个不同的流程与分工合作链条，它们既是价值链条，也是利益链条。过去几十年，越来越多的企业走向了深度的产业链合作，企业与产业的边界已经变得越来越模糊。不过，创新的产品或服务仍需要在尊重原有内外价值和利益链的基础上进行适应性拓展。华为在进入电信局用交换机市场之初，为顺利拓展市场，采用的就是与各地电信主管机构组建合资公司的方法，在产业大发展的过程中实现了腾飞。

3. 平台：价值链部分环节的规模化共享

互联网的崛起催生了零边际成本商业的繁荣，需求侧规模效应和供需两端网络效应的凸显，使平台成为互联网时代很多领域最重要的商业模式。平台的本质是价值链部分环节的规模化共享。这种跨越组织边界的资源和能力共享，构成了产业发展的基础设施，在降低产业参与

⊖ 据澎湃新闻消息，根据韩国市场研究机构 SNE Research 发布的 2021 年全球动力电池装机量排行榜，2021 年全球动力电池装机量前十名分别为：宁德时代、LG 新能源、松下、比亚迪、SK On、三星 SDI、中创新航（中航锂电）、国轩高科、远景动力、蜂巢能源。宁德时代连续第五年登上"全球最大动力电池企业"的宝座。2021 年，宁德时代的动力电池装机量以 32.6% 的市场占有率遥遥领先于 LG 新能源的 20.3%。

者进入门槛的同时，大大提高了产业的运转效率和质量。有三个方面值得深入思考。

一是产业平台形态多样。平台的价值在于为产业提供共享的关键零部件、专业服务、基础性资源或能力，因此，在价值链的不同环节都可能出现平台。例如，Windows、安卓是模块化的技术平台，位于价值链的上游；小米凭借自身的品牌、产品和供应链优势，在手机周边、家用电器、生活消费用品产业内进行有管控的共享，是总体上位于价值链中游的经营性平台，形成了小米生态链；淘宝等电商平台让大量小微企业直面消费者，将产品卖到全国，是总体上位于下游的交易性平台；喜马拉雅、得到等平台改变了传统的知识生产、传播、交付方式，贯穿了产业链的上中下游。

二是杂合市场上的平台具有竞争优势。中国的消费品市场目前普遍已进入到杂合阶段[⊖]，供给与需求多种多样，竞争无处不在。单一的产品或服务已难以确保企业的持续竞争优势，在这种情况下，发现平台、利用平台、发展平台，成为很多企业的突围方向。

三是组织正在平台化，组织和业务内外的边界正日益模糊。随着信息技术的发展和产业合作的日益深入，基于交易成本逻辑的组织定义越来越受到挑战，越来越多的企业走上了平台化道路，组织内外的边界日趋模糊，价值环节之间的联系也越来越紧密。阿里巴巴提出的"大中台、小前台"战略，实质上就是通用资源的集中化、标准化、共享化，用整合后的数据和能力为上层业务团队的产品、服务和价值链运营提供支撑，确保战略统一性与灵活机动性的有机协调，提高整个组织的效率；海尔的企业平台化、员工创客化、用户个性化等"三化"实践也备受关注，企业无边界、管理无领导、供应链无尺度，将海尔变成了一个开放的创新平台。

4. 商业生态：支撑价值活动的关系网络

任何一个商业实体都置身于一个错综复杂的价值交互环境中，企业与其所处的环境之间相互作用所形成的关系状态即为商业生态。商业生态不仅包括企业以及企业与直接利益相关方共同构成的价值链，也包括政府相关部门、行业协会、社团组织、竞争者以及预知存在相互影响关系的参与者。商业生态内部存在广泛的联结，具有较强的稳定性。无论竞争还是合作，健康的生态都离不开秩序和规则。维护商业生态的健康是每个参与者的责任，破坏者则要面临来自生态内各方的压力。

商业生态可以从战略生态与自然生态两方面来理解。构筑战略生态是企业执行生态战略的目标和结果，以最大范围地拓展业务版图、协同业务发展、构筑竞争壁垒、保持创新活力、获得持续的竞争优势。阿里巴巴从电商业务出发，延展到了金融、物流、广告、娱乐、出行、保险、医疗、旅游、教育等诸多领域，形成了一个复杂的战略生态；栖息于生态中的企业，共享阿里巴巴的品牌、数据、信息，也接受阿里巴巴中枢的治理和协调，共同拱卫着阿里巴巴的生态内核、输送新的血液。自然生态指的是企业可以管控的生态存在规模边界。再强大的战略生态都处于一个更大的商业生态之中，需要遵循更大生态的秩序和规则，维护更大生态的健康与活力。网约车在发展初期引发争议，很大程度上也源自这种业务模式对原有出租车行业、城市交通管理规则等生态的破坏和挑战。

⊖ 在战略节奏理论中，市场饱和以至于几乎没有成规模的潜在新增用户、供给与需求高度碎片化的市场状态被称为杂合市场。

3.2.3 产业结构与平台战略

平台战略是连接多个特定群体并提供互动交流机制，满足不同群体成员的需求，并使群体成员在平台的参与中赢利的一种商业模式（Schmalensee & Evans，2008）。而实施平台战略的企业则连接着核心价值的创造者与最终用户端，利用网络效应协调利益相关者，促使平台整体的价值创造和价值传递的效益最大化（Jacobides，2005）。因此，基于平台战略选择的企业在产品实现中的价值创造和价值传递具有显著不同的特征，并受到诸多因素的影响。其中，纵向一体化战略的空间与行业结构稳定性和创新性等基本特征都会成为影响企业平台战略的因素（Khurshid，Park & Chan，2020）。因此，产业结构特征是平台战略选择过程中最为重要的影响因素，产业结构稳定性或创新性对平台战略选择有重要影响。

企业应发挥和利用行业价值整合的力量，提高灵活性以及与供应商和顾客的议价能力，并在必要的时机进行适当的锥形整合（Evans，2012）、网络联结（Keidel，Bican & Riar，2021）以及公共政策供给（Ameer & Othman，2020）。

1. 两种不同类型的平台战略

根据企业在采取平台战略时是否突破行业边界，可以将其区分为平台成长战略与平台扩张战略。平台成长战略是指企业主要通过在行业内进行基础性的平台构建，将自身资源重点投入行业内的战略选择；平台扩张战略是指企业完全打破行业边界，将其资源投入整个网络生态系统中，构建多元化、立体式的网络平台的战略选择（Gawer & Cusumano，2008）。

对平台成长战略来说，如果企业研发出一个具有核心技术的新产品并获得专利保护，企业就会在行业内实现技术创新价值的渗透和延伸，以提高技术创新价值（解学梅、余佳惠，2021）。为了提高技术创新效应，创新型企业会将技术专利应用在更广泛的市场及多种产品组合及产品线中，由此形成这一核心技术的行业平台生态系统。随着新技术的应用和对行业影响力的加强，参与到创新型核心技术平台的企业越来越多，行业生态系统的半径也随之扩大（Gawer & Cusumano，2008）。对网络平台战略的参与者和新进入者来说，具有用户所期望的高质量、高效率的网络效应和平台效应是成功进入并参与网络平台的前提，有利于实现网络平台市场中的多重盈利和低成本渗透效应。

平台扩张战略更加强调在控制已有用户的基础上，形成市场扩张动力，以保证领先企业在一个较长的时期内赢得平台竞争优势。此时，平台战略的领导者通过扩大市场覆盖和形成商业生态圈等扩张方式，使行业轮廓和行业边界向外延展和放大，给现有和新进入的参与者与用户带来更多的价值创造和赢利机会。同时，通过增强平台用户的黏性和建立起一个平台的良性循环系统，平台战略的规模经济和网络效应得以实现，使参与者和用户实现规模与成本最优化（Lee & Mendelson，2008）。扩张战略将更多地发挥网络效应，进行平台的优化管理，使平台高效率地运行。

平台成长战略更加强调平台在成长期采用的竞争策略的特征，通过新技术专利在行业的应用，扩大行业生态圈从而增加平台的参与者和用户，以扩大和稳固平台战略对用户吸引的惯性。通过签订排他协议可以阻止竞争对手获得有价值的产品，从而保证平台战略对用户的吸引力（Lee & Mendelson，2008）。平台扩张战略更强调稳固成熟期采用的具有规模和成本特性的盈利模式，完全突破了企业和行业边界，向更加成熟、复杂的完整平台生态系统推进和演化。

平台扩张战略是比平台成长战略具有更加明显的网络效应和生态圈特征的一种战略选择（陈威如、余卓轩，2013）。在那些代表主流趋势的创新型网络市场行业中，市场价值和用户价值都成为选择平台战略的企业最重要的战略资产价值组成（Pandey & Kumar，2020）。例如，美国视频游戏平台的兼容性和渗透性使产品要素和定价策略对网络用户产生极大的影响力与吸引力。

2. 产业结构对平台战略选择的影响

不同行业存在不同的潜在结构，行业内部的合作、管理和信息的传递规则会沉淀固化，形成稳定的结构，这有利于创造清晰的产业轮廓和产业边界，但不利于平台这种创新的价值分配模式的引入（Jacobides，2005）。有些公司为了实现纵向一体化，会创造不同的行业边界、纵向结构和行业范围，加快对中间市场和终端市场的开放，通过重新组合价值和扩大价值边界，创造一种更富有战略性和财务前景的纵向一体化结构（Lee & Mendelson，2008）。技术进步、组织和社会的变革、企业对更低的交易成本的挖掘以及企业能力的互动，都会影响行业纵向一体化的创新水平（Jacobides & Winter，2005）。纵向一体化促进了相关产品、技术和服务新模块的形成，扩大了行业的价值边界（LI et al.，2021）。

产业平台创新的领导者对行业范围内的整个系统进行结构创新，形成新的行业架构，行业成员在价值创造和控制机制中会获取更多的商业利益，同时形成有形和无形的、技术和非技术的市场障碍与进入壁垒。由此，创新型的产业平台会趋于稳定，形成稳定的价值创造和利润分配模式。行业结构的稳定性和动态性以及基于这两种行业结构特性的不同平台战略所创造的价值分配和分工组织模式存在很大的差异。在移动互联、人工智能等技术革命的推动下，产业全球化的步伐加快，这种产业变革导致了相关行业环境的动荡和行业结构、行业特征的变化（Maclean，MacIntosh & Seidl，2015），表现为产业链的扩充和延伸所带来的新技术、新产品、新服务，商业模式的创新与变革，以及由新的需求所带来的新的商业价值。企业实施平台战略和由此带来商业模式的变革提升了企业平台战略的运营空间和盈利空间。如果为了价值创造开放行业内部分的中间市场，并且使价值提供者加入新的行业范围，以此为基础的行业结构就会得到重塑。

3. 环境不确定性对平台战略的影响

行业结构代表了一个行业内的纵向一体化程度和行业参与者如何围绕行业的价值链开展活动，通过行业结构还可以透析企业参与者所扮演的角色以及组织之间的相互依赖性和劳动分工的组织方式。制度经济学理论认为，行业结构引入了制度理论中的正式和非正式的游戏规则，行业参与者需要遵循这些规则所形成的管理框架。在每一个成熟的行业中，行业结构在一定的时间范围内都有其稳定性，并形成行业成员间不同的价值创造角色和价值利益分配差异。社会、政治、经济、文化和技术等环境因素的变化，影响相关环境中行业结构某些因素的变化，环境变化中的不确定性是影响行业结构的主要因素（Haarhaus & Liening，2020）。

（1）国家法律、法规、政府的管理权威等外部约束性规则的变化，是影响行业环境最重要的力量（Haarhaus & Liening, 2020），这也解释了为什么在不同环境范围内同一行业中存在不同的劳动组织方式。那些从稳定结构中获益的行业参与者会通过影响行业结构的法律或管理手段来抵制新的替代者（Keidel, Bican & Riar, 2021）。这种外来的环境力量可能会支持某一行业结构，阻碍替代者的进入。一些企业和行业组织花费大量的努力试图操控或影响某些与行业结构密切相关的法律、法规等环境因素来保护它们的既得利益（Lee & Mendelson, 2008）。而平台战略是一种变革的思维方式，它要取代或局部取代原有行业结构规则下的价值生产和分配方式，代表的是一种新的价值创造参与和分配方式。为此，需要通过政府管制规则等宏观环境和企业微观环境的改变，来支持平台企业新的价值创造和分配方式。例如，在中国出租车市场上，从原来传统出租车企业的独家垄断，发展为各类网约车在互联网平台上推出的各种服务项目，极大地满足了用户的出行需求，更多的市场参与者和价值创造者以及用户形成了一种全新的价值创造与行业价值分配方式。

（2）技术进步、行业间竞争也会引发行业环境的变化和动荡，从而影响行业结构。尤其是技术进步带来的交易成本的降低（Jacobides & Winter, 2005），纵向一体化和创新机会的出现，行业领导者或行业管理者采取支持或鼓励新行业结构的政策，企业通过平台战略实现新的价值创造和分配方式，以及由结构创新所产生的不同于以往的收益分配方式等，对新的行业结构的建立是尤为重要的。结构的改变通常意味着使用新的技术，譬如通过标准化的规模效益，可以降低最终产品或服务的成本，而标准化所需的标准接口，在很多情形下是通过平台战略这种创新模式来实现的。网约车软件就是企业通过平台战略赢得行业机会的典范，并由此导致了出行行业市场结构的创新。

3.3 从经典战略到平台战略

传统时代的企业战略导向正如伟大的企业史学家、战略管理领域的奠基者艾尔弗雷德·D. 钱德勒（Alfred D. Chandler, Jr.）所描述的，是规模经济和范围经济的竞争，前者是企业做得越来越大，后者是企业实现多元化。到了互联网时代，一切都发生了变化，正如彼得·德鲁克所说的，互联网给世界带来最大的影响就是"零距离"，规模经济和范围经济变成了平台经济。在游戏规则方面，经典战略强调竞争，强调边界之内，平台战略强调合作，强调边界以外；在目标市场方面，经典战略强调细分市场，平台战略强调跨越细分市场，寻求共性的最大化；在定位方面，经典战略特别强调取舍，平台战略强调融合；在企业思维方面，经典战略强调竞争思维，平台战略强调生态思维。

3.3.1 经典战略管理理论回顾

战略管理的研究开始于20世纪60年代，哈佛商学院企业政策学派的艾尔弗雷德·D. 钱德勒（1962）、伊戈尔·安索夫（Igor Ansoff, 1965）与肯尼斯·安德鲁斯（Kenneth Andrews, 1971）等人，用"战略"这一概念表示将企业作为整体来思考的方法。从一开始，战略管理的研究就同时在公司战略和业务战略两个层次上展开，并定义公司战略为确定公司的业务范围，强调特异性资源以创造竞争优势。虽然这一概念框架价值巨大，但并未明确提出特异的能力怎样转换为竞争优势，更未能指出多业务企业怎样协调它的业务以获取协同效应。而同时展开的业务战略却颇具分析性，著名的SWOT（strength、weakness、opportunity、threat）分析框架揭示了作为竞争优势来源的两个维度：环境和资源，核心是企业内部资源能力与产业竞争环境要求的配合，由安索夫开发的战略计划方法给出了框架实现。该思想主宰了直到今天的竞争战略的研究。

自20世纪60年代后，战略管理学科逐渐演化出诸多学术流派，其中部分理论源自学科内部演化（如资源基础观、战略过程学派等），有些则是跨学科的理论移植（如交易成本理论、资源依赖理论等）。其中，产业组织理论是奠定战略管理学科地位的重要理论流派；而资源基础观是战略管理学科自身演化出来的核心理论，关注的是企业资源如何影响其竞争优势，主要解决的是企业异质性问题；与资源基础观密切相关的是知识基础观，该理论将企业视为知识整合和创造的实体，主要解决企业的存在和边界问题，解释了为何企业相较于市场更有效率；与资源基础观、知识基础观密切相关的是核心竞争力、动态能力观的研究。

除关注企业内部之外，战略管理学科还重点研究企业与外部环境之间的关系及其对企业战略的影响。例如，需求基础观重点关注需求异质性对企业竞争优势的影响；颠覆式创新本质上是从不同市场的需求异质性出发，解决在位者与颠覆者之间的竞争问题（Christensen & Bower，1996）；技术变革学派则是从供给侧出发，强调技术的不连续（Tushman & Anderson，1986）、模块化创新（Henderson & Clark，1990）以及主导设计（Dosi，1982）等对产业结构变化和企业竞争的影响；利益相关者理论从更广泛的视角出发，将员工、供应商、政府、媒体以及公众等都纳入企业战略管理的决策函数范围，从多维度考察利益相关者如何影响企业以及企业的应对和利益相关者管理等（Berman & Wicks，1999）。

多元化战略则是战略管理学科获得现实合法性的基础，正是由于BCG矩阵（Boston Consulting Group matrix）、GE矩阵（General Electric Company matrix）、定量战略计划矩阵（quantitative strategic planning matrix，QSPM）等工具广泛使用而大幅提升企业的多元化效率后，才使得战略管理学科得到实践界的尊重。随着数字化时代的发展，战略管理领域也产生了诸多新兴话题，主要包括商业模式的研究（Teece，2010）、生态系统的研究（Adner & Kapoor，2010）、互联网和物联网的研究（Porter & Heppelmann，2014）以及蓝海战略的研究（Kim & Mauborgne，2014）。

战略是为适应和利用外部环境进而建立和发挥竞争优势的一系列长期的、根本的、重大的决策，回答"我是谁""我何以生存""我从哪里来，要到哪里去"这样的根本性问题，也是对企业终极目标的哲学拷问。Rumelt等（1991）、Foss（2005）将战略管理的学科来源和理论边界问题总结为四大核心：企业有何差异，企业如何行动，什么决定了企业的范围，什么决定了企业在全球范围的成败。战略管理领域的企业成长主要关注：企业成长有什么异质性，其来源是什么；企业战略行动如何保证企业成长；企业成长过程中的边界是什么；什么决定了企业在全球范围内的成长和成败。

3.3.2　平台战略与经典战略

1962年，艾尔弗雷德·D.钱德勒的《战略与结构：美国工商企业成长的若干篇章》一书开创了企业战略管理研究的先河。60余年来，企业战略管理主要分为两大学派：外部环境学派和内部资源学派。外部环境学派即产业组织学派，代表理论为波特五力模型，该模型认为同行企业之间主要是竞争关系，行业之间存在较为清晰的界限。内部资源学派的代表理论为核心能力理论和资源基础理论，该学派认为资源和能力不能在企业间自由地流动，其差异性是企业获得竞争优势的基础。然而，在乌卡（volatility、uncertainty、complexity、ambiguity，VUCA，是易变性、不确定性、复杂性、模糊性的缩写）时代，外部环境学派和内部资源学派的前提都受到了挑战[一]，商业竞争环境日渐复杂且不确定。一方面，技术进步导致产业边界不断模糊，产业领先者历经几年乃至几十年所构建的竞争优势消失得越来越快；另一方面，商业颠覆者不断出现，新技术、新模式、新业态、新组织迅速涌现。由于技术进步和经济全球化，传统制定战略决策所适用的外部环境发生了变化、前提假设受到了挑战，这导致基于机械论的竞争战略在乌卡时代极难奏效。正如查尔斯·罗伯特·达尔文（Charles Robert Darwin）的进化论所言，单纯地应用机械论对事物之间的关系进行简化刻画，往往会失之偏颇，甚至会走向错误的方向。有机论则强调把每个自然物当作一个整体或系统来考虑，企业与环境之间存在着更强的互赖性，这意味着层级官僚制的、深井式的结构不能再有效应对当前的商业环境。

Gawer和Cusumano自1996年开始对平台战略进行持续关注和研究，2002年出版的《平台领导》是一个阶段性成果。他们在书中对英特尔、微软、思科等公司的实践进行了深入的研究和透彻分析，在此基础上总结出平台战略的四个杠杆。

- 确定公司的业务范围：是由公司内部制造产品互补品，还是由市场生产互补品更为有利？
- 产品技术战略：什么程度的产品模块化最为合适？产品的接口程序是应该公开还是应该保密？平台领导者有哪些信息应该向其他公司透露？
- 与外部互补品开发商形成友好关系：公司应该如何权衡与外部参与者的竞争与合作关系？
- 优化内部组织结构：什么样的措施和组织结构能让公司更有效地处理公司内部和外部的利益冲突？

Rietveld和Schilling（2021）对平台理论进行了整合，认为对平台战略的研究主要分为四个主题：网络效应及其影响，平台生态系统和企业范围，平台、补充、用户的异质性，平台治理和生态系统协调。遵循Gawer和Cusumano（2002）、Rietveld和Schilling（2021）的平台战略思想，企业的价值诉求、战略逻辑、企业边界、规模生产、产品价值在乌卡时代都发生了天翻地覆的变化。

1. 企业由独善其身到共生共赢

传统行业的独立性很强，讲究术业有专攻，即使多元化的公司，各事业部间也相对保持独立，专注于自身所在的行业。但市场形势在悄然发生变化，行业之间的边界变得模糊，从事

[一] 希特，爱尔兰，霍斯基森. 战略管理：概念与案例：第13版 [M]. 刘刚，张泠然，梁晗，等译. 北京：中国人民大学出版社，2021.

A 行业的企业为了给客户提供更全面的解决方案，会延伸到 B 行业。一方面，整合性的需求提高。消费者不再满足于单一的产品功能，而是希望通过简单、极致的交互，从极小的接触点上获得一揽子的个性化解决方案。这往往需要对多种产品、服务进行灵活组合，通常会跨越多个行业。另一方面，行业跨界增加了竞争的不确定性。数字化使产品、服务、应用等之间的可连接性大大增强，原本割裂的价值链能够连接在一起形成价值网络，产业开始融合。对企业来说，竞争对手和合作伙伴可能来自意想不到的跨界领域，它们必须时刻准备进入陌生的领域，应对跨界异业者的挑战。行业边界的消失，颠覆了领导企业在原有行业中长年所累积的竞争优势。

互联网的出现改变了基本的商业环境和经济规则，使竞争优势的保持所依靠的资源超越了企业传统的地理边界、组织边界和知识边界，而转化为对能力边界内资源的调配。企业之间的竞争也转化为企业所在网络或生态系统等关联组织之间的竞争，即由独善其身转向共生共赢。

2. 战略分析从价值链到价值网

经典战略所擅长的价值链分析，由于价值链过长，带来了诸多弊端。一是信息传递低效。产品信息向下传递给消费者，采购信息向上传递给供应商，都要经过层层过滤。例如，服装零售行业有一层层的渠道商，零售商会防范其他渠道直接接触消费者；二手房买卖依赖中介，中介不会主动把真实信息透露给买家和卖家。在信息传递过程中，常存在丢失或被故意屏蔽的问题。二是反应速度缓慢。例如，在新闻出版行业中，价值链中上传下达的审稿、批复、出版、运输、发行销售的过程，其反应速度无法与直接和读者相连接的新媒体相抗衡。三是沟通变得复杂。任何一个环节稍有滞后或停顿，就会影响整个价值链上下游的从业者。例如，整车制造厂商的研发课题要和发动机、电池、材料等多种厂商沟通，营销方案要和媒体打交道，市场推广要平衡 4S 店和其他渠道，每一个环节都要面对很多实体。所以，传统行业平台转型的方向之一，是利用平台商业模式将不高效的产业链予以缩短，通过"去中介化""去中间化"，让供需双方直接对接，促使信息自由流动。

价值链视角容易导致企业过于关注成本，而不是通过资源再造去创造更多的价值，从而引发经销商与供应商的矛盾，引发同行业的价格大战。企业只是简单地追求生产规模、提升效率，缺乏打破行业界限的勇气。

价值链思维是一种线性思维，要创建新型的商业模式，在这个管状的链条上难以找到出路。这会导致企业在单一的商业形态中进行无差别的竞争，陷入恶性竞争的漩涡。价值网是一种立体的空间思维模式，它突破了传统价值链的直线式沟通，即由供应商→企业→客户的价值递增模式，转变成网络内成员多项沟通，全面价值共享的价值网模式（见图3-1）。

随着生产型经济的成熟，人类社会的

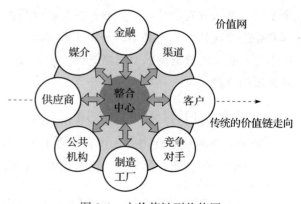

图 3-1 由价值链到价值网

经济形态逐步从工业化迈向服务化。与此同时，以信息网络和组织网络为核心的网络环境正在全面形成，使得服务业内部结构升级的趋势更加明显（华中生，2013）。无论在生产性、生活性还是公共服务领域，均涌现出一大批新兴的服务型企业，基于网络环境的平台企业便是其中的典型代表，这类企业正在催生以小前端、大平台、富生态为特征的新型商业格局。

与工业化背景下的制造型企业相比，网络环境下的平台企业在运营管理方面体现出新的特征。例如，以婚恋为主题的世纪佳缘通过连接男女会员构造了平台生态圈，并依靠各种机制促使他们互动，为其提供相遇相知的机会。对世纪佳缘而言，男女会员是具有平行地位的市场，双方在生态圈中所处的位置无上下游之分，世纪佳缘必须同时吸引这两类用户才能维持整个生态圈的发展。此外，世纪佳缘所提供服务的价值也并非经由单向的增值过程就能实现，它必须掌控双边市场的互动，在提升双方势力的过程中才能逐步提升自身的价值。这些问题都是以直线式思维为特征的价值链理论无法解释的（Porter & Millar，1985）。再如，以内容搜索为主题的百度构造了涵盖内容网站、网民、广告商的平台生态圈，从价值链的视角来看，提供信息的内容网站看似是上游供应商，获得信息的网民看似是下游顾客。但现实情况表明，百度未向上游供应商支付费用，也未从下游网民身上获得直接的经济收益，百度的利润源自广告商的竞价排名。由此可见，利用价值链的直线式思维分析百度这类平台企业是行不通的，那些看似合乎逻辑的解释其实是对平台企业的曲解。

3. 企业边界从界内到界外

经典战略理论的一个前提假设是，能清晰地回答这个企业属于哪个行业，以及在这个行业中处于什么位置。但谁能说清楚苹果是属于哪个行业的？它有媒体行业的成分，有消费电子的成分，也有PC行业的成分。平台战略真正应该思考的，是如何再认识行业的边界，这首先要求不能完全按照竞争对手的游戏规则去思考，而应当超越竞争对手进行跨行业思考，借助其他行业的游戏规则来做出改变。谷歌面临的最大挑战，不是其他搜索引擎，而是脸书的竞争。因为社交网络的出现改变了搜索信息的传统方式，越来越多的信息不是在公开的网站上搜索，而是在社交网络上。后来者无法把搜索引擎做得更好，改变游戏规则的最好方式就是跨越边界。很多的创新不是在边界以内，而是在边界之间，如何跨越边界，改变游戏规则，这就属于平台战略而非经典战略的范畴。

在互联网时代，对用户动态数据的积累和计算，让企业更容易整合其他相关产品或服务，更加精准地满足每一个用户对多样化、便利性、及时性的需求，行业的游戏规则也随之被改写。例如，传统的冰箱行业竞争主要是价格、性能以及售后服务的竞争，而智能冰箱不仅能够自动调整冰箱模式，让用户随时了解存储食物的保质保鲜状态和数量，始终让食物保持最佳状态，还能根据这些状态数据以及用户的健康状况数据，有效整合超市、药店、营养师等服务，精准高效地为用户的健康生活服务，其价值也远远超出制冷保鲜的边界。

行业同质化竞争的一个很重要的原因是：企业对行业边界的理解固化，关注相同的竞争要素，最终走向竞争趋同。互联网时代的企业越来越不像是固守在某一行业中的固定玩家，而将变成一个连接许多不同行业的资源与数据的连接器。

4. 生产从标准化到个性化

标准化、大规模、流水线是20世纪商业社会发展的创新标志，显示人类社会从手工业时代进入了机器大生产时代。因此，大多数企业所积累的能力都是为了实现标准化大规模生产而准备的，虽然具有快速、低成本的优点，但很难为消费者进行个性化的生产。但如今，消费者变得越来越挑剔，他们想要独一无二的产品，来彰显个性以表达生活态度，同时还希望能以便宜的价格获得产品或服务。然而，传统企业依然被桎梏于标准化的生产和服务，不能满足消费者个性化的需求。平台模式带来了丰富性和多样性，平台上往往汇集了数量众多的群体，无论需求方还是供应方，都能够形成规模效应为对方提供丰富的选项。平台的规模越大，参与者越多，则平台上产生的服务和商品越丰富、数量越多，从而会聚集更多想要得到多元产品或服务的参与者，刺激创新不断产生。相比垂直模式，平台商业模式所激发的多样性和个性化也得到了极大的延伸。

5. 产品从交易价值到使用价值

传统的产品大多追求的是交易价值。对企业而言，最重要的是把产品卖出去，之后的维护修理都被视为成本。在互联网时代，产品的使用才是价值创造和获取的开始。用户的持续使用意味着数据的持续输出，也意味着针对每个用户需求进行算法的迭代，这种参与使价值成为企业与用户共同创造的成果。

GE曾经是传统的工业巨头，制造涡轮机、飞机引擎、火车头，以及医疗影像设备等，但现在它已经转变成了一个智能服务平台。用GE前CEO杰弗里·R.伊梅尔特（Jeffrey R. Immelt）的话来说，一节火车头就是一个奔跑的数据中心，飞机引擎是飞行的数据中心，它们每天产生巨量的数据，这些数据可以反馈给客户，用于提升燃油效率，改善产品的环保表现。在这个过程中，GE已经将一次性的交易价值转变为持续性的使用价值。

3.4 从竞争优势到生态优势

关于企业优势来源的探讨，始终是战略管理领域研究的重中之重（Adner & Zemsky，2006；Afuah，2002；Yadav，Han & Kim，2017）。获取和提高利润一直是企业安身立命的核心命题，但对于"超额利润从何而来"这一问题，我们的认知却一直在更新。

现代产业组织理论和竞争战略理论从企业的外部环境出发研究企业竞争优势的来源，强调外部环境对企业竞争优势的决定作用；企业成长理论、资源基础理论及核心能力理论从企业内部出发研究企业的竞争优势，强调企业竞争优势依靠的是企业自身的资源和能力。这些理论从供给端思考企业的发展问题，未能考虑互联网时代的竞争范式和消费者行为变化的新情境（Bogers，Hadar & Bliberg，2016）。传统环境下的企业可以利用信息不对称获得竞争优势（吴昌南，2014），在互联网时代，这种竞争优势受到了严重挑战。

在互联网时代，企业竞争环境日益呈现出易变性、不确定性、复杂性和模糊性的特征（D'Aveni，1994），超竞争（mega competition）成为新趋势。消费者需求从传统经济时代的同质化转变为互联网时代的个性化、多元化和时效化，企业面临的竞争由行业内竞争转变为跨界竞争、整合竞争、生态圈竞争。基于行业内部规模效应、企业价值链、企业内部资源和能力以获取竞争优势的传统理论面临着新的挑战，这些理论对于获取竞争优势的探究建立在资源流动性和非流动性的假设上，而所谓资源流动性针对的是同行业企业间资源的流动性。互联网所带来的行业边界交叉和模糊，从根源上动摇了传统战略理论的根基。与竞争优势相对的生态优势成为企业获取绩效优势的一种新来源，引起了学术界和实践界的关注，人们必须重新思考互联网时代企业竞争范式的转变，即从获取竞争优势到获取生态优势（廖建文、崔之瑜，2016）。

3.4.1 传统环境下的竞争优势

关于竞争优势的来源，大体上可以分为外生论和内生论两种观点。

竞争优势外生论主要包括现代产业组织理论和竞争战略理论，这些理论从企业的外部环境角度研究企业的竞争优势。现代产业组织理论的SCP（structure-conduct-performance）分析范式认为企业间绩效的差异来自外部的市场结构和市场行为（产业集中度、与上下游产业的相对力量、产业成员的共谋等）。1980年，迈克尔·波特在《竞争战略》一书中主张企业的竞争优势主要来自行业层面，在SCP分析范式的基础上提出了著名的五力模型[一]来选择和认识行业中主要的竞争力量，从而实现企业在行业中的正确定位。为了弥补对企业内部活动的忽视，1985年，波特在《竞争优势》一书中提出了价值链模型，指出企业的竞争优势也来源于企业在设计、生产、营销、交货等过程中所涉及的基本活动和辅助活动，企业之间的竞争是以价值链为载体的价值创造的竞争。把超额利润的来源归结于规模经济、经验曲线、进入壁垒等与产业结构相关的要素被人们奉为金科玉律，但外生论忽视了企业的内在因素对竞争优势的影响。

竞争优势内生论主要包括企业成长理论、资源基础观理论和核心能力观理论，这些理论从企业自身内部的资源和能力出发研究企业的竞争优势，认为企业的竞争优势是建立在企业内部异质性基础之上的。彭罗斯（Penrose，1995）提出了"资源-能力-成长"的分析范式，认为企业获取竞争优势并实现持续成长主要来自企业的能力和资源；沃纳菲尔特（Wernerfelt，1984）和巴尼（Barney，1986，1991）提出了著名的资源基础观，认为企业是一组异质性资源的集合体，并且这种异质性资源在企业之间的不可流动性使企业能够获得持续的竞争优势；普拉哈拉德（Prahalad）和哈默尔（Hamel）（1990）提出了核心能力观（competence based view，CBV），认为企业的核心能力是企业获取持续竞争优势的来源。随着商业环境不确定性日益提高，学者们开始注意到核心能力具备范式刚性和能力惰性等局限，蒂斯（Teece，1997）进一步对能力观进行发展并提出了动态能力这一概念（这一能力有助于企业构建、调整、整合和重构内外部资源或能力，本质上是区别于以往所探讨的能力的一种二阶能力），并将此视为企业竞争优势差异的来源。

总之，内生论强调了企业竞争优势的内部来源，忽略了企业内部资源和能力对外部环境的

[一] 五力模型对企业战略制定产生了全球性的深远影响。五力模型用于竞争战略的分析，可以有效地分析企业的竞争环境。五力分别是供应商的讨价还价能力、购买者的讨价还价能力、潜在竞争者进入的能力、替代者的替代能力、行业内竞争者现在的竞争能力。

响应与能动性。然而，在波特的经典竞争理论中，成本领先战略所提倡的低成本生产和差异化战略所提倡的个性化定制之间是不可兼容的，但在互联网时代，大规模消费者个性化的需求对这两者的兼顾提出了新的要求，也提供了批量客户化（mass customization，MC）这种新的可能。而 RBV 对于异质性资源在同行业企业之间不可流动的假设也日益受到边界模糊化的挑战，企业所面临的不仅是同行业的竞争，还包括意料之外的跨界竞争。因此，聚焦于企业内部资源而忽视企业外部资源的资源基础观理论在解释竞争优势上也出现了局限性，不得不重新思考互联网时代针对竞争优势来源的解释。综上，行业结构和企业的核心竞争力共同决定企业的利润率。

经典战略框架整套逻辑的背后有两个重要的假定。一是零和博弈。因为核心资源非常稀缺、非此即彼，所以企业必须你争我夺。这体现在与竞争对手的关系上，是短兵相接、互不相让；体现在与上下游合作伙伴的关系上，是提高谈判力量，争抢利润池中更大的份额。二是核心竞争力非常强调对内部资源的占有和控制。普拉哈拉德和哈默尔在提出核心竞争力概念时，把它定义为"企业内部具有的积累性学识，特别是关于如何协调不同的生产技能和有机结合多种技术流的学识"，可见核心竞争力是内生的。也就是说，竞争优势来源于企业价值链活动上所拥有的资源。

这两个假定不可避免地带来两个局限。一个局限是核心竞争力的单一性。对任何一个企业而言，资源永远是有限的，不可能面面俱到，因此无法在价值链的方方面面都形成可持续的竞争优势。事实上，能够真正培养起一个核心竞争力的企业已经是相当优秀的了，能有多个核心竞争力的企业几乎不存在。另一个局限是核心竞争力往往会变成核心刚性。核心竞争力需要结构、流程、文化等系统性组织体系的支撑。核心竞争力越强，组织流程、文化和人等方面系统性的耦合也越强，从而形成组织的路径依赖。当行业发生变革的时候，核心竞争力越强的企业往往越难改变。柯达（Kodak）就是受制于核心刚性的经典案例。20 世纪 90 年代，柯达胶卷年销售额高达 190 亿美元，它的品牌深入人心，利润丰厚，并拥有世界领先的技术研发能力。但是，在胶卷技术上的绝对优势反而成为它向数码技术转型的最大掣肘。柯达于 1975 年首先发明了数码相机，但是由于数码技术的普及会损害自身核心产品（胶卷）的销量，因此柯达对于数码技术的推进一直踌躇不前，错过了数码时代的新机会。

经典战略框架下企业竞争优势的来源和局限都相当明显。在大工业时代背景下，产业结构在相当长的时间内可以保持稳定，消费者对产品的诉求也相对简单单一。因此，核心竞争力的刚性和单一性局限表现得不突出。企业在固定的价值链环节上发展核心竞争力是获取竞争优势最通用、最稳妥的方法。这也是经典战略框架曾经久不衰的原因。

但是，在新技术应用层出不穷、产业环境日趋动荡、消费者对一体化解决方案的期望越来越高的背景下，产业边界逐渐模糊，跨界合作与价值共创成为潮流。经典的竞争优势理论不能完全解释新环境下的企业优势：一是互联网时代的商业环境和竞争方式等都发生了深刻变化，竞争优势需要重新进行界定；二是传统竞争优势理论主要从供给端角度思考企业的发展问题（Hanna，Rohm & Crittenden，2011），未能考虑需求端的作用（Gambardella，Raasch & Von Hippel，2017），而消费者已经成为企业重要的战略资源；三是经典竞争优势理论重视价值的获取，忽略了价值的创造，而需求驱动时代的消费者已经成为价值创造的重要主体。

传统竞争优势理论在互联网时代背景下对平台企业的优势及其可持续性的解释受到质疑和挑战。人们越来越意识到，仅仅优化产业结构和培养与巩固核心竞争力已经不够了，要想在新的商业语境下乘风破浪，还要善于连接外部资源，优化企业所在的商业生态圈。

3.4.2 网络环境下的生态优势

随着信息和通信技术（information and communication technology，ICT）的发展，企业的生存环境（蔡宁等，2015）、发展理念和竞争范式发生了重大变化（Ansari，Garud & Kumaraswamy，2016；Cottrell & Nault，2004），企业的竞争范式不再是单个企业之间的竞争，而是更全面、更深层的平台之间的竞争（Cennamo & Santalo，2013）、商业生态圈之间的竞争（Moore，1996）。企业获得可持续优势的来源发生了变化，从价值链上下游的分工逐渐转向价值网络上的交互协同（Tiwana，Konsynski & Bush，2010）。

生态优势是在新的竞争范式和发展环境发生深刻变化的基础上提出的一种新的竞争优势，是指在商业生态圈中居于核心地位的平台企业撬动与利用企业内外部资源和能力等要素，形成的具有异质性、嵌入性和互惠性的新竞争优势（潘松挺、杨大鹏，2017）。生态优势不仅强调企业内部资源和能力的优化升级，以及对外部要素的撬动和整合，更加强调生态圈中的多主体互动、价值共创和互惠共赢。处于商业生态圈领导地位的平台企业获得的优势不再仅仅是传统意义上的竞争优势，而是生态优势（徐鹏杰，2017）。平台企业在生态圈中形成生态优势与传统竞争优势形成路径截然不同。因此，互联网时代背景和新的商业环境促使学者重新思考平台企业的竞争优势及其来源。

1. 生态优势的内涵

在商业生态圈中，处于领导地位的平台企业强调以构建价值平台为基础，撬动生态圈内其他相关主体的资源和能力等优势要素，营造出一个由平台提供经营活动场所和众多支撑服务的动态结构系统（Abbott，Green & Keohane，2016），通过协调用户之间的关系，优化平台企业内外部要素配置，实现跨界竞争和创新发展，最终形成生态优势。生态优势是竞争优势的继承和发展，具有更加全面、深入和可持续的特征。

平台企业生态优势的形成与传统企业竞争优势有很大不同。传统企业自身资源和能力是有限的，竞争优势的来源及可持续性受到挑战。而平台企业连接着多边市场的供应方、需求方及第三方（Cennamo & Santalo，2013），是整个生态圈的建群种和关键种，也是连接整个生态圈网络的价值平台（Rochet & Tirole，2006），在需求导向的驱动下，平台企业与多主体进行价值共同创造，形成生态优势。平台企业模糊了企业的边界，可以无限增加和扩容外部要素，大量外部企业为平台企业提供互补和支持，与传统竞争下的企业单打独斗完全不同。因此，平台企业与传统企业的竞争范式不同，导致竞争优势的形成路径也不同。

企业竞争方式由企业个体间竞争、供应链或价值链竞争向商业生态圈之间的竞争转变（肖红军，2015）。生态圈是由客户、供应商、生产商、投资商、贸易合作伙伴、标准制定机构、政府、社会公共服务机构和其他利益相关方等具有一定利益关系的组织或群体构成的动态结构系统（Kim et al.，2010）。根据发展程度的不同，生态圈可划分为内容生态圈、产业生态圈和跨产业生态圈（潘松挺、杨大鹏，2017）。不同于传统竞争理论所强调的优化企业内部价值链和积累优势资源及知识，生态优势的构建是通过平衡生态圈中的各方关系来获取和利用外部资源，平台生态系统是异质性企业或个体在相互依赖与互惠基础上形成的共生、互生和再生的价值循环系统（廖建文、崔之瑜，2016）。

平台战略是构建生态模式的主要途径，包括平台战略的选择、平台优势的构建和平台边界的决定机制等（蔡宁 等，2015）。企业需要基于消费场景而非产品定义产业边界，在特定产业内打造垂直闭合产业链，夯实生态圈基础设施，构建开放共享平台，进而形成多产业协同的生态圈，逐步培育起不同于传统核心竞争力的生态优势（潘松挺、杨大鹏，2017）。采用专业化生态位的企业，通过产品系列化不断创新出分离的生态位，有助于降低市场竞争程度；而采用多元化生态位的企业，通过产品平台化复制出重叠的生态位，从而加剧了市场竞争程度，但有利于降低产品成本（黄江明 等，2016）。

企业的竞争优势不仅仅来源于内部价值链活动的优化和资源能力的积累，还来源于对外部资源的有效利用，也就是企业组合商业生态圈元素，协调、优化生态圈内伙伴关系的能力。与内生的竞争优势相反，生态优势强调的是外部关系，不仅仅关注自身所在的价值链，还要重新定义和优化价值网上的活动，管理好非自身拥有的资源。

生态优势背后的假定不再是零和博弈、你输我赢，它强调把饼做大，形成共生、互生、再生的利益共同体。生态优势不求所有、但求所用，重视外部资源的连接。腾讯并不拥有微信平台上公众号的所有权，但是公众号文章的阅读量增长会推动微信平台的繁荣；Kindle 不做内容出版业务，但是优秀出版商的电子书籍下载量增长会惠及 Kindle 产品的号召力。一方的繁荣并不是以另一方的萧条为代价，而是你中有我、互惠互利的。

在生态视角下，价值的创造、获取和超额利润的来源也发生了变化。价值的创造不再是企业的内部活动，而是与外部伙伴——可以是上下游、互补品生产商甚至是消费者和用户，共同创造。企业也不仅能从价值链中获益，还可以从范围更广的价值网络中获取价值。所以，超额利润的来源从"管理好所拥有的资源"转变为"管理好非拥有的资源"。

在经典战略框架下，企业通过占有和控制 VRIN 资源，培养核心竞争力，从而持续地提供成本领先或差异化的产品。在生态视角下，企业则应不断地增加生态圈内伙伴的异质性、嵌入性和互惠性。异质性使生态的功能更加丰富多元，嵌入性使生态伙伴彼此依赖、相互扶持，互惠性是个体与集体、当前与未来的利益间的平衡和放大。异质性、嵌入性、互惠性高的生态圈可以灵活地组合不同企业的核心竞争力，适应不断变化的环境，并协同放大竞争优势。

生态优势的系统观正好弥补了竞争优势的两大不足。一是超额利润的来源不再是单一的了。企业可以受益于生态系统中其他成员的优势，以强大的生态作为自身的后盾和反哺。二是超额利润的可持续性更强了。因为生态圈的结构更灵活，可以迅速地吸纳和组织新生的资源，使整个系统的优势不断迭代更新，更具有可持续性。

2. 重新定义企业优势

在生态视角下，决定企业利润率的不仅仅是产业结构和企业所拥有或控制的资源而产生的竞争优势，还与生态圈参与者的集体行动息息相关。因此，有必要重新系统地思考企业利润率和优势的来源。

生态圈从两个方面改变了企业的利润率。一方面，通过生态圈伙伴的集体行动，可以直接创造生态优势。决定投资回报率（return of investment，ROI）的不仅仅有行业结构、竞争地位，还有集体行动。不同主体之间的联合与渗透会比各自为战产生更大的价值，会形成"1+1>2"的协同效应。额外的价值可以来源于企业与企业和企业与用户之间的资源互补、相互学习、信任建立、相互锁定等。增加的价值最终会体现在企业的利润率上，成为生态优势的来源。例如，单独的地图定位服务和商户点评给用户带来的价值有限，但是如果将地图定位服务与商户点评嵌为一体，就能帮助用户在外出场景中迅速找到周边的优质商户。地图定位服务商与商户点评平台都可以分享其中的价值增益。另一方面，生态圈伙伴的集体行动也可以优化行业结构并巩固竞争优势。集体行动通过两条线分别影响企业的竞争地位和产业结构。一是与企业发生业务关系的伙伴构成的集体。通过与合作伙伴、消费者等建立良好的关系，企业可以吸收新的知识、增进对用户的理解，从而内化成为自身的核心资源并巩固竞争优势。二是与企业有竞争关系的同业者所构成的集体。这一层面的集体行动往往可以改变行业结构，通过彼此联合、减少价格战、提高对上下游的议价能力、向政策制定者施加影响等，改善行业参与者的共同生存空间。

生态圈的价值在于：为企业提供了在传统的行业结构、竞争地位之外的价值来源；有利于行业结构的优化、核心竞争力的建立，也就是巩固传统的价值来源。最终它能为企业带来更高的利润率。

3. 企业优势全景图

以竞争优势和生态优势为两个维度，可以勾画出不同企业的优势全景图（见图 3-2）。根据企业在矩阵中的不同位置，可以区分为"熊猫""猛虎""蚁群""狼群"这四种类型。[一]

熊猫：矩阵的左下角是第一类企业"熊猫"。自然界的大熊猫对环境的适应能力很差，只有在自然保护区才能延续种群。熊猫型企业指的是那些自身的核心资源较弱、也无法调动和充分利用商业生态圈内合作伙伴能力的企业，它们通常只能依靠低廉的劳动力成本、政策保护等因素模仿跟进，求得生存。例如，我国的很多产业园区、孵化器内和享受垄断地位的企业就属于这种情况：它们的生存依赖较低的要素价格（有时候以牺牲环境为代价）、与相关方的特殊关系，或政策保护下的垄断地位，还没有真正建立起竞争优势和生态优势。随着劳动力和原材料成本上升、市场趋于透明，

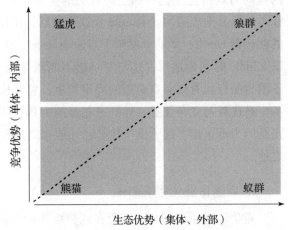

图 3-2 企业优势全景图

[一] 廖建文，崔之瑜．企业优势矩阵：竞争 VS 生态［J］．哈佛商业评论，2016（7）：111-118．

准入政策逐渐放开，对环境保护愈加重视，这些"保护罩"将不复存在，熊猫型企业就会不可避免地面临残酷的竞争。

猛虎：矩阵的左上角是第二类企业"猛虎"。老虎凶猛异常，独来独往，是山林里当仁不让的王者。猛虎型企业指的是具有核心竞争力，能在既定的轨道上不断创新、实现突破，但不善于接连外部资源和伙伴、生态圈优化能力较弱的企业。如果猛虎型企业所处的产业结构相对稳定、产业的发展轨迹主要由渐进式创新来推动，那么它们的竞争地位很难受到撼动。但如果所在的产业在技术应用、消费需求等要素的影响下发生巨变，发展路径被非连续创新所推动时，猛虎型企业就会面临相当大的挑战。例如，索尼（Sony）作为电子消费品领域的领跑者，推出的电子书阅读器 DPT-S1 和 MP3 分别被亚马逊的 Kindle 和苹果的 iPod 打败，原因主要在于：在无线网络应用普及的背景下，电子消费品行业的价值不仅仅在于技术，还在于与内容提供方的联合，从而提供一体化（同时包括硬件、平台、内容）的解决方案。亚马逊和苹果抓住了机会，与电子书/音乐内容提供商一起构建了生态圈。索尼尽管硬件设计与工艺一流、核心竞争力强，但是因为不善于构建生态圈，不得不在竞争中甘拜下风。

蚁群：矩阵的右下角是第三类企业"蚁群"。蚂蚁的特点是虽然身躯弱小，但是有极强的协同组织能力，蚁群的力量不容小觑。蚁群型企业也是如此：尽管作为个体，自身的核心竞争力不强，但是它们对产业变迁的趋势有灵敏的洞察力，对生态圈伙伴有强大的号召力，善于调动和利用外部资源为己所用。凭借生态优势，蚁群型企业很有可能在复杂、动态的环境下超越以核心竞争力见长的猛虎型企业。例如，亚马逊在推出第一代电子书阅读器 Kindle 的时候，硬件的性能和设计都差强人意；小米手机发布时，也只是对一些现有模块的整合和系统的优化，并没有独一无二的核心资源。但是凭借对用户需求的理解和业内资源的组合，亚马逊和小米以生态圈取胜，产生了很大的影响。

狼群：矩阵的右上角是第四类企业"狼群"。狼的速度、耐力都很出众，难能可贵的是协作能力也极佳。山地、林区、草原、荒漠、半荒漠以至冻原，都有狼群出没。狼群型企业指的是同时具备竞争优势和生态优势的企业。今天的乌卡环境越来越要求企业具备"狼群"特征。亚马逊推出第一代 Kindle 大获成功后，美国最大的书籍零售商巴诺书店就效仿推出了自己的阅读器 Nook，苹果也发布了直击亚马逊的 iPad 和配套的电子书。但这些后来者无一能够撼动 Kindle 的领导地位，这与亚马逊不断巩固自身的核心竞争力、构筑防护高地密不可分。电子消费品行业背景具有典型的高度竞争、复杂模糊动荡和不确定性高的特征，要求企业同时具备生态优势与竞争优势。亚马逊正是因为具备生态优势，才能在与索尼的竞争中取得胜利；也正是因为迅速培养起了竞争优势，才能在之后与巴诺书店和苹果等巨头企业的竞争中立于不败之地。

4. 增强企业优势的路径

竞争环境千变万化，企业在优势矩阵中的位置也并非一成不变。在 PC 时代，微软无论自身的竞争优势，还是建立在与英特尔及众多软件开发商、硬件生产商、渠道商关系基础之上的生态优势，都被奉为经典。但是进入移动时代后，由于缺乏相应的布局，微软的生态优势逐渐丧失，一度危机四伏。但是凭借 Windows 10、Surface Pro 等一系列产品的推出和对移动端的重视，微软正在努力重回"狼群"的行列。可见，企业的竞争优势和生态优势组合是动态变化的。

当企业处于左上角，具有"猛虎"的特征时，相对于缺乏核心竞争力的"熊猫"，能更有效地构建生态圈。核心竞争力是号召生态圈伙伴、组合生态能力的基础，一旦丧失了这一基础，企业也就丧失了在生态圈里的立足点。在短期内或许可以组建生态圈，这需要企业领袖具有出众的个人魅力和资源组织能力。但长期来看，高质量的合作伙伴迟早会转向更有实力的企业，抛弃没有核心能力的参与者。20世纪80年代，作为PC硬件龙头的IBM聚集了微软、英特尔等一众企业，以开放的姿态成就了围绕在IBM-Windows-Intel周边的兼容机生态圈，并借此打败了当时的竞争对手苹果。但是之后随着IBM进一步开放硬件标准，自己却无法保持在硬件制造上的资源独占性，IBM将核心竞争力拱手让出，丧失了在生态圈里的发言权。PC兼容机市场也逐渐演变成了以"Wintel"（Windows & Intel）为核心的生态圈。今天，苹果之所以能够吸引众多软件商、渠道商和其他服务商围绕在其周围，形成良性循环的生态圈，与其在硬件和系统设计上的实力密不可分。所以说，基于核心竞争力的竞争优势是撬动生态优势的支点。

当企业处于右下角，具有"蚁群"的特征时，相对于缺乏生态优势的"熊猫"，也可以更充分地利用生态圈的力量发展竞争优势。生态圈为企业提供了丰富的外部资源库，从中可以有选择地汲取有价值、稀缺、难以模仿和不可替代的资源发展成为核心竞争力。例如，对阿里巴巴来说，围绕其电商平台，支付工具、通信工具、O2O和其他衍生服务等形成了功能丰富的生态圈。而这些反过来又帮助阿里巴巴获得更多数据，对用户有更精准、深度的了解，巩固了其核心能力。苹果的硬件、系统、应用生态圈极具吸引力，帮助其建立了坚实的用户基础，由此又衍生出Apple Pay业务，促使苹果进入金融领域，成为苹果又一个潜在核心竞争力的增长点。由此可见，生态优势是放大竞争优势的来源。

竞争优势与生态优势是相辅相成的：竞争优势是维系生态优势的基础，生态优势是放大竞争优势的系统。无论先发展竞争优势，再借助其力量撬动生态优势，还是先发展生态优势，再借助其资源建立竞争优势，都是殊途同归。但是路径的选择与产业环境息息相关：当竞争环境异常激烈时，竞争优势的紧迫性会尤其地高；当产业融合与跨界合作兴起时，生态优势的重要性会特别明显。

聪明的企业应当时刻关注产业的变化动向，调整自身的优势组合。在这一过程中，如果善于利用竞争优势与生态优势相互促进的关系，形成良性循环，就可以事半功倍，更快地在竞争中站稳脚跟，发展壮大。

5. 基于生态优势的平台认知框架

互联网时代与工业时代的环境有很多不同，企业的战略空间和战略举措都发生了根本性的变化。从工业时代到互联网时代的跨越是巨大的，在表层的战略变迁之下，底层根本性的商业逻辑和认知框架需要彻底转换。㊀

（1）更新认知框架。互联网时代的战略认知框架与工业时代有根本性的不同。在工业时

㊀ 陈春花，廖建文. 打造数字战略的认知框架 [J]. 哈佛商业评论（中文版），2018（7）.

代,行业和资源的边界相对清晰,企业在一个条块分明的空间寻求立足点,遵循的是竞争逻辑。竞争逻辑将企业视为在同一个竞技场上博弈的对手,客户则是这场比赛的裁判。企业通过定义和不断加强自身的比较优势,满足客户的需求。商场如战场,谁把客户需求满足得更好,谁就能赢得竞争。

互联网时代最大的改变是:随着技术应用打开了人、产品、行业之间的连通性,资源和产业的边界约束条件发生了变化,共生逻辑比竞争逻辑更好。共生逻辑将企业、客户、同行、其他产业伙伴等视作同一个生态系统中的参与者,通过彼此滋养、相互促进,共同推动生态的繁荣。在共生逻辑下,最终的目标不是赢,而是寻找生长空间;实现的方式也不是比别人做得更好,而是追求客户价值——不仅仅是满足已有的需求,更是充分调动技术和应用的组合。这一认知框架的更新如图 3-3 所示。

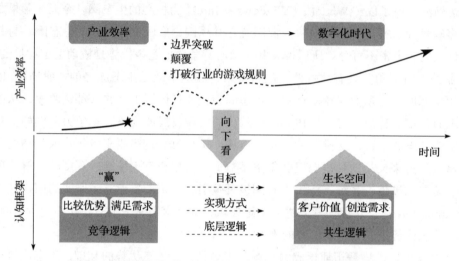

图 3-3　认知框架的更新:从"竞争逻辑"到"共生逻辑"

(2)理解认知框架。在经典战略体系内,战略主要回答两个问题:主要战场在哪里以及如何制胜。为了回答这两个问题,企业需要审视三个方面的因素。

- 产业条件:通过分析政治、经济、社会、技术等环境要素(PEST 模型)以及供应商、购买者、新进入者、替代者、竞争者等(波特五力模型)行业要素,判断产业的机会,即哪些是可做的。
- 资源能力:通过分析价值链各个环节的要素禀赋,利用 VRIN 模型识别可能的核心资产,从而判断企业的优劣势,即哪些是能做的。
- 使命初心:源于企业的愿景使命,会选择哪些方向来发挥自身的优势,即哪些是想做的。

将这三个方面叠加在一起(可做、能做、想做),就可以清晰地定义出工业时代下企业的战略空间:到哪去,如何去。这是工业时代基于竞争逻辑的战略认知框架。但到了互联网时代,很多边界条件都发生了根本改变。

跨界。在可做方面,数字化技术打破了产业边界,几乎一切都可做。例如,苹果究竟属于电子消费品行业、音乐娱乐行业、金融支付行业，还是技术服务行业？恐怕很难分得清。早年国内的两大互联网公司阿里巴巴和腾讯还分耕于电商和社交领域，但近年在资讯、零售、社交、支付、生活服务、云服务等领域早已水乳交融。通过跨界，企业完全可以突破产业条件的界限，实现全新的价值组合。

连接。在能做方面，数字技术大大增强了企业连接和整合资源的能力，几乎一切都变得能做了。例如，过去要进入酒店行业，企业必须具有房屋资产。但爱彼迎通过互联网平台连接了600多万套闲置房间。通过连接、撬动外部商业生态中的资源，企业完全可以突破自身资源和能力的极限，提供几乎任何产品或服务。

赋新。当可做与能做可以几乎无限延展时，企业想做什么变得尤为重要。而这里的想做已经不局限于在既定行业中成为翘楚。在数字技术的助能下，企业大有机会给价值主张赋予新的意义。例如，耐克（Nike）自2006年起亲手打造的"耐克+"将自己重新定义为运动数据管理和分享平台，用户可以通过"耐克+"进行线上课程教学、记录运动轨迹、与朋友比拼、抢购最新尖货等；味好美也从一个传统的卖调味料的企业转型为个性化味觉体验和菜谱管理的数字平台，帮助人们发现和创造更多美味。

比较这两个不同的战略认知框架（见图3-4），可以发现两者的出发点是完全不同的。[⊖]

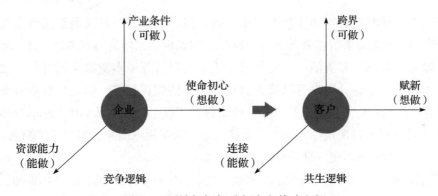

图3-4　用认知框架重新定义战略空间

基于竞争逻辑的认知框架是站在企业的立场，考虑的是：企业所处的产业环境如何？企业拥有的资源能力如何？企业存在的使命初心如何？在整个系统中，企业居于中心的位置。

基于共生逻辑的认知框架是站在客户的立场，考虑的是：客户需要更新哪些价值主张、赋予什么新义？如何跨界进行价值的重组？连接哪些资源能力以满足新的需求？在整个系统中，客户居于中心的位置。

（3）应用认知框架。如何从竞争逻辑到共生逻辑？沿着可做、能做、想做这三个维度进行突破，实现"跨界（突破产业条件）、连接（突破资源能力）、赋新（突破优势选择）"的组合，就是向数字化战略迈出了坚实的步伐。

在跨界（可做）维度上突破，要回答的问题是：在未来的3～5年甚至更长时间，行业的边界内和边界外将会发生什么样的变化？行业重构的机会和新的竞争将来自哪里？

⊖ 廖建文，崔之瑜. 企业优势矩阵：竞争VS生态［J］. 哈佛商业评论，2016（7）：111-118.

在连接（能做）维度上突破，要回答的问题是：在新技术的赋能下，行业内外有哪些值得连接的要素，用来增强、更新或突破现有的商业模式和价值范围？

在赋新（想做）维度上突破，要回答的问题是：随着技术的演进和社会文化与价值观等的变化，未来商业价值主张可以突破的更大空间在哪里？

当然，在不同情况下，各个企业对以上各个问题的回答和涉入程度可能不尽相同，由此会产生不同的组合（见表3-1）。

表 3-1　四种组合模式及其应用实例

序号	名称	跨界	连接	赋新	例子（行业）
1	连接器	√	√	×	得到（教育） 快手（工具/社交）
2	重构者	×	√	√	中国平安（金融） e袋洗（生活服务）
3	颠覆者	√	×	√	网约车平台（出行） 一条（内容）
4	新物种	√	√	√	永辉超市（零售） 自动驾驶（汽车）

1）连接器。同时在跨界和连接上寻求突破，但并不赋予行业新的意义或定义新的价值主张，它扮演的更多是资源混搭者的角色。例如，知识付费领域的得到通过搭建知识传播的平台，连接了数量可观的跨界资源——它将媒体人、投资者等原本游离于教育行业之外的个体纳入系统。通过这个平台，用户可以接收到更多元化的知识分享。但是平台本身无论形式还是内容都没有改变教育的实质，只是媒介从线下搬到了线上。快手从 GIF（graphic interchange forma）制作工具转型为短视频社区，快手连接大量的活跃用户资源，实现了"视频/直播+社交"的跨界。社交的实质不变，只是形式更为新颖。

2）重构者。通过连接行业外部的新资源，给原有的行业带来新的格局和视角。它同时在赋新和连接上突破，但不跨越行业本身，是在已有的界线内重构。例如，中国平安通过陆金所平台连接传统金融业务所不覆盖的需求，开展一系列基于互联网的金融业务。由于风险管理体系是基于另一套逻辑建立的，因此互联网金融业务是对传统金融理念的赋新。陆金所重构了金融行业的价值主张和整体格局。e袋洗将星罗棋布的线下洗衣店聚集在一起，并提供上门取衣、统一价格、便捷送衣等标准化服务，使用户能够享受足不出户的新价值主张。"连接+赋新"意味着e袋洗重构了洗衣服务市场，带来新的格局。

3）颠覆者。同时在赋新和跨界上突破，但不连接原有系统之外的其他资源或要素。跨界对原有行业的在位企业来说是非对称竞争，行业的游戏规则可能也会改变。网约车平台依靠的是出租车市场中的存量车辆和司机，并没有连接增量的资源，但是通过实现数据、定位、导航等平台服务，在叠加了这些跨界元素后，重新定义了出行（赋新），颠覆了人们对传统出行惯例的认知。内容平台一条主打生活短视频，在此基础上嫁接电商服务，实现了跨界。一条并没有连接诸如 UGC 的元素，而是保持统一的风格和水准，高品位的内容与电商无缝衔接，也颠覆了传统电商的刻板印象，带来焕然一新的体验。

4）新物种。同时在跨界、连接、赋新三个维度上进行突破，重新定义了客户的需求，重新定义了产业，也重新定义了自身的资源能力边界。例如，永辉超市旗下的"超级物种"集合了零售、餐饮、外卖、电商等功能，产生了全新的价值主张。同时，为了实现这些高复合性的功能，永辉超市连接了诸多原本自身不具备的能力，如店内的餐饮供应、外卖配送等服务，都来自跨界领域。自动驾驶结合了车联网、新能源电池等新技术，同时连接了内容、周边服务等生态元素，使之成为完全有别于传统汽车的"超级移动终端"。

6. 探寻可持续的数字化战略

在现阶段，很难说在"连接器""重构者""颠覆者""新物种"这四种组合中，哪一种模式更易成功或更易失败。我们倾向于将它们视为通向数字化时代的道路上，不同企业所进行的探索——由于起点和目标不同，各自采用的路径有所不同而已。

从终极来看，我们相信可持续的数字化战略是同时在赋新、跨界、连接这三个维度上不断突破的。它是动态的均衡，而非静态的快照。首先，通过赋新，企业要追求的客户价值得到了清晰的界定，由此可以定义跨界的目标——需要提供的要素组合是什么。其次，通过跨界，企业所要涉及的价值网络的范围变得明确，由此可以识别哪些资源能力是已有的，哪些是要发展的，哪些要依靠连接来加以实现。最后，不断连接的资源汇聚在一起后，通过整合与组合，产生互动、重构和演变，可能会涌现出新的商业意义，又重新回到了赋新的维度上。这样，赋新、跨界和连接之间就形成了互相促进的循环（见图3-5）。例如，亚马逊最初将种类丰富、价格优惠的图书呈现在同一个平台上，提供与传统书店不同的价值主张（赋新），之后引入商家开展第三方平台业务（连接），并通过一系列的自建、收购、合作等围绕客户需求拓展服务和业务边界（跨界）。基于技术、数据、客户关系等资产，又衍生出了面向B端的AWS（云服务）、FBA（物流交付服务）和面向C端的Amazon Go（无人线下店）、Echo（智能音箱）等业务（赋新）。在这个循环的过程中，亚马逊的业务范围不断丰富，与客户的关系也持续深化。

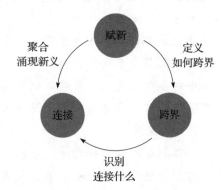

图3-5　赋新、跨界和连接间的循环

■ 本章要点

企业战略在本质上是回答成长与竞争的问题：企业如何定位？企业如何扩张？在回答这两个问题时，经典战略和平台战略的思考角度有着本质的不同。在游戏规则方面，经典战略强调竞争，强调边界之内，平台战略强调合作，强调边界以外；在目标市场方面，经典战略强调细分市场，平台战略强调如何跨越细分市场，寻求共性的最大化；在定位方面，经典战略强调取舍，平台战略强调融合；在企业思维方面，经典战略强调竞争思维，平台战略强调生态思维。

经典战略的思路，往往从三个视角来思考企业：一是想做什么，二是能做什么，三是该做什么。这三个视角的思考结果就会交汇成一个独特的战略。

经典战略的理论主要有两个流派：外部环境学派主张首先选择行业结构，再选企业的定位，代表人物是迈克尔·波特。作为一位工业经济学家，波特尤其强调选行的重要性，他认为行业的结构决定了整体的行业性。为什么有的行业盈利能力比其他行业更强？为什么在价值链分配中，有的企业获得价值更大，有的分配得更少？波特认为这些都是结构决定的，盈利性特别好的行业往往都是有限竞争的行业。内部资源学派源自普拉哈拉德与哈默尔1990年在《哈佛商业评论》上发表的文章，这个理论更强调资源配置，思考如何在资源的基础上解决问题。这两个流派一起构成了当下企业战略分析的理论基础。在现在的战略规划报告里，众所周知同时使用最普遍的工具SWOT分析表，就是基于这两个流派的理论而创制的。

但如果企业都按照这种思维去创新，必然意味着战略的趋同性。企业必须反思经典战略的思维，在可做方面跨界、在能做方面连接、在想做方面赋新，沿着可做、能做、想做这三个维度进行突破，实现"跨界（突破产业条件）、连接（突破资源能力）、赋新（突破优势选择）"的组合，从竞争逻辑走向共生逻辑，从关注产业结构和核心能力的竞争优势转变为关注生态圈内伙伴的生态优势，即在商业生态圈中居于核心地位的平台企业撬动与利用企业内外部资源和能力等要素，形成具有异质性、嵌入性和互惠性的新竞争优势。生态优势不仅强调企业内部资源和能力的优化升级，以及对外部要素的撬动和整合，更强调生态圈中的多主体互动、价值共创和互惠共赢。因此，互联网时代背景和新的商业环境促使学者重新思考平台企业的竞争优势及其来源，与以往相比，应该在行业、定位、能力等方面有不同的思考。

在平台战略的视角中，分析从价值链到价值网，生产从标准化到个性化，产品从交易价值到使用价值，企业边界从界内到界外，企业由独善其身到共生共赢。平台战略是基于模块化架构并且通过非层级形式协调多边市场，不同于完全以价格信号为基础的市场交易机制或依靠内部行政权配置资源的组织形式。实施平台战略的企业可以连接核心价值的创造者与最终用户端，利用网络效应协调利益相关者，促使平台整体的价值创造和价值传递效益最大化。

■ 讨论问题

1. 管理学视角下的平台理论与经济学视角下的平台理论有何不同？
2. 如何理解产品战略重在交易价值和价值分配，平台战略重在使用价值和价值创造？
3. 传统的战略理论在乌卡时代极难奏效，为什么？
4. 何为生态优势？它与竞争优势有何区别和联系？

| 第 4 章 |

平台成长

■ 学习目标
- 掌握平台生命周期各阶段策略;
- 了解平台成长的机制;
- 了解平台成长的路径;
- 掌握平台跨界行为。

■ 开篇案例

英特尔是如何变成平台领导的

十几年前,我正在大学里刻苦学习 DOS 命令指令集。有一天,老师两眼放光地拿来一本书,对我们说,你们一定要好好学习这个,它会成为未来的主流。我抬头看了看,那是一本讲 OS/2 操作系统的书。又过了几年,再也没人向我提起这个"主流"的操作系统了,因为它从来没有成为主流。相反,当初并不被老师看好的 Windows 统治了世界。平心而论,与 Windows 相比,OS/2 的技术更加先进、功能更加强大,IBM 的推广也可谓竭尽全力,可为什么最后还是失败了?关键原因还是从 DOS 开始,微软已经建立起了一个完善的平台,有一大批应用软件厂商和软件开发者正在 DOS 和 Windows 平台上开发难以计数的软件。对微软的挑战者来说,正所谓撼微软易,撼平台难。

同样的故事也发生在英特尔身上。在过去二十多年的时间里,同样是依靠平台策略,微软和英特尔统治了全球 PC 产业。它们是如何做到的?

PC时代是由蓝色巨人IBM开启的。当时，IBM既是PC这个名称的发明者，又是其设计者，它将计算机系统分割成不同分区，组成计算机的各个部件被安插在各自特定的区域范围内，然后通过特定的接口在功能和物理上彼此互相联系。一开始，PC行业只有两种计算机，一个叫IBM品牌机，另一个叫IBM兼容机。

当时的英特尔只是PC的一个重要构成部件的供应者，就像今天很多为整机品牌厂商打工的零部件厂商一样。但是，英特尔一直有成为平台领导的雄心壮志，并在1991年成立了英特尔架构实验室（IAL），这是英特尔内部第一个研究计算机体系结构的组织机构，公司执行总裁安迪·格鲁夫希望IAL能够成为"开放的计算机行业的创造者"。

IAL成立后的第一个项目看起来与英特尔的主业CPU毫无关系，但在事后却证明这是至关重要的一步。

从1981年推出PC以来，IBM一直定义着计算机的整体架构，并掌握着计算机总线这个非常重要的架构的主导权——当时市场上所有的厂商都遵循IBM推出多年的ISA（instruction set architecture，指令集架构）总线标准。但是，这种沿用多年的总线结构越来越难以支持英特尔推出的最新处理器的功能了——虽然速度更快的处理器能够提高处理数据的速度，但是对数据到达和离开微处理器的速度起决定作用的还是总线，而这个标准仍由IBM把持着。

当然，IBM也看到了ISA总线的局限性，并计划推出专为其PS/2系统开发的一种总线结构MCA（microchannel architecture，微通道结构）总线。但是，IBM打算按照专利技术方式来发展PC体系结构，而英特尔采取了完全不同的策略，它推出了新的PCI（peripheral component interconnection，周边元件扩展接口）总线，将PCI技术规范免费提供给各个公司使用，并且保证对每个公司公开。

由此，PCI总线战胜了MCA总线。正是由于PCI的成功，英特尔从一家仅仅"提供硅晶体管给一个确定的体系结构"的公司，一下子变成了"整个行业的设计者"。英特尔不再是一家零部件供应商，它成了行业的平台领导厂商。成为平台领导的好处就是其他公司必须在你的平台上面开发产品而不可能绕过你；平台上面的应用越丰富，平台厂商也就越强大。正是由于这个原因，英特尔在20年左右的时间里一直占据了PC行业的领导地位。

英特尔公司在着力打造平台商业模式的过程中，有四点经验值得借鉴。

一是业务范围。平台企业必须意识到，要依靠整个行业生态系统来生产使自己的平台产品更具有价值的互补品。为了使自身所在平台尽可能取得成功，该行业生态系统还应繁荣发展。因此，确定自己的业务范围，也就是说什么互补品由自己生产，什么互补品留给外部公司生产，是平台企业必须做出的最重要决策。英特尔在这个方面做得不错，虽然拥有数万名软件工程师，但是它并不是一家商业型的软件公司，它不会去开发操作系统和应用软件；它也不是一家消费电子厂商，不会进入音乐播放器市场，参与消费者大众市场的争夺。对英特尔的硬件平台来说，包括微软在内的软件厂商为其生产互补品，只有互补品足够丰富了，整个平台才更有价值，英特尔才有可能获得更大的利益。

二是产品技术。平台企业必须做出关于系统体系结构（模块化程度）、接口技术（平台接口的开放程度）和知识产权（有关平台及其接口的信息应该透露多少给外部公司）的决策。正如罗马时期的道路体系仍能使今天的欧洲受益一样，一个好的平台体系架构也能对行业的结构和创新特征产生深刻而持久的影响。一直以来，英特尔的微处理器遭受了许多不同体系架构的竞争威胁，从高端的精简指令集（reduced instruction set computing，RSIC），到苹果的 Macintosh 计算机以及摩托罗拉的具有优良图形处理器性能的芯片。但是，由于英特尔不断对架构进行重新设计，在速度、处理能力、图形处理以及其他方面都有了进一步提高，从而摆脱了竞争对手的威胁。

三是外部关系。平台企业暗含的一层意思就是公司必须高度依赖外部公司开发互补品，这样其平台产品才会对终端用户更具有价值。为此，英特尔必须小心谨慎地处理好与外部互补品公司的关系——既要激励和拉拢它们，又要保持一定的威慑力量。为了激励互补品公司的创新，英特尔经常会将一些私有信息透露给这些公司，还会派遣技术熟练的工程师和精明强干的营销人员向市场传播专门的技术知识，有的时候还会通过旗下的投资部门投资这些外部公司。有时候，IAL 还会挑选一些公司充当"野兔"，让它们作为新技术和新标准的最早支持者，以此鼓励外部互补品生产商之间的竞争。

四是内部组织。平台企业必须依靠特定的内部组织机构更有效地处理与外部互补品生产商的关系，这在厂商内部通常会存在一定的困难，因为平台领导厂商内部的一些团队可能与互补品厂商是竞争关系。英特尔公司认识到，平台领导追求相互冲突的目标是非常必要的，关键是在公司内部建立一种解决冲突的文化和方法。英特尔通过举行各种层次的会议来制定公司策略和目标，评估内部冲突和解决内部冲突。同时，英特尔还依靠内部的正式计划和非正式会议，以及令几个高级主管人员担任仲裁人角色来解决冲突。英特尔认为，只有鼓励争论，包容不同的意见，公司才有可能做出更加正确的决策。

资料来源：加威尔，库苏麦诺. 平台领导英特尔、微软和思科如何推动行业创新[M]. 袁中国，刘兰凤，译. 广州：广东经济出版社，2007.

平台的发展过程分为三个阶段：初始阶段、成长阶段和更新阶段（Isckia & Lescop，2015）。在初始阶段，平台的主要任务是吸引用户，建立恰当的定价结构，并建立平台，促进用户的联系；在成长阶段，平台应该提供一系列的服务以增加价值主张，对用户进行管理与指导，激励用户间的相互联系；在更新阶段，平台应该建立与其他平台的竞争战略，提高用户的忠诚度。规模的扩展与成长在平台战略中尤其重要，因为用户数量的增长不仅能分摊平台的成本，还能增加收入。

4.1 平台成长的阶段划分

平台化路径包含企业平台化过程中要达到的阶段性、战略性目标。较为流行的观点有三种。一是 Gawer（2009）提出平台化的七阶段路径。它包括：基于行业现状设计愿景；设计具有平台潜力的元素；添加连接渠道和接口以允许其他公司与群体加入平台并共享资源；确定为平台产品提供互补品的第三方公司；构建联盟；不断创新核心，保证平台能继续为整个系统提供必不可少的、难以替代的功能；逐渐形成一个中立的行业中介者的声誉，并投资于该行业的长期合作。二是 Rong 等（2013）将企业平台化发展路径分为出生阶段、扩张阶段、权威阶段和更新阶段。三是 Parker 和 Alstyne（2014）将企业平台化过程分为平台启动、平台管理和平台竞争三个阶段。

4.1.1 平台生命周期曲线的界定

从众心理（conformist mentality）是大部分个体普遍拥有的心理现象（Han & Northoff, 2008）。为了规避风险，人们会受到外界人群行为的影响，在自己的知觉、判断、认识上表现出符合公众舆论或与多数人类似的行为方式。只有极少数人保持了独立性，没有从众。例如，某人在决定是否使用微信之前，最关心的是自己有多少亲朋好友使用这款软件；是否使用携程旅行网订购机票，往往取决于身边有多少人有过此种经历。在比比皆是的现象背后可以抽象出3个维度，它们在某种程度上共同决定了人们是否愿意加入某一平台。

维度1为"平台的实际规模"，即平台中现有用户的数量。就一般趋势来看，随着平台的不断发展，它的实际规模会逐渐扩大，至某一点后达到饱和，并开始呈现萎缩的态势，平台企业此时若采取恰当的策略，平台的实际规模可能会继续扩张，进入新一轮生命周期，当然也有平台就此停止发展，走向消亡。维度1的取值对平台的网络效应具有正向影响。

维度2为"平台的期望规模"，即从理论上讲，平台中至少已经存在多少用户才能吸引外界潜在用户主动加入其中，实质上这是外界潜在用户对平台实际规模的最低心理预期，它从风险规避的视角，定量地阐述了外界潜在用户主动加入平台的最低意愿门槛。

21世纪初，以网络环境为支撑的服务经济迅速席卷全球，Parasuraman（2000）提出了"技术准备度"这一概念，将其定义为人们主动采纳并利用新技术去实现生活或工作目标的倾向，并明确指出技术准备度描述的是在服务经济背景下人们在新技术采纳方面的特质，对某个人来讲，这一特质通常是稳定的。个人对技术缺乏信任、对技术能否妥善完成工作存有疑虑等技术风险性感知是技术准备度的重要表征，当个人的技术准备度水平较低时，他们会认为使用技术存在较大的风险，并产生风险规避的倾向。如果将网络环境下的平台视为服务经济背景下出现的新技术，可以认为平台外界潜在用户的技术准备度水平越低，其体现出的风险规避倾向则越强，其从众心理也会愈加显著，由此导致他们加入平台之前对平台实际规模的最低心理预期处于较高水平，从而使得维度2的取值也会较高。从平台规模与网络效应的正相关关系来看，可以认为维度2的取值最终会正向影响外界潜在用户对于平台的期望网络效应，当然，这一网络效应只是种心理预期。

根据技术准备度水平的不同，Parasuraman 和 Colby（2001）将个人分为五类：探索者（explorer，或创新采用者）、先锋者（pioneer，或早期采用者）、怀疑者（skeptic，或早期大众）、偏执者（paranoid，或晚期采用者）和落后者（laggard，或落后采用者），这五类人的技术准备度依次降低，对于同一种新技术，他们的采纳时间点也由先到后（见图4-1）。维度2的取值在平台生命周期中呈逐步上升趋势，待落后者开始进入平台时，平台的品牌形象、口碑等已趋于稳定，外界对于平台的认知也较为趋同，此时，维度2的取值基本平稳。

维度3为"时间"，它有助于探讨维度1、维度2的变化趋势，以更好地刻画平台生命周期特征。

随着维度3"时间"向前推进，平台不断发展，维度1"平台的实际规模"、维度2"平台的期望规模"的取值均会发生改变,只是在平台生命周期的不同阶段二者取值的大小有所差异,由此决定了外界潜在用户能否在平台网络效应的吸引下主动加入平台,这些现象在逻辑上的关联性使得通过上述三个维度描述平台的生命周期具备了可行性。

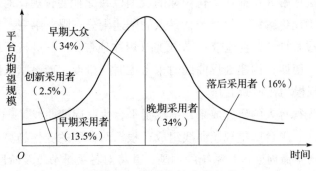

图 4-1　五类人的技术准备度

4.1.2　平台生命周期曲线的构建

事实上,陈威如和余卓轩(2013)已经沿上述思路进行了尝试,他们选取维度 1 为纵轴参数、维度 2 为横轴参数创建坐标系,根据两个维度在平台发展阶段中所处水平的不同绘制了一条曲线,并将它命名为"平台用户聚集意愿与实际用户数量的 S 形曲线",如图 4-2 所示。[○]该图把平台的成长生命周期分为平台初创期、成长期、发展期和规模期,分别对应图中的 $O-X$ 段、$X-Y$ 段、$Y-Z$ 段、$Z-W$ 段。平台成长的前两个阶段,关键是聚集用户并使其达到一定量级,从而为平台后续盈利模式的展开打好基础;而对于后两个阶段,则需更加关注平台的盈利模式、竞争策略等问题。图 4-2 中的 S 形曲线代表平台用户规模的发展进程,X、Y、Z 三点表示实际市场份额和预期市场份额相等,即三个市场份额的均衡状态。临界点 X 左侧是平台的初创期,此时除了小部分创新者愿意尝试使用新平台以外,大部分人对这一新兴平台持观望态度,X 点的市场占有率太小。平台企业面临的最大挑战是将用户规模由 X 点推升至引爆点 Y,即弥补 X 点与 Y 点之间网络效应的真空地带。若无法突破这一瓶颈区,平台将很难成长;若平台成功地引发了网络效应,

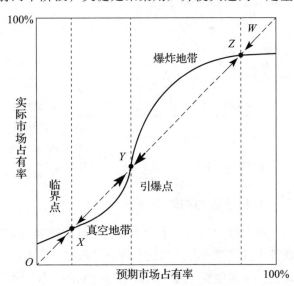

图 4-2　平台用户聚集意愿与实际用户数量的 S 形曲线
资料来源:陈威如,余卓轩. 平台战略[M]. 北京:中信出版社,2013.

○ S 形曲线中的"实际用户数量""用户聚集意愿"与本文界定的"平台的实际规模""平台的期望规模"含义相同,仅表达方式有差异而已。

则用户数量将会在 Y 点与 Z 点间呈几何级增长，达到网络效应的"爆炸地带"，即平台成长最迅速的阶段。

这项关于平台生命周期的研究存在如下不足：第一，未对 S 形曲线的前因后果进行系统的理论阐释，读者无法理解 S 形曲线变化规律的成因以及此种变化规律对平台演进的影响；第二，仅对引爆点进行了理论解释，但对于临界点的阐述十分有限；第三，仅对 S 形曲线的前三个阶段——初创期、成长期（真空地带）、发展期（爆炸地带）——进行了理论分析，对于第四个阶段没有进行剖析；第四，构建 S 形曲线时未考虑时间维度，而是默认随着时间的推移，平台的实际规模与期望规模均在不断上升。

本书以李雷和赵先德等人的研究成果，描绘了平台生命周期曲线（见图 4-3）。生命周期曲线由平台实际规模曲线、平台期望规模曲线组成，根据两曲线的变化趋势可识别出若干关键节点和发展阶段，对平台生命周期进行系统的刻画，并将对各关键节点及阶段进行解析。

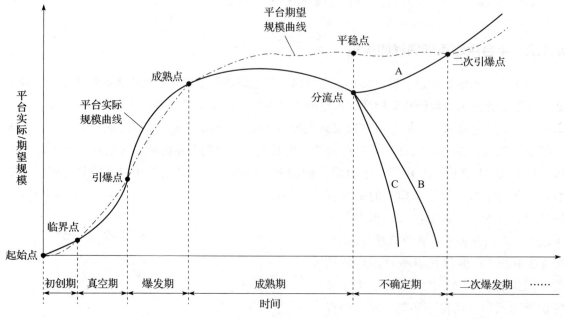

图 4-3 平台生命周期曲线

资料来源：李雷，赵先德，简兆权. 网络环境下平台企业的运营策略研究 [J]. 管理科学学报，2016（3）：15-33.

1. 起始点和初创期

平台诞生之初，绝大多数人会对此持观望态度，只有少数人敢为天下先，愿意率先进入。此类人群是探索者，对技术持乐观态度，敢于冒险，很少被新技术困扰，愿意尝试由于技术驱动而产生的创新（Parasuraman & Colby，2001）。探索者的这些特质会产生强大的内驱力，促使他们心甘情愿地、主动地加入平台，而不需要从他人身上寻找过多的说服力。探索者关注他人较少，使得他们在加入平台之前对于平台规模所持的期望处于较低水平。

2. 临界点和真空期

平台需要吸引更多的用户加入，只有用户数量达到一定规模即越过某个临界点时，平台才能获得快速发展。事实上，大多数的平台都倒在网络效应临界点到达之前。虽然平台可以利用网络效应获得锁定效应等好处，但如果不能突破临界点，无法真正形成具有价值的用户规模，即使商业模式再优秀的平台也无法生存。随着各类用户的陆续加入，平台的期望规模曲线与实际规模曲线逐渐接近，在临界点处二者相交。此时，平台实际规模所激发出的网络效应比较弱，仅能维持平台在现有规模下的正常运转，尚无法吸引外界潜在用户主动加入其中，这一状况阻碍了平台的进一步发展。为了摆脱困境，平台必须建立起完善的机制，策略性地为潜在用户提供种种非网络效应诱因，不断吸引他们加入平台。但是困境的摆脱不是一蹴而就的，平台必须经历痛苦阶段才能破茧成蝶，这一阶段就是真空期。在整个真空期内，平台的实际规模都小于期望规模，此种背景下激发出的网络效应还不足以成为吸引外界潜在用户加入平台的筹码，平台只能依靠自身的努力寻求发展，稍有不慎就会导致平台的萎缩甚至平台的消亡。

3. 引爆点和爆发期

当平台发展至引爆点时，真空期结束了，引爆点处的平台实际规模与期望规模相符。引爆点的到来意味着平台已经具备了依靠已有用户激发出的网络效应吸引潜在用户自发地进驻其中的能力。在以引爆点为起点的爆发期中，平台的实际规模始终大于期望规模，此时由用户激发出的网络效应已经成了切实的砝码，外界潜在用户以"病毒感染"之势进入平台，平台进入了高速发展阶段，无须投入过多的成本就能获得高额的利润。

4. 成熟点和成熟期

经历了爆发期的疯狂扩张后，平台发展至成熟点，也决定了平台期望规模曲线与实际规模曲线在成熟期中的走势。首先，成熟点的到来意味着平台具备了相当大的规模以及良好的服务质量，内部机制比较完善，良好的品牌效应及口碑已经形成，加之网络环境为公众理念的飞速传播创造了条件，这些因素的交集使得社会大众对平台的形象形成了比较稳定的认知，导致外界潜在用户对于平台期望规模的要求逐渐趋于平稳。所以，平台期望规模曲线的增势在成熟期内逐渐减缓，并在成熟期的中段达到水平，此后虽有轻微波动，但是总体趋势没有改变。其次，成熟点的到来意味着平台的容纳能力趋于饱和，平台会面对更多的竞争者，在竞争者的重重压迫下已有用户开始流失，导致平台的实际规模在成熟期内无法持续扩张，达到某一峰值后开始下降。从总体上看，成熟期内的期望规模曲线与实际规模曲线几乎同时达到峰值，但是前者高于后者，该阶段虽然网络效应依旧很强，但已不再是吸引外界潜在用户进入平台的主要诱因，平台若不及时转变运营策略，将面临继续衰退的风险。

5. 平稳点、分流点和不确定期

在平台实际规模曲线开始下降时存在一个分流点，此点意味着成熟期的结束及不确定期的开始。在不确定期中，平台实际规模曲线存在三种可能的走向：一是走向 A，平台充分整合前期积累的资源，在巩固好已有用户的前提下进行运营模式创新，变被动为主动，平台进入又一个高速发展的阶段；二是走向 B，平台虽然减缓了萎缩的速度，但是未能逆转总体趋势，平台的实际规模仍在不断减小并最终消亡；三是走向 C，平台在主客观因素的重重压力下，快速地走向了衰退，平台的实际规模快速萎缩，平台快速消亡。

6. 二次引爆点和二次爆发期，以及新一轮生命周期

当平台依托合理的运营策略使得平台实际规模曲线在不确定期中呈现 A 走向时，平台将发展至二次引爆点，此时实际规模曲线与期望规模曲线相交，平台进入二次爆发期，网络效应再次被引爆，平台迎来了又一次高速发展的时机，由此开启了新一轮生命周期的循环。

4.1.3 平台生命周期的阶段策略

1. 平台启动阶段策略

（1）平台启动的阶段。平台启动指的是搭建新的平台使得其他群体接受并加入的过程（Evans，2003），该过程是想成为平台企业或开发和扩大新平台的企业首先面临的战略性挑战。Gawer 和 Cusumano（2009，2013）从平台领导力的角度提出了平台启动的四阶段模型：阶段一聚焦于平台功能（通过提供独特的功能来促进双方之间的交互交易和价值创造等）的基础，包括技术、服务和产品等；阶段二聚焦于平台的构建，让用户接受平台提供的功能或服务；阶段三聚焦于平台与用户之间快速便捷的接口及连接渠道的构建；阶段四聚焦于临界规模以上用户的吸引。

（2）平台启动的时机选择。就平台启动的时机选择而言，目前主要存在两种相反的观点。Sheremata（2004）指出在同等的网络效应下，只要在吸引初始用户群上领先，即便是提供相对劣势产品或服务的平台也能通过先发优势而获得平台市场。在一般情况下，尽早进入平台市场可以为建立用户群提供更好的机会（Mcintyre & Srinivasan，2017）。相反，Mcintyre 和 Subramaniam（2009）则指出，相较于获得领先优势，在进入时使用稳定性策略更重要。因为，提前进入平台市场可能会由于准备不充分而对企业产生不利影响（Suarez et al.，2005）。用户基础薄弱的小企业平台启动可选择"捎带"策略，即利用已经拥有庞大用户群的平台来推出自己的平台策略（Parker & Alstyne，2014）。

（3）平台启动的参与群体。平台启动初期，参与群体的选择很重要。在平台的初始参与群体选择方面，要从高互动的小群体入手，以便在未来产生强大的网络效应（Parker & Alstyne，2014）。当互动较高的小群体中存在相当部分的成员参与特定平台时，则会在该群体内产生强大的网络效应，进而积极吸纳群体中其他成员的加入，并且当群体参与达到一定程度时，平台将会对邻近群体产生影响并吸引其加入。"有名用户群"的参与对吸引另一方参与群来说非常重要，如政府、著名的供应商、名人等（Evans，2003）。平台启动初期要选择重要的合作伙伴，通过重要合作伙伴的主导作用来扩展平台生态系统，这要求初始参与伙伴要能领导其他参与群的平台参与行为（Rong et al.，2013）。

为了吸引某个用户群，其他用户群的大规模参与是必要的，而且其他用户群的参与规模也决定了目标参与群的参与规模（Caillaud & Jullien，2003）。为了解决"鸡蛋相生"问题，平台通常采用补贴策略（Parker & Alstyne，2005）。这种补贴可以是临时性的，也可以是永久性的（Anderson et al.，2014）；补贴的方式可以是提供技术支持、免费信息、特定功能或产品等，当

平台达到一定规模后，大额补贴一般会减少（Parker & Alstyne，2014）。当然，不是采用补贴策略就一定能产生网络效应，进而获得平台启动的成功。对目标用户群反应的不正确预测可能导致补贴策略的失败，补贴策略的实施要注意以下三个方面（Eisenmann et al.，2006）。

- 补贴策略能否引起间接网络效应，如果受补贴的假用户群体与其他竞争平台交易，则平台无论提供什么补贴，最终都可能会导致网络效应的失败。
- 用户的价格敏感度，合理的做法是向价格敏感度较高的一方实施补贴。
- 用户的质量敏感度，平台方通常需要对质量敏感的群体进行补贴。

（4）平台启动策略。它主要包括引起探索者的察觉、双边启动等策略。

1）引起探索者的察觉。由于从众心理的作用，平台成立初期大多数人不会贸然进入，只有极少数探索者具备强烈的尝试意愿，他们是平台的初期造势者。探索者与普通大众不同，他们之所以使用某项新技术往往是由自身敢于冒险、愿意尝试新生事物等与生俱来的内在特质决定的，当他们发现以技术为依托的新生平台出现时就想进入其中一试身手，这种愿望很少被外界环境所左右。在此种背景下，平台运营策略的核心就是通过种种手段简明扼要地传达自己的价值主张，让探索者察觉到平台的存在，由此吸引他们对平台产生关注，这就为他们创新性极高的内在特质发挥效用、自发地进入平台铺平了道路。广告是实现上述目标的有效手段（Tucker & Zhang，2010），主要有两种形式。

一是数字媒体广告。社交网站、搜索引擎、导航网站为平台推销自己提供了新的路径（Godes，Ofek & Sarvary，2009）。例如，智联招聘网在构建平台初期，利用人人网提供的"自助广告平台"让无数潜在用户察觉到了它的存在，并有效锁定了目标客户群；百度、谷歌等搜索引擎提出了竞价排名的商业模式，新生的平台企业可以付出一些成本使自己的信息在这些网站中置顶，由此大大提高自己被潜在用户关注的机会；导航网站hao123开设的商城、交友、团购、旅游、招聘等栏目汇集了大量平台企业信息，提供了企业接口，这在无形之中提高了这些平台的曝光率。

二是实体店面或设备。新兴平台还可以通过实体店面或设备展示自己的服务产品，从而引起潜在用户的注意。例如，苹果刚刚进入中国时，在很多知名商场中设置用户体验区，用户可以进入其中，自由体验苹果产品带来的乐趣，这些人群中的探索者会迅速被苹果产品华丽无比的属性所吸引，快速成为苹果的真实用户。携程旅行网成立之初，在全国各大机场、酒店设置固定摊位或安排专人推销，甚至免费发放会员卡，吸引乐于尝试新型商旅服务模式的用户加入其平台。淘宝网刚刚成立时，通过分众传媒设置在各个楼宇的液晶屏幕将自己的价值主张推向市场。需要指出的是，探索者通常具有较高的社会地位，受过良好的教育，愿意成为意见领袖（Parasuraman，2000）。平台应紧扣这些特征，精确地定位广告受众。

2）双边启动。启动双边市场有以下两条路径。

一是单边突进。单边突进即先全力打造平台的一条边，或者说先建一个单边平台。2003—2007年，大众点评其实只是一个社交平台或虚拟社区。美食爱好者们在平台上畅谈对美食的感受，而基于OGC（occupationally generated content，职业生产内容）提炼出来的餐饮评价很好地引导着人们的选择。虽然许多餐馆从中获得了很大益处，但平台与餐馆并没有直接关系，餐馆不是平台的直接用户。直到2008年，大众点评网才开始大规模地为餐馆出售网络页面，销售电子优惠券；2009年，进一步为餐馆提供团购、订餐服务，这时的餐馆群体才成为平台的另一边，大众点评网转型为双边平台。在初创期时，平台对于每边用户都缺乏吸引力，要靠"烧"钱来提升吸引力。这时，平台可以仔细分析潜在的各边用户，看能否找到某条边具有较强的正的自网络效应，即该用户群自身会产生显著的相互吸引，比如大众点评网上的消费者通过点评就能相互吸引。如果能找到这样的边，就可以考虑先全力打造这条边，尽快培育出相当的用户规模。然后以形成规模的一边用户去着力吸引第二边用户，再率领第一边用户和第二边用户去吸引第三边用户……这就是平台成长之单边突进模式。

二是比翼双飞。同时打造平台的两条边。快的打车是2012年推出的打车平台，有着界面十分友好的app，不断改善和优化其功能，例如预约订车、呼叫等待等。快的打车尽其所能，然而一年多过去了，仍不见爆发的迹象。打车平台难以实现单边突进，因为找不到单独把乘客或出租车司机聚集起来的吸引力，只能同时发力去聚集两边用户。于是，投资者不约而同地选择了那些昂贵而有效的"烧"钱手段。2014年春，快的打车在全国范围发起了向乘客与出租车司机的双向补贴，据说全年"烧"掉了25亿元。效果确实不错，乘客尤其是中青年乘客利用app打车的习惯被"烧"出来了，于是打车平台首先免除了对乘客的补贴，而根据不同时段和地点继续补贴出租车司机，以保证有足够车辆在线。一年的"烧"钱确实有效，据统计，活跃用户较补贴前增长了近7倍。当平台缺乏一定规模的用户时，吸引用户是入不敷出的。所以模式选择也取决于平台投资者的财力。前期投入越猛，规模形成就越快，预期的后期盈利也相应地能更快地到来。所以对于平台型创业公司，资本对"烧"钱相对比较宽容。当然，平台规模的形成还存在流量与内容匹配的问题。阿里健康刚进入医药电商领域时，也采用了大力"烧"钱的比翼双飞模式：对吸引医院处方外流、患者上网配药、社会药房网上抢方等进行补贴。但是10～20元的补贴不能对医院产生吸引力，同时处方药网络销售的风险较大，这条路就显得坎坷不平了。

2. 平台推广阶段策略

（1）以非网络效应诱因为依托，激发网络效应。在真空期内，平台的实际规模小于期望规模，此时的网络效应比较弱，只能维持平台原地踏步式的运转，尚不足以吸引更多的潜在用户加入。为了摆脱困境，平台必须提供一系列非网络效应诱因，巧妙地掌控各边市场的互动，在提升各方势力的同时累积自身的话语权，激发网络效应，直至将平台推向能够依靠网络效应自发发展壮大的爆发期。非网络效应诱因体现为平台企业构建的四大机制。

1）补贴机制。补贴机制是该阶段中所有机制的核心（Anderson, 2009；Caillaud & Jullien, 2003）。双边市场都可能为平台带来收益或使其产生支出，平台企业可以将某一边市场视为被补贴方，为其提供低于市场平均价格的或免费的服务，激起该边群体进驻平台的欲望，并以此为筹码吸引付费方（即另一边市场）进驻平台，通过付费方带来的收入支撑平台的运营与发展（Armstrong & Wright, 2007）。如何界定被补贴方与付费方，对平台企业而言是一种战略性抉择，它是影响平台企业能否获利与成长的关键（Boudreau, 2010）。表4-1所列示的标准可广泛地应用于最基本的双边模式（Eisenmann et al., 2011）。

表 4-1 双边模式平台中被补贴方与付费方的判断标准

判断标准	被补贴方	付费方
该边群体对于平台服务价格的敏感程度	高	低
该边群体规模扩大时平台企业产生的边际成本	低	高
该边群体的同边网络效应	正向	不确定
该边群体多地栖息的可能性	高	低
该边群体的现金流向平台企业汇集的方便程度	困难	容易

以 B2C 电商平台为例。相对于商家而言，多数顾客进入平台的主要目的是享受折扣，他们对价格十分敏感，若向其收取额外费用，可能会使他们敬而远之；网络环境下的平台使用标准化服务流程来管理顾客，管理活动的重置成本很低，当顾客规模扩大时，平台需付出的边际成本不高，对于此类群体平台企业自然应提供补贴以大力吸引；顾客之间可以分享心得、交流经验，从而更好地实现自己的期望，他们的同边网络效应为正，这一结果也是平台希望看到的，因此，平台应补贴顾客，使得他们的规模不断扩大，促使同边网络效应彻底爆发；若顾客转换平台的代价并不高，他们能够轻易地在数个相似的平台中栖息，那么为了留住顾客，平台应给予他们补贴；顾客的数量庞杂，与平台的交互无处不在，平台很难对顾客每一次细微的交互行为收取服务费，由此导致源自顾客的现金流很难向平台企业汇集，所以，平台应从商家身上寻找利润来源。B2C 电商平台通常应该将顾客视为被补贴方，将商家视为付费方（纪汉霖，2011）。然而有些时候，平台会发现双边市场都不愿意付费，它不能单纯地将一边群体视为付费方，将另一边群体视为被补贴方。平台应该从两边群体中寻找愿意购买增值服务的用户，让他们付费，从而补贴其他用户。

2）资源承诺。类似于传统产业组织理论中劳动分工受限于市场范围的原理，当产业处于萌芽期时，消费者偏好不确定、市场规模有限，愿意开发互补品的生产商较少，补贴机制的价格歧视可能失灵。平台创建者自身需要进行互补品投资与开发的资源承诺，以此激励消费者、互补品生产者加入平台；或通过向互补品开发商提供技术支持、财务保障等方式进行资源承诺，激励互补品生产者加入平台（Eisenmann，Parker & Alstyne，2009）。

3）孵化机制。某些用户虽然在主观上有加入平台的意愿，但是由于自身能力的匮乏，导致其进入平台时面临层层壁垒，为解决这一问题，平台需要构建孵化机制（Wang & Li，2013）。以连接软件开发者与软件用户的中国移动应用商场（Mobile Market，MM）为例，有些开发者具有很好的想法，但是编写代码的能力有所欠缺，中国移动应用商场为了帮助他们开发产品，构建了可供开发者免费使用的软件生成系统，开发者仅须按流程将自己的观点上传，就可以在无须编写代码的情况下，快速生成软件产品，这就大大降低了非技术类开发者的准入门槛。对一般开发者而言，某些能力属于稀缺资源，他们不易获得，为此，平台构建了一站式云端平台，向开发者提供能力池、终端池和操作系统池。能力池是汇聚各种开放式能力的综合服务平台，实现对能力的可管可控；终端池向开发者提供远程终端适配测试等服务，解决开发成本高的问题；操作系统池提供跨平台开发工具和组件，探索开发跨平台适配技术。此外，中国移动应用商场学院、开发者沙龙、创新开发日、百万青年创业计划等也为开发者进驻平台提供了技术及流程上的指导。这一系列孵化机制可以降低开发者的准入门槛，逐渐积累开发者一边的人气，平台可以以此为筹码，吸引更多的用户，从而将平台运作推向正循环。

问卷星连接了研究者和被研究群体，当研究者初次踏入平台时，可能会被其中花哨的功能所吓退，问卷星为了避免研究者的流失，构建了一系列孵化机制。例如，问卷星根据研究者目的的不同，将被研究群体以及研究流程分为几类，对研究者进行细致引导。问卷星为研究者提供不同的问卷模板，并根据他们的研究内容给出相应的建议，如果有必要，问卷星也可以凭借丰富的经验帮助研究者设计研究方案。问卷星还会给研究者一次试用的机会，让他们能够从头至尾体验全套研究流程。在孵化机制的重重作用下，研究者摆脱了技术上的担忧，逐渐融入平台。

4）服务创新。服务创新分为服务产品创新、服务流程创新和商业模式创新（Voss & Zomerdijk，2007）。服务产品创新是指推出新的服务产品，既可以对市场而言是全新的，也可以相对公司是全新的，或是对原有服务产品的改进和升级。相对于其他两类服务创新而言，服务产品创新对于顾客的要求较低，顾客无须对参与服务的方式做出过大的改变就可以在短时期内感知到服务价值的提升（李雷 等，2012），比较适合在真空期内为潜在用户提供更具吸引力的非网络效应诱因。QQ 这一服务产品就是典型的例子。早在 1997 年，马化腾就接触到了 ICQ 并亲身感受到了它的魅力，但也看到了它的英文界面、不好操作的局限性，这使得 ICQ 在国内始终不是特别普及，仅仅局限于网络高手群体。腾讯成立于 1998 年，当时它的业务是为寻呼台建立网上寻呼系统，但是随着寻呼机走向没落，腾讯进入了痛苦的真空期。此时，腾讯参照 ICQ 推出了 OICQ（后改名为 QQ）这一即时通信软件。QQ 推出仅 9 个月，在线人数就突破 6 万人，在短时间内聚集了大量的人气，为腾讯搭建起了极具发展潜能的平台，也帮助腾讯迅速走出了困境。

（2）以网络效应诱因为依托，培养服务创新能力。当平台突破引爆点后，网络效应已经达到足够高的水平，平台可以以网络效应为诱因吸引外界用户加入平台。与此同时，借助爆发期的宽松环境，系统地培养服务创新能力，为后续阶段开展服务创新活动夯实基础。

1）市场细分机制。当平台发展至一定规模时，平台不能再任由自身粗放式野蛮生长，必须打造出适合各边用户的细分框架，才能够有效引导各边用户真正找到自己的所需，为多元而丰富的多边互动构建桥梁（Slywotzky & Weber，2011）。以携程旅行网为例，为了精准地引导顾客，它将自己提供的服务分为酒店、旅游、机票、火车票、攻略社区、礼品卡、商旅、积分奖励、特卖汇、合作卡、订餐等诸多类别，在这些类别下面又区分了若干子类，这一细分框架不仅能使大众常用的服务项目得到重视，也能使一些冷门尾品找到自己的追随者（Anderson，2009），实现了双边市场的匹配。盛大网络的起点中文网依据不同的题材将作者群体提供的网络文学划分为灵异、都市、科幻、玄幻、武侠、奇幻等类别，让不同兴趣的读者选择自己青睐的内容，其实这也是种很好的营销手段。

2）保持生态延展性机制。平台必须时刻保证平台生态具有足够的延展性，使生态规模在爆发期内无障碍地扩大。网络环境为平台企业的管理活动赋予了数字化的特征，这一特征为平台建立标准化的机制体系提供了条件（Howe，2009），使所提供的功能能够有效地复制给每一位用户，为他们带来同等的价值（李雷 等，2012），无论平台的规模如何扩大，其内部都会有序运行。当然，标准化并非与通过市场细分机制实现的差异化相矛盾，差异化保证了对于目标市场的聚类，而标准化使得聚类的效果更佳，但是过高的差异化也会导致平台付出额外成本，可借鉴服务模块的思路（李雷 等，2013）解决这个问题。

3）用户过滤机制。随着爆发期的到来，一些低质用户也会随之而来，他们的加入势必会降低现有用户获得的效用，也会影响潜在用户加入平台生态的意愿，平台需要过滤掉此类用户。拍拍网、易趣网要求商家进入之前必须使用实名注册，这是对商家的初步审视，也是对它们后期行为的约束，对那些动机不纯的商家具有警示作用。淘宝网推出了消费者保障计划，实质上是对商家服务水平的一种官方认证，被列入该计划体系的商家自然会吸引到更多的消费者，但是这也为商家设立了一道门槛。淘宝网要求进入该体系的商家好评率必须在97%以上，并缴纳一定的保证金，一旦商家出售假货或不符合规定的产品，这部分钱将作为对于消费者的赔偿，此外，商家一旦违背协议规定，将被永久封锁IP。用户之间的彼此监督也是过滤不良用户的一个重要手段。当大量用户投诉某个商家出售的商品存在问题时，平台必须引起高度警觉，必要时应迅速采取措施，将其清理出局。在新浪微博、腾讯微博①等社交平台中，平台有时会通过主观判断决定是否过滤掉某个用户，例如，当某个用户的言论对他人存在攻击或对社会风气有不良影响时，平台会屏蔽此用户的发言，甚至将其清理出平台（Armstrong，2006）。

4）服务创新能力培养机制。服务创新是平台运营策略的重要组成部分，平台应在宽松的爆发期中，培养自身的服务创新能力，这种软实力是后续服务创新活动高效开展的保障。Menor 和 Roth（2007）曾提出"新服务开发能力"（new service development competence，NSD competence）这一概念，将其定义为"服务组织为获得预期的新服务开发绩效而合理配置资源的能力"，同时将其划分为四个维度：市场敏锐性、新服务开发战略、新服务开发过程聚焦与信息技术经验。他们通过实证研究验证了新服务开发能力对新服务开发绩效具有正向影响（Menor & Roth，2008）。在运营管理领域，新服务开发与服务创新经常被不加区分地交叉使用（Sunbo，1997；Menor & Tatikonda，2002），平台可以参照新服务开发能力的四个维度培养自身的服务创新能力。

- 平台应提高收集数据、分析数据的能力，把握市场趋势。
- 培养服务创新顶层设计的能力，合理搭建平台的服务创新体系与框架。
- 精心设计服务创新流程，系统关注设计、分析、开发、投放、推广、反馈等关键环节，这是前两方面工作的具体实施（李雷 等，2012）。
- 从软硬件两个方面提高平台的信息技术经验。例如，配备优质的信息管理设备和系统，引导平台各参与者对其充分利用，由此将各自的资源合理地配置于服务创新的不同环节，实现价值共创，这是前三方面工作的保障。

3. 平台成熟阶段策略

处于成熟阶段的平台占据了大部分市场份额并获得了市场主导地位，开始利用平台势力获取超额利润。但是，这时候的平台固有的几个特点使得平台的主导地位经常面临挑战。一是赢

---

① 腾讯微博于2020年9月28日晚23时59分停止服务和运营。

家通吃（Economides & Katsamakas, 2006），赢家通吃带来的高额利润使得平台忽视被基于高级技术的新平台替代的巨大风险，实际上，支撑平台运行的关键技术取得突破性进展后，巨大的技术优势使得基于新技术的平台可能从根本上替代现有平台。二是跨产业融合（Eisenmann, Parker & Alstyne, 2006），不同产业的平台在用户和功能方面有交叉，平台时刻面临被相邻平台整合和吞并的危险，反过来平台也可以在现有基础上进行跨产业扩张而迅速发展。保持持续的市场主导地位是平台企业在成熟阶段面临的关键战略挑战。三是平台增加服务的用户类型会给平台发展带来很大机会，但也对平台企业的资源和管理提出重大挑战。

（1）平台需要再设计。

第一，避免被基于新技术的网络平台替代。平台用户使用平台服务得到的效用不仅与平台的功能和服务质量有关，还与平台用户的数量和质量有关。处于市场主导地位的平台与改进性新技术平台竞争时，由于用户转移到新平台面临很高的转移成本，一般会继续选择原有平台的服务。改进性新技术不会对平台生存构成危机，相反，平台企业可以把新技术整合到平台架构中，提高平台系统的运行效率。当出现突破性技术时，基于新技术的网络平台在技术上具有很大优势，尽管刚开始正反馈机制没有形成，网络效应没有得到体现，但用户和市场对新技术成功的高预期对现有平台构成了真正的挑战。如果平台企业像对待改进性技术一样，漠视突破性技术对平台构成的威胁，现有网络平台就可能会被新平台完全替代。困难在于如何发现那些对平台生存构成真正挑战的突破性技术，因为研发阶段很难准确估计创新技术对平台产业的长远影响。但是错过了这个阶段，也许就错失了最佳的应对时机。

第二，避免被相邻平台吞并。网络平台利用软、硬件系统构成的基础设施和服务向两类或两类以上用户提供交互的通道和机制。不同产业的平台之间在用户和功能方面可能存在交叉，跨产业的融合成为平台产业的主要趋势。例如，谷歌具有庞大的搜索用户基础，推出网上图书馆计划就可能对现有的网络出版商造成致命打击；微软利用庞大的 PC 用户基础，将浏览器与操作系统捆绑销售而吞噬了网景公司的浏览器业务；腾讯公司利用庞大的 QQ 用户网络跨产业进入电子商务领域。一种情况是，实力不是很强大、同时具备一定特色的网络平台往往成为其他平台进入该产业时兼并的对象。例如，亚马逊通过收购网上书店卓越网进入中国市场，谷歌通过收购 Double Click 网络广告效果检测平台而进入展示广告领域。另外一种情况是，相邻平台直接推出功能类似的平台打压市场上的主导平台。例如，微软推出移动操作系统 Windows CE 替代 Palm Pilot 操作系统，推出 Media Player 替代 Real Player 多媒体播放器。通过对网络平台进行再设计，避免被相邻平台吞并是许多平台企业面临的艰巨任务。

第三，谋求进入相邻产业的平台扩张机会。平台产业的融合趋势对某些网络平台而言是巨大的威胁，但对另外一些平台而言则意味着迅速扩张的机会，谷歌是最成功的例子之一。谷歌上市后立即加快了扩张步伐，采取的战略就是以谷歌搜索平台为基础，围绕扩展谷歌的搜索功能，提供更多的搜索服务，并且利用数目庞大的谷歌搜索用户基础，相继进入学术搜索、桌面搜索、地图服务、展示广告、电子商务等诸多领域。另外，平台企业可以通过增加服务的用户类型进行扩张，例如，中国工商银行的网上商城把电子商务企业作为新的一类用户，同时使普通的个人银行用户转化为电子商务用户，从而开始逐步进入电子商务领域。

（2）平台再设计的战略。为有效应对上述战略问题，平台企业需要选择相应的战略以指导平台再设计的思路和方向。平台再设计的主要战略行动包括：利用平台生态系统对抗新平台或主动升级到新平台；重新设计平台的商业模式；兼并其他平台；增加新的平台参与方。

1）利用平台生态系统对抗新平台或主动升级到新平台。对于改进性新技术，平台企业的策略是要么将该技术整合进平台系统中，要么利用平台的主导地位将其扼杀。平台企业要从战略上高度重视突破性技术变革对网络平台主导地位甚至是生存的威胁。为及早发现这类技术以便有足够的时间采取对策，平台企业要与大学、研究机构、标准化组织、产业研发联盟、相邻产业中平台企业的研发机构等建立广泛联系，构建技术创新和情报搜集网络，定期评估相关产业的技术进展。一旦确定某种技术可能成为网络平台的突破性技术，平台企业就要从技术和经济两方面系统分析该技术对于平台的影响。如果该技术代表了产业发展方向，对平台具有毁灭性替代效果，平台企业就应积极参与到技术研发过程中并谋取技术控制权。如果平台企业无法获得技术控制权，那么平台企业的策略是利用平台生态系统的市场资源压制技术的研发和应用步伐，降低市场对该技术的预期，同时加速研发具有类似功能的新技术，并在合适的时机低调切换到新技术平台。

2）重新设计网络平台的商业模式。商业模式定义了网络平台用户的类型和特征，不同类型用户之间的交互流程，资金、信息和物质在用户之间流动的路径、方向和数量，以及用户与网络平台的价值关系。为避免被其他平台吞并，平台通过重新设计和调整商业模式来寻求新的发展。例如，Real Player 原来向普通消费者免费提供多媒体播放器软件，在面临 Media Player 的进攻后，公司改变了商业模式，基于已有消费者基础，利用音乐公司提供的歌曲建立了庞大的歌曲库，消费者每月支付 10 美元就可以在歌曲库中无限点播歌曲。

3）兼并其他平台。兼并是平台直接进入相邻产业的重要途径。平台主要从功能和用户两个方面确定与相邻平台的交叉程度，评估利用现有平台功能或用户基础进入相邻平台的战略机会。兼并对象、兼并成本和整合难度是平台企业实行兼并战略时考虑的主要因素。

4）增加新的平台参与方。平台通过增加新的用户类型实现战略扩张。新增加用户与现有平台的一类或多类用户进行交互，相当于增加了一个或多个子平台。例如，腾讯在QQ平台的基础上，推出 C2C 电商平台拍拍网，主要是通过增加卖方——网络销售企业或个人网店，使一部分 QQ 用户转化为买方，从而形成了拍拍网的买卖双方。采用此战略，关键是确定新平台用户类型的特征、扩张后平台的运行模式、平台扩张依赖的关键技术和扩张战略的实施步骤。

平台的异质性导致其选择的发展路径大为不同（Bhargava，2014；Rochet &Tirole，2014）。如苹果通过开发 iPhone、Apple Watch 和 Macbook 等新型产品，以及对 iOS 系统的更新和 App Store 服务的完善，增强对应用开发商的支持。而淘宝等平台，则主要基于创新服务来升级版本，得以实现发展。例如，淘宝在原先的购物平台上增设淘生活、去啊等创新业务，同时向卖方提供开店和营销等综合服务。

平台在成熟阶段采取的战略举措主要包括：架构升级和服务创新。前者是通过交易空间、交互规则等进行升级优化，建立新的体系架构，迅速定位到平台用户与日俱增的新需求并与之相匹配，从根本上突破了自身的局限性（段文奇、于林海，2009）；但同时由于用户对既有架构知识的路径依赖，新架构的学习需要花费高昂的成本（刘洋、应瑛，2012）。而后者，则是通过在平台上开发提供更多类型的创新服务，降低用户的不采纳风险，以此吸引潜在用户加入其中（韦铁、鲁若愚，2013）。虽然相较于架构升级，后者并不需要投入过多的成本，但创新服务的推出必须依赖于现有的平台架构（魏江 等，2009）。一旦平台架构不再适应用户日新月异的需求变化，企业将不能通过创新服务来提升市场竞争力。

（3）扩大影响力，为平台再爆发积蓄能量。成熟点的到来意味着平台生态的内部机制比较完善，良好的品牌效应及口碑已经形成，同时也意味着平台的容纳能力趋于饱和，平台企业将面对更多的竞争者，在竞争者的重重压迫下用户开始流失。面对成熟点所蕴含的正反两方面寓意，处于成熟期的平台企业制定运营策略时应扬长避短，在进一步扩大平台社会影响力的同时，尽力留住前期积累的重要用户资源，保证平台生态不出现大幅波动，平稳度过成熟期，为后续阶段中全面革新运营策略、实现二次爆发积蓄能量。

1）以社会服务为依托的影响力扩大机制。进入成熟期后，平台应考虑如何进一步扩大自身的社会影响力，将平台在前期运转中积累下来的经验或是形成的文化反馈给社会，使得社会大众对其产生认同感，为平台实现二次爆发提供无形的推力。例如，当当网一度占据了全国图书零售市场份额的1/3，就发展态势来看，它已进入成熟期。为了进一步扩大自身的影响力，当当网开展了一系列社会服务活动，如太阳村慰问活动、读书捐书活动、集善嘉年华等，这些活动进一步宣传了当当网的价值主张，固化了当当网在社会大众心目中的良好口碑，实现了当当网与社会大众的共赢。淘宝网经过多年的发展积累了海量数据，为此，淘宝网构建了淘宝指数这一开放性的淘宝数据信息共享平台，人们可以从中免费地获取搜索指数、热销指数、倾向指数、喜好度等指标，为人们了解市场、制定销售或购买方案、进行科学研究提供了支撑，淘宝网在此过程中也进一步提升了自身形象。

2）以用户成本投入为依托的绑定机制。在平台的诱导下，用户在前三个阶段中向平台倾注了大量的金钱、时间和精力，例如，某些超级"果粉"为了体验苹果生态圈的乐趣，会去购买苹果推出的每一款产品；有些用户为了使自己的QQ空间更加绚丽，会投入大量时间对其进行装扮（Anderson，2009）；有些用户为了在网游魔兽争霸中不断晋级，会奋力在虚拟世界中拼杀。在这些投入的基础上，用户与平台或其他伙伴发生互动，建立了良好关系，逐步积累起了人气，为自身的进一步发展储备了优质资源。以上这些因素均可以作为平台企业绑定用户、说服他们继续驻足平台的理由。但是，处于成熟期的用户已经十分理智，他们的基本需求已经得到满足，此时，用户期望得到的是能给自己真正带来超值体验的服务，否则他们很难继续投入。当外界环境为用户提供了更多甚至更加优质的选择时，有时用户经过比较后会忍痛割爱，舍弃自己的前期积累而另寻他家。所以，在成熟期，平台不能完全依赖用户投入的成本对他们进行绑定，还要从其他层面更加深入地思考这一问题。

3）以用户情感投入为依托的归属感建立机制。除考虑用户投入的成本之外，平台必须关注用户心理层面的软性因素，协助用户对平台建立归属感。这些拥有强大归属感的用户会自发地表达自己对平台的钟爱之情，这种表达不但能够避免用户离开平台，也会成为进一步引爆网络效应的诱因。唤起用户归属感的核心手段就是赋予他们权限，让他们意识到自己能对身处的环境产生影响，建立起自己珍视的身份，进而使他们对平台产生强烈的吸附力，并主动或潜移默化地影响其他用户加入其中。以苹果为例，它的成功不仅来源于硬件产品的美轮美奂，App Store、iTunes等平台生态圈的存在实质上也是其成功的核心因素。这些生态圈汇聚了数以亿计的软件开发商和用户，当开发商研发的软件被用户下载，并且下载次数在排行榜上名列前茅时，它们会深感自己的创意被社会所认同，这种认同感在给开发商带来收益之余，也会驱使它们对于苹果的价值主张产生强烈的共鸣，此时，它们会更加深入地陷入生态圈中。用户通过行动参与和自我决策选择各类软件，将冷冰冰的硬件产品装点成个性化的"宠物"，这些"宠物"蕴含着用户的感情、体现了用户的喜好、象征着用户引以为豪的身份，由此使得用户对平台产生强大的依恋情结，这种情结诱导他们长期栖息其中，并与他人主动分享自己的体验，这在无形之中为更多用户加入平台提供了切入点。

起点中文网也是通过唤起用户归属感实现可持续发展的典型。留言板、投月票、投推荐票、催更、打赏等机制让读者能在某种程度上影响作家的创作激情，主导作家的创作方向，甚至影响故事的情节；"我要分享"机制能让读者将自己感兴趣的作品分享到新浪微博等社交平台上，通过自己的推荐扩大作品的影响力，引起更多用户的关注；粉丝积分机制根据读者的参与程度将其分为不同的等级，把读者的归属感以系统化的方式呈现出来。对作者群体而言，作品排名、"本书荣耀"等机制刺激了他们的竞争心态，使作者想方设法地融入生态圈，努力发掘读者的诉求。起点中文网通过种种机制赋予了用户在纸质文学时代未曾拥有的权限，提升了他们的归属感，为网络效应的持续引爆提供了基础。

4）服务流程创新。当平台发展至成熟期时，各类用户相继涌现，他们对于服务提供的流程、服务接触的方式均有各自的偏好，众口难调，平台企业可以应用服务流程创新解决此问题，在网络环境下服务流程创新通常由技术驱动。

（4）开拓盈利渠道，将平台推至二次引爆点。在成熟期内，平台的实际规模呈萎缩态势，在成熟期阐述的四种机制对于这种态势具有缓解作用，但是缓解并不意味着逆转，它们仅能为平台企业提供缓冲、思考、调整以及蓄势待发的时间，在不确定期中，平台必须开拓盈利渠道，提升竞争能力，由此才能推动平台沿着图4-3中的A走向发展，实现二次爆发（孟昌、翟慧员，2013）。

1）以兼并互补平台为核心的盈利渠道开拓机制。易贝是通过兼并互补平台获得二次爆发的典型。易贝成立于1995年9月，是一家网上拍卖公司，它创建的平台生态包含拍卖者和购买者。起初易贝发展很快，但拍卖毕竟不是市场交易的主流，只是个利基市场（niche market），网上支付安全问题也一直未能解决，因此，易贝的增长速度很快便下降，它的股价在狂升一段时间后也开始下行，此时，易贝面临着"不确定期"中关乎生死存亡的抉择。在此背景下，网上支付平台贝宝应运而生，它连接了商户和消费者，以第三方的角色保证了网上支付的安全。它从交易中收取手续费，以此获得利润。贝宝于2002年4月上市，易贝在2002年10月以15亿美元将其收购，当时贝宝一年的收入仅为2亿美元。这看似吃亏的策略却为易贝带来了巨大的转机，贝宝不但作为易贝拍卖平台的补充，解决了支付安全问题，帮助易贝聚拢了人气，而且作为单独的平台，贝宝还可以为其他网上交易者提供在线支付服务，由此构建起连接了更广泛商户和消费者的在线支付平台生态圈，给易贝带来了巨额的利润。易贝收购贝宝后，股价由下降转为上升，成为覆盖全球多个国家的在线拍卖及购物平台，2012年商业交易量达1 750亿美元，净营收达141亿美元。易贝兼并贝宝不但为已有业务的发展铺平了道路，同时也开拓了新的盈利渠道（谢德荪 等，2012）。

2）以商业模式创新为核心的盈利渠道开拓机制。商业模式创新涉及成本结构、收入来源、利润获取方式等方面的实质性改变，也会伴随组织方式、管理流程及组织间合作方式的调整。平台可以考虑通过创建多环生态圈实现商业模式创新，开拓多种盈利渠道，使前期积累的用户资源发挥效力，同时摆脱单一生态圈易达饱和的束缚，由此进一步聚拢人气。腾讯在成立初期通过免费社交软件QQ逐渐积累起人气，当QQ的用户数量达到某一峰值时，大量以QQ为中心的附属平台应运而生，例如，财付通、拍拍网、搜搜、QQ空间、腾讯微博、朋友网、QQ游戏、QQ团购、腾讯云平台、腾讯应用中心等，为了使外界用户快捷地接入这些平台，腾讯还构建了"腾讯开放平台"，该平台不但为用户接入上述各个平台提供了接口，还统一了运营规则，并提供基础能力，使第三方开发者运用和组装平台接口产生的新应用能在各个子平台上无障碍地发布，实现了"一点接入，全平台发布"（林松涛，2013）。多环生态圈的构建为腾讯带来了单一平台无法匹及的竞争优势，它的用户规模及利润水平也借此攀升。在多环生态圈中，各个子平台具有相对独立的市场、相对独立的利益和相对独立的自主权，这些特征使得平台可以考虑采用事业部制组织架构来解决平台服务种类和经营项目增多、内部管理很难理顺等问题。

3）以覆盖对手利润池为核心的竞争策略。网络环境下各个平台的联系十分紧密，在生态圈中居于领导地位的平台企业无法脱离其他参与者独立生存，所以竞争在所难免。多环生态圈的建立使得平台的触角深入市场的多个领域，这也为其提供了多样化的利润来源。为了击败竞争对手，抢占更多的市场份额，平台可以对竞争对手的主要利润来源领域实施低价或免费策略，覆盖它们的利润池，降低它们对市场的掌控度。这种覆盖可以发生在同类平台企业间，如腾讯视频与爱奇艺，也可以发生在看似不相关的平台企业间，如腾讯与360。可以说，网络环境下平台遭遇的威胁来自四面八方，但它们参与竞争的策略也是形式各异的，平台应想方设法地在竞争中脱颖而出，将平台推至二次引爆点。二次爆发期的到来意味着平台又一次进入了高速发展阶段，并由此开启了新一轮生命周期。

4.2 平台成长的机制与路径

4.2.1 平台成长的机制

交叉网络效应和网络协同效应都是平台网络成长的动力机制，前者描述了规模因素对网络成长的影响，后者则描述了结构因素的影响。

1. 交叉网络效应

交叉网络效应是指一边用户加入平台的预期效用随着另一边用户数量的增加而增加（Caillaud & Jullien，2003）。例如，用户购买视频游戏机的预期效用随着游戏软件数量的增加而增加，而游戏软件开发商的预期效用反过来也随着游戏机用户数量的增加而增加。导致上述关系的根本原因在于用户加入网络是为了与其他用户进行交易。供方用户越多，需方从产品多样性和供方竞争中获得的利益越多；反过来，需方用户越多，供方从规模经济中获得的利益也越多（Gallaugher & Yu-Ming，2002）。

由于存在着交叉网络效应，因此平台运营商可以重点培育某一边的用户，然后再借助这一边的用户吸引另一边用户。例如，平台运营商可以对价格敏感的用户方实行免费以建立起该边用户基础，再凭借该边用户基础吸引另一边用户（Eisenmann，Parker & Alstyne，2006）；或平台运营商（如游戏机制造商）可以在平台发展初期扮演供方用户（如游戏软件开发商）的角色以培育需方用户（如游戏玩家），再利用需方用户吸引外部供方（Hagiu & Eisenmann，2008）。交叉网络效应原理构成了主流平台管理策略的理论基础（Cennamo & Santalo，2013）。

2. 网络协同效应

产品系统的效能不仅取决于单个组件的功能，更取决于组件间技术兼容的程度（Garud et al.，2002）。生态系统中的各个企业围绕着一项技术创新协同进化各自的能力，共同满足消费者的需求（Moore，2006）。但是，价值网络中的每个成员企业从各自的利益出发，都会倾向于特定的决策，如果不对这些决策加以协调，不仅难以实现最终顾客价值最大化，还会损害合作伙伴的利益（Casadesus-Masanell & Yoffie，2007）。网络协同效应主要包括三个方面：技术兼容性——各网络成员的产品或服务在技术上相互兼容的程度；能力协同性——各网络成员在多大程度上实现能力协同进化；利益相容性——一个网络成员的运营决策在多大程度上降低其他成员的成本或提升其他成员的收益。网络协同效应正向影响加入平台各方的收益。

3. 平台网络复杂性

主流平台理论通常以视频游戏机、CD播放机（Gandal，Kende & Rob，2000；Venkatraman & Chi-Hyon，2004）等平台网络为研究背景，这类平台网络的共同特点是角色类型少，角色间的技术和运作依赖关系弱，如视频游戏机平台仅包括游戏机硬件生产商、游戏软件生产商和游戏玩家三种角色，技术和运作方面的依赖关系仅见于硬件和软件之间，而不同软件之间不存在相互依赖关系；外围理论通常以计算机（Gawer & Cusumano，2008）、信用卡支付（Wright，2003）等平台网络为研究背景，这类平台网络的共同特点是角色类型多，角色间的技术和运作依赖关系强，如计算机平台网络的参与者包括核心硬件、外围硬件、操作系统、应用软件等部分的生产商和最终用户，硬件与软件、核心硬件与外围硬件、操作系统与应用软件之间必须保持技术兼容和运作协调（如版本同步升级）。由此，可以抽象出一个关键的变量——平台网络复杂性，即网络参与者的类型多少以及各参与者之间在技术和运作方面的相互依赖程度，参与者的类型越多、相互之间的技术和运作依赖关系越强，平台网络复杂性越高。

在低复杂性平台网络中，由于参与者的类型少，平台运营商很容易协调各方的技术标准、运营决策和利益冲突；由于各参与者之间相互依赖关系少，即使局部失调也不至于影响整个系统的运行，因此网络协调性不是影响各方效用的主要因素，相形之下，交易各方的数量成为突出的因素，交叉网络效应成为影响平台网络成长的主要动力机制。

在高复杂性平台网络中，一方面，由于参与者类型多，平台运营商很难协调各方的技术标准、成长模式、运营决策和利益冲突；另一方面，由于各参与者之间普遍存在着依赖关系，任何一处失调都会影响整个系统的运行，因此网络协调性成为影响各方效用的主要因素，网络协同效应成为制约网络成长的主要动力机制。

如图 4-4 所示，交叉网络效应（虚线箭头①）和网络协同效应（实线箭头②）普遍存在于任何平台网络中，两种动力机制的显著性受平台网络复杂性的调节（点线箭头③），随着平台网络复杂性增加，网络协同效应变得越来越显著，交叉网络效应的相对重要性下降。

4. 平台网络的管理策略

网络协同效应是影响网络成长的主要动力机制，平台管理主要以提升网络协调性为主要目标。具体措施包括平台网络整体规划、交互界面设计、信息共享和技术支持。

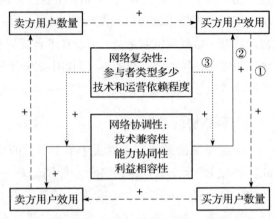

图 4-4　交叉网络效应和网络协同效应

（1）平台网络整体规划。平台网络整体规划是指规划平台网络中应该包含多少种用户、每种用户的功能以及各类用户之间的关系。平台网络中某些用户之间可能天然地存在着目标冲突，比如领英（LinkedIn）的个人用户不希望自己当前的雇主也入驻平台，门户网站的个人用户反对太多的商业广告。平台企业在考虑各成员的利益诉求差异以及运作模式相互影响的基础上，筛选入驻平台的成员，设计他们的相互关系，可以有效提升各方的利益相容性（Hagiu，2014）。

平台网络整体规划还影响着网络范围内的垄断–竞争水平，进而影响各方的行为和利益分配关系。例如，平台企业可以将网络中某种业务授权给某一供方用户独家经营，也可同时引入多个供方用户。前一种做法有助于鼓励供方用户进行平台专属性投资，但有可能因为垄断而损害了需方用户的利益；后一种做法有助于保护需方用户的利益，但不利于鼓励供方用户进行专属性投资（Eisenmann，Parker & Alstyne，2009）。平台运营商通过区分平台网络内不同类别的业务，审慎地规划各种业务的垄断–竞争水平有助于兼顾多重目标，实现各方利益平衡。

（2）交互界面设计。从纯粹技术角度来看，平台网络是由各种价值创造活动相互衔接构成的价值网络。各项活动之间通过物质、能量和信息交换完成价值创造和分配过程。为了让交换活动顺利进行，必须对交换客体（物质、信息、能量）进行技术上的规定，这些技术规定就是交互界面，描述了一个生产技术系统的不同部分如何衔接，是保证整个系统技术兼容的基础（Garud & Kumaraswamy，1993）；从经济活动的角度来看，平台网络中的每个企业都从这个价值网络中切割一部分作为自己的业务，企业间交互界面选定在哪里，决定了每个企业的业务内容，进而决定了其决策目标和行为方式。平台企业通过有意识地规划企业间交互界面的位置，可以间接地影响成员企业的目标和行为，从而促进企业间的利益诉求相容。

（3）信息共享。信息共享是指关于产品、技术和市场的知识在网络成员间流动。一方面，平台企业向成员企业适度开放产品和技术信息能让成员企业了解平台运营商的产品有什么功能、是如何工作的，从而有助于成员企业开发兼容的、互补的产品或服务；另一方面，关于产品、技术和市场的知识在网络内流动有助于提升成员企业的创新能力。一个企业的既有知识对另一企业来说可能是全新的，一个行业的通行做法稍加转换可能解决另一行业的重大问题，不同专业领域的知识相互结合也可能孕育出全新的概念产品或服务（吴绍波，2013）。

（4）技术支持。技术支持是指平台企业向其他成员企业提供使能技术或人员支持。使能技术是指有助于降低产品开发和生产难度、提高开发和生产效率的产品原型、模块或工具（徐人平 等，2001）。例如，Word 软件中提供的各种模板和基本图形对文档创作者来说就是一种使能技术。复杂产品系统的基本特点是非标准化和不定型，即产品不能利用现有的标准零部件进行组合，产品的技术架构也处于动态调整过程中（Hobday，1998）。没有标准零部件意味着产品系统中的大多数组件要依照平台运营商、系统集成者等骨干企业的要求定制，问题是分包企业未必能充分理解骨干企业的要求，也未必具备完全的能力来承担相应的任务；产品技术架构动态调整意味着每个外围组件都要配合技术架构的变化不断调整其设计，问题是分包企业未必能理解架构变化并跟上变化的节奏。骨干企业通过提供使能技术或人员支持，可以简化技术沟通的内容，降低外围产品的开发和生产难度，从而保证整个系统的能力协同进化。

4.2.2 平台成长的路径

1. 平台形成

（1）定位并聚合双边用户。平台具有双边架构与网络效应两大特征。Gawer 和 Cusumano（2002）提出著名的"鸡蛋相生"问题，即平台中如果没有一边市场和需求的存在，另一边的市场和需求也会消失。初创平台正是试图通过搭建双边市场解决"鸡蛋相生"问题，从而在激烈的竞争中成功存活。

（2）构建异质性资源能力。平台先要确定双边用户群体，发掘用户原始需求，形成异质性服务能力，抓住连接供需的契机。互联网平台不具有直接为消费终端提供其所需的产品的能力，因此，通过向第三方生产商共享平台，充当双方媒介以解决供需之间存在的连接瓶颈，进而获取分享能力的收益（吴义爽，2019）。平台通过激活间接网络效应获得先动优势得以生存，但仅仅依靠网络效应是无法维持先动优势的（Eisenmann et al.，2011；Zhu & Iansiti，2012），激活和维持间接网络效应的前提是平台提供的、能观察到的异质性资源的能力（Gawer & Cusumano，2002）。

（3）做大双边市场。平台在创业初期通过免费试用、人员地推等方式引导用户率先注册使用，形成消费端的初始用户群，实行低定价甚至补贴政策等非对称定价方式增加初始用户黏性，同时吸引更多潜在用户注册。在交叉网络外部性作用下，消费端用户数量增加会使平台供给端用户数量大幅增加，从而形成平台的用户积累（李世杰、李倩，2019）。初创平台通过推广产品或服务来聚合用户，以激发网络正反馈效应，抢占市场份额，形成强者愈强的马太效应。而正反馈效应能否被激发取决于企业规模是否达到维持均衡的最小网络规模的临界容量（张铭洪，2005）。互联网平台企业只有在聚合的用户规模能够突破临界容量时，才能真正激活正反馈效应，实现冷启动，建成双边市场。如果聚合的用户基数庞大，但未达临界容量，那么依然无法产生正反馈效应，市场份额有很大可能萎缩至冷启动点，并长期维持在该水平。在其他竞争企业顺利实现跨越、规模快速扩大时，该平台很可能被挤出市场（贺锦江 等，2019）。

2. 平台演进

平台的演进意味着平台跨越冷启动，进入快速成长的演进阶段，在网络正反馈效应作用下双边用户规模呈指数型增长（楼润平 等，2019），拓展了平台异质性能力向外共享的范围，将出现由消费者预期、实际效应、网络效应等多种因素构成的平台集聚加速机制，实现网络规模扩张惯性（Zhu & Iansiti，2012）。平台集聚加速机制为平台异质性能力外部化加杠杆，持续扩大供给端直接和间接网络效应，进而吸引专门服务于供给端的服务商，在杨格定理[○]作用下提升供给端的分工水平，进一步增加消费终端价值，吸引更多消费端用户加入，刺激间接网络效应的持续效应，共同放大平台能力外部化范围，加速推动平台成长。当然，网络效应的加杠杆机制也可能演变为去杠杆效应。在竞争中能力和网络效应都处于劣势的平台可能触发负反馈效应，即一边用户的减少导致另一边用户的减少，加速企业退出市场。而如果后发企业在平台能力上优于先发者，通过能力外部化和网络加杠杆机制，完全有可能赶超先发者。这为后进者如美团等颠覆原有市场的种种案例提供了有效解释。

3. 平台生态

（1）多元主体协同。经历加速演进阶段后，优势平台将获得亿级的用户规模并开始走向成熟。在平台竞争中具有竞争优势和高盈利水平的平台将引发模仿而成为行业的主导商业模式和技术架构。用户向少数脱颖而出的优势平台聚集，形成寡头化趋势（何勇，2016）。短期内由能力差异和网络杠杆协同带来的竞争优势，只有在受平台不断优化的产业架构反作用时得以增强，才能在长期意义上具有可持续性（Gawer & Cusumano，2002）。这种全新产业架构的诞生，可能正向强化领先者竞争优势，也可能使平台面临能力升级下的治理能力不足、网络过度嵌入、多元化战略变革与组织不相适应等问题，导致平台原有竞争优势丧失。平台构建多元产品供给以及厂商生产支撑体系，可进一步巩固平台优势。

（2）多元产品供给。面对后来者的竞争，优势平台需要基于核心业务构建企业平台生态圈，凭借庞大的用户资源和强大网络效应的算法能力，挖掘平台用户的潜在需求，以较低的成本进入相邻领域，运用多元化经营战略扩展自身业务范围和利润渠道，以此避免核心能力单一化风险。而对于多元需求的满足，应采用能力外部化加杠杆方式（吴义爽，2019），吸引更多第三方合作者进入系统，形成相关多元产品的供给。

（3）构建平台生态圈。当消费终端能为平台带来趋于稳定的收益时，平台需要深挖供给端的潜在需求，以寻求较高层次的跨界经营，通过完善产业生态链实现更大规模的平台增长（刘江鹏，2015）。平台应基于供给端需求开发面向第三方生产商的平台衍生产品，更好地匹配供给端需求，提升供给端生产商竞争力，进一步吸引生产商加入，扩大平台能力外部化范围。企业异质性能力与网络杠杆相互协同，塑造并强化平台竞争优势，进而更好地满足消费终端长尾用户的多元化、个性化需求，为双边用户提供更高效、更精细化的服务，进一步吸引更大规模的消费端用户，并在交叉网络外部性作用下加速平台成长。最终平台可以构建一站式服务生态圈，圈内覆盖的业务实现协同运作与增长，获得持续竞争优势（王千，2014）。

○ 1928 年，杨格对斯密的定理做了重要发展，指出劳动分工和专业化之所以会提高生产率，是因为劳动分工通过"迂回生产方法"实现了规模收益；反过来，规模收益递增又降低了生产的单位成本，并使给定的家庭收入购买力上升，从而扩大了市场规模，市场规模的扩大导致分工的进一步深化，分工深化进一步导致市场规模扩大，这是一个互动的过程，杨格称之为经济进步。杨格定理的结论是劳动分工取决于市场规模，而市场规模又取决于劳动分工。

4.3 平台跨界

跨界（crossover）是通过跨越行业、领域合作，为企业创造"连接红利"的活动（罗珉、李亮宇，2015），本质上表现为连接内外部异质性知识，产生创意及从创意到创新的过程（张巍、任浩，2015）。平台跨界是平台基于现有的用户群组类型和用户规模，通过增加新的产品或服务种类进入新市场的行为。

4.3.1 平台跨界现状与动机

1. 平台跨界的现状

从苹果跨界进入手机行业颠覆诺基亚、微信跨界进入通信领域颠覆短信业务，到互联网平台跨界进入金融领域颠覆传统金融业务，无不昭示着跨界创新的强大影响力。冲击移动、联通的不是其他移动运营商，而是微信；冲击实体店的不是其他店面而是淘宝；冲击出租车的不是其他出租车公司而是网约车平台。大科技平台用数字技术的优势为用户提供了低价、便捷、优质、省心的产品和服务，从而颠覆了传统的通信、商城、本地服务、出行、资讯等行业。大科技平台兴起之时，打响的是互联网公司与传统公司之间的跨界竞争。

当下，我们的日常生活已经离不开数字经济，而在数字经济中最为活跃的，则是头部的大科技平台。你可能会在淘宝、京东上下单购物，在美团、饿了么上买菜或点外卖；出门时你会用高德地图或百度地图导航，用曹操出行、T3出行、首汽约车打车，又或者骑一辆共享单车到最近的地铁站，然后用支付宝或微信支付扫码购票；居家办公则离不开微信、钉钉、飞书、腾讯会议。而这些背后，都是腾讯、阿里巴巴、美团、百度、京东、字节跳动等几家大科技公司在多个领域展开的跨界竞争。

跨界竞争模糊了市场边界，人们脑海中各个平台的"主营业务"已不足以概括大科技平台的触及范围。以QQ、微信等社交软件占领市场的腾讯定位为"世界领先的互联网科技公司"，产品和服务涵盖通信、社交、出行、支付、娱乐生活、电子游戏、数字内容等多个领域，并提供云计算、广告、金融科技等企业服务；以电商闻名的阿里巴巴拥有中国商业、国际商业、本地生活服务、菜鸟、云业务、数字媒体及娱乐以及创新等一系列产品和服务；美团由最初的团购发展至外卖、到店餐饮、在线酒旅、网约车、共享单车、生鲜零售、快驴进货等业务，既有到家也有到店，既有2C（to customer，即面向消费者），也有2B（to business，即面向企业或机构），已扩张为"吃、喝、行、游、购、娱"一站式的平台。平台跨界竞争现象逐渐凸显（蔡宁 等，2015），如阿里巴巴由电子商务跨界云计算（阿里云）、菜鸟物流等，微软由桌面操作系统跨界职业社交（领英），百度从搜索引擎涉足无人驾驶汽车行业，腾讯从社交进入电商、互联网金融等，平台跨界竞争可以对彼此形成制衡，这正是防止任何一家公司占据垄断地位的有力武器。平台跨界竞争是符合经济发展客观规律的经济现象，充分体现了平台经济的效率优越性，有利于实现融合创新（Senyard，Baker & Steffens et al.，2014）。

数字时代的进入壁垒很可能由数字时代的跨界竞争者来打破。头部大科技平台早已通过投资并购等方式来扩张业务范围、收购潜在竞争对手、争夺人才团队、购买专利，以此形成护城河。这不仅可以帮助平台企业在已有业务基础上扩大市场份额、增强市场势力，也有助于开发业务新领域，提前锁定下一个增长点，避免潜在竞争对手的兴起。人们熟知的产品和品牌的背后可能都是阿里系、腾讯系、美团系、百度系、字节系等大科技平台的投资派系，各行各业的竞争最终都是几家大平台的竞争。平台企业通过跨界在不同行业领域形成合力，将潜在的竞争对手纳入麾下，有助于进一步扩大和加强自身的市场势力。

因此，在这个跨界流行、互联网泛化的时代，平台企业跨界已经成为大势所趋。

2. 平台跨界的动机

经济学里的可竞争市场（contestable market）理论指出，当市场的进入和退出是完全自由和零成本时，来自潜在的竞争对手的挑战压力，会约束市场中既有企业的定价行为。在轻资产模式盛行的互联网时代，用户和数据是最主要的资源，而与数据收集、存储、调用、分析和应用相关的投入在各行各业都可以普适性地转化使用。数字时代的平台力量变得空前强大，原因在于数字技术和大数据的积累带来了巨大的规模效应；双边市场的网络效应也让平台经济具备了自然垄断特征。因此，在一个成熟的市场上打败领先者变得难上加难。然而，数字时代的另一个特征是，数据和流量在跨产品、跨场景、跨市场间流动变得更加简单，对用户、消费者、注意力、流量的洞察成为关键。搜索、通信、社交、电商、本地生活、出行、短视频、资讯、硬件设备等行业的佼佼者，有可能在同一个领域短兵相接。因此，数字时代的赢者可能拥有比以往更大的市场势力，同时也可能面临着比以往更大的竞争压力。

平台企业在选择进行跨界竞争时，其实是有其内在战略意图的。除了个别企业家是基于"建造帝国"的纯心理动机而决定跨界之外，大多数跨界决定都是企业家深思熟虑的行为。它们或能为企业节约交易成本，或能为企业整合资源，或能为企业获得更好的形象。从长远来看，这样的竞争能产生鲶鱼效应，让在位企业不能因为免于竞争而懈怠，可以促进它们提高效率，对社会整体福利也会产生增进效应。对于以平台为主的市场，跨界对于维持市场的可竞争性、保证市场的平衡是尤其重要的。平台的一个特点是具有网络外部性，当在位者获得了足够的网络外部性后，就获得了天然的壁垒，新进入者很难进入。新进入者要想成功进入，就必须在短时间内获得大量市场份额，达到临界水平。要实现这点，除拥有产品质量上的优势外，提供一定的补贴可能是必不可少的。由于平台市场的在位者一般都有较大的资金支持，力量小的、新生的力量很难与之展开竞争，因此其他领域的平台巨头可能是对它们造成威胁的最主要力量。

平台企业在竞争中往往采用"多边市场模式"，用一个市场来补贴另一个市场。在这种模式之下，平台表面上经营的"主业务"在很多时候其实是不赚钱的，真正的利润源在其他市场。而有些平台的主业务表面上好像截然不同，但其背后的利润源却是重叠的。例如，谷歌做搜索，但搜索业务本身是免费的，并不能为谷歌带来利润，它的利润主要来自广告业务；亚马逊本来是做电商的，但同时它也从商品搜索中赚钱，因此谷歌和亚马逊之间就存在着利润源的重叠。一旦亚马逊准备借助自己在电商上的优势加强广告业务，就会与谷歌发生碰撞。在外界看来，亚马逊就是包抄到了谷歌的身后，对谷歌的利润源进行了打击。

过去，平台跨界经常表现为一个平台利用其多市场的优势对一个管道式企业发动进攻。例如，网景是一个管道式企业，其主业务就是做浏览器，其利润也主要来自这个市场。而微软则是一个同时涉足多个市场的平台企业，它在操作系统和办公软件上有优势，在这些市场上积累有大量的用户和资金，因此在进入浏览器市场时，就可以提供补贴，让浏览器免费，从而迅速将市场份额从网景手里抢过来。对于这种"高维打低维"的竞争，我们很容易看明白：微软打网景并不是一个做操作系统的企业打一个做浏览器的企业，而是两个做浏览器的企业之间的对抗，只不过其中一个做浏览器的企业在竞争中动用了其在操作系统市场上的资源。当然，在现实中，某个平台选择超出自己的主营范围进入另一个平台的领地，可能并不单单是由于要和对手争夺共同的利润源，而是源于一些其他动机，这些动机既可能是经济方面的，也可能是非经济方面的。安娜贝拉·加威尔曾对这些动机进行过一番概括。

（1）基于效率动机做出的决策。一些业务究竟是自己做还是交给市场做（make or buy），主要取决于市场交易成本和内部管理成本之间的权衡（Coase, 1937）。如果企业发现一些业务让市场做还不如自己做更有效率，那么出于节约成本的动机，就会通过自建或并购将这些业务直接纳入自己的企业，例如腾讯对几家大型游戏公司的收购。腾讯涉足游戏业务很早，在早期就曾经做出过《QQ堂》等比较有名的游戏。但是在很长一段时间内，腾讯只是将游戏作为一个相对不重要的业务加以对待。2007年，腾讯做出了战略部署调整，正式将游戏作为一个重要的发展方向。当时，大型网游已经十分流行，网易等公司已经做出了像《梦幻西游》之类的爆款产品。尽管腾讯已经开发过一些小型游戏，但以它当时的技术力量，并不具备开发类似规模的网游实力，因此腾讯采取的策略就是代理一些优秀的国外网游。通过代理，腾讯不仅获得了丰厚的利润，更是在游戏界打出了一片天地，成为和网易等游戏前辈平起平坐的公司。然而，随着腾讯的成功，相应的摩擦也不断产生。例如，著名游戏《穿越火线》的开发商韩国SmileGate就曾经因为利益分配，以及游戏的设计、定位等问题和腾讯爆发过激烈的冲突，最终愤然舍腾讯而去，另觅代理商。显然，类似的谈判风险会带来巨大的交易成本。后来，腾讯对包括英雄联盟开发商RiotGames在内的不少游戏开发公司采取了直接收购的策略。这样，腾讯就通过整合自己上游供应商，跨界进入了大型游戏开发商的行列。

（2）为了争夺市场力量或对市场的影响力。一个企业在某个市场上的位子稳不稳，能不能获利，关键在于它对这个市场到底有多大的影响力。影响力大，位子就稳，往往获利就多；影响力小，位子就不稳，往往获利就少。为了维持自己在市场上的地位，企业必须随时觉察可能的威胁，预防潜在对手的偷袭。为达到这种目标，甚至不惜先发制人。在互联网时代，影响市场力量的最关键因素之一就是流量。一个平台企业能赢得流量，往往就能获得足够的市场力量。因此，为了赢得市场力量，或者说维持住已有的市场力量，企业就需要时刻与对手竞争，而这些对手中当然也包括跨界的潜在对手。

（3）为了更好地适应环境的需要，匹配现有的资源，促进业务生态建设。企业的组织形态和业务结构本身也是企业的重要资源。在某些条件下，增加或删减一些业务，将可以更好地适应环境，整合已有的资源，产生"范围经济"效应，让整个业务生态更好地发挥合力，例如腾讯发展智慧零售业务。做社交平台的腾讯为什么非要挤进零售圈来？只要看一下腾讯现有的业务结构，就不难理解这种发展战略的初衷。腾讯是以做社交起家的，在这个过程中掌握了大量关于用户的数据，这让腾讯先天地拥有洞悉消费风潮变化的能力，这种能力甚至是很多电商企业都不具备的。而在业务的发展过程中，腾讯还积累了云服务、大数据处理等坚实的技术能力，这些技术能力在很大程度上都可以直接用来为小微零售商进行服务。具备了以上条件，腾讯进入零售市场，其实只不过是将已经积累的能力投入应用。它一方面可以为腾讯找到新的利润来源，另一方面也可以让腾讯更好地磨炼、整合已有的力量，是一个一举多得的选择。

（4）为了让平台获得认同和合法性。企业并不是单纯的经济机构，它还是一个社会组织。作为一个社会组织，它就要回答诸如"我为什么存在于这个世界上""我要给这个世界带来什么""我要为组织成员赢得什么"之类的哲学问题。为了让企业获得认同和合法性，有时候平台就需要跨界进入一些原本没有涉足的行业。一个很好的例子是阿里巴巴进军芯片行业。至少从短期来看，我们很难发现阿里巴巴从芯片行业获利的可能性，似乎也很难说出研发制造芯片能给其已有业务带来怎样的促进效应。不过，对阿里巴巴来讲，在当前这样一个环境下选择制作芯片，可以很好地定位自身作为科技公司的属性，回应外界的一些疑问，更可以在企业当中树立起榜样。从这个角度来看，阿里巴巴对芯片行业的跨界，事实上就是一次获取认同和合法性的努力。

4.3.2 跨界竞争分析框架

在跨界竞争中的任一静态阶段，非同业竞争中的企业都需要衡量自己的价值分工及优势，从而决策采用特定竞争对抗还是合作策略。假定跨界竞争者是 A 和 B，则任一方都可能有四种状态：不存在优势、获得资源主导性、获得终端市场接触、兼具资源主导性与终端市场接触双重优势。

资源主导性是指企业所拥有的战略性资源能力对整个行业价值创造及产业链分工的主导程度。企业拥有价值链上资源配置与分工的主导性，能有效降低价值链不确定性，甚至还能优先锁定高附加值的价值链环节，从而确保其在产业链纵向分工中保持主导地位。所以，每个跨界竞争者都希望能主导新的行业结构中价值与利润的分配。终端市场接触描述了跨界竞争中企业贴近终端市场消费者，并更有效吸引和引导终端消费者认知与购买行为的情况。在跨界竞争中，谁掌握了接触终端市场的通道，谁就在动态竞争博弈中占据主动权。

因此，跨界竞争的双方可能存在不同的相互优势对比情况，从而各自选择不同的竞争战略，包括激烈的对抗以及竞合博弈。表 4-2 是跨界竞争者 A 和 B 的竞争分析，整理了基于双方优势对比而形成的对抗或竞合情况，除了 A 和 B 都不具备任何优势特征（Na）的状态，表 4-2 总共划分出 5 种不同的跨界竞争态势与竞争战略。

表 4-2 跨界竞争者 A 和 B 的竞争分析

A	B			
	Na	资源主导性	终端市场接触	双重优势
Na	Na	产业链挤出（×） A：进攻 B：壁垒或退出	市场挤出（×） A：进攻 B：壁垒或退出	产业链/市场挤出（×） A：进攻 B：壁垒或退出
资源主导性	产业链挤出（×） A：壁垒或退出 B：进攻	同位技术竞争（▲） A 与 B：创新比赛+竞争对抗	互补合作（△） A 与 B：竞合	下游挤出/供应链锁定（？） A：利用市场渠道优势进攻或将 B 锁定在供应商环节 B：壁垒或退出，或作为 A 的供应商之一

(续)

A	B			
	Na	资源主导性	终端市场接触	双重优势
终端市场接触	市场挤出（×） A：壁垒或退出 B：进攻	互补合作（△） A与B：竞合	同位市场竞争（▲） A与B：竞争对抗	上游挤出/细分市场或渠道锁定（？） A：利用产业资源优势进攻或将B锁定在渠道商环节 B：壁垒或退出，或作为A的渠道商之一
双重优势	产业链/市场挤出（×） A：壁垒或退出 B：进攻	下游挤出/供应链锁定（？） A：壁垒或退出，或作为B的供应商之一 B：利用市场渠道优势进攻或将A锁定在供应商环节	上游挤出/细分市场或渠道锁定（？） A：壁垒或退出，或作为B的渠道商之一 B：利用产业资源优势进攻或将A锁定在渠道商环节	全面制衡–新周期开始（※） A与B：全产业链对抗与合作并存

资料来源：皮圣雷. "跨界竞争"下企业的优势与竞合结构[J]. 清华管理评论，2021（9）：44-50.

1. 跨界竞争者一方对另一方形成绝对优势并造成挤出的竞争对抗态势（"×"区）

若优势方占据资源主导性，则非优势方将会被挤到微薄利润分配的价值环节，甚至被挤出整个产业链。例如，以天猫、京东商城、亚马逊为代表的网络零售商构建电商平台，整合传统零售行业的上下游环节，占据资源主导性，为终端用户提供更低的价格和更便捷的购物方式，最终从沃尔玛手中夺取了大量的市场份额，甚至几乎将沃尔玛挤出中国零售产业链。若优势方占据终端市场接触，则非优势方被挤出终端细分市场或渠道。例如，微博、抖音、小红书等新媒体大量挤占了电视、报刊等传统媒体的广告投放市场。因为这些新媒体具备更能吸引消费者的社交属性及娱乐功能，而且互联网渠道更能便捷地与消费者进行双向沟通，具备更优的终端市场接触，由此得以将传统媒体大量地挤出广告投放市场。若一方同时具备两种优势，则将对非优势方构成产业链和市场双重挤出的态势。

2. 跨界竞争者双方确立并（部分）构建了相同优势特征的竞争对抗态势（"▲"区）

当双方都聚焦于资源主导性或终端市场接触时，则在产业链条的纵向分工及终端市场的横向定位上出现了同质化。此时的竞争对抗一触即发。当双方都关注资源主导性时，将围绕同一价值生产过程的核心与主导性技术展开同位技术竞争。例如自动驾驶领域，汽车激光雷达技术路线主要包括机械、MEMS、FLASH、OPA、FMCW五种。每种技术路线中都有若干技术创新企业在相互比拼创新速度；同时，不同技术路线的企业都在围绕核心技术主导性展开同位技术竞争。当双方都关注终端市场接触时，将围绕相近或相同终端客户构建具有重叠性的渠道体系、品牌–产品组合等，从而引发类似同业市场竞争中的同位市场竞争。例如，以前只做2B基站建设业务的华为跨界做了2C的手机终端业务。面对苹果、小米等手机行业强势在位品牌，华为围绕高端手机用户设计了Mate系列，主打商务续航，屏幕大续航高，阻击苹果品牌；又围绕中低端手机用户设计了Nova系列，主打高性价比及好看的外形，阻击小米品牌，有效地针对不同的市场需求展开了同位市场竞争。

3. 跨界竞争双方各自建立了不同优势特征而形成的互补合作态势（"△"区）

当双方分别构建了资源主导性和终端市场接触时，则双方相互存在互补性价值，容易达成竞合。例如，以金融壹账通为代表的金融科技公司，利用智能风控、人脸识别等多种技术手段降低商业银行在信贷过程中面临的各类欺诈风险，帮助商业银行进一步降低不良贷款水平。金融科技公司拥有的智能技术可以显著降低银行与下游客户的信息不对称，增强产业协同性，具备资源主导性优势；商业银行则拥有贷款合法性及众多贷款网点渠道布局，占据终端市场接触。双方有互补性价值，易于达成互补合作。

4. 占据了双重优势方对单一优势方形成的竞合态势（"?"区）

双重优势方可能因先发和既有优势基础而同时具备资源主导性与终端市场接触这两种优势特征，而如果另一方只有一种优势，那么竞争与合作的结构将同时存在。若总体需求规模不够大，双重优势方可发动竞争对抗将单一优势方挤出纵向分工：只占据资源主导性的劣势方会被挤出产业下游，只占据终端市场接触的劣势方会被挤出产业上游。例如，曾经的明星企业广州明珞电子，一开始专注于汽车白车身焊接环节，在汽车制造链条中仅是一个生产环节，其技术的稀缺性所形成的产业资源主导性相比发动机来说并不特别突出，明珞很快就因为只有中间生产加工的技术稀缺性，缺乏终端市场接触，而遭遇产业链上下游的挤压。明珞虽然拥有独特的创新技术，却难以在跨界竞争中建立技术优势。现在，明珞开始寻求其他行业制造过程中高端焊接的应用场景。若总体需求规模足够大，双重优势方也可锁定单一优势方：优势方可通过终端需求的互补优势将只占据资源主导性的劣势方作为关键供应商锁定在产业上游，也可通过资源主导性的互补优势将只占据终端市场接触的劣势方作为特许经销商锁定在产业下游。例如，海底捞凭借美味的火锅、人性化的服务和大量线下门店的布局占据终端市场接触，同时凭借其稀缺的品牌效应整合了颐海国际、蜀海集团等上游供应商，拥有资源主导性。颐海国际的主营业务为火锅底料和自热火锅，缺乏下游渠道布局，没有终端市场接触，因此被海底捞作为关键供应商锁定在火锅产业上游。

5. 具备双重优势的双方企业全面对峙态势（"※"区）

若双方都具备资源主导性和终端市场接触，则双方会出现全面制衡与局部竞合。例如，京东和美团两大电商企业跨界进入社区团购，京喜拼拼⊖依托京东自营生鲜供应链和京东流量同时占据资源主导性和终端市场接触，美团优选依靠品牌效应整合生鲜供应商以及美团平台流量，同时占据了资源主导性和终端市场接触。京喜拼拼扎根华北和京津冀市场，是北京地区的头部玩家；而美团优选覆盖全国各地超 2 600 个城市市场，位列各社区团购平台之首。二者所针对的市场有所差异，形成全面制衡局面。因此，当两个企业处于全面制衡态势时，也许就是新一个非同业竞争周期的序曲。

4.3.3 跨界竞争效应分析

平台跨界有的会成功，有的却会失败。腾讯和阿里巴巴都有过很多跨界成功的例子，但腾

⊖ 2023 年 7 月，京喜拼拼更名为京东拼拼。

讯似乎一直没有成功地跨界电商业务，而阿里巴巴也没有成功地跨界社交业务。为什么平台跨界会有胜有败呢？原因可从两方面分析。一是在位企业的力量对新进入者的成败有十分重要的影响。除了技术条件等传统因素，还要看在位平台拥有的网络外部性大小，以及平台在其他各边市场上的力量状况。在企业进入一个具有网络外部性的市场时，成败的关键点是它是否能迅速让自己的市场份额达到临界规模，从而在市场上站稳脚跟。如果在位者已经拥有很大份额，并且在其他各边市场上有丰厚的盈利足以补贴这个市场，那么这样的市场是很难被成功跨界的。这就是阿里巴巴很难成功进入腾讯占据的即时通信市场的根本原因。腾讯不仅在这个市场上拥有很大的份额，拥有足够的网络外部性筑起的壁垒，当面对阿里巴巴的补贴攻势时，还可以很容易地利用来自其他市场的利润进行反制性的补贴。二是进入者能否用好已有的战略资源是决定平台跨界成败的关键。平台跨界如同举重物，直接举起是很费力的，但如果有个杠杆，要撬起重物就相对容易了。因此，跨界竞争不仅要有力量和势能，还要有一个足够好的杠杆支点，将已有的势能成功导入。从这一点上就不难理解腾讯为什么一直没有成功进入电商市场了。尽管腾讯有流量、有技术，但这些流量和技术都未必与电商业务的需要相匹配。聊天的人暴露的需求未必和在购物时的真正需求一致；支持通信的技术也未必与支持电商的技术一致，因此腾讯的力量虽大，却很难找到支点成功撬动阿里巴巴的城池。或许正是意识到了这一点，腾讯才聚焦于为零售提供服务和助力打造智慧零售，相比于直接做电商，采用这种策略能让它的资源利用得更加有效。

1. 平台跨界扩张的特点

平台巨头依靠自身平台、资本、流量、数据、算法等优势撬动其他市场，跨界扩张日益增加，商业版图不断扩大（孙晋，2021），在此过程中显现出一些共性特点。

（1）向多重领域扩张并谋求垄断。消费者习惯使用平台巨头的某一服务后，转而使用其他平台巨头相同服务的成本增加，转换成本变高（Klemperer，1987）。利用这一特点，平台巨头围绕生活圈进行跨界扩张，通过并购、投资入股现存企业等方式渗透消费者日常生活的各个方面。例如，微信在 2011 年刚刚推出之际定位为一个互动属性很强的社交平台。在随后的几年时间内逐步上线了媒体、移动支付、企业服务、生态圈 / 小程序等多元化的服务模式，为用户打造端到端的多场景服务体系，以提高用户使用频率（见图 4-5）。微信从单一的社交通信领域扩展到生活服务、交通出行、购物消费、金融理财等多个领域。

图 4-5　微信不断丰富平台功能

平台巨头进入新领域的方式主要以并购或投资入股现存企业为主，自身新设公司为辅。因为前者能够第一时间进入市场竞争，并能发挥巨头原有的平台、资本、流量、数据、算法等优势。新领域的初创企业往往成为平台巨头并购或投资的对象，因为这既可以使平台巨头迅速进入新市场开始获利，也可以遏制新的巨头产生，阻止其成为自身未来的强有力竞争对手（Hovenkamp，2021）。平台巨头跨界进入新领域后，会借助其平台和渠道的流量与算法优势迅速将原有的消费者引入新领域，寻求新领域内的垄断地位。

（2）动用资本优势采取低价竞争抢占市场。互联网时代的竞争是多方面的，平台巨头跨界竞争时也会使用多种竞争手段。但消费者对价格比较敏感，而平台巨头资本实力雄厚，低价竞争是平台巨头最乐于使用的，也是采用最早、最持久、最主要的竞争策略。在跨界扩张的初期，平台巨头首先用资本补贴产品或服务，一般将其降到低于市场正常价格，用低价倾销的方式迅速吸引消费者，排挤资本能力相对较弱的竞争对手。平台巨头一般会将低价竞争策略持续到其他弱小竞争者出局，然后便会恢复正常价格。

（3）借助流量、数据和算法等原有优势竞争。平台巨头在其所在的竞争领域有着巨大的流量、丰富的数据、先进的算法等优势。平台流量会被用来引导消费者购买其新领域的产品或服务，消费者基于锁定效应也会倾向于在平台内选择产品或服务。平台巨头也会严把自身的流量入口，防止其他竞争对手截取流量。例如，字节跳动旗下的飞书链接不能在微信中顺利打开。平台巨头可以借助数据优势将欲跨界的市场连接起来，获取跨时空竞争优势（陈兵，2018）。精准的大数据与算法为消费者提供了契合需求的产品或服务，平台巨头也会利用数据和算法优先提供与自身利益相关的产品或服务。例如，谷歌用其搜索引擎优势和算法将自己的谷歌购物置于更优先、明显的位置。

2. 平台跨界竞争的经济效应分析

平台竞争在更深层次上是对用户资源的争夺，由于用户的时间和精力有限，不同类型的平台通过互相争夺有限的用户注意力资源，从而产生竞争关系。跨界竞争既丰富了现有的用户群组类型，又在交叉网络外部性作用下扩大了用户规模。在控制跨界成本的前提下，用户群组与规模扩张能为平台带来规模经济和范围经济优势。

（1）平台跨界竞争是生产与消费同一化下对用户资源的发掘。平台作为典型的双边市场，具备生产与消费同一化的特点。平台作为中间媒介衔接两边用户，用户需求只有在平台的匹配下才可以得到满足，任何一边用户的缺失都会使平台丧失待匹配的用户资源，使产品或服务无从生产也无法消费。生产与消费同一化的特点为平台参与跨界竞争提供了可能，平台收益也依赖于生产与消费同一化的过程，而这一过程实现的必要条件正是平台对用户资源的把握。当平台通过增加用户群组类型参与跨界竞争，为用户提供品类丰富的产品或服务时，平台开发并满足用户的多元化需求。在交叉网络外部性的作用下，跨界竞争下产品或服务种类的丰富使得用户的效用水平得到提升，加深了用户对平台的参与意愿，使平台在生产和消费的同一化中形成更大规模的匹配交易，实现盈利水平的提升。

（2）跨界竞争使平台获得或强化基于用户规模的规模经济优势。平台的规模经济是指用户规模的扩大使产品或服务的成本降低或收益上升。平台跨界过程中产品或服务的多样化使得用户效用水平在交叉网络外部性和用户群组类型外部性的联合作用下得以提升,从而扩大了整体用户规模,促使平台实现成本的降低和收益的提升。平台跨界竞争能够形成基于用户规模的规模经济,其着眼点和立足点在于用户基础,基于平台经济的生产与消费同一化的特点,用户数量的增多既降低了平台运行的平均成本,也增加了基于交易规模的平台收益。

(3)跨界竞争使平台获得基于用户群组的范围经济优势。平台的范围经济是指平台通过产品或服务的多样化带来的成本降低或收益上升。在用户规模一定的条件下,平台通过跨界实现了对用户资源的整合,使得提供的多样化产品或服务的成本低于分别提供时的成本总和,由此获得了基于用户的范围经济优势。站在用户角度,平台跨界丰富了服务内容,扩大了服务范围,使用户在同一个平台中消费多种产品或服务的时间成本和选择成本均低于分别消费时的成本总和,提升了用户的平台参与意愿,增强了用户的黏性,促进了平台收益水平的提升。

(4)平台跨界竞争使用户受到交叉网络外部性与用户群组类型外部性的联合作用。在范围经济优势下,平台跨界竞争不仅存在着交叉网络外部性,还存在着用户群组类型外部性。交叉网络外部性,即一边用户数量的变化能够影响另一边用户效用水平,是平台经济的核心特征之一。平台跨界使服务内容更加丰富、范围更加广泛,更好地满足消费者的多样化需求,提高消费者的效用水平,这种因平台丰富用户群组类型而提升用户效用的性质即用户群组类型外部性。交叉网络外部性和用户群组类型外部性的区别在于,前者为任何一边用户数量变化对其他边用户效用水平的影响,后者则指平台增加商户种类数量形成范围经济优势对用户效用水平的影响。平台跨界竞争时交叉网络外部性和用户群组类型外部性会同时作用于用户,促进各边用户获取较高的效用水平,增强用户黏性,增强平台跨界竞争优势。

(5)平台跨界成本会受到跨界领域选择的影响。平台的跨界成本是平台为实现跨界以及获得跨界竞争优势所形成的成本费用,包括发生于跨界过程中的补贴费用、营销成本、用户维护成本等。区别于平台日常运营过程中的运营维护成本,跨界成本由多方面因素决定,主要取决于平台获得新用户的难度和发掘已有的用户资源的难度,具体表现为互联网引流、用户规模迁移(鲁彦、曲创,2016),以及产品或服务关联需求开发等。若平台所选择的跨界领域获取新用户、用户迁移和用户需求扩展的难度较大,则跨界成本较高;反之,平台就无须从零开始积累用户,并能开发与已有产品或服务关联度较高的产品或服务,平台跨界成本较低。

4.3.4 平台跨界行为方式

1. 平台跨界行为——平台包络

平台之间存在替代或互补关系,不同平台的用户往往会有重叠。平台企业可利用不同平台之间客户的多归属性,通过将其功能与另一平台的部分功能进行捆绑而收获网络效应,从而包络目标平台、进入并抢占对方市场。⊖平台间的边界将逐渐模糊,用户资源流动,网络效应增强,进而提升整体竞争力。

⊖ 这种策略的成功需要满足三个基本条件(Eisenmann et al.,2011):进攻者和目标平台使用者具有显著的重叠性,供给者可采取价格歧视获取利益,网络规模经济效应显著。

平台包络（platform envelopment）^①是指平台提供者通过利用通用部件（如标准化接口）或共同用户，将平台自身功能与目标市场进行捆绑，从而进入另一个市场（Casey & Toyli, 2012）。平台市场由于网络效应的存在以及"赢家通吃"和"尽快成长"法则，使得平台成长不再依赖于熊彼特式的破坏性创新路径，关键在于基于沉淀的海量基础用户，进入不相关的市场领域，构建平台生态系统（Alstyne & Parker, 2014）。

大型平台通过采用平台包络可以较为轻松地进入受网络效应和转换成本保护的平台市场（Eisenmann et al., 2006），成为平台进入新市场克服在位者已有网络效应阻碍的有力方式（Eisenmann, Parker & Alstyne, 2011），并通过提供新功能向具有重叠用户群的系统扩张。成功的包络需要满足三个条件：原系统必须与包络系统存在共享规模经济；关键杠杆资产必须是相关的，并且已经准备好向目标包络市场转移；包络功能必须与包络系统领域相邻，包括用户相邻和价值链相邻。在实施平台包络的过程中，平台功能的极大丰富不断吸引新的用户接入平台，用户间、用户与供给端的互动导致网络效应产生，同时平台又促进用户之间互动，形成循环反馈进而构建竞争优势。例如，谷歌通过不断推出各类应用丰富安卓系统功能，对邻近应用程序市场进行包络并成功构建以安卓为核心的生态系统（Appleyard & Chesbrough, 2017）。由此可见，平台的威胁主要来自邻近平台，因为邻近平台可从当前平台的一侧或两侧争夺用户从而对其进行包络（Yadav & Pavlou, 2014）。

平台包络策略已成为新的趋势，进入相邻甚至看似不相关的新市场，以达到杠杆化利用平台基础架构资源（Eisenmann, Parker & Alstyne, 2011），本质上可以看成一种"延伸拓展"策略，是企业对既有履责平台的创新和延展（肖红军，2017）。平台包络不仅是自身动态能力运用的一种体现，也是企业战略的需要（彭本红 等，2017；张小宁，2014；Tiwana, Konsynski & Bush, 2010）。

Eisenmann 等（2011）从捆绑角度将平台包络分为三类，即互补关系、弱替代关系和功能完全不相关关系：当进入者提供互补性平台时，平台用户群重叠越多，进入者获得成功的可能性就越大；当进入者提供弱替代平台时，捆绑涉及的领域越宽，进入者获得成功的可能性就越大；当进入者提供功能完全不相关的平台时，用户群大量重叠，而且捆绑涉及的领域足够宽，进入者才能获得成功。

平台竞争中的包络策略会引起竞争对手的战略反应，从而引发双向平行包络行为（Visnjic & Cennamo, 2013）。因此，平台市场竞争会出现两个明显阶段：第一，平台会在单一市场内利用间接网络效应抢占市场；第二，平台所有者将利用用户基础进入相邻市场，产生跨市场竞争，平台市场最终趋于一个没有边界的"超平台市场"。针对平台包络的反击策略主要包括商业模式变革及与行业领先者结盟（Eisenmann et al., 2006）。受平台包络攻击的对象可以通过融入攻击者平台或开放自身平台来形成新的联盟，最终化解平台包络的困境（Eisenmann et al., 2011；Parker & Alstyne, 2017）；也可以通过识别并获得独特的、对现有服务不满意的用户群来避免平台竞争。例如，企业可以收购与平台业务相关的公司，进而加强平台边界以应对攻击

---

① 在国内，"platform envelopment"被翻译为"平台包络"或"平台覆盖"。其实，envelopment是一个军事用语，它的主旨是"包抄"，即利用奇袭、迂回等手段，深入敌军后方，以达到切割、包围敌军的目的。

（Suarez & Kirtley，2012）。

（1）平台包络的动因。平台包络策略的形成与技术变革下的产业融合环境直接相关，主要表现在四个方面：平台生态系统支撑、平台功能关系捆绑、网络效应激发与用户数据沉淀（见图4-6）。○

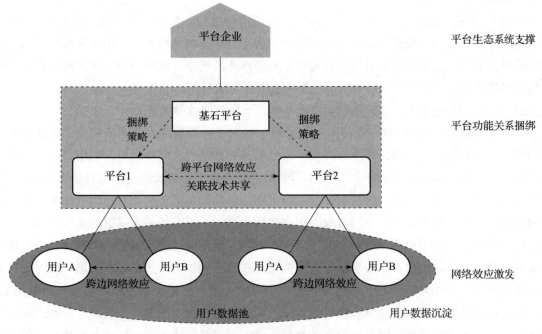

图 4-6　平台包络策略示意

1）平台生态系统支撑。由于网络效应及其衍生的聚合效应，平台竞争逐渐演变为平台生态系统之间的抗衡。平台的本质是以生态系统方式运行，即利益相关者及相关事务构成的整体。生态系统健康运行需要平台主导架构和多边成员群体（供给方、需求方、互补创新者）共同支撑。苹果的成功在于开放 app 接口，连接硬件设备商、软件内容商，构建出的全球最富成效的平台生态系统。

2）平台功能关系捆绑。平台包络需要捆绑目标平台实现创新服务，与既有平台具有功能关系是关键，这些平台主要有四类：一是补充性平台，主要对原有平台功能进行补充或延伸。比如淘宝开放支付宝，使得阿里巴巴在数据处理方面享有范围经济优势。二是嵌套性平台，包括嵌套网络用户与平台嵌套○组件。比如，易贝为拍卖商提供包含信用卡和贝宝等多种支付方式。三是弱替代平台，不同技术服务于相同目标客户的不同群体。阿里巴巴的 B2B、C2C、B2C 三大电商平台服务于同类交易动机的不同群体。四是功能非相关平台，初始设计满足不同目标客户和不同目的。比如 QQ 与游戏平台的主要功能均是满足用户的社交需求，电商平台主

○ 甄伟丽，尚佳琪，方译翎. 企业平台包络战略的内涵、范式与路径［J］. 质量与市场，2021（11）：163-165.
○ 平台嵌套是指平台为深化原有的解决方案而在主干平台内部衍生出单个或多个子平台的过程。以视频平台为例，消费者在观看视频时往往会产生分享视频信息和感受的需求，视频平台与社交平台具有较高的需求侧互补性，因此大部分的视频平台都会选择内嵌社交网络平台来构建植根于视频平台的用户社交圈。

要满足用户的交易需求。

3）网络效应激发。越来越多的研究表明，除用户基数以外，用户网络关系强度、互补性资源累积等都是影响网络效应的重要因素。平台包络是多边用户之间关系强度提升、多方资源累积的过程。基础用户的数据共享将进一步打破行业壁垒和边界，促使用户间网络交互强度提升，激发跨平台网络效应。

4）用户数据沉淀。用户数据沉淀的内容包括用户规模、黏性程度以及目标群体重合度、需求重叠度等。这些围绕平台积累的海量数据成为平台企业的价值专属，即凭借市场势力与独特性隔离其他企业创造的超额价值。在QQ业务的高速发展中，活跃的年轻用户群体在互动中产生的海量数据，对平台包络过程的用户导流有重要支撑作用。

（2）平台包络的基石。用户基础和技术共享是平台包络的两大基石。

1）用户基础。平台拥有广泛的用户基础时才能为平台带来巨大的网络效应，形成赢家通吃的效果。用户数量的增加，既可以提升产品或服务的质量，又能吸引更多的用户进入并形成良性循环。然而，随着平台的不断增长和扩大，企业开始不断突破原有的边界进入新的领域。当企业内部资源不断消耗时，无法给平台用户足够的补贴则可能流失用户。因此，平台实行包络策略时必须留住原有的用户，同时吸引多归属用户进入。现有的平台采取的策略大多是注重增强用户黏性，增加用户使用平台的次数与使用时间，微信的成功印证了这个观点。但是用户数量是有限的，尤其用户为了能够得到更多补贴存在的趋利行为导致了其多归属，此时平台无法避免地存在争夺用户的问题。平台企业采取的方式，通常是增加更多服务或增加产品功能，以实现变相的补贴，因为通过分析用户的数据，能精准定位用户的喜好，同时开发新产品或新服务，随之进入新的领域。但是，如果平台企业单纯探索在网络规模上取得的优势，不深入分析优势组成条件，那么即使用户数量增加，也不会实现赢家通吃（Afuah，2013；Cennamo & Santalo，2013）。

2）技术共享。技术共享可以帮助平台形成规模经济，高强度的网络外部性会为平台构筑更高的竞争壁垒，市场后进入者更难抢占既有平台的市场份额（初翔、仲秋雁，2014）。在平台发展和演进时，因为用户积累得到的知识属性，能够使得平台获得超额租金，这是平台增长的根本驱动力量（刘江鹏，2015），所以，平台更多存在的是固定成本。例如，阿里巴巴在完善电商平台时采用的方法是创立天猫品牌，仍利用了原本具有的电商技术优势，因为通过提供统一且简单的方法进行技术共享，有助于降低互补市场的进入成本（Gawer & Cusumano，2014）。

（3）平台包络的方向。平台包络分为纵向包络和横向包络。

平台纵向包络类似于"一体化战略"，即对原有平台产品或服务进行垂直深挖，主要分为前向和后向。前向包络是指将原本不属于平台的互补品纳入平台，后向包络是指将为平台提供服务的供应商纳入平台。

横向包络则是指基于共同的用户基础向其他平台市场的包络。

纵向包络从供应链的角度看，对产业内的竞争者是可预期的，且不会对行业产生颠覆性的影响。但基于用户基础进入与原本关联不大的市场才是平台包络的关键所在，因为通过这种形式的包络，能够吸纳更多原本不属于此平台的用户，使企业拓宽自身的利润空间。因此，平台包络在实践中往往是以横向平台包络为主，以纵向包络为辅，最后完成对平台生态系统的搭建。尽管已知平台包络的方向，但何时进行平台包络才是平台更为关注的事。初创阶段为了吸引更多用户，平台只能采取大力度的补贴，企业没有更多的闲置资金去开发新的功能和服务，如若实施包络策略，则很可能使得平台整体资金断裂；随着用户规模不断增长，同边与跨边网络效应开始出现，用户黏性也随之产生，平台开始赢利，此时平台开始有闲置资金，去完善平台生态圈并回馈投资者；当平台用户到达饱和点时平台实力显著增强，平台两边用户之间的网络外部性会导致大平台的竞争优势更大，形成"马太效应"（纪汉霖、王小芳，2014）。此时的平台企业想要长期维持一种优势已不再可能，企业需要寻找新的利润增长点以拓展规模并为平台生态圈增加新的成员。当平台开始提供更多新功能时，多归属用户便逐渐成为忠实用户。新的功能和产品只有在平台实力与规模大增时才有可能产生，因而平台包络策略只会在平台度过引爆点之后才会出现。

（4）平台包络的途径。平台包络可以通过投资、并购直接实现跨界，也可以依托现有的流量、技术实力等资源进行跨界。通过投资、并购实现的跨界很常见。事实上，腾讯、阿里巴巴等大型平台公司都扮演着投资人的角色，对很多初创公司进行了投资。在依托现有资源对新领域进行跨界这点上，平台公司做得较有特色。

一是尽可能利用已有的客户基础，将新业务与已有业务进行有效的捆绑或搭售，以期能够满足用户更多的需求，并吸引新用户进入。捆绑销售可以更好地达到价格平衡，降低平台竞争压力（Rochet & Tirole，2003）。这种方式不仅增加了平台功能模块，从而极大地扩大了用户规模，而且多边用户交易频率和互惠程度也在增加，平台内的多边用户的关系强度无疑也得到了质的提升，但这并未降低用户福利，反而提升了其与社会总福利（Rochet & Tirole，2008）。

二是利用好平台的多边市场性，用已有业务的资金来对新业务进行交叉补贴。例如，在微软对网景实施的跨界中，微软就很好地做到了以上这两点。微软将自己的浏览器 IE 集成在了自己的操作系统上，只要是操作系统的使用者，微软就向他提供 IE；微软对 IE 实施的是免费策略，利用其在操作系统以及其他应用软件上的盈利对其进行了交叉补贴。通过这两个举措，微软这个本来不做浏览器的操作系统巨头很轻易地打败了原本在浏览器市场上占据 90% 份额的网景。又如，谷歌进入比价市场，就是首先在自己的搜索引擎上集成了比价服务，这样每一个搜索引擎的使用者自然也可以看到它提供的这种服务。再如，美团提供打车业务时，也是在自己的 app 中集成了打车服务的接口，从而将现有的用户引流到新业务上。

2. 平台跨界方式——纵向跨界与横向跨界

互联网产业的企业网络是横向有界、纵向无界的。纵向无界是指平台企业并不包揽产业链上的一切环节，而是专注于建立连接消费者与提供商的平台，作为规则制定者，设计消费者与提供商之间、消费者与消费者之间、提供商与提供商之间的互动规则，通过标准化的接口把平台向提供商开放，通过契约把各提供商组织起来向消费者提供产品或服务。平台企业通过纵向无界可获得三方面好处。

1）分工专业化。从产出看，平台企业不可能擅长提供所有产品或服务，只能专注于平台的运作和创新；从投入看，互联网行业最重要的投入是人才，但互联网行业中有着良好创意、善于发掘市场需求的人才，多是富有企业家精神的年轻人，可能并不愿意只成为平台企业中的管理人员，而是倾向于自主创业，平台企业只有采用开放策略，利用契约把大量提供商组织起来，才能最充分地利用全社会的人才资源，发挥专业分工的优势。

2）节约交易成本。如果平台包揽所有产品或服务，势必形成庞大的科层组织，造成严重的委托代理问题，内部交易成本高昂，臃肿的机构和冗长的委托代理链更不利于企业创新；相反，平台开放策略可以令平台企业保持精简的架构，节约交易成本，保持创新活力。

3）避免 X- 非效率（X-inefficiency）⊖。如果平台企业自行提供所有产品或服务，那么，由于平台本身的垄断性，负责提供产品或服务的部门也会因为缺乏竞争压力而处于懈怠状态；相反，如果平台企业采用开放策略，自身专注于平台的运营，那么，平台提供商便处于高度竞争状态，在竞争压力下不断提高效率、改进技术、创新产品。平台企业在实现纵向无界的同时，坚持横向有界，即不与同类的平台兼容，这就使后来的竞争者不能通过简单地模仿建立类似的平台，然后与原有的平台互相兼容以享用原有平台企业构建的企业网络和用户基础，窃取创新者的成果。横向有界能防止模仿者搭便车，令网络平台的创新者可以充分实现创新收益的内部化，有利于激励技术创新和商业模式创新。

平台的跨市场行为可以分为两类：一是平台同时跨自身所在的市场和平台内市场，即纵向跨界；二是指平台同时跨不同行业，即横向跨界。

（1）平台纵向跨界。纵向跨界是如何替代和互换行业的？替代品（substitute）是指形式不同但功能和效用相同的产品或服务；互换品（alternative，也称他择品⊜）是指功能与形式都不同而目的相同的产品或服务。曹操出行和共享单车是替代；微信和微博是互换，微信提供的是通信功能，微博提供的是媒体功能，共同的目的是争夺用户的碎片时间。对很多行业来说，真正的竞争不在行业边界以内，而是如何让替代品形成，如何跨越替代品和互换品的边界。

平台企业具有通过纵向一体化来巩固自身垄断地位的倾向。凭借中介市场的横向垄断地位，平台可以发展纵向互补的业务，进一步巩固在该产业而非单个行业中的垄断（Khan，2017）。亚马逊在电商直营和第三方交易市场之外，培养和发展了遍布全美的仓储、物流、配送一体化体系，使第三方商家被迫在亚马逊交易市场上经营。京东也是因为建立了优质高效的配送网络，才能在阿里巴巴的重压下维持高速的用户增长。美团并购大众点评，发展 RMS（revenue management system，收入管理系统）即美团收银，将到店消费业务和外卖业务捆绑起来，才具有了大比例按交易金额而非配送距离抽佣的影响力。⊜此外，美团还大力推广食材供应链项目美团快驴和面向商家经营与金融需求的美团小贷，力图将整个餐饮业进一步纳入自身平台生态系统。

平台跨越平台市场和平台内市场，意味着平台不仅要与其他平台竞争，而且要与本平台内的其他经营者竞争，由此引发了平台的纵向跨界行为对市场效率和社会福利影响的争议。一

⊖ X- 非效率是美国哈佛大学教授莱宾斯坦提出的反映大企业内部效率及水平状况的一个概念。他认为，大企业特别是垄断性的大企业，外部竞争压力小，内部层次多，关系复杂，机构庞大，加上企业制度安排方面的原因，使企业费用最小化和利润最大化的经营目标难以实现，导致企业内部资源配置效率降低。莱宾斯坦称这种状态为"X- 非效率"。

⊜ W. 钱·金·勒妮·莫博涅在《蓝海战略》一书中称之为"他择品"。

⊜ 收银作为餐饮商家经营数据的基本入口意义重大，例如喜茶门店通过使用顾客预点单以及更快、更稳定的美团收银，每单能节省 3～5 秒，一天就可节约长达 83 分钟。

方面，平台进入内部市场的竞争能给消费者提供更多的选择，增加平台内市场的竞争；另一方面，在纵向跨界的过程中平台有能力，也有动机把自身的平台势力传导至平台内市场，利用平台自身与平台内经营者之间的不对称地位，在与平台内用户竞争的过程中滥用市场势力。由于双边市场的本质特性，最终取得优势地位的平台拥有大量用户，平台两边的用户在交叉网络外部性的作用下对平台有很强的依赖性，因此在平台内的市场竞争中，大部分商家用户相对于平台不具有谈判实力，平台有能力针对其他商家用户实施垄断行为而不担心用户流失。另外，平台内市场管理者的身份使得平台有能力对自营产品和第三方商家的产品进行区别对待，在搜索结果排序、流量引导、广告促销等方面实施自我优待（self-preferencing），这在亚马逊、苹果、京东等平台的案例中均有典型表现。当平台滥用其相对于其他商家用户的支配地位来参与平台内竞争时，平台内其他经营者只能处于被动的劣势地位，这种不对等的竞争会妨碍平台内市场的竞争，降低平台内市场活动的效率。

平台实施纵向跨界行为的必要条件是，平台同时拥有平台和平台内经营者的双重身份，从而能将前者的市场支配地位用于后者的竞争。在搜索引擎行业，谷歌同时跨越通用搜索和垂直搜索两个市场，而前者是后者的重要流量来源。以亚马逊、京东为代表的"混合式"电商平台首先作为电商平台与其他平台竞争，同时也以平台内经营者的身份直接向消费者销售商品，此时平台内的其他商家就处于明显的不对等地位。在安卓、iOS 等案例中，谷歌和苹果作为智能手机操作系统的开发运营者，同时还经营系统内的各种应用软件。在与其他应用软件开发商的竞争中，谷歌和苹果利用平台运营者的支配地位实施捆绑安装、限制性交易等垄断行为，妨碍了应用软件市场的有效竞争。平台的这种纵向跨界行为属于市场支配地位的滥用，长此以往会导致平台内产品多样性减少、行业进入壁垒提高、厂商创新动机减弱等不良后果，最终损害消费者福利，削弱行业整体创新动机。

就目前平台发展阶段而言，不管是操作系统平台、交易平台还是社交平台，平台企业都会不同程度地进入互补品市场。有的平台企业在平台早期选择进入互补品市场，解决"鸡蛋相生"的问题（李鹏、胡汉辉，2016）；有的平台企业会随着平台发展，渐渐增加对互补市场的进入，即使淘宝网这种宣称自己不会进入互补市场的平台，也推出了"淘宝心选"等品牌进入互补市场。当然，平台企业在进入互补市场时，通常会采取一些措施降低进入的消极影响。比如 SAP 在发布新应用时会提前公告，淘宝网推出自营项目时采用淘宝域名来避免与天猫商城竞争并减少相应的宣传。这些行动降低了平台企业进入互补市场所带来的负面影响。

1）平台企业进入互补品市场的动机。互补商（complementor）依赖平台架构接触客户，其提供的多样化产品可以满足用户多样化的需求。通常平台企业上的互补商具有如下特点。首先，互补商是基于平台架构的存在而存在的。平台企业为互补商提供与用户之间交易的底层技术。不同类型平台的互补商可能存在差异，对技术类平台而言，其互补商通常指第三方应用软件开发人员，对交易类平台而言，其互补商通常指第三方卖家。其次，互补商具有多归属性。在平台差异不大的情况下，互补商可以以较低的成本实现多归属行为，它们往往会选择多栖。但是互补商在不同平台上的贡献可能存在差异，这主要受到平台规模、平台架构和治理因素的影响。最后，平台内互补商的行为容易受网络效应影响。在正的间接网络效应影响下，互补商的规模会得到提升，贡献会增加。

相应地，互补商所处的市场被称为互补市场（complementary market）。互补市场具有如下特点。首先，互补市场是指双边市场中的供给端。以平台企业为基点，可以将其所处价值链划分为上游和下游两部分，上游部分的产品或服务被称为组件，作为平台输入，辅助平台功能的实现；下游部分的产品或服务被称为补充，补充是基于平台架构存在的，为平台提供补充服务，其多样性有助于满足用户需求，提升用户体验（Tiwana et al.，2013）。这些提供补充服务的企业就是通常所指的双边市场中的供给端。其次，市场的产品规模和质量制约平台企业成长。平台企业的迅速崛起离不开这些多样化和高质量的互补品（Song et al.，2018），而提供这些产品的互补商往往是多归属的，平台企业为促进互补市场发展采取最优惠条款、二选一策略等也因涉及滥用垄断势力被叫停，因此如何优化互补市场成为有待破解的难题。

平台企业进入互补市场是指平台企业进入互补商的产品空间（Zhu，2019），提供的产品与互补品之间存在强替代关系。由于平台企业在生态系统中的位置，其具有进入互补市场的强烈动机：一是平台企业掌握着大量的交易信息，拥有丰富的用户知识和互补商产品信息，平台企业通过平台包络的方式向互补市场提供产品，可以降低交付成本、新产品开发风险，从而实现价值捕获（鲁彦、曲创，2016；Eisenmann & Parker，2011）；二是平台的声誉和技术优势保障了互补品的质量，能改善现有的产品或服务，增加现有用户黏性；三是为防止大型互补商对平台企业市场地位的挑战，平台企业进入互补市场来保持对平台的控制权，减少对互补商的依赖（Zhu & Liu，2018）。

平台企业进入互补市场是一种企业边界的扩张行为，可以从效率、能力、权力和身份视角（Santos & Eisenhardt，2005）有效解释该现象。

在效率视角下，企业设立边界的主导逻辑是最小化治理成本（Coase，1994），企业需要在"自制和购买"之间做出选择。平台企业自制互补品的成本低于互补商提供产品或服务的成本时会选择自制。平台企业通过进入互补市场可以减少对互补商的依赖，降低因机会主义等造成的不确定性，实现互补市场优化。同时，由于资产的不可分割性，企业可以通过寻求范围经济来降低治理成本（Teece，1982）。在平台情境中，平台企业和互补商拥有共同的用户基础，掌握海量的交易数据，极易实现范围经济。

在能力视角下，企业边界应设定在最大化公司资源组合的点上。企业最优资源组合的配置是由企业现有资源与环境机会动态匹配决定的（Hamel & Prahalad，1990）。在平台情境中，企业将资源部署到互补市场，最大化现有资源组合价值，一方面可以获取范围经济，实现现有资源组合价值最大化；另一方面可以利用自身的资源和能力提供高质量的互补品，改善互补市场运营水平和提高互补品满意度，实现互补市场优化。

在权力视角下，企业边界应该设定在最大化对关键资源的控制点上，对环境中关键资源的控制有助于提高组织绩效（Porter，1985）。平台企业将边界置于互补市场是为了增加对关键资源的控制权，对控制权的挑战来源于平台内和平台间的竞争，平台企业可以通过减少对互补商的依赖和维持市场势力来维护控制权。

在身份视角下，企业边界的设置应该实现身份和活动的一致性。组织身份通过澄清组织的属性和目的，帮助成员了解他们的情况，减少歧义并提供组织发展方向（Suchman，1995）。在平台情境下，平台企业是平台生态系统的发起者和维护者，应该保持中立性，不应参与互补市场的竞争，但如果进入可以优化互补市场，为互补商创造一个良好的运营环境，那么进入就可以实现身份和活动的一致性。

2）平台企业进入互补市场的方式。目前对企业新市场进入方式分类的方法有两种：一种是个体层面，企业通过投资第三方企业或自建方式进入新市场；另一种是组织层面，企业通过效率型和创新型的商业模式（Zott & Amit，2008）或创新和模仿的方式（池军、田莉，2009；尹苗苗 等，2019）进入新市场。在不同进入方式下，平台企业进行个体层面和组织层面方式的选择。平台企业进入互补市场方式的选择与控制水平、风险水平和资源承诺水平有关（Rammal & Rose，2014）。然而，这种分类并不能反映出平台企业进入互补市场的独特性。在平台情境中，用户通过关键词搜索产品，平台企业的声誉优势使产品更容易被目标用户捕获；同时平台企业的声誉为产品质量提供背书，能够吸引更多的消费者。因此，进入时是否通过命名方式进行声誉背书会产生不同影响。

3）平台企业进入互补市场的双重影响。对平台企业的影响而言，平台企业的进入可以扩大整个市场的用户数，带来知识和资源的溢出，改善平台生态系统的运营效率。例如，平台企业自身的声誉和成本优势可以吸引新用户，扩大用户总规模（Huang et al.，2013）；平台企业连接双方交易，用户拥有的知识更丰富，提供的产品更能满足用户的需求；进入时推出的产品有助于塑造互补商努力创新的方向（Foerderer，2020），同时也会带来先进的管理经验和制约行业发展关键问题的解决办法；平台企业进入还可以通过竞争机制淘汰经营不佳的互补商，提高平台生态系统运营效率（Zhu & Liu，2018）。

对互补商的影响而言，平台企业进入互补品市场，对现有及潜在互补商的贡献意愿会产生负向影响，进而降低平台生态系统多样性。由于平台自身的声誉优势、成本优势，即使平台企业提供的互补品质量低于原有的互补商，用户也会选择平台企业提供的互补品，从而降低互补商的价值捕获能力（Wen & Zhu，2019）；平台企业的进入会使互补商产生负面情绪，动摇平台企业的治理权威（Gawer，2015）；平台企业的进入会向互补商发出负面信号，并可能阻碍互补商的创新动力。互补商完全依靠平台接触用户，它们的创新存在被盗用的风险（Gawer，2014）。平台企业的直接进入会影响互补商对平台企业的信任，降低互补商对平台贡献的意愿。

4）互补商应对平台企业进入互补品市场的创新策略。平台企业进入互补市场给互补商带来积极的消费者关注和知识溢出，能激励互补商创新。平台企业推出的产品可能会额外吸引到某个市场类别的消费者，因此为了争夺该类别市场，互补商将不断增加创新（Li，2016）。同时，平台企业的直接进入带来的积极的知识溢出还可以降低互补商的创新成本。Foerderer 等（2018）考察谷歌在安卓平台上进入摄影应用市场后发现，谷歌进入该市场后创造了额外的消费者关注和新的摄影应用需求，这对相同类别的应用产生了积极的溢出效应。平台企业连接双方/多方交易，掌握着大量的用户信息，用户知识更丰富，更能精准地洞察用户需求，因此平台企业推出互补品有助于塑造互补企业创新的方向，同时两者提供的产品技术基础相似，一旦平台企业推出新的产品，这些产品知识很容易就被互补商吸收转化，提高互补商的创新效率。

拥有不同用户规模的互补商在应对平台企业进入时的创新策略可能不同。首先，在面对平台企业进入时，用户规模大的互补商转移成本更高，可能会更积极地创新来应对平台企业进入。互补商的成长依赖于平台用户,用户规模大的互补商对平台的依赖度更高,在面对平台企业进入威胁时,它们不会离开平台,而是积极地创新应对。其次,这些用户规模大的互补商在面对进入威胁时,更有能力进行创新应对。互补企业面对进入威胁时,顶级应用开发企业和其他互补企业的反应不同(Wen & Zhu, 2019)。顶级应用开发企业财务宽松,资源限制少,在面对进入威胁时,更多销售和广告投入对创新投入挤压不明显;在技术上更有能力,并且拥有更多的资源,不仅因为它们以前的成功,而且因为成功可能吸引更多的外部投资。由于顶级应用开发企业的技术能力高于平均水平,它们可能会有动力加速创新(Zhu & Liu, 2018)。小型互补企业往往预算有限,在不利的市场条件下可能难以兑现增加用户群的承诺,即使小型互补企业积极创新,受限于自身的技术能力,也很难推出与平台企业相抗衡的产品,所以小型互补企业更容易气馁。最后,规模大的互补商要比规模小的互补商吸收能力好。在面对平台企业推出应用时产生的知识溢出,更容易被大规模用户的互补商吸收(魏守华 等,2017),互补商通过模仿降低创新的难度,降低开发成本。同时,进入会带来积极的用户关注,用户在选择互补品时会进行比较,这样用户规模大的互补商受到的关注度会增加,可能会被新的用户采纳,而用户规模小的互补商受到的关注可能不会增加。

（2）平台横向跨界。平台横向跨界是指平台基于现有的用户基础,通过向用户提供新的产品或服务进入一个全新市场的行为,也可以理解为在现有平台体系的基础上增加新的商家用户,从双边平台扩展为多边平台。微信基于社交平台的用户规模,进入电商、支付、娱乐、旅游等多个市场;阿里巴巴基于淘宝和天猫两个电商平台,构建起支付、仓储物流、金融理财、生产性服务等涵盖从生产到消费的生态体系;美团、高德地图则从各自的核心行业扩展至网约车、外卖、社区团购等其他领域。

平台横向跨界增加了新的产品或服务,能够有效提升平台现有用户的效用水平,增强平台用户黏性,但平台的横向跨界也有可能对新进入市场的竞争产生多重影响。一方面,平台的进入增加了新市场中的竞争者数量,为消费者提供了更多的选择;另一方面,平台横向跨界进入的过程中有可能滥用在原市场中的市场支配地位,妨碍新市场的竞争。能够实施跨界的平台在原市场已经积累大量用户,具有较大的用户规模优势,因此其进入一个新市场的难度要远远小于新平台,并且在进入过程中平台有动机利用其在原市场的市场支配地位通过垄断协议、兼并、排他性协议、捆绑销售、默认安装等行为排挤新市场上的竞争者,阻碍其他平台进入,实现市场势力的跨市场传导。大量事实表明,在原市场中拥有垄断地位的主导平台极有可能也是新市场上的垄断者。在这种情况下,平台的竞争优势不是来源于其高质量的产品或服务,而是因为自己有大量的用户基础,把原市场上的用户体量迁移到了新市场,极大提高了在新市场上实现赢家通吃的概率,这会减弱新市场中潜在进入者的进入意愿和行业整体创新动机。互联网平台的横向跨界本身并不是垄断行为,但平台可能会在这一过程中滥用平台势力,对新市场的效率造成损害。在用户交叉网络外部性的作用下,平台跨市场进入行为会进一步扩大平台的用户规模、增强平台用户黏性,有利于平台进入下一个新的市场,平台在这一能够实现自我促进的跨行业扩张过程中的垄断行为应该受到市场监管部门的高度关注。

一般而言,竞争对手之间的合并（横向一体化）通常会引起市场力量的增强和较高的价格,从而损害消费者。但在双边市场上,兼并并不必然导致价格上涨或损害消费者福利,交叉网络外部性的存在使得用户从平台另一边商业伙伴的增加中所得到的效用可以抵消价格上涨的影响，反而总体上提高了社会福利水平（Evans，2003）。因为平台合并更有可能在合并方相对于另一个竞争对手处于显著劣势时发生，所以合并有助于平衡竞争环境，并建立更大的生态系统，能为消费者创造更多价值（Katz，2019）。较强的网络外部性导致较高的市场集中度，而市场集中度的提高会进一步提升社会净福利水平，最优行业结构为完全垄断（王国才，2009）。网络厂商为了获得更高的利润，具有较强的动机进行横向兼并。Chandra 和 Collard-Wexler（2009）在消费者都是单平台接入，而广告商是多平台接入（即可以在不同的报纸上刊登广告）的情形下研究了报纸业的横向兼并问题，结果显示：因横向兼并而提高的集中度可能不会引起双边市场上任何一边的价格上涨，因为垄断可能会带来更低的价格。具体到读者一边，报纸商将按照低于边际成本的价格出售报纸，这样可以吸引更多的读者，从而吸引更多的广告商，获得更多的收入；而在广告商这一边，报纸商可以维持原有的价格不变，甚至降低广告价格。横向兼并导致的价格降低具有协同作用（Leonello，2010）。加拿大报纸业的数据证实了横向兼并并没有导致报纸价格的上涨，许多兼并者提高了效率或是节约了成本，而低成本允许厂商保持价格稳定不变。由于兼并平台内部化了合作伙伴平台上的价格增加这一事实的存在，因此平台间的兼并更有可能使兼并后的价格低于兼并前的价格（Chandra & Collard-Wexler，2009；Leonello，2010）。间接网络外部性可能逆转典型合并后的激励机制，提升价格开拓市场能力。

用户数量或交易量的规模，是影响平台企业盈利性的关键因素。因此，相比于传统企业，平台企业的横向并购更加普遍。例如，2001—2020 年，谷歌共实施了 256 起并购，平均每年约 12.8 起[⊖]，其他如 58 同城与赶集网、美团与大众点评、携程与去哪儿、美丽说与蘑菇街的合并，等等。参与合并的企业可以扩大用户规模、增加市场潜力，而未参与合并的企业可以跟随合并以此来应对不利的竞争环境。同时，双边平台的基本性质也使得平台企业横向并购具有两大紧密关联的突出特征。

1）并购类型多样化。双边平台连接着两组用户，平台以及两边用户的不同都会导致平台企业横向并购存在较大差异。根据平台间的竞争关系强弱，可以将平台企业横向并购分为同质性、异质性、互补性三种。其中，同质性并购是指平台所提供的产品或服务、平台两边的用户均同质；异质性并购是指平台提供的产品或服务、平台两边用户的特征或偏好等存在明显差异；互补性并购是指两个平台提供的产品或服务互补，或平台连接的用户互补。在平台经济中，同质性并购较为少见，平台横向并购主要属于异质性并购和互补性并购。同时，与同质性并购的作用主要在于快速扩大平台规模不同，异质性并购和互补性并购还具有提升平台服务能力、扩大服务范围、增强用户黏性、提高平台盈利性等多重作用。通过异质性并购或互补性并购，平台企业可以实现快速跨界经营。比如阿里巴巴和腾讯经过一系列横向并购，经营领域均覆盖了数字经济特别是数字服务业的方方面面。互联网平台企业总是有动机率先进行横向合并，通过合并可以提高企业的利润。其他企业在做是否跟随合并的决策时，需要综合考虑交叉网络外部性强度（Armstrong，2006）和单位成本节约情况这两个因素。当交叉网络外部性强度

⊖ 参见 U.S. House Committee On The Judiciary, Investigation of Competition in Digital Markets Majority Staff Report and Recommendations（2020-10-07）。

较小时,跟随合并总是可以提高企业利润,故跟随合并是占优策略;当交叉网络外部性强度较大时,只有当跟随合并节约的单位成本较多时,跟随合并才能提高企业利润,这时跟随合并才是占优策略。当交叉网络外部性强度较大时,率先选择横向合并的互联网平台企业并不希望其他企业跟随合并。为了应对可能发生的跟随合并,互联网平台企业可以合并市场中尽量多的企业,使剩下的企业没有可供选择的合并对象。即使不考虑单位成本节约对利润提升的作用,这样的横向合并也总能提高合并企业的利润。而且,当交叉网络外部性强度较大时,剩下的企业只能退出市场。

2)并购动机多元化。平台企业在商业模式、服务对象、盈利方式等多个方面不同于传统企业,这也导致其并购动机更加多元化。临界规模直接关系双边平台的存续,因而扩大平台规模、增强规模效应是平台企业实施横向并购的首要动机。除此之外还包括如下动机:一是拓展平台业务领域、增强稳定盈利能力。例如,阿里巴巴通过对高德地图、饿了么、菜鸟驿站等并购,最终建立起覆盖数字服务业大多数领域的平台生态体系,显著提升了自身盈利水平。二是获取关键要素、提升平台竞争力。相比于独自投资和建设的长期性,横向并购能让平台企业在短期内获得人才、用户、数据、技术等关键要素,从而实现服务能力和市场竞争力的快速飞跃。对初创企业或落后企业来说,横向并购更是追赶在位平台企业的最佳策略。三是消除潜在竞争。与传统经济相比,平台经济中的破坏性创新更加突出,即产品、技术等方面的创新者很有可能迅速替代在位平台企业。因此,在位平台企业有动力并购即将或已经成功的创新者,以消除潜在竞争者或新生竞争者,即猎杀式并购(Cunningham, Ederer & Ma, 2021)。

■ 本章要点

平台规模不是一蹴而就的,会经历一个从无到有的过程。平台诞生之初,绝大多数人会对其持观望态度,只有少数人敢为天下先,愿意率先进入,导致平台的实际规模曲线在初创期内始终低于期望规模曲线。平台企业需要吸引更多用户加入平台,只有用户数量达到一定程度的规模,即越过某个临界点,平台才能获得快速发展。这时候的平台企业必须建立起完善的机制,策略性地为潜在用户提供种种非网络效应诱因,不断吸引他们加入平台。当平台的实际规模与期望规模相等,即到达引爆点时,平台真空期就结束了。引爆点的到来意味着平台已经具备了依靠已有用户激发出的网络效应吸引潜在用户自发地进驻其中的能力。在网络效应诱因的吸引下,外界潜在用户以"病毒感染"之势进入平台,平台企业进入了高速发展阶段,它们无须投入过多的成本,就能获得高额的利润。经历了爆发期的疯狂扩张后,平台发展至成熟点,外界潜在用户对于平台期望规模的要求逐渐趋于平稳,平台的容纳能力趋于饱和,平台在竞争者的重重压迫下已有用户开始流失,虽然网络效应依旧很强,但已不再是吸引外界潜在用户进入平台的主要诱因,平台企业若不及时转变运营策略,将面临继续衰退的风险。

平台成长是一个不断吸引双边用户加入平台的过程,交叉网络效应和网络协同效应是平台成长的不竭动力,前者是规模因素,后者是结构因素。由于存在着交叉网络效应,平台运营商可以重点培育某一边用户,然后借助这一边用户吸引另一边用户;网络协同效应主要包括技术兼容性、能力协同性、利益相容性,网络协同效应正向地影响加入平台各方的收益。

平台需要定位并聚合双边用户、构建异质性资源能力、做大双边市场,基于现有的用户群组类型和用户规模,平台依靠自身资本、流量、数据、算法等优势同时跨越自身所在的市场和平台内市场(纵向跨界)或同时跨越不同行业(横向跨界)。平台跨界扩张的特点具体表现为:或者向多重领域扩张并谋求垄断,或者动用资本优势采取低价竞争抢占市场,或者借助流量、数据和算法等原有优势竞争。平台跨界是生产与消费同一化下对用户资源的发掘,使平台获得或强化基于用户规模的规模经济优势,使平台获得基于用户群组的范围经济优势,使用户受到交叉网络外部性与用户群组类型外部性的联合作用。

平台包络是指平台提供者通过利用通用部件或共同用户,将平台自身功能与目标市场进行捆绑而进入另一市场,动因是平台生态系统支撑、平台功能关系捆绑、网络效应激发与用户数据沉淀。

■ 讨论问题

1. 平台生命周期一般会经历哪些阶段?每个阶段的重点工作有哪些?
2. 请选定某一企业,探讨基于竞争逻辑的认知框架,企业所处的产业环境如何,企业拥有的资源能力如何,企业存在的使命初心如何。
3. 请选定某一客户群体,探讨基于共生逻辑的认知框架,客户需要更新哪些价值主张、赋予什么新义,如何跨界进行价值的重组,连接哪些资源能力以满足新的需求。
4. 请简述平台跨界竞争结构和竞争战略。
5. 成功的平台包络需要满足哪些条件?

| 第 5 章 |

平台竞争

■ 学习目标
- 理解平台竞争架构与逻辑；
- 理解平台内的竞争策略；
- 了解平台垄断。

■ 开篇案例

美团平台的发展路径

随着移动互联网的快速发展及智能终端的普及应用，以移动定位为前提条件的服务 LBS 业务逐渐兴起。在此期间，美团多次实施平台包络策略，进行业务架构调整，先后进入到店、到家、旅行、出行等 LBS 应用场景，联结丰富、异质的互补性资源，完成由平台向平台生态系统的演化进程。根据美团业务范围变化，其发展历史可以划分为三个阶段：第一阶段为初创期，主要聚焦团购业务；第二阶段为成长期，不断进行横向扩张，业务范围也由团购业务逐步拓展为本地生活服务；第三阶段为成熟期，在产业链上进行纵向包络，并购、投资大量如餐饮管理系统等赋能商户经营的企业，确立美团"Food+Platform"战略，完成由 O2O 平台向生活服务生态系统的演化。

初创期：团购业务，搭建地推团队，提高店铺互联网渗透率

美团成立于 2010 年，早期从事在线上向消费者提供折扣券、为线下商家提供推广为主的团购服务。通过O2O业务，美团在B端（商户端）通过将店铺部分业务以互联网团购方式进行线上销售，在地推过程中，与众多中小型商户建立了良好的联系，组成了一支经验丰富的地推团队，为后续外卖、酒店业务等的发展奠定了坚实基础；在C端（消费者端），美团因其相对丰富的团购服务内容及较大的活动优惠力度，获得大量初始用户，为后续美团不断扩张奠定了一定基础。随后，由于团购业务本身存在用户黏性弱、与商家关系脆弱、流量获取成本持续上升等问题，团购企业于2012年出现大面积关停现象，美团因其对商户补贴力度较大，成为少数幸存者，并最终获得红杉和阿里巴巴的投资，实现进一步扩张和发展。初创期的美团主要提供团购业务，其业务涉及生活服务领域的方方面面，使得美团在B端与C端的初始积累过程中，获得大量优质用户，为后续在生活服务领域的发展打下了坚实基础。

成长期：立足餐饮业务，丰富服务内容，扩大用户基础

在获得红杉和阿里巴巴的投资后，美团开始逐步实施平台包络策略。2013年，美团推出酒店预订和餐饮外卖业务，分别完成由餐饮业务向非餐饮业务包络、餐饮业务内部包络，正式进入外卖送餐服务领域。2015年，美团通过并购方式将大众点评纳入旗下，实现餐饮服务内部包络。2013—2015年，美团立足餐饮业务，为商户、用户提供大量补贴，使得平台两侧用户数量均有大幅上升。与此同时，美团向多个邻近市场发起包络策略，其业务范围逐渐覆盖电影票、景点门票、火车票、机票等多个到店服务领域，逐渐形成融合餐饮、本地休闲、旅行三大生活服务场景的平台生态系统。从2017年起，美团开始涉足出行业务，并于当年开始试点打车业务，正式进入中长距离出行领域。2018年4月，美团收购共享单车主要运营商摩拜，开始涉足短途出行领域。至此，美团通过多次投资、并购，对餐饮、住宿、出行等多个生活服务业务进行横向包络，完成了由团购平台向生活服务平台生态系统演化的进程。

在成长期，伴随着横向包络策略的实施，美团逐步涉及多个本地生活服务领域，丰富的业务品类在为消费者带来便利的同时，也打通了不同生态场景之间的有机循环通路，业务之间关联紧密、相互导流，实现了需求端的价值性协同，提升了美团的整体竞争力，同时也扩大了美团的用户规模，增强了用户黏性，进一步激发了美团生态系统的网络效应。以出行业务为例，美团于2017年开始布局出行业务，首先进入网约车领域，该项业务除贡献收入外，还为美团提供大量路径数据。网约车业务提供的路径数据包含行动路径特点、停留点、结束点等特征要素，利用这类数据对消费者需求特征做出的判断相较于以往的区域点数据更加丰富，对消费者的个性化推荐服务也更为精准。除了长距离出行业务（如网约车、打车等），美团于2018年进入短距离出行（如共享单车等）市场，共享单车除为用户提供基本出行功能外，同样能为美团提供路径数据。与网约车不同的是，共享单车服务的是短距离出行场景，能够更加清晰地捕捉用户短途出行场景下的路径数据，并通过大数据分析，更加深入地了解用户消费需求，可实现更为精准的服务信息推送。此外，共享单车和网约车用户与其他本地生活服务用户在一定程度上存在重合（如摩拜单车[一]的用户同时可能是饿了么的用户），将摩拜单车入口接入美团app将会使一部分摩拜单车用户转化为美团用户，通过扩大用户规模，形成供求两侧正反馈循环，实现需求端范围经济，产生价值性协同。

[一] 2018年，美团宣布全资收购摩拜。2020年12月，摩拜单车全面接入美团，正式更名为美团单车。

成熟期：面向产业链，赋能商户经营，激活协同效应

生态系统的健康、持续发展与每一个参与者密切相关，尤其是为系统提供异质性功能的互补企业。通过对餐饮及预期紧密关联的其他生活服务实施包络策略，美团在丰富消费者服务内容的同时，积累了大量用户，随后重点开展面向产业链的纵向包络，完成为商户赋能的活动。2016年以来，美团积极实施纵向包络策略，布局B端业务，例如向商家提供餐饮开放平台"聚宝盆"。该平台聚合了600余家餐饮系统方案提供商，共同为餐饮商家提供包括堂食、团购、外卖等在内的一站式运营服务。其后，美团不断实施纵向包络策略，逐渐向商户提供智能支付平台、进货平台、金融服务平台等多项增值服务，从采购、营销、财务和支付等多个维度赋能商户，大大提高了商户运营效率，也提高了商户对平台的依赖程度，将商户保留在美团生态系统内。除了进行纵向包络，美团也在不断思考如何提升生态系统整体运行效率。2013年，美团开始布局外卖业务，伴随着平台交易规模不断扩大，运力需求也日趋增长，但随之而来的是所有配送平台均需面对的需求"潮汐"波动，即在用餐午高峰和晚高峰时段，运力会出现显著供给短缺，配送时效下降，而在其他时段，配送运力会大量闲置，出现闲置运力的成本问题。2015—2017年，美团逐步开展其他到家外送业务，如生鲜、商超物品和药品等非餐饮外送服务。餐饮外卖配送高峰期集中在午餐和晚餐时段，而非餐饮品类配送大多集中在非餐时段，美团成功将餐饮外卖O2O升级为同城短距离即时配，有效提升了配送员闲暇时间的产能利用率，同时也满足了用户的多元化需求。

在成熟期，美团更加注重打通生态系统内部循环，通过相同组件（即时配送系统）进行横向包络，降低单位运力成本，形成供给端范围经济，激发效率性协同效应，使得美团对餐饮商家的影响力继续得到提升，进而获得生态系统层面的竞争优势。同时，美团也在餐饮领域逐步进行纵向包络，为中小商户提供ERP管理系统、收银结算系统等，增强商户黏性，保持B端用户多样性，在激发网络效应的同时，实现生态系统内部基础数据共通、共享与高效利用，产生价值性协同，进而提升服务质量，吸引、留存C端用户，进一步促进美团生态系统的网络效应，最终使美团生态系统获得相应竞争优势。

美团自成立以来，始终围绕着生活服务领域开展业务，在"千团大战"中幸存下来后，更是多次实施平台包络策略，实现由团购平台向生活服务平台生态系统演化。在初创期，美团以团购为主营业务，团购业务涉及生活服务领域的多个方面，为美团由团购服务提供商向生活服务提供商转型奠定了良好基础。在成长期，美团通过多次横向包络活动进入住宿、休闲、外卖、出行等领域，完成由团购平台向生活服务生态系统的演化，并因业务种类丰富多样，不同业务之间产生价值性协同，进一步激发平台生态系统的网络效应，从而获得竞争优势。在成熟期，美团更注重畅通生态系统内部循环，通过纵向包络赋能商户，保持生态系统中物种的多样性，并进一步提升系统组件（即时配送系统）利用效率，降低单位成本，产生效率性协同。除此之外，美团在由平台向平台生态系统演化的过程中积累了消费、出行等大量用户数据，通过对用户与平台的互动内容和数据进行抓取、分析和应用，联动平台各个消费场景，形成交叉销售，增强用户黏性和活跃度。同时，丰富的用户数据对商户订货、仓储、运力等效率的提升产生促进作用，实现全平台协同，最终提升了美团的竞争优势。

资料来源：https://www.meituan.com。

平台竞争是多方面、多层次、多方式和长期的，平台竞争的关键在于赢得与网络效应相关的竞争优势（Astyne，Parker & Choudary，2016；Zhu & Furr，2016）。当前的商业竞争也逐步被定义为平台的竞争，而不是单个公司间的竞争（Adner & Kapoor，2010）。平台竞争已演变成为网络经济时代的竞争（Tan B et al.，2015）：一方面是平台包络与跨界竞争的普遍存在，熊彼特式创新的不断萌发；另一方面则是跨边网络外部性会在平台两边产生双向的回振效应，既可能使双边用户同时呈现指数级增长，也可能导致指数级下降，用户竞争与资源竞争是平台的核心利益所在。

5.1 平台竞争的架构与逻辑

平台技术、平台架构和平台治理的复杂性决定了平台竞争的多样性。为了获得平台竞争优势，每一个平台都具有独特的、基于多样竞争策略组合的技术架构和市场架构（Cennamo，2019）。

5.1.1 平台竞争架构

1. 平台竞争框架

平台竞争主要是指提高平台本身的功能性和技术绩效、扩大用户基础、增加互补品的规模和多样性的竞争优势（Schilling，2009），重点围绕平台范围（哪些技术或产品由平台自己提供，哪些由外部主体提供）、产品技术（技术架构、模块化程度、界面开放程度等）、与互补品的关系（竞争与合作关系管理）和内部组织（组织结构和文化）四个方面（Gawer & Cusumano，2002）而展开。该分析框架的特点在于将平台企业的内部组织结构和文化纳入了竞争分析框架，例如，英特尔设立了一个管理上高度自治的组织机构——英特尔架构实验室，其使命就是通过技术界面设计和提供专业的技术服务而促进互补品提供者的进入，这对互补品提供者形成了一种特殊的承诺机制（Gawer & Henderson，2007）。Cusumano 等（2019）在 Gawer 和 Cusumano（2002）的基础上，提出了一个新的平台企业竞争战略分析框架，涵盖扩大网络效应（扩大需求端用户基础和吸引互补品）、防止用户多平台归属、防止市场碎片化（如出现多版本的平台技术）和提高进入壁垒四个方面。

Tura 等（2018）从设计的视角提出了一个更加综合的平台竞争分析框架，涵盖平台设计、价值创造逻辑、平台生态治理和平台竞争四个维度。其中，平台设计是指确定平台生态的参与者，即平台生态作为多边市场包括哪些边的参与者，在每一个边上允许具有什么特征的参与者加入平台；价值创造逻辑是指平台企业需要明确各类参与者的价值主张和收入来源（重点是网络效应驱动的价值形成和收入）；平台生态治理是指平台生态中各类决策权的配置，包括平台的所有权结构（是独占还是多个主体共同所有）以及谁承担平台生态的主导者角色；平台竞争包括平台生态构建、平台生态在市场需求中的定位以及平台的创新和升级。

Cennamo（2019）提出了从平台规模和平台身份两个维度及其相互关系来分析平台竞争的理论框架。平台规模维度指的是由于显著的直接网络效应和间接网络效应，平台企业须尽快扩大最终用户和互补品的数量，以造成竞争对手的规模不经济；平台身份维度指的是平台通过设计独特的技术架构和市场架构，来过滤特定的最终用户和互补品以提供特定的产品或服务，形成差异化的市场定位或构建核心技术能力。平台规模（共同用户的数量）和平台架构相似性两个维度可以组合形成四种不同的平台身份。平台身份不仅决定平台竞争绩效，而且会影响平台市场结构。平台间的平台身份越相似，出现赢家通吃竞争结果的可能性就越小。Cennamo 的分析框架强调平台竞争差异性（特定的平台规模和平台身份）的思想是非常重要的，这使得平台战略研究与战略管理定位观、资源观和能力观强调企业独特性的思想衔接了起来，改变了既有的平台战略研究与主流战略管理理论分析框架分割的状态，有利于推动平台竞争理论与既有战略管理理论的融合和拓展。

2. 平台竞争效应

无论平台竞争的具体形式或类型如何，最优的平台竞争本质上都是平台企业对竞争策略形成的价值创造效应和价值分配效应的综合与权衡（Visnjic & Cennamo，2013）。从价值创造的角度看，如果平台企业的竞争策略相对开放，如采用更开放的技术标准、更低的技术许可费用，则有利于吸引更多的互补品进入该平台生态，从而提高平台技术改进的专业经济和聚集经济（Boudreau，2010）。平台企业如果采取相对封闭的竞争策略，即采用更强的架构控制和知识产权保护，则有利于选择更高质量的互补品提供者，提高平台和特定类型互补品的耦合性，甚至自己直接提供高质量的互补品，来提高平台生态的技术绩效。通常情况下，开放的竞争策略有利于提供更丰富的产品功能，而封闭的竞争策略有利于提升最终产品或服务的性能。

从价值分配的角度看，相对封闭的竞争策略有利于平台企业从创造的价值中获得更高比例的垄断利润，相对开放的竞争策略则由于技术扩散而导致更高强度的竞争，从而降低平台企业的可获利性，但更大范围的技术扩散也能增加平台的最终用户和互补品数量，从而更好地发挥平台的网络效应。对互补品开放的权衡发生在采用和获利性之间，而对竞争性平台开放的权衡发生在控制和多样性之间（Boudreau，2010）。后者指的是如果平台本身的控制权开放，使得其他主体可以对平台技术进行修改和完善，则平台技术会更加多样，但平台企业可能丧失对平台的控制权；平台在这个层面的开放也可能培育更多的竞争对手，从而降低平台的垄断性和获利能力。

5.1.2 平台竞争逻辑

由于竞争战略本身是企业综合权衡价值创造与获取效应后形成的一套复杂的战略组合，因此平台竞争战略体系或因平台价值创造与获取逻辑的差异而存在结构上的不同（Rietveld & Schilling，2019）。如 2.1.1 节所述，交易平台和创新平台在价值创造逻辑方面存在着很大区别：交易平台作为中介机构或在线市场，将供需双方联系起来以促进双方信息交互以及技术、产品或服务交易，减少搜寻和交易成本以创造生态价值；创新平台提供一组技术性共同元素，促进平台企业、互补者甚至竞争者在此基础上创造新的和互补的技术、产品或服务，提高互补品多样性和平台系统性能，以创造生态价值。相较于交易平台，互补创新的数量、质量和多样性在塑造创新平台生态和提高创新平台竞争力方面更具价值。与传统市场中强调获取更多价值的零和竞争不同，互联网平台竞争强调创造更多的价值，加之不同类型互联网平台创造价值的核心要素不同，这就产生了基于赢家通吃和差异化的两种不同竞争逻辑。

1. 赢家通吃的竞争逻辑

赢家通吃的竞争逻辑与传统产品市场中的零和竞争有相似之处，即竞争胜利的一方会将另一方挤出市场。在纯粹的交易市场中，平台只会关注网络规模的大小，不会对用户和互补者进行筛选或区别对待，网络规模正向影响生态网络价值。在网络效应的作用下，一旦某个平台达到一定的规模，就会激发整个平台网络吸引更多用户和互补者入驻，这种正反馈随时间不断强化，加上学习曲线效应和边际收益递增的作用（Rietveld & Schilling，2021），将进一步提升平台生态的价值，并带来倾覆效应（David，1985），增加用户和互补者的退出成本，产生锁定效应（Arthur，1989），网络规模更大的平台最终赢得整个市场。在只关注网络规模大小的纯粹交易市场中，平台更易基于赢家通吃的逻辑展开竞争（Cennamo，2019）。

网络外部性是探索平台赢家通吃竞争逻辑和动态发生过程的重要理论基础（郑称德 等，2016），包括直接网络外部性、间接网络外部性（Rochet & Tirole，2003；Caillaud & Jullien，2003）与交叉网络外部性（Hoberg & Phillips，2016）。在网络外部性的作用下，规模经济带来巨额收益，竞争的主要动机在于更快达到激发网络效应的门槛，进而产生一系列更快、更好的竞争策略。模块化的生产架构可以让平台系统中的参与者自由完善各自的互补品，意味着平台与各互补者实现外部依赖最小化、内部依赖最大化（Laua，Yam & Tang，2009），同时也意味着用户可以获得更广泛的、更优质的集成产品或服务。由于参与者都专注于产品体系中自己最强大的部分，因此模块化系统通常会优于垂直整合的生产者，更易于提高组织和产业创新能力及绩效表现（Scchilling，2000；Hoetker，2006；Lau et al.，2010）。当然，平台系统模块化架构的形成不是一蹴而就的，在平台系统演变的不同阶段，模块化程度也由产品模块化、生产模块化向组织模块化、超模块化不断加深（郑帅 等，2021），虽然模块化过程中可以吸收外部创新，但其本身并不能保证互补者的创新质量（Baldwin，Okubot，2006；Thomas et al.，2018），不受控制的创新并不总益于平台系统的健康（Hagiu et al.，2010），平台系统需要对系统各模块进行输入控制（Tiwana，2015）。

在传统产品市场竞争中，企业可以通过激进的定价策略损害竞争对手的市场地位并迫使对方离开市场，定价策略同样在互联网市场竞争中发挥着至关重要的作用（Rysman，2009）。对基于赢家通吃的竞争逻辑的互联网平台而言，主要挑战在于如何更快地扩大双边市场规模，在激发网络效应正反馈的同时，提高竞争对手因规模不经济而面临的进入门槛。为了更好地发挥定价策略的作用，竞争主体必须首先克服"鸡蛋相生"的问题，也即平台企业对各边市场的定价策略往往是存在异质性的，平台提供者往往会补贴市场的某一边，再从另一边获得弥补（Belleflamme & Toulemonde，2009），例如，平台提供商会以更低的价格来"奖励"对另一侧市场的实用性收益产生显著影响的这一侧（Armstrong & Wright，2007）。当然，平台的定价策略也会受到平台系统开放度的影响（Boudreau，2010）。开放度的增加会刺激生态网络规模的快速增长，并对平台企业的主导地位产生积极的正向影响（Anderson，Parker & Tan，2014）。

基于赢家通吃的竞争逻辑的另一竞争策略是平台包络策略，即一个平台将另一个平台的技术与自己的技术捆绑在一起，并将其功能纳入自己的核心功能，从而将另一个平台包含进来，最终达到吞并或排挤另一平台的目的（Eisenmann, Parker & Alstyne, 2011）。图 5-1 展示了平台包络策略演变的基本逻辑。微软与网景的竞争、Ticketmaster 进入转售市场、苹果将第三方应用程序功能集成到 iOS 操作系统中，以及国内的哈啰单车进入打车行业等，均体现了平台包络策略（Gallouj, Rubalcaba & Windrum, 2014）。

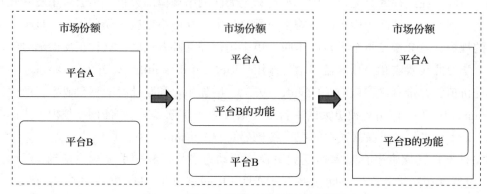

图 5-1　平台包络策略演变的基本逻辑

2. 差异化的竞争逻辑

通过市场定位和更优质产品获取差异化竞争优势的竞争逻辑，可能更加符合多数平台的竞争选择（Cennamo & Santalo, 2013）。尤其对技术市场和信息市场而言，内容或技术供应商的类型和质量可能比网络规模更为重要，平台可以基于独特的市场定位（郑称德、于笑丰 等，2016）、更优的平台架构设计和技术能力（Zhu & Iansiti, 2012）、差异性的互补提供商（Rietveld, Schilling & Bellavitis, 2019; Zhang, Li & Tong, 2020）建立独具一格的身份属性，在规避市场正面竞争的同时成为某一细分领域的专家并形成独特的竞争优势。基于差异化的竞争最终导致整个市场逐渐分割成不同的细分市场，不同平台得以在同一市场中共存，并达到一种平衡的动态竞争状态。

平台与互补者差异化、用户需求异质性之间复杂的关系（Tucker, 2008）以及核心用户与普通用户之间（Steiner, Wiegand & Eggert, 2016）、早期用户和后期用户之间（Rietveld & Eggers, 2018）所存在的异质性及用户需求的一系列差异，对于理解平台竞争、市场分割、反垄断规制等都具有非常重要的价值，对于理解不同阶段互补者参与及平台差异化均具有战略意义。基于平台差异和用户需求异质性视角，更易于理解为什么互联网市场中某些平台可以借助独特的差异性，受到特定细分市场的高度欢迎，即便用户基数很小，仍长久地存在于市场中（Chao & Derdenger, 2013）。例如，在短视频行业如此盛行的时代，知乎、得到等内容平台仍深受部分用户的青睐，保持稳固的用户活跃度；再如，美柚针对女性提供覆盖其生理期、备孕期、怀孕期和育儿期等阶段的专业建议，涵盖饮食、健康检测、生活方式、育儿等，同时建立了各个阶段的细分社交平台，帮助女性记录并分享经验。

在互联网市场中，经常观察到平台所有者的竞争决策与赢家通吃的竞争逻辑是相悖的。平台可以通过限制访问策略（Claussen, Kretschmer & Mayrhofer, 2013）筛选出它们愿意服务的用户群体，同时通过选择性推广策略（Liang, Shi & Raghu, 2019）、排他性入驻协议策略

(Constantinides，Henfridsson & Parker，2018）等，使互补者类型与平台整体目标和定位保持一致，以更好地通过集成的产品或服务为特定用户创造价值（Tiwana，2015）。例如抖音和快手对短视频整体市场的分割，起初看像是同一类型的两个平台在塑造"南抖北快"的市场格局，如今来看，两者又似乎是完全不同的两个平台。中国庞大的互联网市场中的各个平台，彼此之间达到微妙平衡的例子比比皆是。

5.2 平台竞争机理

平台企业的竞争行为将改变利益相关方的收益格局，并影响平台企业绩效。有四大因素影响企业绩效。

一是平台掌控地位。平台企业竞争有助于提升利润水平，并使企业在竞争中处于较强的掌控地位（张千帆 等，2016）。当平台两边均为单属时，竞争相对激烈的一边成为平台争取的重点，平台从竞争相对不激烈的一边获取利润；在平台一边单属、另一边多属的情况下，单属的一边以竞争性瓶颈的形式成为平台竞争的重点，而多属的一边则成为平台的获利方（Armstrong，2006）。

二是市场势力。在双边市场中，市场势力不仅同市场份额相关，而且同消费者的忠诚度和单属的范围有关（Rochet & Tirole，2003）。市场势力可以导致在增加消费者福利的同时增加企业利润（Doganoglu & Wright，2006）。

三是差异化竞争。平台可以实施差异化策略来避免直接的价格竞争，包含横向差异化和纵向差异化。在平台产品差异化的竞争中，均衡的结果是提供低质量服务的平台采用单属，提供高质量服务的平台则采用多属（Bramoullé，Kranton & D'Amours，2014）。

四是进入壁垒。平台进入壁垒包括平台的规模经济、价格结构和转移成本。由于平台具有明显的网络外部性，因此规模经济成为平台重要的进入壁垒。由于平台一边的消费者不愿意失去在原有网络中的网络外部性的收益，因此转移成本也构成了平台进入壁垒（Gao，Hyytinen & Toivanen，2014）。新平台对在位者来说意味着一个相当强的竞争威胁，"分而治之"的能力大大降低了利润，使在位者不得不选择与新进入的平台兼容。

对平台市场而言，有效的盈利模式通常具有下列两大原则：第一，平台的根基来自多变群体的互补需求所激发出来的网络效应，因此，若要有效盈利，必须找到双方需求引力之间的关键环节，设置获利关卡；第二，平台是对传统企业运营模式的颠覆性的破坏与创新，对传统单向流动的价值链活动进行了整合，使所有的价值活动都流经该平台，平台是价值的整合者、多边群体的连接者、生态圈的整合者，通过激发各群体之间和群体成员之间的正向网络效应，推动各群体之间进行价值交换，从而不断地推动平台成长和持续盈利。

5.2.1 平台竞争力的形成

竞争就是为了己方的利益而跟人争胜。[一]平台竞争是平台企业控制或击败对手的行为特征，

[一] "竞争"释义可参阅在线汉语词典 http://xh.5156edu.com/html3/14743.html。

平台竞争力的形成与互联网连接、三重合作结构和协同监管密切相关。[1]

1. 互联网连接：平台竞争力形成的前提

从社会发展过程来看，资源稀缺培养了人的竞争特性。地域隔离让人们彼此分离，甚至老死不相往来，从而减少了竞争；地域隔离也阻碍了合作，也是局部竞争加剧的重要缘由。因此，用技术拓展连接能力，一直与社会经济发展相随。语言、文字、印刷术、驿站、信使、电话、电报、电视、报纸等，都是赋能人类提升连接能力、突破时空隔离的重要工具。连接能力既可提升竞争能力，又可提升合作能力，哪种能力提升得更快，取决于人类是采用竞争思维还是合作思维开展集体行动。在农业社会，农业帝国的形成是连接能力提升的结果，但农业帝国也加剧了地缘竞争；在工业社会，世界各国用交通、商品、物流和金融连接世界，工业化过程中的引导国是商品生产最发达的国家（Evans & Schmalensee，2018），发达国家的经济霸权、政治霸权和文化霸权，给发展中国家带来了竞争压力；在数字社会，互联网等信息技术赋能人类即时沟通能力，扩大了人类沟通和行动的范围，使人类获得了新的连接能力。

在数字化进程中形成和发展的平台经济，本质上是连接经济。互联网连接是平台竞争力形成的前提，而竞争力的提升得益于平台企业利用互联网的合作特性。第一，平台成为促进各类用户合作的智能基础设施。苹果、谷歌、微软、脸书、阿里巴巴、腾讯、百度、京东、美团等大平台都承担了智能基础设施的功能，它们利用交易技术促进双边或多边用户集聚、反馈，推动合作并带来合作利益。第二，平台的基本功能是促进合作。平台是连接者、撮合者和中介，无论双边或多边平台，其基本目的都是通过连接功能促进合作。第三，平台生态系统是平台企业利用互联网连接塑造的合作组织体系。平台将一个群体中的成员与另一个群体中的成员连接起来（Evans & Schmalensee，2018），以此为基础，平台利用互联网连接的优势发布信息、撮合交易、整合资源、提升交易效率，促进用户交易，形成具有共生关系、共享协调、开放互补、强制与自愿相结合的生态系统（王馨博 等，2022），进而提升自身的竞争力。

2. 三重合作结构：平台竞争力提升的底层逻辑

只将平台视为连接者，很难揭示平台竞争的本质。平台之所以能够提升竞争力，与平台中的合作结构有关（Tiwana，2014）。合作结构从组成要素来看，包括平台、应用程序、生态系统、接口和架构；从经营者来看，包括平台所有者、应用程序开发者和终端用户；[2]从平台结构来看，形成了包括平台治理层、中层资源层和前台创业层的基本架构（刘绍荣 等，2019）。可以说，平台企业与互联网企业、操作系统、平台用户形成了三个层面的合作结构，打造了平台企业竞争力的结构基础。

（1）平台企业与互联网企业的合作。互联网是数字时代重要的基础设施，更是平台企业运行不可缺少的基础设施。互联网企业连接了平台企业及其他主体，是平台企业提升竞争力的"底座"。优质的互联网企业成为平台企业发展不可或缺的基础。平台企业和互联网企业的发

---

[1] 谢新水，张小明. 平台经济竞争中的合作机理探究：消解认知偏差的学理思路［J］. 行政论坛，2022（4）：124-132.

[2]《反垄断指南》将平台经济领域的经营者分为平台经营者、平台内经营者及其他参与平台经济的经营者等三种类型。

展是一体的,二者形成了相互依存的合作关系,促进了数字经济向生产端延伸(仲鸣,2022)。无论数字产业化,还是产业数字化,都需要平台企业和互联网企业通力合作。

(2)平台企业与操作系统的合作。目前,智能手机等设备是平台企业依赖的应用终端,平台企业、平台用户只有得到操作系统的支持才能运行。一些平台的应用程序要依赖操作系统才能开发,操作系统是平台企业运行的底层体系。如果没有操作系统的支持,平台企业、终端用户就缺少了发展基础。苹果手机既包括它所开发的操作系统 iOS,又包括它编写的大多数应用程序,并且设立了苹果应用商店来管理基于其操作系统开发的应用程序和其他符合其标准的应用程序(Evans & Schmalensee,2018)。一方面,平台企业和终端用户都要依赖 iOS 运行;另一方面,平台企业和终端用户巩固了苹果的市场地位,增加了苹果的收入。

(3)平台企业与平台用户的合作。平台是承载应用程序和终端用户不可或缺的基础,是次一级的基础设施。用户是平台发展的基础,用户是平台的"底气",平台提供所有服务都是为了吸引用户。用户是平台企业获得市场利润和市场地位的关键筹码。为了吸引用户、留住用户,平台企业集成了物流体系、支付体系、数据体系、网络经营场所等,同时还发布消息、撮合交易并在品牌信用、营销推广等方面给予支持。平台企业跨地域、跨行业打造平台生态系统,也是为了和不同用户跨界合作。开发于 2004 年脸书,一开始是双边合作平台,连接的是信息发送者和接收者;后来,开始出售广告位,成为三边合作平台;2007 年以后,开发者可以在这个平台上开发各种应用程序,遂成为四边合作平台(Evans & Schmalensee,2018)。脸书能成为全球商业帝国,与它充分地利用多层合作结构获得竞争力有关。

3. 协同监管:平台竞争力提升的治理逻辑

平台是中介或撮合者,没有交易,自身不能产生价值;平台的成功需要双方或多方建构。不是所有平台都可以繁荣,很多平台已经"死亡"。从诞生起,平台的命运就呈现"要么死亡,要么辉煌"的两极化。一些平台"死亡"是由三方面原因导致的。一是难以适应复杂性创新。平台生态系统中的创新是复杂的、动态的,而且涉及数量庞大的、多样化的相互依赖关系(Cenamor & Frishammar,2021)。如果不能适应这种复杂性创新,不能处理好相互依赖关系,就可能导致平台"死亡"。二是难以适应"双元性"关系。在平台生态系统中,拥有各种核心能力的主体的功能是互补的(Inoue,2021),彼此之间不是直接的控制关系,而是"双元性"关系(Jacobides,Cennamo & Gawer,2018),只有通过良好的合作,才能嵌接这些互补性的主体,打通"双元性"关系。三是难以把握开放度。平台生态系统是开放性的,适度的开放可以促进平台创新,过度的开放则会影响平台创新和平台收益(Inoue,2021)。

平台要获得用户、资本、社会和政府的支持,平台治理是关键。平台治理包括自我监管、社会监管和政府监管。有效的自我监管是平台竞争力的基础、生命力的保障。为了提升治理能力,平台还设置了社会监管。①其中,用户评价是社会监管的重要方式,它不仅可以提升交易

---

① 例如,京东平台设置了消费者评价板块。消费者对服务和产品进行评价,而且消费者和生产者都可以看到这些结构化、系统化的评价结果即"好评度"。京东平台的产品评价机制不仅包括晒图、视频晒单、追评以及设置好评、中评和差评等层次,还设置了"100 万+""50 万+""10 万+""2 万+"等评价等级。为了保证评价结果的客观性,京东平台还配备了举报机制,举报分类包括"晒单图片与商品不符""黄赌毒暴力""广告"等。

诚信度，提升平台信誉，还打造了平台运行的软基础（Evans & Schmalensee，2018）。在政府与市场的关系建构中，监管是一把"双刃剑"。包容审慎的监管策略是促进共享经济、平台经济以及数字经济构建新竞争优势并走在世界各国前列的关键原因。从平台经济的发展来看，协同监管不仅消除了平台内多元主体合作的障碍，促进"平台–产品–社会–政府"之间的有效合作，还降低了平台企业的协调成本和政府监管成本。自我监管、社会监管和政府监管的有效协同，能够提升平台企业的竞争力。高质量、协同性的平台治理，是平台企业、终端用户、社会及政府等相互支持、多元合作的结果。

5.2.2 平台竞争优势打造

1. 平台的竞争优势来自双边市场结构

在互联网时代，平台的竞争优势不是来自规模经济和范围经济，而是来自双边市场结构。

（1）双边市场的交叉网络外部性效应。当某产品对某消费者的效用随着采用相同产品或可兼容产品的消费者增加而增加时，就出现了正的网络外部性（Tirole，1998）。双边市场的网络外部性还取决于交易平台另一边用户的数量与质量，是一种具有"交叉"性质的网络外部性（Rosen，2005）。假设在 t 时刻边 1 市场（需求方）的用户数量为 $n_1(t)$，则边 2 市场（供给方）用户的效用 $u_2(t)=f_2(n_1(t))+\theta_2(t)$，且有 $f_2(0)=0$，$f_2(n)$ 可微且一阶导数非负。经济学含义是，边 2 市场用户的效用不仅取决于与双边市场规模无关的刻画边 2 市场特征的变量 $\theta_2(t)$，还取决于边 1 市场的用户数量 $n_1(t)$，而 $n_1(t)$ 又与边 1 市场的用户效用成正比，有 $n_1(t)=\phi_1[u_1(t)]$，且 $\phi_1'>0$。

（2）双边市场的价格杠杆效应。平台企业向用户边收取的注册费或平台交易定价一般由两部分构成，一部分向边 1 市场用户征收，记作 p_1，另一部分向边 2 市场用户征收，记作 p_2，则平台企业的定价 $p=p_1+p_2$。从边 1 市场到边 2 市场的影响机理是：$p_1\downarrow \Rightarrow \theta_1\uparrow \Rightarrow u_1\uparrow \Rightarrow n_1\uparrow \Rightarrow u_2\uparrow \Rightarrow n_2\uparrow$，价格杠杆效应可视为平台企业针对交叉网络外部性而制定的定价策略。例如，一种可能的情形是：当边 1 市场的用户数量对边 2 市场而言十分重要时，平台企业可以采用不向边 1 市场用户收费或只征收保留价格的策略，通过提高边 1 市场用户的效用来增加其用户数量，进而提升平台企业对边 2 市场用户的定价谈判力，均衡情况可能是对边 2 市场用户征收一个相对高的价格，来弥补平台企业对边 1 市场用户采用低价策略带来的损失。另一种情形发生在当双边市场用户数量水平都较低时：平台企业对边 2 市场用户可以采取低价策略，来循环吸引更多的用户加入平台，通过增加双边市场用户数量和交易频次，来越过平台收益递增的拐点。

（3）双边市场的市场学习效应。传统市场组织中，就产品的生产过程而言，需求方与供给方在物理空间上是截然分离的，即先生产后消费，生产者根据市场过去的演化特征来预测和估计消费行为的变化趋势，消费者只能在已经被生产出来的产品中进行选择，而未在消费可行集中的产品是无法进行消费的。平台经济的出现使消费者提前介入生产过程，生产与消费可以同步进行，消费可行集的边界随之向外扩张，双边或多边市场在互联网提供的虚拟空间中进行需求递交和需求创造。这种交流过程的本质是学习，包括消费者学习如何递交需求、生产者学习如何更好地创造需求，同时伴随着一系列信息收集、交换、处理、分析等过程，所以依托平台经济，大数据与云计算技术大有可为。例如，当传统的制衣店被搬到网上之后，消费者可以根据自己的体型，以及偏好的颜色、面料、款式等参与服饰定制过程，而生产者也可以收集更多关于客户的私人信息，并在此基础上开发新的服饰风格，使传统行业在互联网时代重新焕发生机。

（4）双边市场的全球资源配置效应。互联网突破了生产和交易的地域限制，双边市场的参与用户可以拓展到全球。正如《一只iPhone的全球之旅》一书中所展示的，iPhone手机的设计环节在美国，关键零部件制造在日本，核心芯片和显示屏制造在韩国，辅助零部件生产在中国台湾地区，再通过全球物流成本低谷阿拉斯加进行网络配送，经由富士康组装后，运往美国销售（曾航，2011）。平台企业强大的生命力在于，能以全球最低的要素成本组织生产、运输与销售。不仅如此，目前在世界的任何一个角落都可能存在app的设计者，苹果通过手机将全球用户与app设计者连接在同一个平台上，那些位于苹果所架设的平台之上的企业，如富士康、ARM、三星、LG、宸鸿、和硕、美光、伯恩、大立光等迅速崛起壮大，而另一些企业则因为远离苹果的平台而逐渐被削弱。

2. 平台竞争优势的形成机理

平台的竞争优势是指基于平台企业的竞争力而获得市场利润和市场领导地位的有利形势。可以从价值共创、价值专属、平台生态等三个方面去考察平台竞争优势的形成机理。

（1）价值共创：平台获得竞争优势的重要机制。平台空间中的利益相关者是具有高度依存性和低度约束性的自治单位。这些自治单位要形成整体性的且具有网络正效应的平台生态系统，则需要多层次的、有效互动的关系支持。平台之所以具有强大的资源整合能力，具有规模经济优势和技术创新优势，是因为价值共创机制的作用（徐争，2022），该机制保证了平台企业获得市场利润、取得市场地位。

以价值共创为内核，平台企业利用数字技术打造新商业模式。一是利用网络和信息技术，平台企业有效消除了时空隔离和信息不对称，促进了购买者和需求者、生产者和消费者之间的即时性高效匹配，实现了共创价值的目标；二是数字技术在线整合用户悬浮于网络空间的海量碎片时间，推动时间的脱域共在和空间的无距离趋同，使资本生产的时间结构逐渐由时间的历时性衔接转换为共时性组装（唐永、曾宪亢，2020）；三是数字平台支持全天候、全球性的高频交易，提升了利润获得的宽度和厚度。

平台企业行动的目标是实现价值共创。网络是平台的基础，平台是数据的基础，算法和算力是平台数据发挥作用的基础。在平台企业获得利润和占领市场的过程中，单一的要素难以发挥价值，更不可能实现价值共创。平台的成功不仅依赖于平台所有者、平台企业，更依赖于平台生态系统中合作伙伴的盈利能力（Adner，2012）。平台企业的生命力源于价值共创机制持续促使平台体系中的多元主体形成良好的交互式合作，平台企业成功打造商业生态系统的目标也是践行价值共创机制。

（2）价值专属：平台提升竞争优势的基本手段。价值专属强调企业通过市场势力与VRIN资源阻止其他企业获取其所创造出来的超额价值。在当下资源在全球范围内整合、产业组织"去中心化"趋势不断加强、技术创新和商业模式创新变换频率提高的背景下，价值专属是企业获得超额租金的有效竞争武器。

1）利用组合式平台实现网络性价值专属。小米入股美的，打造智能家居；奇虎360投资酷派，布局移动互联网终端，目的都是通过软硬件构成组合式平台积极融入消费者的生活方式、增强消费者黏性，使其产品组合具有网络性质的价值专属特性。

2）通过技术创新与商业模式创新，促进平台升级，实现价值专属。我国传统企业的后发优势多出现在电子产品、机械制造等行业，这些行业的需求、技术标准基本确定，较容易在价值链的设计、制造、营销、运营等区段形成平台机制。但这些行业的上游国际企业一方面通过收取专利费，获取大比例的经济租金；另一方面通过技术创新促使产品升级换代来获得价值专属，导致下游企业被动升级。因此，我国传统企业中拥有创新能力的企业，很有可能成为该行业的颠覆者。

3）通过平台积累的大量数据以及围绕平台形成的界面规则，形成平台企业的价值专属性资源。对界面规则而言，既包含高效率平台增长的经验沉淀，也包含商业生态系统内强势企业的主观意志，而后者自然会产生价值专属的特性。事实上，平台政策在开放与封闭之间转换的过程，就是价值专属的程度或增或减的过程。例如，安卓手机系统通过开放政策获得了巨大的市场份额；由于完全开放，Linux缺乏激励机制而没有主导者，导致它没从电脑拓展到手机领域。开放政策可以使平台覆盖更大范围，实现规模经济和范围经济，但也会产生道德风险、带来搭便车的行为。从表面上来看，奇虎360在打造安全卫士软件平台的时候，采取了免费策略，即完全没有价值专属的意图。但它借助免费策略获得了两种性质的价值专属：一是利用安全软件形成大数据平台；二是通过对竞争对手的相关产品实施非相容的政策，形成了网络性价值专属。由此可见，价值专属特性既可能来自异质性资源，也可能来自企业价值识别、价值创造和价值捕捉的具体措施的动态组合。因此，在平台增长的过程中，价值专属是其提升价值捕获能力、获得竞争优势的基本手段。

（3）平台生态：平台获得市场地位的组织逻辑。在Moore（1993）提出商业生态系统这一概念的基础上，Mekinen等（2014）认为商业生态系统（platform-based business ecosystem，PBES）是平台企业（平台所有者）及其互补企业构成的网络（Adner & Kapoor，2010）。平台企业通过基础架构提供价值、控制互补企业之间的交互，互补企业生产互补品以提升平台价值（Parker & Van Alatyne，2005；Eisenmann，Parker & Alatyne，2006）。商业生态系统的核心竞争力来源于整个系统中的成员通过平台实现资源、信息、能力共享，从而提高整个生态系统的创新能力。平台是网络中的中介，整个网络由用户、互补者、平台提供者和平台赞助者共同组成（Eisenmann，2007），每一个参与网络构成的成员都能在开放和封闭的策略间进行选择，从而能够形成网络开放程度各异的状态。许多能够单独创新的模块聚集起来组成"系统"（Gawera & Cusumano，2002），连接双边市场中不同用户群的产品或服务（Eisenmann，Parker & Alstyne，2011）。随着平台界限不断扩大，平台界面中对接其他创新成员的各种能力的接口也随之增长（Tiwana et al.，2010）。

1）平台生态系统以系统竞争获得市场地位。平台生态系统中的创新不是由一个企业创造的，而是由整个生态系统共同创造的，系统竞争取代了产品竞争；在平台生态系统的相互竞争中，企业仅仅拥有好产品而没有令人信服的生态系统，在市场中是没有地位的（Tiwana，

2014）。令人信服的生态系统具有良好合作关系，能够共创价值。只有提升合作能力，平台生态系统才能提升竞争能力，而不是相反。由于合作关系、价值共创对平台生态系统的重要价值，平台的竞争特性就转变为平台的隐性特征。在发展过程中，平台应张扬其合作特征，打造共同利益市场，而不是利用竞争力和竞争优势破坏共同利益市场。

2）平台生态系统与资本合作获得市场地位。在很长一段时间内，很多平台都是亏损的，是通过一种"后盈利模式"运行的。在这个过程中，资本支持对平台企业获得市场地位非常重要。平台企业选择亏损性发展是一种数字竞争策略，其直接目的是以数字技术和新商业模式为筹码，通过多轮融资吸引风投资本不断投入，建构"数字基础设施 - 数字生产力 - 免费商业"模式，实现竞争优势（谢新水，2022），资本是平台企业获得竞争优势的关键因素。

3）平台生态系统促进合作共赢获得市场地位。数据是平台经济的新生产要素，大型平台集聚的海量数据资源能快速打通行业上下游，改造并形成新的生态系统（王凤彬 等，2019），这既促进了技术、资本、劳动等要素的协作，也促进了数据这种新的生产要素与工业化过程中各种要素的合作，还形成了诸多合作共赢的伙伴。在建构平台生态系统的过程中，以合作共赢的方式培养合作伙伴，是平台企业赢得市场竞争优势的重要一环。

5.3 平台竞争策略

平台竞争主要包括业务领域同质且盈利模式相同的竞争、业务领域同质但盈利模式不同的竞争、注重业务领域广度的竞争、注重业务领域深度的竞争（陈威如、余卓轩，2013）。关注的竞争战略包括差异化（Evans & Schmalensee, 2007）、捆绑销售（Rochet & Tirole, 2008）、制定排他性合约（Armstrong & Julian, 2007）、实施掠夺性定价（Evans & Schmalensee, 2012）、利用技术兼容、排他性技术与兼并（Rysman, 2009）等。平台竞争可以从三个层次产生（Alstyne & Parker, 2014）：平台之间的竞争（Rochet & Tirole, 2014；Khanagha et al., 2022）、平台和合作伙伴之间的竞争（Chang et al., 2022）、合作伙伴之间的竞争（Zhang et al., 2022），竞争关系的有效处理对于提高平台整体价值具有重要意义（Cozzolino et al., 2021）。

5.3.1 平台内的竞争策略

平台内的竞争策略可从两方面着手[一]：一是基于平台竞争主体，从平台互补品提供者、平台提供者、平台所有者等层面探讨；二是基于平台竞争效应，从直接网络效应、间接网络效应、交叉网络效应、跨市场网络效应等方面探讨。

1. 平台主体层面的竞争策略

（1）平台互补品提供者层面的竞争策略。互补品和最终用户一起与平台企业共同构成一个创新网络。创新网络的规模、多样性和网络结构对创新能力均具有影响，网络规模（Gallagher & Park, 2002）和网络多样性（Soh, 2007）有利于提升平台生态的竞争力，而"中心 - 外围"

[一] 贺俊. 创新平台的竞争策略：前沿进展与拓展方向［J］. 经济管理，2020（8）：190-208.

网络结构[注]有利于平台创新（Capaldo，2007）。因此，平台企业总是试图通过有效的竞争策略来扩大互补品的数量和多样性，并与互补品提供者建立特定的交易关系，从而形成有利于平台生态发展的网络结构。例如，英特尔会派技术人员对有潜力的互补企业提供专门的技术支援（Gawer & Henderson，2007）；脸书通过开放用户数据，激励第三方企业和程序开发企业基于自己的平台开发游戏和其他应用，在电子游戏厂商开发下一代产品时，通过与游戏软件开发商共享开发工具来降低其在新一代平台的学习成本，以增强互补品提供者的黏性（Ozalp et al.，2018）。平台企业的竞争决策要综合权衡竞争策略对价值创造和价值分配的影响（Jacobides et al.，2018）：一是提高与互补品的超模互补性，互补品的数量和质量增长能够提高平台的价值，平台的质量提高能够带来互补品的价值增长；二是最大化自己从总价值中分配到的价值。由于竞争策略的价值创造效应和价值分配效应之间存在矛盾，因此平台企业需要动态调整对互补品的竞争策略。初期的平台企业可能通过激进的互补品补贴政策来扩大平台规模、强化互补品端的直接网络效应和最终用户端的间接网络效应以利于价值创造，但随着互补品提供者扩大针对平台的专用性投资，平台企业可能采取有利于自己分得更高比例价值的"敲竹杠"行为，如取消补贴或进入利润率高的互补品市场，从而对互补品的利润形成挤出效应。

平台企业的互补品竞争策略主要涉及以下四类问题。

1）平台企业垂直一体化的问题。平台企业通过内部一体化进入互补品市场，要求平台企业具备进入相应互补品市场的技术能力和资源（Gawer & Henderson，2007；Schilling，2009）。平台企业自己提供某些高收益或战略性的互补品可以提高自己的利润，但同时也降低了自己对互补品提供者的开放承诺，从而抑制了互补品提供者对该平台生态进行专用性投资的积极性，不利于提高网络的规模和多样性。因此，最优的平台企业垂直一体化策略总是结构性的，例如，微软在控制个人电脑操作系统的同时，通过捆绑浏览器和办公软件等进入这些互补品领域，但微软同时又通过为应用开发企业免费提供软件开发工具（Software Development Kit，SDK）等手段鼓励其他互补品提供者进入"Windows 生态"。

2）平台企业垂直一体化的动机。平台企业进入互补品市场有两个动机。一是将已有产品的垄断势力拓展到互补品市场，从而扩大自己的垄断利润。例如，一体化或排他性的游戏软件供应大大提高了电子游戏控制平台企业的利润（Lee，2013），操作系统和办公软件的捆绑也能够提高平台企业的利润（Gandal et al.，2018）。二是出于对平台生态的战略性控制而进入某些关键的互补品市场，即连接市场（Gawer & Henderson，2007）或瓶颈性平台。连接市场的产品在技术上包含了平台和最终用户之间的一个或多个界面，这些连接产品的推出在经济上能够打开市场需求空间，平台企业可以通过控制连接市场来防止竞争对手控制潜在的平台产品，使平台企业避免失去平台架构控制能力的风险。正因如此，连接市场相对于其他互补品更具战略性。但平台企业并不会进入所有的连接市场，比如在与英特尔有界面关系的 20 个连接市场中，英特尔只选择性地进入了其中的芯片组、主板和网络连接产品等 12 个市场。对瓶颈性平台的掌控能够显著改善整个生态的功能和质量，大幅提升最终产品的用户价值（Hannah &

[注] 创新生态中有一个高密度连接的核心，且处于核心层的少数参与者具有低密度连接的外围，处于核心层的多数参与者仅与一个核心连接。

Eisenhardt，2018）。例如，iTunes 音乐商店解决了数字音乐的支付问题，促进了整个 iPod 生态的需求爆发。由于瓶颈性平台的技术重要性和稀缺性，瓶颈性平台的所有者常常是商业生态中获利能力最强的主体（Teece，2018）。随着商业生态技术架构和产业架构的变化，瓶颈性平台有可能在商业生态或商业生态的子系统等不同的层面之间发生迁移（Pon et al.，2014）。因此，平台企业试图战略性地控制连接市场或瓶颈性平台，但两者都具有高度的不确定性和动态性，这也大大增加了平台企业互补品管理的难度。

3）平台企业对互补品的开放。平台企业对互补品的开放有两个维度（Eisenmann et al.，2009）。一是平台排他性问题，即平台可以通过设定条款，使互补品只能栖息在自己的平台上。例如，谷歌通过捆绑安卓系统和应用商店来锁定手机厂商，防止手机厂商多平台归属。二是类型排他性问题，即平台企业通过策略性的手段诱使特定的企业为特定的用户提供特定的服务。例如，火狐浏览器允许谷歌在其菜单栏提供独占性的搜索服务，苹果向 Macintosh 应用开发者收取数额不等的许可费以确保只有高质量的互补品才能进入苹果的个人电脑生态。平台的排他性受到平台自身技术架构的影响，平台的技术架构越复杂，平台的排他性就越强，平台的互补品数量也就越少，但这时互补品的专用性会更强，因此平台生态的技术质量也会更高（Cennamo et al.，2018）。

平台企业对互补品的开放主要基于技术、交易、承诺三方面的策略性机制。第一，技术机制，即控制技术界面的开放性和标准化程度。平台能够打造一个平台生态的技术条件是能开发一种有效的技术架构，使平台企业和互补品提供者都能进行模块化的创新（Baldwin & Woodard，2008）。第二，交易机制，即交易能让互补品提供者得到足够高的收益。比较直接的交易机制如降低平台技术的使用许可费用，甚至为互补品提供补贴；复杂的交易机制如安卓系统通过互补品间竞赛来选择特定的互补品（Boudreau et al.，2011），SAP 通过认证程序保证互补品的质量（Ceccagnoli et al.，2012），苹果通过制定"一对多"标准形成互补品的自选择机制（Wareham et al.，2014）。第三，承诺机制，即平台企业特定的组织结构设计（Gawer & Henderson，2007）、大规模的沉没成本投资和雄厚的资金实力，都会成为吸引互补品提供者加入自己平台生态的重要因素。在特定的情景下，平台企业的开放声誉和文化对互补品提供者形成的承诺效应，甚至比平台企业的策略性开放手段更加有效（Perrons，2009）。如英特尔非常善于灵活运用声誉机制来维持和发展自己的平台生态（Gawer & Henderson，2007）。

4）平台企业竞争的动态有效性。在平台构建阶段，平台企业通过直接提供特定的互补品可以促进生态的快速发展，通过策略性吸引大量的互补品提供者加入自己的平台生态可以创造更大的平台价值；在平台增长阶段，互补品对平台选择决策的关注点由价值创造转向价值分配，平台企业一体化互补品或互补品数量过多，都会降低互补品提供者的投资积极性，如果平台企业不及时调整竞争策略，则互补品的多样性和质量会下降。在竞争的不同阶段，平台企业的互补品竞争策略是动态调整的（Cennamo，2018）。

（2）平台提供者层面的竞争策略。传统产业之间的竞争发生在同一市场，平台竞争则是多形态、多方位、跨产业的生态竞争。新进入者能否成功取决于新平台提供者是否具有高平台质量和强网络效应以及是否达到消费者预期，高网络权利、高转化成本和强网络效应能使平台提供者避免潜在竞争者的威胁，因此，新平台提供者必须能够提供革新性产品或服务，才能有机会实现新平台取代老平台（张镒、刘人怀，2020）。领军平台的利润率通常远高于其他平台，它们一般会利用加大资源投入或降低价格的方式驱逐竞争对手，防止对方进入平台，因此，几家平台共同主导整个双边网络或由一家企业垄断整个市场的现象随处可见。平台提供者必须考虑未来是与竞争者共享平台还是与竞争者竞争。剖析环境变化、洞察结构变动、重视产业转移是想成为新一代产业领袖的小企业利用平台参与市场竞争的重要手段，具有竞争力的规模、质量、成本和效率使企业获得平等对话的权利。

如果网络效应足够强、最终用户多平台归属的成本足够高且最终用户对差异化的需求并不显著，则平台企业很容易实现赢家通吃并在市场中占据主导性地位（Eisenmann，2008）。只要以上一个条件不具备，市场就可能被多个平台分割，或者可能存在足够多的潜在竞争者，这时平台可通过开放、包络、用户差异性等有效竞争策略，来确保自己的市场份额。

1）开放策略。平台企业在平台提供者层面考虑的首要策略就是对其他平台的开放性，主要基于以下考量：一是当平台所有者并不具备满足最终用户特定需求的资源和能力时，不得不将技术许可给其他平台，比如 Palm 公司将自己的掌上电脑操作系统许可给索尼、三星等公司，以促进平台的技术改进和功能多样性，从而最终扩大用户基础；二是通过与下游用户企业共享平台技术并结为市场联盟，来扩大用户基础（Cusumano & Rosenbloom，1992）；三是如果最终用户的市场势力足够强（如电信运营商），那么可能迫使平台企业向其他竞争性企业开放（Farrell & Gallini，1988）。

虽然多数平台会在很大程度上向互补品提供者开放，但绝大多数不会向竞争性平台完全开放。像 Unix & Linux 这样向竞争对手几乎完全开放的创新平台在商业实践中只是少数或例外，多数这样的开放平台并不能在市场中占据主导优势（Economides & Katsamakas，2006；Garcia-Swartz et al.，2019）。平台企业向其他平台开放只是一种谨慎的策略选择，因为平台开放有可能导致平台分解或平台分岔（forking），即在原平台技术的基础上出现不同版本的平台技术，从而使原平台企业失去对生态的控制（Simcoe & Watson，2019）。例如，美国 Sun 公司通过采用自由许可政策使其 SPARC（Scalable Processor Architecture，业界第一款有可扩展性功能的微处理器）成为工作站市场的主导设计（Khazam & Mowery，1994），然而开放政策使得 Sun 公司对 Java 生态几乎失去控制。Java 允许开发者自由下载并改进 Java，只要开发者免费与 Java 和其他被授权的开发者分享这些修改，以此提高 Java 生态的创新性和动态性。但这样的政策使得 Java 众多版本不兼容。特别是微软不仅改进了 Java 私有技术、增加了 Java 版本间的不兼容性，而且将这些技术整合为微软众多技术组合中的一个子系统（Sun 公司则把 Java 定位于整个互联网的操作系统），导致 Java 平台生态被分解。这要求平台企业在开放平台技术时必须寻求有效的法律保护并辅以有效的竞争策略，或确保不同技术改进间的有效协调、累积和整合（Boudreau，2010），或确保其他开发者对平台进行的技术修改能被吸收整合到自己的平台中，而不是形成众多不兼容的版本导致平台地位被侵蚀。例如，面对亚马逊的 Fire OS、小米的米柚等发起的挑战，谷歌结构性封闭、排他性的应用开发工具等防卫策略有效阻止了竞争性平台的分解（Karhu et al.，2018）。

平台企业是否向竞争性平台开放还取决于平台的竞争位势。弱势平台更积极地推动互联互通，而强势平台则会策略性地阻止弱势平台与其互联互通（Eisenmann et al.，2009）。在通常情况下，弱势平台会主动通过促进与优势平台间的互联互通来扩大用户基础。当弱势平台的市场份额达到一定水平，即用户增速开始下降时，其互联互通的积极性会下降，甚至会关闭互联互通渠道。例如，微软在中国市场上就通过运用不充分披露信息、格式不兼容等方式增加WPS与Office互联互通的难度。对互补品的开放策略也会影响平台之间的开放。当平台企业的利润同时来自平台自身（硬件）和互补品（软件）的许可收入时，如果弱势平台自身的独立价值远低于强势平台的独立价值，则弱势平台向强势平台的内容供应商采取单向兼容策略，会促使弱势平台和强势平台的利润焦点分别向内容和硬件转移，从而同时增加两个竞争性平台的利润（Adner，Chen & Zhu，2020）。

2）包络策略。由于平台市场存在显著的网络效应，因此后发平台如果想挑战领军平台，通常需要开发出革命性的产品功能。但如果后发平台策略性地使用包络策略，可能仅需要进行微小的技术创新就能颠覆领军平台（Eisenmann et al.，2011）：后发平台可以通过将领军平台的功能整合到自己的平台功能中，圈定（forclose）被包络企业的最终用户和互补品通道，并抑制被包络企业的网络效应。例如，微软基于自己的操作系统优势，利用包络策略成功地颠覆了Real Player在流媒体、网景在网络浏览器和奥多比（Adobe）在二维动画显示等市场的先发优势。包络策略可能导致平行包络现象，即平台A对平台B的包络招致平台B对平台A的反包络，并使得平台间的竞争超越双方的平台边界而形成超平台市场（supra-platform market）。这会使得商业模式完全不同的平台企业间也可能产生复杂的竞争和合作关系（Visnjic & Cennamo，2013）。

3）用户差异性。当最终用户的需求表现出高度差异性时，后发平台可以通过定位细分市场或更好地满足在位企业没有很好地满足的潜在需求来进入平台市场，甚至确立平台优势（Suarez et al.，2012）。这是因为，平台差异化的某些方面可能受到特定细分市场的高度期待或期望，平台的老用户会倾向于购买更多的补充产品和新功能，这为在不同生命周期阶段进入平台的补充者带来了不同的战略影响（Cennamo，Ozalp & Kretschmer，2018）。研究表明，即使在平台初期处于劣势，也可以针对具有不同偏好的用户群体，在细分市场利用平台竞争增加顾客流量、降低产品成本、满足异质性用户需求并最终取得成功（Chao & Derdenger，2013）。例如，iPhone通过定位大众消费者，打败了将智能手机定位于商业用户的黑莓、诺基亚等基于塞班系统的智能手机制造商；谷歌利用自己的服务器优势，通过向用户提供超大容量的邮箱Gmail而在电子邮箱市场上打败了先行者雅虎和Hotmail；脸书通过允许用户在其博客或游戏上自由添加应用而提升了用户接入其他应用的便捷度，并借此实现了对Myspace、Hi5等先发社交媒体的赶超（Mcintyre & Chintakananda，2014）。

（3）平台所有者层面的竞争策略。当多个主体拥有平台所有权并共同控制平台时，就出现了共享平台现象，这有利于在平台所有者之间分担平台投资。如果平台所有者本身就是平台的用户，该平台就成为平台所有者的基础设施，有利于避免平台所有者的重复投资和恶性竞争。在平台生态形成的过程中，平台到底是由一个主体独占还是由多个主体共享，通常取决于两个因素：一是投资规模越小搭便车问题越不严重，越有利于共享平台的形成；二是赢家通吃效应越不显著，越可能形成共享平台的治理结构（Eisenmann，2008）。

如果共享平台不能很好地协调平台所有者之间的激励和竞争行为，就可能导致平台分割问题（West & Wood，2013；West，2014），如塞班智能手机操作系统的失败。1998年，塞班从英国一家名为Psion的公司分立出来，成为Psion、诺基亚、爱立信（Ericsson）、摩托罗拉四家公司合资的公司。塞班设立的初衷是为智能手机提供操作系统，以阻止微软控制手机操作系统。2004年，诺基亚取代Psion成为塞班的控股股东。塞班在2004—2007年期间大获成功，成为全球最大的智能手机操作系统提供者。然而，2007年以后，塞班逐渐被iOS和安卓系统击败。塞班拥有模块化的架构设计、与互补品（即诺基亚等手机生产商）的积极互动、巨大的潜在用户⊖、先发优势⊖（Gawer & Cusumano，2002），如果不考虑平台所有者的治理结构，塞班系统的确是一个完美的开放创新平台。但为何一个具有所有开放平台特征的先发创新平台很快被后发者颠覆并最终退出市场？主要原因有两点：首先，构建起一个有效平台生态需要企业独特的能力，并面临极大的技术和市场不确定性（West，2014），诺基亚、爱立信、摩托罗拉等塞班系统的所有者缺乏平台构建和运营的经验，而平台技术和商业模式的复杂性常常导致创新平台的失败（Cusumano et al.，2019）；其次，塞班系统的治理结构决定了其生态最终会出现平台分割问题（West & Wood，2013；West，2014）。

1）作为平台提供者的塞班与诺基亚、爱立信、摩托罗拉等平台所有者之间存在非对称的依赖关系，诺基亚等塞班用户试图最大化其对它们这些用户的价值，而不是最大化塞班本身的平台价值。塞班的成败高度依赖诺基亚，而当时诺基亚的收入和利润主要依赖传统手机。因此，塞班虽然一度主导了智能手机市场，但在整个手机市场的渗透率并不高。同时，诺基亚不愿意削弱对塞班的控制权。塞班的融资高度依赖诺基亚等大股东，塞班的管理团队曾试图寻求上市，但遭到诺基亚的抵制。此外，由于最终的手机用户界面是诺基亚等手机制造商基于塞班的优化界面，塞班无法通过直接的市场营销活动掌握品牌主导权，因此塞班在需求端（用户）那里缺乏独立的品牌认知。

2）平台所有者之间的利益冲突。诺基亚、爱立信、摩托罗拉等手机制造商既是塞班的用户，同时也是塞班平台的所有者，它们之间存在激烈的市场竞争关系，这使得平台所有者缺乏构建统一平台的积极性，平台所有者的搭便车问题制约了平台所有者发展共同平台的积极性（Eisenmann，2008）。事实上，诺基亚、爱立信等都在塞班之外发展了自己的子平台。2007年以后，苹果很快构建了一个类似于个人电脑的智能手机生态，而谷歌推出的安卓系统跟随苹果构建了更加开放的智能手机操作系统生态，塞班虽然是智能手机操作系统的先行者，但由于被分割的平台生态积重难返而被苹果和谷歌击败（West & Wood，2013）。

因此，当一个平台存在多个所有者即出现平台共享现象时，有竞争力的平台不仅要在最终用户、互补品和竞争性平台等各个层面采取有效的竞争策略，而且要在平台和所有者之间以及不同平台所有者之间建立起协调的激励结构，确保平台决策的独立性和共同投资的可持续性（West，2014；Eisenmann，2008；Cusumano et al.，2019）。如果平台所有者最大化自身价值的目标严重偏离平台价值最大化，或平台所有者之间存在严重的目标冲突和搭便车行为，则会出现平台分割现象，并最终导致平台失败。

⊖ 最大的五家手机厂商一度都是塞班的股东或用户，五家厂商在手机市场所占的份额合计高达80%。
⊖ 早在1999年塞班系统就首次应用于爱立信手机，2005年就建立了应用商店，比苹果还早3年。

2. 平台网络效应下的竞争策略

加入平台的用户网络规模等价于企业的独特资源，间接网络外部性的正反馈机制类似于企业资源的动态累积过程，不仅影响企业的短期竞争优势，还对其长期竞争产生显著作用，且这种作用受到平台用户单属、多属性质的影响（Sun & Tse，2007）。在用户多属的情况下，初始具有较大网络规模的平台会保持持续竞争优势，较小的平台网络也可以生存下来，市场最终将呈现垄断者与跟随者多平台共存的状态。但在用户单属的情况下，长期内较小网络平台生存下来的可能性极小，市场将趋于垄断。在长期动态意义上，决定平台竞争优势的主导因素存在质量驱动、消费者预期驱动、用户基数驱动三种不同阶段（Zhu & Iansiti，2012）。当竞争进入质量主导区域时，显著的间接网络效应和用户基数并不能保证先动者优势，而在消费者预期以及用户基数主导竞争优势阶段，间接网络效应可以保护先动者优势，尽管其平台质量可能不及后来者。在具有间接网络效应、先动者优势的情况下，平台市场上仍存在市场占有率交替变化的原因。①

（1）直接网络效应下的企业竞争策略：网络规模之争。直接网络效应（direct network effect）是指某产品使用者的效用随着使用人数的增加而增多。在具有网络效应的产业中，企业的关键竞争要素是网络规模，而不是质量（Economides，1996；Baake & Boomm，2001；王国才，2005），网络规模对产品兼容选择具有重要影响（鲁文龙、陈宏民，2003），网络企业的关键竞争要素是网络效应系数和技术标准的数量（帅旭、陈宏民，2004）。因此，如何最先将产品的网络规模扩大到临界值以上并形成正反馈是企业首要的考虑因素，兼容选择、技术标准控制成为扩大网络规模最主要的竞争策略。

1）兼容选择。在产业发展早期，厂商为了降低价格并获得竞争优势，会选择产品兼容策略（Katz et al.，1985），在产品引入阶段，兼容策略也可能被用于减少研发竞争（Kristiansen，1996）。平台企业兼容策略的选择取决于双边市场客户数量（Goldfainy，2007）：如果双边市场客户规模小则平台会选择兼容；如果双边市场的客户规模大则会选择不兼容。一般而言，选择兼容对新进企业和在位企业都存在得失两方面的效应。对新进企业而言，若选择与市场上已有的产品兼容，则可利用已有产品的网络效应快速获得安装基础，达到网络规模临界值并形成正反馈；但它同时也放弃了自身产品与市场上已有产品的差异性，失去了后发优势。对在位企业而言，也存在兼容后带来的整个产业市场份额的扩大和自身在产业中市场份额占比减少的得失权衡。当在位企业网络效用强或知名度高、声誉好时，一般偏好采用不兼容策略（Economides，1991；Katz & Shapiro，1985），因为其规模和能力足够拉动市场增长，并且不希望被小企业搭便车。而新进企业的决策正好与之相反，当在位企业网络效应强时，新进企业选择兼容所失去的差异化优势可以通过在位企业强大的网络效应得到补偿，故新进企业偏好兼容策略（Katz & Shapiro，1985；Economides，1991）。当后进技术领先优势不够大时，往往会争取与在位技术兼容，即后向兼容（backward compatibility），通常在位技术具有知识产权，后向兼容需要得到在位技术企业的许可或支付一定的兼容成本；但是，如果后进技术遥遥领先于在位技术，在

---

① 傅瑜. 网络规模、多元化与双边市场战略：网络效应下平台竞争策略研究综述［J］. 科技管理研究，2013（6）：192-196.

位技术则倾向于与后进技术兼容,即前向兼容(forward compatibility)(Katz & Shapiro,1985;Shy,2001;夏大尉、熊红星,2005)。当市场处于高速增长期时,市场的快速成长将有利于企业迅速建立安装基础,达到临界值并形成正反馈,拥有成本优势的新技术企业则倾向于不兼容策略(Regibeau & Rochett,1996)。

企业同时面临自身产品更新换代时兼容的选择,决策将更多地依赖于新旧产品的定位和对总利润的权衡。在市场中的部分消费者已经购买了旧产品,且不能采用价格歧视的情况下,如果企业只向新用户高价销售新产品利益更大,那么企业会选择新旧产品兼容,利用旧产品的安装基础和网络效应来提高新产品的价值和价格;如果企业同时向新老两类用户销售新产品更加有利可图,企业则会选择新旧产品不兼容,促使老用户购买新产品,缩小旧产品的用户规模(Choi,1994)。垄断企业具有扩大新旧产品的兼容性以实现利润最大化的动机,且利润随着前向兼容和后向兼容的网络效应的差异而变化(潘小军 等,2006)。

2)技术标准控制。网络效应会使技术产生冒尖(tipping)现象,即拥有技术标准的企业最终会赢家通吃(Arthur,1989)并形成单一标准。企业间微小的技术差异通过网络效应放大后反映在市场上,最终可能决定产品竞争的胜负。网络效应使技术标准的锁定产生路径依赖,即一旦某技术标准被广泛采纳,正反馈机制、收益递增以及消费者转移成本的增加都可能促进市场锁定此标准,即使有更优异的标准出现也难以将其替代,会"锁出"新技术。因此,对网络技术标准的追逐和控制成为主要竞争策略之一。

消费者对网络规模的预期是技术标准最终确定的重要影响因素,因此企业常采用"提前宣告"策略影响消费者认知:在位技术向消费者提前宣告自身技术的改进时间,使消费者延缓或放弃采用后进技术;而后进技术则向消费者宣告自身技术的先进性,使消费者认为此领先技术足以战胜在位技术安装基础所带来的优势。"提前宣告"策略可以使后进技术以低成本获得竞争优势,甚至比价格策略更加有效,对产品的最终胜出起了决定性作用(Dranove & Gandal et al.,1988)。下一代技术价值的不确定性也是通过影响消费者预期,进而影响技术标准的确定的(Choi,1994)。

在网络效应下,技术所有权也会对标准竞争产生影响。当两种竞争技术都不存在私有产权时,可能会出现过多的非标准化;当两种技术都具有私有产权时,领先技术将拥有竞争优势;当只有一种技术具有私有产权时,即使该技术居于劣势,仍可能主导市场。同时,技术标准选择过程中还会出现超额惯量和超额动量:如果信息完全,且两家企业偏好一致,均衡结果是两家企业都及时选择了该标准;如果企业所获得的信息不完全且偏好不一致,则可能没有一家企业愿意先转换技术标准,或者两家企业都转换,导致总体福利下降(Farrell & Saloner et al.,1986)。

(2)间接网络效应下的企业竞争策略:决胜于互补品种类。间接网络效应(indirect network effect)指的是随着某产品的使用者数量的增加,其互补品种类会变得更为丰富且价格更低(Katez & Shapiro,1985)。消费某种网络产品所获得的价值随着与该产品相兼容的互补品种类的增加而增加,这种互补品之间的关系被称为"硬件-软件范式"(Hoberg & Phillips,2016),其中基础产品被称为硬件,辅助产品被称为软件,硬件和软件统称为系统产品。

间接网络效应与直接网络效应的差别在于消费者所获得的效用并不直接依赖于该产品的网络规模,即购买同类或兼容产品的消费者数量之和,而是间接依赖于其互补品的种类与数量。直接网络效应来源于消费者需求之间的互补性,而间接网络效应则来源于产品需求之间的互补性。当硬件产品的网络规模扩大时，会吸引更多的软件企业为其提供互补品，互补品种类和数量的增加又使硬件产品使用者有了更多的选择，更好地满足其多元化的需求，间接增加了硬件产品使用者的效用，软件多元化可提升硬件产品的价值和市场份额（Matutues & Regibeau，1988；Church & Gandal，1992）。因此，在间接网络效应下，互补品的种类和数量是企业的关键竞争要素，若相互竞争的企业都生产系统产品，则捆绑销售是主要的竞争策略；若企业只生产系统产品中的一种，则纵向一体化策略就成为考虑的重点。

1）捆绑销售。捆绑销售分为纯粹捆绑与混合捆绑两种：生产系统产品的企业如果只销售系统产品，而不单独销售软硬件产品，则称为纯粹捆绑；如果既销售系统产品又单独销售软硬件产品，则称为混合捆绑。捆绑销售具有杠杆原理（Whinston，1990），是实现价格歧视的有效手段（Meafee et al.，1989），有利于企业间扩大产品差异、缓解伯川德竞争[①]（Chen，1997）。虽然捆绑后的价格低于独立销售时的价格，但此策略会迫使独立销售的竞争对手降价，最终捆绑销售企业的总利润将提高（Choi，2008；Gandal et al.，2005）。当消费者对互补品的偏好存在正相关关系时，捆绑销售将使企业获得更多的利润（蒋传海、杨渭文，2011）。

但捆绑策略未必始终都是最优策略，当双寡头企业均生产系统产品且各系统组件可兼容时，单独销售才是占优策略，这既增加了用户选择的机会以拉动产业需求，同时单一产品价格下降所带来的兼容互补品产量增长又有可能被竞争对手所分享，故企业降价的动机减少，保证了企业的利润；混合捆绑的折扣会降低双寡头垄断企业的利润，因为降价效应强于价格结构变化（Chakravorti & Roson，2006），该情况下单独销售策略则成为占优策略。"是否捆绑""如何捆绑"取决于市场结构、软硬件的互补程度和消费者的品牌偏好、品牌忠诚度等诸多条件。

2）纵向一体化策略。间接网络效应影响下，企业存在较强的纵向一体化动机（Church & Gandal，2000；程贵孙 等，2005；左静，2009），并且随着网络效应强度的增加，动机也随之加强，因为纵向一体化后企业产品质量的提高增加了边际利润；纵向一体化可消除系统产品各组件间的不兼容性，提高用户效用；纵向一体化后的产品质量高于纵向一体化前的质量，因为纵向一体化后的企业统一了技术标准，成本减少，效率提高；纵向一体化后产品的价格也低于非纵向一体化时的价格，因为纵向一体化避免了上下游的双重加价效应。

企业是否采用纵向一体化策略，取决于消费者对互补品多样性的偏好程度。如果偏好程度相对较小，均衡的产业结构是两家硬件企业都保持非纵向一体化；如果偏好程度相对较大，则两家硬件企业都选择纵向一体化（Church & Gandal，1992）。

（3）交叉网络效应下的企业竞争策略：基于双边市场理论的定价结构。定价结构是平台企业的关键竞争要素，定价策略也成为主要竞争策略。但是"对哪边进行价格歧视""如何进行双边定价"等关键问题将取决于双边对平台需求弹性的比例、交叉网络效应的相对强度以及用户

[①] 伯川德竞争（Bertrand competition）模型描述了一种竞争格局，即生产同质产品的寡头厂商可能并不总是以产量做为决策变量进行竞争，也可以以价格做为决策变量的竞争方式。模型的核心在于不同厂商之间产品是完全替代的，因此哪位寡头的定价更低，哪位寡头将赢得整个市场，而定价较高者则完全不能得到任何收益，从而亏损。这种赢家通吃的市场竞争格局导致寡头之间竞相降价，直至价格等于边际成本，继续的降价行为意味着亏损。

是单平台接入还是多平台接入（Armstrong，2006）等诸多影响因素。需求弹性保持不变时，可以向需求弹性较高的一边用户采用低价甚至免费策略来扩大该边网络规模，再通过对需求弹性较低的一边用户采用高价来实现平台企业利润最大化。当双边用户通过平台所获得的网络效应不一致时，则对网络效应较小的一边采用低价或免费策略。

在双边市场中存在不止一个平台时，若平台没有实施排他性交易，则双边用户都可以同时接入多个平台，享受更大的网络规模所带来的效用，这种"多平台接入"行为会对定价结构产生影响。当平台一边用户是单平台接入，而另一边用户是多平台接入时，单平台接入用户往往会成为平台企业的"竞争性瓶颈"（competing bottlenecks）①，平台企业会选择对单平台接入用户制定低价，对多平台接入用户制定高价（Armstrong，2006）；当双边用户都可以多平台接入时，竞争迫使平台首先提高单边用户的效用，并使之高于竞争对手，争取用户到该边注册，再通过交叉网络效应，使平台赢得两边用户，通过"分而治之"（divide conquer）对一边补贴，对另一边攫取利润（Caillaud & Jullien，2003）。

（4）跨市场网络效应下的企业竞争策略：先进入市场者具有优势。跨市场网络效应的核心逻辑是客户基础作为一种重要的战略资产，同时又是一种非独占性的资源，允许企业通过撬动对一个市场而言有价值的客户基础来进入使用共享资源的另一个市场（Wernerfelt，1984；Chen & Xie，2007）。先进入者相对于后进入者会具有持续竞争优势，即便产品质量比竞争对手差（Park，2004）。由于间接网络效应的存在，当平台在消费者和 app 等市场方面已具有一定优势时，就有可能吸引更多的消费者和更多的 app 开发者，那么随着时间的推移，它就能获得整个市场（Suarez & Kirtley，2012），如 iPhone、TikTok、淘宝、QQ、美团等。

但是，后进入者可能会夺取先进入者的市场领导优势，因为平台生态系统会赋予平台企业全新的进入方式（Suzrez，2012）。比如寻找新的消费群体、撬动现有平台以及基于新兴需求的差异化等（Suarez & Kirtley，2012）。特别地，Eisenmann 等（2011）提出了平台包络的平台进入方式，即由包络者针对其已有用户基础，重新整合资源，在多平台中进行竞争且获得战略优势，例如微软、苹果、谷歌等大型平台巨头攻击一些小型、单一功能平台的现象。这些新的平台进入方式使得大型平台企业快速进入新的、具有类似客户基础的平台领域，将间接网络效应的自增强效应的范围从单一市场推广至存在重叠的多个市场。Zhu 和 Iansiti 通过引入间接网络效应的市场动态性（market dynamic）研究指出，客户安装基础能否传递持续的先进入优势，还取决于跨市场网络效应的大小（Zhu & Iansiti，2011），当间接网络效应的市场折扣因素（discount factor）的强度显著时，即便在位企业有巨大的用户安装基础，其优势仍无法持续，如谷歌通过创新来实现市场领导地位的获取（Tellis et al.，2009）。

---

① 因为交叉网络外部性的存在，平台在 A 侧提高价格不仅会失去该侧的部分用户，而且会降低对 B 侧用户的吸引力，失去部分 B 侧需求，而这又会传导回 A 侧，结果是平台面临更高的需求弹性。当部分用户单归属、部分用户多归属时，平台就可能构成"竞争性瓶颈"（Armstrong & Wright，2007）。在均衡条件下，平台不是通过直接竞争来获取卖家，而是选择间接竞争方式——补贴买家加入。在此条件下，即使卖家可以选择多归属，从交易中也得不到正利润。平台成为卖家获取异质性买家的"竞争性瓶颈"，平台的一部分利润补贴了买家。

5.3.2 平台间的竞争策略

平台间的竞争包括平台组织与非平台组织之间的竞争、大小平台之间的竞争、大平台间的垄断竞争。㊀

1. 平台组织与非平台组织之间的竞争：支配－依赖关系

平台组织通常并不直接参与物质资料的生产过程，它主要依赖非平台组织来完成价值增殖的循环。但是，平台组织控制了生产与交换所必需的数字化基础设施和数据的潜在生产力，这种依赖关系又以平台组织对非平台组织的支配为主要特征。

就同行业内的竞争而言，这种支配性表现为平台组织在许多领域挤出了非平台组织。例如，亚马逊等全球性网上商城取消了中间商的层层加价，拓展了交换范围和交换深度；平台上"真实用户评价""用户和运营分析工具"帮助卖家提炼用户的核心需要，帮助实现"产品的具体化分析与研发"；为第三方卖家提供仓储配送一体服务的亚马逊物流服务，也使得卖家可以实时查看整体库存状况和销量统计，加快了平台线上商品价值的实现。相对于各地实体店经销商，亚马逊网上商城因而具有压倒性优势，导致前者在许多领域的商业组织大规模衰亡。

就上下游的竞争而言，平台组织虽然依赖非平台组织完成价值增殖的循环，但因为垄断了数字化基础设施和数据的潜在生产力，因而仍控制着非平台组织。例如，2004—2012年，苹果的税前利润率从4.47%上升到了35.63%，此后一直在30%上下波动。㊁而苹果的主要外包生产商富士康，税前利润率从2004年的6.54%下降到2011年的2.97%，之后仅逐渐回升至4%左右。㊂狭窄的利润空间使得富士康不得不"用便宜的替代品代替昂贵的化学制品……迫使工人做得更快、工作时间更长"。㊃又如，GE的工业云平台作为一个"可用于任何工业设备的、搭载特定应用程序的平台"，向工业互联网软件的第三方开发者和使用者开放。凭借对工业程序开发和发行的垄断，它可从交易中抽取利润；还能借此掌握大量制造业工厂的实时生产信息，用于不断优化其工业互联网平台的软硬件设施。这使得非平台的工业组织日益依赖GE的工业云平台等进行生产的组织和管理。

2. 大小平台之间的竞争：动态的嵌套型层级结构

平台组织间竞争关系的最显著特征是大平台对小平台的相对控制。全球大大小小的平台组织，在产品或服务的提供上互为上下游，在股权投资关系上互为投资方和被投资方，形成了控制与依赖紧密维系的嵌套型层级结构（谢富胜 等，2019）。这种竞争关系的形成，既是数字平台技术特性带来的自然垄断倾向的结果，也是现代产业－金融体系运行逻辑的产物。

高度抽象与灵活的数字平台引发的巨大规模效应、网络效应和数据的潜在生产力，使得平台组织具有天然的垄断倾向。这首先导致平台组织以基于数字技术体系所整合的经济部门为限，形成嵌套型的不完全竞争格局。提供基础算力和数据存储的平台组织位于最底层，提供各类型开发工具的平台组织位于较上一层，提供实际应用软件的平台组织位于最上层，提供各层

㊀ 谢富胜，吴越，王生升. 平台经济全球化的政治经济学分析［J］. 中国社会科学，2019（12）：62-81，200.
㊁ 数据由苹果2004—2016财年年报计算得出。
㊂ 数据由鸿海科技集团（富士康母公司）2004—2016年年报计算得出。
㊃ 纽约时报中文网编辑部. 苹果经济学［M］. 杭州：浙江出版集团数字传媒有限公司，2015.

面规则和交易场所的平台组织则穿插其中。每一层中的每一种经济类型通常为少数几个平台组织所垄断。这种自然垄断倾向不仅体现为大平台对于服务器计算和存储能力、算法、操作系统等实体的垄断，也体现在它们通过数字化基础设施构建的、对生产和再生产过程的垄断控制。例如，脸书在一系列社交应用内，对新兴应用的广告推荐力度，极大地影响了新兴应用的接触者和使用量，在某种程度上决定了新兴应用的发展速度甚至发展前景。

大平台对小平台的相对控制，也是现代产业-金融体系运行的结果。网络效应和转移成本的存在，意味着初创平台必须发现有潜力的新技术，或新的需要实现模式，才能突破大平台的封锁。但是，新的技术和模式又必须依赖既有的大平台进行生产、提供和推广。大平台本身具有模仿初创平台的技术或需要实现模式的强大能力，对小平台施加着强大的竞争压力。开拓新领域的小平台，在创立初期通常缺乏平台扩张的资本金；大平台的垄断地位使其拥有充盈的流动资金，可以对小平台进行大规模的投资和并购。这就造成了初创小平台大多被少数大平台收购，或被纳入由后者大比例参股的嵌套型层级结构。

在这种情况下，集中和垄断成为必然趋势。但是，这种集中和垄断实际上并没有排斥垄断平台的更替，甚至依赖于平台更替来维持整个平台经济的积累体系。因为随着大平台对社会生产和再生产控制权的集中，大平台往往难以迅速开发和应对新的社会需求、技术范式和组织模式。而市场规模的扩大和交换深度的拓展所带来的不确定性和潜在竞争压力，又迫使大平台不得不采取某些措施应对上述挑战，以维护对数字化基础设施、数据和生产与再生产过程的垄断权。对已经具有一定规模的小平台进行投资或收购，为小平台不断产生和迅速成长提供了可能性和必要性。优步、爱彼迎等新领域的小平台，在各自擅长的领域谋求垄断，巩固之后便可以通过融资、上市等方法继续支持自身的投资、研发和并购。如果战略制定和执行得当，它们有可能逐渐成长为大型平台，因此是相关领域中原有大型平台的潜在竞争对手。[○]

3. 大平台间的垄断竞争：基于平台系统的创新竞争

通过一系列相互兼容、补充和依赖的数字平台，大平台可以构建一个平台系统。平台系统增加了用户在不同大平台的产品和服务间切换的转移成本，利于大平台垄断地位的维护，成为大平台相互进行垄断竞争的基础。大平台为维持垄断态势，必须不断推动技术创新，才能对未来的生产与交换施加影响。例如，苹果推出的智能手机、个人电脑、智能手表等产品系列，搭载苹果专属操作系统、苹果应用程序的专属发布平台，以及长期累积的各种苹果专属的应用程序，构成了以苹果手机、电脑为核心的平台系统。相较于单个平台，平台系统内不同平台的交互与配合创造出新的使用价值，消费者转移成本的提高，阻碍了用户在多个平台系统之间的选择和转移，加强了苹果的垄断地位。

基于数字控制的大平台间竞争，不仅垄断现在的生产与再生产过程，更引领和控制未来的生产与再生产过程以及创新方向。平台数据及对生产与再生产的影响力，通常仅在相近领域间具有较大的转化能力。平台系统抢占先机并保持垄断影响的努力，表现为不断新建并发展相互补充和依赖的数字平台的努力，也表现为构建更大、更广泛的平台系统的努力。例如，亚马逊依赖自身的在线购物平台推出了面向第三方的交易市场和物流服务，随着自身数据计算量的上

○ 谢富胜，吴越，王生升. 平台经济全球化的政治经济学分析 [J]. 中国社会科学，2019（12）：62-81，200.

升，开始向各类型互联网企业提供云计算、云存储等服务，随后还通过并购和研发，开发了可以搭载第三方应用程序的智能音箱和智能语音助手等。凭借不断增多和发展又相互补充及依赖的各类平台，平台系统使亚马逊在 2018 年成为继苹果后第二个市值超过一万亿美元的公司。

构建数字平台并在社会生产与再生产中进行推广的过程，是众多平台组织相互竞争，直至建立少数几家大公司的寡头垄断地位的过程。其间大多数平台被市场淘汰，大多数投资丧失价值；非平台组织更是被大规模地挤出了市场，或者是也开始采取基于平台的组织形式。同时，开创新领域的小平台不断涌现和成长，大平台间的组织竞争日益尖锐，形成的动态嵌套型平台层级结构，与少数几家不断发展和对抗的巨型平台系统一起，形成了平台经济下组织间的动态不完全竞争格局。

5.4 平台垄断

平台竞争是基于用户、注意力、数据、算法等因素的赢家通吃式动态竞争和组织竞争。在激烈竞争中成长起来的平台生态存在三个递进的垄断层次。首先，由于需求、供给和企业行为逻辑方面的特征，平台经济领域呈现天然横向垄断倾向。其次，平台企业凭借跨行业可转化的影响力实施纵向一体化和跨行业扩张策略，形成用户规模庞大、涉及行业多、业务互为补充的垄断性平台复合体。最后，平台复合体基于技术和需要的层级性，投资并购大量中小型创新平台，构建以自身为核心的层级嵌套式平台生态系统，进行持久的动态垄断竞争。

平台垄断须具备三个条件：至少存在一边用户群的多注册成本很高；多注册高成本用户群的网络效应是明显的；用户群对平台的独特功能没有明显偏好。当平台市场可以被垄断，并且平台企业决定采取垄断策略时，有三类资产非常重要：与业务相关用户的已有稳定关系、已累积的良好声誉、充足的资金（Eisenmann et al., 2006）。此外，当满足多注册问题不存在、硬件产品差异较大、存在较多可选的互补软件、消费者的边际收益较大等条件时，平台企业可以对平台市场进行垄断（Maruyama et al., 2015）。

当平台市场不满足垄断条件，或平台企业选择平台共享时，平台企业可以与竞争对手合作，共同为平台市场提供服务，进而增加并分配利润。一些平台企业通过分享平台市场而不是垄断来获得发展，原因可分为三个方面（Eisenmann et al., 2006）：一是平台企业通过权衡后发现仅依靠自身力量无法很好地推广平台；二是平台市场的共享能够带来共享利益，如扩大平台市场的总体规模；三是共享平台市场可以避免恶性竞争并降低开发成本。

5.4.1 平台特殊性与垄断形成

平台经济具有规模经济、高效连接、网络效应、锁定效应等典型特征，极易诱发数据垄断、价格操控、算法控制，形成赢家通吃的局面。[一]

1. 平台经济特征与市场特殊性

平台经济的鲜明特征（规模经济、高效连接、网络效应和锁定效应等）使平台经济市场的

[一] 尹振涛，陈媛先，徐建军. 平台经济的典型特征、垄断分析与反垄断监管［J］. 南开管理评论，2022（3）：213-224.

运行模式与传统市场存在显著差异。

（1）规模经济。平台首先通过技术规模效应解决或者缓解产品或服务的高成本约束，再通过网络效应使平台运营和服务的成本变化远小于所服务客户数量的变化，以达到极端规模经济下的边际临界值，使其成本增长无限趋于零（Katz，2019）。这种规模经济又使大型互联网企业很容易并购小型互联网企业，从而形成滚雪球效应。同时，规模效应又促进互联网平台形成强大的用户品牌和使用习惯。随着互联网技术的发展，互联网平台通过对数据的收集和运用，规模效应越来越明显，产生良性循环，即互联网头部平台往往拥有更多用户的数据和信息，越来越多的信息就意味着互联网企业可以通过机器学习、人工智能等算法实现更好的服务，进而吸引更广大的用户群。同时，平台的开放性还会产生类似的范围经济，不断做大"分母"。

（2）高效连接。平台以信息流为纽带，能将不同市场有效地连接在一起，集聚形成新的业务流程、产业融合及资源配置模式，并表现出实时高效的特征。平台高效地匹配消费者需求，同时提供标准化接口，通过先进的数据管理实现信息即时传达。同时，消费者和生产商之间的直接互动进一步促使生产商提供多样化产品、迭代商业模式。这种高效率的特征会强化生产商和消费者对平台的黏性，并因效率提高而极大地降低了成本，同时依赖平台的数据和算法优势获得个性化的服务，为平台的算法控制和价格操控等提供可能。

（3）网络效应。网络效应是一种用户产生用户的情境（Farrell & Klemperer，2007）。网络效应非常容易引发垄断，因为拥有较大网络的实体可以巩固自己的主导地位，新进入者或其他中小平台想要突破大型平台的规模或流量形成的阻碍几乎不可能（李允尧 等，2013）。网络效应会提高竞争对手的进入壁垒，因为潜在的竞争对手需要在市场的供需两侧同时进行扩张才能实现超越，这进一步强化了当前平台的垄断地位（Bamberger & Lobel，2017）。平台的正向跨边网络效应的程度、正向同边网络效应的程度和转换成本越高，赢家通吃的垄断现象越有可能发生。对一个具体产业来说，这三个指标越高，则越可能被一个平台企业垄断。平台存在的意义就是通过挖掘多边市场间的网络效应，进而满足不同群体对彼此的需求（Cennamo & Santal，2013）。因此，若能有效挖掘网络效应，平台企业很可能会垄断整个产业。

（4）锁定效应。锁定效应和转移成本高是相辅相成的。用户由于连接成本、软件学习和升级系统所需的时间等原因，而忽视平台成本的提高或对成本变化不敏感、选择坚持使用当前平台的现象即锁定效应。锁定效应会强化平台的自我强化机制，进而增加用户的转移成本（Farrell & Klemperer，2007）。当前大多数大型平台均在各自领域提供基础设施服务，如搭建社交通信、网络支付等新型的基础设施，从而不断强化平台的垄断性。早期的一些互联网平台由于功能不完善，因此用户不多，且很容易发生转移。随着相关平台的完善和不断优化，用户数量越来越多，用户黏性越来越强。事实上，很多互联网平台正通过采取各种各样的措施，试图将用户和数据绑定在同一平台上，通过强化用户对服务的依赖、利用无法使用替代品和数据缺乏可移植性等方式来阻碍用户转移。例如，很多特定的软件或 app 只有在微软系统才能运行，这就导致大部分微软操作系统的用户在转移到苹果或其他操作系统时面临较高的学习成本。又如，在当前绝大多数用户都在使用微信、QQ 等通信软件的情况下，剩余用户很难实现向其他互联网平台的转移。此外，一些互联网平台也在极力锁定用户，如苹果的 iCloud 云储存系统以及 iTunes 的商店系统，都是为固定用户量身订制的，它们为会员用户或 VIP 用户提供更多、更便利的服务和产品,进一步增强用户黏性。

2. 平台经济特征与垄断的关系

平台经济的运行模式和典型特征极易诱发市场垄断,特别是网络效应和规模效应的存在。随着平台规模的扩大,各种资源特别是数据资源也会被"虹吸"到平台上,市场上的差异化机会变得更小(Eisenmann, Parker & Alstyne, 2006),大平台变得越来越强,而小平台会快速失去用户和市场份额。在市场中缺少竞争对手的情况下,平台经济的锁定效应进一步放大。此时,处于优势地位的平台可能会采取排他性行为,限制商户入驻其他平台,从而实现对两端更强的锁定。当市场上不再有真正的竞争对手,市场份额几乎被独占,而市场中的两端用户被锁定的时候,数据垄断、价格操控、算法控制等具体的垄断表现将逐渐显现,进一步形成赢家通吃的局面。

(1)数据垄断。数据已经成为继土地、劳动力、资本和技术后的第五种生产要素,已经成为平台最重要的战略性资产。大数据和信息技术的发展使得互联网平台企业可以用较低成本精准搜集到用户的相关数据,从而形成数据垄断。随着互联网平台上用户交易量变大,企业平台搜集到、拥有的数据量也越来越大。大数据、人工智能、机器学习等现代信息技术的应用能让互联网平台企业通过数据分析掌握更多的先发优势,企业可以从数据中获得一种阻碍更多同类型的互联网平台企业进入市场与其竞争的权力。我们所熟悉的淘宝、高德打车、京东、携程等互联网平台,本质上已经成为一个数字媒介平台,可将平台用户、生产商、供应商、物流、媒体等各类平台用户以及社会生产各个环节的数据纳入它们的平台中存储,并通过对数据再加工、再处理而形成具有较高应用价值的数据。因此,互联网平台垄断本质上源于对数据的垄断,且这种霸占数据的平台企业可能会利用从一个市场收集到的数据进入另一个市场,如腾讯依靠其庞大的社交用户群和数据,进行其他相关业务的推广以及新产品的发布。

(2)价格操控。平台价格操控主要包括三个方面。一是平台强迫用户或其他依赖平台提供商品或服务的第三方接受平台的定价策略。大型平台具有强大的定价权,依靠平台进行经营的主体在很大程度上只能被动接受平台对价格的调整,而用户之所以会被锁定到平台上,主要因为离开平台的转移成本很高。二是平台为了保持竞争优势采用最惠定价或掠夺式定价策略,即平台要求在该平台上运营的商家向用户承诺,在该平台销售的商品或服务的价格相对于其他同类平台的同类商品是最优惠的。该策略本质上是平台在滥用优势地位,通过价格控制实现成本转嫁;掠夺式定价是平台快速扩张这一目标远高于利润的一种定价策略。例如,亚马逊的快速增长和"先扩张,后收入"的战略密切相关,特别是在初创期,平台并不通过获利而存活,更多地依靠风险资本的支持。三是平台采用分级或多重价格策略实现价格歧视[⊖]。由于拥有更加精

⊖ 微观经济学中经典的价格歧视包括三种类型。第一类价格歧视是指根据交易相对人的最高支付意愿制定垄断价格,在这种情况下,垄断者获取了全部消费者剩余,是极端不公平的,但却符合效率要求,因为在第一类价格歧视情况下垄断者的产量等于竞争性市场产量。第一类价格歧视在现实中很少见,因为垄断者很难获取全部的消费者支付意愿信息。第二类价格歧视也称非线性定价,是指垄断者根据消费者购买的产品数量(或质量)不同而制定不同的价格,例如给予数量折扣。第三类价格歧视是指对于同一种产品,垄断者根据不同市场上的需求价格弹性不同,制定不同的价格。《关于平台经济领域的反垄断指南》所反对的差别待遇并不包括第二类价格歧视,因为其中明确规定,平台经营者实施差别待遇行为可能具有以下正当理由:根据交易相对人实际需求且符合正当的交易习惯和行业惯例,实行不同交易条件。但是第一类价格歧视、第三类价格歧视可能构成《关于平台经济领域的反垄断指南》反对的差别待遇情形。第一类价格歧视只是一种理想化的近似,现实中大量发生的是第三类价格歧视,即互联网平台基于交易大数据对人群画像,将消费者划分为不同的类型。

准的数据，平台可以实现定价方面的"千人千面"，这就为价格歧视提供了可能。

（3）算法控制。算法控制主要包括平台参与方对算法调整的被动接受、自营业务和第三方商家利益冲突、算法技术性过强难以鉴别等方面。算法调整的权力只掌握在平台手上，更多地体现平台方利益，其他各方都只能被迫接受。例如，亚马逊平台上有许多低质量的卖家常使用假评论来伪装成高质量的卖家，尽管许多虚假评论很容易通过算法检测到，但平台并没有恪尽职守，这主要是因为平台需要在用户体验和定价方案之间实现一种平衡，也需要通过优劣比较以实现分级策略。在同时具有自营业务和中介业务的平台上，算法可能会帮助平台通过分析其网站上所有产品类别和销售数据的实时变化，对自营业务价格和营销策略进行及时调整，以此提高自营业务的营收（汪旭晖、王东明，2018）。在打车、外卖等用工平台上，平台可以对用工数据进行分析，适时或实时地调整算法以不断增强平台的控制能力，削弱就业者的选择能力。比如打车平台不断调整司机拒单的处罚金额，外卖平台不断调整外卖配送员送餐超时的罚款金额，而平台上的司机和配送员只能被动接受，并调整工作方式。平台算法既构建了复杂的劳动秩序，同时又可能形成对劳动者的压迫式榨取（陈龙，2020；Cherry，2016）。平台利用算法极大增强了平台权力，导致了算法霸权、算法歧视、算法"黑箱"（Gillespie，2014）。少数掌握算法的企业能在资本逻辑的驱动下，为了实现特定目的而利用算法进行权力操纵与推行数字霸权（陈鹏，2020）；由于数据获取带有人的价值因素，因此算法自动推理的结果也相应地会产生很大的偏误；算法将相应的决策信息环节推入了一个不可控的"黑箱"，即平台企业一旦嵌入了相应的算法，算法自动计算、推理与决策的过程难以观测与把握。

5.4.2 平台垄断的倾向与效应

1. 平台垄断倾向

不同于传统的管道型企业，平台企业是信息化经济的核心组织方式，旨在通过数字化重塑市场而非抢占旧市场（Cohen，2017；谢富胜 等，2019），通常兼具市场和企业的双重属性（时建中、马栋，2020；陈兵，2020）。平台经济领域需求、供给和企业行为逻辑三方面的特性，塑造了该领域天然的横向垄断倾向。

在需求方面，平台企业提供的核心服务主要针对广大消费者的共同需要，具有极强的普遍性和内在集中性。信息的获取、商品的线上购买、与人的沟通、在线支付等都是广大消费者共同需要的中介服务，相对于提供多样化与个性化使用价值的实物商品而言具有较高普遍性，具有形成大规模统一市场而非细分长尾市场的倾向。平台通常免费为消费者提供服务，而向商家、广告商等群体收取费用。在零价格和低接触壁垒的情况下，消费者通常并不是根据服务的绝对质量来决定自身需求，而是全部选择质量最好的服务提供者（Smyrnaios，2018），这促成了平台经济领域的赢家通吃效应。

在供给方面，平台大多以数字形式提供服务，具有零边际成本和规模效应特征，可自由地跨地区经营。即使不采用低于成本销售的掠夺性定价策略，大型平台也可以凭借更低廉的成本提供价格更低的产品和更优质的服务。大型平台依托大数据训练算法，可以更迅速地对市场需要的变动做出反应,快速迭代、更新功能、进行小规模测试和数据分析修改(Saura,2021),存在较强的数据反馈效应(feedback effect)。用户在某一平台积累的数据、好友关系、消费记录等,也造成了很显著的转换成本(switching cost)和锁定效应。

在企业行为逻辑方面,平台企业更加注重规模的扩张而非短期的利润目标(Khan,2017)。一方面是因为资本市场的模式创新和较为宽松的货币环境,使得平台企业的融资来源十分丰富,在扩张过程中寻求盈利的动机并不强烈(Kenney & Zysman,2016)。众多新兴平台企业并未实现盈利,却凭借可观的活跃用户规模及其增长速度获得了惊人的估值和投资(刘震、蔡之骥,2020)。另一方面,平台可以进行跨行业经营,在某一市场上将另一市场上的竞争优势转化为最终利润。只要平台的核心功能吸引和维持的用户数量足够多,通常总会找到能够大规模盈利的商业模式。规模不仅仅是平台企业短期利润的最终来源,更是长期发展新业务的核心资源。出于扩大规模而非利润的考量,平台企业的掠夺性定价行为逻辑是非常理性的(Khan,2017)。

需求、供给和企业行为逻辑三方面的特征,导致平台领域呈现高市场份额占有率、高行业集中度的横向市场竞争格局。在特定市场上较大的垄断可能性和极为可观的垄断利润前景,使得平台通常以大量"烧"钱的方式吸引用户,以期取得市场支配地位。平台竞争是"为了市场而竞争",而非"在市场中竞争"(Evans & Hylton,2008;Jullien & Sand-Zantman,2021)。"为了市场而竞争",即当市场上最终只能有一家企业运转时,企业如何为获得这一垄断地位而竞争。如果市场上已经有一家在位的平台企业,那么可提供更高质量产品的挑战者能否成功进入市场甚至替代在位者?当仅考虑短期竞争效应时,这是很难的,因为在位企业拥有网络效应带来的优势。然而,当考虑长期竞争效应时,网络效应并不足以阻止进入,有充分耐心的潜在挑战者会在进入市场的初期采取更加激进的策略,最终取代在位者(Halaburda et al.,2020)。"在市场中竞争",即当稳态市场结构允许多家平台存在时,这些平台之间的竞争形态。此时的竞争主要体现为差异化和消费者多归属,与普通产品寡头市场竞争相比,平台竞争更加激烈。因为交叉网络外部性的存在,平台在 A 侧提高价格不仅会失去该侧的部分用户,而且会降低对 B 侧用户的吸引力,失去部分 B 侧需求,而这又会传导回 A 侧,结果是平台面临更高的需求弹性。利用相关市场上的垄断地位,在位平台就可以采取自我优待、拒绝交易、掠夺性定价、捆绑交易、大数据杀熟、价格歧视等不公平竞争行为,并通过"杀手式并购"(killer merger)[①]方式阻断潜在竞争者的发展路径。

[①] 杀手式并购是指大型互联网平台并购新兴或初创平台的行为。一方面,大型互联网平台通过并购和自己原本业务不同的平台,能够实现跨领域发展,其新业务与其核心优势业务相辅相成,利用自己在原本领域的优势为并购领域的新业务引流,加速在新市场的扩张速度,产生范围经济效应,进一步巩固大型互联网平台的市场地位,被并购公司作为大型互联网平台的一部分,进一步丰富了大型互联网平台的生态。2016 年,微软收购领英就遭到欧盟的反垄断审查,领英是职业社交网络平台,微软是 IT 产品和服务平台,二者属于相互补充领域,一旦发生并购,微软可通过在领英预装微软软件,封锁其他竞争性软件服务供应商在微软的程序接口,从而将自己的市场竞争优势范围从个人电脑操作系统市场和办公软件系统市场扩展到职业社交网络市场。另一方面,大型互联网平台通过并购和自己原本业务相同的平台,能够实现数据资源集中,发挥数据的整合优势和规模经济效应,优化自身产品的服务和效率。更重要的是,通过并购初创企业实现团队整合和资源共通,大型互联网平台能够消除潜在的竞争对手,进一步扩大其市场份额。脸书在 2012 年收购 Instagram、2014 年收购 WhatsApp,美国联邦贸易委员会(FTC)曾两次起诉脸书,认为其收购尚处于初创和快速发展时期的 Instagram 和 WhatsApp,是为了消除二者对其在社交网络平台垄断地位的潜在威胁。

但是，平台领域的横向垄断具有动态竞争特性（Moazed & Johson，2016；陈兵，2020）。如果不持续地追求创新，平台现在所垄断的市场本身就可能在较短时间内被新商业模式所颠覆。平台用户普遍存在的多栖行为使得平台竞争更为激烈（Jullien & Sand-Zantman，2021）。双边市场参与者与平台本身的利益冲突，以及不同用户的多样化诉求间的冲突，为新型平台的崛起提供了空间。对单纯依靠网络效应的平台企业而言，在平台核心功能的优势丧失时，网络效应甚至可能是负向的（Petit，2020）。毫无疑问，大型基础平台已经成为我们生产与生活的关键设施，但就横向垄断而言，它们的垄断仍时常受到挑战。

2. 平台垄断效应

根据垄断中的杠杆作用理论[一]，平台企业在一个市场中的横向垄断地位，可以作为突破另一相邻市场进入壁垒的杠杆（Khan，2017；李勇坚、夏杰长，2020）。通过捆绑或搭售，已有平台可以撬动自身和目标平台市场共同的用户基础，形成热启动的平台包抄效果（Choi & Jeon，2019；Eisenmann et al.，2011）。平台所收集的反映用户个人偏好和财务状况的数据，可以用于研发精准的广告营销和消费信贷发放等新平台业务（Condorelli & Padilla，2020）。平台自身的运算需求以及扶持其他行业平台企业的能力，使得大型平台在运营云计算中心为第三方企业提供弹性算力的业务中具有天然的优势。大型平台的技术开发能力、高效的组织管理体制、丰富的人才储备等无形资产，也使得它们具有跨行业迅速扩张或模仿创新应用的实质能力。因此，平台企业具有跨行业扩张的天性，并且可以在不因为提价、降低质量等逐利行为损害原市场中垄断地位的同时，通过跨行业扩张将原市场中的垄断势力转变为巨额营收和估值。

平台企业跨行业扩张的直接结果是，平台在整个行业生态而非单纯的中介市场中的影响力日益增长。在一个行业中与平台某一分部展开竞争的商家或其他平台，难免要在某一其他行业中依赖该平台的另一分部来经营（Khan，2017）。例如，第三方卖家和亚马逊直营存在竞争关系，但它们却要依赖亚马逊的仓储物流服务。随着社区团购的不断扩张，平台企业掌握着农产品从采收到配送至用户手中的全供应链网络。又如，目前已出现许多由美团快驴直供的外卖商家，直接影响着其他平台的第三方农产品销售。掌握云计算中心的平台和智能终端的开发者，更具有关停大量应用平台的能力。

尤其需要注意的是，部分平台正在脱离虚拟信息中介的角色，迅速重组实体经济生产与流通过程中的各环节。随着平台的信息处理和传递能力日益增强，平台企业迅速深入农业生产、供应链与物流管理、人工智能驾驶、产业互联网、智能城市等诸多领域。在这些领域中，平台的双边市场属性不再突出，更为突出的是平台的人工智能算法与它所调配着的庞大设备和劳动力网络。如果说在消费互联网时代，平台的垄断地位建立在双边市场的网络效应和规模效应的基础之上，还可能遭受破坏性创新的颠覆，那么在产业互联网时代，大型平台企业的垄断将建立在对实物资料生产过程更为绝对的控制与权威之上，对全社会具有更为深层且稳固的巨大影响力。

[一] 此处的杠杆作用通常被解释为企业利用其在一个市场上的垄断力量来获得另一个市场上的垄断力量。具有杠杆作用的行为通常包括捆绑、搭售、排他性交易和掠夺性定价、拒绝交易等方式。

5.4.3 平台的层级嵌套式垄断

跨行业经营将大型平台的优势发挥到全新的程度，通过不断地投资和并购，在位大型平台的垄断地位可能在很长时间内都不会受到有效挑战。[1]平台资本经营的虚拟信息交换场所具有显著的模块化和分层式技术特征（Farrell & Weiser，2003；吴修铭，2011）。为各类具体需求而开发的应用程序需要在一定的智能设备和操作系统环境下才能运行，大多需要使用者在智能设备或操作系统开发者所经营的 app 中下载，并且要符合其制定的开发标准、收入分成规则、数据传输协议。应用程序和网站借助少数几家云计算中心来提供应用运行所需的算力支持和数据管理服务，使得基础层数字平台运营者对应用层数字平台的运营者具有较强的支配能力。基础层平台可以通过在应用商店中下架、拒绝访问等方式威胁应用层平台，并对应用层平台收取高昂的收入分成或平台租金。

人的需要具有层级性，注意力却是有限的，容易被提供满足基础功能的平台所捕获（Simon，1993；吴修铭，2018）。人们在提供信息搜索、线上购物、人际沟通、在线支付等方面功能的平台上花费大量的时间。提供满足用户细分需要功能的应用平台的潜在用户群体一般相对较小，并且这类平台很难被潜在用户注意到，难以开启网络效应的正反馈；而提供满足基础需要功能的数字平台，却掌握了海量用户的注意力分发渠道，扮演着互联网信息帝国的"总开关"角色（吴修铭，2011），能够支持新应用尽快达到临界规模。新应用满足的细分需要常与基础需要间具有互补性（Li & Agarwal，2017）。例如，通过社交媒体平台的好友关系导入来同好友组队游戏所带来的体验，往往高于单人匹配陌生人进行游戏的体验。提供基础需要的大平台在支持和发展新型应用平台时具有显著的功能互补优势。

基础层级的大型平台可以借助现金流和影响力，不计成本地对初创企业进行大手笔的股权投资或并购（谢富胜 等，2019），初创平台几乎没有选择余地，只有"加入组织"才能在赢家通吃的平台市场角逐中取得参赛权。当然，大平台广泛地投资小平台一般并非为了投资收益和利润，往往是为了巩固和扩大平台生存空间与发展版图。在多个横向平台市场和产业生态中具有垄断势力的平台生态系统中，依靠系统中靠外层级的中小平台在新领域中的激烈竞争，来维持生态系统核心层平台的垄断地位和平台生态系统的强大市场影响力，这就形成了基于层级嵌套式平台生态系统的动态垄断竞争格局（苏治 等，2018）。

建立在平台横向垄断、纵向一体化和跨行业平台生态的基础之上的层级嵌套式平台系统之间的竞争程度愈演愈烈，大型平台系统间的竞争因为跨行业的多线对抗而日益激烈，强迫"二选一"、生态封锁、数据闭环等手段层出不穷，小型独立平台对大型平台系统各重要节点的竞争威胁迅速减少甚至趋近消失。在平台生态系统内部，手握股权并处于核心地位的领导企业，享有最多样和最稳固的垄断优势。平台系统的各节点之间则通常在彼此的核心市场和新市场之中展开激烈竞争，以巩固整个生态系统的垄断地位。

---

[1] 谢富胜，吴越. 平台竞争、三重垄断与金融融合［J］. 经济学动态，2021（10）：34-47.

5.4.4 平台业务与金融业务融合

平台垄断始终面临动态竞争的不稳定性，需要大量资金流来支持无止境的平台扩张过程。消费金融业通常具有稳定且可持续的利润，可以很好地支持平台的跨行业扩张和投资并购活动。大型消费互联网平台掌握了消费金融业庞大的用户规模和精细化的生活消费数据等两大核心要素，可迅速切入移动支付市场并转型为平台金融复合体。平台资本向金融业渗透，借助数字技术实现平台业务和金融业务的高度融合与相互巩固，形成了基于数据、算法、用户规模以及金融利润支持跨行业扩张与并购的复合型垄断。○

1. 利用核心平台用户基础跨界进入在线支付市场

平台企业与金融融合的第一步，是凭借庞大用户规模的优势，跨界进入移动支付市场。一个领域内的平台可以将自身原有平台的功能与目标平台领域的功能相捆绑，以两种功能所共有的用户基础为杠杆，实现向目标平台领域的平台跨界（Eisenmann et al., 2011），触发自我加强的网络效应，在移动支付领域建立起新的平台。对在线交易平台和社交媒体平台而言，移动支付功能同在线交易、社交功能之间是强互补关系，而且这两类平台在发展新移动支付平台的过程中具有非常大的竞争优势［国际清算银行（Bank for International Settlement, BIS), 2019］。○ 例如，阿里巴巴于2004年开发了支付宝平台，易贝于2002年收购贝宝平台，微信依托2014年春节期间的抢、发红包活动和后续好友间转账功能开启了微信支付用户数的爆发式增长。由于移动支付相对借记卡、信用卡支付形式更为便捷，提供服务的成本也更为低廉，因此移动支付的发展已成为世界范围内的共同趋势。目前，各类消费平台向移动支付平台跨界，普遍已拥有了较大用户规模。

2. 利用数据、算法和用户规模优势构建平台金融复合体

平台企业与金融融合的第二步，以移动支付平台为基础，凭借大规模支付数据和沉淀的资金，进入信贷、财富管理、保险等消费金融市场，建立大规模的混业经营综合金融平台。传统金融机构依赖于货币和价格所蕴含的信息来确定信用与估值，但数据资本时代，资本的资源调配和信息传递功能发生了分离。海量数据部分取代了货币和价格所承担的信息功能，导致金融资本主义逐渐转向数据资本主义（Mayer-Schonberger & Ingelsson, 2018）。领导平台生态系统的大型平台复合体所采集的用户个人数据是最多和最准确的，配合它们在消费者中的信誉加成，能够较好地支持向消费信贷、理财产品、保险众筹等消费金融领域的渗透。

在消费信贷领域，平台除利用原有用户规模实现捆绑、搭售外，电子商务和移动支付等平台还可以要求消费者同意将原平台上产生的数据共享给自身在消费信贷领域的平台主体。利用消费者使用移动支付平台所产生的大规模精细化交易数据，大型平台将对用户的财务状况有全面、细致和动态的了解，可以进行准确的信用评估、消费信贷以及保险业务的办理（Frost,

---

○ 谢富胜，吴越. 平台竞争、三重垄断与金融融合［J］. 经济学动态，2021（10）：34-47.
○ 对搜索引擎和智能设备软件平台而言，已有平台的功能和移动支付功能存在弱互补性，因此，这两种平台向移动支付领域的平台包抄进度相对较为缓慢，如 Apple Pay 和 Google Pay。

2019；Condorelli & Padilla，2020）。更为重要的是，这一评估和估算过程可以由不断自我迭代的 AI 算法实现，使贷款的审批和发放过程更方便迅捷（Kshetri，2016）。具有庞大用户规模的大型平台的算法，比数量有限的收入数据、资产状况、贷款记录、还款记录等更为准确且有时效性。平台基于 AI 算法对大规模个人数据的利用，使得平台可以无抵押地进行贷款发放并在一定条件下控制坏账率。这提升了金融包容性，降低了金融服务的成本，提高了金融服务的效率［全球金融体系委员会（Committee on the Global Financial System，CGFS）和金融稳定理事会（Financial Stability Board，FSB），2017］。

在金融监管较为宽松、金融基础设施欠缺的地区，借记卡、信用卡、财富管理等基本金融服务的普及率很低，存在大量游离在金融体系之外的人口。移动支付平台通过监管套利，向个人理财、保险、众筹等众多领域扩张，提供低成本和低门槛的金融接入，迅速形成功能互为补充、数据互相利用的混业金融帝国（Lu，2018）。由于传统金融机构不被允许混业经营，因此大型平台企业的"一站式"便捷金融服务吸引了大量用户参与。

3. 平台垄断与消费金融垄断的相互巩固

平台金融复合体加强了平台实施垄断行为、巩固垄断地位的动机。平台金融复合体严重依赖对消费者个人数据的积累，以及来自核心平台业务的用户导入，来实现并扩大消费金融业务。因此，出于对消费者个人数据闭环和金融使用场景扩张的追求，它们必须进行更大规模和更强控制力的垄断，采取设置进入壁垒和限制交易等方式不断扩大平台系统内的活动规模和数据流，倒逼消费者和上下游参与者使用平台系统内的非金融和金融功能，巩固平台金融复合体的垄断地位。此外，平台金融复合体对次级平台企业通常采取直接收购并派驻管理人员而非小比例参股并保持经营相互独立性的形式。在金融基础设施水平较低和金融包容性较弱的地区，大型平台向平台金融复合体垄断转化过程的进展更为迅速。一旦平台企业完成向超级平台金融垄断资本的转型，少数几家平台复合体就能凭借基于平台业务与消费金融业务相互巩固的垄断，成为社会生产与再生产过程无法绕过的必要设施和中心化组织者，在数字时代享有持久的市场势力和影响力，主要表现在对数据、算法、用户规模的垄断以及金融利润支持跨行业扩张与并购这四个方面。

一是数据的垄断。对社交媒体、搜索引擎和在线交易平台而言，数据是推测个人偏好以进行个性化广告推送的重要依据，但数据提取仍是依附于平台所提供的核心功能的。平台的核心功能及其生态才是平台垄断的根本支撑。对平台金融复合体而言，对数据的垄断（Stucke，2018）是金融垄断的根本保障，是信贷、保险、理财等众多金融服务效率的基石。由此产生的对数据的重度依赖，使得大型平台金融复合体通常凭借自身的必要设施地位，以"同意或退出"的方式要求各项非必要信息授权，并通过各类并购和合作扩大数据提取范围，巩固数据闭环。这对消费者隐私和个人信息安全造成了严重的威胁。

二是算法的垄断。对在平台上进行的金融和非金融活动而言，代码即法律（Lessig，2006）。平台金融复合体通过大规模数据定义个人信用，而从数据到个人信用指标的算法，完全是平台的私有规制范围。随着数据的垄断，少数大平台开始利用算法，根据个人在平台系统内所产生的数据制定个人信用的社会评价标准。这反过来对个人参与平台的全生态系统活动提出了难以拒绝的要求,巩固了数据垄断和用户规模的垄断。有的学者提出,人类社会正在进入由大型平台所主导的"监控资本主义时代"(Zuboff,2015),合同和法律被由大型平台所控制的看不见的算法之手所施加的奖励与惩罚所补充(Zuboff,2015)。

三是用户规模的垄断。平台资本以非金融平台的广大用户为杠杆,成功实现了金融平台用户量的迅速增长。金融平台内部的网络效应、非金融平台和金融平台之间的互补效应与范围效应,被用数据和算法的形式固定下来,巩固了大型平台金融复合体的综合市场势力。用户被大型平台金融复合体中相互促进与连接的非金融和金融功能所俘获,"一站式"地使用消费、信贷、理财、缴费等众多业务。用户在大型平台金融复合体内所积累的良好的消费、履约和投资记录也将得到平台的奖励,从而提高了用户在平台系统间迁移的成本。一旦俘获性的生态系统建成,留给潜在竞争者来建立对抗平台的空间和机会就很少了(BIS,2019)。

四是金融利润支持跨行业扩张与并购。持续、稳定且极为丰厚的金融利润,支持着平台金融复合体在各个创新领域进行广泛的投资和并购。据IT桔子统计,阿里巴巴、腾讯以及二者的关联公司的投资遍布硬件、软件、电商、社交、娱乐、企业服务等众多平台经济领域。平台生态系统的扩张本身,也巩固了平台的金融业务并源源不断地吸引新的用户,进而巩固了平台金融复合体的垄断地位。依托金融科技,BATJ(百度、阿里巴巴、腾讯、京东四者的简称)目前正在加速建立开放式金融科技平台,商业模式重心将由自营金融向服务金融转变。

■ 本章要点

平台竞争是多形态、多方位、跨产业的生态竞争,关键在于赢得与网络效应相关的生态优势。新进入者能否成功进入平台,取决于新平台提供者是否具有高平台质量和强网络效应以及是否达到消费者预期,高网络权利、高转化成本和强网络效应能使平台提供者避免潜在竞争者的威胁。

交易平台主要是通过减少搜寻和交易成本来创造生态价值,创新平台主要是通过提高互补品多样性和平台系统性能来创造生态价值。互补创新的数量、质量和多样性在塑造创新平台生态与提高创新平台竞争力方面更具价值。

平台技术、平台架构和平台治理的复杂性决定了平台竞争策略的多样性。直接网络效应下的企业竞争注重网络规模,间接网络效应下的企业竞争注重互补品种类,交叉网络效应下的企业竞争注重定价结构,跨市场网络效应下的企业竞争注重进入市场的先后。

平台企业的竞争策略主要围绕提高平台本身的功能性和技术绩效、扩大用户基础、增加互补品的规模和多样性三方面的生态优势而展开,本质上都是平台企业对竞争策略形成的价值创造效应和价值分配效应的综合与权衡。平台企业的互补品竞争主要涉及平台企业的垂直一体化,基于技术性、交易性和承诺的平台企业对互补品的开放度;平台提供者层面的竞争可以在开放、包络与用户差异性方面做出选择。平台组织与非平台组织之间的竞争在于支配–依赖关系,大小平台之间的竞争在于动态的嵌套型层级结构,大平台间的垄断竞争在于基于平台系统的创新优势。

通过价值共创、生态系统获得的竞争优势,主要来自双边市场结构,即双边市场的交叉网络外部性效应、双边市场的价格杠杆效应、双边市场的市场学习效应与双边市场的全球资源配置效应。

平台垄断取决于平台经济特征与市场特殊性,即规模经济、高效连接、网络效应和锁定效应,表现形式是数据垄断、价格操控与算法控制,形成了平台的层级嵌套式以及平台业务与金融业务融合的金融复合体,通过金融利润支持跨行业扩张与并购。

■ 讨论问题

1. 如何理解"平台竞争是基于用户、注意力、数据、算法等因素的赢家通吃式动态竞争和组织竞争"?
2. 请简述平台企业的互补品竞争策略。
3. 如何理解"大小平台的竞争形成动态的嵌套型层级结构"?
4. 请论述平台业务与金融业务融合形成平台金融复合体的过程机理。

| 第 6 章 |

平台开放

- **学习目标**
- 了解平台水平开放；
- 掌握平台垂直开放；
- 了解国内外平台开放情况。

- **开篇案例**

美团与饿了么：流量集成与生态开放之争

2021年6月，外卖平台饿了么宣布与中国连锁经营协会达成合作，启动"新服务伙伴计划"。饿了么 CEO 王磊表示，饿了么将始终坚持"生态开放"的路线，"不与商家争利，哪怕短期内会牺牲一些利益"，同时接入更多机构、商家，共同推进本地生活行业数字化。

近年来，由于外卖市场走向成熟，饿了么、美团两大外卖平台都转向多元化路线，开始发展线上买菜、生鲜电商、共享充电宝等新业务。但在业务经营思路和平台运营模式的选择上，饿了么和美团两大平台之间存在着明显的差异。

美团："半开放生态"下的流量集成模式

美团成立于 2010 年，以餐饮外卖、到店酒旅、闪购配送等本地生活服务为平台核心业务，2021 财年营业收入达 1 791 亿元。2010 年，时值在线团购模式火爆之际，王兴借鉴美国团购平台高朋（Groupon）的经验，在国内创立团购平台美团。然而，彼时国内流量网站均推出了团购相关项目，形成了几千个团购网站蜂拥而起的局面。在"千团大战"中，美团坚持只做本地服务、不做实物团购，主打线下地推、不做线上推广，通过补贴优质商家持续获取线上流量红利。到 2013 年，美团、大众点评、糯米网[①]在国内团购市场中"三分天下"的格局初步形成。

借助"线下地推 + 线上流量"模式在团购赛道站稳脚跟后，美团继续通过地推团队扩张到外卖、电影门票、酒旅到店等业务领域，持续以移动互联网思路改造线下商家服务流程，并集成到美团平台的统一入口，实现将用户流量圈留在平台之内，并通过平台内流量互灌形成高频的流量入口。

对团购、外卖等业务以外的新业务，美团往往选择躬身入局或以投资头部品牌的方式入局，即"make or buy"。出于降低业务成本、提升敏捷度等的考虑，企业往往选择"buy"，即投资初创企业或并购业务相关企业，如美团借助投资食材配送企业"望家欢集团"入局食材供应链行业，由于供应链体系对规模化程度的要求较高，因此选择投资而非自营能够分散业务风险，避免平台的专用性资产占比过高，促进企业在市场竞争中快速转身、灵活应对。而出于业务创新、平台核心能力培育，平台企业常常考虑"make"，即由公司内部立项、独立开展，如美团的充电宝业务与美团平台线下餐饮商户资源的互补性较强，因此选择通过自制方式，持续培育平台切入"本地生活"这一新业务场景的能力。因此，"make or buy"这一问题决定了平台企业的边界。

此外，对线上买菜、生鲜电商等新业务，美团都倾向于采取"半开放"的平台生态策略，让其自营品牌及投资品牌获得更多发展机会。虽然平台规则中并非完全禁止第三方生鲜、买菜品牌进驻美团平台，如生鲜电商中接入了钱大妈、每日优鲜等头部商家，但美团更侧重于大力发展自营业务，依靠旗下的美团优选、美团买菜，在赛道内实现自有份额的快速扩张，不惜以亏损换市场。在共享单车、共享充电宝等业务中，美团也采取了亲自下场"make"的重资本模式，通过做大交易规模形成流量入口，更多通过份额竞争"跑马圈地"，通过做大自营体量形成对其他商家的议价权，继而对供需两侧用户双向挤压，获取最大利润。如今，对线上买菜、生鲜电商等本地生活业务，美团依然着力集成本地生活服务的流量。

饿了么："生态开放"的平台运营模式

饿了么成立于 2008 年，以在线外卖、建立餐饮供应链、零售配送等本地生活服务为平台核心业务，2021 财年营业收入为 315 亿元。2008 年，上海交通大学（简称交大）的两名研究生张旭豪、康嘉苦于电话订餐模式落后，上线了外卖网站"饭急送"，主动承揽学校周边中小餐馆的外卖业务，而这个网站正是饿了么平台的前身。随后，饿了么从交大发展到上海其他高校，进而发展到全国各大高校。2013 年，外卖行业涌上风口，淘点点、美团、百度外卖等竞争对手接连入行，行业竞争日趋激烈，并逐渐演变为饿了么和美团外卖、百度外卖"三足鼎立"的局面。直到 2017 年，饿了么收购百度外卖，外卖市场最终由饿了么与美团"两强争霸"。

饿了么平台最初采取"轻模式"物流配送，即平台没有自营物流，餐品完全由商家自主配送。在与之后涌现的诸多外卖平台的竞争中，饿了么开始建设"商家开放平台"，为平台商家接入第三方物流公司和众包物流等服务商，并试点专门服务品牌餐饮商家的自营物流。

[①] 糯米网于 2014 年 1 月被百度全资收购，在 2014 年 3 月 6 日更名为百度糯米，2022 年 12 月停止服务与运营。

在线上买菜、共享充电宝等热门赛道内，饿了么并没有选择自营的方式，而是坚持平台定位，通过"生态开放"的平台运营模式接入合作伙伴服务，横向切入各个垂直行业，从入驻商家的增长中获益。2021年4月，饿了么充电宝服务在全国上线，首批接入怪兽充电的全量点位和设备，消费者用饿了么app扫码即可借、还充电宝。此举为怪兽充电带去了新的增量用户，也被市场解读为"共享充电宝企业＋外部平台"的行业新形态。买菜业务同样如此，2017年5月，叮咚买菜全品类上线饿了么平台。到2018年9月，叮咚买菜在饿了么平台的月交易额已突破1 000万元，进店转化率、下单转化率长期保持在30%左右，成为开放平台与品牌合作推动生鲜线上化的典型案例。在不同赛道中，饿了么积极推出对商家的流量扶持、数字化门店支持、配送服务、标准打造等系列新服务，带动了商家获取新红利。

在"平台生态开放"的运营思路下，2020年12月，饿了么联合百果园、鲜丰水果等数十家国内头部水果连锁品牌，共同发布"阳光果切"标准，承诺"鲜果先切，坏果包赔"，推动水果品牌化，覆盖超9成的商家，既有大型水果连锁品牌，也包括独立经营的中小商家。作为饿了么"新服务伙伴计划"的内容，该标准是目前国内果切领域唯一的行业标准，给水果生鲜带来了新局面。传统水果连锁行业一直存在高度分散、标准化低的问题，长期以来也存在加工流程不规范、水果选材不新鲜、包装规格不统一、产地信息不透明等痛点，消费者对果切原料的新鲜度、价格等均没有建立信任感。而"阳光果切"标准对商品名称、产地、价格、加工消毒等均提出了具体要求，对消费者而言，标准能够直击过往消费痛点，因此消费者更容易对有标准的果切商品产生好感和信任；对商家而言，标准能够帮助商家建立标准运营思维，通过提升复购率和信任度打开市场空间；对监管机构而言，标准为行政执法监督提供了参考依据，促进市场更加规范化运行。同时，在共同制定标准之外，饿了么还负责线上频道运营、线下配送履约等工作，既解决了商家端配送高损耗问题，也通过流量扶持带动了复购，提升了商家的服务能力，推动整个市场走向成熟。从平台供给侧来看，"阳光果切"标准已经吸引超万家水果商家合作，得到了广大商家的拥护；从需求侧来看，标准实施后平台果切订单量比上年度增长超一倍，对美团平台的部分原有第三方本地生活商家形成分流与抢夺之势。

聚焦本地生活这一赛道，未来的市场趋势是将非标准化的商品变成标准化的商品或服务，众多非标准化的商品或服务亟待建立全新的行业标准，从而进入规范化、高质量发展阶段。饿了么与美团的竞争已不仅限于对流量的竞争，而是演变为平台生态开放模式的竞争。哪个平台能协同品牌商家共同探索行业、打造行业标准，哪个平台的生态系统能更有效地赋能行业商家，为行业找到新的消费场景和市场增量，这个平台就能在未来的赛道竞争中占据更好的位置。决定行业格局转向的无疑是背后数千万中小商家。从此前的生鲜电商、奶茶商家等头部品牌再到果切行业都加入饿了么"新服务伙伴计划"，越来越多的商家与饿了么形成联盟，这意味着高度开放的平台生态获得更多商家的认可，外卖市场的竞争风向与势头也在转向。

从种种迹象来看，饿了么的生态开放模式对美团的流量集成模式形成降维竞争之势。外卖行业迎来破局的拐点时刻。

资料来源：https://meituan.com，https://www.ele.me。

平台企业与传统企业间的根本差异在于是否具备连接多边主体的特性（Gawer，2000），平台提供方的竞争优势来源于通过基础架构共享而激发的同边与跨边的网络效应所构建的平台商业生态系统（Iansiti & Levien，2004）。平台开放能够促进平台生态内种群多样性的增加，可能带来异质性知识，促进平台创新，提升平台绩效（West，2013），促进平台生态发展（Gawer，2009）；但高度开放可能使平台面临竞争拥挤和多主体协调的挑战（Boudreau，2010），倘若无法妥善解决生态位重叠和资源竞争问题（Laursen et al.，2006），则会导致平台创新绩效的显著下降，降低平台生态的稳定性，不利于平台生态的持续发展（May & McLean，2007；蔡宁、王节祥，2016）。Linux最为开放，iOS却较为封闭，Windows开放性介于Linux与Macintosh之间。可见，平台的开放性选择是一个极其复杂的问题。平台开放面临的最基本的战略决策是平台价值创造和价值分配之间的权衡，具体表现为面向互补品的"采用"和"可获利性"间的权衡，以及面向竞争性平台的"多样性"和"控制"间的权衡（贺俊，2020）。

因此，平台需要合理设定供需各方用户进入平台的门槛条件，对平台开放度⊖的把控非常重要（Boudreau，2010；Schmeiss et al.，2019）。

6.1 平台开放的缘由

纯粹的私有平台的特点是与其他系统在技术领域上完全不兼容，在经济上对专利或商业秘密等进行严格保护；纯粹的开放平台⊖的特点是与其他系统在技术领域上完全兼容，在经济上没有知识产权或专利壁垒。因此，现实中不存在完全开放的平台或完全私有的平台（Schilling，2009）。开放平台的特点是所有的互补品供给者面临同等强度的技术性约束和经济性约束，注重的是平台企业对于其他企业的管制和约束是否具有歧视性，能否一视同仁（Eisenmann et al.，2011）。当平台企业所拥有的资源和能力并不能满足平台最终用户的多样化需求时，该平台企业将会通过与下游企业进行技术共享，并且通过平台合作来扩大用户基础，这就促使平台企业开放共享自己的平台。平台提供者要想进入新的市场平台可以通过多平台绑定的方式实现。不同平台的用户群体是交叉关系，也就是说平台不同但用户群体可以是相同的，并且拥有一定的用户流量支持和用户资源基础可以帮助平台提供者成功进入新的市场平台。单一平台相对于多平台而言，其功能偏少，价格偏高，用户资源很容易进行转移，因此，多平台带来的竞争力是巨大的。假如竞争对手成功绑定并且加入多个平台市场，在拥有原平台功能的基础上获得更多的用户流量和支持资源，其存在将会给单一功能的平台市场带来毁灭性的打击。

由于平台具有网络外部性，这使得平台发展更多依赖于双边市场主体的参与程度，从外向内倒逼平台，增强其开放性，形成与平台双边参与者协同发展的体系。在移动互联的背景下，平台常常通过突破企业和产业边界整合外部资源。平台必须权衡平台的开放与保守、免费与收

⊖ 开放度最早由阿胡贾（Ahuja）提出，用以衡量企业外部合作程度（陈劲、吴波，2012）。平台开放度是指互补者接入平台的容易程度（Stefi, Berger & Hess，2014），反映的是促进互补者创新和竞争优势产生的机制（Parker & Alstyne，2022）。

⊖ 在软件行业和网络中，开放平台（open platform）是指软件系统通过公开其API或函数来使外部的程序可以增加该软件系统的功能或使用该软件系统的资源，而不需要更改该软件系统的源代码。在互联网时代，把网站的服务封装成一系列计算机易识别的数据接口对外部开放，供第三方开发者使用，这种行为就叫做开放API（open API），提供开放API的平台本身就被称为开放平台。

费、竞争与合作，允许尽可能多的互补者进入，共同创造价值，支持市场选择（Cusumano & Gawer, 2002；Angeren, Blijleven & Jansen et al., 2013）。平台直接指引外部变革，同时通过控制机制确保生态系统的质量、可靠性和一致性（Scholten & Scholten, 2012）。平台生态系统是平台资源整合的外在表现形式或目标，其边界与平台行为策略相关，并对互补品厂商绩效产生重大影响（Boudreau, 2010；Ceccagnoli et al., 2012）。

平台开放可以实现网络效应，减少用户对锁定的担忧，满足用户群需求的异质性，鼓励更多用户群自愿参与平台并积极互动，以鼓励更多创新和创造更多价值（Schenk et al., 2019）。当平台企业没有足够的资源来实现平台目标时，就有必要共享平台的控制权来换取足够的外部资源（Gawer & Henderson, 2007）；但平台开放会降低用户的转换成本并增加平台间的竞争，使平台更难以获得恰当的回报（Parker & Alstyne, 2014）。平台的开放或封闭需要动态考察两者带来的利弊（Parker & Alstyne, 2008）。虽然平台企业通过共享控制权可增加平台的参与群、激活平台生态系统的创新并重新分配资源，但共享控制权也可能导致平台企业不能及时回收平台的创建成本（Jacobides & Billinger, 2006）。

平台开放还可实现没有许可的创新，推动平台提供商与用户群之外的参与第三方为平台增加新的价值，而第三方不需要与平台提供商直接协商（Eisenmann et al., 2009；Boudreau, 2010）。当交易成本问题占主导地位、网络外部性至关重要、寻求者缺乏众包成功所需的内部能力、寻求者不希望或不需要将人群转变为适当的资源时，众包平台开放往往能够提高平台的成功率（Schenk et al., 2019）。平台开放可以整合外部资源进行创新，促进平台价值创造的中心从引领企业内部转移到开放式平台中（Parker & Alstyne, 2017）。

从广义角度来理解，平台的开放包括能力的开放（包括底层的技术开放、用户入口的开放、资源的开放等）和组织的开放。能力的开放形成的是平台型的产品，组织的开放形成的是平台型的组织（胡泳、郝亚洲，2013）。从狭义的角度来理解，普通的开放包括资源的开放和参与者的开放，前者属于对资源的控制权治理，如技术平台是否开源、技术资源的开放比例（West, 2013；孙耀吾、旷治，2016）；后者属于对用户的接入权治理（Hagiu, 2009；石岿然，2018；路文通，2020）。

做平台必须开放。只有开放，才能形成更多的接口。而这种开放不仅仅是简单的纵向供应链的开放、横向用户群体之间的开放，甚至要形成供应链和用户群之间的纵横交错的开放，最后形成一张巨大的、关系交错芜杂的价值网络（张瑞敏，2017）。

6.2　平台开放的类型

平台开放可分为水平方向开放和垂直方向开放两种类型（Eisenmann, Parker & Alstyne, 2009；Rysman, 2009）。[○]前者是平台提供者、平台赞助商层面的开放性选择，细分为与竞争平

○ 根据所服务的主体不同，也可将开放平台分为两类：一类是中心化开放平台，以脸书、百度等为代表，平台所提供的 API 主要是针对自身的网站提供应用开发接口，与之对接的应用只为自身网站服务；另一类是分布式开放平台，以 Google、Manyou 开放平台为代表，这类平台在提供一个标准 API 后，将平台上的多个应用推向所有支持该标准的网站。

台的互联互通、新平台提供者的准入和平台所有权的扩张三种情形；后者是平台终端用户、平台应用开发商层面的开放性选择，细分为与上一代平台的后向兼容、平台排他与范围排他、平台扩展集成三种情形。采用横向开放策略的条件是：随着平台市场成熟，产品互补性要求增加，对平台新提供商的许可可以获得利益；通过对新提供商的广泛支持可以扩展平台市场。采用垂直开放策略的条件是：平台可以为新版本产品设定差异化价格，即向后兼容；平台和产品类型适合垄断；当平台成熟时，平台企业可以通过吸收第三方互补型产品来提升自身的竞争优势。

6.2.1 水平方向的开放性

平台水平方向的开放性主要指平台如何处理与其他竞争平台的关系：可能不兼容、兼容或形成某种一体化，并且有学者认为平台之间越能兼容，其开放性越高（Rysman，2009）。平台之间的兼容性是指一个平台的消费者能与另一个平台的商户（卖家）形成互动的能力。有些平台是不可能兼容的，例如报纸媒体平台，阅读一份报纸的消费者无法看到在另一份报纸上的广告。不过，报纸可以通过水平一体化兼并来解决这一难题，例如《纽约时报》通过收购兼并《波士顿环球报》，使得广告商只需要与一家报纸的出版商协商成功就可以在两份报纸上发布广告，其实，这也代表兼容的一种形式。有学者通过平台是否兼容来研究垄断平台市场、竞争但不兼容和竞争且兼容三类不同市场结构的均衡状态。研究表明，兼容性的平台使得用户接入基础扩大，从平台竞争效应的角度，竞争且兼容的市场结构是最优的市场结构，垄断平台市场结构次之，而不兼容的双平台市场结构排在最后。

现实中的平台提供者往往偏好平台之间不兼容，平台可以锁定现有用户而排斥竞争对手（Rysman，2009）。但平台用户通常可以采用多归属的方式来规避平台之间的不兼容，例如，商家同时接受两种以上的支付卡。这种多归属的行为能很快消除平台从抵制兼容中所获得的好处。不过，平台通常会鼓励用户排他性地使用平台产品，以应对用户的多归属行为，例如，支付卡平台就使用奖励计划来鼓励持卡人的排他性使用（Lee，2008）。

1. 互联互通

平台之间的互联互通意味着允许竞争平台的用户与接入本平台的用户之间交互关系的存在。随着市场环境的成熟，那些竞争平台的所有者通常会改变规避兼容的封闭策略而对技术进行修改以实现平台之间的彼此兼容，从而使得竞争平台之间的用户能够进行跨平台的交易（Katz & Shapiro，1985；Farrell & Saloner，1992）。

对需求协调者平台来说，平台之间差异化的标准或差异化的接口的存在，使平台之间的互联互通必须依靠适配器或网关等转接设施才能完成。由于强势平台在互联互通中掌握着更多的主导权，所以昂贵的转接设施成本通常由弱势平台承担（Farrell & Saloner，1992）。相比于平台内的交易，跨平台的交易通常会降低交易的质量，因为要实现互联互通必须有相应的技术调整和功能增加（Cremer，Rey & Tirole，2000）。此外，平台还可能出于竞争的目的而刻意限制跨平台交易的质量与便利性，以确保差异性给自己带来的竞争优势。

当平台所在的市场还处于初期阶段且潜在的双边用户数量很大时，占优平台（强势平台）往往会尽量避免与弱势的竞争平台互联互通（Eisenmann，Parker & Alstyne，2009）。而一旦市场变得成熟且平台用户数量的增长开始减缓时，竞争平台之间往往就会寻求互联互通，尤其在平台之间的市场份额趋于均衡时互联互通更容易发生。影响平台互联互通的主要因素是市场势力、市场份额、边际利润和进入壁垒。在网络效应较强的产业，现有的平台面临着具有超强专有技术但缺乏用户基础的新进入者的挑战。如果市场处于初期并预期市场份额将大幅增长，那么潜在的用户将更可能支持具有超强专有技术的新平台的进入（Katz & Shapiro，1992；Matutes & Regibeau，1996）；如果市场处于成熟阶段且预期市场份额几乎不会有增长，那么只有现有平台提供互联互通，新平台的进入才是可行的。在这种情况下，现有平台可以通过避免互联互通的可信承诺来阻止新平台的进入（Kulatilaka & Lin，2006）。

2. 新提供者的准入

依据平台对于新提供者准入的策略选择，平台可分为专有平台和共享平台（Eisenmann, Parker & Alstyne，2009）。专有平台是指有唯一的平台提供者并且排他地开发与应用平台技术，如苹果的 Macintosh 等；共享平台是指由多家企业共同开发平台技术并且通过向用户提供差异化但可兼容的产品来相互竞争，如 Linux 等。

当市场处于起步阶段时，只有唯一的平台提供者的专有平台相比于共享平台具有一大优势；专有平台可以通过补贴的定价策略来吸引用户的加入，而无须如共享平台一样担心搭便车行为的存在（Eisenmann，2008）。随着市场的成长和成熟，这一优势就不那么突出了，因为用户大都已经接入平台。此时，原有的专有平台通常会在保留对于平台技术控制权的前提下，采取授权第三方平台提供者运营的开放策略，这样做的好处是新的平台提供者带来的开发创新可以满足消费者对平台产品日益增长的多样性需求。

此外，平台之间的竞争也会激励平台赞助商采取平台提供者层面的开放策略，以达到充分利用网络效应和吸引新用户的目标（Parker & Alstyne，2008）。当然，新平台提供者被引入的结果将会使平台损失些利润，但新平台提供者的加入也会带来更多的用户，平台的这些损失可以由新接入的用户缴纳的准入费来弥补。

由此可见，平台提供者层面的开放实际上反映的是平台开放所获得的利润与平台的技术轨迹和战略方向之间的一种二律背反性。

3. 平台所有权扩张

平台所有权扩张指的是平台提供者层面的开放，即现有的平台提供者吸纳第三方共同开发平台的核心技术，并共享平台的所有权和收益权。与平台提供商层面的开放相比，两者的区别在于第三方是作为平台技术的开发者还是接收者。

平台提供者层面的开放具有以下优势（Chesbrough，2003；West，2006）：平台所有权的开放可以使现有的封闭平台的研发成本由于与新加入者的均摊而得以下降；提供者之间彼此的技术整合而产生的普遍标准将更具有兼容性和普适性；平台共同开发技术的开放进程保证了持续反馈和修正的存在，使平台产品或服务质量的水平得以提升。

提供者层面的开放也有不足之处。在开放模式下，依从统一规范的开发创新将会由于平台的战略动机与复杂协同机制的阻碍而使创新效率有所下降（Garud & Kumaraswamy，2002；

Simcoe，2006）。由于对提供者层面的开放所带来的优势与劣势有时难以评估，因此相比于专有封闭模式，共享所有权的开放模式对创新的贡献率有时是不明确的。

6.2.2 垂直方向的开放性

平台垂直方向的开放性主要是指平台对边的数量的选择，平台可能选择单边，也可能选择双边，甚至可能选择三（多）边，平台的边数越多则越开放（Rysman，2009）。例如，同为操作系统平台，苹果同时生产计算机硬件与计算机操作系统软件，微软则只控制操作系统软件，同时依靠独立的第三方生产商提供硬件。微软是一个连接硬件生产商、消费者和应用软件开发商的三边平台，或者说它管理着一个包括硬件生产商、消费者和应用软件开发商的三边市场；而苹果的操作系统是一个只连接着消费者与应用软件开发商的双边平台，或者说它管理着一个只包括消费者与应用软件开发商的双边市场。从这一意义上来说，微软比苹果更加开放。当然，随着市场的发展，一个平台可能会改变它对边的数量的选择。微软在依靠第三方提供应用软件的同时，它自己也开发并捆绑诸如浏览器、媒体播放器和视频编辑等应用软件。微软这样做在一定程度上消除了一个独立的软件市场，在其业务模式中减少了边的数量。

1. 后向兼容

后向兼容是指当平台升级它的产品或服务时，平台提供者决定对应用开发商为上一代平台所开发的平台互补产品兼容。若不能兼容，则意味着应用开发商层面的封闭，因为不兼容实际上限制了既有的应用开发商参与到新平台中。

随着平台产品或服务的升级换代，后向兼容的策略选择取决于平台提供者能否对既有应用开发商和新进应用开发商进行价格歧视（Fudenberg & Tirole，1998）。如果平台提供者能进行价格歧视，那么后向兼容的开放性选择对既有应用开发商将无太大的影响；如果不能进行价格歧视，那么既有应用开发商是否留存平台就取决于平台产品或服务升级所带来的净效用是否为正。此外，平台升级产品或服务的跨度大小也会影响到后向兼容的开放性选择（Choi，1994）：如果平台产品或服务升级的跨度很大，那么平台提供者对既有应用开发商和潜在应用开发商都采取后向不兼容的封闭策略；如果平台产品或服务升级的跨度较小，那么平台提供者将采取后向兼容的开放策略，但存在着对既有应用开发商和新进应用开发商的价格歧视，即对新进应用开发商收取高价，而对既有应用开发商收取低价甚至是零准入费。

2. 平台排他与范围排他

平台排他是指由应用开发商所有的平台互补品不允许被竞争平台的终端用户所用。

（1）封闭自我生态的排他性行为。大型互联网平台企业为了限制竞争对手或其他市场主体获取平台的相关数据和用户流量，逐渐封闭自身的生态系统，为平台搭建起一座流量围墙。例如，微信为了不给淘宝提供免费的流量入口，屏蔽了淘宝的外部链接，直到2021年工信部要求各大互联网平台取消对外部链接的屏蔽后，情况才有所改善。在互联网平台自己的生态系统里，用户往往只能被迫使用平台限定接入的服务工具。例如，在淘宝系统中无法使用微信支付，美团作为"腾讯系"产品曾三次取消将支付宝作为支付方式，而苹果在iOS系统内独家指定应用程序支付系统，并收取 15%～30% 的佣金（俗称"苹果税"），等等。

（2）强迫用户开放数据收集权限。大型互联网平台已成为其所处细分领域的头部平台，占据大量市场份额，利用其市场支配地位强制用户签署数据收集协议，否则将限制用户享受其产品或服务。脸书在德国社交网络市场所占的份额超过 90%，具有绝对支配地位，用户想要接入平台，就必须接受脸书的隐私与数据政策，对此，德国国家竞争监管机构——联邦卡特尔局对脸书进行了审查。

（3）限制用户接入其他同类平台。互联网平台用户通常具有多归属性，供应商可以接入多个平台，为平台的另一方用户提供产品或服务。但大型互联网平台为了维护自身的用户和数据优势，会要求用户或商家在平台之间进行"二选一"。2021 年，阿里巴巴曾因强迫平台内商家"二选一"而被国家市场监督管理总局处以 182.28 亿元的罚款。

（4）依据用户画像实施差别待遇。互联网平台为了谋取更多商业利益，往往会对用户实施"大数据杀熟"。通过分析用户在互联网平台上的行为，如浏览记录、点赞评论、交易数量等，互联网平台对用户进行精准画像，了解其消费习惯、购物偏好、价格敏感度、生活习惯等各方面内容，进而实施三级价格歧视。美团、饿了么、去哪儿、京东等多个互联网平台企业都曾被曝出有"大数据杀熟"的行为。随着技术手段的进步和营销方式的多样化，平台会依据用户画像和算法，随机生成各类优惠券和价格组合，"大数据杀熟"也越来越具有隐蔽性。

（5）利用双重身份实行自我优待。自我优待是指互联网平台凭借既是平台的提供者，又是接入平台的服务供应商的双重身份，对自营产品或服务给予优惠待遇。2021 年年底，亚马逊因自我优待行为被意大利反垄断监管机构罚款 11.28 亿欧元。2020 年，欧盟委员会调查显示，亚马逊利用其平台第三方商家的数据，调整其自营产品的零售策略，包括品类、价格、库存等，使其自营产品始终是热销产品，价格相对于非自营的第三方商家也更具有优势。

由于双边平台所具有的网络外部性使得平台排他更易造成赢家通吃的结果，更易形成单平台垄断的局面，所以平台排他行为更易受到反垄断机构的关注（Lee，2007；Eisenmann，2008）。对消费者的福利而言，它也会因平台排他限制了消费者从其他平台获得产品或服务的机会而受损，因为多样性供给的下降会给消费者造成福利的无谓损失。对市场一边的排他行为有助于解决市场起步阶段平台所面临的"鸡蛋相生"问题（Caillaud & Jullien，2003；Armstrong，2006），甚至还可作为新平台进入市场的有效工具，因为新平台通过对市场现有平台的排他可获得更多用户的支持和更多的市场份额。可见，平台排他策略在一定程度上促进了平台之间的竞争。

范围排他则是指平台在指定的产品或服务范围内仅允许少数几家第三方应用开发商通过平台和终端用户进行交互，会造成本平台应用开发商层面一定程度的封闭。比如，Mozilla 赋予谷歌搜索引擎在其旗下浏览器火狐中搜索功能的排他地位。范围排他行为在一定程度上有利于平台自身的发展，因为平台提供者可以通过降低应用开发商之间的竞争强度而获得更多的利润（Parker & Alstyne，2008；Rey & Salant，2007）。

3. 平台扩展集成

随着平台的发展成熟，平台提供者往往会将一些原本由第三方应用开发商提供的平台互补品吸纳到平台提供的产品或服务中，采用捆绑的方式向最终用户销售。其他未集成的第三方应用开发商将很难与之竞争而逐渐退出平台，捆绑销售的方式给第三方应用开发商之间的竞争人为地制造了较高的进入壁垒，意味着在一定程度上平台在应用开发商层面上的封闭。

平台和它的互补品的捆绑有助于降低终端用户的搜寻成本与使用成本（Eisenmann, Parker & Alstyne, 2009），提高平台效率（Davis, MacCrisken & Murphy, 2002；Eisenmann, Parker & Alstyne, 2007）：较单个平台产品更有价值的捆绑集成能实现产品或服务的范围经济；一体化的组织架构使平台和互补品之间的联系得以简化从而增加产品质量优势；捆绑销售可提升平台的固有价值，从而可提升终端用户的留存率。

6.3　全球平台间互联互通概述

开放互通是互联网发展的基本价值取向，也是营造共享共赢网络生态的关键。[一]我国互联网平台间的生态封闭已经严重影响行业的健康、持续发展。在此背景下，国务院办公厅于2019年8月发布了《关于促进平台经济规范健康发展的指导意见》，提出互联网平台要"尊重消费者选择权，确保跨平台互联互通和互操作"；2022年1月国家发展和改革委员会等9部门联合印发《关于推动平台经济规范健康持续发展的若干意见》，首次提出"平台开放生态"的理念，要求平台企业依法依规有序推进生态开放等，呼吁平台企业回归"开放、平等、协作、分享"的互联网精神，为平台经济构建良好创新生态，实现包容发展。

经过长期复杂博弈，国内互联网头部平台之间逐渐形成了互不相通的生态封闭局面。屏蔽"封杀"成为大型互联网平台间常用的竞争策略，从PC时代一直延续至移动互联网时代，覆盖移动支付、社交、电商等多个领域。由于曾缺乏有效监管和引导，我国互联网行业形成了围绕头部平台的"生态垄断"现象，即"生态内开放共赢、生态外隔离封锁"，对创新、竞争、用户体验和政府治理都形成了巨大挑战。

我国互联网平台互联互通的大力推进与2020年年底以来互联网平台的反垄断和防止资本无序扩张措施密不可分。2021年7月，工信部发布《关于开展互联网行业市场秩序专项整治行动的通知》，明确将互联网平台恶意对其他互联网企业服务或产品的网址链接实施屏蔽等不兼容行为纳入专项治理。在工信部互联网行业专项行动的治理框架下，2021年9月17日，微信在点对点（私聊）场景中解除对淘宝、天猫、抖音等网址链接的屏蔽措施。9月28日，阿里巴巴宣布旗下部分app已接入微信支付或已申请接入微信支付。11月30日，微信在群聊场景中解除了对淘宝网址链接的屏蔽措施。目前，国内平台互联互通仅停留在外链开放阶段，还未进入更深层次。

不同于国内平台的上述情况，国外互联网巨头从用户体验出发，很早就开始促进平台互联互通。谷歌从2013年开始对外部app的内部链接和内容进行抓取，此外，有大量手机端软件和谷歌开展了合作，其中包括推特、爱彼迎等。事实上，国外各平台之间很少限制用户的相互

[一] 中华人民共和国国家发展和改革委员会. 着力优化发展环境推动平台经济健康发展：《关于推动平台经济规范健康持续发展的若干意见》解读［R/OL］.（2022-01-19）［2023-06-02］. https://www.ndrc.gov.cn/xxgk/jd/jd/202201/t20220119_1312332.html?code=&state=123.

转发或采取网址屏蔽的行为。在即时通信领域，TikTok 在一对一场景和群聊场景下，均能打开链接，并且可以通过软件开发工具方式，让外部链接直接跳转到第三方 app。在社交产品领域，也基本不存在屏蔽现象，诸如 TikTok 的视频可以直接在脸书里发布出来，相当于内容打通。而在电商和支付领域，国内外情况相似，出于商业利益的考量，并没有完全实现互联互通。

■ 本章要点

开放互通是互联网发展的基本价值取向，也是营造共享共赢网络生态的关键。广义上来看，平台的开放包括能力的开放（包括了底层的技术、用户入口、资源的开放等）和组织的开放。能力的开放形成的是平台型的产品，组织的开放形成的是平台型的组织。狭义上来看，平台的开放包括资源的开放和参与者的开放，前者属于对技术平台是否开源、技术资源的开放比例等资源的控制权治理，后者属于对用户的接入限制治理。

平台开放分为水平方向开放和垂直方向开放两种类型。前者是平台提供者、平台赞助商层面的开放性选择，细分为与竞争平台的互联互通、新平台提供者的准入和平台所有权的扩张三种情形；后者是平台终端用户、平台应用开发商层面的开放性选择，细分为与上一代平台的后向兼容、平台排他与范围排他、平台扩展集成三种情形。平台开放的决策是平台价值创造和价值分配（可获利性）之间的权衡，具体表现为面向互补品的"采用"和"可获利性"间的权衡，以及面向竞争性平台的"多样性"和"控制"间的权衡。

■ 讨论问题

1. 平台开放有哪些优势和劣势？
2. 平台垂直方向的开放包含哪些类型？
3. 如何把握平台的开放度？

| 第 7 章 |

平台演化

■ 学习目标
- 掌握平台演化的双螺旋模型;
- 理解平台进化和平台扩张的策略;
- 理解平台参与者战略。

■ 开篇案例

蘑菇街与云集的平台演化

快速共创、缺少共生、滞后于平台共演的蘑菇街

在电商市场格局未定的背景下,淘宝平台为应对与其他平台的竞争、促进生态繁荣,鼓励导购社区接入,蘑菇街把握这一趋势,快速成长为导购头牌。

蘑菇街创立于 2011 年,定位是导购社区,通过创造一个女性讨论时尚、购物的社区平台来推动购物与交易转化。彼时的电商进入新一轮竞争热潮,当当上市、京东和易贝发力 B2C、美团等生活服务平台创立,阿里电商为应对竞争,通过淘宝联盟营销平台广泛连接外部流量。蘑菇街以微博和 QQ 空间等为流量池,帮助淘宝做产品筛选和展示,吸引用户和提高转化率,快速成长为导流明星。经过两年左右的疯狂成长,蘑菇街从淘宝分得的佣金收入达到每月 360 万元左右,占其总收入的 80%~90%。蘑菇街完成了 B 轮高达数千万美元的融资,由 IDG 资本领投,总估值超过 2 亿美元。

淘宝平台作为生态规则设计者，逐渐感知到外部第三方导流的高用户黏性会威胁其生态逻辑，蘑菇街自身又缺少与平台合作探索新的价值创造和获取模式的动力，导致淘宝平台规则调整后陷入战略被动。2013年，电商市场格局基本确立，阿里巴巴和京东的网络零售占比超过70%。淘宝竞争压力减弱、盈利压力趋强，业务整合有助于平台获利及控制品质。淘宝生态的运营逻辑是提供基础架构供商家免费开店，利用买家和卖家的网络效应推动生态扩张，依靠自身流量变现实现价值创造和价值获取的闭环。但当时淘宝有近10%的流量来自以蘑菇街为代表的外部导购社区，在2012年30亿元的分成金额中，蘑菇街和美丽说两家占比达到21%，蘑菇街对生态运行逻辑的威胁超过了其导流价值。阿里巴巴的内部会议做出"不扶持上游导购网站继续做大，阿里巴巴的流量入口应该是草原而不是森林"的决策。阿里巴巴向蘑菇街发出收购邀请，希望蘑菇街未来只给淘宝做导流，加强双边紧密协作，但被蘑菇街创始人陈琪拒绝。2013年8月，淘宝以"外部导购公司超低砍价吸引流量，威胁淘宝商家利益"为由，规定对于第三方平台的低价引流将不会计入主搜索排序和展示所用的销量。该段时间，蘑菇街的产品无法链接到淘宝商家，生态收入被切断。

综上，蘑菇街因展示出强大的社区运营能力，而成为导购头牌玩家。然而，由于它缺乏对平台演化周期的前瞻考量，没有与淘宝生态形成共生合作、构建起新的价值创造和价值获取模式，与生态主导者形成价值冲突，又对单一生态过度依赖，因此最终导致被动退出淘宝生态。

蘑菇街转型构建垂直电商平台后，拥抱微博、微信等社交生态，实现了较快发展。2014年3月，离开淘宝生态后的蘑菇街交易额突破2亿元，自营商铺达到了3 000多家，2014年完成C轮融资后，估值高达10亿美元。2016年，蘑菇街和美丽说合并，腾讯成为蘑菇街的股东。蘑菇街加入腾讯电商生态，补充了微信交易架构，获得了微信支付"九宫格"黄金流量入口。但据蘑菇街内部人士称，微信"九宫格"导流在蘑菇街整体流量获取中占比较小，并未发挥预期作用。问题可能在于蘑菇街并未针对微信生态用户与平台进行共同投入和开发，从而无法实现共生。

快速共创、拥抱共生、超前于平台演化的云集

1999年，肖尚略从线下汽车音响、坐垫、皮套等用品销售员做起，给4S店、汽车经销商供货。而后他自行创业，专注向4S店提供高端汽车香水，做到百万营收规模。2003年5月淘宝网成立，肖尚略觉察到先机，迅速自筹2万元，于2003年12月创立"小也香水"，把汽车香水生意搬上了淘宝。彼时淘宝网为快速做大，高度开放，输出资源扶持商家，以拓展生态品类。2006年，在小也香水线上与线下收入各占50%时，肖尚略砍掉了线下业务，专注电商运营。到2010年，小也香水成为淘宝品牌最丰富、品种最齐全、消费者最信赖的"三金冠"店之一，同时经销超过600余个化妆品品牌的产品，线上销售额达1.5亿元。2008年，淘宝为应对消费升级和生态间竞争，创建了淘宝商城，以实现生态价值升级。为了快速提升品牌规模，淘宝加大了对头部卖家的"淘品牌"的培育扶持。小也香水迅速跟进，从面膜开始尝试进行自有品牌建设，自有品牌"素野"上市，使它实现了新一轮增长。

从2013年开始，整个线上流量增长放缓，流量成本越来越高，天猫㊀在能力优势驱动下推

㊀ 2012年1月11日，淘宝商城更名为天猫。

出天猫超市等自营业务，流量为之倾斜。同时，阿里零售生态在社交电商上难以吸引新的流量进入。肖尚略敏锐地意识到淘宝商家必须寻找新的价值增长点。2015年，肖尚略把工作的重心从小也香水上移开，利用多年累积的能力优势率先拥抱微信生态，创办云集微店。利用在淘宝发展时期累积的600多家国际一线大牌供应商和2 500米^{2}物流基地等资源，做强商品和供应链能力，采用S2B2C①模式运作"云集微店"，迅速发展为社交电商头牌。2019年5月，云集在美国纳斯达克上市，2020年云集GMV（gross merchandise volume，商品交易总额）达到359亿元（2015—2021年的6年间，云集的GMV从18亿元一路攀升至359亿元）。从快速进入淘宝，到专注运营、建立淘品牌，再到拥抱微信社交电商，云集踩准了共创、共生节奏，并且洞察到其他生态的新机，实现了超前于原有平台生态的演化。②

资料来源：https://www.mogu.com。

平台被认为是一种能在新型的商业机会与挑战中构建灵活的资源、惯例和结构组合的组织形态（Ciborra, 1996）。借助平台嵌入多元化的产品或服务，能够构建参与主体间兼容互补的商业生态系统（Teece, 2017；Shriver, Nair & Hofstetter, 2013；高锡荣 等，2020）。理查德·R.纳尔逊（Richard R. Nelson）和斯内克·G.温特（Sideny G.Winter）的演化理论告诉我们，生态会经历多元生长、选择和存留的不同阶段。在生态系统里有许多行动者彼此互动，以求生存和发展。生态主体间存在相互依赖关系，通过合作与互助共同应对环境的变化，其中资源充沛者扮演引领的角色，资源匮乏者扮演倚靠和跟随的角色，话语权的大小取决于对方在自身业务推进中的不可替代程度。但生态主体间的合作关系会受到环境不确定性、交易频次和投入专用性资产大小的影响，在不同的交易情境下，需要依托正式机制和非正式机制来治理双边关系。平台企业与生态参与者在平台生态的建立、成长与成熟中，会经历平台稳固、平台增强、平台进化、平台扩张的演化阶段。

7.1 平台的演化逻辑和运营机理

2012年，随着iPhone 5的出现，数字经济分成了两个阶段。2012年以前的PC时代，人们通过在门户或搜索信息之间的跳转，实现信息的获取与交流；2012年后的移动互联网时代，终端用户通过直接访问门户app进行信息的交流。两个阶段存在不同的特征：在PC时代，用户通过浏览器访问获得信息，很容易在网站之间跳转；在移动互联网时代，用户直接访问平台，是否能在平台之间进行切换取决于平台的设置。

7.1.1 交易平台的阶段演化

在数字经济时代，数字化知识和信息已经成为关键的生产要素。伴随着数据资源的集聚和数据处理能力的提升，传统交易平台所体现出的交易关系在历经流程数据化、资源数据化、服务

---

① S2B2C是一种集合供货商赋能于渠道商并共同服务于顾客的全新电子商务营销模式，S（supplier）为大供货商、B（business）为渠道商、C（customer）为顾客。
② 王节祥，陈威如. 平台演化与生态参与者战略［J］. 清华管理评论，2019（12）：76-85.

数据化等环节之后发生了深刻变革。交易平台所体现出的这种经济关系变革，极大地降低了交易成本，提高了生产效率，优化了经济结构（田曹阳，2017；汪毓宗，2016；李琦、刘骊，2001）。在技术应用方面，交易平台的核心运转机制是通过技术体系的界面和规则的分割及整合实现基础设施、互补性产品或服务之间的相互联系，进而促进社会分工和创新活动，并降低系统性创新风险，增加整个体系对外部环境变化的适应性（Dias & Dagnino，2005）。另外，通过自建或他建的大数据平台，交易平台实现了用户需求的智能抓取与智能推荐，以用户信息流作为切入点，运用大数据技术进行匹配并促成交易（康梅生，2019）。在结构特征方面，交易平台属于双边平台运营模式（Rochet & Tirole，2003），通过利用网络技术连接两个（或更多）不同的用户群体并提供服务，进而改变人们的消费行为习惯以及生活方式（张苏、刘维奇，2017）。平台成员之间基于物流、资金流和信息流的交换与循环，使商业生态系统得以形成（郭旭文，2014）。

随着大数据、云计算等新一代信息技术的快速发展，互联网交易平台表现出明显的数据化和智能化的发展趋势，诸如人脸识别、自然语言处理、机器学习等AI技术，配合分布式存储、高性能计算以及网络安全等数据服务技术被引入交易平台的日常运营之中（王志宏、杨震，2017）。数字经济时代的交易平台已演化为一种围绕着数据资源和数据技术体系而构建的数据化平台生态系统，如图7-1所示。

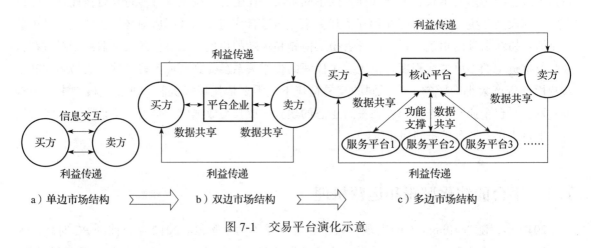

图 7-1 交易平台演化示意

1. 实物交易平台的形成及发展

在我国的线上交易平台出现之前，存在两种重要的线下交易平台。第一种是线下单边市场结构交易平台（见图7-1a），买卖双方在一段时期内通过直接交易的方式进行，比如集市、小商品市场等线下单边市场，它的好处在于买卖双方能通过成本定价的方式直接进行交易，省去中间环节。但由于信息不对称，买卖双方无法对交易的商品和交易者的资质进行有效的评估，从而导致交易成本较高。第二种是打通商品供应链上下游并连接消费者能力的线下交易中介，如大型连锁超市、百货商场等。这种交易中介通过电视、广播等媒体宣传的形式将商品信息传递给消费者，但交易行为依然在线下进行。这种双边的线下平台模式，在一定程度上降低了买卖双方由于信息不对称而产生的负外部性，但商品品类的信息缺失以及线下交易产生的交易成本（交通成本、时间成本等）等问题仍制约着买卖双方的交易。

2. 互联网背景下的双边交易平台

互联网出现之后，围绕着互联网搭建的基础设施逐步完善，这为线上交易平台的产生提供了环境支撑，原本的双边线下平台开始转移至线上（主要集中在 PC 端），形成了基于互联网的双边市场结构交易平台（见图 7-1b）。双边交易平台连接了买卖双方的需求，同时解决了双方因为信息不对称而产生的信任缺失问题。此时的交易平台运营者摆脱了传统的成本定价交易方式，通过免费或价格倾斜的方式来吸引不同类型的供求者汇聚在平台之上，进而采用价格补贴的方式实现收益均衡以促进可持续发展。商品或服务开始向线上汇集，商品或服务的数据化成为必然趋势。但彼时的交易平台仍处于起步阶段，互联网基础设施和相应的数据处理技术并不完备，平台只能提供大量商品信息，不支持对用户交易数据的处理。另外，交易数据、物流数据和支付数据之间是割裂的，由不同的第三方运营商各自保留，并没有汇聚在同一交易平台之上，更没有在每个平台之间进行共享。这就意味着，网络基础设施、数据技术及数据服务尚处于萌芽阶段，我国的交易平台只是相对简单的交易平台，还不足以实现数据价值的挖掘。

3. 移动互联网时期的多边数据平台

在 2012 年之后，智能手机、平板电脑等移动设备通过 3G、4G、5G、WiFi（wireless fidelity）等网络传输环境实现在线交易。这一时期涌现出了大批基于不同应用场景的交易平台，表现出多边交易特征，对应着多边市场结构（见图 7-1c），这意味着平台主导者必须和其他服务功能的平台相互协作才能维持主导平台的正常运转，即形成了"核心平台—多边服务平台—供求者"模式下的平台生态系统。诸如天猫、京东、当当网等平台的运转除了依赖各自内在的发展机制，更重要的是需要外部互补性平台的协作，比如物流平台能够解决商品流动问题，支付平台能够解决买卖双方的支付与收款问题，社交平台能够解决商品信息分享问题，云计算平台能够解决买卖双方的行为数据处理及分析问题，等等。

值得注意的是，核心平台并不一定是交易平台，它也可能是其他行业领域的平台，但这种平台一定具有较强的开放性。例如，在微信平台上，用户之间可以通过朋友圈相互推荐各类商品链接，这是一种零成本的商品宣传方式。微信还打造了小程序应用平台，使得社交网络用户更容易与产业端接触，尤其是更多商品及服务提供商通过小程序提供的应用平台，能够十分便捷地转变为电商小程序集群中的一员。相比自身搭建基础设施和开发软件，这一过程所需要的开发成本较低，对开发技术的要求也不高。因而，此时的核心平台是社交网络平台，而电商类企业凭借微信提供的数据和技术端口，使得自身作为卖方内嵌于这一平台，买方则是社交网络用户群体，相对应的服务平台包括云计算平台、物流平台以及支付平台等。

核心平台与互补性服务平台之间的相互协作机制是数字经济时代交易平台发展的核心动力。数据资源和数据技术是连接每个平台的重要途径，尤其是在平台数据化的过程中，其自身产生庞大的数据体量，在数据处理技术的帮助下，能够推动所创造出来的价值在不同平台之间流动，使得高效的协作机制产生成为可能。交易平台在数据资源和数据技术的推动下，已经由原先的线上双边交易平台转变为线上线下多边的数据平台。而正是多边协作的存在，使得各类互补性平台相互连接进而形成了一个数据平台生态系统。

7.1.2 数据技术体系的演化

交易平台上产生的数据资源被视为推动平台正常运转的生产资料，而数据资源的挖掘是交易平台进行价值创造的主要途径，这就意味着数据处理技术是推动交易平台的核心力量，而数据技术体系也遵循着一定的演化逻辑，并在演化过程中推动交易平台变革。

1. 平台数据资源引致的大数据技术体系

交易平台发展过程中产生了庞大体量的数据资源，尤其在交易平台的起步期，数据体量的急速增加使平台主导者面临存储、挖掘及处理数据等问题。另外，由于数据所包含的巨大价值是各类平台相互依存的基础条件，因此对不同类别的数据进行挖掘和处理就成为服务交易平台的重要业务之一。在交易平台发展初期，由于数据结构较为单一，如交易额、交易项目、用户基本信息等属性数据居多，大数据技术体系的形成能够很好地适应平台数据处理的需求。比如淘宝刚成立之时，先后采用的是外部企业甲骨文（Oracle）的单节点数据处理技术以及 Oracle RAC⊖ 集群的数据仓库技术，用以满足基本数据量的存储和处理。此时的数据存储和处理技术属于线性扩展模式，并配有高成本的软件程序，平台数据技术仅用于自身运营，无法对其他服务商提供数据服务。

大数据技术体系是交易平台发展初期基础的支撑力量。在商品数据化的初始阶段，由于所涉及交易场景的单一性，商品的线上交换实际上体现的依旧是纯粹的交易关系，而大数据技术体系通过引进外部数据技术来满足自身基本的数据存储和处理需求，使得在线交易成本急剧下降，进而帮助交易平台培养用户消费习惯并累积数据资源。

2. 云计算技术体系对交易平台的支撑作用

随着交易平台的多元化发展，传统的大数据技术已经不能满足高并发的数据计算需求。因此，低成本、快速响应、弹性扩容和计算等数据处理能力已成为交易平台赖以生存的根本。而此时，基于开源 Hadoop⊜ 技术架构的云计算技术体系应运而生，能满足弹性部署和高性能计算，灵活地应对交易平台上多变或突发的数据处理需求。因此，云计算技术体系逐渐替代了传统的线性扩展模式下的数据存储和处理技术，成为多数交易平台的数据技术支撑体系。例如，淘宝和天猫基于 Hadoop 技术架构打造的阿里云云计算集群，不仅突破了线性技术路径的限制，而且通过自主创新的实时计算技术，弥补了 Hadoop 架构中批量计算的时滞问题，极大地满足了平台上实时数据处理的需求，提升了网上购物的体验感。

急剧增加的数据处理需求和处理成本倒逼交易平台创新而生成的云计算技术，不仅成为平台运转的根本力量，而且也成为吸引互补性服务平台参与协作的赋能主体，云计算强大的计算能力和弹性部署特性使得交易平台能够灵活地实现横向扩张和纵向延伸，即通过数据资源和云计算技术来打通与相关行业领域以及跨行业服务平台之间的行业边界，这意味着传统的交易关

⊖ RAC 是 real application cluster 的缩写，译为"实时应用集群"，是甲骨文数据库中采用的一项技术，是高可用性技术的一种，也是甲骨文数据库支持网格计算环境的核心技术。

⊜ Hadoop 是一个由 Apache 基金会开发的分布式系统基础架构，是一个能够以一种可靠、高效、可伸缩的方式对大量数据进行分布式处理的软件框架。用户可以在不了解分布式底层细节的情况下，开发分布式程序。

系开始向数据交换关系转变。例如，京东云凭借相关云计算技术已经成为连接京东商城（交易数据）、达达（物流数据）、京东保险（保险数据）、京东数科（金融数据）以及众多其他服务平台的重要节点，而数据交换是平台之间相互连接的关键途径。

3. 人工智能技术体系主导下数据平台生态系统的形成

当前，交易平台的演化已由双边平台进入多边平台，由于应用场景的不断拓展，单纯的线上交易已经发展为商品或服务的在线化，比如猪八戒网所打造的众包服务在线平台、阿里巴巴独创的二维码支付方式等，这就导致数据资源除在量上急剧增长外，非结构化数据的处理需求也日益递增，而人工智能技术的产生则能够很好地满足这一需求。人工智能技术完全利用输入的数据自行模拟和构建相应的模型（杨迪 等，2018），在处理数据的过程中能更好地适应交易平台多元化的应用场景，且可以根据不同的训练数据而拥有自优化的能力。例如，平台上产生的图片、语音、快递面单、商品物理特征（外形、尺寸、光学、质地等）、用户行为特征（心理、偏好、轨迹等）等非结构化数据，均能借助计算机视觉等人工智能技术以及部分云计算技术转变为通俗易懂的结构化数据（商品信息、物流信息、结算支付信息等），进而以最为简单的数字、账单、图表等形式展现给平台上的买卖双方。此外，在人工智能技术体系中，数据是一种资源，可直接运用相应的技术进行价值挖掘；同时，数据也是一种工具，可用来构建模型和训练机器的学习能力，诸如天猫（小蜜）、京东商城（JIMI）基于深度学习而打造的智能客服，不仅能在一定程度上代替人工客服解决用户的日常网购问题，还能为用户推荐符合其偏好及生理特征的产品。

数据积累及其处理需求所引致的数据技术变革是交易平台得以快速发展的核心动力，在大数据、云计算以及人工智能技术的变迁过程中，交易平台已经转变为数据平台，平台上的经济关系也由传统的交易关系转变为数据交换关系。在数字经济时代，云计算和人工智能技术体系满足了众多应用场景中非结构化数据的处理需求，同时也创造出更多数据资源的供给，新的数据资源结合数据技术，又会帮助数据平台连接更多的平台服务，进而形成数据平台生态系统，交易平台向数据平台生态系统的转变如图 7-2 所示。例如，淘宝和天猫平台上的商品图像搜索和人脸支付场景需要金融科技平台、云计算平台、物流仓储平台以及计算机视觉技术平台相互合作才能完成。"数据资源—数据技术"的动态演化成为交易平台向数据平台生态系统转变的内在核心机制。

7.1.3 平台演化的双螺旋模型

产业组织理论中有关产业领导者的战略演化理论为平台演化的研究提供了重要理论基础。查尔斯·法恩（Charles Fine）观察计算机行业 20 多年的发展，发现产业结构的"松紧度"在循环演化。

20 世纪 70 年代，计算机产业结构是高度一体化的，IBM、DEC、HP 等厂商从硬件到软件、从操作系统到外围应用大多是自己生产研发的。厂商之间的系统是封闭的，无法互联互通。IBM 在这一时期凭借技术优势、封闭架构等建立起了强大的市场势力。

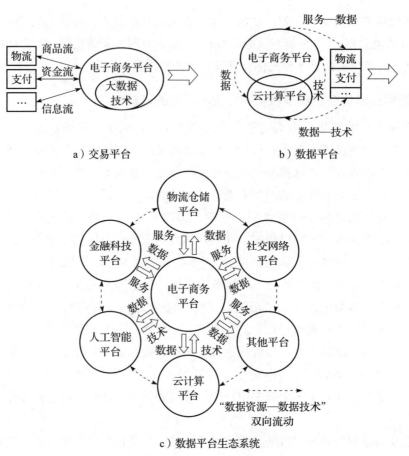

图 7-2 交易平台向数据平台生态系统转变示意⊖

20世纪80年代，苹果将产品的技术标准和规范公之于众，凭借富有创意的产品设计和模块化供应商体系快速崛起，对IBM造成巨大冲击。为此，IBM跟进推出IBM PC系列，公开设计架构，从微软、英特尔等采购关键部件，并且不要求独家授权，实现了新一轮产业的大发展。整个PC行业呈现出"由紧到松"态势，集成商控制弱化，模块组件供应商开始崛起。

20世纪90年代，当微软和英特尔成为细分领域的龙头时，因为与对方协同升级的成本太高，它们又开始各自谋求垂直一体化扩张。具有硬件专长的英特尔从微处理器进入主板集成，侵蚀原本属于IBM等集成商的领域。以软件见长的微软更是凭借操作系统优势，进入应用软件、网络服务、浏览器和多媒体内容，甚至硬件设备等多个领域。整个产业又开始呈现出"由松到紧"的态势，微软成长为"新的IBM"。

为什么计算机产业的产业结构会发生松紧度的演化呢？查尔斯·法恩经进一步剖析后总结出产业松紧周期演化背后的动力机制。产业结构"由紧到松"的动因是细分市场竞争、高维复杂度和组织刚性导致企业自身难以应对，因而引入模块化思维，促进产业分工，带来整个产业的水平化发展；而"由松到紧"则是因为技术进步、市场势力和专属系统可获利等诱因激发企业一体化扩张的动力，企业通过收购兼并带来产业的垂直化发展，同时增加管控来保障品质。

⊖ 鲁泽霖，李强治. 交易平台的演化逻辑和运营机理 [J]. 电信科学，2019（7）：152-158.

由此，"松"与"紧"的循环演化构成一个双螺旋模型（double helix model，DHM），如图 7-3 所示。①

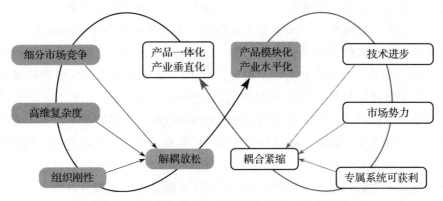

图 7-3　计算机产业产业结构演化的双螺旋模型

查尔斯·法恩的双螺旋模型对于预测平台企业及其生态系统的演化具有参照性，如图 7-4 所示。②

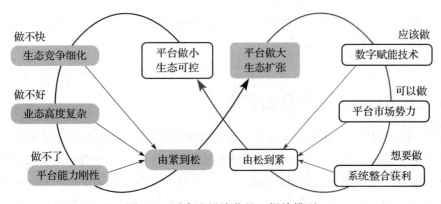

图 7-4　平台边界演化的双螺旋模型

平台"由紧入松"的动因包括：①因为生态竞争压力而"做不快"，即平台为应对不同生态和模式之间的竞争细化，需要谋求快速做大、快速迭代和反击，松散连接、高度开放有利于吸引更多参与者加入，促进生态繁荣；②因为业态高度复杂而"做不好"，即平台面临多元业态，技术和市场复杂度高，垂直一体化的效率不高，需要借助种群多样性来协助；③因为平台能力刚性而"做不了"，即大平台的组织刚性导致企业很难应对快速的市场变化，船大难掉头，连接更多的种群、支持生态参与者创新有利于构建整个生态的灵活应变能力。

平台"由松入紧"的动因包括：①基于数字赋能技术"应该做"，即数字赋能技术不断发展，使得平台沉淀的数据和能力提升，对于原本不属于平台生态的业务领域而言，平台利用新的技术手段和能力介入后可以大幅提升其效率；②基于平台市场势力"可以做"，即平台发展的网络效应构建起市场势力，利用这种势力介入相关的业务领域，有利于进一步巩固平台的地

---

① FINE.Winning industry control in the age of temporary advantage［M］. New York: Perseus Books Group, 1998.
② 王节祥，陈威如. 平台演化与生态参与者战略［J］. 清华管理评论，2019（12）：76-85.

位,加强对大生态的控制力;③基于系统整合获利"想要做",即平台介入新的领域,通过数据和系统之间的整合与协同,能够借助更大范围的系统应用帮助平台获利。

以阿里巴巴的零售电商生态发展为例,平台边界演化双螺旋模型的分析逻辑如下:在电商生态创建期,淘宝是"在线购物"新价值主张的开创者,作为综合平台要涵盖零售各个领域,但平台自身并不具备如此强大的自营能力。为了实现淘宝快速做大的目标,必须以松散合作的方式,吸引外部商家进入(如蘑菇街、美丽说),共同为消费者提供网络购物新体验。在电商生态成长期,淘宝出现销售假货和商品品质不合格等问题,为了适应居民收入增长后的消费升级需求,淘宝采取了扶持培育淘品牌和创建天猫商城的战略。淘品牌是平台与其头部卖家的共同投入,平台通过加大宣传及数据赋能等方式大力培育淘品牌,以精选的形象吸引消费者,卖家也加大投入来提升淘品牌的形象,希望能够实现新一轮增长。在天猫商城中,平台为品牌商提供店铺运营经验和大量数据产品为之赋能,平台还开辟了天猫超市等自营业务。综合这些举措,阿里巴巴实现了电商生态的价值升级,逐渐占据零售电商份额的半壁江山。近年来,线上线下融合发展的新零售态势成为满足消费者需求的大趋势,平台倡导线上卖家向新零售迁移,又吸引线下卖家触网融合发展,实现线上线下全场景、供产销全链路协同的数字化升级。在这一过程中,平台积极推动升级样板的共创,如推动平台企业内外合力升级;也有更紧密协作、解构与重构的赋能方式,如参股或控股部分领域的头部企业。平台与参与者一起变革并共同演化,找寻生态价值新的生存点与增长点。

7.2 从交易平台到产业平台的演化

随着互联网流量红利的日渐消失和产品范围拓展空间的日趋狭小,交易平台也终会遭遇规模经济和范围经济的天花板,向产业进军并升级为产业赋能平台成为交易平台继续演化的不二选择。互联网交易平台向智能化产业赋能平台的演化大体分为四个阶段:平台稳固、平台增强、平台进化和平台扩张(夏宁敏,2019)。在平台稳固和平台增强两个阶段,交易平台通过自我净化和提升夯实模式本身的竞争力,同时又为后续面向产业赋能平台的进化奠定坚实的基础;在平台进化阶段,在数字化能力上有了深厚积淀的平台将进军产业,通过新建数字化产业基础设施或对传统的产业资源进行数字化改造,并构建一系列的赋能工具和机制,正式由交易平台进化为产业赋能平台;在平台扩张阶段,产业赋能平台将通过平台嵌套和平台包络两种模式实现从单一平台到多平台的构建,多平台将进一步拓展平台的用户和产业边界,在包括大数据、人工智能等技术在内的数字化基础设施层实现平台最大范围的协同效应。⊖

7.2.1 平台稳固:解决方案扩展和交互界面无缝化

平台稳固是指交易平台消解平台噪声、对抗平台弱稳定性、实现平台迭代和最大化降低平台的负面网络效应,是交易平台得以持续发展和进化的基础。平台稳固阶段的具体举措包括:平台边界的确定和解决方案的持续扩展、平台围绕顾客生活场景的无缝化交互界面构建。

⊖ 夏宁敏. 产业互联网时代平台进化四部曲 [J]. 清华管理评论, 2019 (12): 104-111.

1. 平台边界的确定和解决方案的持续扩展

交易平台是互联网技术席卷传统产业的自然产物，大部分在创业阶段以单一或少数几个核心品类为突破口，搭建互联网交易界面并开展面向供需两端的大规模引流，形成多个在不同产业分而治之的产业垂直平台。但由于平台模式的开放性和对范围经济的追求，几乎所有的交易平台都经历了从产业垂直型平台到综合型平台的边界扩张过程。例如，淘宝的商品从服饰逐步扩展到了全品类，京东、当当、凡客诚品也分别从家电、书籍和服饰出发进行了诸多全品类的尝试。平台交易属性同质化造成的一家独大效应的存在，让绝大多数平台的全品类化努力几乎以失败告终。

产业赋能平台为交易平台提供了模式进化的第二曲线，它们不用再必须停留在交易撮合的"红海"，在无边界品类扩张的道路上基于价值取舍和解决方案边界的确立拥有了模式深化的多种可能性。

（1）定义平台的解决方案边界。交易平台需要确立平台的解决方案边界：一方面，避免平台由于边界的模糊性走上品类无止境扩张，从而最终和综合型交易平台正面交锋的道路；另一方面，解决方案的聚焦将帮助平台明确未来产业基础设施投资的方向，实现面向产业赋能平台的进化。

平台的边界取决于平台的创业初心。由于平台的开放性，平台边界往往不会受到平台资源的硬性约束。相比管道型模式遵循的"我有什么"所以"我能做成什么"的从自我出发的路径依赖式战略思考逻辑，平台型模式采用的是"我要成为什么"所以"我需要整合什么"的从顾客端出发的价值创新型战略思考框架。"我要成为什么"在表象上外显为平台的使命担当或平台的创业初心，但内核是平台的顾客价值定位，即平台致力于帮助顾客解决何种问题。正如脸书的创始人扎克伯格所说：解决问题已经成为新时代最为重要的创业初衷。淘宝网在"让天下没有难做的生意"的使命引领下，已经成长为融合交易、支付、物流、金融等多元业务的枝叶繁茂的生态帝国。

平台应该提供涵盖产品、服务、内容的完整解决方案。在明确平台致力于为顾客解决何种问题之后，平台应该在相对清晰的边界内，通过产品、服务与内容的扩展实现顾客问题的"一站式解决"。站在顾客端的"完整解决方案"的思考框架，一方面将帮助平台跳出产品层面的品类扩展的局限思维，从产品、服务、内容三个层面的互补品空间寻找到可能的新业务增长点；另一方面也有利于平台通过涵盖产品、服务和内容的全面解决方案的提供而深化顾客价值，从而提升顾客黏性。例如，国内时尚导购平台蘑菇街在实现了与同类平台美丽说、淘世界的合并之后，如今已经转型成为社会化电商平台，在为时尚女性提供服饰箱包等时尚产品交易和导购服务的同时，也通过女性时尚购物社区的建立和全球街拍数据库、红人 UGC 直播、PGC（professional generated content，专业生产内容）精品栏目、自制短视频等多种手段为顾客提供大量的专业时尚类内容。

（2）基于平台边界不断充实解决方案。在定义平台一个阶段内的解决方案边界之后，平台需要在实践中不断从产品、服务、内容三个维度充实解决方案。在解决方案扩展上获得先发优势、速度优势和规模优势的平台将取得向产业赋能平台继续进化的优先权，如美团、58同城、优酷等。

2. 平台围绕顾客生活场景的无缝化交互界面构建

互联网交易平台曾经在与包括传统价值链公司和线下平台公司等线下传统企业的博弈中展现出巨大的竞争优势。根据商务部电子商务和信息化司报告，2022年中国社会消费品零售总额超七成来自线下，这表明线下门店依旧是实物消费的核心载体。未来，随着AR/VR、传感器、物联网、AI等数字化技术的成熟，线下门店将逐步走向数字化、智慧化，在顾客的消费渠道占比中扮演更加重要的角色。因此，从线上走向线下，互联网交易平台的落地将是平台界面扩展的第一步；不仅如此，数字化技术还正在加速渗透和改造消费者的日常生活，并催生出无处不在的消费场景，如社交、游戏、各种智能终端近年来都在成为新的消费入口。平台在构建线上线下融合的界面体系的基础上，还需要时刻关注新场景和新模式的出现并积极布局，以稳固平台地位，为顾客提供"随时、随地、随性"消费的良好体验。

7.2.2　平台增强：全面提升供需两端的用户体验

平台通过一系列扩展活动，能够稳固解决方案和界面两大主干支架，极大提升平台稳定性。在此基础上，平台需要以供需两端的用户体验为核心强化技术投入，凸显互联网交易平台模式本身的竞争力。平台此时的技术投入主要发生在平台的界面端，目的是提升平台用户体验和平台用户之间交互的精度和效率。主要包括以下方面。

提升需求端消费体验的技术投入。例如，以VR/AR/MR技术为代表的新设备及显示技术、以RFID[一]和信息传感设备技术为核心的物联网（internet of things，IoT）技术、以人工智能和自动化技术为基础的智能机器人技术等。以服装业为例，越来越多的公司采用技术打造智慧门店，利用VR/AR试衣镜为顾客提供试穿便利，利用RFID物联网技术建设智能货架、智能试衣间等来改善顾客的门店内体验，甚至利用自然语言处理技术和智能机器人来为顾客提供智能化的导购推荐服务。

提升供给端使用体验的技术投入。例如，打车平台优步为了节省司机的空车时间和提升司机的获客效率而构建的司机端需求预测热图（heat map）、淘宝、美团等实物产品或服务交易平台为了提升商家的营销效率而投入开发的精准营销和获客技术，美拍、抖音、快手、火山、西瓜、喜马拉雅等音视频分享平台为内容创作者提供的音视频编辑与处理技术等。

提升供需双方交互精度和效率的科技投入。例如，作为基于数据挖掘技术的信息推荐与分享平台，今日头条能在5秒钟内通过机器学习的算法解读使用者的"兴趣DNA"，并在用户每次做出动作后的10秒钟内更新用户模型，从而为用户精准推荐为他们量身定制的各种资讯。亚马逊、淘宝、云集等商品交易平台同样在算法技术上进行持续投入，从过去"千店一面"的格式化界面走向"千店千面"的定制化界面，为用户提供精准、高效的个性化购物体验。

面向供需两端的技术投入不仅将提升平台在交易撮合上的竞争力，也将为平台在下一阶段进军产业、构建产业基础设施积累一定的产业经验和奠定良好的技术基石。

[一]　RFID是radio frequency identification的缩写，即射频识别技术，是通过射频信号识别目标对象并获取相关数据信息的一种非接触式的自动识别技术，因能作为实现物联世界、信息高速采集的工具而被寄予厚望。

7.2.3 平台进化：构建数字化赋能型产业基础设施

经历平台稳固和平台增强两个阶段后，交易平台将凭借平台解决方案的完善、平台界面的拓展和平台技术的深入，在规模经济、范围经济和交易撮合效率上获得相对同类平台的全面优势。平台在此时将面临重大的战略性方向选择：一是横向拓展，继续通过扩大产品层面的解决方案边界成为范围更大的综合性交易平台；二是纵向拓展，通过深入垂直产业、构建产业基础设施进化成为产业赋能平台。大量的平台商业实践证明，后者成为绝大部分交易平台面对业已形成牢固地位的头部交易平台时的现实选择。

交易平台向产业进军的目的在于促进产业的供给侧创新，释放产业的创造者力量，并从中获得平台的新增长空间。交易平台可围绕构建产业基础设施、实现产业基础设施的模块化和可调用、创建平台与创造者之间的赋能关系等方面下功夫，下面详细讲述前两方面。

1. 构建产业基础设施

构建产业基础设施是交易平台迈向产业赋能平台的关键步骤，它使交易平台过去沉淀的数据和数字化能力有条件渗入产业，并转化为产业的实际生产力。

平台需要在"最简价值链"中定位产业基础设施。最简价值链是指价值创造和交付过程中由那些必不可少的环节组成的基础链条。以消费品产业为例，传统价值链包括研发设计、生产制造、品牌营销、一级代理、二三级代理、终端零售服务等多个环节，但一级代理、二三级代理甚至品牌营销都属于本身并不创造价值的多余环节。除去这些中间环节后，消费品产业的最简价值链将简化为：研发设计、生产制造、终端零售服务。最简价值链所产生的能力是产业进行创意试验和变现的必备能力，也是产业赋能平台构建产业基础设施的方向所在。例如，优酷土豆、爱奇艺、腾讯视频、百度视频等中国领先的视频平台在向产业赋能平台升级的过程中，都采取了多种措施来帮助 UGC 和 PGC，包括通过自建或与影视制作方合作的方式进军视频内容制作环节等。

平台投资的产业基础设施可以说是传统产业链条中效率低下的环节。例如，物流一直是传统零售产业链条中的薄弱环节，京东通过大规模的投资（甚至牺牲很长时间的盈利）来自建物流体系，使快速、高质量的配送一度成为京东相对淘宝等同类平台的突出竞争力；房产交易平台链家在向产业赋能平台贝壳的升级中，同样选择了房产交易链条中的低效环节进行重点突破，相继打造了 VR 带看、VR 讲房等工具，以改善经纪人带看和房产信息介绍的低效问题。

平台应当根据产业基础设施的规模经济效应选择不同的进入方式。只有在那些具有很强规模经济效应、创造者凭借个体力量很难投资进入的环节，平台才有必要和可能通过规模性的持续投资形成平台在产业基础设施端的能力积淀。对于京东上的任何一个品牌商家来说，可能都无法建设一个超级物流体系并通过自身业务规模有效分摊成本，京东以开放的方式吸引那些个体创业者或小公司入驻平台，并撮合这些专业服务提供商与平台上的卖家形成合作关系。

2. 实现产业基础设施的模块化和可调用

平台投资产业基础设施的目的并不是自主参与产业经营，而是通过产业能力集成赋能产业中的创造者，充分释放产业内的创新力量。因此，平台必须实现产业基础设施的模块化以实现产业能力的随需调用。

平台需要构建模块化、积木式的产业赋能中台。在产业赋能平台模式中,"大中台、小前端"式架构被广泛采用。平台将核心业务或核心产业能力下沉至中台,通过中台对能力的集成和封装形成模块化的服务能力,最终服务于前端的产业。例如,阿里巴巴早在2015年就提出"中台战略",将商品、交易、会员、营销、结算等贯穿电商运营全流程的基础能力下沉至中台,为前端的淘宝、天猫、聚划算等多个业务纵队提供基础服务支持。中台不仅要将基础能力标准化和规范化以为前台提供支持,还要能在与前台的互动中发现新的能力,并进行新能力的开发、注册和能力列表更新。

平台需要对基础产业能力进行去耦合化封装。去耦合化指的是平台中的组件在一定程度上相互独立,一个组件内的变化不影响平台中的其他组件。平台在中台应当形成一个"积木独立"的结构。通过产业对中台能力组件的调用,平台和产业形成相互依赖的内部整体化关系。在平台实践中,去耦合化主要通过能力的封装过程实现。平台将基础产业能力封装至中台,产业只需要在遵守平台规范的前提下,通过接口访问和调用中台的功能和服务,而不需要知道中台内部是如何运作的。通过封装模式的设计,平台实现了与产业在能力互补层面的强连接,同时又实现了在架构和运作流程上的隔离。

平台需要在中台提供标准化的接口。接口是平台和产业之间达成的协议,它指定了平台与产业之间基本的交互规则。在构建强大中台的基础上,平台需要为产业提供标准化的交互接口,即提供一系列明确的工具、规则和机制来帮助产业实现与平台的交互。为保障平台架构的去耦合化,平台和产业之间禁止发生在接口之外的交流。对产业来说,接口即平台。以微信开放平台为例,微信开发了包括语音智能接口、图像智能接口和语义智能接口在内的三大接口,为使用微信平台的移动应用开发者、网站所有者和公众账号所有者在语音识别和合成、图像识别和视觉搜索、语义理解等方面提供随需调用的能力解决方案。

通过构建产业基础设施和实现基础产业能力的模块化和可调用,交易平台实现了向产业的正式进军和面向产业赋能平台的模式进化。平台稳固和平台增强两个阶段的平台功能只是发生了量的变化,平台进化阶段的平台功能则发生了质的升级,即从单一的交易撮合到交易撮合基础上的全面产业赋能。

7.2.4 平台扩张:探索平台演化中多平台协同模式

经由平台进化阶段,交易平台实现了面向产业赋能平台的进化,但平台仍保持单一平台的发展框架(夏宁敏,2019)。而在平台构建产业基础设施的过程中,存在着多种可能性使平台发生从单一产业平台到多产业平台的衍生,多产业平台最终将在数据和价值协同层面产生复杂的智能化协同效应。单一产业平台成长为多产业平台的途径主要包括:平台嵌套、平台包络、平台生态化、多平台智能协同。对其中几方面前面已有过讲解,下面结合本小节的主题再来具体分析一下。

1. 平台嵌套

平台嵌套是指平台为深化原有的解决方案而在主干平台内部衍生出单个或多个子平台的过程。以视频平台为例,消费者在观看视频时往往会产生分享视频信息和感受的需求,视频平台与社交平台具有较高的需求侧互补性，大部分视频平台都会选择内嵌社交网络平台来构建植根于视频平台的用户社交圈。

2. 平台包络

平台包络是指当平台提供者从一个平台市场进入相邻的平台市场时，利用共同的用户基础以捆绑的形式提供多平台服务。与在主干平台内部衍生出的嵌套子平台不同，平台包络是在主干平台之外的单个或多个互补品领域衍生出单个或多个平行平台的过程。例如，阿里巴巴在交易平台的基础上衍生出了支付平台、物流平台、云计算平台等一系列平行平台，这些平台相互协作，形成了面向平台用户的平台包络，为平台上的商家提供了更加完整的解决方案。

3. 平台生态化

平台生态化是指平台在经由平台嵌套或平台包络形成多平台体系之后，将各个平台的冗余能力开放给平台用户之外的其他用户群体，从而形成平台生态系统的过程。例如，亚马逊在平台进化过程中构建了全球领先的强大物流平台，除服务亚马逊交易平台上的商家之外，也将多余的能力开放给其他商业用户甚至竞争对手，这是平台生态化的典型过程。亚马逊云计算平台的形成过程同样如此，经由多个平台对不同用户群体的开放，亚马逊已经进阶成为一个无比复杂的平台生态系统。

4. 多平台智能协同

基于数据化智能的网络协同效应正在成为未来智能商业竞争力的核心，而由多平台组成的平台生态系统将能让多平台在与多用户的交互过程中产生的海量信息得到并联，从而在智能商业世界产生难以想象的数据网络张力或数据网络协同效应以及无法预测的创新效应，并使得创新更加精准和高效，如阿里巴巴的新零售物种盒马鲜生的横空出世和一炮而红就是典型例证。

与消费互联网时代交易平台的一家独大格局截然不同，产业互联网背景下的产业赋能平台将会百花齐放。交易平台经由平台稳固、平台增强、平台进化和平台扩张的阶段演进，将进化为智能化产业赋能平台，甚至成为由多个产业赋能平台组成的复杂的平台生态系统（夏宁敏，2019）。

7.3 平台生态参与者战略

平台生态系统可使参与企业变得更加专业化并且增加其收益和价值，但这些生态系统中的企业仍必须决定在内部生产哪些产品或从事哪些活动，企业范围的选择对企业在生态系统中的力量和影响力以及生态系统的整体运行结果都有着重要的影响。

7.3.1 生态参与者战略与平台演化框架

平台生态演化双螺旋对于生态参与者的最大启示在于理解平台企业的经营逻辑，从而选择与之相匹配的战略。平台要想具有影响力，需要众多参与者的支持与拥护，平台企业追求的本质不是自营业务做得多大，而是站在产业生态系统演化的角度思考问题，肩负起带领此生态与其他生态竞争的领导者角色与责任。所以，生态参与者要把握平台生态演化的动力和松紧周期，与之共创、共生、共演，从而能够更好地从生态发展中获利。

1. 生态创建期

在生态创建期，平台为谋求在竞争中快速做大、弥补自身短板，生态处在"松"周期，平台吸引和扶持大量初始玩家进入，希望与参与者一起为用户共创一种新的价值生态。作为参与者宜快速拥抱平台，享受初期政策红利，选择加入与自身产品或服务能力相匹配的平台生态，做大规模，成为生态内的头部玩家。

生态创建期的首要任务是利用平台的网络效应吸引双边用户，达到临界规模。为了能在用户数量不断变化的情况下维持其功能和运行的能力，成员企业应当具备可伸缩性。具体表现在平台对用户数量的容纳性上，即随着用户数量的不断增加，平台能在不出现故障的情况下顺利运行。随着支配种群规模的增大，更多的物流、广告、信息服务、营销服务等利基种群主体逐步被纳入生态系统，为核心业务平台服务。为了能使成员之间协同服务，维持生态系统自身的服务水平，平台生态系统必须增加自身的弹性，即容错度、可修复性和稳健度（De Weck, Roos & Magee, 2011）。在平台生态系统层面，表现为在一个成员企业发生失误的时候，生态系统能快速恢复功能，正常运转；在成员企业层面，表现为即使平台或是其他与之交互的企业出错或倒闭，它也具有正常运转的能力。平台型生态系统需要进行渠道资源的积累，通过构建各类制度机制，确保各类成员之间的关系协调和信息交互。

在能够维持正常结构和功能的情况下，生态系统成员需要依靠积累的信息技术资源，根据内外环境获得的反馈信息，进行自主调整，增进自身功能，即增强可组构性（composability）。生态系统的维护费通常只有25%用于修复错误，而其余75%的维护费用来增进功能变化（Eick, Graves & Karr et al., 2001），因为无法迅速有效地改变系统成员的组织结构可能会让平台错过转瞬即逝的商业机会，在激烈的市场竞争中被淘汰。

2. 生态成长期

在生态成长期，不同平台间相同价值主张的子生态竞争趋强。平台利用自身的技术积累和地位优势，希望整合行动进行一体化发展的倾向愈加明显，生态进入"紧"周期。此时，平台更希望能够同参与者开展紧密的创新合作，产生适合生态用户的新产品或服务，实现价值创造的升级，平台也能从参与者成长中获取更大收益。对此，参与者要顺应平台的经营规则调整，率先布局、拥抱创新，在平台生态的薄弱环节发力，与平台共同投入，开展互补性创新，避免单方面投入带来的能力增长给平台造成威胁，抑或单方面投入导致了对平台的依赖性增加，后续受到平台要挟而难以持续从生态中获利。

生态成长期的主要任务是在维持核心业务平台运行的基础上开拓衍生业务。维持核心业务运行的主要任务是增加系统的流量，而注意力就是平台市场的流量，是可以给企业带来无形资产增值、潜在产品或服务市场的稀缺资源。随着互联网功能的多样化发展，用户的空余时间逐渐接近上限，获得更多用户的关注变得越来越困难。因此，生态系统需要增强黏性，提高维持用户注意力的能力。系统黏性可使用用户数量增长速度来衡量（Tiwana, 2014）。为开拓衍生业务，生态系统需要挖掘价值终端的潜在需求并及时响应长尾需求，这依赖于系统成员在合作状态下为终端用户设计、提供新功能的可塑性能力，反映了系统成员快速创新来满足新需求的可能（Eick，Graves & Karr et al.，2001），具体体现在生态系统孵化衍生业务的能力。

随着衍生平台的出现，系统成员的数量不断增加，核心企业作为领导者需要通过进一步完善各类认证机制、规则制度来增加系统协同性。系统协同性的增加，意味着系统成员随时间的推移能够整合并利用系统资源的能力更强。但这同时也意味着，系统成员对该生态系统的依赖程度更大。因此，系统协同性可以增强系统成员的能力与系统的整合性，但也可以提高系统对成员的锁定性。

3. 生态成熟期

在生态成熟期，既有生态价值进入增长瓶颈，平台需要谋求新的价值增长点，不断包络新的平台功能，迈向增长的"第二曲线"⊖。一方面，要想保持平台模式、做大生态、激发网络效应，靠平台自身是不可持续的，需要吸引更多的参与者加入，这意味着平台需要"松"；另一方面，探寻新价值的过程充满不确定性，大量参与者会犹豫观望，平台需要和参与者共同投入探索示范工程、构建新的平台功能区块，这意味着平台需要"紧"。此时，参与者也具备了多生态运营的能力，平台与参与者进入共演阶段。

因此，对参与者而言，重点是能够站在生态系统的高维视角，思考生态"松紧"周期演化背后的战略本质，明确自己以何种方式更能为生态系统创造价值，从而能从生态中获取价值。在此过程中，参与者应不断洞察新机。新机不仅来自现有生态，还可能来自其他生态的演化升级和新生态的崛起。当现有生态系统快速演化，拓展出全新价值领域时，参与者要快速跟上；当现有生态系统演化乏力，难以创造新的价值增长点时，参与者就需要搜寻新的生态或自主构建生态。

7.3.2 消费互联网平台生态互补者策略

在过去十多年里，消费互联网平台从以提供资讯为主的门户网站发端，不断进军电子商务、社交网络、游戏文娱等领域，诸多知名的互联网平台生态成长案例由此诞生。从中我们可以提炼出平台激发互补者创新惯常采用的三大策略。⊖

1. 开放吸引策略

平台是一种多主体参与、开放共享的组织形态。平台开放就是要吸纳更多的互补者，聚集

⊖ "第二曲线"由英国管理思想大师查尔斯·汉迪（Charles Handy）提出，核心思想是说世界上任何事物的产生与发展都有一个生命周期并形成一条曲线，有起始期、成长期、成就期、高成就期、下滑期、衰败期。为了保持成就期的生命力，就要在高成到来或消失之前，开始另外一条新的曲线，即第二曲线。在第一曲线达到巅峰之前，如果能找到驱动企业二次腾飞的第二曲线，并且第二曲线能在第一曲线达到顶点之前开始增长，企业永续增长的愿景就能实现。在寻找第二曲线的路上，成功的管理者必须向死而生，另辟蹊径，一次次越过那些由成功铺设的"陷阱"，开辟一条与当前完全不同的新道路，才能为组织和企业找到实现跨越式增长的第二曲线。

⊖ 王节祥，刘永贲，陈威如. 平台企业如何激发生态互补者创新 [J]. 清华管理评论，2021（5）: 88-94.

更多平台可撬动和利用的资源、知识、能力等要素，满足消费者需求。平台越开放，吸引的互补者越多，平台提供的产品或服务就越多，平台内知识的多样性也随之提升，进而能够促进平台生态中的交易和创新活动，带来平台价值的提升。

对于强交易属性的平台而言，它们往往采取免费、补贴等手段来吸引互补者。通过提升用户间的跨边网络效应，吸引更多的互补者，以形成良性循环。以易贝和淘宝的定价策略为例。开始时易贝一直对卖家采取收费模式，包括上架费、店铺费与成交费，而淘宝则坚持入驻免费策略。免费策略吸引了大量卖家快速入驻，用户体验不断提升，扩大了零售市场份额，使得淘宝成功击退易贝。对于消费端，淘宝同样有大量的补贴政策。为了满足消费者对品牌、品质的追求，吸引品牌商或品牌授权的经销商入驻，淘宝推出了一系列淘品牌遴选活动。其中消费者的体验好坏是能否入选淘品牌的重要标准之一，消费者可以免费体验数千家参选店铺的商品。

对于强创新属性的平台而言，一方面，它们可采取接口和规则的设计来吸引互补者，促进多边用户间的价值共创。例如，安卓系统采用 Apache Licene 2.0 协议开源给全球开发者免费使用，不仅对软件开发商采取宽松的审核标准，还与许多欲借安卓系统发展的手机制造商合作，并为其提供开发源代码和许多核心工具（搜索引擎、地图等）。仅仅推出 2 年时间，安卓全球软件开发商就达到了 68.9 万个，安卓市场更是累积了超 10 万个应用软件，为用户搭建了一个完善的移动应用生态。另一方面，可通过降低准入门槛、建立创新激励机制等方式吸引互补者。例如，哔哩哔哩（简称 B 站）为了吸引更多有想法的创作者，推出了哔哩哔哩创作学院，为新 UP 主（uploader，上传文件的人）提供取材创意、作图绘画、特效合成等多方面的学习课程。除此之外，B 站还发布了"星计划"，投入了上百亿流量扶持新 UP 主，并为其匹配专属运营指导、现金奖励、B 站首页推荐等多项资源与权益。

当然，平台并不是越开放就会越成功。过度的开放也可能会导致同质化竞争严重、协调成本过高等问题。以视频游戏市场为例，任天堂（Nintendo）的崛起，正是反其道而行之。当时视频游戏市场的平台运营商普遍采取高度开放策略，导致游戏品质参差不齐，用户体验差。与它们不同，任天堂转而提升进入门槛，牺牲多样性而追求游戏品质，从而赢得了市场地位。考虑用户偏好、市场竞争等因素的动态演变，维持合理的开放水平是关键。平台企业基于大数据和算法技术，实时监控互补者行为和绩效，快速响应和调整是应对之策。

2. 自营打样策略

当平台无法吸引供方进入时，供需双边网络效应将会面临冷启动困境，平台企业不得不选择自营策略来增加供给，希望通过自营打样激发互补者的进入和创新。例如，2015 年谷歌推出谷歌相册进入摄影应用市场，与平台未进入的娱乐类应用相比，摄影类应用出现重大创新的可能性提高了 9.6%。平台企业自营打样具有正面溢出效应，有助于互补者明确创新方向，降低创新成本。进入新市场的平台企业，会为该市场的互补者带来突破行业发展瓶颈的有效方案，大幅提高互补者创新效率。此外，平台企业进入互补者市场，会带来积极的注意力溢出效应，增加用户需求和反馈。一方面，平台企业的声誉优势可以吸引大量新用户采用该类产品或服务，扩大市场的用户规模；另一方面，用户会将平台企业与互补者的产品进行比较，用户体验更好的互补者会得到更多关注，这能激发"鲇鱼效应"，带动互补者增加创新投入。

平台企业进入互补者市场，也可能对互补者产生负面效应。由于平台企业的声誉背书与技术，用户倾向于选择平台企业所提供的互补品，因此互补者的利润空间会受到挤压。面对强大的竞争压力，大型互补者可以增加其创新努力以改善产品或服务，与平台企业争夺市场，引发挤出效应，这导致小型互补者用户流失，甚至转移到其他平台。因此，平台企业需要采取措施尽可能缓解对互补者产生的负面影响。例如，英特尔在进入互补者市场时会通过采用话语策略（多次沟通，强调非利润争夺）、针对自营业务建立独立核算部门、降低互补者准入门槛等方式，谨慎地减少互补者的担忧。平台企业还可采用低调运营策略，如产品逐步上线、小规模推广、差异化定位等，并与互补者积极沟通。

3. 数据赋能策略

数据赋能是指平台企业凭借自己所处的基石地位，将包含市场需求和用户信息的数据资源赋能给互补者，为互补者提供一系列价值链增值服务（用户画像、趋势预测等），以促进互补者的迭代升级。

平台企业通过与互补者达成合作，对数据进行提取与深度挖掘，可以帮助互补者进行用户角色与使用场景划分，实时了解客户的需求动态。基于数据赋能，互补者有针对性地开发出相应的产品或服务，进行精准营销，实现有效的用户触达。例如，天猫会发布流行趋势预测，赋能商家新品开发；阿里零售通过淘系数据和高德地理位置数据，对零售小店进行办公商圈、景点商圈、医院商圈等13个类属商圈的划分，对不同类别的小店提供不同的大数据选品方案，以数据驱动的方式实现小店的业态升级。在知识付费平台中，数据赋能也广泛存在。例如，得到的用户个性化内容主要是根据用户以往的付费记录、习惯、文化程度等分析其行为导向，制定出适合不同群体的学习内容板块，推送相应的知识生产者的内容。得到围绕学习板块和用户兴趣将用户分类，构建各类学习场景，如学习小组、知识城邦等模块。通过参与到学习场景中，用户与讲师及其他知识达人之间实现频繁互动。通过与用户对话，知识生产者更加专注于自身知识产品的再打磨、再服务、再获取，打破了以往闭门造车式的知识生产模式。

7.3.3 产业互联网平台生态互补者策略

钉钉平台与洛可可的共创案例很具有代表性。钉钉是国内重要的企业智能移动办公平台，洛可可是工业设计领域的龙头企业，钉钉和洛可可通过实施数字化改造、嵌套式升级、多平台协作三项递进策略[⊖]，共同推进设计服务行业的数字化进程。

1. 数字化改造

数字化改造是互补者面临的迫切痛点，是平台企业与互补者一起探寻降本增效的过程。对互补者进行数字化改造并不是简单地升级IT系统，而是需要找出互补者生产方式、组织方式、工作方式等方面的痛点，提出针对性的数字化解决方案。解决方案不仅要覆盖价值链的生产环节，也要包括相关的辅助环节，向技术架构、数据架构、管理架构深化，以实现在线化、透明

⊖ 王节祥，陈威如，江诗松，等．平台生态系统中的参与者战略：互补与依赖关系的解耦［J］．管理世界，2021（2）：126-147，10。

化,有规划地提升互补者组织架构的效率。以施耐德(Schneider)电气为汉威科技所打造的透明工厂为例。汉威科技一度存在管理滞后、库存较高等短板。通过对生产线上每个工位的观察与分析,施耐德电气为汉威科技提供一套集成了订单管理、作业指导管理、执行与追溯管理等多个模块的透明制造解决方案。不同系统的订单数据、生产数据、客户数据实现了端到端的贯通,使得汉威科技在生产管理上的颗粒度和可视化能力有了质的飞跃。

对于洛可可内部的沟通协同难题,钉钉为其提出了组织在线和沟通在线的解决方案:一方面,洛可可全员上钉钉,将管理过程中涉及的人员进行标签化、在线化,以实现管理流程的透明化;另一方面,借助钉钉强大的即时通信与沟通群组功能,构建一个客户、设计师、项目管理人员全程参与的标准服务作业流程(standard operating procedure,SOP),以实现多主体沟通行为的在线化。以人员和沟通的在线化为基础,洛可可基本实现了线上运营,并且通过钉钉不断沉淀运营数据,有效驱动企业管理方式的重组升级。对钉钉而言,通过与洛可可共同开发行业数字化管理工作台,促进了自身平台产品的迭代;洛可可虽然成为钉钉的行业共创伙伴,但它仅仅在开发工作台的过程中提供一定的行业知识,无法为钉钉平台创造更大的价值。

2. 嵌套式升级

为了探寻新的生态价值增长点,平台企业需要与互补者联手为用户提供新的产品与服务,拓展原有平台功能的边界。嵌套式升级是指平台企业提供技术支持与基础设施,帮助互补者升维成为生态子平台,继而携手拓展新的服务场景与模式,探寻业务增长的途径。平台企业通过在已有平台中嵌入共生子平台,弥补了无法顾及或没有关注的领域空白,使更多的外部用户加入平台。互补者则持续深耕所在行业领域,领跑细分赛道,形成网络正反馈。针对生态中超过1 500万家的企业用户以及潜在的设计需求,钉钉与洛客⊖进行了更深度的合作。钉钉为洛客提供了平台用户画像、需求分析以及技术支持:一方面,利用沉淀的运营数据,进行用户需求分析,明确了洛客的业务开发方向;另一方面,依托数字技术,帮助洛客对产品进行模块化拆解,优化单一的设计服务。随着对用户需求理解的加深,洛客的价值主张不断升级,提供智能设计服务,提高设计效率,同时针对钉钉用户的特征调整服务价格等。对钉钉而言,以设计服务为切入点,携手洛客共同探索服务市场。洛客升级成为服务市场业务子平台,嵌入钉钉生态,将洛客的设计师资源与大量的钉钉客户设计需求进行对接,拓展了钉钉的业务边界。此时,钉钉与洛客的互动模式从单方赋能转向彼此深度需要,形成了高互补、高依赖的关系。

3. 多平台协作

多平台协作就是平台企业在与互补者维持深度合作的同时,推动互补者与多个平台生态寻求业务合作。互补者作为一个具备自主能力的新平台,通过与更大的平台生态展开合作,服务新的需求与场景,从而实现产业架构的重组,为各方带来新的增长。洛客依靠沉淀的用户数据与积累的技术能力,孵化出"洛智能"板块,并与钉钉共同探索服务教育场景。同时,洛智能将视野对准了更多、更大的平台生态圈,开始与阿里云、1688、南极电商等多个平台探索业务合作,形成多平台协作结构。新的合作伙伴带来了更多的用户数据、需求场景,洛智能得以不

⊖ 洛客是洛可可创新设计集团董事长贾伟的再创业成果,成立于2016年,成长于洛可可创新设计集团。

断开拓机器智能设计业务。对钉钉而言，洛智能的跨平台协作积累了更多的行业知识与技术能力，这些能力又能反向应用到钉钉平台中。例如，在钉钉拓展教育服务市场时，洛智能为学生用户提供了智能头像设计。

■ 本章要点

由于网络效应具有累积特征，因此平台具有显著的成长阶段特征。在平台所处的不同阶段，平台企业需要权衡的问题优先级不同，导致实践中不同平台在开放度选择方面的决策存在较大差异。基于平台的发展规律和内在动因，平台生态的最优边界状态和平台生态开放度在不同阶段下持续变化。在平台的初创导入阶段，平台内供方用户和需方用户数量均较少，形成的负反馈导致平台难以突破冷启动困境、生态竞争压力凸显，平台企业为应对不同生态和模式之间的竞争细化，其首要任务是快速获取用户以谋求高速成长、快速迭代和生存，因此倾向于采取高开放度策略来实现平台生态主体间的松散连接，迅速吸引大量供方用户提供产品或服务，进而为平台吸引需方用户，促进生态繁荣。当平台越过用户规模临界点、进入高速增长阶段时，平台企业的数据沉淀和能力提升已初步实现，具备通过数据及系统间整合协同、借助更大范围的系统应用帮助平台获利的能力，并将通过平台的网络效应构建市场势力，介入相关业务领域。此时，平台企业需要权衡前期粗放式的用户增长模式带来的负面效应，可以通过建设用户过滤机制、引入合作伙伴服务能力培育等策略调整平台生态开放度，即开放度实现"由松入紧"，从而提升平台网络效应的有效性，进一步巩固平台地位，加强平台企业对平台生态的控制。当平台业务进入成熟及衰退期，平台面临多元业态、技术及市场复杂度高、垂直一体化效率偏低的情境，或因平台规模较大，其组织刚性导致平台企业难以单独应对市场的高速变化。此时，平台生态用户增长乏力，陷入停滞乃至衰退，平台企业可能寻求平台生态开放度实现"由紧入松"，通过连接更多种群来提升平台生态的种群多样性，支持生态参与者创新，构建平台生态层面的灵活应变能力，形成推动平台二次增长的合力。

■ 讨论问题

1. 平台经济时代的价值形态与产品经济时代的价值形态有何不同？
2. 基于平台边界演化的双螺旋模型，平台"由紧入松"和"由松入紧"的动因有哪些？
3. 如何推进平台演化中的多平台协同？
4. 产业互联网平台企业生态互补者策略有哪些？

| 第 8 章 |

平台生态系统

■ 学习目标
- 了解平台生态战略；
- 掌握平台领导权；
- 理解平台延迟选择权；
- 理解平台生态中的多边关系。

■ 开篇案例

价值引领、互利共生、万物互联的小米

成立于 2010 年的小米科技有限责任公司（简称小米）多年来步步为营，逐步建立起以小米手机、电视、路由器为核心，以感动人心、价格厚道为理念，以 IoT 开放平台为枢纽，以"人工智能＋大数据＋云计算"为技术支撑的智能物联网生态系统，不断扩大商业边界，为小米用户提供全方位服务。

回顾它的发展历程，不难发现雷军及其创立的小米前进的每一步都站在舆论的风口上，创造了一个又一个商业奇迹。作为手机发展史上几乎是唯一成功逆势崛起的公司，小米的成长经历了什么？它快速增长的动因是什么？是什么让它陷入低谷？它触底反弹的关键又是什么？

小米的成长经历了三个阶段。

快速成长阶段（2010—2014 年）。此时国内智能手机市场鱼龙混杂、"山寨"机层出不穷，雷军等人凭借敏锐的市场嗅觉，借助移动互联网的风口，在 2010 年 8 月率先开发出适合中国人使用的米柚操作系统，开创了国内智能手机定制系统的先河。2011年8月，小米发布M1手机，有别于传统手机制造商的单一硬件定价模式，小米出人意料地将互联网及增值服务收益计算在成本收益内，实行低价策略，通过大幅让利俘获了一大批小米用户。同年10月，小米借助网络购物的东风，前瞻性地开放线上购买渠道，在节约销售成本的同时，迅速提升品牌知名度，集聚了大批"米粉"。2013年1月，全球米柚用户超1 000万人，也正是小米在业内强劲的增长态势，让雷军信誓旦旦地与董明珠定下了"十亿赌约"。此时风光无两的小米真的会满足于在手机市场上"一条道走到黑"吗？答案显然是"不会"。果不其然，在2013年年底，雷军启动了小米生态链计划，广泛寻找与小米有共同价值观、拥有先进产品和技术、符合小米物联网布局方向的初创企业，并采用"投资不控股+孵化"的方式对其进行生态链服务，短短的几年时间里，便发布了移动电源、空气净化器、净水器、摄像头、平衡车、AI音响、无线开关以及可穿戴设备等一系列智能硬件产品，并以小米手机为操作中心，利用米柚系统以及无线网络实现了单个产品间的互联互通，成功构建了闭环式智能家居生态链，帮助小米打开了物联网生态系统的入口。

低谷调整阶段（2015—2016年）。在经历快速增长后，小米在2015年迎来了它的首次"生长痛"，手机出货量下滑，营收增长放缓，产品质量被诟病，品牌形象一落千丈，市场上也涌现出许多模仿小米"硬件+软件+互联网"模式的手机产品，如荣耀手机、小辣椒手机、360手机等，竞争越发激烈，之前一直被小米当作宣传噱头的"超高性价比"也慢慢失去优势。2016年，相继推出的小米5手机以及小米Mix手机反响平平，2017年推出的小米6手机更是让小米成功"触底"。到底是什么导致了小米进入低谷期呢？正所谓"冰冻三尺，非一日之寒"，小米如此惨淡的销量与其长期走低价战略，忽视线下市场密切相关。一方面，其一贯宣扬的性价比理念搭配上层出不穷的产品质量问题，死死将小米钉在"低端"的耻辱柱上；另一方面，智能手机受众的老龄化使线下市场回归，三、四级市场成为商家眼中的"香饽饽"，而这类市场本应是最认同小米低价策略的，但因小米长期专注于线上渠道建设，使其在线下市场竞争中心有余而力不足。巨大的生存危机给了小米当头一棒，它必须迅速着手改变。2016年，为重塑小米品牌，雷军提出"新国货概念"。同年3月，小米为避免品牌被误伤，将小米生态链企业生产的产品划分到其投资的产业链企业"米家"名下。2017年，小米加速下沉，着力建设线下小米之家旗舰店，新零售开启新征程。

触底反弹阶段（2017年至今）。在智能手机市场开始衰退、马太效应凸显的2017年，小米毫不犹豫地将战场从手机转移到生态，开始疯狂布局生态圈。2017年年底，九死一生的小米不再局限于生态链，而是推出开放战略，宣布开发IoT平台，并全力打造米家app以及小米IoT开发者平台。IoT平台由小米提供软件、硬件等支持，生态链企业利用平台提供的资源开发硬件设备或应用以满足自身及其他用户的需求，而用户通过米家app实现小米及生态链产品的智能连接，由此初步形成以小米为中心的"互利共生"生态系统。同年，小米发布人工智能"小爱同学"。作为小米AI能力的代表，经过一年的积淀，在2018年7月，小爱同学的月活跃用户突破3 000万名，总激活数突破6 000万名。2018年11月，小米的AIoT平台全面开放升级，作为人工智能和物联网平台的深度融合，AIoT的布局为实现以人为中心的全场景互联互通添砖加瓦。2019年3月，小米发表红米品牌独立宣言，手机业务正式启动双品牌策略。同年8

月，小米确立了"手机+AIoT"双引擎战略，表明 AIoT 业务将围绕手机搭建智能生活，渗透更多场景，为小米智能物联网生态系统的发展保驾护航。2019 年，小米的营业收入高达 2 058 亿元，首次超过老牌制造企业格力集团，成为《财富》榜单中最年轻的世界 500 强公司。雷军表示，未来要用"5G+AI+IoT"战略来推动下一代超级互联网的发展，彻底确立小米在智能生活领域的绝对领导地位。在充满不确定性的当下，小米能否厉兵秣马，再次站对风口，扶摇直上，我们拭目以待。

资料来源：https://www.mi.com。

未来的商业竞争不再只是企业之间的肉搏战，而是商业生态系统之间的对抗（Dobson, 2006），甚至是跨产业联合体之间的大混战，也即生态系统之间的竞争（吴松强 等，2020）。平台生态系统作为价值创造的基本环节（Stabell & Fjeldstad, 1998），成为全球经济中技术、产品或服务创新的重要来源（Cenamor & Frishammar, 2021；Inoue, 2021）。《管理百年》的作者、物联网商业生态联盟发起人、Thinkers 50 联合创始人斯图尔特·克雷纳（Stuart Crainer）认为：生态系统代表了未来最佳的组织模式。

8.1　平台生态系统的内涵

8.1.1　平台生态系统的概念

"生态系统"概念于 1935 年由英国生态学家阿瑟·坦斯利爵士（Sir Arthur Tansley）首次提出并界定：所有物质和有机元素共存，并作为一个完整的单元共同运转。穆尔（Moore）首先将"生态系统"的概念引入商业领域，引用人类学家威廉·贝特森（William Bateson）的共同演化思想及生物学家斯蒂芬·杰伊·古尔德（Stephen Jay Gould）的自然生态思想创立了商业生态理论，商业生态是以个体和组织的协调作用为基础构成的经济有机体，其中各类物种相互作用，进行商业生态系统物质的生产、消费和转化等（Moore, 1993, 1996）。商业生态系统理论强调企业之间形成的是一个互为依赖的共生系统，需要突破自身的资源约束以实现企业间的资源互补与业务协同（Barney et al., 2001）。商业生态系统中的企业间分工更加精细，因而其需求识别、资源组合以及价值变现的速度和准确性远高于之前的传统价值链体系，生产效率更高，更能适应如今剧烈变化的市场环境（Gulati, Nohria & Zaheer, 2000）。

随着平台企业的扩张与不断更新，平台生态系统得以形成且备受关注。平台生态系统由中心参与者（平台领导者或平台企业）利用数字平台连接市场各方参与者（互补者或合作伙伴），通过合作形成共同的核心产品或服务以实现双边或多边的互动和价值创造（Aarikka-Stenroos & Ritala, 2017）。平台生态系统（platform ecosystem，也称平台生态圈）是连接相互关联的供应商、互补商、分销商及新产品开发商而构成的网络生态系统（Mekinen et al., 2014）；是由平台企业提供基础区块并设定交互规则，允许两个或多个不同群体进行互动的多边市场，探讨平台企业的战略和商业模式配置以及它们周围的互联系统（Shipilov & Gawer, 2020；Jacobides et al., 2018）；是通过间接网络效应实现规模和利润增长（Hagiu & Wright, 2015）的一种结构安排和组织形态（Adner，2017；Cozzolino et al.，2021；张化尧 等，2021）。

平台生态系统良好运行的基础在于建立治理模式来协调各参与主体间的价值活动以实现可持续发展（孙耀吾 等，2020）。平台生态系统有两层含义：一是由一个核心模块提供系统的基本功能，并定义系统的接口规则，使参与者方便参与、使用与扩展平台（Gawer & Cusumano，2008）；二是以核心企业为中心的跨企业组织模式并跨越产业的界限（Gawer & Cusumano，2014）。作为核心的平台企业为生态系统中的其他企业提供公共资源与能力，例如信息技术、金融、营销、物流等（Suzrez & Kirtley，2012）。平台企业主导提供了生态系统的治理机制，以有效平衡企业自治与控制、集体与个体以及标准化与多样化之间的矛盾（Wareham，Fox & Giner，2014）。苹果、英特尔、海尔、美的等制造业企业，谷歌、脸书、阿里巴巴、腾讯等互联网企业都在构建基于平台的生态系统，以期利用资源聚合效应来获取持续竞争优势（曹仰峰，2021）。例如，苹果公司通过iPod、iTunes、iPhone等产品，先后将唱片公司、好莱坞电影、电视制作公司、媒体公司、游戏软件开发商、消费类电子生产商等纳入商业生态系统，并牢牢占据了手机和电脑的高端市场；小米以及旗下的顺为资本则通过资本运营将爱奇艺、拉卡拉、迅雷、大街网、猎豹、美的集团等纳入自身的商业生态系统，从而为其实施跨界经营、持续增长创造条件。同时小米通过智能电器（电视、手机、平板、路由器等）构建硬件生态链，通过投资爱奇艺、拉卡拉、迅雷等构建内容生态链，借助米柚操作系统使各平台组件实现互联互通，形成有效组合，最终通过大数据分析能力为平台成长提供信息支持。因此，依托互补性资产构建商业生态系统对于平台企业创造价值具有战略性作用。

8.1.2 平台生态系统的特征与定位

任何一个企业都处在不同的生态系统中，但并非所有企业都善于释放生态系统最大的价值。采用恰当的生态系统战略对于企业获得竞争优势至关重要。下面以亚马逊和索尼的案例来阐明生态系统的内涵及其重要性。20世纪末，索尼作为电子消费品领域的佼佼者，积累了难以逾越的核心竞争力。但在电子书阅读器业务上却完败给了后来居上的亚马逊。究其原因，要归结于亚马逊所构建的具有异质性、嵌入性和互惠性的平台生态系统。⊖

1. 平台生态系统的特征

（1）异质性。生物多样性导致生态系统功能优化，健康的平台生态系统也需要有异质性的参与者。亚马逊开创性地引入网络服务商Sprint，它是价值链以外的伙伴。通过在Kindle中内嵌网络功能，读者可以在阅读器自带的在线书店里选择、购买和阅读图书，极大地提升了体验，丰富了生态系统的功能。索尼电子阅读器的生态系统伙伴是沿着价值链方向的上下游合作者，主要包括合作生产商飞利浦（Philips）、元太科技（E Ink）等和渠道商亚马逊、塔吉特（Target）、水石书店（Waterstone）等。

书籍出版商也是重要的异质性伙伴。索尼尽管联合了一些传统书籍出版商，推出索尼在线书店Connect，但书籍数量一直落后于亚马逊。能否用丰富的内容吸引更多读者，在很大程度

⊖ 廖建文，崔之瑜. 企业要想活得好，就得撬动"商业生态圈"[J]. 销售与管理，2019（10）：120-123.

上决定了这场阅读器之争的胜负。

书籍出版商和网络服务商都是在传统价值链之外的参与者，异质性程度较高，但是它们的加入极大地扩展了生态系统内价值创造的空间。异质性高的伙伴可以是互补品生产商、投资商、贸易合作伙伴、标准制定机构、工会、政府和社会公共服务机构等。异质性不是盲目增加不同类型的合作伙伴，而是有目地完善和丰富生态系统的功能以达成共生的目的。

（2）嵌入性。嵌入性可以理解为一种事物内生或根植于其他事物的现象，是事物间的联系和催生信任的结构。在平台生态系统中，高嵌入性意味着成员之间具有高频率的互动、高水平的投入、高度的忠诚等紧密联动关系。

作为以书籍业务起家的网络零售商，亚马逊与读者群体的连接是直接的、高频的，亚马逊在其网站主页和书籍商品页面上投放Kindle广告很容易引起读者的共鸣；索尼由于隔了一层零售商，与已有读者没有直接的交互，因此建立的是间接的弱连接。从这点来看，索尼与其读者的嵌入关系就要略逊一筹。

在出版商方面，书籍的数字化潜藏着巨大的不确定性。电子书的经济可行性和技术可行性都需要经过长时间的考验，这无疑会使出版商犹豫不决、踌躇不前。亚马逊的Kindle通过完全封闭的技术保护应对潜在的盗版问题：用户不能打印电子书，不能在其他设备上阅读，也不能与他人共享。这降低了出版商的风险，也调动了它们投入的热情。

嵌入性不仅取决于核心企业与其他成员的双边关系，还取决于成员间多边关系的紧密度。索尼的生态系统虽然"软硬兼施"，但是相互之间的关系是松散的。Kindle则将无线网络（Sprint服务商）和在线书店（出版商）内嵌于设备中，使读者选书、购书、读书、评书一气呵成。可以说，这种"阅读器设备—无线网络功能—电子书内容"的铁三角结构牢牢锁定了读者。

生态系统参与者的意义不在于存在与否，而是在于能否建立起彼此嵌入的关系。小米强调的参与感、阿里巴巴尝试的电商社交化等都是在加强生态系统要素间的互赖性，以提高嵌入度，这也就是生态系统互生的基础。

（3）互惠性。互惠性保证的是生态系统的平衡性与稳定性。企业不仅参与创造价值的过程，还应该有合理的价值分配，在理想状况下达到多方共赢的结果。

索尼在线书店的定价由出版商决定，普遍为纸质书原定价的75%，这个折扣对读者的吸引力并不大。亚马逊则一边补贴出版商，一边以9.99美元的低价向读者提供电子书。这样一来，出版商获得了与出售印刷版图书同样的收入，读者以更低的价格获得了图书内容。亚马逊虽然短期内牺牲了利润，但从长期来看成了电子书革命的领导者。

不同于双边关系，生态系统互惠更多的是考虑个体与整体、现在与未来之间的价值分配。亚马逊突破了出版商与读者之间的双边利益分配关系，进而站在整个生态系统的高度进行整体协调。另外，通过放弃短期利益，亚马逊成为电子书阅读器的领袖之后，许多新商业模式的可能性得以出现。如果价值分配方式合理，往往就可以把蛋糕做得更大，推动价值的再生。

2. 平台生态系统的定位

平台生态系统不是多元化或整合。很多经营者误认为建立生态系统就是不断整合新的业务，然后与已有业务形成协同。实际上，平台生态系统强调的是不同组织、个人之间的互动。

平台生态系统不能简单地等同于战略联盟。战略联盟发生在组织之间，而平台生态系统还关注组织与个人（如用户）之间的关系，涉及的是更大范围的价值循环。战略联盟需要周密的计划和生命周期管理，企业很难同时管理大量的联盟伙伴。据统计，世界500强企业的联盟伙伴数平均为60个，但生态系统的伙伴数量可能远远超出这个数字。联盟的切入点是双边或小范围的多边关系，不同联盟之间的关系往往是割裂的；生态系统则将所有伙伴视为一个整体。

平台生态系统是生态系统的一个特例，不采用平台模式的企业也有生态系统。Windows和英特尔都不是平台企业，但是围绕在它们周围的生态系统却一度垄断了整个PC市场。

8.2 平台生态系统的兴起

平台生态系统的发展先后经历开拓、扩展、协调和进化四个阶段（胡岗岚 等，2009），并将生态系统中的成员分为领导群体（电商核心企业）、关键群体（交易主体）、支持群体（相关依附组织）和寄生群体（增值服务提供商）。生态位是企业与环境互动匹配后所处的状态，单个企业对应有自己的生态位，企业种群是拥有类似生态位的企业集合（Baum et al., 1996）。就企业种群而言，生态位是种群在与其他种群竞争中取胜的多维空间领域，是企业种群赖以生存和发展的资源组合（Hannan et al., 1977）。随着信息技术的高速发展，世界日益扁平化，万物日趋互联化，企业边界模糊化，企业间关系复杂化。企业间关系正在从松散的市场化关系连接成复杂的网络化关系，由此生成的平台生态系统成为席卷世界的商业模式。

8.2.1 平台生态系统的构建

自然生态系统中某种生物的生存成长需要其他生物的价值贡献，而其他生物的生存成长也需要彼此的价值贡献，最终实现多方共赢（王千，2014）。生态系统就是通过构建一个多边群体合作共赢的机制，使得多边群体在核心群体的驱动和促进下都能有机协同而实现共赢。平台生态系统是指平台企业通过连接两个或多个具有互补需求的群体，提供交易场所和机制进而满足各方群体的需求，并通过外部性从中获利的互利共生的生态系统。成员的异质性、关系的嵌入性和利益的互惠性是和谐健康的生态系统应该具备的三大特质，促进了生态系统的共生、互生和再生（廖建文、崔之瑜，2015）。健康的生态系统需要有异质性的参与者，从而有目的地完善和丰富生态系统的功能，而生态系统参与者的意义在于建立起彼此嵌入的关系，通过合理的价值分配机制达到多方共赢的结果。

1. 生态系统构建的关键问题

平台生态系统可视为一种不断发展的元组织形式，其中平台架构是支持生态系统成员创造和获取价值的共享技术核心（Kretschmer et al., 2022）。平台生态系统实则重新界定了行业竞争规则。因此，主动构建、优化与生态伙伴的关系，营造共生、互生、再生的商业生态系统，将成为未来商业游戏的主旋律（廖建文、崔之瑜，2015）。生态系统构建需要考虑三个重要问题。

（1）展开与收敛。如何勾勒立体的生态系统？如果跳出价值链的框架，引入跨界的生态伙伴，往往能使价值成倍增长，但生态系统的立体化会增加与其他生态系统重叠的概率。例如，BAT曾经分耕于搜索、电商和社交，但近年来它们之间的重叠业务越来越多。此外，在组织层面生态立体化的同时，还要避免行业层面生态的恶化。这要求领导者"有所为，有所不为"，要对自身所处生态的本质有深刻的认识。

（2）控制与放开。如何定义自身业务的边界？优化生态系统需要在控制和放手之间做出权衡：哪些事情要自己做，哪些事情让生态圈的伙伴来做？控制与放手将如何影响参与者的嵌入性？如果能够调动生态伙伴的积极性，形成利益共同体，往往能创造更大的价值。

（3）分享与获取。如何"聪明"地给予？获取价值不等于榨取价值，长期来看，一味地索取有损于生态系统的整体健康，一味地给予也是无法长久的。生态系统的领导者要在个体与整体、当前与未来之间找到平衡，从而构建共享、互惠、可持续的价值路径。

2. 机制和规则设计

平台企业连接多边市场主体，通过一系列系统化的机制激发网络效应，促进生态系统的成长，凝聚多边成员的互动，再通过用户过滤机制维持整个生态系统的质量。平台生态系统中各层面的机制与规则是平台实现可持续性盈利的根本保障，平台企业有两大盈利法则（陈威如、余卓轩；2013）：第一，由于平台基础来自多边群体的互补需求所激发出来的网络效应，因此必须找到双方核心需求间的互补关键点才能有效盈利；第二，平台企业应当是多边群体的连接者、价值的整合者以及生态系统的主导者，它通过搜集多方市场的数据并进行挖掘分析，为多边市场主体创造出多元的价值。

3. 平台生态系统战略守则

实施平台生态系统战略的精髓包含以下战略守则（陈威如、余卓轩，2013）：必须从只服务"单边顾客"的传统思维转化为服务"多边群体"的现代思维，并以此激发网络效应；生态系统大幅成长的关键是跨越网络效应的"真空地带"，促成正向循环从而吸引潜在用户；当面对竞争时，企业需要灵活运用跨边网络效应、同边网络效应、转换成本等竞争要素；平台模式也带来了种种威胁，所有企业都要留意能否利用新型平台来取代现有盈利模式。

8.2.2 平台生态战略

在乌卡时代，企业更需要用生物进化的方式来应对这个"大灭绝"与"大爆发"交替呈现的时代，生态战略由此诞生并受到学界和业界的普遍关注。竞争战略专注于行业边界内的竞争对手，而生态战略则将重点扩展到在价值创造方面发挥作用的各个物种，尽管这些物种可能与企业或其所处行业没有直接联系。

1. 生态战略的类型

生态战略理论是一种将生态学观点应用于企业战略的新兴理论。生态战略让企业深刻地认识到企业是整个商业生态系统的有机组成部分，它强调共赢——各类物种形成共生、互生、再生的利益共同体。共生和互生描述的是商业生态系统内成员之间的关系——既能通过各成员的不断投入共同创造价值，又能通过价值分享保持生态系统的健康发展；再生能够推动生态系统的不断进化，适应不断变化的环境需求。生态战略强调的是一种企业与生态系统中的合作企业进行用户共享、共同创造价值的战略思维，彰显着共赢的理念。

生态战略与多元化战略在内涵上的最大差异在于生态战略强调生态中的各业务之间不是相互争夺资源，而是每个业务都能对另外的业务进行赋能，做到各业务之间相互助力并协同发展，而且能通过业务之间的跨界融合创造新的价值和用户体验。多元化战略强调各业务之间的资源和能力共享或传递核心竞争力，本质是通过范围经济来降低公司成本；生态战略中的各业务浑然一体，使其在自身利益最大化和促进生态繁荣之间达到平衡，通过赋能来提升决策速度、提高决策质量，寻求共生，实现共赢，进而产生新的价值。

生态战略成为乌卡时代广受欢迎的战略思维。企业需要充分挖掘自身和环境的生态特征来应对不确定性，不仅要从自身个体出发，更要从系统整体出发，充分考虑和挖掘企业与企业的相互关系，在综合考虑生态位（ecological niche）和生态势（ecological potential）的基础上进行战略选择。生态位的宽窄反映了生态系统中被企业占有资源的多样性程度（包括资金、设备等有形资源和大数据、云计算等无形资源），直接影响了企业是否可以洞察和应对瞬息万变的外部环境；生态势的高低则反映了企业应对生态系统变化的能动性，生态势越高，企业对于外部环境变化的适应性就越高，有时甚至可以主导环境变化的趋势和方向。

按照企业生态位的宽窄和生态势的高低，可以将生态战略分为闭环战略、押宝战略、社群战略、联盟战略四类（见图 8-1）。[○]

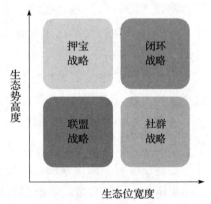

图 8-1　四类生态战略

（1）闭环战略。图 8-1 右上角是"闭环战略"，处于该象限的企业的生态位较宽，生态势较高，占据着生态系统中的统治地位。企业凭借着资源优势、技术壁垒，可以持续地协同创造新的价值，包括带来新模式、新业态、新技术、新组织等的诞生。随着企业优势积累，新的价值会不断地被创造，使得强者愈强，产生马太效应。

以阿里巴巴为例，通过内增、并购等形式形成多样的业务生态，各项业务都可以作为流量导入的接口。通过业务之间的协同发展，阿里巴巴的闭环生态系统逐渐增大，所包含的业务也越来越多。目前，阿里巴巴雄踞中国互联网 B2B、B2C、C2C 等多个重要领域，并形成集数据软件业、社交网络业、物流业、金融业、文化业于一体的商业生态系统，消费者在阿里生态系统中能够获得一站式服务，几乎能够满足所有需求。

（2）押宝战略。图 8-1 左上角是"押宝战略"，处于该象限的企业的生态势较高，但是生态位较窄，使得它们无法像巨头一样有能力去构建一个全生态，企业唯有通过"押宝"选择其中一个赛道来创造弯道超车的机会。押宝战略具有一定的赌博性质，强调在战略不明确的情况

○ 于晓宇，王洋凯，李雅洁. VUCA 时代下的企业生态战略［J］. 清华管理评论，2018（12）：68-74.

下孤注一掷地投入其所拥有的资源，才有可能进入市场比别人早，做得比别人好，让别人难以赶超。

2003年非典疫情暴发，航空公司的生意非常萧条，顺丰借机与扬子江快运签下5架包机合同，并与多家航空公司签订协议，成为第一个将快递业带上天空的民营企业。2009年，顺丰成为中国第一个拥有航空公司的民营快递企业。顺丰在交通资源上的调度能力极大地缩短了货运的周转周期，提高了客户体验，奠定了其快递之王的地位。顺丰创始人王卫正是凭借着前瞻性眼光，"押宝"于快递业的高端市场及航空运输，使得今日达、隔日达铸就了顺丰强大的生态优势。

（3）社群战略。图8-1右下角是"社群战略"，处于该象限的企业的生态位较宽，生态势较低（于晓宇 等，2018）。采取社群战略的企业强调关注、服务于某一类群体，搭建平台让一类群体来满足另一类群体。社群战略存在两种形式：一种是受地域限制的社群战略，它强调深耕社区，例如饿了么不断拓展CBD（central business district，中心商务区）商圈的白领市场，增加更多社区化的服务，解决"最后一公里"的物流问题，从而构建起了整个本地商家生态；另一种是不受地域限制的社群战略，它更多地存在于互联网企业，精准满足客户需求、创造客户价值。小红书瞄准的是一群热衷于分享的年轻人，尤其是年轻女性，它所构建的是一个生活方式分享社区。罗辑思维满足的是一群利用碎片化时间、愿意为知识付费的青年人，并给予青年人一个知识创造、知识共享的平台。豆瓣、知乎、得到等社交或社区化平台都蕴含着社群的战略思维，它们都服务于基于相同兴趣、属性、需求等而聚集起来的一群人。社群战略的要义在于企业根植于社群，服务于社群，最终让社群服务社群，实现企业成长。

（4）联盟战略。图8-1左下角是"联盟战略"，处于该象限的企业的生态势较低，生态位较窄。管理者习惯于在自己的"深井"中进行决策，导致企业存在严重的组织惯性，难以单独长久地应对不确定性。企业通过模糊组织边界，积极与生态系统中的其他企业形成联盟协作关系，共同提供产品或服务来减少组织惯性及转型升级的成本，这不仅能抵抗巨头的降维打击，甚至还能在应对不确定性的过程中受益。例如，令全世界瞩目的嵊州领带产业就是由一群学会利用集体的力量与智慧、逐渐在丛林中生存并长大的企业所组成的。

联盟战略背后的核心逻辑是改变组织边界的形态，来应对环境的不确定性。组织规模越大，组织边界越清晰，"深井"就越难破除，一旦遭遇环境巨大变化，就更可能体现出极强的脆弱性。联盟战略就是许多中小企业通过"超分工整合"形成集群，它们共享愿景、技术、渠道等，将各自命运捆绑，一旦遭遇环境巨大变化，集群随即化整为零，像鱼群一样发挥中小企业极强的适应性和反脆弱性，并在危机过后重新集结，完成群体的能力与智慧跃迁。

2. 生态战略的决策

外部环境千变万化，企业的特征并不是一成不变的，所采取的战略也会发生改变。企业根据资源属性（生态位）和对外部环境的适应性（生态势）来进行生态战略决策（见图8-2）。

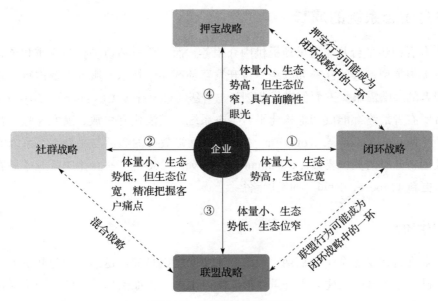

图 8-2　生态战略决策依据

注：实线表示战略选择，虚线表示战略联系。

采取闭环战略（路径①）的企业一般具有庞大的体量，拥有充足的资源构建生态优势，通过提供多元的服务来满足不同群体的需求。BATJ 等都在构建属于自己的闭环生态圈。BATJ 凭借自身优势，通过投资、并购其他企业来不断扩大自己的战略版图。这些企业已经不把行业边界看作企业发展的限制条件，而是通过构建闭环生态圈来维持优势并持续创造价值。

当企业并不具有庞大的体量，或没有足够的、多样的资源和能力来与 BATJ 等巨头抗衡时，企业可通过以下三类基本生态战略来获取生存和发展。

社群战略（路径②）给体量小、生态势低的企业提供了出路。闭环战略强调满足不同群体的需求，社群战略则专注于某类群体，提供专属服务。企业通过与目标客户近距离地交互，根据客户需求反馈提供具有身份特点的极致服务。名创优品、罗辑思维、36 氪都是运用社群战略的典范。

社群战略的实施重点在于精准地打击客户痛点，服务于社群。但对存在资源约束的中小企业而言，发现并把握客户痛点并非易事。联盟战略（路径③）强调企业之间共创愿景和共享资源，通过联盟合作形成灵活有机的命运共同体，这往往会产生协同效应或集群效应。例如，U-FLY 联盟主要服务于那些价格敏感度高、常乘坐短途航班的群体，有助于各航空公司间资源共享，有效提升客座率，降低航运成本。

当企业的生态势较高但生态位较窄时，企业没有能力进行全方位发展，此时可采取押宝战略（路径④），选择一个别致的赛道为实现弯道超车创造机会。因为押宝战略存在较高的风险，所以一开始往往不被看好或理解，企业若想采取押宝战略，必须具有强大的定力和高超的说服力，让投资人、合伙人相信"押宝"的选择是正确的。若干年前，顺丰、科大讯飞都选择了一个别人并不看好的赛道并孤注一掷，如今它们都在商业生态中处于领先位置。当然，押宝战略并不是弱势企业的专属。BATJ 也可以进行押宝，只是我们将它们所采取的押宝行为看作是闭环战略中的一环，这也是它们扩大闭环生态圈的重要方式。

8.3 平台生态系统的成长

平台所有者构建平台并非简单地提供中介服务,而是要打造以平台为介质和核心的平台生态系统,系统中类型各异的互补商围绕平台开发互补产品、技术、服务以及进行互补创新,共同满足消费者的终端需求,进而促进行业创新与升级(Gawer & Cusumano, 2014)。然而,并非所有平台所有者最终都能成功地构建平台生态系统,其演化有失败、赢家通吃以及竞争者共存三种路径(Ruutu, Casey & Kotovirta, 2017)。网络效应的激活与平台生态系统的治理是推动其演化及创新升级的关键要素(Cusumano & Gawer, 2003)。平台生态系统遵循着初生、扩张、领导、更新(Moore, 1996)的发展路径。⊖

8.3.1 初生阶段

平台企业在构建生态系统的初期,面临的主要问题就是如何迅速地构建起整个生态系统赖以存在的基础。这个基础的建立十分重要但又十分困难,正如治理沙漠的关键是要找到胡杨树这个"生态工程师"⊜一样,要为平台生态系统奠定基础,就必须找到一项具有"生态工程师"性质的平台业务,并对其进行重点培养。

在平台生态系统中,一个合格的"生态工程师"具有两个特征。一是它具有较强的外部性,可在一定补贴下迅速成长,并能自我成长。若某项业务具有较强的网络外部性,则当其用户突破一定临界值时,可凭借用户数量本身来吸引更多的用户,从而实现业务规模的迅速成长。如果该业务在补贴情形下能迅速成长,而一旦补贴停了就趋于停滞和崩溃,这样的业务显然不具备担负起塑造环境、支撑其他业务的能力。二是它可以支撑其他业务的生长,能为其他业务提供支撑。若一项业务不能为其他业务开辟道路,它至多只是一项成功的单独业务,而不可能成为一个商业生态系统的核心;相反,若一项业务能为其他业务提供有力的支撑,即使它本身并不能带来直接收益,也可能是一项不错的基础业务。例如,微信推出时是一款即时通信软件,该产品本身就先天具有明显的网络外部性,只要用户数达到一定规模就会实现自我生长。与此同时,在微信上还很容易加入各类小程序,它对其他业务的带动作用很强。像共享单车这种业务,就不适合做"生态工程师",它不过是租赁业务的在线化,其本身并没有足够的网络外部性,即使规模很大也不会实现自我成长和成本的迅速下降,而且共享单车也很难支撑其他业务的生长。共享单车类的产品不宜用来作为平台生态系统的基础。

在确定基础业务后,最初的生态系统也就形成了。核心是从事基础业务的平台,边缘则是与这个业务相关的利益相关者。要想促进生态系统的迅速成长,处理好利益相关者之间的权益和利益分配非常关键。为了促进平台的快速成长,平台企业会对其用户进行补贴,企业需要考虑对哪一边市场进行补贴效果最好,并以此作为突破口。该过程应当综合考虑市场本身的价格弹性,以及该侧市场对其他各侧市场的交叉网络外部性特征来进行决策。

⊖ 陈永伟. 平台生态系统战略:如何发展和领导生态系统[J]. 清华管理评论,2019(12):86-92.
⊜ 在生态学中,那种能够创造、改变或维持其他生物生存的生物有一个形象的名字,叫作"生态工程师"(ecosystem engineer)。在改造环境的实践中,只有"生态工程师"先培育好了,整个生态系统才能在它的基础上成长起来。

8.3.2 扩张阶段

在基础业务得到一定巩固后,平台生态系统就进入了扩张阶段。生态系统将由单业务向多业务扩展,生态系统中的利益相关者也将趋于复杂。这时,平台企业需要考虑两个问题:究竟要选择进入哪些新的业务?对于新增的业务如何进行控制?

1. 新业务的选择

对新业务的选择,平台企业必须思考三点:一是要看业务本身是否和已有的业务具有较强的互补性;二是要看自己是否有足够的战略能力以支撑相应的业务扩展;三是要选择好开展新业务的节奏。新业务的扩展既消耗资源,也是极具风险的。如果处理不好,则不仅不会对原业务有所助益,反而会得不偿失。在现实中,扩展新业务的成功和失败案例都很多。

阿里生态系统的基础和起点是电商业务。电商的信用管理一直是一个难以解决的问题。这一问题的存在使得买方不敢轻易付款、卖方不敢轻易发货,从而导致整个交易难以达成。针对这一问题,阿里巴巴2004年就推出了支付宝,通过将交易款项先放在平台,达成交易后再将款项支付给商户,创造性地解决了信用管理问题。一方面,这项业务和阿里巴巴原本的业务存在很强的互补性,因为信用管理问题的解决可以更好地促进电商业务的发展,而电商业务的发展本身则可以产生对支付业务的大量需求,这就形成了一个非常好的正向循环;另一方面,依托阿里巴巴当时的战略能力,也可以很好地切入支付领域。阿里巴巴电商平台上的大量客户天然地就成为支付宝的种子用户,从而帮助支付宝平台迅速突破了临界点,而这又为阿里巴巴后来开展的各种业务奠定了基础。

在失败的案例中,最为典型的当数乐视。乐视发展初期确实是一家富有生机的企业。乐视最早是做视频起家的,在当时巨头林立的视频市场上"杀出了一条血路"。当时,视频市场的版权意识不强,而乐视则率先打出了正版视频的旗号。这不仅让它在视频市场中崭露头角,更是在版权价格较低时购入了一大批正版影片。随着市场上版权意识的觉醒,版权价格飙涨,乐视购入的这批影片客观上就成了它阻击对手的一大优势。但是,从资金实力上看,乐视显然不能和有着互联网巨头支持的爱奇艺、优酷、腾讯视频等视频网站相比,从长远来看是难以在抢购版权上和这些对手抗衡的。在这种背景下,为了保证播放内容上的优势,乐视率先进入了体育和影视业,从源头上抢占体育直播和影片制作行业。或许正是因为这个原因,乐视提出了打造"平台+内容+终端+应用"的构想,迅速将业务范围拓展到了电视、手机,甚至汽车行业,整合生态资源。虽然电视、手机和汽车作为播放终端,与乐视本身的视频行业有一定的互补性,但互补性并不强,而且这些陌生的行业进入成本都很高,在位者的势力也很强。因此,乐视的生态构建策略事实上就变成了四面出击、四面树敌。加之乐视在战略的推进过程中急于求成,最后资金链断裂,整个所谓的生态体系就四分五裂了。

2. 新业务的控制

在进入扩张阶段之后,平台中的业务就走向了多元化。这时候,作为生态构建者的平台企业需要决断:应当将哪些业务掌握在自己手中?哪些业务交给自己的合作伙伴?

在决定业务取舍时,需要综合考虑它们的盈利性、运营成本,以及对整个生态所起的作用。对平台的构建者来说,应该首先考虑业务对生态系统整体的作用,将那些对掌握生态系统来说至关重要的业务牢牢掌握在自己手中,其他业务则据其营收和成本状况进行选择。

以腾讯生态系统为例,该系统居于中心地位的是以微信和 QQ 为代表的即时通信业务。这两大即时通信软件不仅吸引了大批的用户和流量,还为其他业务的拓展奠定了基础,因此对这一业务,腾讯是一直牢牢掌控的。对于任何针对这一业务展开的竞争,腾讯都予以了坚决的回击。对于其他业务,腾讯则采取了灵活的策略。腾讯曾花了大力气发展电商业务,但发展得不顺利。如果强行发展这块业务,不仅投入巨大,也很难撼动对手阿里巴巴的地位,甚至还可能构成和自己的盟友京东的直接竞争。于是,腾讯就将整个电商业务都让给了京东,自己则对京东进行财务投资,并在流量上对京东提供支持,使得整个腾讯生态在电商领域有了与阿里生态一决高下的能力。

8.3.3 领导阶段

在经历扩张阶段后,平台生态系统的规模将达到一定程度,系统的业务结构趋于稳定。对生态构建者来说,最重要的是要领导整个系统,保持自身对整个生态系统的控制力。

生态构建者需要对整个系统的构建方式予以明确。在扩张阶段,成长是整个系统的第一要旨,因此经常出现"野蛮生长"的情况。居于中心地位的平台企业与其合作伙伴之间、核心业务与其他业务之间的关系通常是模糊的。到了领导阶段,必须重新梳理这些问题。系统的架构设计主要考虑两大问题:一是能够确保平台构建者对于整个平台的控制;二是要充分调动整个生态中利益相关者的积极性。基于这两个考虑,建立模块化架构是比较合理的选择。生态构建者只需安排好各自模块需要遵守的固定标准,而将各模块内部的规则设计权利交给模块内部。在划分模块时,应当注意保持各模块的功能独立性。生态构建者既可以通过对固定标准的掌控,实现对整个生态系统的领导,又能给各模块留下自由发展的空间,使它们可以自如地应对各种新形势的挑战。从对风险的掌控看,模块化架构对于生态系统的发展也是十分有利的。即使某一模块的业务不再适应环境,或在竞争中被淘汰,也不会对整个系统造成过大的冲击。

生态构建者需要对生态系统中的关键业务有效控制。控制关键业务的方法很多,既可以通过一体化方式进行直接控制,也可以通过财务投资、合同等方式进行间接控制,还可以通过掌握生态系统中的某些重要基础设施进行业务控制。在现实中,生态构建者选择的业务控制方法迥然不同。例如,阿里巴巴更习惯于直接并购重要业务,使它们成为公司的一部分;腾讯更习惯于通过财务投资、合作等方式来实现。应该说,这两种方式各有利弊:直接控制可以更好地保证生态构架对于业务的控制,并在这些业务遭受竞争时,调动整个生态的力量来对其进行支持;间接控制虽然不能达到以上两种效果,但却可以让这些业务有更好的自主性,可以更好地根据竞争环境的变化来随机应变。至于具体应该采用哪种方法进行控制,则要根据生态构建者本身的特征和能力来进行选择。

8.3.4 更新阶段

平台生态系统需要随着技术、制度、宏观条件等外界因素的变化而变化。不同的环境变化，对于生态的影响是不同的。如果外部冲击只影响到生态系统的某个非核心业务，则整个生态无须对其进行调整。尤其是对采用了模块化架构的生态系统来说，更是只需要对其中的某个模块进行更新或替换即可。但如果冲击对整个生态系统的核心业务造成了影响，则平台构建者必须及时对此予以积极回应，否则就可能在竞争中被淘汰。

每一套既定的平台生态系统都是在长期的探索和磨合中形成的，它本身就是一种均衡状态。要对这样的均衡状态进行改变，生态构建者需要为之承担不小的转型成本。在这个过程中需要考虑的最重要的问题就是如何在新旧系统之间寻求平衡，尽可能减少转型的阵痛和成本。应根据现实条件选择新的核心业务，并以此作为新生态系统的基础。新业务除了要具有能较快成长以及对生态系统起到支撑作用这两个重要特点，还应可以最大可能地利用旧有系统的资源。这样一来，在整个转型过程中，生态构建者就可以充分利用旧有的系统来为新系统输血，从而使转型可以更好、更快、更稳地完成。

目前，整个互联网世界正在从消费互联网转向产业互联网。随着流量红利的见顶，各互联网巨头纷纷将战略重心从 C 端转向了 B 端，开始对其核心业务进行调整。由于各大巨头在消费互联网时代积累的资源是不同的，因此对新的核心业务选择也体现出明显的差异性。阿里巴巴在经营传统电商业务的过程中，积累了大量的硬件、数据、算法，使得它在提供智能化服务方面具有更多的比较优势。因此，阿里巴巴推出了大量诸如"智慧大脑"的 B 端服务，并用它们来赋能商业伙伴，重新构筑商业生态。腾讯在消费互联网时代的核心业务是即时通信，在连接上具有比较优势。因此，腾讯主要把自己定位为连接者和小助手，其对新生态的构造也主要是通过在微信上加入为商户服务的小程序以及其他功能来实现的。

8.4 平台领导与生态权力

平台生态系统参与者通过平台彼此联结，形成复杂的生态网络（Borgatti et al., 2009；Kane et al., 2014）。网络的结构特征直接影响到网络中各节点的价值创造和绩效表现（Kim et al., 2014；曹兴 等，2017）。网络中心性是进行社会网络分析、刻画节点位置以及衡量网络结构的重要指标（Owen-Smith et al., 2004）。所处位置的中心度越高，参与者占有资源就越多，与其他节点接触时的议价能力也就越高（Echols et al., 2005）。为了捕获更多价值，参与者往往倾向于占据中心度更高的节点。与一般社会网络不同，生态网络是由多边合作伙伴的同盟结构定义的，这些合作伙伴相互作用以便实现共同的价值主张（Adner, 2017）。起到枢纽作用的平台兼具中介和凝聚力作用，"内部凝聚力"（intercohesion）可以更好地刻画平台生态网络这一特征。较高的中心性有利于控制生态系统的稳定性和发展方向，创始人的战略领导在促进企业在生态系统中处于卓越地位起到关键性作用（Jacobides et al., 2006）。

平台企业需要占据生态系统的关键位置（刘刚、熊立峰，2013）并获得生态系统的领导权（刘林青 等，2015），以引导供应商、客户和来自不同行业的互补者等重点参与者实现交互（Adner & Kapoor, 2010；韩炜 等，2021）。在企业相互联结形成平台生态系统的过程中，越是接近网络的核心，越可能成为平台领导者，越有机会创造出最佳绩效。所以，在平台生态系统的形成过程中，通常会伴随着平台领导权的争夺战。

8.4.1 平台领导权

平台企业通常也称平台领导（platform leadership），它的功能是围绕生态群落创新驱动（Cusumano & Gawer，2001）。要想赢得平台领导权，就要提出系统性价值主张、去物质化、不断扩网和不断聚核，赢得平台领导权的"方向盘"模型如图 8-3 所示。⊖

1. 系统性价值主张：构建互联界面，在融合中协同演化

在平台生态系统的形成过程中，传统的产业边界变得越来越模糊，企业通过不断的跨界行为逐渐构建起价值网络。价值主张是区别于其他网络成员的主要标志。平台领导者须提供对整个生态系统成员均具价值的技术方案和创新模式，协调生态系统内外组织活动以使生态系统的效率最大化，帮助其他成员融入协同演化以滋养生态系统的成长，支撑和引领生态系统的发展。平台领导者的价值主张是系统性价值主张，不仅促进有利益相关性的诸多群体彼此联结、互动和交流，更形成对平台企业的共同依赖，解决的是基础性的系统问题。

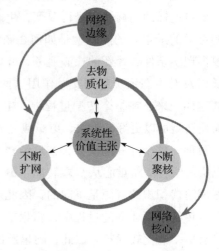

图 8-3　赢得平台领导权的"方向盘"模型

iPod 作为将苹果带出低谷走向成功的重要产品，它的成功既非依赖 iPod 硬件，也非依赖 iTunes 软件，而是在于它提供了一个非常有吸引力的系统性价值主张：为用户提供一种崭新的在线音乐解决方案。用户可以通过 iPod 和 iTunes 随时随地轻松找到想要的音乐，并以便宜的价格、便捷的付费方式购买和下载，这一切的无缝整合产生了巨大的跨界协同效应。iPod 和 iTunes 不仅成为苹果提供服务的重要载体，更成为基础平台将用户、苹果和第三方连接起来，构建起了价值网络。苹果提供"硬件+软件平台"的集成，而软件上的内容和硬件设备的附件产品则由服务于生态系统的第三方提供。iTunes 集成了百代唱片（EMI）、索尼等主要版权音乐发行方，同时因为支持用户购买单曲，极大地降低了购买版权音乐的门槛，将付费数字音乐推向主流。iPod 和 iTunes 的集成使用户音乐资源与播放器之间的传输实现了即插即用，优化了数字音乐播放器的用户体验；而内容提供商和附件产品的厂商借助 iTunes、iPod 的用户吸引力分享到了这块由苹果做大的"蛋糕"。

"iPod+iTunes"模式的成功，使苹果萌生了从电子产品生产商向数字生活解决方案提供商转变的意愿。2007 年 1 月，苹果电脑公司更名为苹果公司，融合消费电子产品成为苹果新战略中的重点。苹果如是描述它的新战略："公司聚焦于为顾客（包括个人消费者、中小企业与大型企业、教育机构、政府和创意顾客）提供创新产品和解决方案，从而很好地提高顾客不断演进的数字生活方式和工作环境。"

⊖ 刘林青，雷昊，谭畅. 平台领导权争夺：扩网、聚核与协同［J］. 清华管理评论，2015（3）：22-30.

2. 去物质化：重构商业关系，在"密集"中共同创造

系统性价值主张的提出，依赖于最大化密集以重构商业。密集是指移动到特定位置而进行的资源的最佳组合，以此创造出最佳价值的结果，用于衡量特定的"时间/空间/人物"单元而进行资源可移动的程度。提出系统性价值主张的内在机制如图8-4所示。在一个特定的时间和地点，当行为者提供和整合所有的资源来共同创造最有可能的价值时，就是最大化密集。目前，谷歌的互联网搜索模型是最接近最大化密集的商业模式：一个人在地球上的任何地点，只要拥有一台能接入互联网的电脑，就有可能得到任何问题的答案。

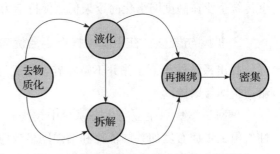

图8-4 提出系统性价值主张的内在机制

那么，如何带来新的密集？可以通过两个关键的去物质化机制来实现，即液化和拆解。液化是指通过将信息从物理世界中分离出来，以使其容易被移动而实现去物质化。例如，信息技术使信息可以通过不同的方式被移动或再解释。有时液化非常复杂，例如大量的知识是隐性的，特别是那些有关系统的知识，它们往往难以编码，存在于个体的无意识或潜意识中，为了使其液化出来，可能需要个体间的密切接触和体验。拆解是指使过去被良好定义的、由行动者在特定时间和地点整合起来的活动与资产分离开来，这种拆解往往可以从时间、空间和行动者等维度进行。

平台领导者通过去物质化的系列机制改变、塑造着价值网络中价值创造和分配的结构与特征。如同产品的模块化和标准化进一步推进产品的组合化和复杂化，去物质化的液化和拆解机制促进了再捆绑，有利于新的密集的创造。液化的信息资源越多，密集创造的能力就越强；因为液化水平的提高，使再捆绑资源变得更容易，成本也更低，进而导致更高水平的密集。新的密集会促使价值网络中资源的形式、有效的时间、有效的地点和这些资源的拥有与使用等发生变化，从而改变了价值网络本身。

例如，对供应链管理的典范利丰公司来说，"用更高的效率、更好的效益运营好这个网络"是利丰公司系统性价值主张的核心。为此，利丰通过办事处与所在地供应商或客户进行深度沟通，将有价值的信息进行液化。而且利丰聘请的多是当地员工，更有利于充分了解每家供应商的技术专长和生产能力，减少了沟通障碍，促进了信息的液化。

在利丰开始向供应链上下游延伸时，大量制造方面的信息和知识从产品制造过程中液化出来。液化是可以促进拆解的，利丰提出的分散生产（无边界生产）就是非常典型的例子。利丰将整个生产过程分解，并为每个步骤寻求最佳的解决方案。该模式并不寻求哪个国家可以生产最好的产品，而是对价值链（生产过程）进行分解，然后对每一个步骤进行优化，并在全球范围内进行生产。

在分散生产模式下，利丰在我国香港地区从事诸如设计和质量控制等高附加值的业务，而把附加值较低的业务分配到其他地方，使产品实现真正全球化。利丰集团主席冯国经指出："这样做的好处是不但抵消了物流和运输的成本，而且使我们能够凭借提供增值服务而收取更高的费用，公司能生产出更加复杂的产品并更快捷地进行交付。"

利丰模式的核心在于在全球范围内的多个地点、多个经营实体、多个产业环节以及不同的产业环境中实现高度协同，从而产生协同效应。这种协同效应是利丰的核心竞争优势，也是这个传统企业在高度网络化的今天仍然保持活力的关键所在。

3. 扩网与聚核：在平衡中打造平台优势

提出系统性价值主张并不意味着就能成为网络核心，要成为网络核心，还需要有积极的战略：扩网与聚核。

扩网是指焦点企业与生态系统中越来越多的成员建立联系、增强网络效应的过程。系统性价值主张拥有增加共同依赖和增强网络效应的特点，而扩网是使两个特点发挥作用的关键行动。平台竞争优势持续增强的关键来源是网络效应，而网络效应发挥作用的关键是足够大的网络基数，依赖的增加使网络基数持续增长，从而进一步增强网络效应。

聚核是不断提升焦点企业价值密集度的过程。系统性价值主张之所以能成为核，是因为其解决的问题可以影响整个系统。但是，在价值网络中，核的地位往往是相对的、不稳定的。因此，需要持续对核进行创新，以保持其作为价值创新网络基础的地位。

在平台生态系统中，平台领导企业的边界并不是由其物理边界界定的，只要它对自身发起的活动有影响力，它就能控制参与这些活动的其他企业。虽然扩网可以扩张平台企业的权力边界，但边界不会一直扩张。因为在扩网增强网络效应的同时，核的离心力也在增加。为此，平台领导企业要想进一步扩大自己的网络范围，就需要具有管理这种网络关系的双元能力：在实施扩网的同时，积极提升自己的价值密集度，即聚核。

不断聚核和不断扩网的相互配合，使系统在不断扩大的同时也伴随着系统内部的不断巩固，从而真正创建平台并赢得平台领导权。扩网与聚核是否成功，仍主要以协同效应为判断标准。扩网如果不产生协同效应，就不会产生价值，也不会增强平台领导权。例如固定电话网，现在扩网就几乎没有意义。同样，聚核也要以产生协同效应为目的，否则聚核的结果就是扼杀网络平台的活力。例如家具市场、中关村电子市场等传统大卖场，过去一度有聚核的协同效应，现在大卖场日趋衰落，因为这些市场的协同效应减弱了。

"iPod+iTunes"模式在音乐领域成功后，苹果于2007年进军移动通信产业，再次成就了一款明星级便携数码产品iPhone，专门针对iPhone用户的手机应用软件下载商店App Store随之诞生。App Store不再是由苹果完全控制的全封闭式平台，而是采用典型的C2C模式。任何对手机软件开发有兴趣的个人和公司都可以将自己的产品发布到平台上供用户下载，App Store只为软件开发商提供技术、营销支持，而不会对其进行门槛限制，也不参与价格制定。对用户来说，通过iPhone内嵌的下载平台"App Store+iTunes Store"，不仅可以充分享受音乐、影视娱乐和软件服务，而且延续了iTunes时代的方便与价廉物美的体验。

2010年1月苹果进军出版业，推出了"iPad+iBooks Store"，最终目的在于改变公众的阅读方式，培养全新的用户体验和消费习惯，使数字出版和阅读成为未来主流。2010年6月，苹果推出新一代手机iPhone 4，配置了iMovie、iBooks和iAd等新软件平台，试图将数字生活继续深入到视频、游戏、在线出版和在线广告等领域。

纵观苹果多年来的"i系列"产品发展，苹果始终坚持提供出众的、卓越整合的数字生活解决方案这一基本定位，苹果构建的数字生活价值网络如图 8-5 所示。数字生活的核心是使个人能通过终端设备便利地获取和管理联网的个性化资源。为此，苹果首先控制着数码中枢终端设备的设计和开发，包括 iMac、iPod、iPhone、iPad、Apple TV 等，每一次终端创新和升级都使苹果的数码业务得以拓展；其次，为配合不断的技术升级和业务拓展，苹果不断设计和开发出应用功能集成度很高的软件平台，包括 macOS、iTunes、iBooks Store、App Store、iAd、iMovie 等，这些平台同时还拥有数字商店的功能。无论终端设备还是软件平台，苹果都坚持利用其独特的能力达到卓越的、容易使用的、无缝整合的、工业设计创新的效果，给予用户与众不同的体验。不仅如此，为了强化用户体验和充分发挥其在价值创造中的作用，苹果还不断拓展和提升其自营零售店，以保持与用户的亲密接触。

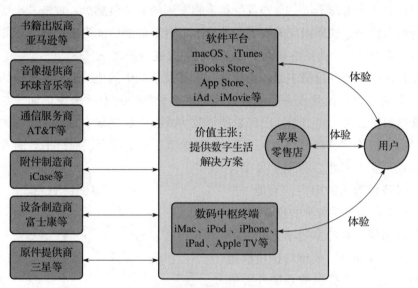

图 8-5　苹果构建的数字生活价值网络

苹果在坚持整合数字生活解决方案提供商定位的同时，还积极构建硬件和软件平台，将第三方机构联结起来共同构建价值网络，包括提供存储硬件的三星、提供电子产品代工的富士康、提供附件（如 iCase）的生产商、应用软件开发群体、书籍出版商、通信服务商、广告提供商等。随着顾客和第三方机构的不断加入，苹果构建的数字生活价值网络的网络效应将会越发凸显。

8.4.2　从边缘到核心

在争夺平台领导权的道路上，一些被寄予厚望的强势企业往往与平台领导权失之交臂，反而是那些名不见经传、处于业务边缘的企业逐渐成为网络的核心。例如，阿里巴巴是从提供免费网页这样的边缘业务逐渐成为互联网生态系统领导者的；腾讯是从小小的即时通信服务软件 QQ 开始构建其帝国的；苹果是从电脑周边产品 iPod 音乐播放器转型成为数字生活生态系统领导者的。

同样秉承系统性价值主张，为何众多企业却与平台领导权失之交臂呢？从权力平衡的视角来看，企业间的互联在增加相互依赖的同时，也伴随着相互竞争的加剧，因为任何一方都有自治的倾向。换言之，自治和抵制是任何一方都会同时考虑的行动。接受焦点企业（有望成为平台领导的企业）所提出的系统性价值主张，有利于合作伙伴实现其目标，但同时也增加了对焦点企业的依赖。当焦点企业处于业务边缘时，合作伙伴处于权力优势的位置，自然愿意维持与焦点企业的关系，同时抵制焦点企业那些损害当前关系的行为，如限制合并等。接受焦点企业的价值主张虽然会相对地降低合作伙伴的权力优势，但如果幅度不大，抵制的强度就会弱很多。与之相反，当焦点企业一开始处于权力优势的位置时，合作伙伴自治的倾向会非常强烈，抵制自然就容易发生。在网络层面，焦点企业的价值主张会带来系统其他成员对其依赖的非线性增加。但是，当焦点企业处于业务边缘时，共同依赖和网络效应并不明显，合作伙伴对权力变化的认知要比实际小得多。

通过观察苹果、利丰、阿里巴巴、腾讯的成长史，不难发现这些公司的扩网和聚核都是渐进式的，原因在于：攻击越不可见，则竞争对手感知到的竞争就越少；攻击其次要市场，则竞争对手回应的动力就小；如果回应需要更多的成本，对手的回应能力就更弱。因此，初期成功隐蔽自己的动机成为焦点企业最终赢得平台领导权的关键因素之一。

焦点企业初期的系统性价值主张较为简单，不易使系统中的成员感知到竞争的存在，从而减少了自身所受的抵制。而焦点企业渐进式地扩网和聚核，对对手来说正如"温水煮青蛙"，当对手准备抵制和反抗时，焦点企业已经发展得较为成熟，成功地实现了对权力的掌控。利丰从一开始就提出了提供"整体的商业关系"，并未立即着手于整个供应链平台的管理，而是先发展专业化和地区买办角色，吸引了很多合作伙伴，因而未曾遇到大的阻力，于是一步步巩固了自己在平台生态系统中的位置。

焦点企业从边缘到核心赢得平台领导权的动态过程，即"方向盘"模型的作用机制如图8-6所示：焦点企业提出的系统性价值主张会带来伙伴对其依赖的非线性增长；为此，焦点企业必须主动扩大网络，促使共同依赖和网络效应的作用机制充分发挥作用；网络扩大使得焦点企业将新的信息资源去物质化；去物质化可带来系统中的价值向焦点企业集聚，丰富其价值主张，整个过程以此往复循环。

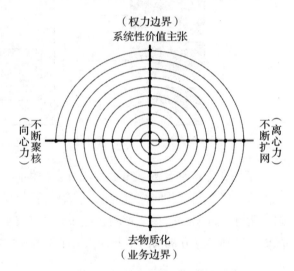

图8-6 "方向盘"模型的作用机制

8.4.3 延迟选择权

延迟选择权是指在市场环境不明朗的情况下，不急于进入特定市场或投入大量资源，而是选择在最有利的条件下进入市场，依托后发优势快速成长的战略决策权力。一方面，平台领导者在进入特定市场之前，对政策和法律环境、市场前景、对手反应、用户接纳程度、需求同质程度等因素无法在短期内形成清晰认知；另一方面，平台领导者并不直接向终端用户提供产品或服务，平台搭建后能否成功吸引高质量企业加入平台并提供门类齐全的产品或服务也相对不确定。因此，平台领导者进入具体市场领域的战略行为能带来多少价值并不明确，实施战略的成功概率也不确定。相对而言，延迟进入或投资不仅有助于平台领导者更清楚地认识市场环境，还能让它利用先进入者的演变轨迹判断市场行情，获得经验知识，防止产生组织惰性，避免同类不当投资行为可能付出的高昂代价。因此，延迟选择权是平台领导者有效应对市场波动、提升平台价值的重要战略途径（Tiwana，2013）。

延迟选择权主要通过两种方式为平台领导者创造价值。

第一，利用后发优势，以低成本复制和颠覆性创新创造价值。平台领导者延迟进入或投资，能够快速复制先行者的设计架构、服务模式和管理方式，大大降低研发、设计平台体系的相关费用；颠覆性创新又能让后发平台迅速成长，甚至超越在位者。后发平台的低成本复制和颠覆性创新最突出地体现在网络文学领域。2002年，原创文学网站起点中文网成立，此时中国原创文学还基本停留在出版纸质作品阶段，饱受用户基础弱和盗版等问题的困扰，发展十分缓慢。起点中文网利用电子小说更新快、传播迅速且不受印刷成本限制的优点成立了原创文学网站。与印刷出版和普通小说论坛不同，起点中文网颠覆了以往作家与读者的互动方式，赋予读者充分的权限。读者不仅可以挑选感兴趣的小说在线阅读，还可以对小说故事章节提出意见，影响作家的创作方向。读者甚至可以提出希望小说更新的字数和章节数，让作家根据市场反应调整写作进度。这种按需生产小说的方式受到读者和作家的热烈欢迎。高用户黏性和满意度能为平台建立坚实的用户基础，带动平台持续增长。2015年，起点中文网便以31.9%的用户覆盖率成为网络文学行业首屈一指的企业。

第二，依托互补性资产发挥后发价值潜力。例如，2013年，生活服务平台美团外卖进入外卖市场时，更早进入的平台饿了么已经积累了大量用户并获得市场认可，对美团外卖形成了不小的进入壁垒。然而，美团外卖凭借早期美团网的团购业务积累了大量用户资源和评价口碑，因此，进入外卖业务后能够继续利用团购业务的用户基础。良好的市场认可度和前期团购口碑使"美团外卖"迅速成为多用户的O2O平台，与饿了么分庭抗礼，共同主导外卖市场。

延迟选择权的价值体现在后发者业务的灵活调整和服务的优化创新上，而能否创造延迟选择权的后发优势取决于是否满足若干边界条件。

- 市场先发优势不足以形成高进入壁垒。延迟选择权要求先发平台抢占市场和率先推出产品或服务所获得的优势易于模仿和复制。对平台领导者而言，如果先发优势源于新商业模式和组织架构，那么，后进入者就可能快速模仿并向双边市场提供更优质的平台（Eisenmann et al.，2011）。
- 先发平台尚未达到临界规模或平台用户存在多归属现象。如果先进入市场的平台已经达到临界规模或平台用户单一归属，那么，先发平台就具备显著的边际成本优势和高昂的用户转换成本。此时，后发平台很难争夺在位平台已经占据的市场。
- 进入市场时投入资产专用性程度高、回收价值小。资产专用性程度越高，投入资产的用途会越窄，再出售或挪作他用的价值也越小，此时投入资产的沉没成本和机会成本会很高。因此，不确定性程度高、资产专用性程度高，以及用户存在多归属现象时，平台领导者延迟选择权的价值最大。

8.4.4 平台生态权

在平台生态系统的发展过程中会不可避免地面临灵活性与标准化的均衡选择问题：平台生态系统既要通过保持足够的灵活性来构建独特性差异，以应对不确定性并适应用户不断变化的需求（Ozcan & Hannah, 2020），又要通过保持一定的标准化来规范平台规则和稳定平台核心，以提高运营效率并实现快速迭代（Miller & Toh, 2022）。

权力在核心企业与参与成员之间的分配，既是平衡生态整体活力与核心企业价值捕获的关键，也是平衡参与成员自治性与生态主控制力的关键。在设计生态权力结构时，建议关注以下三个方面。

1. 权力分层

尽管很多人把生态描绘为一幅人人平等参与的理想图景，但几乎所有现实存在的商业生态，包括开放社区如 Wiki 和 Linux，其生态中都存在不同程度的权力分层，因为缺乏权力分层的生态通常面临决策缓慢的问题，使得整个生态难以协调或一些重大决定难以适时做出。权力分层不仅体现在核心企业和参与成员之间，也可能体现在成员内部。这就好比健身俱乐部的会员分级，不同层次的会员可以使用不同的资源、享受不同的服务，且其影响整个健身俱乐部政策的能力也有所差异。这种分层可能是显性的，也可能是隐性的。例如，SAP 在培养自己的咨询与软件实施合作伙伴时，明确规定不同级别的合作伙伴的权利和义务。相较之下，苹果对其庞大开发者群体的管理就更"放任自流"，基本上由用户对产品的评价来决定。

2. 权力共享

权力分层针对的是权力的纵向结构，权力共享针对的是权力的横向结构。尽管 SAP 和苹果的生态中都只有唯一的核心企业，但有些生态的核心存在多家企业共治、共享生态领导权的情况。例如，美国航空和英国航空，作为寰宇一家这个航空服务生态的创始会员，共同把控该生态的规则制定权。PC 行业的权力由微软和英特尔共享。这种状态可能有助于生态更快达到临界规模，或以联盟的形式展现更美好的前途，从而便于吸引参与者，但同时可能带来领导力方面的挑战。这些共享领导权的企业既需要管理好整个生态，又需要管理好彼此之间的关系。例如，尽管微软和英特尔围绕一些关键标准的归属明争暗斗，但最终能够相互妥协，曲折前进，最终实现共同愿景，成就整个 PC 生态的地位。

3. 权力让渡

生态成员的自由度取决于权力让渡政策，即核心企业是否允许参与者在大生态内自行构建以其为核心的小生态。例如，谷歌允许三星在安卓大生态内构建核心兼容但存在三星烙印的小生态，却坚决不允许阿里巴巴在这方面做出尝试。同样，苹果尽管有自己的电子书服务，却仍允许亚马逊在 App Store 上发布 Kindle 的 iOS 应用。这不是因为核心企业慷慨或高尚，而是因为这种策略带来的好处（如吸引更多的用户）能够超过它带来的损失。这要求核心企业在让渡和控制之间寻求灵活的平衡。

8.5 平台生态中的多边关系

平台生态系统是平台企业及其互补企业构成的网络，平台企业通过基础架构提供价值、控制互补企业之间的交互，互补企业生产互补品以提升平台价值（Adner & Kapoor, 2010；Jacobides et al., 2018；王节祥 等, 2021），通过集体层面上的生成性保持自身进化的惯性，为生态系统创造更多价值（Cennamo & Santaló, 2019）。平台生态系统的竞争优势强烈依赖于平台企业与互补企业及用户之间价值共创的能力（Parker & Alstyne, 2005；Eisenmann, Parker & Alstyne, 2006）。生态系统是相互作用的多边合作伙伴为实现共同核心价值主张进行协调的结构，包括系统中的参与者、参与者为实现价值主张而采取的活动、参与者在活动中的位置、参与者之间的联结（Adner, 2017）等四个结构要素以及控制知识产权和治理的平台所有者、充当平台与用户接口的提供者、互补品供应商、第三方服务商、采用产品或服务的消费者（Baldwin & Woodard, 2008；Alstyne, Parker & Choudary, 2016）等五个主体。平台生态系统就像是平台所有者、互补者和最终用户相互协调的社区（Inoue, 2019），这种彼此依赖关系构成了平台竞争优势的关键来源。

根据平台生态系统中平台提供者扮演的角色，可以将它们分为以下三种类型（Iansiti & Levien, 2004）。

一是基石型企业（keystone）。这类企业在平台生态系统中扮演着优秀协调者角色，它们着力调整生态系统成员之间的各种联系，致力于增进整个生态系统的健康，确保其生态系统实实在在地提高功效，并与生态系统中的成员高效地分享这些好处。

二是支配主宰型企业（dominator）。这类企业通过纵向或横向一体化来管理和控制某一生态系统或其中某一业务域，它们在生态系统中占据很关键的位置并竭力掌控着生态系统，基本上不给其他企业留下共同发展的机会。

三是缝隙型企业（niche player）。这类企业利用自身的优势资源，着眼于提供专业化和差异化产品，将自身的独特优势集中在产品或服务上，并利用所占有的关键位置获利。

在平台生态系统中，互补者需要为用户传递基于质量的独立价值、基于数量的网络价值（Cenamor, 2021）。首先，独立价值的传递受其他平台参与者的影响。一方面，平台所有者、互补者可能直接参与价值传递的过程，比如在电商平台中，平台界面、物流时效等都会影响互补者为用户传递的独立价值。另一方面，平台所有者、互补者可能直接影响价值传递的结果，因为用户不仅可以选择完整的标准化产品，还可以选择产品组件自行组装成高度个性化产品（Jacobides, Cennamo & Gawer, 2018），用户独立价值的感知受其他组件的影响。其次，网络价值的传递受限于平台的安装基础。一般而言，使用互补产品或服务的用户越多，其他用户就越能获取更高价值（Cenamor, 2021）。例如，网络游戏的注册用户越多，其他用户就越能获得更好的游戏体验。而使用互补产品或服务的用户数量一般低于平台用户数量，故进入具有更好的网络效应的平台成为互补者的重要选择。[1]

8.5.1 所有者-互补者的竞合关系

平台生态系统的成功，不仅源于平台的持续性创新，平台所有者及其互补者之间对于合作

---

[1] 刘畅，梅亮，陈劲. 基于互补者视角的平台生态系统研究评述［J］. 软科学，2022（4）：8-16.

及竞争关系的平衡也是不可忽视的重要因素（Economides & Katsamakas，2006）。对互补者来说，其与平台所有者之间的关系更像是一把双刃剑，既能以合作关系增加收益，也会因平台所有者入侵互补组件市场而形成竞争关系。

1. 所有者 – 互补者合作关系

（1）嵌入关系。互补者通常是通过其在平台中的互补组件供给方式来控制其在平台上的嵌入程度的，并以此掌控自身与平台的合作关系（Wang & Miller，2020）。根据互补者的互补组件供给策略，可将互补者与平台所有者之间的嵌入关系分为两种：排他型嵌入与部分型嵌入。

1）排他型嵌入。当互补者仅为某一特定平台开发互补组件，且此互补组件仅在这一平台上售卖时，即排他型嵌入于该平台中。这种嵌入方式会提高互补者与平台所有者之间在互补组件发布时机、开发类型及品质等方面的合作紧密度（Cennamo & Santalo，2013）。当平台面临的竞争加剧时，互补者会通过在平台上发布新的排他性互补组件，来进一步增强平台的整体价值及竞争力并从中获益（Mcintyre & Srinivasan，2017）。然而，如果平台通过大量增加具有排他性的互补组件来追求平台的外部竞争力，反而会降低平台的绩效。因为只有当互补品的排他性足够高时，才真正有利于提高平台的绩效及独特竞争力。

2）部分型嵌入。互补者也会选择将其互补组件以分布组合的方式投放于不同的平台。例如，图书出版商在亚马逊电子书平台 Kindle 上的产品投放模式依据产品的重要程度呈倒 U 形分布，即出版商会将需求量较高且具有竞争力的产品投放到平台上，以应对平台中互补者之间的竞争，并利用平台的经济效益来创造更高的价值。同时，图书出版商更倾向于将能为其带来最高收入的产品投放在纸质版印刷和发行这一实体渠道上，这既能牵制数字平台 Kindle 对用户的吸引力，又将实体渠道作为一种外部可选项，从而保留其自身的议价能力及价值独占力。由此，在部分型嵌入的平台关系中，互补者依据自身产品的特征来系统性地决定其互补组件供给策略，主要包括产品需求、产品竞争力和产品对互补者的重要性。

（2）互补关系。互补者与平台所有者之间的互补关系是平台生态系统形成的重要基础，也是互补者进行价值创造的起点（Jacobides，Cennamo & Gawer，2018）。不同互补关系在性质和强度上存在差异。在性质上，平台生态系统中的互补关系包括交易互补与创新互补（王节祥 等，2021）：交易互补是指互补者所提供的资源能够满足其他生态参与者的需要，如卖方为买方提供产品；创新互补是指互补者所提供的资源能够满足平台企业的需要，如基于平台基础功能缺失所进行的创新。在强度上，互补程度越高，互补者对平台生态的兼容性或重要性就越突出。就兼容性而言，互补者在创新互补中能与平台核心模块更加契合或更为专业（Tiwana，2015），在交易互补中能够提供更为独特的产品或服务，如平台联名产品、平台独家产品等；就重要性而言，互补者在创新互补中能占据重要的创新模块位势或解决平台相关功能难题（Hannah & Eisenhardt，2018），在交易互补中能够提供吸引大量用户的重要产品或服务，为平台带来更多的流量和销量（Wang & Miller，2020）。兼容性或重要性越高，互补者对于平台生态而言，价值创造的潜力就越大。

（3）依赖关系。与交易关系不同，合作关系、互补关系等社会关系中通常包含着参与者之间的相互依赖（Emerson，1962）。在完全竞争市场中，存在许多类似的客户和供应商，它们只建立简单的交易关系，转换成本较低，并不依赖对方（Ritter，Wilkinson & Johnston，2004）。但如果通过协议合作建立了联盟，如签订了长期采购协议，企业之间就存在相互依赖关系了。

基于资源基础观理论，若一方控制的资源更具有价值或资源获取的可替代性更低，则会引发权力的非均衡性，即资源优势带来权力优势（Emerson，1962）。然而，平台所有者对互补者的权力不仅来源于绝对的资源优势，还受到网络优势的影响。一方面，平台所有者控制平台核心组件和标准接口等关键资源，把持着边界资源、质量信号以及互补者接触潜在用户市场的可能性（Saadatmand，Lindgren & Schultze，2019）；另一方面，平台所有者拥有海量的互补者和用户之间的交互形成的网络效应（Srinivasan & Venkatraman，2018；Mcintyre & Srinivasan，2017）。平台早期由于网络优势较弱，仅依靠资源优势，因此对互补者的权力有限，但随着平台的成熟，网络优势和资源优势逐渐增强，对平台而言，单个互补者的可替代性增加，平台所有者权力大增，如能单方更改平台规则、关闭互补者平台界面等（Cutolo & Kenney，2021）。在这种极度倾斜的非对称性依赖关系中，互补者几乎难以采取并购、合资等传统手段应对负面约束（王节祥 等，2021；韩炜 等，2017）。

2. 所有者–互补者竞争关系

所有者与互补者之间也并非始终是互补或合作的关系。当互补组件市场不断发展并显示出较大的市场潜力时，会吸引平台所有者的入侵。此外，当平台所有者面临巨大挑战时，平台所有者也会选择通过大量投资核心互补组件或自主研发的方式来提升自身的整体竞争力（Ozalp，Cennamo & Gawer，2018），互补者由此面临被削弱核心竞争力并在平台架构中失去话语权的风险。互补者与所有者之间的这种竞争性关系可通过互补者的部分重构与退出战略（Li & Agarwal，2017）做出解释。

（1）部分重构。面对与平台所有者之间的竞争关系，部分互补者会采取部分重构型战略，即通过搭建自己的平台予以抵御。例如，随着物联网技术的快速发展，产生了对去中心化的数据处理需求，思科创建了去中心化的技术平台FOG[⊖]，但同时仍保留了其在云生态系统中的互补者角色及作用。它初期是寻求与原主导平台共生以在市场中立足，而当新平台集聚一定程度的资源后，则是与原主导平台展开部分竞争（Khanagha，Ansari & Paroutis，2022）。互补者部分重构战略涉及如何在维系其原有的互补者角色作用与寻求新平台合法化这一矛盾关系中保持平衡，互补者既需要确保自身具备独特的价值，还需要确保其所搭建的新平台是被其他行为者所接受的，并向相关利益主体确保新平台能为用户提供全新的价值，由此吸引足够多的用户和其他互补者。

（2）退出。部分互补者会在竞争关系下选择退出，并转而与现有平台的竞争对手建立合作关系。

8.5.2 互补者–互补者的竞合关系

1. 互补者–互补者合作关系

为扩大平台用户市场以及降低对平台的依赖性，互补者之间存在着合作关系。一方面，互补者扩大平台用户市场是为了在价值创造基础上确保共同利益。互补者之间通过合作扩大现

⊖ 雾计算（fog computing）这个概念由思科在2011首创，是相对于云计算而言的。它并非由性能强大的服务器，而是由性能较弱、更为分散的各种功能计算机组成的，广泛渗入电器、机械、汽车、街灯及人们生活中的各种其他物品。它拓展了云计算（cloud computing）的概念，相对于云计算，它离产生数据的地方更近，数据、数据相关的处理和应用程序都集中于网络边缘的设备中，而不是几乎全部保存在云端。这里因"云"而"雾"的命名，源自"雾是更贴近地面的云"这句话。

有市场规模、创造新市场或提升资源利用效率，从而实现共赢（Ritala，Golnam & Wegmann，2014）。例如，互补者通过应用程序平台中开发人员之间的知识交流与共享实现创新，吸引更多的用户进入平台以使所有互补者获益。另一方面，互补者降低对平台的依赖性是为了在价值分配基础上确保共同利益。互补者之间通过合作抵制平台的单方面行为，从而保护整体权益（Cutolo & Kenney，2021）。例如，面对平台擅自修改规则和条款，互补者采取集体投诉、关闭部分产品页面、退出平台等方式敦促平台取消更改。尽管平台中某一个互补者的失败可能会削弱平台的整体竞争力及绩效，由此影响平台内其他互补者，但平台的互补者之间并不是直接的合作伙伴关系，而只是因为支持同一个平台系统而形成的间接合作关系（Cennamo & Santaló，2019）。但得益于平台所提供的一系列交互界面、标准及规则，互补者之间可基于此而增强交互联系并提升自身能力。互补者之间的知识共享互动行为既受平台准入门槛的影响，也受互补者自身所掌握的知识特征的影响（Zhang，Li & Tong，2020）。不受限制的平台准入策略会吸引更多的模仿性互补者，由此导致互补者之间减少知识共享行为，降低互动程度。而知识复杂程度越高，平台准入门槛的降低对互补者之间知识共享互动行为的影响越小。

2. 互补者-互补者竞争关系

模块化机制使大量企业能够基于接口和标准进入平台生态系统，互补者之间需要进行交互。为争夺有限的用户资源和平台资源，互补者之间存在激烈的竞争关系。在用户资源上，平台生态中海量的互补者以及有限的用户让更好地满足用户期望的竞争压力凸显，大量用户资源被极少数互补者占据。特别是随着平台的成熟，这种"拥挤效应"更为明显，部分互补者甚至难以出现在消费者视野中（Barlow，Verhaal & Angus，2019）。在平台资源上，互补者面临着更好地满足平台期望的竞争压力（Hukal，Henfridsson & Shaikh, et al.，2020）。互补者都期望在平台生态系统内寻求一定的地位，获得平台所有者的关注和支持（Panico & Cennamo，2022）。但平台所有者控制着用户流量、背书信号等有限关键资源，如评级、排名、推荐等，基于生态整体考虑，这些资源往往会向具有更高互补能力、能创造更多价值的互补者倾斜（Rietveld & Schilling，2021），这必然引致互补者之间为争夺平台所有者的支持而相互竞争，包括采用产品质量战略与出现搭便车行为。

（1）产品质量战略。为了在同类互补者竞争中脱颖而出并获得平台所有者的关注，互补者通常通过提高互补品的质量来增强自身的竞争力。然而，鉴于平台生态系统的整体绩效不仅受单个互补组件质量的影响，还受互补者与平台之间互动关系的影响（Adner & Kapoor，2010），因此平台所有者在对互补者进行选择性激励时，不仅要考量其产品质量或短期绩效表现，还要考虑互补者给平台生态系统的整体深度和广度带来的贡献，包括对终端用户的整体吸引力、互补者对平台的忠诚度、互补者的潜在影响力等，整体效益更高的互补者更易于获得平台所有者的关注及支持。

（2）搭便车行为。平台生态系统作为一种集体性实体（Faraj，Jarvenpaa & Majchrzak，2011），平台成员既相互依赖又相互竞争，以获取更多价值。但这种集体行为也会带来一定的消极影响，即"搭便车"效应。部分互补组件可能满足终端用户需求，却无法从整体上提升平台绩效（Binken & Stremersch，2009）、提高平台竞争力（Cennamo，2018）。随着平台系统逐渐发展到成熟阶段且存在激烈的平台间竞争，互补者的搭便车行为及其带来的消极影响会愈演愈烈（Cennamo & Santaló，2019）。因此，为保障及加强互补者与平台所有者之间的合作关系，并维持互补者投入的积极性，应该根据平台演化的不同阶段采取不同策略，以系统联合平台内成员行为，确保并强化互补行为的积极影响。

■ 本章要点

平台生态系统可视为一种不断发展的元组织形式，其中平台架构是支持生态系统成员创造和获取价值的共享技术核心。平台生态系统战略实则重新界定了行业竞争规则。因此，主动构建、优化与生态伙伴的关系，营造共生、互生、再生的商业生态系统，将成为未来商业游戏的主旋律。

生态战略思维成为乌卡时代广受欢迎的战略思维。企业需要充分挖掘自身和环境的生态特征来应对不确定性，不仅要从自身个体出发，更要从系统整体出发，充分考虑和挖掘企业与企业的相互关系，在综合考虑生态位和生态势的基础上进行战略选择。平台所有者构建平台并非简单地提供中介服务，而是要打造以平台为介质，以其为领导核心的平台生态系统，系统中类型各异的互补商围绕平台开发互补产品、技术、服务以及进行互补创新，共同满足消费者的终端需求，进而促进行业创新与升级。然而，并非所有平台所有者最终都能成功构建平台生态系统，其演化有失败、赢家通吃及竞争者共存三种路径。网络效应的激活与平台生态系统的治理是推动其演化及创新升级的关键要素。

在平台生态系统的形成过程中，通常会伴随着平台领导权的争夺战。网络中心性是进行社会网络分析、刻画节点位置以及衡量网络结构的一个重要指标。所处位置的中心度越高，其占有资源越多，与其他节点接触时的议价能力越高。一般而言，为了捕获更多价值，参与者倾向于占据更高中心度的节点。较高的网络中心性水平有利于控制生态系统的稳定性和发展方向。在企业相互连接形成平台生态系统的过程中，越接近网络的核心，越可能成为平台领导者，越有机会创造出最佳绩效。

平台生态系统的竞争优势强烈依赖于平台企业与互补企业及用户之间价值共创的能力。平台生态系统能否成功，不仅取决于平台的持续性创新，平台所有者及其互补者之间对于合作及竞争关系的平衡也是不可忽视的重要因素。互补者通常是通过其在平台中的互补组件供给方式来控制其在平台上的嵌入程度的，并以排他型嵌入或部分型嵌入掌控自身与平台的合作关系。互补者与平台所有者之间的互补关系是平台生态系统形成的重要基础，也是互补者进行价值创造的起点。

■ 讨论问题

1. 在平台生态系统的形成过程中，如何才能赢得平台领导权？平台领导者从边缘到核心运动的深层机制是什么？

2. 具有平台特征的行业都无法避免赢家通吃现象，后进平台无法与拥有市场份额优势的在位平台公平竞争。然而，现实中的很多案例（如安卓对塞班的颠覆、索尼的 PS 3 对微软的 Xbox 360 的市场超越）又从实践层面质疑了赢家通吃的一般性。你是如何看待这个问题的？

3. 平台生态中互补者的退出动机及其影响因素有哪些？互补者退出后的战略行为选择及其绩效与影响有哪些？

4. 如何测量技术平台中的互补组件质量？

第 9 章

工业互联网平台

■ 学习目标
- 了解工业互联网平台的系统架构；
- 了解世界主要工业互联网平台状况；
- 掌握工业互联网平台的发展应用。

■ 开篇案例

数据共舞、赋智于制：树根互联平台的数字赋能之路

　　2016 年，基于对现有工业互联网行业的观察，树根互联的创始人贺东东发觉工业互联网是中国制造业未来发展的方向。那么，如何在工业互联网领域进行创业呢？为了实现成为工业互联网平台的领跑者这一愿景，贺东东将目光锁定在工程机械行业全球排名第二、拥有 4 000 亿元机械设备市场的三一集团。当时，为了应对行业周期与外部环境的双重打击，三一集团正开展数字化转型，亟须在设备数据的互联互通背景下快速响应客户需求，为客户提供设备管理和故障预测的功能。经过一番思量后，贺东东决定通过商业计划宣讲的方式向三一集团寻求创业融资。这一想法与时任三一集团董事、高级副总裁梁在中不谋而合，他以风险投资的方式给予了树根互联第一笔启动资金。于是，拥有超过 15 亿元累计投入的树根互联工业互联网平台企业应运而生。作为首批国家级"跨行业跨领域"的第三方工业互联网平台企业，树根互联是如何一步步实现数据积累和技术沉淀的？

　　2017 年，刚成立的树根互联以独立运营、谋求生存为第一要务，对外开拓市场，普及工业互联网的概念和功能,不断搜寻客户;对内融合人才,打通知识壁垒,实现产品升级迭代。依托原有的制造业优势,树根互联从熟悉的装备制造业入手,聚焦后市场服务,并推出核心产品——根云平台⊖。平台主要围绕工业设备资产,为装备制造、汽车整车、零部件、钢铁等48个细分行业提供设备网、实时监测、远程运维、预测性维护等服务。通过将数据从其相关的实体或设备中分离出来,进行初步分析和监测,实现全要素精益化管理和全流程的闭环数字化管理。随着树根互联工业互联网平台物联层、数据层、应用层的技术架构持续完善,平台多种类工业设备的大规模连接能力不断增强,在服务三一重工的同时已成功接入各类高价值设备近90万台,平台服务覆盖了112个国家和地区,连接工业资产高达7 400亿元。

2019年,树根互联以塑造能力为核心,将业务推广到3个刚需最强的工业应用场景:产线资产管理、能耗管理、产业链金融服务。树根互联依托三一重工的知识和经验,通过传感器、控制器等感知设备和物联网络,采集、编译各类设备数据,帮助铸造产业链、注塑产业链、纺织产业链等在内的20个产业链平台打造数据中台,并提供数据清洗、数据治理、隐私安全管理等服务,实现了设备数据的分析与应用管理,使其系统管理效率提高了15%、决策速度提高了30%,为客户开拓了超百亿元收入的新业务,成为数字化升级的有力支撑。通过数据仓库的构建和数据治理机制的完善,树根互联平台多源工业大数据分析能力得到大幅度提升。

2020年,新冠疫情的暴发使企业对远程运维和数字化运营的需求日盛,积极寻求树根互联赋能的公司络绎不绝,树根互联的发展走上了快车道。面对蓬勃兴起的数字化需求,树根互联又将如何赋能企业的数字化转型呢?

为此,树根互联结合行业典型场景提出"赋能万物,连接未来"的战略布局。首先,以点带面,低成本试错。通过"订阅"数字化服务的方式,依托根云平台以单点设备试点,来对企业进行心理赋能,帮助被赋能企业找到最适合的数字化转型路径,建立起数字化的信心。其次,盘活数据,精益化管理。一方面,树根互联在混凝土运输行业建立服务资源的共享和调度平台,以数据化的方式实现资源识别、资源获取、资源利用,深度挖掘企业数据的价值,通过资源赋能节省运输成本,大幅提升综合产能,为企业创造新的增长点;另一方面,树根互联在钢铁切割行业建立产能共享平台,盘活闲置切割设备资产价值,借助结构赋能提升钢板利用率和降低生产成本。最后,经验封装,"样板间建构"。树根互联将星邦重工联合、长城汽车、福田康明斯等工业企业的隐性知识沉淀成可以复用的经验模板,改良被赋能企业的精益生产路径,在此基础上形成了可拓展的数字化转型的解决方案,有效实现产业链数据业务的延伸和应用。通过不同的数字化转型策略,树根互联进一步优化平台多样化工业应用开发能力,并且成功完成C轮8.6亿元融资,市场估值超11亿美元,成为国内首家互联网工业平台"独角兽"企业。正朝着通用型平台目标快速成长的树根互联,最初的愿景能成为现实吗?

2021年,树根互联基于"P2P2B"模式,赋能产业链,带动产业集群数字化转型,成为福布斯2021年中国"十大工业互联网企业"排行榜第一,实现生态全面升级的"数字化转型新基座"。在产业链方面,树根互联携手多家单位在广州打造了基于根云平台的"全球定制家

⊖ 根云平台是首个由中国本地化工业互联网企业打造的中国本土、自主安全的工业互联网平台,涵盖物联监控、智能服务、能耗耗材、资产管理、设备协同、二手交易、设备保险、交易支付、货款保理、共享租赁、改装再造等环节。

居产业链平台",串联起订单转换、个性定制、柔性生产、透明交付等多个生产环节,用平台赋能转型升级,实现商业模式创新,支撑中小企业数字化转型"一步到位"。在产业集群方面,树根互联携手多家单位在湖南郴州嘉禾县打造由采集层、平台层、企业应用层、政府监管层构成的"工业互联网 + 区块链"铸造共享创新平台。通过构建能源管理系统和产业中心可视化大屏,解决园区监管难、能耗高、生产成本高等痛点,助力由"嘉禾铸造"向"嘉禾智造"的转变。依托智能研发、智能制造、智能销售、智能服务、产业金融、模式创新等六大场景服务的实践,树根互联以"模式创新,引领互联生态""协同创新,带动产业生态"和"区域布局,辐射区域生态"的方式,塑造平台横向产融结合的数字化协同能力。

截至2022年年初,树根互联已累计开发超5 400个工业应用,为600多家工业企业数字化转型提供了数据服务,成为中国唯一一家连续三年入选Gartner"全球工业互联网魔力象限"的企业。从依附三一重工到独立运营、建立根云平台,再到助力生态全面升级的数字化转型新基座,树根互联牢牢把握了"互联网 + 先进制造业"的机遇。基于深度服务三一重工的全价值链数字化转型的经验,树根互联沉淀强大的工业基因和技术能力,走出了一条"设备数字化管理→工厂数字化升级→产业链数字化延伸→通用平台数字化发展"的数字化赋能道路。

资料来源:https://www.rootcloud.com。

随着第四次工业革命在全球范围内的兴起,制造业的改革创新成为世界各国的战略重心,许多国家都从战略高度表明了发展先进制造的决心。实现制造业数字化、智能化转型升级,离不开工业互联网提供基础能力支撑,于是,制造业的竞争转变为了工业互联网的竞赛。美国工业互联网联盟(Industrial Internet Consortium, IIC)、欧盟物联网创新联盟(Alliance for Internet of Things Innovation, AIOTI)和中国工业互联网产业联盟(Alliance of Industrial Internet, AII)等组织先后成立,旨在探索工业互联网领域技术和模式的变革。这场世界范围的竞争成为大国竞争的制高点。

工业互联网(industrial internet,也称产业互联网)这一概念最早见诸弗若斯特 - 沙利文(Frost & Sullivan)咨询公司在2000年发布的一份报告,在这份报告中,工业互联网被定义为"复杂物理机器和网络化传感器及软件的集成"。其雏形源自美国奥巴马政府"再工业化"发展战略——《重振美国制造业框架》《先进制造业伙伴计划》和《先进制造业国家战略计划》(李杰,2015)。其出发点是充分发挥美国所拥有的高端工业技术优势和信息技术优势,降低对廉价劳动力的依赖,提高制造业全要素生产率,以便促使制造业从发展中国家(主要指中国)回流到美国。2012年,GE发布《工业互联网:推动智慧与机器的边界》报告,全面论述工业互联网在未来经济生活中潜在的应用场景,工业互联网重新回到人们的视野。2014年4月,由GE牵头,IBM、思科、英特尔和美国电话电报公司(AT&T)等IT企业联手组建了工业互联网联盟。

2014年年初,田溯宁和丁健提出互联网发展重心将从服务于消费者转向服务于各行业企业,引发了亚信、用友、东软等企业服务巨头的积极响应。彼时,阿里巴巴依托阿里云在企业服务领域的布局正如火如荼。2018年,腾讯正式加入角逐,宣布"扎根消费互联网,拥抱产业互联网",掀起舆论高潮。

由于工业互联网最初来自美国对自身制造业技术和信息技术优势的整合,因此它自身就是一个由软件、互联网和监控探测设备叠加在制造业上构成的系统,在生产端发挥作用。工业互联网建立了设备、生产线、工厂、供应商、产品和客户的虚拟数字映像，并将其紧密地连接融合为一体。工业互联网可以帮助制造业放松对产业链上企业集群的空间约束，形成跨设备、跨系统、跨厂区、跨地区的互联互通，使工业经济各种要素资源能够高效共享，从而提高效率并推动整个制造服务体系智能化；还有利于推动制造业和服务业之间融合，实现制造业产品附加值的提升，增强制造业的竞争力和盈利能力。

9.1 从消费互联网寡头迈向工业互联网生态共同体

在人类产业发展史上，由技术–经济范式变迁引发的产业革命（包括机械化革命、电气化革命、信息化革命），引发了新的生产方式、产业结构、商业形态和组织方式。世界经济论坛创始人兼执行主席克劳斯·施瓦布认为，我们正处在第四次工业革命的历史拐点上，生产和消费方式发生了根本性改变。移动互联网的红利逐渐见顶，用户趋于零增长，线上、线下获客成本趋于持平，甚至线下成本低于线上，进入了瓶颈期；数字、物理和生物技术正引发全球经济新变革，互联网公司之间的竞争将从前端应用向后端生产环节实现数字化协同转变，深挖存量客户价值是当前一线互联网公司主要的发力点。工业互联网被视为互联网经济的下半场，是应对新信息技术的智能化革命，工业互联网将成为重要的基础设施（王兴，2016）。但工业互联网平台（Industrial Internet Platform，IIP）的搭建门槛要远远高于传统互联网，白手起家、租一间民房创业的时代已经远去，不熟悉生产流程，不掌握千万量级终端机器设备的数据，不了解制造企业运营管理模式，工业互联网平台建设都将只是虚拟现实。腾讯、阿里巴巴、京东等消费互联网巨头，纷纷进行工业互联网布局。腾讯提出"用户为本，科技向善"的使命愿景，改变传统零售"人、货、场"形式；阿里巴巴"新零售"、京东"新通路"基于云平台和业务资源优势，发展出S2B2C模式的赋能服务平台。当然，抢占工业互联网风口机会的不只是消费互联网巨头，传统的工业巨头利用自身在工业、制造领域深耕多年的绝对优势，纷纷抢滩布阵，这些工业巨头信心满满，似乎在工业互联网领域更有竞争优势。例如，GE本身不但拥有超过百年的工业级物理和材料科学的积累，还能实时监控全球3万多台飞机发动机、数万台医疗扫描CT机和几十万个发电厂的设备[⊖]。工业互联网平台的构建者一定是传统制造领域的大鳄，并且它们还要拥有积极创新的品质和胸怀全球的格局。

工业互联网与近年来兴起的消费互联网有很大不同。消费互联网可以通过行业内的几个大型平台，将消费者和商户集中起来，主要发挥中介的撮合作用；而工业互联网最终则要落脚于产品，仅依靠数个中介平台无法对制造业产生深远影响。平台不仅发挥中介的作用，更集聚了数据分析、建模计算、生产管控等功能，围绕整个研发、设计、生产、销售流程进行服务。与消费互联网相比，工业互联网在格局上将更分散，在推进上将更缓慢，而技术采纳者即大中型传统企业将成为主力军。以互联网企业为核心的工业互联生态与以传统企业为核心的工业互联生态的复杂竞合，将呈现为一个充满活力的工业互联网生态共同体，共同推进技术要素的加速

⊖ GE制造的涡轮发动机每秒产生300个数据点。如果GE通过分析嵌入式传感器的数据，使其喷气发动机提高1%的燃油效率，那么航空公司的利润可能会增加30亿美元。

扩散和行业数字化转型。

工业互联网是在消费互联网的基础上向生产、制造延伸而来。阿里研究院等在《中国互联网经济白皮书 2.0》中指出，中国互联网数字化路径在于以前端消费互联网带动后端工业互联网的发展。消费互联网前端应用创新沿着产业价值链，牵引后端生产环节实现数字化协同。工业互联网和消费互联网的共性包括具有规模经济效应、强调用户核心互动和利益最大化等，主要有以下几方面不同。

- 主要目标。消费互联网主要连接人与人，人与 PC、手机等终端，创造增量产业；工业互联网以万物互联为目标，通过智慧、智能手段连接生产设备、产品、服务、场景及其用户等要素，实现跨界融合和迭代创新。
- 实施主体。消费互联网主要面向 C 端，工业互联网主要面向 B 端，将新一代信息技术应用于研发、生产、通路、客服等全流程，覆盖企业上游供应商、下游分销商和终端用户的全生态。
- 数据应用。消费互联网受制于算力和算法，难以对数据进行实时采集和深度挖掘；工业互联网以大数据为核心要素，强调全流程、全周期的数据采集与反馈，实现核心业务的自动化。
- 业务模式。消费互联网企业多为轻资产，通过人与人的连接降低搜寻、交易成本，解决信息不对称问题和实现需求规模经济；工业互联网企业多为重资产，着力点在产业，重在降低生产成本和提高生产效率。
- 产业格局。消费互联网时代更容易出现寡头垄断，掌握搜索、电子商务、社交网络的三大巨头 BAT，通过创造网络效应在数年内迅速壮大；工业互联网面临复杂的资源、制度环境与生产需求，需要"生态共同体"推动企业互联，迭代演进历程更长。⊖

9.1.1 平台网络效应与消费互联网寡头

1. 平台在数字世界的确立：互联网企业的第一波进击

互联网业务创新使其在实体世界的对应物迅速失去市场。因为平台吞吐资源的效率要远远高于传统的线性价值链，网络效应会导致需求侧规模经济，免费创造用户，用户创造价值。这一波进击充分体现了互联网"高维打低维"的优越性。该阶段互联网企业的经营活动主要还是在数字世界中。

2. 平台在物理世界的约束：互联网企业的第二波进击

随着移动互联网对信息与内容消费的场景丰富，其天然的位置属性将越来越多的实体世界场景带入数字世界，人们忽然发现互联网可以连接的不再仅是信息了。爱彼迎、优步、高朋网的成立以及中国市场上的群雄争霸，开启了 O2O "盛世"。但这种平台注定不会达到类似于淘

⊖ 侯宏. 从消费互联网寡头格局迈向产业互联网生态共同体［J］. 清华管理评论，2019（4）：72-83.

宝的高度。原因有三：一是地域分割，网络效应无法连成一片，例如优步是本地经济，不是无边界的数字经济；二是无法有效增加双边客户的转移成本；三是边界融合对马太效应的削弱。O2O 平台一个额外的问题是随业务量线性增加的履约成本，美团管理的骑手号称超过 60 万人，互补品骑手成本高昂且单位成本逐年上升。与第一波平台发展截然不同的互补品基础，足以影响平台生存和进一步发展。

这一波进击的目标市场还可能包括智能硬件。不少智能硬件都被视为具有平台潜质，瞄准的是 iPhone 的终端即平台模式。但无论 iPhone 的封闭路线还是安卓的开放路线，都很可能会在硬件可用性、供应链柔性和规模经济上碰壁。以相对简单的无人机行业为例，克里斯·安德森（Chris Anderson）的 3D Robotics、谷歌和 KPCB 等资本支持的 Airware 在大疆面前的溃不成军，表明这类市场至少目前仍由传统商业规则主导。更有平台潜质的是 Echo 和天猫精灵等产品，因为硬件不是门槛，创新仅在数字世界。

3. 平台在企业市场的困境：互联网企业的第三波进击

第三波进击就是被广泛解读为从 2C 到 2B 的工业互联网转型。2012 年后 O2O 和智能硬件虚假繁荣的反思，指向了互联网企业对线下商业理解的肤浅和对上游价值源泉掌控的欠缺。交易平台为避免被绕开而试图提升对 B 端的掌控力并为之提供更多的服务，使之难以转投其他平台。

前两波进击的主力是多边平台，而这一波的主力是产业平台，强调的是云计算、大数据、AI 等信息基础设施和物流、金融乃至创业孵化等实体基础设施的对外赋能。产业平台自身需要具备为多边群体创造价值的能力，而非单纯连接撮合。工业互联网面对的是一个对网络效应极不友好的市场，因为企业和消费者是两个截然不同乃至完全相反的物种。第一，工业互联网对连接深度的临界要求要远超消费互联网。仅仅连接是无益的，因为连接强度可能不足以从该节点抽取网络效应所承诺的价值，毕竟建立企业客户深度连接的成本很高。第二，工业互联网与消费互联网运转在完全不同的时钟频率上。网络效应建立在即时反馈这一隐含前提之上。从刺激到决策、从决策到行为、从行为到结果，消费者可能一瞬间即可完成，企业却需经过漫长的流程，无形中阻断了正反馈机制的形成。第三，企业客户具有高度自觉的异质性。消费者尽管被宣称得到了尊重，但对于其个性化的满足是流水线式的。企业客户的异质性与生俱来，是生存竞争之本，需要真正的定制服务。与消费互联寡头格局不同，企业服务市场是一个高度碎片化的市场。支撑消费互联网发展的平台网络效应，很难在工业互联网市场应验。

9.1.2 技术扩散与工业互联网生态共同体

工业互联网发展的关键动力在于消费升级，消费提质升级有助于加速供需两端正向循环，这是我国经济高质量发展的助推器。在当前以国内循环为主的经济格局下，消费升级将进一步连接 C 端与 B 端，催生万亿元规模市场，为我国经济增长注入新动力，即消费互联网时代的 B2C 模式正转向 C2B 模式。B2C 以企业为价值核心，重在获取平台入口和流量，本质仍属于攻城略地思维；C2B 以用户端与行业端连接为起点，实现数字化服务与场景的有机结合。在产业链层面，C2B 模式的核心是数据驱动和用户参与。在数据驱动下贯穿研发、生产、运营、通路等环节，打破线上线下边界，把生产者、消费者融合为一体。在思维理念层面，C2B 模式强调从用户价值出发，通过消费者与企业的全场景融合，推动新的网络价值产生。例如，腾讯将角色从"连接器"转向"数字化助手"，通过不同产业场景的数字化工具，助力消费者和企业机构融合，实现 C2B2C 闭环。

1. 工业互联网作为生产力扩散历程

消费互联网完成了技术创新的要素积累，为要素扩散和技术革命做好了准备。消费互联网业务创新从 Web 1.0 到 Web 2.0，从本地体验到云端体验，从 PC 互联网到移动互联网，出现了一系列成功的互联网公司，反过来也促进了互联网技术在计算、传输、终端、交互等多个层面的进步。同时，在网络效应的驱动下，互联网行业先后经历了用户、应用和数据的爆炸式增长，为数字化浪潮向智能化推进奠定了基础。

工业互联网瞄准的是各行业企业以及政府组织，包括提供最终产品或服务的组织，以及为这些组织提供各类生产性服务的组织。它们通常已具备信息化、自动化基础，但对互联网的利用还处于较低阶段。工业互联网可视为互联网要素从互联网行业向其他行业扩散的过程。IT 软件企业和互联网企业是工业互联网市场的主要供应商。互联网企业基于自身互联网化生存实践，在掌握先进生产要素方面更胜一筹，却在服务企业客户方面欠缺经验；IT 企业作为先入者，在多年服务企业客户的过程中积累了相当的技术实力、深厚的行业认知，更接近企业客户自身实践。目前，互联网企业正利用资本优势和平台优势大肆整合垂直行业的 IT 企业。

2. 工业互联网作为生产关系调整历程

由于技术创新通常需要与商业模式创新相结合，因此分析商业模式可以窥见附着于该技术之上的生产关系本质。在消费互联网时代，消费者以个人数据为生产资料、以产消合一者名义参与价值创造，在价值分配上却并没有得到公正对待，因为几乎所有平台都以个性化撮合之名行信息套利之实。在电商行业，平台把消费者隐私隐蔽地出售给了商家，从而使自己更值钱；在网约车行业，平台通过选择性地屏蔽消费者订单，"奖励"远处的司机（使他们有机会获得大额订单）或"惩罚"近在咫尺的司机（使他们不能看到该订单），进而彰显平台控制力。这些方式所表现出来的不是对消费者的尊重，而是对消费者的绑架。这背后所揭示的生产关系，与互联网作为平权技术、对等技术和去中心化的生产力特质是格格不入的。当消费互联网只能对流通环节施加影响，当平台的双边模式和数据垄断提供了新利润源泉，互联网平台企业自然不会放过。

同时，互联网企业正努力寻找信息套利之外的可能性。2013 年阿里巴巴就提出 C2B 口号，倡导从消费者需求出发进行定制化生产，试图从流通环节渗透到生产环节。优步、高德、百度等则在自动驾驶和车队租用等环节积极布局。各大互联网企业纷纷推出 AI 开放平台，打包数据、算法和计算等能力为各行业赋能。工业互联网是 C2B 的内在要求，也是调整前述生产关系的有益尝试。因此，从需求出发有两点内涵：一是从消费者"想要得到的"出发，二是从消费者"能够支付的"出发。信息套利在支付能力范围内尽可能榨取消费者剩余，而真正的个性化商业应在支付能力范围内尽可能提升产品价值。如果生产成本超出了支付能力，那么即使产品再符合个性化需要，也不能称其满足了需求。若两家生产者都能以低于支付能力交付某个性化需求，竞争焦点也将转向供应链。这是消费互联网无能为力而工业互联网应有所作为之处。这种调整要求转变互联网行业与实体行业的关系。消费互联网开辟了与实体世界平行的数字空间，传统行业越脆弱，越能显示其创造性，例如微信之于通信、支付宝之于银行。但对工业互联网而言，传统产业越稳固，越能显示其创造性。例如，腾讯从面向消费者的"一站式生活平台"到面向传统产业的"各行业最贴心的数字化助手"，是通过吸纳传统行业的生产过程形成工业互联网生态共同体而实现的，体现的不仅是目标客户群的转变，更是这一取向的转变。

3. 工业互联网生态共同体

不同于消费互联网各大生态俨然成为"割据王国"，工业互联网是一个生态共同体。与消费互联网的短链结构不同，工业互联网具有长链结构，工业互联网要素被集成整合为解决方案并提供给传统企业，推动其生态产业互联化，给最终用户提供个性化的服务。

互联网企业试图构建生态以强化工业互联网解决方案的提供能力，而本就具备供应链、品牌影响力的传统企业则利用工业互联网解决方案重构、扩张生态，进而取悦消费者。但仅当这些生态能够相互调用、共同完成如图 9-1 所示的价值共创过程时，其自身才能持续发展。

图 9-1　工业互联网生态共同体的价值共创过程

工业互联网生态包括要素提供者、解决方案提供者、生产服务提供者和最终产品或服务提供者，它们都有可能从自身立场出发建立相应的平台生态。生态共同体作为所有立场的共同容器，涵盖从工业互联网要素到消费者价值的全流程。生态共同体是各大生态构成的多中心组织。在消费互联网的短链结构特征下，企业着眼于自身生态建设，生态间的对抗大于合作；在工业互联网的长链结构特征下，互联网企业无法独自完成要素供给，无法直接满足用户需求，故生态共同体成为核心。由于对生态共同体的话语权低于对自身生态的话语权，共同体层面的对抗很难形成，而原来的生态对抗在共同体格局下则形成了局部气候。竞争和对抗仍然存在，但不再完全由互联网企业所左右。

生态共同体的复杂性和动态性，体现在各种商业逻辑的交织渗透。传统行业强调价值链逻辑，由供给侧规模经济主导；消费互联网强调平台逻辑，由需求侧规模经济主导；工业互联网服务由解决方案逻辑主导，强调整合资源帮助企业客户解决个性化的复杂问题。

目前，工业互联网还处在初级阶段，生态共同体的价值全流程还存在明显瓶颈，要素大规模扩散的条件尚未成熟。

一是解决方案瓶颈。领先的要素提供者不一定是优秀的解决方案提供者，虽然包含行业理解、业务规律、企业流程、最佳实践等在内的领域知识是决定工业互联网解决方案价值的重中之重,但这恰恰难以传递扩散。当前互联网企业从消费互联网转向工业互联网的客观基础,不是它们具备了 2B 的能力,而是互联网技术对各行业的渗透扩散存在巨大势能,但势能释放目前受制于要素融合程度。掌握先进要素的互联网企业缺乏把这种要素转化为传统企业生产力的能力,而具备服务传统企业能力的 IT 企业则缺乏相应的生产要素和商业运作经验。解决方案是方案提供方与企业客户共同智慧的结晶。企业客户参与的分量与程度,远远超出了所谓的消费者参与,增量要素必须与存量要素结合才能创造价值。只有企业客户能够接纳、消化这些要素,使之与自身生产过程紧密结合,解决方案的价值承诺才可能实现。

二是生态协作瓶颈。工业互联网解决方案的实施通常涉及商业模式变革,这不是单纯的技术问题,而是通常要求组织上的适应性调整,包括三个方面:当涉及新旧商业模式并行导致的利益冲突、文化冲突、能力差距等问题时,架构变革、流程再造和人力调整通常是必要的;当涉及企业边界之外的主体,例如用户、供应链和渠道,乃至更广泛的跨界互补者时,需要这些环节协同发力,避免出现明显短板而影响系统效能;在某些行业,即使一切顺利,但基于过往实践的监管制度和政策安排可能成为大规模推广的关键障碍,游说行为将不可避免。生态协作瓶颈的存在意味着把工业互联网解决方案仅看作集成商与直接客户的互动结果是远远不够的。

4. 工业互联网市场的基本格局

工业互联网与消费互联网最大的区别,在于后者由技术创新者推动主导,而前者由技术采纳者拉动主导。传统组织是工业互联网创新的主力军,互联网企业是工业互联网创新的牵引者,IT 企业和原生性工业互联网企业则在这两股势力之间左右逢源。

(1)牵引者:互联网企业是最活跃的力量。掌握了数字化技术、资本、用户、品牌这些要素的互联网企业无疑是工业互联网最活跃的力量。互联网企业得益于中国传统行业高度分散、中小企业占比较大的客观现实。正是凭借上述要素对庞杂的中小企业进行整编,使互联网企业在这些行业的数字化进程中举足轻重。然而,与消费互联网的发展相比,工业互联网的发展是一个相对慢热的过程。它需要充分尊重每一个行业客户的异质性,提供某种独特能力以促进产业创新。

(2)主力军:传统企业是决定性力量。在中国,工业互联网能否取得实质性进展有赖于占据中国经济核心命脉的大中型企业是否积极采纳相应的解决方案。工业互联网初级阶段可以理解为传统企业在互联网企业与 IT 企业的竞合中动态学习的过程。各方所具备的要素、知识相互渗透融合,不断改进具体的工业互联网解决方案;传统组织中的佼佼者的意识、资本、能力都将得到很大提升,从而有可能克服生态协作门槛,完成进入高级阶段的准备。实际上,传统企业已经开始以平台形式对外输出先进经验,后面对接该企业多年的行业技术积累、产品及用户基础以及上下游资源等。一些企业已进入工业互联网领域,成为技术提供商,谋求独立的收入来源,例如三一重工旗下的根云和美的旗下的美云;另一些企业与现有产品、用户结合起来,在对外赋能的同时也扩充自身产品内涵、提升用户体验,如海尔的衣联网和小米生态链。

9.2 工业互联网平台系统架构与技术架构

工业互联网的本质是以机器、原材料、控制系统、信息系统、产品以及人之间的网络互联为基础，通过对工业数据的全面深度感知、实时传输交换、快速计算处理和高级建模分析，实现智能控制、运营优化和生产组织方式变革（Evans & Annunziata，2021）。工业互联网是连接人、机、料、法、环、测等全要素，交互研发、营销、采购、制造、物流和服务等全流程，以及供应链、空间链和金融链等全产业链的全新工业服务体系。工业互联网应用广泛，涉及钢铁、工程机械、家电、电子信息、电力、交通等各行各业，形成了丰富的产业生态。工业互联网核心架构包括网络、平台和安全三部分（工业互联网产业联盟，2020）。工业互联网平台是工业互联网联通实体资产和虚拟对象的手段，逐渐成为全球竞争形势下的一个重要节点。

工业互联网平台发展最初由欧美主导，众多ICT、高端装备和工业制造龙头企业凭借着领先的IaaS（infrastructure as a service，基础设施即服务）底层技术和深厚的工业积淀，有效地促进了工业互联网平台的建设。亚洲部分国家基于自身工业发展需求，也积极搭建工业互联网平台并探索了相关解决方案。国外工业互联网平台主要面向工业设备资产管控和优化，以及通用使能。前者通过工业传感器、OPC UA等网络通信手段将工业设备、信息化系统和智能产品远程接入平台，实时采集工业现场数据和历史数据并汇集到云端，利用大数据处理和分析技术并结合工业机理，判定工业设备的实时性能，从而实现故障预警和远程运维；后者可以提供支撑其他平台PaaS（platform as a service，平台即服务）能力的通用性和底层性服务，如计算服务、网络服务、存储服务和虚拟化服务等。除了作为其他平台的底层技术架构，这类平台还面向物流、医疗和消费等行业提供工业互联网服务和数字化解决方案。

9.2.1 工业互联网平台系统架构

1. 平台系统架构的基本特征

平台系统架构由稳定的核心组件、多样的外围组件和组件间的接口三部分组成（Whitney et al.，2004），为细分市场生产针对性的衍生品（Wheelwright & Clark，1992；Meyer & Lehnerd，1997）。核心组件具有重复使用的特征，随着市场环境的改变，不必从头设计或重建系统，可以通过提高外围组件多样性，开发多种衍生品来创造范围经济；核心组件的量产和重复使用，摊销整个产品系列或产业演进中的固定成本，实现规模经济；核心组件提高了接口的标准性，可以降低外围组件与核心组件兼容的成本。

2. 工业互联网平台系统解析

工业互联网是ICT与制造业深度融合所产生的新业态或新生产模式，利用ICT和物联网等领域的基础设施和技术，实现人、机、物的全面互联。如果按照平台系统架构特征来审视工业互联网产业中的各种产品或服务，工业app、工业软件、芯片、服务平台等都可以视为整个工业互联网产业的缩影。所以，从平台系统架构的视角出发来探究工业互联网产业的发展问题是可行且必要的，但首先需要归纳该领域内已有的架构划分方法。

目前国际上有三种常见的划分方法。一是美国工业互联网联盟的划分法，将其解析为边缘层、平台层和企业层。其中，边缘层指需要被采集数据的工业设备；平台层是核心，用于分析、管理采集到的数据；企业层则是指将技术应用于企业。二是德国工程师协会提出的划分法,将其分为资产层、集成层、通信层、信息层、功能层和业务层。其中资产层表示所有实体组件,集成层对资产进行数字化表示,通信层提供数据传输的协议和网络,信息层负责管理和存储信息,功能层和业务层则与上文的平台层、企业层类似。三是中国《工业互联网平台白皮书(2017)》中提出的,工业互联网平台的架构由数据采集层、基础设施层、管理服务层和应用服务层构成。其中,数据采集层通过传感器实时搜集工业数据;基础设施层为工业互联网平台各功能的实现提供物理硬件支撑;管理服务层是核心系统,集成了数据清洗、数据分析、数据管理、智能建模、智能算法等功能;应用服务层则是针对不同的应用场景将管理服务层的功能进行软件化,从而形成可实践的应用。

综上,现有的架构划分主要将工业互联网平台视为一种技术,而很少从整个产业的视角进行解析。随着工业互联网在功能、类型和表现形式上的不断演进,以上三种架构都很难用于描述整个产业内所有具有平台特征的主体。目前我国正处于制造业转型升级的关键时期,制造业的各个领域都对工业互联网提出了更高的要求,要全方位、最大化地发挥工业互联网的作用,就需要一种统一的平台系统架构对其进行解析。本书将工业互联网平台的架构分为核心层、应用层和接口层。其中,核心层为平台架构中长期不变的模块,具有基础性和通用性,如系列产品的核心功能、数据处理分析技术、核心建模和算法、数据集成管理等;应用层为平台架构中具有多样性特征的外围模块,如细分市场的衍生产品、工业软件系统中的微服务模块、平台的个性化拓展服务、企业定制工业app等,以适应多样的、变化的需求场景;接口层为数据源与核心层、数据源与应用层、核心层与应用层以及各层架构内部主体之间的接口,如网关、通信协议、行业标准、数据转换等。

9.2.2 工业互联网平台技术架构

工业互联网是打通人、机、物的互联壁垒,加速促进传统制造业转型升级以及产业结构的变化,推动全工业产业链和工业相关的第三方产业体系的形成与发展,并成为工业智能化和高质量经济发展的重要一环。

工业互联网包括网络、平台、安全三大体系,工业互联网平台从技术形态上,包括工业软件、工业通信、工业云平台、工业互联网基础设施、工业安全等,工业云平台主要包括数据采集层、IaaS层、PaaS层、SaaS(software as a service,软件即服务)层,技术架构如图9-2所示。

数据采集层包括协议解析、数据集成、边缘数据处理等。数据采集层是基础,负责精准、实时、高效地采集数据。采集上来的数据通过协议转换和边缘计算,一部分在边缘侧进行处理并直接返回机器设备,一部分传到云端进行综合利用分析,进一步优化形成决策。

IaaS层(基础设施层)是支撑,实现对所有计算基础设施的利用,包括处理CPU、内存、存储、网络和其他基本的计算资源,用户能够部署和运行任意软件,包括操作系统和应用程

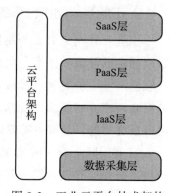

图9-2 工业云平台技术架构

序。云端的服务器与存储设备集中在 IaaS 服务提供商的大型机房内统一管理，节约了企业服务器的占地资源与维护成本。

PaaS 层（平台层）是核心，是一个扩展的操作系统，为应用软件开发提供一个基础平台。系统软件开发测试需要在本地配置开发环境和服务器等设备，而 PaaS 平台提供了软件开发的基础架构，软件开发者通过叠加应用开发、大数据处理、工业数据建模和分析、工业微服务等创新功能，构建完整、开放的工业操作系统。

SaaS 层（应用层）是针对工业应用的需求，通过自主开发或是引入第三方开发者的方式，开发满足不同行业、不同场景的工业 SaaS 和工业 app 产品，为用户提供设计、生产、设备管理、能耗优化等一系列创新性应用服务。

目前，中国工业互联网云平台产业发展较为成熟，利润较高的是 IaaS 层。随着产业不断发展，市场对于服务的需求将越来越强烈，数据采集层、PaaS 层、SaaS 层的利润将逐渐增长，并将成为产业利润的主要来源。工业互联网平台呈现 IaaS 寡头垄断，PaaS 以专业性为基础拓展通用性，SaaS 专注专业纵深发展；IaaS 和 PaaS 逐渐独立，形成松耦合关联，相互影响渐弱；SaaS 的发展要基于 PaaS 的赋能，向专精深新方向发展，满足制造业细分行业领域企业的应用需求；PaaS 成为掌握自主可控工业互联网规则制定权和生态话语权的关键，是平台发展的关键突破口和建设核心（王建伟，2018）。

1. IaaS、PaaS、SaaS 的发展现状

IaaS、PaaS、SaaS 建设的成熟度不一致。IaaS 的成熟度较高、技术创新迭代迅速，亚马逊 AWS、微软 Azure、阿里云、腾讯云、百度云等占据了全球主要市场，IaaS 的主流服务商集中在中美两国。当前多数工业 PaaS 在工业"Know-How"和专业技术方面积淀不足，工业 PaaS 开发建设应在专业性基础上向提供通用能力方向发展。SaaS 发展受 PaaS 赋能不足的约束，潜力尚未发挥出来，处于萌芽阶段。SaaS 正逐步深入制造业细分行业领域，中小型企业的 SaaS 应用需求最迫切、服务量最大、价值创造最直接。

2. PaaS 的价值

被誉为工业互联网平台操作系统的 PaaS 正逐渐成为平台发展的聚焦点和关键突破口，商业价值仍处于探索阶段。一方面，工业互联网平台架构 IaaS 和 PaaS 逐渐趋于松耦合，相互影响逐渐减弱；另一方面，PaaS 是 SaaS 的赋能平台，只有 PaaS 的成熟度和能力大幅提升，SaaS 才有繁荣的可能。目前，工业 PaaS 建设处于起步阶段，需要制造业和 ICT 行业在技术、管理、商业模式等方面深度融合。

- PaaS 平台既需要特定领域制造技术的深厚积累，也需要把行业知识经验通过 ICT 转化为数字化的通用制造技术规则。GE Predix 平台的技术和成本两道门槛限制了平台用户和开发者数量，可用性、易用性成为平台急需解决的共性问题。
- PaaS 市场体系尚未建立，平台主要完成传统服务与流程的云迁移，主营业务仍为提供线下解决方案，从传统渠道转移的固有用户占九成以上。

- 商业模式不清晰，平台大多处于投入期，交易成本高，交易标准化、安全保障、用户信用体系等方面的探索尚未展开或刚刚起步。例如，Predix 应用成本过高，GE 正调整其业务架构，平台商业前景不明；MindSphere 主要为西门子的客户提供服务，开放性问题尚未解决；树根互联主要依靠后市场服务盈利，平台核心服务推进相对缓慢。

9.3 基于工业互联网的企业战略与组织模式

随着互联网红利的终结和平台间竞争的深化，越来越多的平台陷入了流量圈占的路径依赖，其中极少数凭借先发优势和系统优势成为阶段内垄断流量的头部平台，而绝大多数则在头部平台流量黑洞的吞噬下，要么倒在扩张的半途，要么在不温不火中趋于崩溃或沦为他人的猎物。面对扩张是"找死"、不扩张是"等死"的两难处境，产业互联网时代的到来为绝大多数的平台企业提供了新的生存良机。伴随着产业的深度数字化，产业赋能平台这种新的商业形态应运而生，在交互端融合平台模式的全部优势，同时通过基础设施投资和智能化再造向产业端渗透，跳出平台模式单一追求流量扩张的路径依赖，凭借产业控制力的强化来降低平台噪声、实现用户锁定和消解负面网络效应。

9.3.1 战略方向变革

随着数字化技术的持续赋能与实体经济的融合发展，以平台企业为核心的生态建设成为企业战略布局的重要方向，数字获利、平台赋能、生态协同成为重塑新业态、新模式、新组织的主要战略。

1. 把数据流变成价值流

从 GE、西门子和海尔这三家巨头的平台生态战略来看，Predix、MindSphere、COSMOPlat 分别是它们各自生态系统中的基石平台。依赖基石平台的核心技术，生态企业不仅捍卫着整个生态系统的健康，防范其他竞争生态企业的入侵，也为整个生态系统企业物种的多样性、稳定性、创新性和竞争性奠定了基础。基石平台能为生态网络中的成员企业提供解决问题的整套技术、工具和方案，借助一系列的接口或界面，将相关功能集成并提供给生态网络中的成员企业，成员企业可以根据用户的需求开发自己独特的产品，以创造更大的价值。基石平台的核心特征是资源开放、价值共创和价值共享。基石平台的重要功能就是为生态网络提供数据，数据是生态网络中的战略资源和核心资产。在生态网络中，把数据流变成价值流的核心是对数据的深度挖掘、计算分析，以及把数据信息与商业模式进行融合的应用能力。⊖平台生态系统的核心是基石平台和数据价值，让大数据产生大价值的核心是让数据流动起来，让数据流产生价值流，这正是平台生态系统基石平台的核心功能，也是产业互联网平台的战略定位。

⊖ 张瑞敏针对"数据大、价值小"的问题，做了如下解答：大数据确实很重要，大家都觉得重要，但在用的过程当中，其实有很多误区。"快、准、信"是我自己总结的大数据三原则：第一是"流数据"，要快；第二是"小数据"，要准；第三是大数据的发展方向——区块链，这个要求就是"信"（信任）。(曹仰锋. 世界三大"产业互联网平台"的战略与功能 [J]. 清华管理评论, 2019（4）: 44-51.)

2. 通过数字化创新获利

数字化过程本质是社会–技术过程，通过系统、软件、硬件的结合，达到数据的标准化、可视化。数字化创新是应用互联网、云计算、大数据等数字技术，创造新产品、新服务或新商业模式。数字化产生的数据是企业战略性资产和价值创造的重要来源。产业互联网将云计算、大数据、人工智能等信息技术应用于各种产业场景，重塑产业链、价值链甚至是价值网络，在技术赋能下提高产业效率。特别是基于算法优化和数据分享的网络协同，能进一步实现网络智能化、数据网络化以及场景智能化。未来大部分产业将深度融合数字技术，实现流程数字化（研发、设计、生产等流程的数据采集与存储）、数字信息化（清洗、整理数据，实现标准化和可视化）与信息价值化（数据价值的生产优化与服务匹配）。

3. 通过平台赋能激发网络效应

平台利用数字技术创建渠道，连接供需双方并匹配有效信息，设计市场规则并协调关系，从中获取巨大收益。不同于边界清晰的企业组织，平台主要依赖网络经济创造的外部连接获取动力。通过激发网络效应扩大用户规模，是平台获取竞争优势的主要手段。在制度、技术环境复杂的产业互联网时代，不同类型资源对平台管理的要求差异较大，多平台协同、彼此赋能将成为趋势。多平台有利于处理不同主体之间的竞合关系，既能避免单平台拥挤、质量失调的产生，又能防止交易效率损失，协调促进互补资源的配置。网络效应也体现为多平台、多主体的生态网络和有数据价值的技术网络的复杂协同效应。

4. 促进生态系统开放协同

产业互联网使得产业集聚不受地理空间和时间的局限，通过推动更多企业建立价值共生、网络协同的关系，在知识、信息的共享中拓展价值创造边界。在以价值网络为导向的生态系统中，客户、供应商等多方利益相关者通过资源共享、互利共生，能提升整个生态系统的竞争力。随着参与主体数量的增多，生态系统内各环节、要素、流程的规模效应逐渐显现。企业组织朝着共生型组织、价值共生体或共赢生态系统等方向进化。特别是在 AI、区块链等数字技术赋能下，构建企业间开放协同的生态系统，能推动网络价值转向生态价值。不少头部企业正在进行生态布局，例如阿里巴巴践行"构建未来商务生态系统"战略，腾讯提出"将半条命交给生态伙伴"，海尔通过 COSMOPlat 搭建企业、用户和资源共创的生态系统，都是典型的案例。

9.3.2 管理模式变革

在数字经济时代，工业互联网平台企业在制造业产业集群中具有支柱性引领作用（Evans，2016），改变了制造业产业组织形态（平新乔，2019）及其管理方式。

1. 产业组织形态变革

在传统经济时代，企业边界清晰，通常以线性价值链方式参与研发、生产、销售等核心价值活动，追求"单赢"的竞争理念。在互联网时代，核心企业主要在商业生态系统中扮演资源整合或控制者角色，利用数字技术提高产业效率，凭借平台载体这一共用资产为利益相关者打造价值创造的市场空间，即数字化平台生态系统（digital platform ecosystem，DPE）。

平台生态系统强调以平台网络为载体，连接两方或多方用户群体，协调各参与主体互动并获取收益，具有开放、自组织等演化特性。数字化平台生态系统是以平台架构为基石，以数字基础设施（云、端、网）为支撑，连接多方生态成员（平台领导者、供需方、互补者与利益相关者等），实现共生、共赢的动态化、网络化体系。阿里巴巴以数据为驱动，围绕核心商业平台（天猫、淘宝等）连接商家、消费者、IT服务商、运营商等成员，构筑了覆盖电商、云计算、娱乐和数字媒体等主要业务的商业生态系统。

数字化平台生态系统的核心要素主要包括平台架构、生态成员、数字基础设施。核心特征体现在四个方面：组织战略方面，遵循服务主导逻辑（service-dominant logic，S-D logic），通过开放、横向连接，消除传统生产、销售等中介环节；架构功能方面，在采用平台基础产品或服务加上互补性资源/要素的技术框架，通过开放 API，聚集和调度内外资源；价值实现方面，在资源、信息、技术方面实现价值共生、共创，即供需方以及平台之间在连接和互动中实现价值增值；竞争优势方面，在连接用户创造价值的同时，推动网络效应呈指数级增长。

平台生态系统的发展速度远超传统厂商组织。特别是在数字经济的催生下，通过建立跨界整合、柔性协同的价值联盟，能超越传统封闭、僵化、单向的价值链或管道模式。谷歌、阿里巴巴、京东等世界 500 强企业的实践也表明：围绕平台设施与交互规则成长起来的生态系统，能不断提供价值、收入和资本。产业竞争也从个体企业的产品或服务竞争升级到平台生态系统之间的对抗。

2. 管理方式变革

（1）企业从产品导向向用户导向转变。工业互联网平台成功的核心要素是专注于为终端用户创造价值的力量，企业用户的需求可能来自研发、生产、流通、金融、服务等各个环节。打造工业互联网平台一定是需求驱动，而非 IT 技术驱动的。企业 IT 部门全面主导集团业务转型，激进的推进策略往往导致 IT 技术和业务呈现"两张皮"。实现从产品导向向用户导向的转变，其根本就是要打破产品和用户之间的边界，打破生产者与使用者之间的边界。设备制造企业不再是生产设备并交付给企业用户使用，而是洞悉企业用户的需求，并根据企业用户的需求来生产设备；企业用户不是仅仅使用设备，而是会参与到设备的生产过程中，与设备制造企业合作，共同面向终端用户创造价值。

（2）组织从科层组织向网络组织转变。平台型组织具有开放、赋能的特点，个体依赖平台组织的赋能，才有最佳表现；组织为个体赋能，才能实现繁荣。因此，组织必须实现从科层制向网络组织的转变。

海尔将公司分为 4 000 多个小微公司（microenterprise，ME，简称小微），一般每个小微公司有 10～15 名员工（从事生产制造的小微公司员工人数多一些）。⊖节点小微向其他面向市

⊖ 小微企业是张瑞敏实现"建立全球首个真正的互联网时代企业"这一目标的关键。海尔的小微可以自行组建和调整，基本没有统一的指示，但共用一套目标设定、内部契约及跨部门协作的机制。小微分为三类。第一类是转型小微，约有 200 个，它们面向市场，植根于海尔原本的家电业务，以用户为中心、依托互联网的现状进行了调整。面向都市年轻消费者的"智胜"冰箱就是一个典型的转型小微的产品。第二类是孵化小微，约有 50 多个它们等同于全新的创业公司，是在原有产品上开发新商业模式的小微企业。第三类是节点小微，约有 3 800 个。这些小微向其他面向市场的小微提供元件和设计、制造及人力资源支持等服务。

场的其他小微提供元件、设计、制造及人力资源支持等服务，节点小微收入中的很大一部分依赖于其他小微的成功。如果孵化小微未能完成目标，为其提供服务的节点小微会受到影响。因此，每个节点小微都要积极服务面向市场的小微，每位员工的薪酬都与市场结果挂钩。在海尔，不再是企业付薪，而是用户付薪。此外，海尔建立了连接世界各地 40 万技术专业人士及机构的网络，协助解决 1 000 多个领域的难题，每年有超过 200 个问题发布在海尔开放式创新平台（Haier Open Partnership Ecosystem，HOPE）上。例如，雷永峰的团队在 HOPE 平台求助，询问新空调叶片的设计问题，一周内获得了多个提案。最终胜出的设计方案（模拟喷气式飞机涡轮风扇），其设计者是中国空气动力研究与发展中心的研究人员。海尔还利用 HOPE 及其他网络平台招募人才，许多小微主正是在网络上做出突出贡献之后加入海尔的。正如海尔 CFO 谭丽霞所说："公司边界不重要。如果你能协助为用户创造价值，你是不是公司的员工并不重要。"

实现从科层制向网络组织的结构转变，其根本就是要打破组织的内部壁垒和边界。组织的每一个部门、每一位员工都能通过工业互联网嫁接新的组织能力，捕捉战略机会。通过持续的变革和转型，最终让企业具有充分应对环境变化的柔性。

（3）学习从自上而下向自下而上转变。破除制造企业向工业互联网平台转型的学习困境有两种方式。一种方式是自上而下，从企业领导开始，学习新理念、新模式、新方法。GE 电力及水处理集团总裁兼 CEO 史蒂夫·博尔兹（Steve Bolze）曾说："当今时代，所有企业领导人都必须对大数据有所了解，不仅要知道它是怎么回事，而且要懂得如何加以利用。每个人都必须从头开始，重新学习。"另一种方式是自下而上，通过制度设计自下而上推进，让每一位员工成为平台的主人，让学习成为达成每个人目标的内生动机。

海尔对小微实施的是自主管理，小微在三个方面拥有自主权：一是战略，自主决定追求怎样的机会、安排工作重点、建立内外部合作关系；二是人员，自主招聘、调整人员及其职责、界定工作关系；三是分配权，自主设置薪资和奖金。50 多个孵化小微，现在占到海尔市值的 10% 以上，涵盖各个领域，从为中小企业（特别是海尔的供应商和经销商）提供信贷服务的金融科技初创公司海融易，到为 10 000 多个社区提供本地农产品直供的快递柜日日顺乐家。一位风险投资人曾这样描述海尔的创业热情："小微就像侦缉队，审视战场，寻找最有发展前途的机会。它们就像一个巨大的检索部门。"

海尔的组织和制度设计激活了企业的每一位员工。每一位员工都是创业者，必须向外面对市场、向内面对运营，因此必须快速学习。稻盛和夫的阿米巴模式，也是通过自下而上的制度设计，破除了学习困境。然而，自下而上的制度设计需要较多前置条件：信息共享与破除责任固化的平台属性；动态组合的组织形式与构建价值网络的开放属性；流程重组与目标承诺的协同属性；组织支持资源与提高员工主人翁意识的幸福属性。企业组织的管理功能从管控转向了赋能，建立以个体为核心的价值共享系统，为个体实现价值提供机会与条件，促进个体创造力的发挥。因此，制造企业可以借鉴这类组织演进的方式，优化现有的组织架构，逐步形成从自上而下到自下而上的转变。

（4）领导从企业领导向平台领导转变。企业领导推动工业互联网平台建设需要循序渐进。第一步，先把企业的设备联好"上云"。在集成顺序上，首先由内联设备实现智能生产，然后纵联产品和企业用户做智能服务，最后考虑横联企业打造生态。不同于消费互联网，工业互联网由于存在更高的行业和专业壁垒，因此平台领导必须懂得克制，横联企业打造生态一定要量力而行。第二步，实现从企业领导向平台领导转变，推动行业创新和演化，而非追求企业利润最大化。一方面，平台领导者必须了解工业互联网将重构产业链各个环节，因此要具备洞察未知的能力，用产业再造的逻辑去看待每个行业；另一方面，平台领导者要认识到平台上的企业之间存在价值分配上的竞争关系，但绝非零和博弈，而是通过协同创新为用户创造更大价值、实现做大蛋糕的合作博弈。安娜贝拉·加威尔与迈克尔·A.库苏麦诺在《平台领导：英特尔、微软和思科如何推动行业创新》中写道："我们所说的平台领导是指以推动自身行业创新为目标的公司……没有哪个公司可以获得一个市场中所有的创新能力，特别是当需要创新的工具和知识比以往要更加广泛的时候。在我们了解的平台当中，首先创建最基本的应用产品，然后再为新一代产品创建互补品。平台领导和互补品创新者具有很强的合作动机，因为它们联合起来的创新成果，可以为行业每一个参与者提高潜在收益。"

9.4 世界主要工业互联网平台的战略与功能

工业互联网平台作为工业互联网的重要构成要素，是实现制造业数字化转型和智能化发展的助推器。工业互联网平台是连接工业全产业链、全价值链的枢纽，是实现工业资源精准化配置的核心，具有海量泛在连接、知识沉淀积累、云化智化服务、应用开放创新四大主要特征（工业互联网产业联盟，2017）。它的主要目标是实现工业资源的优化配置，全面提升行业效率，实现工业企业智能化生产和管理优化，推动工业企业生产方式定制化、柔性化升级和业务模式创新。

从全球范围来看，工业互联网在技术体系方面已初步形成，产业生态持续发展成熟，应用场景日渐丰富多样。据咨询机构 IoT Analytics 统计，全球上规模的工业互联网平台多达150家。国外工业互联网平台的典型代表包括：GE 的 Predix 平台、西门子的 MindSphere 平台、PTC 的 ThingWorx 平台、ABB 的 ABB Ability 平台、施耐德的 EcoStruxure 平台等；国内工业互联网平台的典型代表包括：航天云网的 INDICS 平台、三一集团的树根互联的根云平台、海尔的 COSMOPlat、酷特智能的酷特 C2M 产业互联网平台、浪潮的云洲工业互联网平台、基本立子的立子云平台、用友的精智工业互联网平台等。

9.4.1 工业互联网平台分类

工业互联网平台有狭义和广义之分（见图 9-3）。

狭义的工业互联网平台产生于工业互联网、聚焦于工业互联网，是工业互联网的重要标志和关键组成。它将云计算、物联网、大数据的理念、架构和技术融入工业生产，主要由工业企业提供，如 Predix、MindSphere、根云、INDICS、COSMOPlat 等。根据服务对象和主攻方向不同，可分为两大类：资产优化平台和资源配置平台。

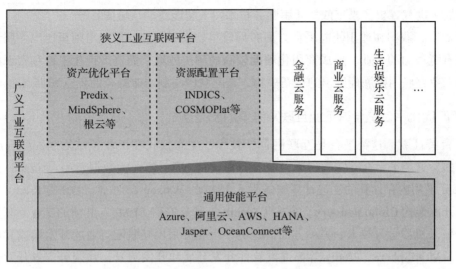

图 9-3　狭义和广义的工业互联网平台

资产优化平台就是国际上聚焦的工业 IoT 平台，服务目标是设备资产的管理与运营，利用传感、移动通信、卫星传输等网络技术远程连接智能装备、智能产品，在云端汇聚海量设备、环境、历史数据，利用大数据、人工智能等技术及行业经验知识对设备运行状态与性能状况进行实时智能分析，进而以工业 app 的形式，为生产与决策提供智能化服务。

资源配置平台聚焦要素资源的组织与调度，通过云接入分散、海量的资源，对制造企业资源管理、业务流程、生产过程、供应链管理等进行优化，提升供需双方、企业之间、企业内部各类信息资源、人力资源、设计资源、生产资源的匹配效率。根据平台提供者所处领域的行业特点、业务类型、市场特点不同，又包括按需定制平台、软硬件资源分享平台、协同制造平台等细分类型。但它们的本质相同，都是对资源的精准配置、对流程的灵活重组。

广义的工业互联网平台除了上述两类，还包括通用使能平台。这类平台提供云计算、物联网，以及大数据的基础性、通用性服务，主要由 ICT 企业提供。其中有的侧重云服务的数据计算存储，如微软的 Azure、SAP 的 HANA、亚马逊的 AWS 以及阿里云、腾讯云、百度云等；有的侧重物联网设备连接管理，如思科的 Jasper、华为的 OceanConnect 等。从范围上看，此类平台除了为工业互联网提供技术支撑，还广泛服务于金融、娱乐、生活服务等各产业；从时间上看，此类平台发展要早于工业互联网。因此狭义上，通用使能平台不属于工业互联网平台。但当前，ICT 巨头都将工业互联网作为平台业务拓展的重点，为资产优化平台和资源配置平台的部署提供连接、计算、存储等底层技术支撑，使上层平台专注于工业生产直接相关的服务，从而实现专业分工，发挥叠加效应。比如 GE 的 Predix 部署于微软的 Azure 平台，得到微软在云服务基础架构、人工智能、高级数据可视化等方面的支撑；西门子的 MindSphere 基于 SAP 的 HANA 设计开发，又部署于 Azure 平台；腾讯云为根云平台提供大数据存储和运算能力。因此广义上，通用使能平台也可以看成工业互联网平台重要的一大类。

可以看出，GE、西门子、博世（BOSCH）、ABB 等工业巨头好似当年发展智能手机的苹果，通过提供"产品＋服务"，塑造"知名品牌＋高端产品＋先进平台"的立体新优势；而微软、IBM、思科、SAP 等 ICT 大鳄，将工业互联网作为云计算、物联网业务拓展的新方向，抢占线下发展主动权，更像当年依托通用服务技术闯入智能终端领域的谷歌。

比较而言，我国在通用使能平台方面布局较早、发展较好，涌现出阿里巴巴、腾讯、华为等一批具有竞争力的企业，形成商用化程度较高的解决方案；而资产优化平台和资源配置平台属于伴随工业互联网发展催生出的全新事物，是互联网与制造业融合的焦点和难点。

1. 资产优化平台是全球工业互联网竞争的制高点

从平台特征看，这类平台是互联网创新技术、生态模式在工业领域复制、融合的突出体现。一方面，这类平台充分融入主流、前沿的物联网、云计算、大数据、AI 等技术。西门子的 MindSphere 采用内存计算的先进计算模式引入 IBM 的 Watson AI 技术，GE 的 Predix 基于云计算流行的开源架构 Cloud Foundry，东芝（Toshiba）与易安信（EMC）共建的工业互联网测试床在其平台引入机器学习技术。另一方面，这类平台充分采用互联网行业的开发模式和应用服务提供模式。MindSphere、Predix 等都提供软件开发环境和开发工具，强调第三方开发者和应用程序接入，旨在形成类似苹果应用商店的第三方开发应用生态。

从现实意义来看，这类平台是制造业绿色化、服务化、高端化、智能化升级的重要支撑。这类平台直接获取机器设备运行参数，通过对海量历史经验数据、实时运行数据的集成与建模分析，实现远程设备状态监控、预测性维护、能效管理等智能化服务，提高机器效率、降低能耗和故障率、拓展服务和价值空间，从而带来巨大的经济效益和社会效益。埃森哲（Accenture）预测，2030 年工业互联网将为全球 GDP 贡献 15 万亿美元；GE 预测，工业互联网将使我国工业企业效率提高 20%、成本下降 20%、能耗下降 10%，而实现这些目标的依托就是资产优化平台。

从长期竞争来看，这类平台将成为未来制造业主导权的战略必争之地。工业巨头是目前此类平台推进的主力，意图借助平台进一步强化各自领域的主导地位。

- 利用平台为自家高端产品提供服务，丰富、专业、智能、精准的应用服务使用户获得更好的体验和收益，形成对其产品更强的黏性，实现"使用用户的数据、为用户提供服务、赚取用户的钱"。
- 通过平台为第三方工业设备提供优化，这使得广大第三方，特别是中小厂商需要向平台开放数据，符合平台的标准，形成对巨头企业的从属关系，同时促进平台形成行业标准。
- 借助平台不断获取广大用户的海量运行数据，形成对企业、行业更加精准的预知；同时，由于用户将海量数据置于平台且对平台服务产生依赖，用户将很难向其他平台迁移。
- 依托平台培育开放的开发者生态，形成良性循环，像苹果或谷歌那样通过 app 服务产生收益。

从国际态势来看，这类平台已成为全球工业互联网竞合的推进焦点。一方面，GE、西门子、博世、ABB、施耐德、发那科（FANUC）、库卡（KUKA）、罗克韦尔（Rockwell）等工业巨头挟工业软硬件所长，基于自身在装备制造系统和工业软件数据等方面的优势，提供"产品+

服务"，形成"国际品牌+高端产品+先进平台"的立体新优势，向数据驱动的商业模式延伸，进一步提高产品或服务的附加值；另一方面，微软、IBM、美国参数技术公司（PTC）、思科、SAP 等信息通信企业利用软件和 IT 技术优势，顺应工业创新发展的趋势，将自身技术应用于工业产品、机器、设备、系统的智能互联，将这类平台的合作开发、部署运行、技术扩展作为各自平台业务拓展的新方向，抢占线上线下融合发展的主动权。

2. 资源配置平台是制造业供给侧结构性改革新抓手

从促进产能优化角度来看，这类平台将分享经济、众创经济等新理念引入生产制造领域，推动制造业开放创新资源，有效盘活闲置存量资产，激发新的增长点。航天云网专有云接入集团 600 余家单位，对设计模型、专业软件以及 1.3 万余台设备设施等进行共享，有效解决了生产单元产能闲置与超负荷运转同时存在的问题，使集团资源利用率提升 40%。

从提升产业协同角度来看，这类平台有利于推动信息对称，打破地理约束，促进区域性、全球化生产协同。沈阳机床、神州数码和光大金控共建的智能云科平台接入分布在全国各地的各类数控机床，根据订单智能匹配产能，大规模订单由需求方周边产能承接，单件或小批量订单可以在合并汇聚后被接单，用户还可实时查看装备忙闲状况和生产进度，掌握生产信息，制定生产目标。

从提升供给质量角度来看，这类平台可前端连接大众用户，后端连接智能工厂，使供需直接交互、精准对接，开展以用户为中心的 C2B 定制，满足市场多样化需求，实现增品种、提品质、创品牌，同时避免库存积压和产能过剩。海尔的 COSMOPlat 汇聚用户需求，直接转化订单排产，同步预约下单，实现了产品开发 100% 用户参与设计、生产线产品 100% 订单有主，订单交付周期缩短 50% 以上。

9.4.2 主要工业互联网平台

目前，世界上三家大型的工业巨头凭借自己在工业领域多年积累的技术优势、数据资源和管理能力，已经开发和推广了各自的工业互联网平台，以美国 GE、德国西门子、中国海尔为案例，分析工业互联网平台的战略和功能。

1. 国外主要工业互联网平台

（1）GE 的 Predix：工业垂直领域的霸主。世界上首个工业互联网平台 Predix 由 GE 于 2013 年打造推出。不同于传统企业的 IT 解决方案，Predix 通过 OT（operational technology，运营技术）赋能外界工业设备，提供资产管理和工业运营服务。Predix 不仅仅是一个技术平台，也是为工业互联网搭建生态环境的平台，所有的相关方都可以参与进来，基于这个平台进行应用搭建，创新商业模式。

Predix 的主要组件包括：Predix Machine、Predix Connect、Predix Cloud 和 Predix Service。围绕工业设备健康管理、生产效率优化、能耗管理、资产绩效管理、智能制造管理等提供了丰富的应用场景，并提供多种应用程序的微应用、微服务。Predix Machine 可以与工业资产以及 Predix Cloud 之间进行数据通信，同时管控本地工业软件的运行，可以安装在设备网关、检测装置和程序控制器上；Predix Connect 用于工业设备断网的情况，通过移动网络、传输线路和卫星技术组成的虚拟专网使工业设备连接至 Predix Cloud；Predix Cloud 是一个云基础架构，具备数据服务功能和微服务开发功能，同时满足工业负荷的安全性和设备运行的规范性；Predix Service 提供工业微服务组件和功能模组库，程序员可自由调取以实现工业软件和应用程序的开发、测试和部署，还提供了微服务社区，供程序员发布自己的开发成果或调用第三方提供的相关应用程序。

Predix 平台的功能与结构如图 9-4 所示，最外层是行业用户，包括医疗、能源、运输、航空、家电、照明等，这些行业用户的设备既可能是 GE 自己生产的，也可能是第三方企业生产的。这些行业设备通过 Predix Machine 与 Predix Cloud 相连，实际上 Predix Machine 是负责工业设备资产与 Predix Cloud 通信的软件层，同时可以运行本地应用程序。Predix Machine 组件可以安装在网关、工业控制器和传感器上。

Predix 可以为工业设备提供四大类服务：资产管理、数据分析、资产安全监控和运营管理，帮助工业用户提高设备运营效率、资产能力，节约成本。效率、成本与安全恰恰是工业企业的痛点，需要通过流程优化、设备优化和数据分析才可能解决这些问题。

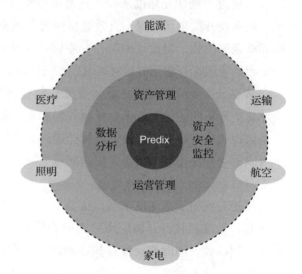

图 9-4 Predix 平台的功能与结构

GE 已经将 Predix 平台深度应用于 GE 的各个工业产业之中，以提升设备的运营效率。GE 的智慧工厂将传感设备安装在 GE 所有的设备上，在供应链中也同样安装了传感设备，将所有的供应链打造成统一的数据库，实现 GE 供应链的统一集中管理。目前，Predix 平台每天共监控和分析来自 1 000 万个传感器发回的 5 000 万条数据，其终极目标是帮助客户做到 100% 的无故障运行。

（2）西门子的 MindSphere：开放、稳健的扩张者。MindSphere 是西门子于 2016 年推出的工业互联网平台，是德国工业 4.0 平台的典型代表，能够集中连接工业控制系统、Web 系统和企业的 MIS，通过数据分析和可视化功能面向数字化工厂、能源管理、智慧城市和交通等垂直行业提供服务方案。MindSphere 的系统架构主要由 MindConnect、开放式 PaaS 和 MindApps 组成（西门子，2019）。MindConnect 具备资产连接功能，可实现将西门子和其他企业的工业资产连接到 MindSphere；开放式 PaaS 可灵活扩展，具备多种兼容性良好的 API 和通用插件，以支持应用程序的开发和管理，同时可提供租户管理、属性管理和事件管理等平台服务，API 管理和应用程序注册等网关服务，以及事件分析、信号计算和趋势预测等分析服务；MindApps 由西门子及其生态合作伙伴共同开发，是 MindSphere 对外提供的工业应用和数字化服务，可以有效提高企业资产价值。

西门子将 MindSphere 定位成基于云的工业物联网开放式平台系统，帮助企业用户完成数据的采集、传输、存储、分析及应用，平台为连接各类智能设备提供统一接口，实现不同智能设备之间的互联互通；同时，为各类工业企业各种各样的应用软件提供开发运营环境。客户可以根据自身需求选择相应 app 对工厂运营数据进行分析，实现对生产线的智能控制，如进行预测性设备维护、远程故障诊断、产品追踪等。在推动 MindSphere 平台应用时，西门子的战略重点是针对垂直行业定制应用软件和解决方案，而非打造适合所有行业的横向工业互联网平台。

图 9-5 展示了 MindSphere 的功能与结构，作为基于云的工业物联网开放式平台，MindSphere 系统包括基础设施层、平台层、应用层等。

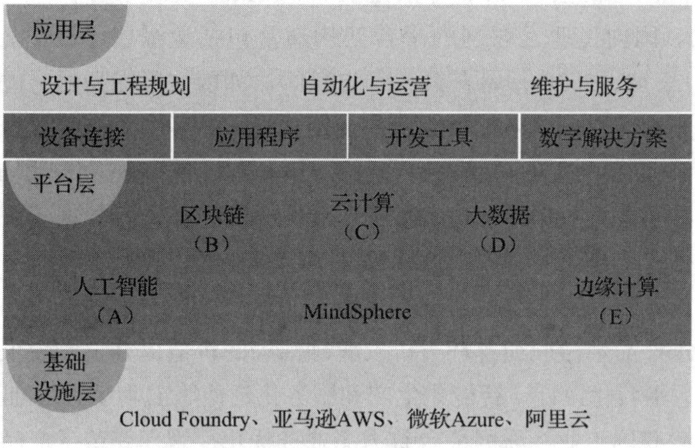

图 9-5 MindSphere 的功能与结构

基础设施层：企业用户可以通过互联网获得数据存储、安全、计算等云端服务。西门子并没有直接建立基础层，而是选取了 Cloud Foundry、亚马逊 AWS、微软 Azure、阿里云等作为基础层云服务的合作伙伴。

平台层：这是 MindSphere 平台最为重要的组成部分，也是西门发力投资建设的部分。这部分内容主要包括设备连接、应用程序、开发工具和数字解决方案。

应用层：这部分是与企业用户共同建立的，是基于不同行业的解决方案，企业可以根据自己的实际情况个性化开发和定制适合自己的解决方案。MindSphere 的战略目标是为用户在全价值链上提高效率、效能，所以在应用层，MindSphere 将数字化解决方案分为三大部分：设计与工程规划、自动化与运营、维护与服务。

作为西门子数字工业生态系统的基石平台，MindSphere 的生态合作伙伴包括云基础设施服务商、软件开发者、物联网初创企业、硬件厂商等。例如，在云服务层面，MindSphere 目前的合作伙伴包括亚马逊 AWS、微软和阿里云。这些云服务合作伙伴可以提升 MindSphere 的大数据和计算开发能力；在应用层面，西门子与埃森哲、SAP 等十几个全球合作伙伴联合开发出了 50 多种工业应用 app，供各类工业客户选用。

2. 国内主要工业互联网平台

发展工业互联网是我国在工业制造业领域换道超车的关键，在国家相关的政策的鼓励下，国内一些优势企业纷纷构建工业互联网平台来促进资源的互联互通，助力企业的数字化和智能化发展，加速企业的转型（王晨，2020）。目前我国市场上主要有以下几类工业云平台。一是利用平台对接企业与用户，形成个性化定制服务能力，例如海尔的COSMOPlat云平台打通需求、设计、生产等环节，实现个性化定制应用模式。二是借助平台打通产业链上下游，进而优化资源配置，例如航天云网的INDICS和树根互联的根云等平台，通过汇聚需求与供给双方而实现供需对接、资源共享的功能。三是管理软件企业，依托平台实现从企业管理层到生产层的纵向数据集成，进而提升软件的智能精准分析能力，典型例子如SAP的HANA平台。四是设计软件企业借助平台强化基于全生命周期的数据集成能力，形成基于数字孪生的创新应用，进而缩短研发周期，加快产品迭代升级，如索为系统的SYSWARE平台。

（1）平台架构。国内工业互联网的平台架构通常包括边缘层（即数据采集层）、IaaS层、PaaS层和SaaS层（王晨，2020；周志勇 等，2021）。如前文所提到的，边缘层通过接入工业设备、智能产品等进而实现数据采集集成，并运用边缘计算等将采集的数据进行预先处理和分析。IaaS层是基础设施层，包括存储设备、网络、服务器设备和虚拟化等。PaaS层主要有三方面的功能：一是通过工业大数据系统进行数据管理与分析，如进行数据清洗、挖掘、管理和分析，提供可视化数据；二是通过利用工业原理知识、行业知识等对工业设备、生产工艺和工厂进行工业数据建模与分析；三是提供工业微服务（王晨，2020；周志勇 等，2021）。SaaS层通过平台的部署，促进产品生命周期各环节以及管理活动的价值提升，实现个性化定制、数字化管理、网络化协同、平台化设计、智能化生产和服务化延伸等工业互联网创新应用模式。

（2）应用场景。我国工业互联网平台致力于业务优化、管理变革、产品升级、服务创新和资源配置优化等方面（王晨，2020），在发展的过程中逐渐形成了个性化定制、数字化管理、网络化协同、平台化设计、智能化生产和服务化延伸等六化新模式（中国电子信息产业发展研究院，2020）。

- 个性化定制。企业的生产模式由企业推动式生产转向用户拉动式生产。企业需要构建与用户交互的平台，通过交互获取用户的需求信息，并在对用户的需求分析确认后设计研发活动，研发设计的产品经用户确认后生产。
- 数字化管理。企业可以打通人员、设备、活动的数据信息孤岛，进行数据实时采集，综合应用知识库及大数据分析技术，打造以数据为驱动的管理体系，企业利用大数据分析等技术进行智能决策，促进资源的优化配置。
- 网络化协同。企业利用工业互联网平台，可以汇集优化产品的全生命周期所涉及的设计、制造、运维等各环节的上下游资源，从而加强供应链信息共享、提升研发效率、均衡生产能力、优化服务模式，提高企业运行效率。
- 平台化设计。企业通过平台化设计可以提供产品的统一管控和在线共享，打通多专业在线设计流程、仿真，实现高水平、高质量、高效率的设计，消除部门间和地区间的沟通障碍，提高设计研发效率。
- 智能化生产。这是指通过对参与产品制造的人、机、料、法、环、测等全要素互联进行数据集成、采集，利用人工智能、大数据等技术对生产设备、生产工艺等进行深度分析、感知和智能管控，实现生产过程的智能化。

- 服务化延伸。这是指通过对智能产品进行远程互联，获取产品使用数据，进而对产品进行预测性维护，帮助企业实现从生产制造商到服务提供商的转变。

（3）海尔的 COSMOPlat：以用户为中心的世界级工业互联网生态品牌。COSMOPlat 是海尔于 2016 年 12 月推出的具有中国自主知识产权的工业互联网平台，它将不同用户的需求和企业构建的智能制造体系连接起来，引入视觉识别、噪声识别、人脸识别下单等智能应用新模式，成功构建起以用户为中心的生态，是全世界第一家引入用户全流程参与体验的工业互联网平台。用户可以亲自经历并全流程参与产品设计、生产制造、物流配送、迭代升级等环节，全程实时可视化。平台通过"用户+数据驱动"方式，实现了资源无缝对接、需求实时响应，提高了用户的满意度。在平台的支持下，海尔创新性地推出了"人单合一"管理模式，将交互定制、开放创新、精准营销、模块采购、智能生产、智慧物流、智能服务等七大服务模块向全球开放，打破了以往企业封闭的内环式生产制造模式，使过去"企业和用户之间只是生产和消费关系"的传统思维转化为"为用户创造终身价值"，激活了企业员工及外部创客的积极性与创造力，企业创新能力不断增强。

COSMOPlat 现在已经成为全球最大的大规模、个性化定制解决方案平台。平台构建共创生态圈，赋能企业转型，为企业提供互联工厂建设、大规模个性化定制、工业应用定制/交易等产品、解决方案等多种服务。COSMOPlat 主导 ISO、IEEE、IEC 三大国际标准，与德国工业 4.0 同台竞争，成为国际标准的框架，获工业互联网双跨平台（跨行业、跨领域）评比第一，2019 年海尔被 BrandZ 评为"物联网生态品牌"。

COSMOPlat 主要由五个子平台构成。

众创汇平台：它是海尔集团 2015 年推出的产品定制平台，主要聚焦于用户需求，用户可参与整个定制过程，与设计师、工程师等实现零距离交互，打造属于用户的独一无二的产品。用户可以在海尔众创汇先进行需求交互，再进行生活场景网上模拟体验，最后定制下单。

HOPE 平台：它是由海尔开放式创新中心开发并运营的开放创新平台，于 2013 年 10 月上线，以开放、合作、创新、分享的理念，整合各类优秀的解决方案、智慧及创意，与全球研发机构和个人合作，为终端用户提供个性化产品解决方案。该平台已聚集了来自全球的数十万个解决方案资源提供者，覆盖从原型设计、技术方案、结构设计、快速模型、小批试制等全产业链的资源。

海达源平台：它是海尔的模块商资源平台，成立于 2015 年 3 月。可以使全球一流资源无障碍进入，任何合法企业均可在海达源上进行注册，平台促使模块商资源提供者与用户需求零距离对接、高频交互、量价约定。平台还为模块商资源提供了"超市自主空间"，支持模块商资源全方位展示自己的创新解决方案，吸引用户选用和购买。

制造平台：它主要包括沈阳冰箱、郑州空调、佛山滚筒洗衣机、青岛热水器、FPA 电机、胶州空调、青岛模具、中央空调等八大互联工厂，这些工厂以用户为中心，可以实现用户全流程参与大规模定制。

物流平台：COSMOPlat 通过整合全球的一流物流网络资源，搭建起了开放、专业化、标准化、智能化大件物流服务平台。该平台以用户最佳体验为标准，依托仓储网、配送网、服务网、信息网等四网融合的核心竞争力，为客户提供供应链一体化服务解决方案，可为家电、家具、卫浴、健身器材及互补行业客户及用户提供全品类、全渠道、全流程、一体化物流服务。

COSMOPlat 的核心是 COSMO 云，分为四层，第一层（最顶层）是业务模式层，核心是互联工厂模式；第二层是应用层，为企业提供具体的互联工厂等应用服务，目前已构建 IM、WMS（warehouse management system，仓库管理系统）等 4 大类 200 多个服务应用；第三层是平台层，支持工业应用的快速开发、部署、运行、集成，支撑实现工业技术的软件化；第四层是资源层，开放聚合全球资源，实现各类资源的分布式调度，实现协同制造的最优匹配。

众创汇、HOPE、海达源、制造、物流等五个子平台全部与 COSMO 云互联。同时，为了搜集数据信息，海尔还通过一系列智能设备与 COSMO 云直接联通。假设顾客想定制一台海尔馨厨冰箱，那么他将首先登录 COSMOPlat 上的众创汇平台，提出定制要求之后，需求信息马上同步到达 HOPE 平台、海达源平台、制造平台，匹配研发、模块商和生产资源，生成订单。互联网工厂的智能制造系统会自动排产，将信息传递到各生产线，在很短时间内就可以定制出一台个性化的冰箱。随后，这台冰箱经过智能检测，交付智能物流平台，直接配送到顾客家里。

9.5 工业互联网平台的作用机制、路径与模式

9.5.1 工业互联网平台的作用机制

工业互联网平台在制造业产业集群中具有支柱性作用，改变了制造业产业组织形态。工业互联网平台与企业集群存在交互赋能关系（曾鸣，2018），能产生黑洞效应和网络张力（李敏，2020），工业互联网平台吸引中小企业集群进入智能生态体系，协同耦合后形成开放式创新生态系统（朱英明 等，2019），借助"价值共创＋网络效应"（谢洪明，2019），形成网络化、动态化生态圈，实现不同智能系统间的价值连接与价值交换（蔡剑，2020），获得网络资源的互补效应（戴维奇，2018）、知识学习与创新的外部效应（罗珉，2018）、外部规模效应（栾贞增，2016）、市场势力的扩大效应（卢福财，2020），实现动态均衡（戴一鑫、郑江淮，2017）、互利共生（杨蕙馨 等，2020），获取多主体共生演化与系统间协调的生态租金（朱桂龙 等，2018）。

近年来，AI、大数据、物联网、新一代移动通信、区块链等技术的创新发展和融合应用，使得工业互联网平台在信息感知、数据采集、算法优化、软件定义等方面被赋予新的能力，进一步引领了工业互联网平台的创新发展。工业互联网平台赋能制造业转型升级，催生了网络化协同制造、大规模个性化定制、共享制造、众创众设等一系列新模式和新业态，已成为我国经济高质量发展的新引擎。

制造企业通过工业互联网平台构建生态系统，并提供基础设施吸引多边资源参与，在供应端实现制造全链路平台化转型。构建的平台供应链生态系统整合供应链上的研发、生产、物流、销售等各环节，在最终消费者场景体验和参与供应链全链路决策的需求驱动下使供应链的网络效应不断迭代升级，最终实现价值共创。例如，海尔智家构建的基于物联网的平台系统，

通过小微链群的形式将各个供应资源实现互联互通的供应链整合,打造基于用户价值的互利共生的生态系统,实现各利益相关者的共赢增值(海尔辞典编委会,2017)。在海尔平台生态模式下,多方资源和利益主体进行匹配与交互,通过不同小微与外部资源的聚合共生,最大限度地满足用户场景体验需求,形成相应的创单链群和体验链群。创单链群主要是为顾客提供最佳体验的产品、服务以及方案等,而体验链群则聚焦用户体验的交互与迭代。两种链群基于需求场景中的用户需求不断共享、共创并实现共赢和进化(谭丽霞,2019)。

在驱动产业升级和实现智能制造方面,工业互联网的潜力巨大。首先,企业用户将因工业互联网而更容易获得设备制造企业的加持,设备制造企业也将重构商业模式,为企业用户提供更多的服务内容和更高的价值;然后,获得设备制造企业赋能的产业下游企业将以更加低廉的成本实现小批量、定制化生产,这在一定程度上可缓解来自互联网企业的跨界打击以及消费升级的宏观压力;最后,设备制造企业从自身企业的"纵向集成"到面向产品生命周期的"端到端集成",最终将转向打造生态的"横向集成",这将为传统产业带来更多新元素,创造新技术、新产业、新业态和新模式,成为拉动经济发展的新引擎。

9.5.2 工业互联网平台的应用路径

工业互联网将各种内外资源联系在一起。资源要素的不同组合,不仅能通过技术创新促进生产力的发展,还能通过模式创新丰富和重塑生产关系,形成新的业态与生态,成为各国政府及企业争相投入、竞相参与的共同选择。

1. 工业互联网平台的作用领域

当前我国经济正由高速增长阶段转向高质量发展阶段,经济发展的动力、结构、质量、效率有待持续改善,工业互联网平台主要在以下方面起到推动作用。

一是实现基于数据驱动的创新发展,构筑经济增长的新动力。工业互联网平台基于智能互联的机器设备和终端用户需求采集海量数据,并通过机器学习算法实现对数据的分析建模优化,能够形成涵盖企业研发设计、生产管理、运行维护、销售服务等全生命周期的优化决策和解决方案,是典型的数据和知识驱动型经济。

二是引领生产方式智能化变革,促进产业提质增效升级。工业互联网平台引领了新一代智能制造的发展,通过构建柔性化、智能化生产系统,联通企业内外部数据,连接工业全要素、全产业链、全价值链,推动按需定制、用户参与设计、大规模个性化定制等新模式发展,促进供需灵活高效匹配;通过将自身的生产系统与全球智慧供应链相连接,在更大范围内优化配置资源,进一步提高发展的质量和效益。

三是促进先进制造业与现代服务业深度融合,推动经济转型升级。制造企业依托工业互联网平台,可以提供基于智能设备的全生命周期管理、远程运维、在线监测以及信息增值等服务,从而实现"智能产品(装备)+智能服务"一体化发展,构筑制造与服务融合型的产业价值链。

四是构筑共创共享的创新创业生态,激发经济高质量发展新动能。工业互联网平台具有分布式、开放性、连接性等特点,能够吸引全球的开发者、生产者和消费者,催生出众包设计、网络化协同研发、协同制造等新模式，形成价值共创共享的创新创业生态。

2. 工业互联网平台的作用手段

工业互联网是推动企业数字化的平台支撑。数字化是传统制造企业转型升级的必要前提，网络化是转型升级的核心基础，工业互联网通过大数据分析，使数据价值得以及时体现。

工业互联网是新制造的关键基础设施。工业互联网本质上是基于云计算平台，实现制造业数字化、网络化和智能化的基础设施，能为企业提供跨设备、跨系统和跨区域的全要素互联互通的基础业务平台（余菲菲、董飞，2019）。企业通过工业互联网平台，构建相互连接的价值网络，方便企业对设计、生产、管理、服务等制造活动进行全方位优化，能够实现资源有效利用与协同，能在更大范围内打破物理和组织边界，形成无边界组织，使组织及生产具有更大的柔性。

工业互联网是传统制造业转型升级的现实路径。工业互联网带来的新方法、新技术、新理念、新管理、新模式，可挖掘传统制造企业的发展潜力，为传统制造企业注入信息化、智能化的基因，插上互联网的翅膀，加快传统制造企业转型升级的步伐。通过构建精准、实时和高效的数据采集系统，实现工业经济全要素、全产业链、全价值链的资源优化与配置，充分发挥设备、资源的效力。同时，工业互联网响应客户的及时需求，催生出网络化协同、大规模个性化定制、智能化生产、服务化制造等。

工业互联网有助于在工业竞争中获得独特的新优势。工业互联网平台的主要目的在于通过整合生产企业、高校、研究院所、用户等资源，进行技术创新、解决技术难题和掌握核心技术，从而掌握行业标准控制权，打造传统制造业的新生态，不断强化各国制造业的竞争优势和核心地位。

9.5.3 工业互联网平台的发展模式

由于各类平台应用场景不同，功能各具特色，因此平台企业会基于优势和发展目标来打造平台，目前已初步形成三种主要平台模式，如表9-1所示。第一种是跨行业跨领域的通用型平台，以提供通用服务为主，目前正在持续完善细分领域的各项功能。例如，西门子的MindSphere在应用软件开发层为客户提供开放架构，帮助客户在通用界面下选择或定制所需的软件服务。第二种是聚焦特定行业或领域的垂直行业平台，为客户提供深度服务和解决方案。例如，昆仑数据平台瞄准工业数据格式不统一、高频、高精度等独特性，为用户提供深度的工业数据实时处理和批量接入、高效存储、复杂查询、可视化等服务。第三种是依托专业知识和服务，为客户提供定制化产品、行业机理等解决方案的定制化服务平台。例如，黑湖智造基于对数据的聚合和深度分析，为客户提供智能排期、生产管理、质量管理等细致化应用服务。

表 9-1 工业互联网平台的不同发展模式

平台模式	功能特点	典型企业或平台
通用型平台	通用平台服务，包括软件、解决方案、资源对接等	西门子的MindSphere、海尔的COSMOPlat、航天云网的INDICS平台
垂直行业平台	行业适配的平台服务、机理分析和解决方案等	昆仑数据、云栖智造
定制化服务平台	定制化产品生产、机理分析、解决方案等	黑湖智造、安脉盛

工业互联网平台是制造业信息和资源交互的枢纽,向下接入海量设备和要素资源,向上为企业提供各类工业软件和服务的开发部署,而自身则提供各类中间层技术和服务,也是海量数据汇聚收集和分析的中枢(工业和信息化部,2018),如图9-6所示。当前,凭借超大市场优势和企业自身发展,我国工业互联网平台企业在工业系统各层级、各环节中实现了广泛应用,呈现出三种主要应用路径(工业互联网产业联盟,2019)。

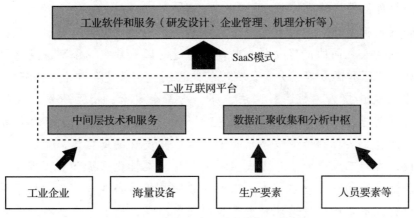

图9-6 工业互联网平台的枢纽作用

一是面向企业内部的生产率提升:利用工业互联网打通设备、生产线、生产和运营系统,提升生产率和产品良率,降低能源资源消耗,打造智能工厂。平台能为企业快速部署生产经营所需的软件,如研发设计、生产制造、采购供应、企业运营、仓储物流等,进而实现对企业内部要素、资源和信息的高效连接。例如,富士康在自主研发工业互联网平台BEACON的过程中,通过供应链智慧决策系统实现了供应链各个层级的互通,实际导入后,富士康全球各工厂提升全球库存周转率13%,提高全球供应链跨站点合作效率33%。

二是面向企业外部的价值链延伸:利用工业互联网打通企业内外部产业链和价值链,实现产品、生产和服务的创新,获取更高的附加值。随着产业链分工细化,企业往往需要从产业链上下游采购所需资源来进行再生产,工业互联网平台为企业提供了这样的资源对接和采购平台。企业还可以通过工业互联网平台来定制产品和寻找代工,实现自身产业链条的延长和能力的提升。例如,海尔依托COSMOPlat打通需求搜集、产品订单、原料供应、产品设计、生产组装和智能分析等环节,打造了适应大规模定制模式的生产系统,实现了对个性化定制订单的全链条支撑,充分体现了工业互联网平台强大的资源整合和协调能力。

三是面向开放生态的平台运营:利用工业互联网平台汇聚协作企业、产品、用户等产业链资源,实现向第三方平台运营的转变。在信息技术和平台的驱动下,制造业资源和数据势必走向弹性共享、灵活配置,这不仅会形成制造业内部不同层级、不同领域的互动网络,也将随着网络效应的扩张,形成跨行业、跨领域的互动网络。当前我国的工业互联网平台已有制造能力租赁/交换、工业数据与金融评估的联动分析等成功案例。例如,树根互联与久隆保险基于根云平台,共同推出了基于使用量而定保费的UBI(usage-based insurance)产品数据分析平台,依托工业和金融数据的综合分析,指导保险公司对不同的机器类型进行精准保险定价。

■ 本章要点

随着互联网红利的终结和平台间竞争的深化,越来越多的平台陷入了流量圈占的路径依赖。工业互联网时代的到来为绝大多数平台企业提供了新的生存良机,通过向产业端的渗透,产业赋能平台使其跳出单一追求流量扩张的路径依赖,平台间的竞争重点将从前端应用向后端生产环节实现数字化协同转变,凭借产业控制力的强化来降低平台噪声、实现用户锁定和消解负面网络效应。

工业互联网包括网络、平台、安全三大体系,本质是以机器、原材料、控制系统、信息系统、产品以及人之间的网络互联为基础,通过对工业数据的全面深度感知、实时传输交换、快速计算处理和高级建模分析,实现智能控制、运营优化和生产组织方式变革。

工业互联网是连接人、机、料、法、环、测等全要素,交互研发、营销、采购、制造、物流和服务等全流程,以及供应链、空间链和金融链等全产业链的全新工业服务体系。工业互联网也是实现制造业数字化转型和智能化发展的助推器,是联通实体资产和虚拟对象的手段,推动工业企业生产方式实现定制化、柔性化升级和业务模式创新,并逐渐成为全球竞争形势下的一个重要节点。工业互联网是推动企业数字化的好帮手,是新制造的关键基础设施,也是传统制造业转型升级的现实路径,有助于企业在工业竞争中获得独特的新优势。目前,我国的互联网平台企业在工业系统各层级、各环节中实现了面向企业内部的生产率提升、面向企业外部的价值链延伸、面向开放生态的平台运营的应用路径。

■ 讨论问题

1. 工业互联网平台的产生动因是什么?谁将是工业互联网平台的主力军?
2. 工业互联网平台的技术架构是什么样的?
3. 工业互联网平台如何改变了制造业产业组织形态?
4. 工业互联网平台有哪些应用路径?

| 第 10 章 |

平台治理

■ 学习目标
- 理解平台权力；
- 了解平台治理的模式与机制。
- 掌握平台治理体系；

■ 开篇案例

抖音的平台治理之路

2021年，TikTok（抖音海外版）下载量突破25亿次，成为全球app下载量冠军，涉及150多个国家和地区、75种语言。在国内，抖音日活跃用户量高达3.2亿，用户总量超过8亿，人均单日使用时长在2小时以上，成为最火爆的短视频软件。这款有社交功能的短视频软件在短短几年内华丽转身，成为集社交、娱乐、直播及电商于一体的短视频平台，甚至一度被用户惊呼为一"刷"就停不下来的app，创造了"全民皆抖"的现象级景象。

那么，抖音成功背后的秘密是什么呢？

抖音产品负责人王晓蔚曾表示，抖音之所以能有今天这样的成绩和市场规模，离不开它的核心算法，这也是抖音相对于其他同类产品的优势所在。作为一个"算"出来的头条系爆款，抖音如今是字节跳动旗下名副其实的战略级产品。抖音用15秒钟的曝光打造了一个"人人都能红一会儿"的造星工厂，而精准的算法推荐也为其带来了超强的用户黏性和巨大流量。抖音的核心是去中心化算法——让每个视频都有机会被展示、每个人都有机会被看到，这种去中心化算法让源源不断的内容满足不同用户的兴趣需求。这些独特属性为抖音积累了快速变现的基础，也给了抖音进军电商领域的底气。

与更早成立的快手相比，除了精准的算法，抖音在内容把控、用户定位方面也都超过快手。众所周知，抖音、小红书、知乎都是内容平台，抖音之所以能够脱颖而出，一方面在于它新颖的呈现方式，用户可以充分利用碎片化的时间，以"观看"的方式获取更多的信息，相对于传统的文字阅读，短视频呈现的方式无疑会获得更多青睐。另一方面，抖音始终坚持以内容为本的原则，遵循内容与需求相匹配的逻辑，通过强大的算法将用户感兴趣的内容及时推送。例如，与传统电商的"需求逻辑"相比，抖音电商的经营模式是"内容逻辑"，先挖掘抖音平台的内容价值，然后根据内容匹配相应的产品和服务。这意味着，即便在电商领域，抖音的打法也依旧是基于其核心算法下的"兴趣电商"。抖音以内容和兴趣为导向提供"商品＋服务"的经营模式迅速获得了市场的认可。传统电商语境下，平台只是渠道，用户按照需求选择商品。商家吸引用户的方式以广告为主，在内容创作上几乎没有空间。"兴趣电商"语境下，抖音会基于对内容的数据分析，帮助商家围绕用户的兴趣点和潜在需求进行产品开发。对用户来说，抖音的社交属性和内容分发机制能够确保每一个个体都有机会"被看见"。在这里，用户发布的任何视频，系统都会智能分发一定的流量，然后再根据初始流量带来的点击率和互动进行持续的流量加持。这种"精准推荐＋智能分发"的模式，让很多内容创作者在这里找到实现自我价值的方式，也让抖音拥有了惊人的日活用户数据。对企业和品牌来说，抖音多元的内容属性和独特的表达方式，以及对产品和品牌的场景化，能够快速推动口碑的形成，激发用户的参与性。正因如此，抖音不仅是个人用户内容创作和欣赏的阵地，同时也是商家品牌进行营销的必争之地。

回顾抖音的发展历程，2017年，某著名相声演员先后两次在其个人微博上转发了带着抖音水印的短视频，引起了抖音app下载量和用户量的激增。这一事件将抖音推进了公众视野，也让当时还未更名为字节跳动的今日头条看到了抖音的巨大市场潜力和发展空间。随后抖音邀请一众公众人物进行推广，这一举措让抖音吸引了更多人的目光，用户量持续高速增长。2020年4月，抖音以6 000万元签约罗永浩，引发了明星带货热潮；一众明星在抖音开播，提升了抖音的直播带货热度。2020年10月9日，抖音电商宣布外链商品不再支持添加进购物车，抖音电商全面进入"抖音小店"时代。从与电商平台合作到独立做电商，抖音电商花了两年多时间。2021年12月16日，"抖音盒子"app悄然上线。抖音盒子是抖音旗下的独立电商平台，它依托短视频"种草"与购物商城搜索，通过打造独立的电商生态来解决抖音过度电商化等问题，同时弥补了抖音端用户复购率差等短板。

然而，随着抖音的崛起，一系列问题也随之产生。例如创作者利用不健康甚至是低俗的短视频作品吸引粉丝，引起了社会大众的不满乃至愤怒；抖音通过外链商品为第三方电商平台引流，助力GMV提升，然而由于不参与购买流程且缺乏监督机制，出现了销售伪劣商品的情况。自断外链商品以后，抖音电商不断扶持自营商家，平台商家规模迅速扩大，GMV也屡攀新高，但在GMV高增长的背后也滋生了诸多问题，比如平台规则烦琐死板、流量投放不精准等，这些问题使大多商家苦不堪言。抖音管理层凭借着良好的警觉性和自主性，在这些平台问题产生之初就开始了严格且果断的治理。

抖音的平台治理进程贯穿于其三个发展阶段。第一阶段专注功能开发，确定产品基调。

2016年9月16日，抖音平台正式上线，初期产品围绕拍摄效果、用户沉浸、便捷使用等需求实现版本快速更新迭代，体现出"敏捷开发、小步快跑"的风格。随着用户规模扩大，抖音逐渐重视平台内容治理，2017年4月28日发布的1.4.0版本进一步完善了对不合规内容的举报机制。第二阶段专注传播运营、促进用户增长。2017年6月8日发布的1.4.2版本新增作者删除评论的权限，首次提出打造更加健康、和谐的社区。通过吸引明星入驻、赞助国内大型综艺节目等宣传途径，抖音用户量获得大幅度增长，2017年年底，抖音日下载量超44万次，顺利进入同类产品的第一梯队。第三阶段加强平台监管，构建和谐社区。用户数量激增使平台充斥各种低俗和风险内容，质量参差不齐，引发社会各界的质疑，为优化平台内容、承担社会责任，抖音再次把产品改进聚焦于平台规范和治理上。2018年1月发布的1.7.0版本优化了举报功能，在鼓励用户举报的同时避免合规用户无辜受害，减少了平台的不良内容，版本1.7.8则首次上线了"反沉迷系统"，通过对用户进行用时提醒以及强行打断，帮助用户健康使用平台。

具体来说，抖音的平台治理主要体现在内容治理、算法治理、知识治理以及社会责任治理四大方面。

用户的快速增长给内容质量控制造成了较大的困难。在平台内容治理方面，字节跳动设立了内容质量中心作为平台的内容审核部门，覆盖9个国家和地区、18种语言。审核内容包括图文、视频等，审核流程主要采用"机器+人工"双重审核机制，而人工审核又包括初审和复审两阶段，从源头上拦截违规行为和内容，对违规用户视情节严重程度采取相应的处罚措施。抖音还建立了未成年人风控模型，对出现未成年人的视频内容设定特定的审核标准，着重对未成年人进行保护。

在算法治理方面，抖音通过多重人工智能模型（如敏感人物模型、血腥模型、色情模型等）对内容进行机器初步审核；抖音的推荐算法机制是著名的信息流漏斗算法，以用户为中心优化算法推荐，根据用户特征推荐个性化内容，同时用户可以通过选择"不感兴趣"选项减少同类内容推荐。另外抖音的算法系统还包含实时学习的机制，通过捕捉和分析用户留下的数据，它可以快速提供反馈。比如，当用户点击某一种视频后，抖音会根据这一信息快速更新该用户的"喜好库"，然后根据这一改变立即推荐相似的视频。

算法推荐的流行、深度数据挖掘给知识产权保护带来较大困难，巨大的流量红利也为不法侵权埋下隐患。2021年，抖音知识产权投诉平台正式上线，它类似于阿里巴巴的知识产权保护平台，是专门为品牌方所设立的知识产权维护端口。此外，普通用户进行知识产权保护更加便利，可以直接"右滑"进入违规用户主页进行举报，举报范围包括了侵犯权益的选项。在知识治理方面，抖音明确自身责任，引领主流文化，提高弘扬社会主义核心价值观的短视频的创作质量，将"大道理"变成"微语言"，将"大理念"变成"小故事"，生产出更多"沾泥土""带露珠""冒热气"的短视频，增强用户对社会主义核心价值观的认同。

在社会责任治理方面，自2018年3月抖音发布"社会责任计划"以来，陆续上线了"风险提示系统""时间管理系统""青少年模式""抖音银龄守护计划"等。抖音还持续助力乡村振兴和传统工艺的传承保护，如通过"县长来直播"活动帮扶国家级贫困县；油纸伞、陶器、甲胄等传统、小众的工艺品，也通过抖音电商拓宽了销路，找到了消费群体。2019年，抖音发挥短视频传播知识类内容的独特优势，推出了多项知识行动。比如"DOU知计划"倡导全民科普，号召更多科学内容作者加入短视频科普队伍；"非遗合伙人"计划助力非遗传播、发掘非遗的文化和市场价值等。在公益传播过程中，抖音不仅充当传播工具，也是其中的重要参与者，其中代表事例是罕见病发展中心与抖音共同发起的"橙子微笑挑战"接力公益行动。活动要求挑战者用嘴吸住橙子五秒钟，用橙子代替微笑，而后借助短视频、微头条的内容形成内容接力，唤起公众对罕见病群体的关注。此外抖音还协助国家政务平台进行亲民化政务传播，在重大政治时刻实现娱乐平台向政务平台的转变。

从初出茅庐时的无人问津，到现象级的"全民皆抖"，抖音几乎是被大数据及算法的导向性决定命运的一款产品。如今，它极有可能走向一个更广阔的战场。伴随着人工智能技术的长足进展和人工智能时代的加速到来，大数据的挖掘能力变得更加强大而精准，我们也将生活在一个算法无所不在的世界。回顾当年，如果张一鸣没有认识到平台治理的重要性，抖音没有做到严格规范的治理，也许今天短视频社交软件界的翘楚就不会是它了。放眼未来，平台经济快速发展，平台乱象依旧普遍，抖音想要获得长久的发展，就必须创新治理路径、加强内外治理，同政府、用户、其他平台及第三方组织等主体形成协同治理的局面，这样才能确保治理之路"一路生花"。

资料来源：https://www.douyin.com。

平台是一种介于传统的"企业 – 市场"之间的中间组织形态（贾根良，1998），具有与传统企业类似的内部治理结构，并以企业的身份在相关市场中参与竞争；作为提供中介服务的市场，掌握了用户的接入及撮合交易，并据此对平台内用户及其行为进行规范。平台一方面能以价格机制调节资源的配置（任志安，2006），另一方面平台私有秩序能够有效管控参与者的不良行为（Evans，2016）。因此，平台作为交易第三方拥有足够的治理灵活性。但是，平台组织内交易双方相对独立，并非科层组织内的上下级关系，而是利益相关方关系。同样，平台虽然具备制定和执行私有秩序的能力，但并不具备科层组织的权威和强制力，更多的是引导交易双方实现合作均衡。正如诺贝尔经济学奖得主让·梯若尔在《共同利益经济学》中所说，平台除了具有一般企业的属性外，还要扮演市场"守望者"和规制者的角色（Gawer，2008；Rysman，2009）。

平台的核心竞争优势来源于通过基础架构共享，激发单边和跨边网络效应（Gawer，2000），进而构建起平台商业生态系统（Iansiti & Levien，2004），这已被越来越多的学者所认可（Jacobides，Cennamo & Gawer，2018；Parker，Alstyne & Jiang，2017）。平台生态中众多的利益主体，形成了特殊的企业间组织关系（Tiwana，Konsynski & Bush，2010），这种关系既不同于企业内部部门间的关系，也不同于市场中不同企业间的关系。这些不同的利益主体既有自身的价值主张，又能组合在一起交付具有一致性的价值主张的产品或服务。对这些不同利益主体的治理会极大地影响平台的发展，更会对传统治理体系提出严峻挑战。如何对平台进行有效治理，已经成为理论界和实践界探讨的焦点（Milward & Provan，2012）。但与平台经济野蛮生长、无序扩张相比，平台治理才刚刚起步（徐敬宏、胡世明，2022），任重而道远。

10.1 平台治理的内涵与进程

10.1.1 平台治理的内涵

"治理"（govemance）一词起源于中古英语时代的法国政府管理领域，意指"引导和规则", 有别于统治或管理, 后者强调自上而下的"命令－服从"逻辑, 而前者更加注重各主体之间的"互动－协调"逻辑。治理涉及行为 (俞可平, 2019) 和结构 (Rhodes, 2005) 两个层面。从行为层面看, 治理与管理 (management)、规制 (regulation)、执政 (administration) 等没有本质区别, 都是涉及目的性行为、目标导向的活动, 都具有规则体系的含义。它们的主要区别在于实现目的的过程和方式, 管理主要是以强制性力量作为保障, 而治理则主要依靠共同的目标与各方的沟通协商 (Rosenau, 1992)。所以, 行为层面的治理也可以理解为管理的替代 (Tollefson, Zito & Gale, 2012)。从结构层面看, 治理主要是关于相关领域内国家－社会关系的调整, 包括治理主体的成分构成、不同治理主体之间的结构关系与互动机制等, 比如政府不再唱"独角戏", 而是与社会其他行动者建立伙伴关系, 并将它们吸纳到公共事务的管理中 (Salamon & Lester, 2002); 将多元治理主体以网络化形式组织起来, 以替代传统金字塔形科层结构 (Rhodes, 2005); 政府与非政府部门作为平等参与者, 通过协商、合作等各种正式或非正式的互动关系, 共同管理公共事务 (Schmitter, 2002)。

治理理论的兴起始于政治学特别是公共行政管理领域, 研究视角分为宏观和微观两个层面。宏观视角关注公共管理领域, 主要是摒弃国家或社会的单一权威地位, 通过国家或社会关系的互动治理来解决诸如"国家主义与新自由主义"的紧张危机问题 (Stoker、华夏风, 1999; 王诗宗, 2010); 微观视角关注公司治理领域, 主要是通过治理机制解决多个主体之间的激励相容问题 (郑红亮, 1998; 陈仕华、郑文全, 2010)。

互联网治理的历史演进大体分为三个阶段: 开放式互联网 (1990—2005 年) ——围绕着自由和机会, 以及如何通过限制政府干涉来最大化创新和数字支持; 平台式互联网 (2005—2020 年) ——围绕着网络对政治、经济与用户隐私的危害, 以及对新闻业等具有重要公共属性行业的影响; 强监管互联网 (2020 年至今) ——围绕着政策、制度与行动组合兼顾发展与安全 (Flew, 2021)。强监管互联网时代的到来, 一定程度上反映了人们对互联网国际多边治理与企业自律的失望, 以及作为传统权威的国家在互联网治理中的角色回归 (Haggart, Tusikov & Scholte, 2021), 凸显了国家在互联网平台治理中的独特优势 (Flew et al., 2021)。从西方国家的互联网治理实践与研究来看, 主要聚焦内容、竞争与数据三大领域, 三者相互交织但各有侧重: 内容方面关注选举政治秩序与公民表达权利, 竞争方面关注平台垄断及其规制路径, 数据方面则关注数据所有与迁移等用户权益议题。

平台治理的理论框架最初由赫维茨在 1960 年和 1972 年提出和做出探讨, 主要是从机制设计理论、委托代理理论、可竞争市场理论及声誉理论的视角展开的。作为组织经济交易的一种形式, 平台连接两边或多边主体参与交易, 通过一定的机制设计触发交叉网络外部性和正反馈效应从而实现价值创造 (Evans, 2016)。但这样的设计也将放大潜在的负面效应, 增大平台因部分参与者机会主义行为而崩溃的风险, 因此平台需要制定一系列规则, 规范参与者的权利和义务 (Eisenmann, 2008)。戴维·埃文斯等人在对双边市场理论进行系统性构建时, 在第三方治理和网络治理的基础上提出平台治理是应对负外部性问题时平台的私有秩序。平台治理可以定义为平台组织通过私有秩序的制定和执行, 提供交易支持服务以及其他治理策略来吸引、维持、发展和管理用户, 在增强交易正外部性的同时抑制负外部性, 最终实现平台效益的最大化 (Evans, 2011; Ceccagnoli et al., 2012)。因此, 平台治理一是要围绕平台与交易者之间的信任关系展开，通过信息传递的信号机制和声誉机制制约交易双方的机会主义倾向；二是要通过价格与非价格行为吸引平台连接的多边群体，捕捉并激发网络效应（黄晓红，2015）。

平台既要鼓励参与者自治，又要控制参与者不合规的行为，因此必须制定恰当的治理规则以规范各主体的行为（Boudreau & Hagiua, 2009）；既要鼓励与支持参与者的多样化，又要参与者遵守若干标准以实现组件的兼容与资源的复用（Wareham, Fox & Canoginer, 2014）；既要管理平台进化，保持平台生态系统健康发展（Iansiti & Levien, 2004），又要应对其他平台的竞争（Eisenmann, Parker & Alstyne, 2011）。平台需要调节市场参与者的行为和优化市场结构，在不断满足不同用户需求的过程中攫取价值和提高平台竞争力，保障生态系统的可持续发展（陈威如、余卓轩，2013）。

平台治理主要围绕产业组织、战略管理、技术管理等视角开展研究（Mcintyre & Srinivasan, 2017）。产业组织视角认为平台是为双边/多边市场塑造公共交易界面并提供嵌入于界面中的产品或服务或技术的经济组织（Weyl, 2010；Hagiu, 2014），应围绕平台的网络效应建构经济学模型，探讨平台定价和市场有效性等问题（Rysman, 2009；Kay, 2013）；在 Rochet 和 Tirole（2003）观察到全新的市场形态而提出双边市场理论之后，平台开始成为经济学界关于市场现象研究的热点（Evans, 2003；Regibeau, 2005；Armstrong, 2010），平台市场价格非中性的治理机制（Rochet & Tirole, 2010）使企业战略发生了重大的变化（Evans & Schmalensee, 2016；Choudary et al., 2016）。战略管理视角则提出平台是协调安排不同利益群体，承担治理功能并处于平台生态系统中心位置的组织（Eisenmann et al., 2011；Llewellyn, Thomas et al., 2014；Zhu & Liu, 2018；Eckhardt et al., 2018），应围绕竞争优势获取阐述平台的战略行为和驱动因素，分析平台的创新和竞争等问题（Eisnmann et al., 2011；Boudreau & Jeppesen, 2015；王节祥、蔡宁，2018）。技术管理视角将平台视为公共技术架构或模块系统的开发者与运营者（Cennamo and Santalo, 2013；Gawer, 2014；Satish et al., 2018），解析平台模块设计（Gawer, 2009, 2014；Tiwana et al., 2010）及平台生态构建等（Cennamo & Santalo, 2013）。

10.1.2 平台治理的进程

平台治理必须关注平台化进程与平台基础设施化进程。

平台化进程的核心在于以内容交换、技术更新为线索，平台在调解多个利益相关者群体的互动及其不同需求的过程中能力不断增强（Helmond et al., 2019），呈现出资源整合、多元联结的核心特点。以社交媒体平台为例，平台自身不生产内容，它们筛选、组织用户生产的内容并管理用户之间的交互，平台兼具搜索引擎、互联网服务提供商及传统媒体的监管职能（Burgess et al., 2017），拥有着"守门人"的权力。第三方合作商家、创新型企业对市场内垄断企业原有商业模式的颠覆则相应地是数字经济市场可竞争性的重要力量（唐要家，2021）。以数据作为核心生产要素，让数字产品的生产具有非竞争性、边际成本低、边际价值随数据使用量扩大而提高等特质，也相应地决定了平台把握数据背后的多元性和正外部性特质，极易形成具有垄断特质的混合平台（袁志刚，2021）。此外，在某种程度上而言，信息成本的降低也改变了企业内部与外部市场利益的平衡，模糊了二者之间的边界，传统企业的静态角色、内部的固定层级相应得到了改变。因此，平台治理的重点并不在于企业内部的登记制度，而在于平台如何处理自身和外部世界的边界，以及如何搭建一种开放、包容、结构扁平的组织环境（Fenwick, McCahery & Vermeulen, 2019）。

平台基础设施化进程则意味着平台通过将自身嵌入其他市场和行业，使技术与业务操作的生产效应更加广泛和即时，具体通过为其他企业、平台提供技术框架，将自身数据库与其他网站、应用、数据相连接而实现（Helmond, 2016），其本质在于使平台的生产规制和技术体系纵向渗透至其他创新主体中。有影响力的数字平台构成了用户层面的社会和物质基础设施，互联网公司依靠平台的特性来替代现有基础设施或与之相融合，以获得经济优势（Jean-Christophe & Aswin, 2019）。具体来看各个平台的发展历史：脸书以自身突出的可编程性将平台和运营嵌入软件开发、广告设计、媒体发布等多个开发者场域，成为一个领先的数据驱动的广告和营销平台，以及创作者和出版商的内容货币化平台（Nieborg & Poell, 2018）；谷歌一方面具有开放地图的公共价值，另一方面也在利用接触公共数据的机会寻觅和提升自身的价值（Plantin, 2018）。平台的成长体现了在国家、中小企业、风险资本和平台机制之间的博弈，因此，与基础设施连接的第三方需要面对自我资源配置、基于监管的保障、多样性资源配置和主权保障四项核心问题（Ghazawneh & Henfridsson, 2013）。

10.2 平台治理的动因与理念

网络平台发展至今，一些互联网巨头开始向超级网络平台迈进。超大型平台企业凭借强大的锁定效应、网络效应、规模效应，以及拥有的巨大经济体量、海量数据资源、雄厚资本力量形成自成一体的生态竞争系统，造成"赢家通吃、强者愈强"的市场竞争效果。这些巨头通过流量和数据变现汇集大量资本来扩大平台规模，由此成为资本无序扩张的"重灾区"，出现了资源、用户、权力向平台集聚的中心化现象（孙韶阳，2022），衍生出以算法合谋为主要形式的垄断协议，并形成了利用数据资源滥用市场支配地位、数据驱动型经营者集中等新型数据垄断形式（程雪军、侯姝琦，2022）。数字企业违法违规收集、存储、使用并对外提供用户个人信息等行为越发隐蔽、复杂和频发，信息技术存在安全隐患、用户隐私泄露、知识产权保护不利等问题（Eckhardt et al., 2019）严重侵害用户权益、阻碍技术创新并影响市场公平竞争（徐磊，2022）。算法技术引发的平台算法失当（吴志艳、罗继锋，2022）、算法价格歧视（如大数据"杀熟"）引发了负面的社会经济影响及社会伦理问题（Jessica et al., 2020），危害社会福利（肖红军、商慧辰，2022）。限制市场竞争和损害他方福利等排他性交易行为（曲创 等，2022）损害了平台服务的公平性、公正性，损害了消费者的议价权、选择权与隐私权。伴随着平台基础设施化程度（Plantin et al., 2108）的日益加深与社会负外部性效应的日益凸显，加强平台治理日益成为当前全球数字经济发展的重要议题。

10.2.1 平台权力与势力

1. 平台权力

平台改变了既有的社会权力结构，不均衡地为私营企业赋予更多的权力，在网络空间里，平台企业拥有相对于其他主体更为强势的地位（方兴东、严峰，2019）。网络平台在客观上重塑了企业、用户和政府之间的权力边界，平台企业成为新的权力中心，在社会权力结构中占有一席之地（易前良，2019）。例如，Meta通过提供数字时代的表达和行动空间获得了一种新的数字规训能力，具体表现为对旗下的脸书、Instagram等平台上的行为的支配和观念塑造，更为深远的是，不断提供行为准则以塑造社会规范。

互联网平台的数据优势地位使其具备了数字经济基础设施性质。互联网平台在资本力量的裹挟下，基于自身技术实力、算法规则、数据基础所打造的生态服务体系，十分接近于政府提供的公共服务，深度影响公众的认知和规范的塑造，事实上具备了一种与公权力相对应的私权力。当生态级平台具备基础设施性质时，平台提供的创新产品或服务即成为人们进行正常经济与社会活动的必需品。此时，以商业利益为导向的互联网平台能否有效保障人们的基本经济与社会权利，就成为一个需要重点考量的问题。随着平台权力的不断扩张和延深，探索如何构建平台治理体系势在必行。

（1）平台权力的构成。平台模式具有超越传统经济的功能，在更大范围内调动和掌控资源要素，从而对传统经济模式产生颠覆性影响，并可能形成垄断和独占优势，催生出权力效应。平台权力作为权力分化的必然结果，是对传统权力格局的一种扬弃，是互联网和大数据技术对人的发展和社会进步的演绎。平台权力体现为平台拥有者对参与主体、资源、信息、交易、数据等平台要素的掌控力，是将市场凝聚之后而形成的一种垄断性权力。

平台权力分为私权力（核心权力）和公权力（衍生权力）。[⊖]前者是平台组织自身所应该享有的权利，以保证平台组织的运行；后者是将外部的社会或政府等权力内部化为平台组织的权力。平台发展过程就是平台权力边界不断扩张的过程，体现为资源掌握数量及行为对公共的影响程度。伴随着规模化生产、分享和利用大数据时代的到来，平台作为一种具有强大控制力量的商业社会体系逐渐形成了商业–权力社会结构。

1）平台私权力。平台方可以通过协调各种客户资源从而带来价值和能力，这种自觉的协调行为就具有强烈的主观意图，从而催生了平台私权力（陈氚，2015）。平台规模越大，整合调配的资源越多，也就表现出越强的约束力和管制力，通常有三种表现形式。一是价格控制。如果卖方具有超越买方的市场能力，买方通过加入平台仅仅获得很少的收益。那么，平台方就有动机去关注或通过对买方进行补贴等来增加买方收益，并促使它们加入平台。例如，微信为了建立自己的海量数据库并以此带动电子商务，通过给予网络流量的补贴方式吸引消费者。二是竞争策划。当价格控制显得复杂或无效时，平台方可能会通过鼓励市场一方的竞争而使自身对另外一方更有吸引力。例如，淘宝通过对客户的分析并通过对产品供应商竞争的策划，成功地获得了大量消费者。平台能从鼓动市场某一边的竞争中获得收益，即它至少能够通过与市场另外一方交易获得补偿。三是许可授权。例如，谷歌不会把显要位置出让给出价最高的广告公司（除非明确指出这是广告），如果因为价格因素而违背数据检索的重要原则，其最终的结果一定不能满足消费者的认同。平台成为具有许可授权能力的机构（常见的如银行、金融、电力与通信行业等），就可以规定运营的标准。

⊖ 王志鹏，张祥建，涂景一. 大数据时代平台权力的扩张与异化 [J]. 江西社会科学，2016 (5)：222-228.

2)平台公权力。平台公权力是平台方的某些管制行为拥有的、可能对包括多边客户及关键利益相关者在内的所有社会成员产生影响的权力,实质是平台方自我管制和维护权力的扩张与延伸,体现为平台方对多边客户及关键利益相关者的管辖(Liu & Serfes,2013)。平台汇聚了社会资源,平台运行过程中利益的创造、输送和分配又派生出新的权力运行规则。

一般而言,平台容量越大,平台方掌握的公权力就越大。从平台开放度方面分析,开放程度越高的平台,平台方的公权力就越大。另外,由于实体性平台数据处理能力相对较弱,因此其公权力在一般情况下小于虚拟性平台。

(2)平台权力的生成。资源与用户的竞争深刻影响平台自律管理,促成了不同平台间的"规制竞争"。市场中过多的欺诈行为会影响流动性,流动性的降低使得交易量随之减少,因而平台用户有动机促使平台制定并执行更高水平的自律准则(Pritchard & Adam,1999)。平台出于"声誉"的考虑也会主动进行有效的自律规制,从而给市场参与人提供一个公平、透明、高效的市场(彭冰、曹里加,2005)。对平台而言,市场声誉有时比技术因素更为重要,"信誉附加"可以促使其在竞争中突出重围,从而吸引平台两端的更多用户参与到交易中。资源竞争的结果可能会促使平台的自律规制水平"奔向高端",社会学上的破窗理论⊖也可以证实该观点:如果承担市场角色的平台因为放松规制而出现了无序化的倾向,那么这种无序化对于违法行为、反常行为均有很强的诱导性,其结果就是侵权行为会进一步聚集(Wilson & Kelling,2003)。平台企业的自行规制就是对"破窗"进行及时修补,从而防止其承担更大的成本。平台企业自行采取规制至少可获得四种潜在的收益:运营收益、信号收益、合法性收益、附属收益。平台企业的自行规制可以使被规制者规避相关风险,特别是产生消极形象的风险;平台在政府规制前进行规制,可以在一定程度上降低公权力规制的严厉程度。虽然平台内的企业各自竞争,但也在共享一种"无形公地"(intangible commons),平台的私人治理也就是"集体降低池塘风险的一种尝试"(Lenox & Michael,2006)。

1)刚性权力:处罚权。处罚行为施行的初衷在于强行贯彻由其成员所提出的行为规范(Larenz,2003)。它主要有四种形式:财产性处罚、声誉性处罚、关涉行为能力的处罚以及开除资格的处罚,淘宝平台的处罚权如表10-1所示。

表10-1 淘宝平台的处罚权

项目	处罚措施
财产性处罚	收取违约金
声誉性处罚	警告并公示;扣分
关涉行为能力的处罚	商品下架,搜索降权,搜索屏蔽,限制参加营销活动,商品发布资质管控,商品与店铺规制,限制发布商品、删除商品,与支付相关的强制措施,限制买家行为,限制网站登录、限制使用阿里旺旺、限制发送站内信,关闭订单,限制发货
开除资格的处罚	查封账户,停止支付服务,关闭店铺,取消平台交易权

⊖ 破窗理论由詹姆斯·威尔逊(James Wilson)和乔治·克林(George Kelling)提出,该理论认为环境中的不良现象如果被放任存在,就会诱使人们仿效,甚至变本加厉。以一幢有少许破窗的建筑为例,如果那些破窗不被修理好,可能就会有破坏者破坏更多的窗户,甚至会闯入建筑内,如果发现无人居住,也许就在那里定居或纵火。同样,一面墙上如果出现一些涂鸦没有被清洗掉,墙上很快就涂满了乱七八糟、不堪入目的东西;一条人行道上如果有些许纸屑,不久后就会有更多垃圾,最终人们会将垃圾顺手丢弃在地上,并视作理所当然。这就是犯罪心理学中的破窗效应。

交易平台的处罚权最能体现自行规制的特性，即平台方可以通过对用户的违规行为施加终止合同的威胁来维系其规制目的（Gadinis, Stavros & Howell, 2006）。少数优质的平台诸如天猫、京东等，掌握了绝对的消费者资源，具有极高的商业价值，用户的退出成本大于交易平台的损失。由于经济成本与习惯驱动，网络交易平台的用户就会基于这种"黏性"怠于变换平台。用户只能遵守平台规则，否则就会面临交易平台的处罚，甚至有被逐出平台的风险。平台通过财产性处罚实现了经济控制；通过诸如限制交易、取消交易等关涉行为能力的处罚实现了物理性的控制与信息性的控制；通过声誉性处罚实现了对平台用户的社会控制。

2）柔性权力：数据控制权。交易平台搜集的数据源自用户在平台上的正常活动，用户深陷享受便利与保护隐私的悖论中，很难做出选择。他们很难保护好自己的隐私，哪怕最在乎隐私的人，也会以个人信息来交换一些好处（Athey, 2001；王力为 等，2018）。数据控制权多数时候通过一种近乎察觉不到的、以同意为前提的形式渗透到最微妙和最个体化的行为中。以色列青年学者尤瓦尔·挪亚·赫拉利（Yuval Noah Harari）在他的"人类简史三部曲"的第三部《今日简史》中说，我们已经是数据巨头的商品而不是用户。它们免费让我们使用产品和服务，获取我们的数据，然后利用算法对我们的数据进行计算，回过头来再控制我们的购买行为。

一是利用创新与技术话语塑造特权。平台在面对规制部门、媒体与公众时，将数据处理与创新联系起来，并把隐私和创新作为对立面（Cohen, 2017）。平台围绕用户的推定同意来组织其信息收集活动，以绕过早期法律规范中隐私和数据保护框架造成的障碍。平台针对收集的数据信息进行实验，以了解哪种类型的信息最有用，并通过这些进行创新。交易平台用科学进行包装的另一项活动是搜索排名，即根据信息的价格决定信息的呈现等级。真正的搜索中立是不存在的，任何排名都代表着搜索引擎对最佳排名的看法。搜索竞价是实现平台收入最大化并维持买方激励措施的最优方式（Einav, Chiara & Jonathan, 2016）。平台为每一项通过搜索展现出的商品数据标注了价格，创设了一个崭新的强大的反规制领域，用技术与专业消解了政府对此进行规制与问责的可能性。

二是对数据访问的准入控制。平台为了维护自己的优势地位，会致力于将收集的数据和算法逻辑定义为专有区域。对普通用户而言，面对冗长的用户协议（包括隐私声明与数据访问协议等），除了点击"同意"之外别无他法。但这份用技术语言定义行为参数的协议蕴含着巨大的规范力量（Blomley, 2013）。无论个人还是企业都可能丧失对自身数据的控制。平台企业凭借着数据收集和数据分析茁壮成长，并通过这一点来抵制供应商对平台的利益要求。例如，脸书承诺不与广告客户共享用户数据，它向广告客户精确提供针对其数十亿用户的推断需求和愿望的画像，但从不直接提供数据或算法本身（Edelman & Brandi, 2015）。

三是对数据信息的封锁权力。平台不仅形塑了信息，还可能为了某些利益阻拦或封锁信息。平台更会阻止其他企业对平台收集到的数据进行抓取，或对竞争对手发布的信息进行屏蔽。平台企业还出现了新型的对数据进行封锁限制的行为，如今日头条2018年针对腾讯提起诉讼，认为QQ空间多次拦截、屏蔽头条的网页链接，腾讯安全管家作为安全软件也对头条网页进行拦截。根据新浪诉陌陌非法抓取微博用户数据一案，法官提出了数据流动与使用的三重授权原则，即"用户同意+平台同意+用户同意"的原则（许可，2018）。平台同意是数据抓取的前提，由此可以认为交易平台建构了一种对数据信息进行封锁限制的权力。

2. 平台势力

平台并非一个静止的社会机构，而是一组动态协商的社会关系（Van Dijck, Poell & De Waal, 2016）。在以互联网为技术载体的驱动下，平台巨头日益成为政府、市场创新者、用户的联结交汇点（Helberger, Pierson & Poell, 2018）。

（1）平台二重性与平台势力。平台二重性，即平台同时具有组织和市场两种性质。自科斯把企业看成组织以来（Coase, 1937），人们往往持有市场与组织二分的观点，而平台实现了两者的同一性（陈永伟，2017）：平台既指平台企业自身，又指围绕平台企业形成的市场。对于双边用户，平台作为市场而存在。平台连接双边用户，实现用户之间的沟通互动，为用户交易的匹配、达成和执行提供服务、资源和场所，成为用户交易的载体和基础设施，即成为用户所在的市场本身。对于平台，其组织形式是企业。平台为了实现上述"市场"功能，建立了将劳动力、资本、信息等各类资源联系起来的机制并维持持续运转，由此形成若干个人或群体所组成的、有共同目标和一定边界的社会实体，成为系统内的有序结构——企业组织（萧浩辉，1995）。可见，围绕平台形成了两类市场：用户所处的市场是平台企业为其组织的平台市场；平台企业自身也有其所处的市场，即与其他平台企业或提供类似功能的企业竞争的市场。

平台势力是平台使用技术协议连接表面上独立的不同市场并约束市场参与的能力（Cohen J, 2017），以及平台对公民福祉、平台生态系统和社会基础设施产生影响的能力（JOSÉ, Nieborg & Poell, 2019），具有连接性、内容、消费者、资本四重结构，实现了对网络基础设施、接入权限、客户关系、信用创造等方面的控制（Evens, Donders & Afilipoaie, 2020），表现为平台拥有的规则制定权、数据控制权、行为管制权、争议处置权（郭渐强、陈荣昌，2019）。平台凭借技术、资本、信息等资源优势，承担了"数据信息节点、交易中介、生态规制者"三重角色，平台势力能够影响平台其他主体的权利，并能改变其意志和行为（唐要家，2021）。

平台势力是平台企业对用户产生的重要而广泛的影响力，是平台对用户能否进入平台以及进入后在平台上一切行为的影响和约束能力。平台势力不同于平台的市场势力，平台势力采用平台内视角，考虑二重性下平台企业与平台市场中用户的关系，平台企业是用户所处市场的组织者、价值引领者和管理者；平台的市场势力采用平台外或平台间视角，主要考虑平台间或平台企业与其他类型企业间的竞争关系，平台企业是自身所处市场中的竞争参与者。○

（2）价值体系生成平台势力。平台企业在自己组织的市场中，既引领价值创造，又主导价值分配，成为平台价值体系的核心，平台势力在平台市场的运作中自然产生。

1）平台引领市场价值创造。平台企业是用户创造价值的组织者和场所提供者。与传统经济（单边市场）相比，平台帮助用户创造了额外的价值增量。一是平台优化生产经营，降低用户进入门槛。平台为供给端用户提供经营场所、客户资源、营销工具、支付和物流服务、决策支持等经营过程中的必需设施和关键资源。平台改变了供给端用户的生产函数，使更多需要经营前投入的固定成本，转变为经营过程中按需向平台付费、与销售量相关的可变成本，从而更易达到盈亏临界点。二是平台组织市场互动，降低用户交易成本。平台起到的作用包括：事前汇聚和提供信息；事中促进匹配，提供标准化交易流程；事后提供信息反馈和纠纷处理机制。

○ 许荻迪. 平台势力的生成、异化与事前事后二元融合治理［J］. 改革，2022（3）：24-38.

交易成本降低使更多交易得以发生，交易创造的效用和价值也大幅增加。三是平台产生网络效应，给予用户额外效用。每名新用户加入平台，都为另一边用户提供了更多选择，有助于提高达成交易或互动的成功率、时效、匹配程度和满意度，每次平台上的用户达成交易或互动，都会获得效用提升（Rochet & Tirole，2003）。

2）平台主导市场价值分配。平台企业是平台市场价值分配的中心。平台企业以自身效用最大化为导向，在提取价值的同时也主导用户价值分配。在租（rent）、利润和劳动收入三大价值来源（Mazzucato，Ryanc & Gouzoulis，2020）中，平台企业主要是以核心服务获取租和以跨界经营获取利润。①

一是平台企业提供核心服务并获取租。平台组织市场的核心方式是连接双边用户、促进互动和交易。平台基于核心服务，针对双边用户精心设计非中性的价格结构（Rochet & Tirole，2003），通过协调、影响用户参与和交易互动获取租（Mazzucato，Ryanc & Gouzoulis，2020），在此过程中可任意分配价值给其选择的用户。例如，平台向生产商提供推广分销产品的权力和流量，利用平台算法和屏幕布局促进交易，并收取一定费用，这种核心服务能控制商品的位置和可见性，影响消费者决策，从而为双边用户分配相应价值。

二是平台企业通过横向或纵向跨界获取利润（曲创、王夕琛，2021）。平台在提供核心服务的同时还跨越不同行业，提供其他可由第三方提供的附加服务，平台向双边用户提供交易互动相关的配套服务，并作为服务提供商收取费用。例如，经营者单独构建支付、物流等服务的成本较高，平台可集中构建并提供给双边用户，帮助经营者交付商品和收款，为消费者购买和退货提供便利。平台在组织市场的同时，还兼顾市场中供给端用户的角色，直接与需求端用户互动交易并获取利润。平台同时跨越自身所在的市场和平台内市场，能够获得成本优势，对非平台自营的供给端用户构成强有力的竞争。例如，一般经营者为获得知名度和流量，必须在平台广告上加大投入，而平台自有商铺和产品则不必支付此类费用。平台既是市场互动和交易的组织者，又是附加服务的供应商，或是非自营用户的竞争者和交易对手，由此增加了平台势力的复杂性。

（3）内部治理巩固平台势力。平台势力在平台市场的自治循环中得到加强。平台企业在组织和服务市场的同时，还兼顾市场的管理者角色，由此开展的治理即平台内部治理（自治）。相对地，公共政策基于公共价值对平台的治理可称为外部治理（他治）（许荻迪，2020）。平台内部治理是平台势力的直接体现，有助于增强平台对用户的影响力，巩固平台势力，形成正向循环、增强回路。

平台企业有动力实施内部治理（Farrell & Katz，2000）。内部治理是平台企业防止用户功利主义行为、保护用户权益、建立用户对整体平台市场的信任的重要工具。如果用户能在平台上实现满意且高质量的联结、互动和交易，就会更愿意使用平台并为此付费，这有利于平台企业实现自身价值提取最大化。可以说，平台价值体系驱动了平台内部治理。内部治理包括用户准入、非中性定价、信息披露、交易规则、用户行为协调、质量管控、纠纷解决、交易秩序和交易安全保障等。正因如此，诺贝尔经济学奖得主让·梯若尔将平台称为"数字经济的守望

---

① 许荻迪.平台势力的生成、异化与事前事后二元融合治理［J］.改革，2022（3）：24-38.

者"和"自律监管者"(Tirole，2018)。

用户在平台市场中需要接受内部治理。平台企业在平台价值体系中占据的核心地位，保证了它能在平台市场范围内获得权威。平台行使这种权威开展内部治理，在众多拥有不同利益的用户共同发挥作用的领域建立一致或取得认同，以便实现整体平台市场的价值创造和提取。内部治理内嵌于用户在平台开展生产、经营、消费的全过程，从技术、社群、互动交易等各个层面全方位约束和影响用户，而用户想要通过平台创造和提取价值，就需要遵循内部治理对自身提出的要求。

10.2.2 平台治理的动因

平台治理得到了战略管理、市场营销和管理信息系统等领域学者的高度重视（Eisenmann, Parker & Alstyne，2011；Mantena & Saha，2012）。

在信息不对称和有限理性条件下，平台参与主体面临更多的角色模糊性、系统性冲突、主动性机会主义行为等开放性陷阱，平台中可能会产生紧张关系，造成成员对平台或系统的信任缺失（Pop et al.，2018），也存在更多的监管缺失现象（Ert et al.，2019）。若缺少某些形式的治理，契约就会陷入"囚徒困境"（Dixit，2003），包括单边"囚徒困境"（Greif，2006）、双边"囚徒困境"（Dixit，2003）、多边"囚徒困境"（Olson，1965；Ostrom，1990）。平台的私有性控制相比社会法律法规控制处理负面网络效应更为有效（Evans，2012），高水平的治理可有效遏制机会主义行为产生的交易摩擦，降低交易成本（Wageman & Baker，1997；武志伟 等，2005），提高治理绩效（青木昌彦，2001）。

平台多主体交互的松散耦合的生态系统有动力、有责任、有义务创造自身价值并提升生态系统的整体价值（Hukal, Henfridsson & Shaikh et al.，2020）。平台的间接网络效应是实施平台治理的根本动力，平台治理的实质就是平台拥有者通过制定合适的治理策略，增强间接网络效应的正面影响或者减弱负面影响，或者在其正面和负面影响间取得平衡（Evans，2012）。

间接网络效应的正面影响主要包括：使双边市场相比单边市场攫取更大的市场份额和价值（Economides & Katsamakas，2006）；锁定客户，帮助在位平台阻隔竞争者的进入（Eisenmann, Parker & Alstyne，2011），尤其是当客户对平台的偏好无差异化时，帮助平台拥有者实现赢家通吃（Tanriverdi & Lee，2008；Cennamo & Santalo，2013）；提高平台市场效率，使双边市场能更好地协调并提高社会福利（Chao & Derdenger，2013）；提高平台用户效用。如果产品供应者对免费产品投资，间接网络效应增加的互补性产品溢价就会远远超过免费产品的投资成本，从而使产品供应者获利；互补产品的捆绑销售能给同边的新进入者提供超越在位者的机会，同时也能跨平台增加消费者福利（Parker & Alstyne，2005）。平台加强了社区成员间的正面网络效应，但是也存在负面网络效应或有害行为，导致平台的经济效率降低甚至给公众带来灾难（Evans，2012）。

负面网络效应主要包括以下方面。

- 边际效益递减。考虑到递减的边际效用，平台企业没有动力去提高网络能力，用户也会失去分享资源和使用平台的兴趣（Asvanund, Clay & Krishnan et al.，2004）。

- 竞争忽视和过度进入。竞争忽视导致的过度进入是一种理性决策而非盲目行为（Simonsohn，2010），平台对买方或卖方数量的宣传会刺激潜在卖家踊跃申请入驻平台而忽视平台内已存在的竞争者（Tucker & Zhang，2010），从而引发竞争挤出和供过于求（Simonsohn，2010；Boudreau，2012）。
- 竞争挤出。大量产品供应者入驻平台虽然会提高平台市场的间接网络效应，但也会导致同类产品供应者集聚而减少产品供应者的获利（Simonsohn，2010），从而驱使它们加入其他竞争平台（Parker & Alstyne，2005；Boudreau，2012；Mantena，Sankaranarayanan & Viswanathan，2010）同时阻碍潜在产品供应者的进入决策（Tucker & Zhang，2010）。
- 反向选择。在间接网络效应高的平台市场上，同类竞争者和替代品也较多，会导致激烈的价格竞争，使产品供应者失去提供高质量产品的动力，使整个平台的产品内容劣化（Cennamo & Santalo，2013）。

10.2.3 平台治理的理念

网络平台在 ICANN⊖三层架构中属于经济和社会层（内容应用层），被定义为与内容相关的信息中介，往往与信息传播自由等公民权利相关（Laura，2017）。在数字经济的爆炸式发展下，网络平台已经成为市场集中化发展的核心驱动力之一。对广大用户来说，通过网络平台交互界面进行操作是对互联网最直接的感知。网络平台处于网络空间中承上启下的重要位置，联结了社会行为和技术代码。网络平台实现了网络空间的社会意义，其重要性已远远超过信息中介的功能。因此，从经济影响力和社会意义来说，网络平台应该成为一个独立的平台层。

平台层主要的行为主体是大型私有平台企业，例如，美国的 FAMGA（脸书、苹果、微软、谷歌、亚马逊）和中国的 BATT（百度、阿里巴巴、腾讯、今日头条），核心议题是平台使用规则、数据治理、平台间竞争等。恰恰是大型平台企业营建起了网络平台，它们在平台层中成为具有规则影响力的行为体。当然，政府依然是最重要的秩序维护者，而公民是最重要也是最迫切需要被保护的对象。当前，网络平台除了提高了经济效益和社会福利，它对公民权益的侵害也成为一个令人担忧的问题。近年来最典型的如脸书的"剑桥数据泄露事件"，涉及前所未有的对 8 000 万人数据权利的侵害。平台层正上升为网络空间的关键层级，如何理解平台企业手中的这种巨大影响力以及其与各方行为体之间的关系，正是网络空间平台治理需要解答的核心问题。

平台层治理的特性源于网络空间治理的特性，平台层治理需要放在网络空间治理的历史和理论视野中分析。从 20 世纪 90 年代开始，在东西方视野下，网络空间治理逐渐形成两种不同的治理理念，即"多边主义"和"多方主义"，前者往往强调网络主权，后者强调多利益攸关方。多边主义以主权国家为决策核心，主张政府在互联网事务中起主导作用，其他团体协同参与，倡导以网络主权为基本原则，在联合国框架内制定互联网发展政策和解决网络空间国际

⊖ 掌管着互联网关键资源分配的互联网名称与数字地址分配机构 ICANN（Internet Corporation for Assigned Names and Numbers）一直处于互联网治理的核心地带，其提出的互联网治理三层架构也被广为接受和使用，即基础架构层、逻辑层、经济和社会层（内容应用层）。

问题。

平台层治理在网络空间治理体系中处于政府化管理和去政府化管理之间的特殊地带。平台因其天然的无界性和跨国性，具有去政府化的治理特性，但是因为平台承载着大量具有国家和地区特性的内容，所以又必须遵守各国法律制度。网络平台的商业根基是深深植根于国家和区域市场的，去政府化的治理必然与所在地的国家和区域治理发生冲突。因此，平台的规范同时来源于自发的网络和等级制度，表现为网络自我治理和网络主权国家治理。但是，平台的秩序如果仅来源于国家政府的等级制管理和统治，那么承载人们行为的平台就成为令人担忧的全景监狱；如果仅来源于网络自发性，那么在市场力量的优胜劣汰下，网络平台最终将不可避免成为平台公司的封地，平台公司将成为封建主，平台上的人们成为其附庸的农奴（Schneier，2015）。而当前，这种平台失序的风险更有可能来源于后者，因为大型平台企业已经主导平台，成为互联网集中过程中的新权力中心（国际互联网协会，2019）。

在某种意义上，平台层治理困境背后的原因在于网络长期以来都依赖自我治理，私营平台企业通过自由的市场竞争而获得了事实性的权力中心地位，但是它们在应对社会公共问题时却有心无力，平台的权力关系逐渐失衡。理顺和反思平台中的权力关系是寻求一种新治理模式的逻辑起点。

伴随着互联网平台"中介－平台－生态"的演变，平台的权力属性也由技术与信息的权力，演变为市场与经济的权力，进而延伸到社会与政治的权力（方兴东、钟祥铭，2021）。平台的实质是通过吸引更多的需求侧用户与供给侧用户，形成收益最大化的双边市场。伴随着技术的深入与数字经济的崛起，平台对于数据、端口的把控力进一步增强，在"平台－企业－用户"的三维关系中，平台能够通过影响平台内经营企业的行为，从而影响消费者的利益（李勇坚 等，2020）。因此，平台治理的核心在于协调作为平台环境设计师的平台企业、作为行动主体的用户、作为互动规则制定者的政府三者的政治角色与社会定位，从而形成有序的统治和集体行动（Gorwa，2019）。

10.3 平台治理的主体与对象

10.3.1 平台治理的主体

平台治理不仅包括平台所有者对平台自身的内部管理（Manner et al.，2012），还包括外部主体和平台所有者为实现公共利益对平台问题的共同治理（王勇、戎珂，2018）。网络平台在网络市场治理中扮演着治理者与被治理者的双重身份，与政府监管部门协同形成了"平台－政府"双层治理模式（孙韶阳，2022），但仅靠传统私法规范约束和网络市场竞争机制的自我调适，难以有效规制平台对"准公权力"的滥用（洪学军，2022），因此需要将民主参与带入平台规则制定（Haggart，Tusikov & Scholte，2021），让更多主体参与内容审核（Hartmann，2008），让政府、平台企业、社会组织等实现共同参与（徐敬宏、胡世明，2022）。

平台企业具有减少信息不对称的能力（Chang & Chong，2010）、管理市场的权力（汪旭晖、张其林，2015）以及企业治理结构和强制管理权力（Parker，2012；Grewal，2010），最终目的就是围绕其核心产品建立商业生态系统（Moore，1993，1996；Mcintyre & Srinivasan，2017），以便快速地与商业模式相连接（Iansiti & Levien，2004），将战略和管理政策与商业生态系统进行匹配（梁运文、谭力文，2005），推动平台的整体演化和价值共创（Gawer & Cusumano，2002；Boudreau，2010）和共演（West & Wood，2013），促使整个平台保持新的平衡（Rochet，2003；Cusumano，2011）。平台企业发挥着制度制定、运营管控和资源调配等各项治理行为所体现出的治理者作用，在平台共生的体系中得以凸显（Pfeffer & Salandk，1978）。

由于平台经济的特殊性，平台企业在利用数据和信息系统匹配供给与需求，联结双边用户并创造价值的过程中，需要负责维护平台交易秩序、制定交易规则，充当交易平台拥有者、提供者与运营者的角色。平台企业在平台商业生态圈中处于主导地位，是平台治理中起关键作用的主体。

政府以社会总福利最大化为目标，是市场秩序的维护者。政府以国家法律和制度为基础，拥有强制性权威力量，往往发挥着不可替代的作用。政府在平台治理中能够总揽全局，进行平台治理的顶层设计；统筹兼顾，构建利益均衡机制，领导参与平台治理的多元主体；通过政策、制度、规定、规划等多种措施和手段，应对市场失灵，补齐企业与市场在配置资源中的短板，维护良好的平台生态。

互联网的开放、平等、去中心化特征使得交易者可以更加容易地参与平台治理；除了政府、平台企业以外的，按照一定的目的、任务和形式建立起来的其他相关组织，在协调社会利益、化解社会冲突、增进协同等方面发挥着重要作用。

10.3.2　平台治理的对象

平台治理可划分为用户参与治理、产品结构治理、产品创新治理、平台关系治理等，它们不是孤立地影响平台市场的间接网络效应，而是相互间具有因果关系或交互作用。例如，平台与既定用户的关系会影响到平台的技术选择（Suarez，2005），平台与卖方的良好关系会激励卖方的创新行为（Ceccagnoli et al.，2012），买方的品种偏好会削弱平台技术对于间接网络效应的影响（Andersone，Parker & Tan，2014）。

平台治理对象主要包括以下方面。

- 用户网络规模。无论提高买方规模还是卖方规模，都有利于调节平台的间接网络效应（Parker & Alstyne，2005）。
- 买方的偏好。买方对产品种类越有偏好，越会吸引卖方进入平台市场提供不同产品，平台的间接网络效应也就越强。但当产品存在直接网络效应时，买方更偏好单一品种的产品，平台内产品种类过多反而会降低用户效用（Casadesus-Masanell & Halaburda，2014）。
- 产品范围经济。平台拥有者将互补性产品、无关产品或是弱替代产品引入平台，均能提高平台市场的间接网络效应（Eisenmann，Parker & Alstyne，2011）。
- 产品垂直差异化。垂直差异化意味着产品种类的增加，会提高平台的需求（Lin, Li & Whinston，2011）。

- 平台技术。平台市场每一边用户的效用不仅取决于平台另一边用户的数量，也取决于平台技术的效率（Mantena & Saha, 2012）。
- 卖方的平台栖息行为。单平台栖息者相对于多平台栖息者更能影响平台市场的间接网络效应；如果平台能够促使拥有稀缺产品的卖方进行单平台栖息，将有利于提高平台价值和增强竞争力（Armstrong, 2006）。
- 卖方促销。内容创造边的转介和促销活动会显著影响内容使用边的购买决策（Armstrong, 2006）。如果平台拥有者为卖方配置适当的资源，那么可以增加他们的促销活动（Economides & Katsamakas, 2006）。
- 产品供应者的产品创新。产品创新增加了平台市场的产品种类，会吸引不同需求的买方加入平台（Lin, Li & Whinston, 2011）。

10.4 平台治理的模式与机制

平台治理一方面要着眼于平台与其他平台的竞争及其结果；另一方面要从平台本身入手解决平台各方参与者的激励相容和行动协调问题（Iansiti & Levien, 2004；Ceccagnoli et al., 2012；吴义爽, 2015），负责培育和监控各类参与者，促进双边甚至多边的互动（Ghazawneh & Henfridsson, 2013），通过治理机制确保平台参与者以公平的方式参与交易（Grewal, 2010）。平台参与者的多样性以及平台发展过程中参与者之间出现的冲突等现象，使平台内部治理问题成为学者们关注的焦点（Tiwana, Konsynski & Bush, 2010），核心是如何搭建一种开放、包容、结构扁平的组织环境（Fenwick, McCahery & Vermeulen, 2019），协调作为平台环境设计师的平台企业、作为行动主体的用户、作为互动规则制定者的政府三者的政治角色与社会定位，从而形成有序的统治和集体行动（Evans, 2002；Gorwa, 2019）。平台治理应重点关注平台所有者如何设计、管理和控制平台以获得竞争优势（Manner et al., 2012），如价格结构、边界要素、开放度、技术架构、竞争策略等（Evans et al., 2011；李允尧、刘海运 等, 2013；Song et al., 2018）。随着平台发展带来越来越多的社会问题，平台治理不再仅是平台所有者对平台自身的内部管理，平台治理已经越来越具有准公共性质，其内涵延伸到社会治理乃至国家治理层面（Pflügler et al., 2016）。

10.4.1 平台治理的模式

平台治理模式从制度设计所利用资源的不同，可分为平台内部治理和平台外部治理两种模式（Hirshleifer & Thakor, 1994；Berkovitch & Israel, 1996；吴绍波、顾新, 2014；李振华、吴文清, 2014）；从正式程度不同，可分为平台契约型治理和平台关系型治理两种模式（De Reuver & Bouwman, 2012；罗巍、唐震, 2015）；从投资主体和管理主体不同，可分为政府主导、企业主导、混合三种治理模式（龚丽敏、魏江, 2012；严北战, 2013；岳素芳、肖广岭, 2015）；从出资主体和运营主体不同，可分为公共型治理、私有型治理、混合型治理、网络型治理四种模式（费钟琳、黄幸婷, 2017）；从技术依赖与权力分布不同，可分为俱乐部型、辐射型、渗透型三种差异化治理模式（张运生、邹思明，2011）；从合法性理论不同，可分为构建公众集体意义、建立协调冲突矛盾、建立新型平台身份三种治理模式（魏江 等，2019）。下面详细阐述平台内部治理与外部治理，以及契约型治理与关系型治理。

1. 内部治理与外部治理

（1）内部治理。平台内部治理可从决策权分割、控制平台设置、分配平台所有权等三个角度进行（Tiwana，2010），即通过分享责任和权力进行治理、通过协调激励进行治理和通过分享利益进行治理。事实证明，互联网平台的内部治理更为复杂。以美团为例，它不仅涉及无数商家、骑手的切身利益，而且还与众多用户的饮食密切相关，同时，它的核心业务又与环保、健康、安全等社会公共利益议题的联系十分密切。这意味着平台治理要同时内化到自身商业逻辑和社会责任逻辑之中。平台应从自身做起，从内部推动，承担更多的社会责任，更关注平台生态伙伴的利益，对自己的行为要求更严格，通过重建生产关系和分配关系，激发平台的向心力和积极性，以提高平台生产率。平台企业要创新出一套能从根本上兼顾多方关切的机制，从紧盯结果转变为关注过程，用更广泛的社会价值目标取代财务绩效目标，挖掘组织生态和制度创新。例如，从过去依靠缩短骑手送货时间来提升生产力，转向优化平台配送计算方案，缩短骑手送货路线，节约时间精力，同时提高运营效率，不断降低经营成本。长期来看，平台内部治理有利于优化整个业态的行业结构，提升行业运营效率，完善人民的福利保障。

（2）外部治理。平台企业不仅是交易中心，也是参与法律关系的主体。目前，我国针对平台企业制定的相关规定分布在《中华人民共和国网络安全法》《中华人民共和国反不正当竞争法》《中华人民共和国反垄断法》等多部法律中。网络安全法赋予了平台信息规制权，其中规定网络运营商应当加强对其用户发布信息的管理，必要时可以采取停止传输、消除影响等措施。目前对平台进行的外部监管仍较为宽松，处于分级分层分领域监管、逐步制定监管措施时期。对互联网平台实施较多的治理措施是部门联合行政指导。外部监管不仅需要国家强制和保障实施，更需要体现顶层设计、业态发展和民心认同。需要监督者亲自下场，做好充分的调研工作，与互联网平台的距离要从"放养"到"贴身"，自身定位要从"后方"到"前台"，从"办公室"到"平台一线"。围绕方法、策略对平台的问题进行分析，制定少而精的平台治理考核指标，保证平台用户满意度，维持平台从业者积极性，让互联网平台实现自身与社会文化价值观匹配。

2. 契约型治理与关系型治理

契约型治理包括用合同实现决策权的划分、所有权与共享所有权的确定、交互规则的确定（Tiwana，Konsynski & Bush，2010），能保证平台企业克服机会主义，降低价值共创中的风险和不确定性；关系型治理包括嵌入生态系统关系中的社会和行为协调手段（比如信任、专业、开放、互补等），能够保证价值共创主体间协同，维持价值共创的连续性。

合同治理和关系治理是传统企业常用的治理机制（Heide & John，1992；Rindfleisch & Heide，1997；Williamson，1996）。合同治理通过契约、成文的规范及制度来约束不确定性环境下合作伙伴的机会主义行为（Macneil，1978），确保组织成员能按规范进行合作；关系治理凭借企业间的信任而发展起来的关系，对不确定性环境下共同应对风险发挥了积极的作用（Poopl & Zenger，2002）。合同治理通过约束激励抑制机会主义行为（Ozkantektas，2014），关系治理通过声誉、沟通、信任抑制机会主义行为（Brown，2015）。因此，预防机会主义是平台企业合同治理与关系治理的共同目标（Grewal，2010）。

10.4.2 平台治理的机制

治理机制是平台企业平稳运行的先决条件和基础，直接影响平台企业运作品质和协同效应，关系着企业创新绩效（韩炜、杨婉毓，2015），始终处于平台中心位置并在平台企业治理中起关键作用（Grewal，Chakravarty & Saini，2010）。平台企业作为整个生态系统基础区块的提供商，天然扮演着整个生态的治理者角色（Parker，2012），良好的治理机制对于生态系统的健康和稳定至关重要（Gawer & Cusumano，2002；Gawer，2014）。

平台企业通过规则（Baldwin & Clark，2000）、控制（王伟光 等，2015）、信任（De Weck，Roos & Magee，2011；李维安，2014）、契约（李晓东、龙伟，2016）、声誉（Nambisan，2013）、权威（Carpenter，2014）以及协商、关系、技术等治理方式对独立的成员企业施加控制或影响。平台企业从网络整体层面为成员企业分工合作建立的关联机制与运作流程，表现为一系列"看得见"的规则、界面和参数（郝斌、Guerin，2011）；平台企业为界定交易内容和权责关系而与成员企业签订的正式协议，表现为一组具有法律约束力的承诺集合（Popppoli & Zhou，2010；乃俊毅，2008），以此降低价值共创中的风险和不确定性（Alonso-Conde，Brown & Rojo-Suarez，2007），实现从价值共创到共赢的跨越（Schmidt，2008）；平台企业与成员企业长期互动形成的信任、家族、伦理道德等关系，表现为一系列具有影响力的社会规范（Argyres & Mayer，2007；Stafsudd，2009），能够缓解冲突（Shenkar & Zeira，1992）、减少交易成本（Poppo & Zinger，2002），从而维持价值共创的连续性（Jeffrey，1992），保证价值共创协同优化（Mayer & Argyers，2004）。平台企业在系统内部构建良好的信息交流渠道，保证企业界面信息及时、全面、高效地在系统内传递，提高平台企业价值生态系统的效率，促进创新的产生（胡国栋、王晓杰，2019）；平台企业通过建立声誉机制来增强平台信任度、降低平台用户感知风险（Wang，2002），从而确保消费者权益安全可靠的自我监管形式（Cohen & Sundararajan，2015；Grewal & Saini，2010）；平台企业采取多种措施和行为监控平台生态系统，维持系统的秩序和规则，保证参与者都遵守行为准则，防止投机行为的产生（Murry & Heide，1998；Wathne & Heide，2000）。具体来说，权力治理、算法治理、知识治理、社会责任治理、合同治理、关系治理等平台治理机制在其中起到了关键作用。

1. 平台权力治理

权力意味着在一种社会关系里哪怕遇到反对也能贯彻自己意志的任何机会，不管这种机会是建立在什么基础之上（Weber，1997）。只是在国家出现之后，国家的公权力就吞噬了社会上的其他权力，建立了独一无二的地位（Habermas，1999）。公权力是国家机关拥有和行使的强制力量，是对共同体事务进行决策、立法、执行的一种权力（王志鹏 等，2016）；私权力是来源于市场或技术的经济性权力（许多奇，2019）。平台是一组动态协商的社会关系（Van Dijck，

Poell & De Waal，2018），是政府、市场、用户的联结交汇点（Helberger，Pierson & Poell，2018）。伴随着互联网平台由"中介－平台－生态"的演变，平台的属性也由技术和信息的权力，演变为市场和经济权力，进而延伸到社会和政治权力（方兴东、钟祥铭，2021），拥有了相对于其他主体更为强势的地位（方兴东、严峰，2019），客观上重塑了企业、用户和政府之间的权界，平台企业成为新的权力中心，在社会权力结构中占有一席之地（易前良，2019）。

平台企业掌握着数以亿计的用户资源，并通过对这些资源的有效利用、对用户的行为进行影响与支配来实现其盈利目的，这在一定程度上催生出多种平台权力。

一是规则制定权。平台企业通过代码编程手段将企业意志融入技术设计框架，从技术层面约束用户行为，把控平台运行技术规则的制定权。与此同时，基于技术博弈中用户群体的集体失语，平台企业也可通过制定使用协议、用户条款等方式获取用户信息以及约束用户行为（周辉，2016）。

二是数据控制权。在商业、技术和规则逻辑共同支配下，平台企业对用户数据拥有广泛的收集权、占有权、支配权、收益权和处置权。数据控制权成为平台企业权力的重要形态。

三是行为管制权。主要体现在两个维度：第一是市场维度，在市场逻辑支配下，平台企业作为第三方交易和服务平台，是连接产品和服务供需端口的重要节点，具有定价和许可权力，能对平台上的多边客户实施筛选匹配和资源分配活动，这本质上也是一种管制行为；第二是法律维度，在法律法规的授权下，平台企业因能够对用户实施内容删除、警告、屏蔽、封号、查验等措施而形成了行为管制权。

四是争议处置权。随着治理理念的兴起，平台企业等主体在网络治理中的主体地位得到认可与尊重，平台企业不仅可以通过制定规则、控制数据、管制行为来彰显自身的存在，也可以对平台上发生的争议进行初级处置而形成具有投诉自处理的争议处置权力。

（1）平台权力所带来的潜在风险。平台企业推动了互联网平台经济蓬勃发展，同时也给社会生活和国家秩序带来风险。

1）公权私有风险。平台企业对于用户行为表现出了极强的规制力，既可为用户实现平等自由提供技术保障，也可设置技术壁垒剥夺其权利实现，这种基于技术控制力所产生的影响力甚至能够比肩国家和政府的公权力（Jordan，2002）。平台企业在一定程度上掌握了网络话语和规则的定义权、裁量权、解释权，垄断了数据、用户和流量。

2）权力失范风险。主要表现为平台对个人隐私的僭越、平台对内部市场的过度整合与操控以及平台对地方政府市场治理能力的削弱等三个层面，其根源在于平台的"企业－市场"双重属性之间的冲突（张兆曙、段君，2020）。相较于各类传统意义上的市场组织，平台的运行存在更高的权力失范风险（郭渐强、陈荣昌，2019）。

3）治理缺失风险。基于多边市场强大的网络效应，解决传统单边市场和简单双边市场的传统反垄断体系已基本失效（方兴东，2017）。我国也加强了网络空间治理，正式实施了《中华人民共和国网络安全法》《中华人民共和国电子商务法》，为网络空间治理的法治化提供了制度保障。国家互联网信息办公室出台了《互联网新闻信息服务管理规定》《区块链信息服务管理规定》等文件，加强了对互联网信息内容领域的部门立法和执法。对于瞬息万变的网络环境，我国正努力建立全面的有效治理机制，不断完善法律规制体系。

4）权力垄断风险。由于平台企业在庞大用户、海量数据、先进算法等方面的优势，在社会媒介化进程中缺少社会规则与社会力量的制衡，形成了与传统企业权力不对称的局面。平台企业可以既当裁判，也当运动员，通过引导交易（如编辑搜索结果）来扶持与自身利益更密切的公司（Grimmelmann，2010）或个人用户（如流量明星）。平台企业对内部市场的公平竞争以及整体利润分配的操控，引发了传统企业用户和学者的普遍担忧与批判（Rieder & Sire，2014）。平台企业权力对社会发展越来越重要，需要研究其内在逻辑和运行规律，对权力进行有效治理，防止权力过度集中对社会、国家乃至国际秩序产生的负面影响。

（2）平台权力的治理体系。它主要包括治理主体、权力配置、治理机制、治理绩效。

1）治理主体。在现代社会，国家治理已经不再单纯被看作政府一方的事情，而是强调治理主体的多样性和互动性（俞可平，2008），协同监管成为推进网络法治新常态，权力治理主体包含了政府、平台企业、交易者及互补企业。但相关体系和机制建设没有及时跟进，政府、企业、公民等主体的治理与监管角色分工体系尚未形成，治理与监管资源和力量未被充分整合，不同主体仿若一个个不同的孤岛，彼此之间信息共享、交流沟通不足，难以及时有效形成合力、达成共识并对网络平台的违法违规行为启动问责（郭渐强、陈荣昌，2019）。

2）权力配置。权力治理的目标在于让权力为社会、企业、公民服务。因此，需要优化平台企业与政府之间、与互补企业之间以及平台企业内部的权力配置，使得其在治理过程当中更有效率。在平台企业与用户之间，普通用户缺乏议价能力（郭渐强、陈荣昌，2019），导致平台企业权力治理中用户参与不足、对平台运行监督不够，这反过来会对平台企业造成不利影响（赵银翠，2020）。

3）治理机制。权力治理机制是在权力治理过程中的管理与控制方式。政府监管往往离不开企业的助力，国家应对私权力的自我规制做出监督与限制，合理利用其规制优势并尽量避免其规制的弊端；平台企业既要进行自我治理（韩新华，李丹林，2020），也可按照"政府治理与政府委托治理"的路径展开治理（张兆曙、段君，2020）。

4）治理绩效。权力治理绩效可从经济因素和制度因素两方面进行评价。从经济因素来看，权力治理绩效直接表现为平台企业的竞争力水平；从制度因素来看，权力治理绩效是指权力治理过程中的治理机制、治理主体间关系的协调性，直接反映各治理主体之间互动合作、权力关系配置、机制适应性等的运行状况（易明，2010）。

2. 平台算法治理

算法这一概念最早由波斯数学家阿尔·花剌子模（Al-Khwarizmi）在公元9世纪提出，意为阿拉伯数字的运算法则。在计算过程非常复杂、数据量非常庞大、结果要求非常精确时，算法可以通过迅速、海量的运算，得出准确且最佳的结果。算法推荐服务在互联网平台内应用广泛，包括外卖、出行、资讯、视频、社区、电商等领域的大部分互联网应用场景都需要算法支撑。算法决策、算法推荐、算法分析等技术及其架构的应用显著提高了社会的运转效率，正在改变和重塑人类社会生活。平台企业因连接双边用户而具有数据获取的便利和优势，平台利用算法技术支持治理决策，极大增强了平台的权力，借助算法，平台正在构建新的中心、制度，重塑人们的社会行为、消费习惯，甚至形成新的认同、新的价值观。然而算法并非万能的，因为平台背后的资本是逐利的，倾向于做出符合自身商业利益而非公共利益的选择。例如，平台可能收集或交换价格、销量等敏感信息，通过算法将意见一致的人联结在一起形成"过滤气泡"，利用数据和算法挖掘用户趣味、诱导用户消费等。算法霸权、算法歧视、算法黑箱（陈鹏，2020）问题不断出现，算法治理成为数智化时代突出的研究议题（Gillespie，2014）。

一是算法霸权。平台企业作为一种独特的国家治理微观主体，可以基于其在社会的商业影响力与平台商业生态圈的独立领导力，发挥其对平台所连接的社会的治理效应。算法基于独特的技术优势实现了传统治理主体的治理权力的转移，算法建构者在特定的动机下会利用算法操纵，形成算法霸权。少数掌握算法的企业在资本逻辑的驱动下为了实现特定目的，可能会利用算法上的优势来对国家治理和社会管理的过程实施严格的控制，进而衍生出少数企业利用算法进行权力操纵与推行数字霸权（陈鹏，2020）。

二是算法歧视。算法自动推理与自动决策能带来负责任的价值效应，前提是数据采集与数据标准的真实性、全面性、公平性与公正性。但是，由于数据获取的过程中本身就带有人的价值因素，一旦数据采集过程中具有相应的歧视性、排他性意图，在算法设计之前的数据采集环境就为算法歧视埋下了隐患。算法歧视和偏见使算法自动推理结果也相应地会产生很大的偏误，导致算法产生的决策效果破坏了社会公正与社会伦理。算法通常是由程序员在没有足够透明度、审计或监督的情况下开发完成的，缺乏问责的算法设计令人担忧（West & Whittaker，2019）。算法往往会复制社会现有的不平等现象，对女性、有色人种、中低收入人群不友好（Allen，2020）。例如，脸书的原生广告系统存在明显的算法歧视，该平台将现实世界中存在的性别偏见引入广告推荐系统中，使得资质类似的候选人因为性别原因无法公平地得到一致的招聘信息推荐（Hao，2019）。

三是算法黑箱。算法自身封装在程序之中，其代码化的表达通常难以被非专业人士理解。在平台企业所提供的算法服务或其产品嵌入了算法的服务过程中，算法将相应的决策信息环节推入了一个不可控的"黑箱"，即平台企业一旦嵌入了相应的算法，算法自动计算、推理与决策的过程就难以观测与把握。

凸显的算法问题中存在诸多社会风险、法律风险甚至政治风险（王振兴、韩伊静、李云新，2019；汪怀君、汝绪华，2020）。算法治理（governance of algorithms）逐渐被推向了各国治理的前台。

（1）算法治理结构。合理的算法治理结构旨在通过监督、激励、控制和协调等一整套制度安排，充分发挥各治理主体的能动性，从而实现治理资源的有效配置。从治理主体角度可将算法治理分为公共治理和私人治理两大类。算法公共治理是指公权力机构为了实现公平公正和社会效率而对算法进行治理的行为，相关主体包括立法机关、行政机关等（贾开，2019）；算法私人治理是指公民、企业等私权主体依法对算法进行治理的行为，相关主体包括开发或使用算法的企业、行业协会、受算法影响的企业或公民等（尹锋林，2021）。治理平台不仅需要政府有为，还需充分使平台企业、交易者以及其他社会组织的多元主体积极参与平台治理，构建多主体、多维度、多层级、多场域、多价值、多要素的多元共治理念与模式。平台可分为内部圈层和外部圈层，平台内部圈层包含平台企业、消费者以及商家等主体；平台外部圈层包含执法、司法部门和社会组织等治理主体（陈兵，2021）。在美国的实践中，其将公权力部门、平台企业、公民三方主体之间的联系规定于算法治理思路的构建中。

（2）算法治理机制。传统算法治理机制是以"通知－公告"为代表的一系列公众参与机制，现在已无法妥当用于算法决策领域。国外学者就算法实现治理目标和建设制度性机制，从政府组织和非政府组织两个角度展开了讨论。政府组织治理机制包括美国白宫发布的各项政策（2016）和总统行政命令（2019）、联邦行政机关发布的新规章、国会新制定的法律、对已有立法所做的新的解释和适用以及联邦法院做出的判决。非政府组织则是通过对行为不端的主体施加名誉上的惩罚来规制算法。以平台义务和平台责任为杠杆的治理机制，以场景化和精细化治理为核心思路，借鉴、吸纳和融合个体赋权路径与外部问责路径的场景治理优势，探索精细化的治理机制成为目前算法治理的研究方向。算法治理机制主要包括算法解释、算法责任、价值嵌入、算法审查和监督管理等。

1）算法解释。为保证算法的公平性和透明性，欧盟和美国等发达国家和地区制定了适合自身情况的治理框架。欧盟以新型算法权利为基础展开算法治理，美国则依托独立监管和外部审计。目前我国算法治理的重点是算法可解释性以及算法解释权。我国学者就算法解释提出了两个机制建设方向：一是培育控制者和处理者的内部算法治理机制；二是从算法可解释性走向具备可解释性的算法模型，探索一种兼具内部和外部视角、法律和技术有机结合的协同机制，以获得制度实效最大化。

2）算法责任。算法治理已成为企业社会责任治理的焦点，现有的算法责任治理框架主要为三大方面：建立算法应用的定责与追责法律法规体系；赋予算法解释权；基于算法技术形成与算法应用的系列过程，形成技术的性能治理体系与评估标准化治理体系，最终应对算法技术异化以及提高算法的"透明度"。

3）价值嵌入。人们通过算法给智能机器嵌入人类的价值观和规范，将人类所倡导或可接受的伦理理论与规范转换为伦理算法和操作规程。这将伦理价值嵌入在算法设计与开发中，并使智能机器人能对系统做出的决策进行伦理层面的评估，避免出现伦理冲突。因为算法决策程序中渗透着研发者的道德素养，无法忽略人的主观价值导向对算法模型的影响。所以，应当规范伦理教育、增进算法设计者和开发者的伦理自觉，确保每位技术专家得到教育、培训和赋权，并在算法设计和开发中优先考虑伦理问题等。

4）算法审查和监督管理。《新一代人工智能发展规划》指出，需要实现智能算法设计、研发和应用等全流程的监管与审核，建立健全公开的智能技术审查体系，建设应用监督和设计归责并行的监管结构。算法审查与监督机制的基础在于对数据的规范管理，包括数据收集、数据挖掘、数据运算和数据使用的管理。算法设计者应该对训练数据（training data）的来源及可靠性加以说明并监控算法的运行状态和运行结果，为公众建立算法信任（Berkeley，2015）。审查和监管都需要依靠法律手段和行政力量，可考虑建立专门的算法监管机构，对决策体系涉及的算法进行风险评估，调查算法系统涉嫌侵权等情况，为其他监管机构提供关于算法系统的建议。可采取审慎监管的问责模式和较为柔性的个体赋权方式，建立以平台算法义务为主、个体权利为辅的复合型治理机制（Tutt，2013）。

（3）算法治理路径。算法治理的重点通常是问责制、透明度和技术保证，基于算法的性质、具体内容和风险分析等因素，算法治理有不同的特定治理路径（Doneda & Almeida，

2016）。欧盟赋予数据主体反对权和解释权等新型算法权利；美国赋予公众对公用事业领域算法应用的知情、参与、异议和救济等程序性权利，构筑以算法问责为核心的外部治理框架；我国形成了内部的算法自我优化与外部的监督规范相结合的算法治理路径。

3. 平台知识治理

知识治理的思想起源于交易成本理论和企业知识理论间的分歧与论争。在20世纪80年代兴起的"知识运动"中，部分学者认为交易成本理论无法有效解释以知识的获取、利用和创造等知识活动为中心的企业本质、内在组织机理及多样化的组织形态，因而开始了对企业本质、企业组织等基本问题的反思（王健友，2007）。在此过程中，部分研究者开始了对知识治理的早期探索，通过运用企业资源、企业知识、组织能力、组织认知等理论来修正交易成本理论，从知识、组织能力、认知局限性等角度重新认识企业的本质、边界和治理机制选择，逐渐探索了组织学习、知识管理中的治理问题（Nooteboom，2000；Osterloh & Frey，2000）、知识特性与组织形式、治理机制选择（Birkinshaw et al.，2002；Contractor & Ra，2002；Nickerson & Zenger，2004）等若干研究方向，体现出"知识与组织的内在关系"的共同主题。基于对主流企业理论的反思，"知识治理"（knowledge governance，KG）概念率先被提出并使用，特指从交易成本经济学出发，旨在从战略层面识别、克服、解决存在于组织与知识过程中的衔接问题（Grandori，2001）。随后，知识经济背景下，知识治理问题和知识过程、知识和组织之间存在的间隙问题，引出并促进了对知识治理概念系统描述的成形（Foss，2006）。总体而言，知识治理理论来源于企业知识管理中的实践受阻和组织知识基础观的持续深化，其研究旨在构建理论以解决知识过程中知识基础的组织脱节问题，聚焦于通过应用合适机制提升知识过程的组织能力，强调运用一致治理机制协调知识过程的战略关注点（Pemsel，Wiewiora et al.，2014）。

依据基础研究理论划分，知识治理分成经济学、制度学、社会学、组织行为学四大流派，分别从交易成本、制度安排、社会关系、组织设计四类角度解构分析组织知识治理活动，形成了社会资本理论、社会交换理论、社会认知理论、动机理论、计划行为理论等理论模型（杨吕乐 等，2018）。经济学派坚持立足于交易成本理论，强调知识交易过程中的经济有效性（Grandori，2001）；制度学派认为知识治理理论是从制度安排出发解决知识组织过程中的问题，通过治理结构选择和治理机制设计实现知识过程的最优化（任志安，2008），侧重于知识活动中主体决策权力的结构安排和遵循规则的设计；社会学派主要从代理理论、管家理论等治理关系理论出发，认为知识治理即对组织内个体间社会关系的治理，侧重于知识活动主体间的互动及主体的能动性发挥的促进；组织行为学派倾向于以组织设计理论为出发点，聚焦组织设计要素对组织特定知识活动的影响机制。四类视角对知识治理的研究范围做出界定，提供了知识治理研究的理论基础。依据时间分布，研究者对知识治理的诠释呈现持续发展趋势，初期主要从内容和功能两个角度出发，分别强调知识治理手段与对象间的关系（Grandori，2001；Foss，2003，2010）和知识治理的目标、功能，包括降低知识成本、引导知识管理活动、实现预定目标等（Grandori，1997；Pemsel，Wiewiora et al.，2014）。后期知识治理的系统角度逐渐成形，知识治理被视为一个从组织战略层次出发、通过知识目标和治理手段影响知识过程、控制知识管理产出的控制系统（李维安，2007；于淼 等，2021），形成了知识治理概念的三维视角。因此，目前知识治理的概念已超越了"通过治理机制影响知识管理活动过程"的范畴，被提升到组织战略这一新高度。

平台企业作为一种元层面的新型组织形式，带领平台双边用户、合作伙伴等相关方一并加入知识治理，打破了知识经济时代下传统单体企业为知识治理单一主体的局面。在平台企业带来的知识治理主体多元化趋势下，知识治理逐渐由以企业内部知识资源为主的企业单独治理转向以互联网平台为基础的知识资源拥有者共同治理，有效跨越了传统企业与知识间的障碍，拓宽了企业知识资源的来源，扩大了企业知识资源存量，提升了平台企业对内外部知识资源的整合能力。知识治理主体多元化，也伴随着平台价值创造主体的多元化。平台的价值创造逐渐由平台企业单独创造转向以互联网平台为基础，平台企业、双边用户及其他知识资源拥有者共同创造（Amit & Zott，2015）。基于目标关注点中价值共创的主导逻辑，平台的新价值由平台企业和其他参与主体共同创造，平台企业的价值属于共同创造价值的一部分，并且平台企业只有在与其他参与主体共同创造出新价值后，平台企业本身的价值才能得以实现（Vargo & Lusch，2004）。高效的知识活动不仅可以提升个体的知识水平，还可以提升企业的创新能力与绩效（Zárraga & Bonache，2003），最终实现以知识治理获取持续竞争优势（Gogan et al.，2016；Teece，2017）。

然而，伴随平台企业知识治理多元主体特征的是治理主体间缺乏信任基础。在互联网情境下，用户在平台中使用的虚拟身份使平台企业与用户间的信任纽带越发难以建立，传统单体企业基于关系导向的知识治理方式在平台企业中可能已不再适用（白景坤 等，2020）。由于平台对陌生用户的信任程度较低，在无契约状态下对用户的知识资源关注度降低，导致平台企业损失了相当数量的潜在知识资源。同时，由于用户的多归属性，用户对单一平台的依赖程度较低，建立信任基础较为困难，难以促进用户主动与平台企业共享知识资源。此外，平台间赢家通吃的竞争模式使得平台企业对用户、合作伙伴的掠夺形成恶性竞争，平台企业间、平台企业与合作伙伴间的信任程度较低。因此，在平台企业知识治理研究中，找到治理主体间的信任基础至关重要。坚实的信任基础能够促进平台企业高效吸引双边用户，在平台与陌生用户之间快速建立信任纽带，促进用户与平台企业开展高质量的知识共享、价值共创，进而提升平台对用户知识资源的关注度，通过双边口碑、网络效应吸引更大数量的潜在用户群体，形成平台企业内部的良性循环；同时坚实的信任基础能够促进平台企业高效联络外部企业，帮助企业获得行业地位和行业声誉（Sullivan，2000），在平台企业与合作伙伴、其他平台企业之间建立牢固的信任基础，共同构建创新网络、形成集群竞争优势，避免平台企业因恶性竞争陷入企业间的知识资源断层。在内外部知识治理中，平台企业同时扮演着多种特定的知识活动角色：平台企业自身承担知识创造功能，并利用平台对双边用户、企业自身进行知识集成，在平台企业内外部形成"用户－平台－平台企业－外部企业"的双向知识转移路径，形成内外部知识治理参与主体间的相互协同关系，实现以平台企业为核心的主体间知识共享。

在互联网进入"新阶段、新理念、新格局"的背景下，平台企业高效决策、高速发展的需求依赖于高强度的知识活动，而海量知识使得平台企业的知识治理活动越发频繁，平台企业知识治理难度日渐升高，其难点主要表现为：第一，知识治理目标的多样性与平台企业追求网络效应的单一目标存在矛盾，不同参与主体追求的治理价值不同，各主体的力量难以整合，易形成"知识共享困境"，导致作为治理主体的平台企业治理动力不足；第二，平台的双边市场结构决定了其科层治理权力和市场交易制度约束缺失的天然特征，导致平台企业知识治理责任与治理权力的不对称；第三，知识保护独占性机制失效与平台知识保护制度缺失并存，导致现有保护制度上的真空。平台企业在开展知识治理中缺乏相应能力与制度保障，需要对不同治理主体进行相应的治理机制设计，在围绕平台的治理主体间建立信任基础，并对其专业知识进行有效整合（Foss，2010）。目前，知识治理领域主要从知识治理的结构、模式、机制、绩效四个方面对知识治理体系开展研究（于淼 等，2021）。

（1）知识治理结构。知识治理结构为组织的知识战略目标服务，反映了组织内不同层次知识活动治理主体相互关系的框架，为微观层面的知识活动创造结构条件、奠定框架基础（Pemsel，Wiewiora et al.，2014）。知识治理结构的划分有三种：从可操作性的角度，可将知识治理结构划分为科层制、共同体、激励式（Mahnke & Pedersen，2005），从导向的角度，可将知识治理结构划分为市场、权威型层级、共识型层级（Nickerson & Zenger，2004），从关系的角度，可将知识治理结构的研究维度划分为市场关系、社会关系、层级关系（Gooderham et al.，2011）。其中，市场型知识治理强调合作双方的交换关系，通过正式契约、激励制度等市场机制促进用户和企业间的知识交流；社会型知识治理强调基于信任关系的自由交换行为，通过信任等社会机制与用户建立长期合作意愿并互动，以获取有价值的创新知识；层级型知识治理强调组织的权威地位，通过相对于用户的信息资源优势建立不对称的资源依赖关系，以搜寻、整合内外部知识资源（白景坤 等，2020）。

（2）知识治理模式。知识治理模式是组织内部为实现战略目标、合理配置知识资源而进行的整体制度安排，是组织在面向知识治理需求时所提出的包含知识治理结构和机制的范式（Grandori，2001）。知识治理模式向内表现为治理需求与治理模式的适配和协调，向外表现为治理模式与组织情境、组织战略等组织条件的匹配。知识具有的差异性、复杂性、利益冲突性等特征影响到知识治理结构和机制的选择，因而现有研究偏向于关注知识治理模式与知识特征的匹配。从知识特征的视角出发，知识治理机制可以划分为类层级命令式、构建式、交互式、协调式（Hoetker & Mellewigt，2009），从知识治理实践经验的视角可以划分为结构型、过程型、关系型（Andreas et al.，2012），从知识治理机制作用相对权重的视角可以划分为自发型、领导型、结构型（王影、梁祺，2012）。

（3）知识治理机制。知识治理机制是知识情境下潜在而具体的管理和控制手段，用于推动并解释所需要的行为主体的行为如何被激发、影响和建立，以及以何种方式达到期望或预期的收益（Hoetker & Mellewigt，2009），受到各知识治理参与主体动机和认知的影响。知识治理机制嵌入组织形式，需要在知识治理结构选择的基础上进行设置和应用。与知识治理机制相关的现有研究数量较多，主流为依据组织层次将知识治理机制进行划分为组织和组织间两个层次。组织层次的知识治理机制主要从正式和非正式两个维度展开（Foss，2006），正式知识治理机制主要包括目标设定、组织结构、权力配置、激励制度、工作设计等正式组织安排，非正式知识治理机制主要包括组织文化、管理风格、信任支持、沟通渠道、身份认同等非正式组织设计要素（Kenneth et al.，2012），两种机制间的协同配合对知识治理整体机制的有效形成具有重要意义（于淼 等，2021）。组织间层次强调知识治理对象是存在于组织内部和外部的知识活动（Grandori，2001），也有研究者将组织间层次的知识治理机制划分为正式和非正式知识治理（郑

少芳 等，2020），正式知识治理机制主要运用专业化分工、知识产权保护、专利许可等契约制度明确双方权利及义务，非正式知识治理机制主要运用关系和信任等柔性社会化方式促进知识转移。由于治理主体出于各自利益而产生不同的动机，可能出现机会主义和道德风险，且不同认知水平（知识和信息的不对称）会导致知识交流复杂化，因此必须选择适当的治理机制来协调各参与主体的动机和认知，以促进主体间知识转移，实现知识资源的价值（王健友，2007）。

（4）知识治理绩效。知识治理绩效是知识治理的直接目标和潜在结果，与知识治理理论"使企业的知识活动向最优化的结果逼近"的目的相接近（任志安，2008）。从知识治理对象的视角出发，可将知识创造、知识集成、知识共享等特定知识活动的实现纳入知识治理绩效的范畴（Borzillo，2017；Liu et al.，2017），而平台正向推动了特定知识活动的实现。以知识共享为例，平台具备可扩展性、标准化、高效能等特征，在作为知识共享的载体时能使知识获取成本、难度大幅降低，促进平台企业和用户间通过各种终端形式实现知识共享（胡乐炜 等，2018）。知识治理绩效存在多维表现形式，可以创新网络、竞争优势等维度衡量知识治理对组织绩效的影响（Clifton et al.，2010；罗珉 等，2010），不同时期存在不同的目标关注点和评价指标（吴士健 等，2017）。企业与用户通过平台在交互中实现联合生产，促进平台企业产品或服务的改进和创新，能在价值共创维度提升组织绩效（曾惜，2019；白景坤 等，2020）。

4. 平台社会责任治理

企业社会责任概念由英国学者奥利弗·谢尔登（Oliver Sheldon）于1924年首次提出，之后被西方学者普遍采纳。他认为应该把企业社会责任同满足社会公众需求、社会利益联系起来，尤为重要的是不应仅追求利润最大化，要将企业道德因素及企业价值考虑在内，要积极考虑企业社会责任等外部因素（Davis，1960），还要兼顾企业利益相关者的利益（Barnett，2007）。企业社会责任具体范畴包括经济、法律、伦理和慈善四种责任（Caroll，1979），或者分为最基本的经济责任、社会责任和环境责任（Elkington，1994）。企业应当承担社会责任（王秋丞，1987），包括必尽之责、应尽之责和愿尽之责（李伟阳，2008），企业选择以什么样的视角看待企业组织本身决定了其对企业社会责任的内容构成（李伟阳，2010；阳镇，2018）。

传统企业对于社会责任的履行往往是立足于特定的企业个体视角（肖红军，2017），而平台使市场的双边用户群体杂糅，平台具有作为独立运营主体的社会责任、作为商业运作平台的社会责任和作为社会资源配置平台的社会责任的内容边界（肖红军，2019）。平台具备"类政府"角色，已经成为全新的社会责任治理主体和引擎（罗珉、杜华勇，2018），能够基于平台的商业影响力与平台领导力对进入公共商业交易场域内的经济社会主体施加影响，有效治理平台内的双边用户的社会责任行为（肖红军、李平，2019；肖红军、阳镇，2020；阳镇，2018）。

承担社会责任是建立企业竞争优势的重要环节，是与企业战略高度匹配的战略性任务（Porter & Kramer，2006）。然而，随着人类由传统的工业经济时代迈入互联网平台经济时代（Grewal，2010），平台企业个体的、平台内双边用户的抑或是两者混合的社会责任缺失与异化事件层出不穷（Frynas，2010；肖红军、李平，2019）。平台社会责任治理尤为迫切，逐步从独立、分散的私人和企业演化为协作化、网络化的企业集群治理（张丹宁，2012；吴定玉，2017），关于平台企业责任的研究逐渐趋向于平台社会责任的治理问题（朱文忠、尚亚博，2020）。

（1）平台社会责任治理结构。从平台运营商的角度出发，平台需完善相关等级激励制度、搜索功能等以提高管理水平（朱冰杰，2015）；从政府的角度出发，政府应出台相应政策、创新监管理念、制定相应的适用法规和基本服务标准、积极推进诚信体系建设等（刘奕、夏杰长，2016）；从政府监管机构、平台企业、新闻媒体、社会组织等多治理主体角度出发，政府应奠定制度基础，平台应做好内部企业责任管理制度自治工作，社会公众、新闻媒体、公共协会应组织负责监督和责任评价（阳镇、许英杰，2018）。

（2）平台社会责任治理模式。平台社会责任治理模式可划分为三种：个体自治模式、以政府为主导的治理模式及多中心网络治理模式。单纯依靠企业的个体自治模式不能根治社会责任缺失行为与"伪社会责任"行为；而以政府为主导的治理模式，依赖于政府部门公权力的边界限度与制度约束，任何对公权力处理不当的行为，都可能无法彻底解决企业社会责任缺失、寻租等问题；多中心网络治理模式利用自组织的协调方式以及基于平台价值共创与共享的网络信任机制，能够实现动态多元的利益诉求与价值期望（阳镇、许英杰，2018）。首先，平台不仅是治理的受体，也是治理的主体，平台内部企业要保障管理制度的建立，做好长期的治理工作；其次，政府机构毫无疑问需要承担自己作为外部治理主导力量的职能责任，在对平台以及平台内部企业进行治理的同时，也要为平台企业能够实现长效治理以及可持续发展，努力夯实制度基础；最后，其他社会组织是多中心网络治理模式中不可或缺的重要力量，应当以一般性交流互惠与选择性监督为准则构建网络化沟通关系，通过构建信任机制促进企业协调与沟通，以保证企业履责的真实性、一致性与科学性。

（3）平台社会责任治理机制。平台社会责任治理机制主要有审核机制、声誉机制、激励机制与惩戒机制。

1）审核机制。平台企业作为平台的运营方和搭建方，可以通过对准入门槛的设定与把控来对平台内企业进行监管和治理，从源头上过滤掉那些明显缺乏资质、可能产生社会责任异化行为的用户进入平台（阳镇，2018）。

2）声誉机制。平台企业与双边用户群体会形成社会责任声誉共同体与耦合体（汪旭晖、张其林，2017）。一方面，可以通过声誉机制对平台内双边用户尤其是卖方用户的社会责任行为进行治理，也要对接受寻租行为的买方进行严厉打击；另一方面，对于平台内具有良好信誉的企业要进行声誉激励，发挥显性激励作用，使平台内部良性发展。

3）激励机制。激励机制要求平台将声誉与针对交易者的管理、奖惩关联起来，依据声誉水平对交易者进行分类管理，根据其等级的不同，决定其待遇，为平台企业与双边用户群体带来隐性激励约束作用。

4）惩戒机制。一方面，平台对于失责的交易者可设立扣分制度、降级制度和经济惩罚制度（肖红军、李平，2019），减少或禁止其分享平台整体创造的利益，甚至将其剔除，从而对交易者的机会主义倾向、道德风险和失责行为起到警示震慑作用；另一方面，交易者也可构建责任接入机制，对失责的平台采取"用脚投票"的方式，减少接入甚至退出其所运营的平台，通过重新进行市场选择形成对失责平台的惩戒。

（4）平台社会责任治理绩效。对平台社会责任治理绩效的研究，多停留在对企业社会责任履行与财务绩效的关系研究上。互联网企业的财务绩效给其社会责任绩效带来正面影响，企业越成熟，影响力越大（周立军 等，2017）；企业对股东、消费者、供应商和政府履行社会责任有助于提升财务绩效（张宏 等，2019）。

5. 平台合同治理与关系治理

合同治理通过采用契约、制定成文的规范及制度来约束不确定性环境下合作伙伴的机会主义行为（Macneil，1978），确保组织成员能按规范进行合作，降低价值共创中的风险和不确定性（Turner & Simister，2001），实现从价值共创到共赢的跨跃（Floricel & Miller，2001）。但在现实交易摩擦中，私下解决往往比司法仲裁更常见，也更具效率（Williamson，2002）。如果交易双方能够分享各自的私人信息，交易契约就能基于双方的社会关系而实现（Li，2003）。这种基于社会关系而达成的交易契约就称为关系契约，核心在于维护未来长期交易、追求和保护长期的合作关系，利益相关方在契约履行和纠纷处理中愿意承担明显的静态无效率（袁正、朱子贤，2014），关系治理可维持价值共创连续性（Zaheer & Venkatraman，1995）。关系治理是凭借企业间的信任而发展起来的关系，对不确定性环境下共同应对风险发挥了积极的作用（Poopl & Zenger，2002）。

所以，合同治理与关系治理的本质在于企业制定正式和非正式的规则来权衡独占权和共享权（Tee，2009）。虽然从非正式治理向正式治理转变是市场经济发展的必然，但正式规则的建立和完善需要漫长的过程，需要用非正式治理加以互补才能有效地提升企业的治理能力（Carsons et al.，2006）。合同治理和关系治理研究主要有两种类型。

（1）研究合同治理和关系治理机制。合同治理定义了参与者的权利、义务和责任（Quanji et al.，2017），通过惩罚违背契约的行为来降低风险和不确定性（Floricel & Miller，2001）从而实现企业的治理目标（Kujala & Nuottila，2015）；关系治理则是利用企业外部互联的特征（Baker，2002），促进各参与主体之间通过非正式的互动产生信任来取代正式契约（Liu，2009）。基于此，企业合同治理的核心要素可以划分为所有权配置、风险分担和报酬机制三个维度（严玲，2013；邓娇娇，2013），关系治理可以划分为沟通、承诺、信任以及公平（Heide & John，1992；Jap & Ganesan，2000；Lusch & Brown，1996）等核心要素。

（2）研究合同治理与关系治理间的关系。合同治理和关系治理之间存在互补关系、替代关系以及替代互补结合关系（Dyer & Singh，1998；Artz，1999）。企业治理制度的选择从根本上讲是以交易成本最小化为原则（Williamson，1998；Li，2003）。合同显示了企业主体间的不信任，反而会破坏契约双方的良好关系，增加机会主义和道德风险，并导致资源的浪费（Gulati，1995）；关系治理的信任既能降低交易成本，又能替代正式合同的手刹作用（Mandell & Keast，2014）。因此，合同治理和关系治理具有可替代性（Gulati & Moran，1995；Bernheim & Whinston，1998）。在现实中，由于合同治理总是内嵌于一定社会环境之中（Klijn，2010），从合同激励、执行到适应的阶段都是在信任、沟通、共享等关系协调的基础上进行（Xu & Chen，2012），合同治理的过程必然会受到主体关系的影响（尹贻林 等，2011）。借助关系治理，可以通过对合同的修正（Lin，2016），弥补正式合同适应性的不足（Lusch & Brown，1996），从而有助于合同的制定和执行（Brown et al.，2000；Noordewier et al.，1990）。可见，合同治理和关系治理具有互补性（Bello，Chelariu，Zhang，2003；Cannon et al.，2000）。值得注意的是，合同治理不仅不会阻止关系治理的发展或者成为关系治理的替代者，良好的、详尽的合同实际上会提升交易各方长期的、合作性的信任关系；关系治理也有助于合作者间发展出有关处理不确定性的柔性规则和程序，当不可预见的事件发生后，有助于合作伙伴间的相互调适，从而维持双方的交易关系，并因此提高交易效率（谈毅、慕继丰，2008）。换言之，关系治理有助于合同治理水平的提高，而合同治理则是关系治理的根本保证（Morgan & Hunt，1994），两者的替代与互补结合更有利于应对复杂的交易情况，给企业带来更高的治理效率（周茵，2015）。

由于平台企业的动态生态系统涉及供给方用户、需求方用户、平台企业、服务商以及外部的政府监管机构。因此，处于动态变化中的供给方和需求方用户存在机会主义动机，这可能会破坏企业正常秩序（Kang & Jindal，2015）。合同治理强调通过约束激励等正式规则最小化机会主义行为（Ozkantektas，2014），关系治理则主张通过声誉、沟通、信任等非正式规则抑制机会主义行为（Brown，2015）。在初期信任水平下，平台企业关系治理会强化合同行为控制形成强互补弱替代的模式（Handley & Angst，2015）；在早期低绩效的前提下，平台企业关系治理会弱化合同行为控制形成强替代弱互补的模式（Liolioue，2014）。通过这种互补和替代的动态演化模式，最终可以减少平台企业的机会主义行为（姜翰 等，2008）。

10.5　平台治理的架构与体系

建构一个双边平台包括两个方面。一是平台设计，为各参与边之间交易达成提供的服务架构。平台企业与互补厂商组成复杂的架构体系，主要包括用户、互补者、平台企业和平台企业赞助商，各个组成部分基于自身利益进行策略选择（Eisenmann et al.，2008）。整个架构体系强调革新、开放和平台控制，而平台通过影响参与者的行为策略选择进而获利（Parker & Alstyne，2009），并随环境的动态改变而共同演化（Tiwana et al.，2010）。二是平台治理，明确定价和参与者权利与义务的一系列规则（Eisenmann，Parker & Alstyne，2006），既包括平台内在的设计和治理，也包括外在的环境因素（Tiwana，Konsynski & Bush，2010）。平台治理包括决策权配置、控制权和所有权三个方面的决策，分别对应于权利义务治理、动机治理和股权治理。平台治理的核心问题是既要保持对平台整体性的足够控制，又要适当放松控制以激励平台内开发者的创新。目前研究内容主要有政府的主导作用（陶希东，2013）、平台企业的主导作用（梁晗、费少卿，2017；李广乾、陶涛，2018）以及多元主体协同治理的构想（孟凡新，2015；申尊焕、龙建成，2017）。

10.5.1　平台治理的架构

1. 平台协同治理框架

平台带有天然的技术属性，技术架构和组织方式的差异决定了平台的演化轨迹（Katz，1994）。平台架构、动态市场环境和治理工具三者共同组成了互联网平台治理的三个要素。平台企业治理主体包括平台企业、政府、交易者及其他社会组织，彼此之间相互关联、交互作用，有内在的作用机理和运作机制。平台企业内部主要是算法治理和知识治理，平台企业与政府之间主要是权力治理，平台企业与交易者之间主要是合同治理和关系治理，平台企业和其他社会组织之间主要是社会责任治理。合同治理与关系治理构成平台企业的内生治理模式，主要促进平台融合发展；权力治理与社会责任治理构成平台企业外生治理模式，主要促进平台共生发展；算法治理与知识治理构成平台企业协同治理模式，主要促进平台自律发展。

互联网平台的发展依赖创新，具有网络性、公共性特征，以属地化、科层管理为主要特点的传统监管系统难以适应平台经济发展的要求。随着社会进程发展，私企和非营利机构会越来越多地提供治理并参与决策，相当一部分公共服务事业由企业承包或采取公司合伙的方式承办（Stoker、华夏风，1999）。因此，需要政府、交易者、其他社会组织等共同参与、协同治理（徐敬宏、胡世明，2022；白景坤 等，2022）（见图10-1）。协同治理一方面体现在部门之间、地域之间和平台之间的关系协同；另一方面，还体现在治理主体地位协同，由过去政府监管转变为政府主导、各主体共同参与。

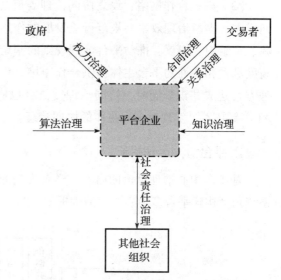

图 10-1　互联网平台的参与者及治理

（1）打破行业壁垒：合理划定责任边界。不同种类的平台提供的服务、内容不同，参与主体存在差异，整合和利用各方资源也有很大区别。想要打破"平台墙""部门墙"，首先要合理划定各方责任边界。例如，提供电子商贸、高端装备等互联网商务平台与提供出行服务的网约车平台在划定平台责任时就需要根据具体情况进行分类讨论。电商平台更多涉及商品定价和服务质量问题，网约车平台则可能和人身安全与出行服务有关。此外，互联网平台由不同的部门进行监管，由于平台新问题不断产生，法律标准不完善、语义模糊等问题导致各部门之间缺乏政策协调的能力。因此，合理划定责任边界需要包含四个方面。

- 明确互联网平台的法律地位和民事、行政、刑事责任，赋予其相应的治理权利，实现新经济与我国法律的协同。
- 明确平台与平台之间的责任边界，实现平台竞争和社会总体福利增长之间的协同。
- 明确平台与非平台企业的责任边界，特别是涉及垄断界定、非平台企业权益保障方面，实现新经济与传统经济的协同。
- 明确平台与用户的责任边界，实现平台发展与用户需求之间的协同，营造公平有序的商业环境。

（2）提供容错空间：完善治理机制评价。协同治理是一个渐进的过程，也是负责任的企业、社会、政府及个人合力作用的结果。引入互联网平台协同治理机制评价并非要衡量治理效果的好与坏，而是要反映多元主体的参与度、积极性、协同度。协同治理评价指标包含三个方面：一是协同响应积极度，要充分反映区域内地方政府主导治理的科学合理性，保证平台企业、行业机构、公共组织的参与度；二是协同治理公平度，要充分体现协同治理应有的民主、法治、公平、稳定的重要价值和理念，保证平台企业内各主体利益平衡、地位协同；三是协同治理反馈度，要充分涵盖治理前、治理中、治理后平台运行效果全貌和发展变化，优化测算方法，提高数据质量和可信度，保证协同治理长效运转。

（3）搭设合作网络：设立协同治理委员会。协同治理委员会具有消除主体间隔阂、降低协同成本、提高治理效率、规范行业发展的作用。协同治理委员会须联系平台各主体头部优势资源，来组织、倡议、推动平台治理规则的制定。协同治理委员会的设立应由政府牵头，为具有高度利益相关性的平台主体提供合作土壤，设置更多对话与合作的渠道，就具体治理议题和治理方案达成共识。同时，协同治理委员会也应当摆脱传统监管模式和监管手段，利用大数据、AI等新技术，实现对多元主体的协同治理。

2. 平台协同治理机制

基于多中心治理理论的启发，学者突破原有利益相关者视角治理的局限，提出从商业生态系统角度构建平台多中心协同治理框架（Drahos，2017），如图10-2所示。

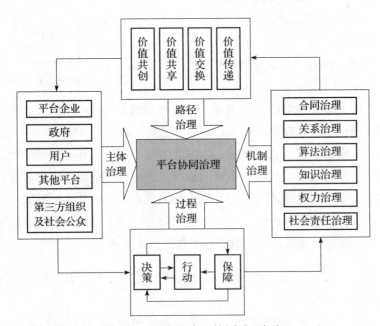

图10-2 平台多中心协同治理框架

平台治理包含四方面的"协同"。一是治理主体协同。良好的合作关系不是自上而下的权威推动，而是有赖于主体间信任和共识的建设（Waugh，2003），平台治理体系是一个复杂的有机系统，系统中不同主体在协同治理平台方面各有侧重，围绕维护平台公平秩序、增强平台规范化治理展开，增进其彼此间的互动和互治，形成内外联结的治理网络，促进平台经济规范发展。二是治理机制协同。平台协同治理有其内在的运作机制，包括正式机制和非正式机制，具体来说，主要包括合同治理、关系治理、知识治理、算法治理、权力治理、社会责任治理、科技伦理治理等机制。三是治理路径协同。平台协同治理体系中不同主体有各自的治理理念、治理目标、治理方式和治理评估标准及手段，需要协同平台、政府以及其他利益相关者，强化对治理路径的系统管理，坚持问题导向，对路径协同进行动态评估、实施及创新。四是治理过程协同。平台企业从决策到行动再到治理保障要尽可能做到公开透明，保障各方主体拥有充分的知情权、监督权，更好地促进各方主体协同监管、治理平台。

10.5.2 平台治理的体系

本书从治理视角切入，在平台自我规制与政府规制都无法完善地解决平台模式产生的诸多社会经济问题时，超越强化和放松管制的两难之境，建构一套由治理主体、治理行为和治理绩效构成的平台企业治理框架结构，即结构-行为-绩效（structure-conduct-performance）研究框架，该模型最初作为系统的产业分析框架用来深入研究市场结构、企业行为与经营绩效背后的内在逻辑。有学者将产业组织SCP分析范式运用于治理绩效关系的研究中，形成"治理结构-治理行为-治理绩效"的公司治理体系（见图10-3），在特定治理结构下关注治理行为对于治理绩效的影响（Hart，1995；李维安 等，2009）。治理结构是治理主体构成的一种"权、责、利"关系，治理行为分为战略行为和控制行为，治理绩效是治理主体执行战略行为与控制行为达到的治理效果（谢永珍 等，2013）。

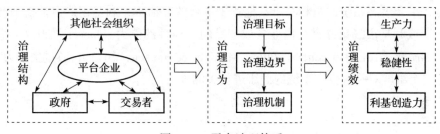

图10-3　平台治理体系

平台企业治理是以治理结构为框架、治理目标为导向、治理边界为范围、治理机制为核心、治理绩效为结果的复杂运作系统。它涉及治理的结构、目标、边界、机制与绩效等多个方面。

1. 治理结构

治理结构是组织间伙伴关系的正式契约结构（Gulati，1998）。平台企业治理实际上体现了政府权威治理、企业内部治理、社会组织治理、交易者自治的融合，即在各种不同的制度关系中运用权力去引导、控制和规范平台各种商业活动，建立多元化、多渠道、高效率的协作机制，促进公共利益最大化。

2. 治理行为

（1）治理目标。在多元化治理结构中，协调一致的治理目标将引导整个治理系统的有序运行。平台企业治理以构建健康、有序发展的平台生态系统为目的，有助于获得多元治理主体在平台治理活动中的价值认同,形成治理合力。只有各参与主体有能力且有意愿参与协同治理工作,平台企业治理目标才能实现。

(2)治理边界。平台企业利用极具延展性的服务,通过界面/接口连接功能各异的互补模块或用户,突破和模糊了企业边界,实现了创新资源和创新主体的集聚,导致整合的方式由资产关联转变为松散耦合式数据关联。每个模块都成为一个"创新点",创新速度和创新效率大幅度提高。厘清平台企业的治理边界可从两方面进行探索:通过分类治理,探索不同类型平台企业治理的边界;通过主动修正传统治理边界,应对互联网环境变化带来的治理困境。

(3)治理机制。治理机制是企业为了管理交易活动而采用的一系列保护性措施,而防止经济中的机会主义是治理的核心,因为机会主义是影响交易伙伴关系质量的关键因素(Kang & Jindal, 2015)。

3. 治理绩效

平台企业作为一个生态系统,其最终目的是要实现平台生态系统的和谐生存和发展,提高平台生态系统的健康度(Iansiti & Levien, 2004)。有学者构造了一个平台健康度评价体系来检验平台治理效果,其中包括三个维度:生产力、稳健性和利基创造力。生产力是指平台将技术或其他创新输入持续转化为低成本输出或新产品的能力,反映为投资回报率;稳健性是指面对外部冲击时,平台生态系统成员相对于其他竞争平台的存活率;利基创造力是指平台通过创建有价值的功能或利基市场提高平台内业务或产品的多样性的能力。Jansen(2014)基于已有学者的研究(Hartigh, Tol & Visscher, 2006;Manikas & Hansen, 2013),通过生产力、稳健性、利基创造力三个维度对平台生态系统的健康进行了测度。

■ 本章要点

平台并非一个静止的社会机构,而是一组动态协商的社会关系,同时具有组织和市场两种性质。平台企业既引领价值创造,又主导价值分配,对用户产生重要而广泛的影响力和约束力。平台的核心竞争优势来源于通过基础架构共享,激发单边和跨边网络效应,进而构建起平台商业生态系统。平台生态中众多的利益主体,结成了特殊的企业间组织关系,这种关系既不同于企业内部部门间的关系,也不同于市场中不同企业间的关系。这些不同的利益主体既有自身的价值主张,又能组合在一起交付具有一致性的价值主张的产品或服务。对这些不同利益主体的治理会极大影响平台的良性发展,如何对平台进行有效治理,已经成为理论界和实践界探讨的焦点。平台治理的核心在于协调作为平台环境设计师的平台企业、作为行动主体的用户、作为互动规则制定者的政府这三者的政治角色与社会定位,从而形成有序的统治和集体行动。平台治理的特性根源于网络空间治理的特性,平台治理需要放在网络空间治理的历史和理论视野中分析,要放置在平台化的进程与平台基础设施化的进程中考虑,需要建构一套由治理结构、治理行为和治理绩效构成的平台治理框架结构。平台治理结构包括平台企业、政府、交易者及其他社会组织,彼此之间相互联系、交互作用,保持治理主体协同、治理机制协同、治理路径协同与治理过程协同。平台内部主要是算法治理和知识治理，平台与政府之间主要是权力治理，平台企业与交易者之间主要是合同治理和关系治理，平台企业和其他社会组织之间主要是社会责任治理。合同治理与关系治理构成平台企业的内生治理模式，主要促进平台融合发展；权力治理与社会责任治理构成平台企业外生治理模式，主要促进平台共生发展；算法治理与知识治理构成平台企业协同治理模式，主要促进平台自律发展。

■ 讨论问题

1. 如何理解"平台并非一个静止的社会机构，而是一组动态协商的社会关系"？
2. 请论述平台治理主体的各自作用。
3. 平台治理的内在机制是如何作用的？
4. 平台生态系统中平台企业和参与者合作中的紧张关系有哪些表现？应当如何治理？
5. 如何评价平台治理绩效？

| 第 11 章 |

平台组织

■ 学习目标
- 了解赋权与赋能的思想脉络；
- 理解企业组织的演进；
- 掌握平台组织的运行。

■ 开篇案例

海尔的"人单合一"双赢模式

1984 年，海尔还是一家资不抵债濒临破产的电冰箱厂，现如今已发展成为互联网跨国企业。2019 年 5 月 6 日，世界著名品牌机构 WPP 发布 "BRANDZ 最具价值中国品牌"，将海尔评为全球最具价值品牌 100 强中唯一的物联网生态品牌。

2005 年，海尔创始人张瑞敏提出"人单合一"⊖双赢模式，这是海尔启动的最大的一次自我颠覆。"人"是员工，"单"是用户，"人单合一"是指将员工和用户进行有效衔接，让员工的自身价值实现需要基于为用户价值的创造。美国沃顿商学院教授马歇尔·梅耶认为，海尔的商业模式已经跳出传统管理思维的桎梏，引导用户、内部员工以及外部创客积极参与，将传统制造业企业打造成平台管理公司，提高平台构建的价值性和持续性。海尔在全球有 122 所工厂、8 万多名员工，海尔的"人单合一"双赢模式是对阿米巴经营的改革和创新，是基于解决

⊖ 2021 年，全球有 72 个国家和地区的 32 万家企业注册成为"人单合一"无边界网络的会员。海尔在全世界有 10 个当地化的"人单合一"研究中心。

传统制造企业"大企业病"而提出的全新管理模式。海尔依据与用户零距离的理念和多边市场的物联网，把传统组织颠覆为创业平台。

海尔的小微企业组织结构

海尔经历了"名牌战略""多元化战略""国际化战略""全球化品牌战略"等多次战略转型，战略转型推动了组织结构的数次变革。在经历了"日清日高""事业部制""市场链""自主经营体"后，从2012年开始，在"企业平台化、员工创客化、用户个性化"的网络化战略指导下，海尔的组织结构进入了小微、创客阶段。

小微企业通常指的是在自主经营体基础上进一步实现分布式网络，以自创业、自组织、自驱动为特征的创造用户价值的基本单元。分布式网络需要以扁平化组织为基础，着重于在整个组织范围内分配资源，而不是总部强化对资源的控制。海尔把庞大的企业集团拆分成并联的、灵活的小微企业，由自主管理的员工企业家所经营，通过开放的共享平台直接与用户对接。小微成员按单聚散，组织和人员不固定，自由选择、自由组合、自主经营、自负盈亏，其规模根据发展需要分为从一人到数十人不等，强调组织结构的适用性和灵活性。小微企业分为创业小微、转型小微和生态小微三大类，包括"雷神小微""物流小微""大顺逛"等，同时经营者划分为创客、平台主、小微主等三种。海尔目前已经诞生了200多个创业小微企业、4 000多个小微节点和100多万个微店，广泛的资源和人才聚合在海尔平台上，创造出巨大的商业价值。

海尔构建的管理控制系统

（1）日清表、战略损益表、人单酬表以及共赢增值表。日清表反映财务每日运营差异并及时纠偏；战略损益表保证财务的个人损益与业务单元的整体损益一致，真实反映财务贡献；人单酬表确保按照财务结果将"钱"拿到财务自己手中；共赢增值表㊀融合了财务和非财务指标，如记录活跃用户、终身用户和交互式用户，旨在从用户资源、增值共享、收入、成本以及边际收益方面评价小微业务单元，以监控和驱动企业及其用户的价值增长。其中，共赢增值表基于"用户乘数"理论㊁将"为用户提供更多的价值"作为统一目标，以用户为中心，激励企业创造用户最佳体验。共赢增值表能为海尔自上而下的业务控制体系转变为小微业务单元的价值创造体系提供保障。

（2）产品生态圈。海尔创建了用户交互定制平台，采用专属定制、众创定制、模块定制等方式满足用户需求，为用户定制专属的产品或服务。同时，让用户参与产品的企划、研发、制造、售后服务等产品全生命周期，围绕生态圈运营实现价值共创。小微企业与开放平台之间是互惠互利关系，平台的报酬来源于小微企业的市场化结算，小微企业通过平台向用户提供产品

㊀ 企业有资产负债表、利润表、现金流量表三大会计报表，美国管理会计协会的CEO称共赢增值表为第四张表，认为全世界不管是初创企业，还是大型企业都应该用这第四张表，因为它可以准确反映用户的价值。美国的管理会计协会正和海尔共同研究，计划推出这一报表。

㊁ "用户乘数"的概念由张瑞敏于2017年提出，随后海尔将其融入海尔的战略、财务与薪酬管理体系之中，使之成为"人单合一"的理论基础。乘数是每单位外生变量的变化所带来的引致变量的变动情况。用户乘数体现的是创造出迭代倍增的用户价值，即从传统的只与批量化的顾客交易，转为与个性化的用户进行交互，进而创造出社群中终身用户的深度体验。

（3）用户关系模式。小微企业颠覆了传统的以交易获取产品收入的模式，代之以与用户交互产生生态收入的模式。海尔变身为投资者，为员工提供开放式创业平台，员工直接为用户提供服务，形成平台化的用户关系模式。任何一名有想法的海尔员工都可以组建一个小微企业，具有决策权、用人权和分配权，①而小微企业要想成为一家独立的实体，就必须不断设定目标、制订计划、实现预定目标。

资料来源：诸波，张明薇，佟成生.分权化组织的管理控制系统创新：来自京瓷和海尔的双案例研究［J］.管理会计研究，2020（6）：28-42,87. https://www.haier.com.cn。

"人单合一"颠覆了传统模式，使科层制组织转变为网络组织，使企业付薪转变为用户付薪，使传统工厂转变为互联工厂。"人单合一"顺应了物联网时代"零距离""去中心化""去中介化"的时代特征，从企业、员工和用户三个维度进行战略定位、组织架构、运营流程和资源配置领域的颠覆性、系统性持续动态变革，在探索实践的过程中，成为不断形成并演进迭代的互联网企业创新模式。张瑞敏认为："互联网的网状节点结构解决了交易成本的难题，任何一个人从网上都可以找到资源（另一个节点），并且无须中介，可快速缔结契约，缔约成本接近于零并且透明，这使任何个人都可以成为一个'企业'，成为一个企业家。"通过向每一个员工赋能，海尔将企业家精神遍植组织的每一个角落。海尔通过"平台企业""小微"与"创客"重塑了企业的概念与内涵，以及组织与员工的关系。

自工业革命以来，国际上公认的管理模式有美国的福特模式和日本的丰田模式，这两种模式都是传统工业管理的经典模式，但在互联网和物联网时代，国际管理界认为"人单合一"可能是工业管理的第三代模式。

《荀子·王制》有云："力不若牛，走不若马，而牛马为用，何也？曰：人能群，彼不能群也。"用组织方式回应人类面对的威胁和满足人类的需要是人类的社会性本能。人类是组织起来的社会，社会的本质其实是组织（Perrow，1991），包括科层制、市场制、平台制。

科层制是一个依据组织目标和组织技术建构的依照岗位组织起来的协作结构，让参与其中的人形成一个有明确职责和身份边界的组织化群体，是发挥人类力量的有效方式。虽然没有一个组织能完美套用马克斯·韦伯科层制的理想类型，但具有科层制本质的政府、企业、社会组织依然是人们最常见的组织形制。市场被默认为是支撑买卖双方交易任何商品的组织形制（Williamson，2011）。如果说科层制是一种岗位结构，市场则是一种行动结构。在市场中，人们的基本工作是在与其他行动者的互动中找到自己的立足点，促成交易的达成（White，2006）。

从某种角度看，平台是一种表达、告知和控制公共观点的工具（Jephson，1892）。在管理学领域，平台是能在新兴的商业机会与挑战中构建灵活的资源、惯例和结构组合的一种结构（Ciborra，1996）；在经济学领域，随着双边市场议题因让·梯若尔获得诺贝尔经济学奖而走

---

① 著名战略管理大师加里·哈默尔（Gary Hamel）在《人本共治》一书中讲到了以人为中心的新的价值观和原则。书中一组数据指出，绝大多数企业里超过1/3的人没有积极创造的意愿。究其原因，是因为他们认为自己只是被动的执行者。书中指出，员工要的是两种权力：一是决策权，二是剩余权益的分配权。海尔的"让渡三权"比他的书中说的多了一权——用人权，"让渡三权"就是把CEO手里的三种最重要的权力都让渡给小微，使其成为一个创业的企业。

热,经济学界开始关注平台制并认为平台是一种新型组织(周德良、杨雪,2016)。科层制的核心在于分科分等的结构即岗位结构;市场制的核心在于交易行动即供需匹配的达成;平台制的核心在于岗位与行动的协同,是科层制与市场制的混合体。

平台将消费者和生产者聚集在高价值交易中,强调"开放、共享、合作、共赢"的价值逻辑,对传统组织产生了极具颠覆性的影响(Biedenbach & Soderholm, 2008; Bernstein et al., 2016);从关注资源控制到对平台双边参与者网络建构的关注,从关注内部优化到重点促进平台双边参与者交互,从关注顾客价值到对企业生态系统价值的关注(Alstyne, Parker & Choudary, 2016)。

11.1 平台战略倒逼企业变革

企业和市场是两种不同的资源配置机制(Coase, 1960)。平台集合了企业与市场的双重特性,是资源配置的第三种机制,由此成为一种新型产业组织形式。原有的组织形式和机制已难以适应平台型组织的发展,企业要构建平台生态就必须进行相应的组织变革,以适应平台型组织需求(刘林青 等,2015)。阿里巴巴、腾讯、美团、百度、京东等一大批互联网平台企业已经建构起以数据为中心的一种崭新的经济组织和商业模式。要么成为平台,要么加入平台,这是未来行业竞争的显规则,并且可能成为下一个企业级市场风口。打造平台生态型企业,将成为有产业抱负的企业家追求的理想经营境界。

11.1.1 从赋权到赋能

组织作为一种人类活动起源于人类个体力量及资源的有限性,有了组织人类才产生集合群体的力量以及共同努力的动机和行为。两个以上的人有意识地协调其活动和力量的开放系统,本质是人与人之间的协作关系(Barnard, 1938)。组织是有效、有序实现集体行动目标的资源集合、关系架构和运转规范,反映着人类行为的集聚特性和时代要求。工业革命浪潮中应运而生并快速发展的"现代公司",以其建立在马克斯·韦伯"法理权威"之上精巧的产权契约安排和精致的激励相容机制为基本特征,使高效率地大规模动员和集聚生产要素以及按传统分工原理系统管理复杂的生产过程得以实现,满足了工业化进程中社会化大生产的组织要求,把人类社会生产力推进到空前的高度,最终奠定了现代工业成为社会经济体系的主导力量的基础。现代公司制度也由此成为工业时代人类最伟大的组织发明和创造。企业采用直线职能型、事业部型、矩阵型、母子公司型等基本组织结构,不断通过对组织成员位置(岗位)关系以及与权力匹配的调整、重组,有效、有序地按照传统组织分工原理维护着企业内部的各类生产关系,适应着工业时代缓慢变动环境条件下规模化、标准化和复杂化的生产技术特征。

以雇佣关系为前提的组织原理的核心是以组织为本位的赋权,即围绕组织权力的确定、配置和授予,设计组织结构和协调机制,在确保有序实现组织目标的过程中,通过与权力高度匹配的、自上而下的责权利组织安排,获得组织成员对组织行为的激励相容,以最大限度提高组织效率。赋权包括四个方面的含义或内容:从组织出发贯穿整个雇佣关系的组织权力确定,设置与所分配的权力相容的层级和岗位,针对相应层级和岗位配置组织成员并授权,围绕岗位责权设计的以计酬工资为核心的薪酬包。对组织成员或雇员的激励约束是通过赋权于其上的岗位及责权利匹配、对等机制来实现的。按照马克斯·韦伯的行政组织体系,赋权组织原理得到高度理性化、制度化的法律规章和制度体系支撑,由此在现代企业组织中形成由制度规定的、非人格化的组织层级、部门划分、岗位设置和成员资格。

雇佣关系下的组织结构仿佛一部标准化的机器,有规范的规则、程序和清晰的职权层级。在确保组织控制的前提下,尽可能地通过分权赋予低层级雇员(岗位)以灵活应对的权力。激励约束始终围绕着配置不同权力的岗位得以实现,包括纵向上沿着岗位权力层级向上晋升或向下贬降,横向上给予与特定岗位权力相匹配的薪酬包和成就感。

信息时代现代公司组织的基本假设受到质疑,工业时代企业组织分工的逻辑面临挑战。一方面,时代转换时期所产生的混沌,使企业组织的外部环境不确定性和复杂性大大增加,按传统组织分工原理建立的组织结构存在决策困难;另一方面,企业组织内部的成员及其角色也在发生重大变化,听命于组织安排的产业工人正在被具有自主思维、自激励意识、使用组织公共资源和服务的"创意精英"(Florida,2002)所取代,引致组织内激励约束机制发生改变,而依据雇佣关系确定的以赋权为特征的机械式组织结构和组织管理方式明显不能容纳、适应这样的变化,甚至逐渐成为信息时代组织和个人成长的桎梏(Schmidt et al.,2015)。信息社会的知识工作者进入组织之后,组织内部成员之间的关系发生了巨大变化——组织成员之间的伙伴关系凸显,雇佣关系淡化(Drucker,2001)。当智力成为组织重要资产时,组织就更像是许多项目团队的集合,通过进一步分权使它们更加自主,允许组成团队的成员做自己命运的主人。围绕"自我管理"的组织原理是一种逆向授权,权力不是来自组织中心的让权或授权,而是来自组织中最基层的单位(Handy,1995)。

事实上,传统工业组织中的雇佣关系也正在被现实打破。信息技术的普及运用导致信息不对称、不完备程度降低,使组织成员的自主性、独立性得到强化,他们不再满足于作为企业的附庸和雇员,而是强烈要求在组织活动中完整体现自身的价值创造需求。企业与组织成员以利益共享和风险共担为基础,互相成就,共同为社会创造新的价值。企业组织中的雇佣关系必然向合作关系递进。在合作关系下,企业不再具有信息优势,只有资源聚集优势。合作关系彻底改变了人作为组织成员在企业中的地位,组织本位真正让位于组织中人的本位。企业与其员工地位趋于平等,一旦员工自主地、独立地创造价值的本能得到释放,员工内在的创造性、积极性就不再需要来自外部的激励,自我激励将替代组织激励,进而促使企业组织功能从"要素集聚+组织赋权"转变为"资源整合+组织赋能",传统组织岗位和层级趋于弱化,赋能原理下的新组织激励约束方式将主导新的组织分工和组织架构。赋能是指通过提高个体的表达、交往和认知能力,增加他们的自信心,激发其内在潜能的过程,包括改善个体、团体、组织与社区相关资源的种种方式,目的是提高对象的个体能力、结社能力与合作能力以实现其想要达到的目标(Adams,2008)。

从目前因时代转换而日趋活跃的组织创新实践看,最具生机、最富活力的是有机式组织设计和自适应式组织设计。2000年网络泡沫破灭后,思科公司的CEO约翰·钱伯斯(John Chambers)认为,要实现公司的再次成长,团队协作必不可少,公司需要赋予员工更多自主权，使他们受到更少的限制，以更有创造力和效率，在组织重建中做出更大的努力。思科抛弃了旧有的主要结构和控制环节，由委员会和董事会组成的跨越职能、部门和层级的网络小组有权推出新业务，而不用将提案和建议递交高层管理人员等待批准。一群群有着共同"业务兴趣"的员工自由组成了一个个业务小组，开发高度面向市场的产品。思科高层除为新业务配置资源外，不再参与决策。海尔积极探索"企业无边界、管理无领导、供应链无尺度"情境下的"人单合一"双赢模式，员工在给用户创造价值的同时体现其自身价值。海尔自2010年起开始打造内部自主经营体（创客）平台，力求实现其"自创新、自驱动、自运转"。通过授权支持、自主承诺和自我驱动等策略体系，更好地满足员工的自主需要，发挥自主需要在组织–员工目标融合中的积极性，同时通过"统一价值来源"和"控制目标方向"这两类策略保证员工目标与组织目标在方向上的一致性（章凯 等，2014）。华为从2012年开始致力于以"班长的战争"为指导的广泛组织变革，以保持ICT领先的创新优势。华为成立了产品与解决方案组织，设立面向三个客户群的BG（business group，事业群）组织，把责任和权力授予一线组织，并通过"训战结合"为一线组织赋能，尤其是提高一线主管的战略思维能力，同时精简后方机构，加强战略机动部队的建设，增强作战的灵活机动性和快速反应能力。

11.1.2　企业组织变革

根据艾尔弗雷德·D.钱德勒的战略管理理论，战略决定结构，结构跟随战略。组织结构反映了公司的战略目标和实现途径。从战略管理角度看，平台生态构建本身就是一种战略举措。组织结构变革是构建平台生态的切实需要和必要步骤。在环境高度不确定和信息技术快速发展的时代，马克斯·韦伯提出的传统科层制组织结构已无法适应快速变化的外部环境（Balogun & Johnson，2004）。而平台生态的构建要以互联网信息技术为基础，其组织结构变革必将向扁平化、网络化和虚拟化方向演变。

1. 科层制组织

20世纪初，马克斯·韦伯提出了科层制组织管理的基本模式，其核心思想是通过等级权威和集权控制等正式制度，实现生产要素的有序化，以更好地应对市场的不确定性。但工作流程、管理层级、协调机构和决策审批程序等越来越复杂，导致企业管理难度加大、协调成本增加、内耗严重及市场响应迟缓等问题层出不穷。科层制组织具有以下缺陷。

（1）企业内部协作难。企业被划分为不同的部门，以承担不同的职责。实现企业整体目标，需要各部门通力合作，部门之间存在职责交叉地带，易发生相互推诿、抢功现象，造成部门间协调成本上升，企业内耗和效率低下。只要有专业分工，便会产生职责交叉、信息不对称和利益冲突等问题。企业内部就会形成各式各样的部门墙、团队墙和岗位墙，出现利益部门化与个人化的现象，阻碍各类知识、技术和经验等资源的共享与创新，影响企业内部合作文化的形成与发展。

（2）沟通不畅。随着企业规模的不断扩大，信息交流路径长度将呈几何级数上升，沟通效率将会大大降低。企业通过专业分工，将权力集中于企业中高层，通过各级管理层的决策与任务分配、操作层的执行、上级对下属的监督与控制，实现企业各项工作的顺利开展。在现实中，管理者常常陷入集权与分权矛盾之中，出现不愿放权和不敢放权的情况。一些员工会因为上司的管理风格选择离职；另外一些员工则通过与上司的频繁沟通，减少因工作失误带来的不利后果，一旦工作出现疏漏，便会将责任推给管理者，而如果取得了成绩，则可以从中获益。这时员工的工作重心已经转移到如何应对上司，而不仅仅是个人能力与绩效的提升。在日常沟通过程中，彼此会为了特定目的对信息进行过滤，以实现各自利益的最大化，这就可能会出现报喜不报忧、部门间形成信息孤岛等现象。当企业层级继续增加时，信息过滤、失真和沟通效率低下等问题日益严重，造成决策失误或错失良机。

（3）存在组织结构刚性。当企业组织结构不适应外界多变的环境，却又很难改变时，组织结构刚性就会出现：企业越强调经营效率，就会越强调制度、规则和流程的作用，其结果是企业组织结构日益僵化，对外应变能力降低（刘海建，2013）。组织权力的一元特征与不可逆性，会在企业中形成既得利益者群体，科层制的保守性和对变革的抵制随处可见。信息沟通得不畅，很容易产生信任危机，形成一种权谋文化。为了克服这一障碍，企业往往会完善与强化流程和管理制度，但这反过来又强化了组织结构刚性。

2. 平台型组织

随着互联网技术应用的快速迭代，信息技术从单向传播到双向传播，再到多向传播，数据技术逐步在整个经济社会中发挥出作用，衍生出很多平台化的公司，通过平台聚合相关产业资源，基于信息技术和数据技术将供需两端精准匹配，提升了流通效率，降低了交易成本，打破了原有的信息不对称，让更多的闲置资源得到最大化利用。

向平台化转型的核心是"下放"和"开放"：将牢牢把握在自己手中的资源"下放"给前端，以"开放"合作的态度与前端进行紧密合作，在合作过程中保证合作者的相关利益，把自身的流量、品牌和社会资源对接给有需求的前端，利用前端的技术创新、产品创新和管理创新实现后端用户的最大化满足，从而提升整个公司的竞争力，弱化因为管理能力不足带来的组织臃肿和效率低下问题，突破发展瓶颈。

平台型组织的根基是供需端的连通，单纯人为的连通匹配会造成效率低下，必须借助信息技术和数据技术实现更加精准的匹配，从而高效地解决连通两端的问题，提升交易效率，降低交易成本。早期的淘宝、易贝等，通过一个产品交易平台实现了供应端和需求端的配对，撮合交易完成，并通过电子支付实现跨越时空的高效率交易。这些平台往往整合了多个产业，聚合了多个产业的参与者，能提供丰富的产品或服务。除电商平台外，一些企业也在谋求内部管理的平台化和产业链的平台化。海尔通过"人单合一"的管理创新，打破原有的雇佣关系，以共同投资创业的方式，将海尔分化为上千个小的业务单元，独立核算，以类似阿米巴的经营方式为"小微"提供服务，避免了初创企业过高的融资成本、管理成本、营销成本和人力成本，并通过独立核算的模式激励每一个"小微"有更强的市场竞争力，将海尔转化成一个"公司平台"。这个平台提供的是创业服务、创新服务、品牌服务、供应链服务、市场营销服务等，甚至包括了管理服务、人力资源服务、财务服务，这是典型的公司内部管理的平台化升级。

自 1996 年西伯冉（Ciborra）提出平台型组织以来，平台型组织被视作产品或服务交易的中介，可以有效连接供需双方或多方，实现对人才、资源和市场机会等资源的有效整合与价值创造（陈威如、徐玮伶，2014）。BCG、阿里研究院认为平台型组织具有四大特征：大量自主小前端、大规模支撑平台、多元的生态体系和自下而上的创业精神。BCG将其分为实验型平台化组织、混合型平台化组织和孵化型平台化组织等三大类。其中，韩都衣舍就是实验型平台化组织的典型代表。韩都衣舍通过构建7大支撑平台体系，服务于300个左右的前端产品小组，实现低成本快速试错，创下了年上新品超过30 000款的世界纪录，最大限度地满足用户对服装快速多变的需求。海尔采取"人单合一"的商业模式，实现了倒三角结构变革，使传统管理领导职能转变为用户付薪平台、职能支持平台和投资驱动平台，通过对依附于海尔大平台的众多小微平台的赋能，实现平台化转型。阿里研究院也提出了"大平台＋小前端＋富生态＋共治理"的分析框架，以及"云端制""平台＋个人"等变革思路。

3. 生态型组织

平台生态中的所有价值链条都将形成"数据驱动"，结合资产的数字化与产业链的扁平化，企业的边际成本将趋于零，规模经济无限扩展，实现价值共创（Stabell & Fjeldstad，1998）。生态型组织具有如下特征。

（1）生态型组织基本都是多元化或多维度的。与传统管理学理论坚守的一家企业要专注自己擅长的领域不同，生态型组织都是多元化发展的。只有多维度地整合，满足用户相对全面的诉求，才能有更高的增速和更大的规模，超越平台企业的发展规模瓶颈。多元化产品中间都有一个核心联通，诸如微软基于应用软件服务、苹果基于操作系统、谷歌基于智能算法和操作系统，都是强相关的多元化发展。微软除了聚焦视窗操作系统Windows，还在服务器操作系统Windows Server、数据库SQL Server、应用软件Office系列以及云服务Azure、大数据分析、ERP软件领域进行拓展，并在硬件领域推出各种计算机硬件产品，如Surface系列。谷歌在搜索引擎上构筑了基于信息服务和智能算法服务的大循环体系，通过底层的安卓操作系统，整合智能家居，在智能汽车操作系统上进一步发力。苹果基于操作系统构筑了一个从硬件到软件到服务的一体化生态体系，硬件共用一个操作系统，不同硬件之间可以实现无缝联通，甚至直接指挥其他硬件完成相关任务。在硬件上，苹果有iPhone、iPod、iPad、Mac、Apple TV、Apple Watch等，围绕用户需要的电子设备提供服务，形成了相互智能联通的产品生态；在服务上，苹果通过服务市场整合各种开发者资源，包括软件开发的App Store、知识开发的iBooks、音乐内容开发的Apple Music、视频影视开发的iTunes、存储服务的iCloud；在应用软件上，苹果能提供多终端集成的iLife、iWork、iMove、Final Cut Pro等软件。与传统做软件和做硬件不同，苹果通过出色的客户体验的软件与集成硬件，形成了一个资源发布平台，为终端消费者提供整合的服务解决方案。

（2）生态型组织都拥有相对开放的生态系统。开放能够整合更多优秀的人才、技术和资源。虽然苹果的操作系统是封闭的操作系统（闭源体系），但其生态是开放的，通过开放的开发者生态系统，让更多提供服务和内容的企业或个人在苹果的平台上实现梦想，从而促进平台的发展。Swift/Xcode让更多的开发者开发应用软件，延伸了硬件产品的功能，从而让硬件产品不再仅仅是硬件工具，例如有了微信、微博等应用，手机就不再只是一个手持终端了，而是一个沟通交流和交易的平台。谷歌在开放上更加彻底，它通过开源的安卓系统，让安卓成为市场份额最大的手机操作系统；微软在开放上相对保守，但也通过开放的云服务平台、Visual Studio等为开发者提供更加丰富的服务。

（3）生态发展都需要资本或产业基金的助力。在小米生态的快速发展过程中，投资是不能被忽视的力量。雷军在投资圈的人脉关系为小米生态的快速发展提供了资源基础。借助产业基金的力量，平台上的创业公司快速壮大，成为生态中的参天大树，当更多的参天大树长成之后就构成了生态化的森林，保证了生态的稳定性和生态的造氧机制。国外的生态型企业在投资方面相对保守，但也通过各种投资辅助基金或孵化器的方式孵化产品和项目。在国内，要想打造生态型企业，拥有强大的资本支持是一个非常重要的条件，甚至是必备条件。

小米创业之初做的是米柚系统，当聚集了大量的"米粉"之后便开始做手机。当手机销量达到一定规模后，小米开始开放自己的平台，为更多的产品供应商提供平台支撑，打造更加廉价的精品产品，并通过入股或控股产品供应商的方式获取长期投资收益。创业公司则通过小米的产品推出其研发的产品，从而获得更高的销售额。小米开放的平台不仅包括品牌资源、"米粉"资源，还包括供应链体系、工业设计体系、生产品控体系、销售通路等一系列创业公司最匮乏的资源。在"不赚超过5%的利润"的价值理念指导下，控制产品质量、确保品质领先并追求极低的价格，冲击了原有产品品类中的品牌，形成了小米超强的竞争力。小米模式已经超越了单纯的平台模式，聚合大量的研发设计、创新研究、工业设计、生产制造、物流仓储、品牌推广、营销策划等资源，构筑了一个围绕智能家居产品体系的生态。以手机和操作系统为核心，小米构筑了智能产品之间的无障碍的联通机制，利用产业基金和投资为小米生态供氧，以数据技术为小米生态构筑神经网络系统，并通过物联网技术构筑互通互联的产品生态，服务于消费者的全面需求。⊖

对于生态系统，从不同的视角看就会有不同的发现和认知。从核心产品和业务来看，小米是一家手机公司，小米手机是其所有产品的核心；从营销视角来看，小米是一个"媒体流量平台"，聚焦数千万的"米粉"为小米生态圈里的企业输送流量，并通过这些企业将流量再聚回小米生态；从投资视角来看，小米是一个孵化器和投资公司，通过其工业制造体系孵化更多产品，并投资这些产品，获得长期投资收益；从产品视角来看，小米围绕手机构筑了一个电子产品圈，然后围绕"米粉"又构筑了一个耐用消费品的圈子，再围绕这个耐用消费品圈构筑涵盖智能家居、智慧出行等更大的圈子，这表明小米是一个消费品公司；从互联网视角来看，小米利用自己的平台销售旗下各类产品和服务，小米又是一家电商公司。小米生态如图11-1所示。

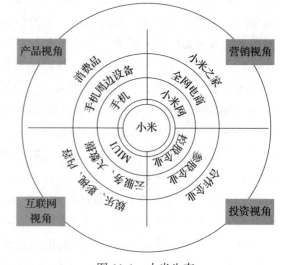

图11-1 小米生态

⊖ 赵兴峰. 企业4.0：数据驱动的企业组织升维［J］. 清华管理评论，2019（5）：30-37.

11.2 企业组织形态的演进

未来的平台型组织是以"大平台+小前端+富生态+共治理"为原型,建立的新型组织形态。组织能在最大程度上适应变化的商业环境,在快速创新的同时实现快速发展。

11.2.1 原子型组织

工业经济时代特别是工业化初期,人与人、物与物、人与物之间的连接主要依靠以铁路、公路、机场、桥梁等为代表的有形基础设施,存在严重的物理空间约束,信息传递成本高、效率低,遏制了经济主体的跨时空市场行为,总体上导致市场具有很强的封闭性和分散性,为企业通过市场配置资源带来高昂的交易成本。作为理性经济主体,企业在该历史背景下倾向于以内部为主的资源配置方案,充分释放组织权威协调机制对市场价格机制的"替代优势",由此诞生了一种能独立完成价值创造的"原子型"企业形态(传统实体性企业)。此时,企业尽可能地内化市场交易,用权威关系代替价格机制以便节约某些交易费用(Coase,1937),主要依据权威配置资源,强调权威的层级化、等级化和中心化,通过自建或并购等方式将供应链的上下游置于一个组织内部,实现产品全生命周期的自供给、自加工、自销售。最终,每个企业都是一个完整的价值链条。这类企业形态具有封闭式、有边界、纵向化、层级化等特点。这里,可将传统企业形态划分为直线职能制、事业部制和矩阵制三种类型。

直线职能制又称工厂制,是中国工业化初期为匹配计划经济体制而采取的一种企业形态,它以弗雷德里克·温斯洛·泰勒(Frederick Winslow Taylor)的科学管理理论以及马克斯·韦伯的官僚主义理论为支撑,注重生产规模和效率,是一种高度集权式的科层制。在纵向上,按职责分工形成高层谋划、中层管理、基层执行的层级链条,权利、决策、信息等均自上而下有序流动。员工附属机器设备、被物管理、服从等级权威、被人管理(李海舰、朱芳芳,2017)。个体的自主权和创造力受到压抑,由此实现企业的标准化、规模化和效率化。在横向上,按职能分工形成专业化的参谋部门,充分释放专业化优势,以实现效率与效果叠加。最终,直线职能制成为一个上下、左右精准对接的系统,充分享用分工和集权带来的秩序和效率优势,即在权力高度集中的前提下,企业通过科层制使组织高效、有序运行。

直线职能制依赖集权式科层制带来信息的高效有序流动,但当企业规模增加、信息传递链条增长时,信息传递的及时性和精准性面临挑战,这从根本上阻碍了企业发展。为了实现进一步成长,企业探索出事业部制企业形态,从高度集权走向适度分权。一方面,总部对分部保持适度控制权,分部则对自己具有独立自主权;另一方面,总部维持通用职能,分部独立设置业务职能,即分部具有实现业务全生命周期运营的核心完备职能。由此,通过适度分权,总部与分部有效联动、共同发展,突破了企业规模增长瓶颈,使企业兼备规模性和创新性。

事业部制尝试通过适度分权来解决企业规模增加与企业创新效率降低之间的矛盾,但也带来了资源浪费、协调成本高昂、内部竞争激烈、需求日益复杂等问题,使得独立设置分部的方式不再是应对市场需求变化的最佳方式。因此,企业在维持科层制的基础上探索出矩阵制企业形态,以实现企业对市场需求高柔性、高效率、低成本的响应。具体来说,即在垂直组织系统的基础上增加了一种横向领导系统,由此形成"项目小组+职能成员"的基本组织模式。每个项目小组成员均来自现有直线职能部门,他们既受直线职能部门的领导,又受所在项目小组的领导;项目小组"即用即组,用完即散",保障了组织对市场的即时响应。矩阵制在利用既有资源能力的基础上实现了低成本响应,真正做到了突破企业内部纵向和横向边界,实现跨部门、同级化、系统性协作。

11.2.2 虚拟型组织

信息经济时代,虚拟空间的出现,打破了时空对信息传递的束缚,信息流通具备"零时间、零距离、零成本、无边界"的特征。对生产者来说,传统企业形态发挥作用的前提条件在信息经济时代已被完全颠覆,互联网正在用其底层技术重塑企业。新型企业形态具有两个主要优势。

第一,交易成本优势。过去,原子型企业用一体化发展内化市场交易成本,用规模化生产降低平均成本和边际成本;现在,搜索成本、履约成本、监督成本、信任成本(即市场交易成本)不断降低,企业用可变成本抵消固定成本的资源配置方案优势明显。

第二,风险控制优势。过去,受制于落后的信息技术水平,市场信息不对称性高,个体机会主义动机强,市场的"无形之手"无法有效发挥作用,企业通过自己"从头做到尾"的方式来最大化规避经营风险;现在,信息技术带来了市场的高度透明化,使得市场交易风险大大降低,动态市场环境增加了传统企业的资产专用性风险,通过市场配置资源成为企业在该时期控制风险的最佳选择。

信息技术发展带来了传统企业再造,其产生的新型企业形态本质上是一种虚拟型组织。具有如下特点。

(1)价值创造碎片化。区别于传统企业通过"自研发、自供给、自生产、自销售、自运营"来封闭式地完成整个价值创造过程的"脑体合一"模式,虚拟型组织践行"脑体分离与再分离"式发展,将以往完整的价值链条进行拆分(李海舰、聂辉华,2002),企业只做其中自己最擅长的某些区段或环节,其他区段或环节则在全社会范围内进行优化配置,由市场中具有相同观念的"大家"一起完成,即企业打开组织边界,可用的社会资源在哪里,企业的边界就拓展到哪里。于是,分工从组织内转向组织间,从产业间、行业间转向产品间、部件间甚至区段间、环节间。

(2)价值网络动态化。虚拟型企业是一种网络型组织,最终的价值创造和实现要依赖于与其利益相关者之间的合作(李海舰、郭树民,2008),因此,它用并行、动态、开放的价值网络取代传统企业线性、静态、封闭的价值链条来实现价值创造。一般来说,虚拟型企业作为网主,依据需求在全社会"织网"并随时调整节点,以保证网络中的节点是当下最优的,进而保证外部的最新成果随时可以被企业所用,使企业永远与市场合拍。

(3)企业去管理化。"不求所有,但求所用",意味着企业要用契约关系和市场关系来替代传统企业中的行政关系和产权关系,这使由强权力关系构筑的金字塔式、层级式组织形态受到挑战,而扁平化、网络式的流程型组织结构是将"市场进入企业"落到实处的有效形态(李海舰、聂辉华,2004)。从成本角度来看,前者相对于后者只注重结果而无须对过程投入,它降低了企业的固定成本,增强了企业经营的灵活性(李海舰、郭树民,2008);从风险角度来看,对于整个价值网络，节点企业的机会主义行为被网络的动态性所约束，因为每个企业都希望以诚信入围，单个节点故障对系统整体带来的影响会因存在节点替补者而被大大降低，所以，传统的企业风险通过融入价值网络被外部化解决，经营趋于零风险；从激励角度看，契约化、市场化关系让各个节点具有很强的自主性，这意味着它们对自己的利益负责，而利益又来源于对网络的贡献度，所以它们在契约化、市场化关系下具有很强的自我激励，通过更新、强化自己来获得入围资格，通过溢出效应带动网络优化。

（4）运作去物质化。从投入角度来看，企业更多地使用制度、品牌、网络等去物质化资源创造价值，实体投入规模占比下降；从生产过程来看，各价值创造环节依靠网络连接、协调，虚拟化运营能力增强。相对于传统企业形态，新型企业形态具有开放性、无边界、横向化、扁平化等特点，本质是在信息技术发展带来市场交易成本持续降低的趋势下，企业采用市场为主的资源配置方案，实现企业与市场的融合发展。这里可将新型企业形态划分为内包、外包、众包、"皮包"四种具体形式。

一是内包。企业内部各分部被看作一个个内部市场，彼此间以市场机制自由竞争或合作：各分部可就总部的某项任务竞争，最优者取胜；各分部可就某项任务合作，各自负责自己最擅长的环节，这就意味着企业内的任务总是委托给"最优者"完成的。内包的本质就是在企业内部进行市场化配置资源，即在企业内部引入市场机制，哪个部门或环节做得好就将任务资源投到哪里，在提升部门或环节收益的同时实现组织内部资源配置效率最高。

二是外包。外包致力于将企业内的非核心环节、非优势环节或低价值增值环节进行委托，旨在用专业知识或技能来弥补自己的不足。依据外包内容不同，可将其划分为业务部门外包和职能部门外包：业务部门外包是指企业结合自身发展战略以及专业化优势，选取价值链上具有较高竞争优势的环节聚焦发展，而将不具竞争优势的环节委托给市场，以此提高企业获利程度（李海舰、原磊，2005）；职能部门外包是指将组织中的劣势职能部门交由外部专业单元完成，同时利用自身的优势职能部门接受外部市场主体的委托，使其从成本中心转变为利润中心。

三是众包。信息技术的快速发展导致个体参与价值创造的渴望越来越强烈（王姝 等，2014），个体在企业价值创造过程中的作用越来越大。此时，企业的注意力逐渐从市场中的专业机构转到市场中的社会大众身上，越发依赖"草根"个体的能动性和创造性为企业发展创造无限可能（姜奇平，2009），由此诞生了众包。众包搭建了企业需求与社会闲置资源供给的桥梁（冯小亮 等，2017）。众包可分为业务部门众包和职能部门众包：业务部门众包是指利用大众的人力、财力和物力，即从市场吸收更多的"力量"，如京东到家推出的"众包物流"通过一种就近、非全职、非专业、非固定的委托模式，利用大众"体力"，降低了京东的物流成本，并且提高了京东的快递业务响应能力；职能部门众包是为了借助大众的"脑力"，从市场中获得更多的灵感，如腾讯开发了一款基于众包概念的众测平台，旨在将传统的由腾讯技术测评部门执行的专业职能转移到腾讯的大众用户身上，通过"人人来找碴"的方式，借助大众脑力帮助腾讯以低成本提升产品品质。

四是"皮包"。当信息技术发展使市场交易成本持续降低时，企业完全暴露在全社会中，通过对内部和外部资源配置经济性的权衡，企业将所有功能在全社会中实行最优配置，最终形成了实物资本趋近于零的"皮包"企业。其特点主要有以下两方面。一是实体规模降到极致。

在信息技术的支持下，企业可以便捷地、低成本地在市场上获得其所需要的资源，企业没有动力进行固定成本投资，此时企业在保证核心能力的基础上，几乎所有成本都可来自可变成本，实体规模降到极致。二是无形边界大到极致。"皮包"企业是典型的"小规模大网络""小实体大虚拟""小核心大外围"式组织形态。企业的核心竞争力来源于价值网络的构建，通过将供应商、消费者和其他利益相关者纳入到价值体系中来最大化利用各价值环节的社会资源。

11.2.3 智慧型组织

智慧型组织是能够自感知、自协同、自调整、自优化、自循环、自治理，实现柔性、弹性、轻型发展，并能与外部环境不稳定性、未来不确定性、环境高度复杂性进行动态匹配和整合创新的经济系统（李海舰 等，2014）。智慧型组织可划分为平台化企业和模块化企业，具有如下特征。

- 内外一体化。当智能化信息技术使交易费用趋近于零时，企业与市场的"隔墙"消除，企业与市场呈现一体化发展。企业内外边界模糊，内部和外部资源、能量可以不断互动交换，为企业创新与发展提供不竭动力。
- 虚实一体化。智慧型组织将实体虚拟空间打通，使线上线下结合，最大限度实现便捷化、智能化、经济化和个性化运营。
- 纵横一体化。智慧型组织建立了包罗产业链条各细分价值模块的更大的价值共创网络，它强调内部各要素之间的非线性关系，注重指数级和突变式成长，进而实现跨产品、跨企业、跨行业的纵横一体化发展。
- 竞合一体化。智慧型组织作为一个开放性的非线性复杂系统，竞争与合作是保证其存在涨落、自动演化的根本机制，是使整个系统从无序到有序、从低级到高级、从单向到复杂演化的根本动力。

1. 平台化企业

平台化企业承担连接者、匹配者、市场设计者的角色，具备交易功能、聚合功能、撮合功能、连接功能、服务功能（朱芳芳，2018）。平台化企业形态具备如下特征。

（1）聚合多元主体。平台化企业的价值创造主体呈现多元化趋势。第一，多主体。平台化企业在价值共创网络中不仅纳入了传统市场中的供需双方，同时也向互补方、分销商等全方位延伸，且基本不存在边界限制（Gawer & Cusumano, 2014），各主体各司其职。第二，大众化。平台化企业采用极致化的阿米巴模式，使资源、信息、权利从整体流向局部、从高层流到一线、从少数人流向多数人，在组织内打造出"一线作战部队"替代以往的"梯形战队"，组织内每个"一线成员"直面市场，保障市场的个性化需求被精准感知与匹配。

（2）用户本位主义。市场在经历了"供给创造需求"之后，目前已然来到"需求创造供给"阶段，这意味着市场由"企业本位主义"转向"用户本位主义"，企业完全以用户为中心开展经营活动，把产品的异质化做到极致，使每个人都获得预期的个性化产品或服务。一方面，通过建立用户驱动机制，扭转企业与用户的主导关系，使企业"一线"为用户服务，实现价值链从由内向外转变为由外向内；另一方面，通过建立权利倒逼机制，使高层为基层服务，基层为"一线"服务，实现价值链从由上到下转变为由下到上。至此，企业由管控者转为服务者，用户由接受者变为决定者。

（3）增值分享机制。智慧型组织使企业与员工通过分享协议等规则"弱关系"耦合，在既定规则下，企业共享资源和服务，个体共享利润和价值。不仅保障了个体的自主经营权，即直面市场、自负盈亏，使个体在利益驱使下多劳多得，积极性和创造力被全面激活；而且保障了个体充分的自由权，可自由进入、自由竞争、自由协作、自由创造等，进而使企业的丛林法则效应充分释放。增值分享机制作为激活平台化企业自组织体系的关键一环，使企业真正做到了零管理，个体在此背景下倾向于主动地、更多地做对自己有利的事，进而使企业中的每个员工、环节、部门都能在利益驱使下"自我导向、自我激励、自我约束、自我发展"，每个价值共创网络中的节点都能"各安其位、各尽其能、各司其职、各负其责"（李海舰 等，2014）。

2. 模块化企业

随着技术发展带动分工从产业层面逐渐向行业、产品、部件、区段以及环节层面持续深化，企业则越来越倾向于聚焦其中某一环节，打造模块化企业（李海舰 等，2018）。模块化企业是一种具备标准化界面接口规则的核心能力模块，可与外部同样具有核心能力的模块自由对接，从而使企业能力可加可减、可合可拆，使整个组织具备"即插即用，用完即拔"的特征（李海舰、陈小勇，2011），通过业务做小、做细、做精获得更大、更强、更久的竞争力，通过核心能力复制与全球系统对接，形成全球集成企业（globally integrated enterprise，GIE）。

模块化企业的组织形态具有以下特征：第一，层级化。模块化企业内部，通过严格的功能划分将以往组织内部的岗位、部门全部用专属模块替代，整个组织由不同层级的模块构成，在引入市场机制的背景下，各子模块独立面对市场，受界面规则的指引，依需求自主聚散。第二，标准化。模块的典型特征就是具备标准化的界面规则，且界面规则一经确定，各子模块可同时独立运作，利用并行的方式极大地提高生产效率，加快组织的反应速度。标准化统一了模块界面语言，使相关模块在既定需求的指引下，自动具有高识别性和高匹配性。标准化替代了以往组织内权威机制有形的手和组织外市场机制无形的手的功能，成为模块化企业自组织体系中的关键一环。第三，动态化。模块化企业作为仅承担部分价值功能的经济系统，与其他组织是共生的关系，在它们共同打造的价值网络中，模块化企业作为节点而存在，目的是不断增强动态能力。

11.2.4 共生型组织

在智能经济时代，单打独斗或简单合作无法保障企业获得竞争优势，甚至无法保障企业的基本生存（赵海然，2018）。市场中任何一个看似简单的产品或价值环节都需要众多价值创造主体智慧的集合，需要"系统"完成价值创造。未来企业必将以生态系统的构建作为其基本任务，通过生态系统的共生逻辑增强企业的生存和成长能力，这意味着平台化企业、模块化企业将进一步演化为共生型组织的基本形态——生态化企业。

生态化企业是一种多方参与、共创共享、动态演化的商业生态系统，通过多价值主体间的共创共享，实现从智慧型组织的定制化产品或服务转向更深层次的定制化场景，并且在技术和规则的保障下，实现了需求的自感知、自满足、自调整、自迭代、自循环，真正做到了产品或服务全生命周期的"自动化"供给，即平台式运行、跨界式融合、共生式发展。

生态化企业最基本的目标是实现最终产品的"简单化"（产品代表一种涵盖全方位、多功能实现的场景）和"智能化"（产品需求自感知、产品生产自组织、产品更新自迭代），这意味着价值链条的各环节需要最大化地"集思广益"，从根源上提高最终产品的技术复杂性，即组织需要围绕用户需求更广泛地链接和集合，这要求生态化企业必须是一个具备开放性、不断整合各类资源、促进资源彼此交互的复杂性经济系统。例如，海尔打造的生态系统以智慧生活为目标，已完成了从用户交互、研发设计、生产制造到产品交付所有环节的平台化，旨在提升产品、价值创造全流程的智能化、智慧化：交互平台实现用户需求信息的实时把控，做到"用户需要的我都懂"；HOPE平台遵循"世界就是我的研发部"，吸纳全球各类创新资源，持续产出颠覆性创新成果；COSMOPlat依托工业互联、用户全流程参与，实现产品定制化制造；产品平台以海尔产品为中心，汇聚各类场景互补品，极致化产品功能；日日顺物流平台以开放性资源整合为依托，打造"人车合一"的模式，极致化配送能力。最终，海尔通过将平台作为企业运转的底层基础设施，打造了一个开放性的信息流和产品流闭环，实现了产品单代和多代全流程的自动化与智慧化。

过去，每个企业拥有明确的行业归属，企业通过行业壁垒维持自身利润的长期优势；现在，技术穿透每个行业并使企业存在于一个生态系统中，人们无法定位行业属性，无法建立行业壁垒，跨界融合成为组织常态。当企业在以往纵向产业模式中的产品已不能获得更多的市场时，可通过扩大该产品的横向市场创造新的利润体系（赵海然，2018）。生态化企业作为组织模仿生态智慧的结果，其典型特征就是多物种存在。例如，海尔依据消费者的具体生活场景打造的各类生态圈产物——智慧用水、智慧洗护、智慧空气、智慧美食等都是企业跨界融合的结果。跨界使海尔产品的场景化能力增强，让海尔的成长模式由以往的线性转变为非线性。众多物种之间的交互实时上演，这种交互既存在于单个生态圈的物种之间，也存在于不同生态圈的物种之间，海尔本身无法准确预知哪组物种能够产生化学反应以及化学反应的具体效果是什么。此时，为了提高突变概率，获得持久成长，海尔需要保持较高的物种吸纳能力。

生态化企业是一种基于用户价值创造和跨域价值网络的高效合作形态，在本质上是一个共生系统，即系统中的价值主体彼此"开放边界、相互加持、共创价值、互补发展"（赵海然，2018），创造无穷大的价值。对系统中的价值主体而言，协作不仅是一个发展问题，更是一个生存问题。在智慧生活背景下，海尔依托核心产品跨界打造出一系列生态圈，如食联网、衣联网[一]等，其本质是多行业多产品融合的结果，在既定场景下，行业间具有很强的功能互补性，如果彼此割裂，场景定制无法实现，每个价值主体都不能获得收入；如果彼此合作，则每个价值主体均能获得超越自身产品价值的额外收入即生态收入，并且有形资产生态收入与无形资产生态品牌之间形成的正向反馈效应，能不断地提升各主体间的合作价值，带动各价值主体共生式发展。[二]

[一] 衣联网把洗衣机、洗涤剂、服装行业、洗衣店等联结到一起。

[二] 李海舰，李燕. 企业组织形态演进研究：从工业经济时代到智能经济时代［J］. 经济管理，2019，41（10）：22-36.

11.3 平台组织的演进

一般而言，平台可以划分为企业内部平台和企业外部平台两类（Gawer & Cusumano，2014），其中，企业内部平台又分为生产类平台和管理类平台，企业外部平台又分为交易类平台和综合类平台。㊀

11.3.1 生产类平台的演进

在工业时代，工厂机械生产设备是孕育未来企业生产类平台的载体，为生产类平台诞生奠定了基础。企业以电力作为动力源，通过生产流水线进行大规模产品生产，促进企业生产类平台的形成和发展，标志着以生产线为载体的生产类平台诞生。以福特为代表的生产流水线是最早的生产类平台，它可以在传输过程中完成若干工艺操作，促进了生产工艺过程和产品的标准化，提高单品种产品的生产效率，满足市场单品种、大批量产品需求。随着电子信息技术的发展，为满足消费者多样化、个性化需求，企业利用电子信息技术快速地收集和分析生产资料信息，使企业的生产资源配置跨越企业边界向企业上下游扩展，企业产品流水线平台向供应链平台演进（Gawer，2014），形成了以丰田为代表的敏捷生产模式。丰田的敏捷生产模式打破传统流水生产线的供给驱动模式，构建了订单和需求驱动的供应链平台模式，致力于通过消除供应链平台上的浪费，实现多品种、小批量的生产方式，满足客户的即时需求。

互联网信息技术的突破性发展彻底改变了人与自然、人与人、企业与企业之间信息交换方式。企业为满足消费者个性化定制需求，利用信息物理系统（cyber-physical system，CPS）㊁整合全社会创新资源和能力，提升创新效率。在企业数字化分工推动下，供应链平台等实体生产平台向数字产业平台演进，通过数字产业平台实现社会资源、信息、能力共享，从而提高整个生产系统的创新能力（Mäekinen et al.，2014），以提高交易效率、减少资源错配、激发技术创新活力，促进生产专业化水平和生产效率的提升（黄群慧 等，2019）。例如，华为通过构建数字产业平台，使得智能制造企业及上游的供应商、技术提供商、服务商、下游的客户以及处于同一层次的竞争者和合作者进行数字化分工，经由数字产业平台相互连接，通过正式的交易关系和非正式的研发合作关系形成了产业共同体，从而能够动态适应市场需求或行业环境的变化（胡斌、王莉丽，2020）。由此，伴随着分工的深化，生产类平台经历了生产流水线、供应链平台和数字产业平台三个演进阶段，其中生产流水线为企业内实体平台，供应链平台以网络关系联结为主要属性的实体平台，数字产业平台为数字化分工下的以数字产品或服务为主要属性的平台组织。

与生产流水线和供应链平台不同，数字产业平台充分利用社会分散的知识，将生产和创新范围扩展到整个社会，利用数字共享平台建立统一标准，整合企业间、个体间的分布式资源、信息和知识，以满足多样化和个性化的需求。数字产业平台顺应生产过程数字化、信息化、跨界化、数据化的客观要求，嵌入不同层次的数字共享平台、数字组件和数字基础设施。因此，数字产业平台是在企业数字化分工基础上，充分利用数字算法协作，降低交易成本，产生互补与协同

㊀ 李春利，高良谋，安岗. 数字平台组织的本质及演进：基于分工视角［J］. 产经评论，2021（6）：134-147.
㊁ 信息物理系统是一个综合计算、网络和物理环境的多维复杂系统，通过3C（computation、communication、control）技术的有机融合与深度协作，实现大型工程系统的实时感知、动态控制和信息服务。

效应，促进组织间、个体间的学习、知识共享和价值创造，从而更有利于创新发生的平台组织。

11.3.2 管理类平台的演进

科层制是管理类平台的最早形态。在工业时代，企业组织是一种能独立完成价值创造的"原子型"组织架构，包括直线职能制、事业部制和矩阵制三种类型，具有封闭式、有边界、纵向化、层级化等特点（黄群慧 等，2019），利用权威追求内部资源配置效率最大化。在信息时代，信息模块化技术架构驱动着企业组织内部结构的网络化，通过传统部门的交叉、渗透，重构一种矩阵式的网络制，并以此提升组织弹性和转换能力（Ciborra，1996）。信息技术的发展带来了传统企业的组织结构再造，其产生的新型企业组织架构本质上是一种虚拟型组织架构，具有开放性、无边界、横向化、扁平化等特点（李海舰、李燕，2019），通过权威和市场相结合实现全社会配置资源。在数字时代，企业面临的外部环境从低速状态转向高速状态、从确定性情景转向不确定性情景、从线性变化转向非线性变化、从同道追赶转向换道超车（李海舰 等，2018）。为了对乌卡环境做出敏捷、高效的反应，管理类平台发展为平台制，平台制打通了物理世界与数字空间，促进线上线下融合。例如，海尔基于"大智移云"技术重塑传统分工模式，通过数字化分工，实现组织结构的平台化变革，形成由顾客、员工和供应商等企业利益相关者所组成的利益共同体，实现价值共创①和利益共享（胡国栋、王晓杰，2019）。

从科层制到网络制，再到平台制，这些管理类平台都具有整合资源和能力的功能。但相较于科层制和网络制，平台制基于数字共享平台和数字组件重构组织管理架构，具有开放性、无边界、横向化、去中心化、去中介化等特点。平台制本质上是通过数字共享平台对企业组织的内外部分布式资源进行有效整合管理，提升组织管理效率。因此，平台制是在企业数字化分工基础上，利用数字算法协作，加强整合和重构组织内外部互补性资源的能力，既能激活个体也能赋能组织，提升组织管理效率和柔性的平台组织。

11.3.3 交易类平台的演进

市井集市是交易类平台的最初形态（陈永伟，2017）。这是人类早期自发形成的一种市场，为了节约交易成本以满足基本生活需求，在市井集市上不借助第三方中介直接进行商品交易活动，即"一手交钱，一手交货"。后期，为满足更频繁和更高效的交易要求，产生了百货商场、大型连锁商场等实体市场交易平台，如沃尔玛、家乐福等，它们由第三方中介组织以盈利为目的为消费者和供给者主动提供产品交易服务而形成，交易范围不断扩大，交易频率迅速增加（王勇 等，2020）。随着数字技术的发展，在社会数字化分工推动下，电商平台成为一种日益重要的交易场所，买卖各方都通过互联网加入第三方电商平台，在数字空间中完成交易，推动了以亚马逊、阿里巴巴、京东等为代表的电商平台蓬勃发展。与市井集市、百货商场、大型连锁商场等平台不同，电商平台具有灵活性和成本优势：利用数字算法能够灵活精准匹配交易，提升交易效率；通过压缩交易中间环节，降低交易成本，实现供需一体化。

---

① 平台价值共创模式是一个由平台型组织主导，各利益相关者通过竞合关系进行资源整合，生态系统内企业优胜劣汰不断迭代更新并共同创造价值的动态过程（曹仰锋，2020）。

从市井集市、百货商场到大型连锁商场，再到电商平台，都在发挥着平台的交易功能（阳晓伟，2021）。与实体交易平台不同，电商平台包含不同层次的数字基础设施和数字组件。电商平台使得交易商品数字化，克服了实体交易平台中制约交易活动的时空因素，实现了实体物理世界在数字空间中的完整映射，增强了交易主体之间一对一的精准匹配，能够快速满足多样化、个性化需求，降低交易成本和不确定性。由此可见，早期的实体交易平台在企业和市场中承担交易功能，进入数字经济时代，社会数字化分工促使以大型连锁商场为代表的传统流通组织通过去中介化、再中介化方式进行数字化转型，提升交易效率，进而演进为适应数字经济时代发展的电商平台。因此，电商平台是基于社会数字化分工，通过数字算法协作，提升供给与需求之间交易效率，降低交易成本的平台组织。

11.3.4 走向平台生态系统

为了更好地适应乌卡时代的环境要求，企业数字化分工和社会数字化分工相互作用促使生产类平台、管理类平台和交易类平台走向融合，并向综合类平台演进。在数字化分工的推动下，平台组织向平台生态系统演进（Tiwann et al.，2010），演进路径体现为以下方面。

（1）以苹果为代表的生产类平台组织向平台生态系统演进。苹果利用其关键技术产品和核心服务平台构建平台生态系统，具体表现为：一是以关键技术产品为核心的平台生态系统。苹果的关键技术产品包括个人电脑以及 iPhone、iPod、iPad 产品系列等，其控制着平台生态系统中产品研发的核心技术以及产品开发、设计、营销等关键环节，从而获得显著的竞争优势，形成了自己的品牌生态。二是以 App Store 服务平台为核心的平台生态系统。苹果依托自身产品系列，构建了由苹果、开发者和用户三个主体构成的 App Store 服务平台。在 App Store 服务平台中，苹果具有开发权和管理权，是整个生态系统的掌控者，主要提供平台和开发工具包、软件营销、用户服务、开发者服务等。苹果能够充分利用平台生态系统中的多种资源，有效响应用户和开发者的需求，从而对绩效产生正效应。

（2）以海尔为代表的管理类平台组织向平台生态系统演进。海尔打破传统的组织层级，塑造生态思维，建立数字能力，创造场景价值，将组织结构演变成由平台支撑的"前台+中台+后台"组织架构模式，使组织结构扁平化、模块化、生态化。海尔鼓励员工内部创业，成立小微企业，融入海尔的平台生态系统，塑造出企业与员工、客户之间一种新的共创共赢关系。为了顺应数字时代发展，海尔在人工智能、云计算、区块链、大数据、物联网等领域大力投资，推行"制造平台+赋能平台+交易平台"的生态化平台战略，通过平台化组织变革逐步向平台生态系统转型。

（3）以阿里巴巴为代表的交易类平台组织向平台生态系统演进。阿里巴巴通过电商平台积累和沉淀海量用户，再通过 UC、高德地图、微博等优质的内容和产品增强用户的黏度和忠诚度，利用数字技术使流量互通，围绕电商平台核心业务布局物流、支付、金融、电子商务及云计算业务和智能终端业务，构建集生产、管理和交易于一体的平台生态系统。

从本质上看，平台生态系统是由生产类、管理类和交易类等平台构成的综合类平台，具有三个特征：一是不同类型平台之间相互依赖，共同进化，共同拓展平台生态系统边界，成员获得发展的条件是通过赋能合作伙伴，共同实现价值最大化，并且成员最终能够获得与付出相匹配的价值分配。二是不同类型平台的分布式自主决策增强了创新经济和互补性，提高了生态系统的战略灵活性。例如，平台生态系统通过分布式组件的生产和创新，不仅可以运用现有组件开发新产品，还可以改进旧组件、开发新组件。三是不同类型平台的价值创造是以核心能力作为必要条件，彼此之间相互赋能。通过不同类型平台之间相互赋能，平台生态系统内部逐渐遵循客户主导逻辑，内部每个平台都作为独立主体，基于自身核心能力输出价值，同时也会输入其他平台所供给的价值。

综上，平台组织起源于市场组织和企业组织，早期在市场组织和企业组织中承担交易、生产和管理功能，并都表现为内嵌于市场组织和企业组织的实体平台，还未发展成为一种独立的组织形态。数字技术推动了数字化分工，使得生产类、管理类和交易类实体平台向平台组织演进。数字化分工的深化促使不同类型平台组织走向融合，形成平台生态系统，成为数字经济中居主导地位的组织模式。从本质上看，平台生态系统是在融合生产类、管理类和交易类平台进行资源配置与价值创造的元组织（Kretschmer et al., 2022）。

11.4 平台组织的运行

"先发制人，后发制于人"。阿里巴巴、百度、腾讯、华为、海尔等线上线下巨头不约而同地进行业务重组与组织架构调整，以期赢得快速演变中的生态系统的主控权。这个现象说明了网络时代的组织必须顺势而变，以保持充分的弹性与应变能力。

网络时代带来的商业活动中的信息透明与权力重组，使决定权转移到了消费者的手中，企业的一个回应延迟即可能失之千里。在这种趋势下，企业唯有建设一个能连接员工与企业创新需求的平台型组织，才能持续产生有益于人类生活进步的创新。

平台组织的建构可依市场化程度以及市场化方向两个维度，分成2×2四种模式（见图11-2）。[一]

市场化方向	部分功能的 向外市场化 无线T恤	全面功能的 向外市场化 人人平台组织
外		
内	部分功能的 向内市场化 芬尼克兹	全面功能的 向内市场化 晨星、海尔
	低　　市场化程度　　高	

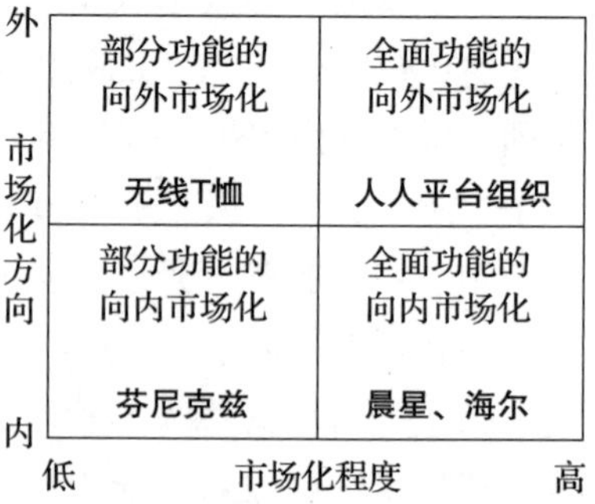

图 11-2　平台组织的四种模式

1. 模式一：部分功能的向外市场化

该模式在不重构原有架构的情况下，将几种内部管理功能向外部市场平台化。原先在组织内直接面对市场的功能单位如研发、设计及销售部门等向客户开放，使员工与客户连接起来。如将自主设计转为向市场全体开放征集最新的创意与新技术、以组织为平台连接生产单位与市场创意、不需内置设计人员等，以此降低研发的资源需求并保持创意活力。

该模式将部分的组织功能向外市场化，也可以说是将之转化成外部市场的一部分，让市场直接参与创新。美国的无线T恤公司（Threadless）就是典型代表，它是一家位于美国芝加哥的T恤衫设计公司。这家公司的特别之处在于它采用平台商业模式作为经营方式，又同时兼具平

[一] 陈威如，徐玮伶. 平台组织：迎接全员创新的时代[J]. 清华管理评论，2014（8）：46-54.

台组织的形式,将设计T恤衫这种服饰公司的重要功能开放给大众参与。艺术家、学生、业余或职业设计师等有兴趣设计T恤衫的人将设计投稿至该公司,然后在网上让人们对这些设计投票,公司选出得票率最高的四种T恤加以制造销售。每周发布的新设计有800种之多,而网站累计的设计图样已超过10万种。虽然每周的设计赢家能得到一笔奖金,但真正驱使人们不断投稿设计的动力,却是期待自己的作品被大家看到并接受,甚至被商品化进而上市的自豪感。无线T恤公司所建立的T恤爱好者社群数量已经十分庞大,公司可以在确定订单量的情况下再生产,这样既消灭了库存,也确保了营收。

无线T恤公司的成功不仅在于利用了平台商业模式,更在于它将服装公司"设计"的核心价值模块开放给客户大众,突破了员工自行设计的创意局限,也降低了聘请签约设计师的固定成本,让设计的创意与理念生生不息。

无线T恤公司在商业模式上,连接设计社群、T恤买家及爱好评价者;在组织管理上,将市场化设计创意与生产制造相连接。它提供了收集设计创意的平台(评分、奖励、选择、预订),最终将这些市场化的结果生产出来,这种将原本内部化运作的核心功能开放的方法,使公司的创新问题获得解答。

2. 模式二:部分功能的向内市场化

该模式将组织部分功能向内市场化,也即打破公司内部职能边界,将某种原属于某群员工的权限或目标向内部所有员工开放,以组织为平台连接内部员工与这些权限或目标。如组织多元化或内部创业原为组织管理阶层拥有的战略决策权,若将此种机会向组织全体成员开放,让组织成为新事业孵化平台,连接有抱负的员工团队与市场机会,征选最有决心和能力的团队去开发新事业,继而达成全员共同创造和激发创新的效果。

内部创业被认为是公司留住人才与创意的手段,因为优秀人才的成长往往快于公司的成长,当人才在公司发展受到限制或有些新想法无法在公司中实现时,若不给予创业的机会,员工只能另起炉灶。然而,过去的内部创业有两个迷思:一是创业需要大量资金支持,因此只有大规模且资源雄厚的公司才能采用内部创业的管理方法;二是由于内部创业用的常常是原公司的资金、资源或调配而来的团队,因此创业的内容与人员在很大程度上还是受制于原公司领导层的意志,使得内部创业的限制较多,并不一定会比自行创业容易成功。但芬尼克兹突破了以上两个迷思且将公司成功转化为员工创业的孵化平台,兼顾了留住人才与提升公司创新能力的两个目的。

位于广州的芬尼克兹是一家空气源热泵产销公司,创始者宗毅和张利为了让想创业的员工能留在公司内部创业,自2006年开始尝试以公司向上整合的方式让员工参加上游零组件公司的创设,由公司几个高管参与投资成立一家新公司。新公司的投资回报激起了员工的信心,自2006年后接连进行内部创业,成立了围绕原公司业务的多家员工新创公司,且均有良好成效。在内部创业历程中,芬尼克兹摸索出一套与员工双赢的创业机制,将组织变成了连接优秀员工与创业机会的平台。

芬尼克兹的机制流程保障了内部创业的成功。首先,从公司的发展需求带出了能与本业产生协同效应的新项目;其次,公司举办创业大赛,邀请员工组成5～6人的跨职能团队参加竞赛,公司提供形成商业计划所需的战略、营销、财务规划的培训;然后,邀请公司主管级以上的员工投钱来决定哪一个队伍胜出。由于投标用的是员工自己的真金白银，因此投标者评估时会很谨慎，不受人情羁绊，最后由获得最多融资的团队胜出。在出资的过程中，创业团队本身也必须投入资金，这样可以筛选出具有真实承诺且愿意全心投入新事业的人。

在这种内部创业模式中，组织本身的角色在于提供资源（资金、团队），建立品牌优势以及充当孵化期的避风港；组织也扮演制定与执行创业规则的角色，如为了降低新创公司领导人只会创业不会管理的风险，芬尼克兹制定了基本制度，其中一条是新创公司的总经理轮岗制（五年改选一次）。同时，为避免内部创业的公司变成群雄割据，员工拥有的是分红权而不是股权。虽然投资过半的启动资金，但宗毅和张利并不介入新公司的运营和管理，新团队自立自主，对自己负责，自行招聘。

芬尼克兹的创业平台模式用机制平衡了员工个人发展与公司发展，将员工、新创公司及原公司的利益紧密结合在一起，也实现了公司跳出固有核心业务、不断创新的目的。

3. 模式三：全面功能的向内市场化

该模式将组织内部完全市场化，让员工成为自己的老板，以组织为平台，连接其他员工使他们相互合作，同时也将员工与外部市场相连，为客户创造价值。在横向上，此种形式属于向内部市场化；在纵向上，则实现组织各项功能，包含财务、人力资源、生产、研发、质量等功能的全面市场化。

该模式将雇佣关系转变成市场契约关系，将层级组织转化成个体户或小事业单位，使它们相互连接，打破部门间的壁垒，各方充分合作，达成实时的创新。但这种模式需要彻底的组织变革，搭建连接每一个独立单位的平台系统。

（1）晨星公司的自主管理与个人市场化契约。美国的晨星公司（Morning Star）没有正式职位的管理者与阶层结构，员工不论处于何种角色都实施自我管理，他们通过对自己和他人的"承诺契约书"，驱动员工自发做出对自己、同伴、顾客、供货商及公司最有价值的事。晨星的创立者克里斯·鲁弗（Chris Rufer）为了实现员工的自由、激发员工的自发性创新，使公司转换成了"市场平台"。当员工来到公司时，就是进入一个市场，必须去寻找与自己有关的交易对象建立契约，并以契约中的内容定义自己的工作。每个人在组织中都像一个个体经营者，有充分的自由来决定自己做什么、如何动用资金与规划预算，并利用充分透明的各项信息计算自己的行动方案。

因为人与人建立了契约关系，所以当员工遇到自己不满意的"服务"时，可以随时提出异议并要求改进。员工的最后奖励自然要由与他有合约关系的同伴们共同决定，员工年终必须收集如"顾客满意度回馈"等数据，并描述个人贡献所创造的公司利益，提交给由年度全体员工选出的"代表委员会"以确定薪酬结果。

晨星的员工在每日的协商与互动中，达成了高效率的相互协调。他们形成了以贡献为准的自然领导、为促进工作完美性而无时无刻不进行的沟通、在最精准的情况下所实行的自由预算，以及完全与贡献和绩效挂钩的激励制度。组织本身作为一个平台，实现了员工以及所有在工作中可能发生的自由契约在市场规则下运作着。

由于员工像个体经营者，必须为自己的区域负完全责任，因此他们有极高的动机来想方设法完善自己的工作；对于组织内或组织外的客户，都尽可能地以创新的方式达成工作的要求，或是想出创新的点子以提高自己的贡献度。在这种状况下，发生在工作中的微创新，也即改善工作流程或产品本身的创意时常出现，创新式的产品也常常被发掘出来。组织本身仅作为资源提供者与纠纷仲裁者，公司以市场力量实现了整个组织的运作。

晨星公司每年创收均在 7 亿美元以上，它在美国有 3 家工厂，每年加工的番茄占全美市场的 25%～30%。多年来，这家公司一直在没有管理人员的情况下成功运转着。

（2）海尔"人单合一"的自主经营体。2013，海尔启动了"企业平台化、员工创客化、用户个性化"的"三化"改革。张瑞敏提出"外去中间商，内去隔热层"的组织设计，让企业可以直面客户的需求。其实海尔一直进行着组织平台化的改革，在此之前，张瑞敏就提出并践行互联网时代的商业模式——"人单合一"双赢模式。该模式是把企业打造成一个平台，使员工的潜力充分发挥出来，让每个员工都将自己的目标和用户的需求完全结合起来，使员工自主经营，成为自己的 CEO。海尔就是要把"大企业做小，小企业做大"。把一个大企业打造成千千万万个平台化的小企业，然后把这些平台化的小企业做大。"人单合一"模式将回应客户需求和市场变化的决策权，交到直接面对顾客的一线员工团队手上，让原本是下达命令的上级阶层转变成资源提供者与战略协同者，支持前线员工团队，部门不再由公司供养而是走向市场寻找业务自行发展。海尔将所有员工划分为三类（研发、用户和制造三种功能种类）三级（一级直面客户、二级职能部门提供资源、三级内外战略协调）的基本单元。每个员工与团队以这三类三级标准区分位置后，形成三个层级的自主经营体，各自主经营体之间的协同，基本上是依照契约承诺的形式运作的。自主经营体有完全自主的人事与财务权，随着所创造的价值高低，或成长或缩小，有时兼并有时自然消灭。自主经营体的实施原则是充分实现客户需求，由一线人员决定的客户需求反推给后勤支持团队。在这种要求下，必须赋予员工更高的自主性，并在机会平等的条件下实现个人所识别的客户需求；但员工也必须自发性地做到自我管理和承担更多责任，以及面对绩效好或差的结果。

为了使组织内部市场化的平台机制顺利运行，海尔创造出全新的"人单合一"管理会计系统与财务流程，协助经营体内的员工实施战略损益表的表单制度，让每个员工有一个明确的依据去规划目标，确认自己是否胜任竞单条件；并且用每日、月、季、年结算的日清表去检查工作是否符合规划；最后采取以绩效为导向，从员工自创价值中分享奖惩的激励方法。在自主经营体的创建与管控机制建立以后，将自主经营体独立出去，向外部市场接单，对内则形成新事业的孵化器，做到企业无边界、组织无领导的境界。

4. 模式四：全面功能的向外市场化

该模式是将组织的内部功能全面向外市场化，是一种在互联网时代产生的全新组织模式。每个人或几个人的小集合体都可以就自己能够实现的功能成为一个平台，借由连接结合不同的功能，完成组织的生产运作。在一个信息充分流通的连接系统中，人们借由信息交换获知彼此功能上的互补需要，以契约合作形式完成计划目标。打破组织既定的边界，让虚拟的组织自由形成、生长或死亡。人们可以受雇于自己，建立个人平台，也可以归属于某个协调性平台，使工作在平台上合作完成。即便归属于某个协调性平台，个人或小集体也不受限于此平台的边界，而是无时无刻不在自由地建构新的连接，形成新的虚拟组织。

人人平台组织的形成要件是健全的连接系统、有效的市场化契约与规则，以及高效透明的信息流通。人们为自己建立品牌，借助品牌信誉与特有能力，将自己所能创造的效益最大化，将传统科层组织所带来的代理成本高、动机不足、命令链冗长、市场反应延迟等负面效应降至最低。人人平台组织就像人体神经系统一样，借由自主协调达成最好的运行结果。

人人平台组织突破了人类世界空间维度的限制。当生产功能全面自动化后，人人平台组织所覆盖的组织功能范围将同时全面化。如手机的生产，当内部零组件、外壳、包装、质量管控等都可以用机器自动化且同时生产时，人们完全可以通过个人平台，从世界的各个角落将研发分工、连接营销、销售及服务平台，快速完成整个产品的生产与销售过程。此时人力资源平台帮助个人平台达成优化组合，而财务平台确保市场契约的实现与监管。

当人工智能、物联网、区块链、3D打印等新技术让每个人都可获得部分生产资料、提供生产力时，个体价值将得到极致化发展（Rifkin，2014），个体将成为社会中最主要的价值创造者，意味着"人人都是企业"，个体既是价值创造主体又是价值创造客体，既是消费者又是生产者。

组织内无传统意义的领导者，只有合作的发起者；没有传统的等级概念，所有成员平权，且每个成员都在不损害组织和其他成员的前提下自驱动、自发展、自管理；成员之间以及内外之间可无障碍、无距离、无边界地沟通与交互（卢彦、纳兰，2016）。

个体聚合形成组织，组织聚合形成系统。系统作为知识收纳袋，在汇集全社会组织创造价值的基础上，能够实现自我更新、迭代、升级。个体带动组织、组织带动系统进行更新升级；系统赋能组织、组织赋能个体实现价值创造。

■ 本章要点

企业和市场是两种不同的资源配置机制。平台集合了企业与市场的双重特性，是资源配置的第三种机制，由此成为一种新型产业组织形式。平台打破了原有的价值链模式，对多条价值链进行重构并逐步演变为一种价值网络模式，平台型组织倡导协调协作、资源互补、价值共享、集成创新。由于平台生态系统需要快速响应用户需求和网络化企业关系的支撑，因此组织结构必须向虚拟化、扁平化转型。淡化等级制度、减少纵向分工、增强横向协调的网络化组织结构成为平台型组织的必然选择。传统工业组织中的雇佣关系正在被现实打破，组织成员的自主性、独立性得到强化，员工自我激励将替代组织激励，进而促使企业组织功能从"要素集聚＋组织赋权"转变为"资源整合＋组织赋能"，甚至可以探索建立"大平台＋小前端＋富生态＋共治理"的新型组织形态。平台可依据市场化程度与市场化方向不同，按照部分功能的向外市场化、部分功能的向内市场化、全面功能的向内市场化、全面功能的向外市场化等模式建构平台组织形态。

■ 讨论问题

1. 科层制组织存在哪些问题？平台化组织有哪些优点？
2. 赋权组织原理与赋能组织原理有何不同？
3. 请论述人人平台组织的可行性。

参考文献

[1] AARIKKA-STENROOS L, RITALA P. Network management in the era of ecosystems: systematic review and management framework [J]. Industrial marketing management, 2017, 67: 23-36.

[2] ABATECOLA G. Research in organizational evolution. What comes next? [J]. European management journal, 2014, 32 (3): 434-443.

[3] ABBOTT K W, GREEN J F, KEOHANE R O. Organizational ecology and institutional change in global governance [J]. International organization, 2016, 70 (2): 247-277.

[4] ADNER R, CHEN J, ZHU F. Frenemies in platform markets: heterogeneous profit foci as drivers of compatibility decisions [J]. Management science, 2020, 66 (6): 2432-2451.

[5] ADNER R, KAPOOR R. Value creation in innovation ecosystems: how the structure of technological interdependence affects firm performance in new technology generations [J]. Strategic management journal, 2010, 31 (3): 306-333.

[6] ADNER R, ZEMSKY P. A demand-based perspective on sustainable competitive advantage [J]. Strategic management journal, 2006, 27 (3): 215-239.

[7] ADNER R. Ecosystem as structure: an actionable construct for strategy [J]. Journal of management, 2017, 43 (1): 39-58.

[8] ADNER R. The wide lens: a new strategy for innovation [M]. London: Penguin UK, 2012.

[9] AFILIPOAIE A, DONDERS K, BALLON P. The European Commission's approach to mergers involving software-based platforms: towards a better understanding of platform power [J]. Telecommunications policy, 2022, 46 (5): 1-18.

[10] AFUAH A. Are network effects really all about size? The role of structure and conduct [J]. Strategic management journal, 2013, 34 (3): 257-273.

[11] AFUAH A. Mapping technological capabilities into product markets and competitive advantage: the case of cholesterol drugs [J]. Strategic management journal, 2002, 23 (2): 171-179.

[12] AKERLOF G A. The market for "lemons": quality uncertainty and the market mechanism [J]. The quarterly journal of economics, 1970, 84 (3): 488-500.

[13] ALEXANDROV A, DELTAS G, SPULBER D F. Antitrust and competition in two-sided markets [J]. Journal of competition law and economics, 2011, 7 (4): 775-812.

[14] ALSTYNE M W, PARKER G G, CHOUDARY S P. Pipelines, platforms, and the new rules of strategy [J]. Harvard business review, 2016, 94 (4): 54-60.

[15] ALSTYNE M W, PARKER G G, CHOUDARY S P. Pipelines, platforms, and the new rules of strategy [J].

Harvard business review, 2016, 94 (4) : 54-60, 62.

[16] ALTMAN E, TUSHMAN M. Platforms, open/user innovation, and ecosystems: a strategic leadership perspective [J]. Advances in strategic management, 2017, 37: 177-207.

[17] AMBRUS A, ARGENZIANO R. Asymmetric networks in two-sided markets [J]. American economic journal: microeconomics, 2009, 1 (1) : 17-52.

[18] AMEER R, OTHMAN R. Industry structure, R&D intensity, and performance in new zealand: new insight on the porter hypothesis [J]. Journal of economic studies, 2020, 47 (1) : 91-110.

[19] AMIT R, ZOTT C. Value creation in E-business [J]. Strategic management journal, 2001, 22 (6-7) : 493-520.

[20] AMIT R, ZOTT C. Creating value through business model innovation [J]. Sloan management review, 2012, 53 (2) : 41-49.

[21] ANDERSE-GOTT M, GHINEA G, BYGSTAD B. Why do commercial companies contribute to open source software? [J]. International journal of information management, 2012, 32 (2) : 106-117.

[22] ANDERSON A A, BROSSARD D, SCHEUFELE D A, et al. The "nasty effect:" online incivility and risk perceptions of emerging technologies [J]. Journal of computer-mediated communication, 2014, 19 (3) : 373-387.

[23] ANDERSON C. Free: the future of a radical price [M]. New York: Hyperion Books, 2009.

[24] ANDERSON J R, PARKER G G, TAN B. Platform performance investment in the presence of network externalities [J]. Information systems research, 2014, 25 (1) : 152-172.

[25] ANDERSON S P, COATE S. Market provision of broadcasting: a welfare analysis [J]. Review of economic studies, 2005, 72 (4) : 947-972.

[26] ANSARI S, GARUD R, KUMARASWAMY A. The disruptor's dilemma: TiVo and the U. S. television ecosystem [J]. Strategic management journal, 2016, 37 (9) : 1829-1853.

[27] ANSELL C, GASH A. Collaborative governance in theory and practice [J]. Journal of public administration research and theory, 2008, 18 (4) : 543-571.

[28] ARAL S, ALSTYNE M. The diversity-bandwidth trade-off [J]. American journal of sociology, 2011, 117 (1) : 90-171.

[29] ARAL S, WALKER D. Identifying influential and susceptible members of social networks [J]. Science, 2012, 337 (6092) : 337-341.

[30] ARMSTRONG C, FLOOD P C, GUTHRIE J P, et al. The impact of diversity and equality management on firm performance: beyond high performance work systems [J]. Human resource management, 2010, 49 (6) : 977-998.

[31] ARMSTRONG M, Wright J. Two-sided markets, competitive bottlenecks and exclusive contracts [J]. Economic theory, 2007, 32 (2) : 353-380.

[32] ARMSTRONG M. Competition in two-sided markets [J]. The RAND journal of economics, 2006 (3) : 668-691.

[33] ARNOLD C, KIEL D, VOIG K. Innovative business models for the industrial internet of things [J]. BHM berg-und hüttenmännische monatshefte, 2017, 162 (9) : 371-381.

[34] ARROW H, MCGRATH J E, STAW B M, et al. Membership dynamics in groups at work: a theoretical framework [J]. Research in organizational behavior, 1995, 17: 373-373.

[35] ARTHUR W B. The structure of invention [J]. Research policy, 2007, 36 (2) : 274-287.

[36] ARTHUR W B. Competingtechnologies, increasing returns, and lock-in by historical events [J]. The

economic journal, 1989, 99 (394) : 116-131.
[37] ASTYNE M W, PARKER G G, CHOUDARY S P. Pipelines, platforms, and the new rules of strategy [J]. Harvard business review, 2016, 94 (4) : 56-62.
[38] ASVANUND A, CLAY K, KRISHNAN R, et al. An empirical analysis of network externalities in Peer-to-Peer music-sharing networks [J]. Information systems research, 2004, 15 (2) : 155-174.
[39] AVERY C, ZEMSKY P. Multidimensional uncertainty and herd behavior in financial markets [J]. The American economic review,1998, 88 (4) : 724-748.
[40] AZEVEDO E M, LESHNO J D. A supply and demand framework for two-sided matching markets [J]. Journal of political economy, 2016, 124 (5) : 1235-1268.
[41] BAAKE P, BOOMYA. Vertical product differentiation, network externalities and compatibility decisions [J]. International journal of industrial organization, 2001 (19) : 267-284.
[42] BAHRAMI H. The emerging flexible organization: perspectives from silicon valley [J]. Knowledge management and organizational design, 1996, 95 (2) : 55-75.
[43] BALDWIN C Y, CLARK K B. Design rules: the power of modularity [M]. Cambridge: MIT Press, 2000.
[44] BALDWIN C Y, CLARK K B. Managing in an age of modularity [J]. Harvard business review, 1997, 75 (5) : 84-93.
[45] BALDWIN C Y, WOODARD C J. The architecture of platforms: a unified view [R]. Cambridge: Harvard business school, 2008.
[46] BALDWIN CY. Where do transactions come from? Modularity, transactions and the boundaries of firms [J]. Industrial and corporate change, 2008, 17 (1) : 155-195.
[47] BALDWIN R E, OKUBO T. Heterogeneous firms, agglomeration and economic geography: spatial selection and sorting [J]. Journal of economic geography, 2006, 6 (3) : 323-346.
[48] BAMBERGER K A, LOBEL O. Platform market power [J]. Berkeley technology law journal, 2017, 32 (3) : 1051-1092.
[49] BARDEY D, CREMER H, LOZACHMEUR J M. Competition in two-sided markets with common network externalities [J]. Review of industrial organization, 2014, 44 (4) : 327-345.
[50] BARLOW M A, VERHAAL J C, ANGUS RW. Optimal distinctiveness, strategic categorization, and product market entry on the google play app platform [J]. Strategic management journal, 2019, 40 (8) : 1219-1242.
[51] BARNEY J B, WRIGHT M, DAVID J, et al. The resuorce-based view of the firm: ten years after 1991 [J]. Journal of management, 2001, 27 (6) : 625-641.
[52] BARNEY J B. Firm resources and sustained competitive advantage[J]. Journal of management, 1991, 17 (1) : 99-120.
[53] BAUM JAC, KORN H J. Competitive dynamics of interfirm rivalry [J]. Academy of management journal, 1996, 39 (2) : 255-291.
[54] BAUM O, SCHMIDT J, STIEGLITZ N. Effective search in rugged performance landscapes: a review and outlook [J]. Journal of management, 2018, 45 (1) : 285-318.
[55] BAXTER G D, SOMMERVILLE I. Socio-technical systems: from dedign methods to systems engineering [J]. Interacting with computers, 2011, 23 (1) : 4-17.
[56] BELAVINA E, MARINESI S, TSOUKALAS G. Rethinking crowdfunding platform design: mechanisms to deter misconduct and improve sufficiency [J]. Management science, 2020, 66 (11) : 4980-4997.

［57］ BELLEFLAMME P, PEITZ M. Managing competition on a two-sided platform［J］. Journal of economics and management strategy, 2019, 28 (1) : 22-50.

［58］ BELLEFLAMME P, PEITZ M. Platform competition: who benefits from multihoming?［J］. International journal of industrial organization, 2019, 64: 1-26.

［59］ BELLEFLAMME P, TOULEMONDE E. Negative intra-group exeternalitives in two-sided markets［J］. International economic review, 2009 (1) : 245-272.

［60］ BELLMAN R, CLARK C E, MALCOLM D G, et al. On the construction of a multi-stage, multi-person business game［J］. Operations research, 1957, 5 (4) : 469-503.

［61］ BELLO D C, CHELARIU C, ZHANG L. The antecedents and performance consequences of relationalism in export distribution channels［J］. Journal of business research, 2003, 56 (1) : 1-16.

［62］ EDELMAN B, BRANDI B. Risk, information, and incentives in online affiliate marketing［J］. Journal of marketing research, 2015, 52 (1) : 1-32.

［63］ BENLIAN A, HILKERT D, HESS T. How open is this platform? The meaning and measurement of platform openness from the complementers' perspective［J］. Journal of information technology, 2015, 30 (3) : 209-228.

［64］ BERMAN S L, WICKS A C, KOTHA S, et al. Does stakeholder orientation matter? The relationship between stakeholder management models and firm financial performance［J］. Academy of management journal, 1999, 42 (5) : 488-506.

［65］ RIEDER B, SIRE G. Conflicts of interest and incentives to bias: a microeconomic critique of Google's tangled position on the web［J］. New media and society, 2014, 16 (2) : 195-211.

［66］ BERNHEIM B D, WHINSTON M D. Incomplete contracts and strategic ambiguity［J］. The American economic review, 1998, 88 (4) : 902-932.

［67］ BERNSTEIN E, BUNCH J, CANNER N, et al. Beyond the holacracy hype: the overwrought claims—and actual promise—of the next generation of self-managed teams［J］. Harvard business review, 2016, 94 (7-8) : 38-49.

［68］ BHARGAVA H K. Platform technologies and network goods: insights on product launch and management［J］. Information technology and management, 2014, 15 (3) : 199-209.

［69］ BINKEN J L G, STREMERSCH S. The effect of superstar software on hardware sales in system markets［J］. Journal of marketing, 2009, 73 (2) : 88-104.

［70］ BIS. Annual economic report［R/OL］. (2019-06-30)［2022-12-30］. https://www. bis. org/publ/arpdf/ar2019e. htm.

［71］ HAGGART B, TUSIKOV N, SCHOLTE J A. Power and authority in internet governance: return of the state?［M］. London: Taylor and Francis Group, 2021.

［72］ BLIJLEVEN V, ANGEREN J, JANSEN S, et al. An evolutionary economics approach to ecosystem dynamics［C］// IEEE. DEST 2013: 7th IEEE international conference on digital ecosystems and technologies. New York: IEEE, 2013: 19-24.

［73］ BOGERS M, HADAR R, BLIBERG A. Additive manufacturing for consumer-centric business models: implications for supply chains in consumer goods manufacturing［J］. Technological forecasting and social change, 2016, 102 (C) : 225-239.

［74］ KANG B, JINDAL R P. Opportunism in buyer-seller relationships: some unexplored antecedents［J］. Journal of business research, 2015, 68 (3) : 735-742.

［75］ BORGATTI S P, MEHRA A, BRASS D J, et al. Network analysis in the social sciences［J］. Science,

2009, 323 (5916) : 892-895.

[76] BOSTROM R P, HEINEN J S. MIS problems and failures: a socio-technical perspective [J]. MIS quarterly, 1977, 1 (3) : 17-32.

[77] BOUDREAU K J, HAGIU A. Platform rules: multi-sided platforms as regulators [R]. Cambridge: Harvard business school, 2009: 9-61.

[78] BOUDREAU K J, LACETERA N, LAKHANI K R. Incentives and problem uncertainty in innovation contests: an empirical analysis [J]. Management science, 2011, 57 (5) : 843-863.

[79] BOUDREAU K J, JEPPESEN L B. Unpaid crowd complementors: the platform network effect mirage [J]. Strategic management journal, 2015, 36 (12) : 1761-1777.

[80] BOUDREAU K J. Let a thousand flowers bloom? An early look at large numbers of software app developers and patterns of innovation [J]. Organization science, 2012, 23 (5) : 1409-1427.

[81] BOUDREAU K J. Open platform strategies and innovation: granting access versus devolving control [J]. Management science, 2010 (1) : 1849-1872.

[82] BOURREAU M, CAILLAUD B, NIJS R D. Taxation of a digital monopoly platform [J]. Journal of public economic theory, 2017, 20 (1) : 1-12.

[83] BRAMOULLÉ Y, KRANTON R, D'AMOURS M. Strategic interaction and networks [J]. American economic review, 2014, 104 (3) : 898-930.

[84] BRESNAHAN T, GREENSTEIN S. Mobile computing: the next platform rivalry [J]. The American economic review, 2014, 104 (5) : 475-480.

[85] BRUNSMAN K J, SHARFMAN M P. Strategic choices and niche movements: a probabilistic model of organizational selection and mortality [J]. Academy of management proceedings, 1993 (1) : 2-6.

[86] BRUSONI S, PRENCIPE A. Making design rules: a multidomain perspectives [J]. Organization science, 2006, 17 (2) : 179-189.

[87] CABICIOUSU A, CAMUEFO A. Beyond the "mirroring" hypothesis: product modularity and interorganizational relations in the air conditioning industry [J]. Organization science, 2012, 23 (3) : 686-703.

[88] CABRAL L. Dynamic price competition with network effects [J]. The review of economic studies, 2011, 78 (1) : 83-111.

[89] CAILLAUD B, JULLIEN B. Competing cybermediaries [J]. European economic review, 2001, 45 (4-6) : 797-808.

[90] CAILLAUD B, JULLIEN B. Chickenand egg: competition among intermediation service providers [J]. The RAND journal of economics, 2003, 34 (2) : 309-328.

[91] CAPALDO A. Network structure and innovation: the leveraging of a dual network as a distinctive relational capability [J]. Strategic management journal, 2007, 28 (6) : 585-608.

[92] CASADESUS- MASANELL R, YOFFIE D B. Wintel: cooperation and conflict [J]. Management science, 2007, 53 (4) : 584-598.

[93] CASEY T R, TOYLI J. Dynamics of two-sided platform success and failure: an analysis of public wireless local area access [J]. Technovation, 2012, 32 (12) : 703-716.

[94] CATTANI G. Preadaptation, firm heterogeneity, and technological performance: a study on the evolution of fiber optics, 1970—1995 [J]. Organization science, 2005, 16 (6) : 563-580.

[95] CECCAGNOLI M, FORMAN C, HUANG P, et al. Cocreation of value in a platform ecosystem: the case of enterprise software [J]. MIS quarterly, 2012, 36 (1) : 263-290.

［96］　CENAMOR J, FRISHAMMAR J. Openness in platform ecosystems: innovation strategies for complementary products［J］. Research policy, 2021, 50 (1): 104-148.

［97］　CENAMOR J. Complementor competitive advantage: a framework for strategic decisions［J］. Journal of business research, 2021, 122: 335-343.

［98］　CennAMO C, OZALP H, KRETSCHMER T. Platform architecture and quality trade-offs of multihoming complements［J］. Information systems research, 2018, 29 (2): 253-523.

［99］　CENNAMO C, Santaló J. Generativity tension and value creation in platform ecosystems［J］. Organization science, 2019, 30 (3): 617-641.

［100］　CENNAMO C, SANTALO J. Plaform competition: strategic trad-offs in platform markets［J］. Strategic management journal, 2013, 34 (11): 1331-1350.

［101］　CENNAMO C. Building the value of next-generation platforms: the paradox of diminishing returns［J］. Journal of management, 2018, 44 (8): 3038-3069.

［102］　CENNAMO C. Competing in digital markets: a platform-based perspective［J］. Academy of management perspectives, 2019 (7): 325-346.

［103］　CHAFFEY D. E-business and E-commerce management: strategy, implementation and practice［M］. New York: Pearson Education, 2007.

［104］　CHAKRAVORTI S, ROSON R. Platform competition in two-sided markets: the case of payment networks［J］. Review of network economics, 2006, 5 (1): 118-142.

［105］　CHANDRA A, COLLARD-WEXLER A. Mergers in two-sided markets: an application to the Canadian newspaper industry［J］. Journal of economics and management strategy, 2009, 18 (4): 1045-1070.

［106］　CHANG H, SOKOL D D. How incumbents respond to competition from innovative disruptors in the sharing economy-the impact of Airbnb on hotel performance［J］. Strategic management journal, 2022, 43 (3): 425-446.

［107］　CHANG J J S, CHONG M D. Psychological influences in e-mail fraud［J］. Journal of financial crime, 2010, 17 (3): 337-350.

［108］　CHAO Y, DERDENGER T. Mixed bundling in two-sided markets in the presence of installed base effects［J］. Management science, 2013, 59 (8): 1904-1926.

［109］　Perrow C. A society of organizations［J］. Theory and society, 1991, 20 (6): 725-762.

［110］　CHEN Y, XIE J. Cross-market network effect with asymmetric customer loyalty: implication for competitive advantage［J］. Marketing science, 2007, 26 (1): 52-66.

［111］　Chen Y M. Equilibrium product bundling［J］. Journal of business, 1997, 70 (1): 85-103.

［112］　CHESBROUGH H W, APPLEYARD M M. Open innovation and strategy［J］. California management review, 2007, 50 (1): 57-76.

［113］　CHESBROUGH H W. Open innovation: The new imperative for creating and profiting from technology［M］. Brighton: Harvard Business Press, 2003.

［114］　CHESBROUGH H W. Business model innovation: it's not just about technology anymore［J］. Strategy and leadership, 2007, 35: 12-17.

［115］　CHINTAKANANDA A, MCINTYRE D P. Market entry in the presence of network effects: a real options perspective［J］. Journal of management, 2014, 40 (6): 1535-1557.

［116］　CHOI J P, Jeon D S. A leverage theory of tying in two-sided markets with nonnegative price constraints［J］. American economic journal: microeconomics, 2021, 13 (1): 283-337.

［117］　CHOI J P. Irreversible choice of uncertain technologies with network externalities［J］. The RAND journal of economics, 1994 (25) : 382-401.

[118] CHOI J P. Mergers with bundling in complementary markets [J]. Journal of industrial economics, 2008, 56 (3) : 553-577.

[119] CHRISTENSEN C M, Bower J L. Customer power, strategic investment, and the failure of leading firms [J]. Strategic management journal, 1996, 17 (3) : 197-218.

[120] CHRISTENSEN C M. Disruptive innovation: an intellectual history and directions for future research [J]. Journal of management studies, 2018, 55 (7) : 1043-1078.

[121] CHRISTOPHER K D, Matthew M. The sharing economy and consumer protection regulation: the case for policy change [J]. The journal of business, entrepreneurship and law, 2015, 8 (2) : 529-545.

[122] CHURCH J, GANDAL N. Integration, complementary products and variety [J]. Journal of economics and management strategy, 1992 (1) : 651-675.

[123] CIBORRA C U. The platform organization: recombining strategies, structures, and surprises [J]. Organization science, 1996, 7 (2) : 103-118.

[124] CLAUSSEN J, KRETSCHMER T, MAYRHOFER P. The effects of rewarding user engagement: the case of Facebook apps [J]. Information systems research, 2013, 24 (1) : 186-200.

[125] COASE R. Essays on economics and economists [M]. Chicago: The University of Chicago Press, 1994.

[126] COASE R. The nature of the firm [J]. Economica, 1937, 4 (16) : 386-405.

[127] COASE R. The problem of social cost [J]. Journal of law and economics, 1960 (3) : 1-44.

[128] COHEN M, SUNDARARAJAN A. Self-regulation and innovation in the peer-to-peer sharing economy [J]. University of Chicago law review online, 2015, 82 (1) : 116-133.

[129] COLFER L J, BALDWIN C Y. The mirroring hypothesis: theory, evidence and exceptions [J]. Industrial and corporate change, 2016, 25 (5) : 709-738.

[130] CONDORELLI D, PADILLA J. Harnessing platform envelopment in the digital world [J]. Journal of competition law and economics, 2020, 16 (2) : 143-187.

[131] CONSTANTINIDES P, HENFRIDSSON O, PARKER G G. Platforms and infrastructures in the digital age [J]. Information systems research, 2018, 29 (2) : 381-400.

[132] COTTRELL T, NAULT B R. Product variety and firm survival in the microcomputer software industry [J]. Strategic management journal, 2004, 25 (10) : 1005-1025.

[133] COZZOLINO A, CORBO L, AVERSA P. Digital platform-based ecosystems: the evolution of collaboration and competition between incumbent producers and entrant platforms [J]. Journal of business research, 2021, 126: 385-400.

[134] CRÉMER J, REY P, TIROLE J. Connectivity in the commercial Internet [J]. The journal of industrial economics, 2000, 48 (4) : 433-472.

[135] CUSUMANO M A, GAWER A, David B Y. The business of platforms: strategy in the age of digital competition, innovation, and power [M]. New York: Harper Business, 2019.

[136] CUNNINGHAM C, EDERER F, MA S. Killer acquisitions [J]. Journal of political economy, 2021, 129 (3) : 649-702.

[137] CUSUMANO M A, GAWER A. Elements of platform leadership [J]. IEEE engineering management review, 2003, 31 (1) : 8-8.

[138] CUSUMANO M A, GAWER A. The elements of platform leadership [J]. MIT Sloan management review, 2002, 43 (3) : 51-58.

[139] CUSUMANO M A, MYLONADIS Y, ROSENBLOOM R S. Strategic maneuvering and mass-market dynamics: the triumph of VHS over Beta [J]. Business history review, 1992, 66 (1) : 51-94.

[140] CUTOLO D, KENNEY M. Platform-dependent entrepreneurs: power asymmetries, risks, and strategies in the platform economy [J]. Academy of management perspectives, 2021, 35 (4) : 584-605.

[141] CZERNICH N, FALCK O, KRETSCHMER T, et al. Broadband infrastructure and economic growth [J]. Economic journal, 2011, 121 (552) : 505-532.

[142] D'AVENI R A. Hypercompetition [M]. New York: The Free Press, 1994.

[143] David P A. Clio and the economics of QWERTY [J]. The American economic review, 1985, 75 (2) : 332-337.

[144] DAVIS S J, MACCRISKEN J, MURPHY K M. Economic perspectives on software design: PC operating systems and platforms [M]. New York: Springer US, 2002.

[145] WECK O L, ROOS D, MAGEE C L. Engineering systems: meeting human needs in a complex technological world [M]. Cambridge: MIT Press, 2011.

[146] DEMANGE G, GALE D. The strategy structure of two-sided matching markets [J]. Econometrica, 1985, 53 (4) : 873-888.

[147] DIAS R D B, DAGNINO R. The Oxford handbook of innovation management [M]. Oxford: Oxford University Press, 2005.

[148] DIETVORST B J, SIMMONS J P, MASSEY C. Algorithm aversion: people erroneously avoid algorithms after seeing them err [J]. Journal of experimental psychology: general, 2015, 144 (1) : 114-126.

[149] DIXIT A. On modes of economic governance [J]. Econometrica, 2003, 71 (2) : 449-481.

[150] DOBSON P W. Competing, countervailing, and coalescing forces: the economics of intra-and inter-business system competition [J]. Antitrust bull, 2006, 51 (1) : 175-193.

[151] DOGANOGLU T, WRIGHT J. Multihoming and compatibility [J]. International journal of industrial organization, 2006, 24 (1) : 45-67.

[152] DONEDA D, ALMEIDA V. What is algorithm governance? [J]. IEEE internet computing, 2016, 20 (4) : 60-62.

[153] DOSI G. Technological paradigms and technological trajectories: a suggested interpretation of the determinants and directions of technical change [J]. Research policy, 1982, 11 (3) : 147-162.

[154] DRAHOS P. The injustice of intellectual property [J]. Intellectual property forum, 2017 (110) : 56-57.

[155] DYER A, SINGH A P. Effect of cation exchange on heat of sorption and catalytic activity of mordenites [J]. Zeolites, 1988, 8 (3) : 242-246.

[156] ECHOLS A, TSAI W. Niche and performance: the moderating role of network embeddedness [J]. Strategic management journal, 2005, 26 (3) : 219-238.

[157] ECONOMIDES N, KATSAMAKAS E. Two-sided competition of proprietary vs. open source technology platforms and the implications for the software industry [J]. Management science, 2006 (7) : 1057-1071.

[158] ECONOMIDES N, HIMMELBERG C P. Critical mass and network size with application to the US Fax market [R]. New York: New York University Stern School of Business, 1995.

[159] ECONOMIDES N. The economics of networks [J]. International journal of industrial organization,

1996, 14 (6) : 673-699.

[160] EICK S G, GRAVES T L, KARR A F, et al. Does code decay? Assessing the evidence from change management data [J]. IEEE transactions on software engineering, 2001, 27 (1) : 1-12.

[161] EISENHARDT K M, GRAEBNER M E. Theory building from cases: opportunities and challenges [J]. Academy of management journal, 2007, 50 (1) : 25-32.

[162] EISENHARDT K M, SCHOONHOVEN C B. Resource-based view of strategic alliance formation: strategic and social effects in entrepreneurial firms [J]. Organization science, 1996, 7 (2) : 136-150.

[163] EISENMANN T, PARKER G G, ALSTYNE M W. Opening platforms: how, when and why? [R]. Harvard Business School : Harvard Business School Entrepreneurial Management Working Paper, 2009.

[164] EISENMANN T, PARKER G G, ALSTYNE M W. Strategies for two-sided markets [J]. Harvard business review, 2006, 84 (10) : 92-101.

[165] EISENMANN T, PARKER G G, ALSTYNE M W. Platform envelopment [J]. Strategic management journal, 2011, 32 (12) : 1270-1285.

[166] EISENMANN T, PARKER G G, ALSTYNE M W. Platform networks-core concepts, executive summary [J]. MIT center for digital business paper, 2007 (232) : 1-27.

[167] EISENMANN T, PARKER G G, ALSTYNE M W. Strategies for two-sided markets [J]. Harvard business review, 2006, 84 (10) : 92.

[168] EISENMANN T. Managing proprietary and shared platforms [J]. California management review, 2008, 50 (4) : 31-53.

[169] BERKOVITCH E, ISRAEL R. The design of internal control and capital structure [J]. The review of financial studies, 1996, 9 (1) : 209-240.

[170] WEINTRAUB E, COHEN Y. Security risk assessment of cloud computing services in a networked environment [J]. International journal of advanced computer science and applications, 2016, 7 (11) : 79-90.

[171] EMERSON R M. Power-dependence relations [J]. American sociological review, 1962, 27 (1) : 31-41.

[172] ABRAHAMSON E, ROSENKOPF L. Social network effects on the extent of innovation diffusion: a computer simulation [J]. Organization science, 1997, 3 (8) : 289-309.

[173] ETHIRAJ S, LEVINTHAL K D, ROY R R. The dual role of modularity: innovation and imitation[J]. Management science, 2008, 54 (5) : 939-955.

[174] ETTER M, FIESELER C, WHELAN G. Sharing economy, sharing responsibility?Corporate social responsibility in the digital age [J]. Journal of business ethics, 2019, 159 (2) : 935-942.

[175] EVANS D S, HYLTON K N. The lawful acquisition and exercise of monopoly power and its implications for the objectives of antitrust [J]. Competition policy international, 2008, 4 (2) : 203.

[176] EVANS D S, SCHMALENSEE R. Catalyst code: The strategies behind the world's most dynamic companies [M]. Boston: Harvard Business School Press, 2007: 5.

[177] EVANS D S, SCHMALENSEE R. Matchmakers: The new economics of multisided platforms [M]. Boston: Harvard Business Review Press, 2016.

[178] EVANS D S, SCHMALENSEE R. Failure to launch: critical mass in platform businesses [J]. Review of network economics, 2010, 9 (4) : 1-26.

[179] EVANS D S, SCHMALENSEE R. The industrial organization of markets with two-sided platforms [J].

Competition policy international, 2007, 3 (1) : 151-179.

［180］ EVANS D S, NOEL M D. The analysis of mergers that involve multisided platform businesses ［J］. Journal of competition law and economics, 2008, 4 (3) : 663-695.

［181］ EVANS D S, SCHMALENSEE R. The antitrust analysis of multi-sided platform markets ［J］. Yale journal on regulation, 2012 (20) : 327-379.

［182］ EVANS D S. The web economy, two-sided markets and competition policy ［J］. SSRN electronic journal, 2010.

［183］ EVANS D S. Governing bad behavior by users of multi-sided platforms ［J］. Berkeley technology law journal, 2012, 27 (2) : 1201-1250.

［184］ EVANS D S. How catalysts ignite: the economics of platform-based start-ups ［J］. Platforms, markets and innovation, 2009: 99-128.

［185］ EVANS D S. Some empirical aspects of multi-sided platform industries ［J］. Review of network economics, 2003, 2 (3) : 191-209.

［186］ EVANS P C, ANNUNZIATA M. Industrial Internet: pushing the boundaries of minds and machines ［EB/OL］. (2021-02-01) ［2023-06-06］. http://enterrasolutions. com/media/docs/2013/09/Industrial_Internet. pdf.

［187］ EVENS T, DONDERS K, AFILIPOAIE A. Platform policies in the European Union: competition and public interest in media markets ［J］. Journal of digital media and policy, 2020, 11 (3) : 283-300.

［188］ FARAJ S, JARVENPAA S L, MAJCHRZAK A. Knowledge collaboration in online communities ［J］. Organization science, 2011, 22 (5) : 1224-1239.

［189］ CONTRACTOR F J, RA W. How knowledge attributes influence alliance governance choices ［J］. Journal of international management, 2002, 8 (1) : 11-27.

［190］ FARRELL J, GALLINI N T. Second-sourcing as a commitment: monopoly incentives to attract competition ［J］. The quarterly journal of economics, 1988, 103 (4) : 673-694.

［191］ FARRELL J, KATZ M L. Innovation, rent extraction, and integration in systems markets ［J］. The journal of industrial economics, 2000, 48 (4) : 413-432.

［192］ FARRELL J, KLEMPERER P. Coordination and lock-in: competition with switching costs and network effects ［J］. Handbook of industrial organization, 2007 (3) : 1967-2072.

［193］ FARRELL J, SALONER G. Converters, compatibility, and the control of interfaces ［J］. The Journal of industrial economics, 1992: 9-35.

［194］ FARRELL J, SALONER G. Standardization, compatibility, and innovation ［J］. The RAND journal of economics, 1985: 70-83.

［195］ FARRELL J, WEISER P J. Modularity, vertical integration, and open access policies: towards a convergence of antitrust and regulation in the internt age ［J］. Harvard journal of law and technology, 2003, 17: 85-134.

［196］ FARRELL R S, SIMPSON T W. Product platform design to improve commonality in custom products ［J］. Journal of intelligent manufacturing, 2003, 14: 541-556.

［197］ FARRELL J, SALONER G. Installed base and compatibility: innovation, product preannoucements, and predation ［J］. American economic review, 1986, 76: 940-955.

［198］ FELIN T, FOSS N J, PLOYHART R E. The microfoundations movement in strategy and organization theory ［J］. Academy of management annals, 2015, 9 (1) : 575-632.

［199］ FILISTRUCCHI L, GERADIN D, DAMME E, et al. Market definition in two-sided markets: theory and practice [J]. Journal of competition law and economics, 2014, 10 (2): 293-339.

[200] FLEW T, GILLETT R, MARTIN F, et al. Return of the regulatory state: a stakeholder analysis of Australia's digital platforms inquiry and online news policy [J]. The information society, 2021, 37 (2): 128-145.

[201] POP F, PRODAN R, ANTONIU G. RM-BDP: Resource management for big data platforms [J]. Future generation computer systems, 2018.

[202] FOERDERER J, KUDE T, MITHAS S, et al. Does platform owner's entry crowd out innovation? Evidence from Google photos [J]. Information systems research, 2018, 29 (2): 444-460.

[203] FOERDERER J. Interfirm exchange and innovation in platform ecosystems: evidence from Apple's worldwide developers conference [J]. Management science, 2020, 66 (10): 4772-4787.

[204] FOSS K, FOSS N J. Hands off ! How organizational design can make delegation credible [R]. Bergen: Norwegian School of Economics, 2005.

[205] FOSS N J. Bounded rationality and tacit knowledge in the organizational capabilities approach: an assessment and a re-evaluation [J]. Industrial and corporate change, 2003, 12 (2): 185-201.

[206] FUDENBERG D, TIROLE J. Upgrades, trade-ins, and buybacks [J]. The RAND journal of economics, 1998: 235-258.

[207] GAEUD R, KUMARASWAMY A, LANGLOIS R N. Managing in the modular age: architectures, networks and organizations [M]. Malden, MA: Blackwell Publishers Ltd, 2003.

[208] GALLAGHER S, PARK S H. Innovation and competition in standard-based industries: a historical analysis of the US home video game market [J]. IEEE transactions on engineering management, 2002, 49 (1): 67-82.

[209] GALLAUGHER J M, YU-MING W. Understanding network effects in software markets: evidence from web server pricing [J]. MIS quarterly, 2002, 26 (4): 303-327.

[210] GAMBARDELLA A, RAASCH C, HIPPEL E. The user innovation paradigm: impacts on markets and welfare [J]. Management science, 2017, 63 (5): 1450-1468.

[211] GANDAL N, KENDE M, ROB R. The dynamics of technological adoption in hardware/software systems: the case of compact disc players [J]. The RAND journal of economics, 2000, 31 (1): 43-61.

[212] GANDAL N, MARKOVICH S, RIORDAN M H. Ain't it "suite"? Bundling in the PC office software market [J]. Strategic management journal, 2018, 39 (8): 2120-2151.

[213] GAO M, HYYTINEN A, TOIVANEN O. Problems in launching the mobile Internet: evidence from a pricing experiment [J]. Journal of economics and management strategy, 2014, 23 (3): 483-506.

[214] GARUD R, JAIN S, KUMARASWAMY A. Institutional entrepreneurship in the sponsorship of common technological standards: the case of Sun Microsystems and Java [J]. Academy of management journal, 2002, 45 (1): 196-214.

[215] GARUD R, KUMARASWAMY A. Changing competitive dynamics in network industries: an exploration of Sun Microsystems' open systems strategy [J]. Strategic management journal, 1993, 14 (5): 351-369.

[216] GATAUTIS R. The rise of the platforms: business model innovation perspectives [J]. Engineering economics, 2017, 28 (5): 585-591.

[217] GAUR A S, MUKHERJEE D, GAUR S S, et al. Environmental and firm level influences on inter-organizational trust and SME performance [J]. Journal of management studies, 2011, 48 (8): 1752-1781.

[218] GAWER A, CUSUMANO M A. Industry platforms and ecosystem innovation [J]. Journal of product innovation management, 2014, 31 (3) : 417-433.

[219] GAWER A, CUSUMANO M A. How companies become platform leaders [J]. MIT Sloan management review, 2008, 49 (2) : 28-35.

[220] GAWER A, HENDERSON R M. Platform owner entry and innovation in complementary markets: evidence from Intel [J]. Journal of economics and management strategy, 2007 (1) : 1-34.

[221] GAWER A. Platforms, markets and innovation [M]. Cheltenham: Edward Elgar Publishing, 2009.

[222] GAWER A. The organization of platform leadership: an empirical investigation of Intel's management processes aimed at fostering complementary innovation by third parties [D]. Cambridge: Massachusetts Institute of Technology, 2000.

[223] GAWER A. What drives shifts in platform boundaries? An organizational perspective [J]. Academy of management annual meeting proceedings, 2015, 2015 (1) : 13765.

[224] GAWER A, PHILLIPS N. Institutional work as logics shift: the case of Intel's transformation to platform leader [J]. Organization studies, 2013, 34 (8) : 1035-1071.

[225] GAWER A. Bridging differing perspectives on technological platforms: toward an integrative framework [J]. Research policy, 2014, 43 (7) : 1239-1249.

[226] GAWER A. Platform dynamics and strategies: from products to services [J]. Platforms markets and innovation, 2009, 12 (3) : 45-57.

[227] GEFEN D, KARAHANNA E, STRAUB D W. Trust and tam in online shopping: an integrated model [J]. MIS quarterly, 2003, 27 (1) : 51-90.

[228] GHAZAWNEH A, HENFRIDSSON O. Balancing platform control and external contribution in third-party development: the boundary resources model [J]. Information systems journal, 2013, 23 (2) : 173-192.

[229] Gillespie T. The relevance of algorithms [J]. Media technologies: essays on communication, materiality, and society, 2014, 167 (2014) : 167.

[230] HOETKER G, THOMAS M. Choice and performance of governance mechanisms: matching alliance governance to asset type [J]. Strategic management journal, 2009, 30 (10) .

[231] GLODE V, OPP C. Asymmetric information and intermediation chains [J]. American economic review, 2016, 106 (9) : 2699-2721.

[232] GNAYAWALI D R, MADHAVAN R. Cooperative networks and competitive dynamics: a structural embeddedness perspective [J]. Academy of management review, 2001, 26 (3) : 431-445.

[233] GODES D, OFEK E, SARVARY M. Content vs. Advertising: the impact of competition on media firm strategy [J]. Marketing science, 2009, 28 (1) : 20-35.

[234] GOODERHAM P, MINBAEVA D B, PEDERSEN T. Governance mechanisms for the promotion of social capital for knowledge transfer in multinational corporations [J]. Journal of management studies, 2010, 48 (1) : 123-15.

[235] GRANDORI A. Neither hierarchy nor identity: knowledge-governance mechanisms and the theory of the firm [J]. Journal of management and governance, 2001, 5: 3-4.

[236] GREWAL R, CHAKRAVARTY A, SAINI A. Governance mechanisms in business-to-business electronic markets [J]. Journal of marketing, 2010, 74 (8) : 45-62.

[237] GRIMMELMANN J. The Internet is a semicommons [J]. Fordham law review, 2010, 78 (6) : 2799-2842.

[238] GROSSMAN S J, HART O D. The costs and benefits of ownership: a theory of vertical and lateral integration [J]. Journal of political economy, 1986 (94) : 691-719.

[239] GUAN J C, YAM R C M, TANG E P Y, et al. Innovation strategy and performance during ecomomic transition: evidences in Beijing, China [J]. Research policy, 2009, 25 (11) : 802-812.

[240] GULATI R, NOHRIA N, ZAHEER A. Strategic networks [J]. Strategic management journal, 2000 (3) : 203-215.

[241] GUTHRIE G, WRIGHT J. Competing payment schemes [J]. The journal of industrial economics, 2007, 55 (1) : 37-67.

[242] HAARHAUS T, LIENING A. Building dynamic capabilities to cope with environmental uncertainty: the role of strategic foresight [J]. Technological forecasting and social change, 2020, 155: 12-33.

[243] HAGIU A, WRIGHT J. Multi-sided platforms [J]. International journal of industrial organization, 2015, 43: 162-174.

[244] HAGIU A. Merchant or two-sided platform? [J]. Review of network economics, 2007 (2) : 115-133.

[245] HAGIU A. Optimal pricing and commitment in two-sided markets [J]. The RAND journal of economics, 2004, 37 (4) : 658-670.

[246] HAGIU A. Pricing and commitment by two-sided platforms [J]. The RAND journal of economics, 2006, 37 (3) : 720-737.

[247] HAGIU A. Strategic decisions for multisided platforms [J]. MIT Sloan management review, 2014, 55 (2) : 71-80.

[248] HAGIU A. Two-sided platforms: product variety and pricing structures [J]. Journal of economics and management strategy, 2009, 18 (4) : 1011-1043.

[249] HALABURDA H, JULLIEN B, YEHEZKEL Y. Dynamic competition with network externalities: how history matters [J]. The RAND journal of economics, 2020, 51 (1) : 3-31.

[250] HAMMER M, CHAMPY J. Reengineering the cooperation: a manifest for business revolution [J]. International journal of production research, 1993, 36 (6) : 90-91.

[251] HAN B, HUANG X. Sequencing-based genome-wide association study in rice [J]. Current opinion in plant biology, 2013, 16 (2) : 133-138.

[252] HAN S, NORTHOFF G. Culture-sensitive neural substrates of human cognition: a transcultural neuroimaging approach [J]. Nature reviews neuroscience, 2008, 9 (8) : 646-654.

[253] HANNA R, ROHM A, CRITTENDEN V L. We're all connected: the power of the social media ecosystem [J]. Business horizons, 2011, 54 (3) : 265-273.

[254] HANNAH D P, EISENHARDT K M. How firms navigate cooperation and competition in nascent ecosystems [J]. Strategic management journal, 2018, 39 (12) : 3163-3192.

[255] HANNAN M T, FREEMAN J. The population ecology of organizations [J]. American journal of sociology, 1977, 82 (5) : 929-964.

[256] HARTMAN R, TEECE D, MITCHELL W, et al. Assessing market power in regimes of rapid technological change [J]. Industrial and corporate change, 1993, 2 (3) : 317-350.

[257] HAUGE, AYALA C, CONRADI R. Adoption of open source software in software-intensive organizations—A systematic literature review [J]. Information and software technology, 2010, 52 (11) : 1133-1154.

[258] HEIDE J B, GEORGE J. Do norms matter in marketing relationships? [J]. Journal of marketing,

[259] HELBERGER N, PIERSON J, POELL T. Governing online platforms: from contested to cooperative responsibility [J]. The information society, 2018, 34 (1) : 1-14.

[260] HELFAT C E, RAUBITSCHEK R S. Dynamic and integrative capabilities for profiting from innovation in digital platform-based ecosystems [J]. Research policy, 2018, 47 (8) : 1391-1399.

[261] HELMOND A, NIEBORG D B, VLIST F N. Facebook's evolution: development of a platform-as-infrastructure [J]. Internet histories, 2019, 3 (2) : 123-146.

[262] HELMOND A. The platformization of the web: making web data platform ready [J]. Social media + society, 2015, 1 (2) : 1-11.

[263] HENDERSON R M, CLARK K B. Architectural innovation: the reconfiguration of existing product technologies and the failure of established firms [J]. Administrative science quarterly, 1990, 35 (1) : 9-30.

[264] HOVENKAMP H. Antitrust and platform monopoly [J]. The Yale law journal. 2021, 130 (8) : 1952-2050.

[265] HIRSHLEIFER D, THAKOR A. Managerial performance, boards of directors and takeover bidding [J]. Journal of corporate finance, 1994, 1 (1) : 63-90.

[266] HOBDAY M. Product complexity, innovation and industrial organization [J]. Research policy, 1998, 26 (6) : 689-710.

[267] HOBERG G, PHILLIPS G. Text-based network industries and endogenous product differtiation [J]. Journal of political economy, 2016 (5) : 1423-1465.

[268] HOETKER G. Do modular products lead to modular organizations [J]. Strategic management journal, 2006, 27 (11) : 501-518.

[269] Hu N, Bose I, Koh N S, et al. Manipulation of online reviews: an analysis of ratings, readability, and sentiments [J]. Decision support systems, 2012, 52 (3) : 674-684.

[270] HUKAL P, HENFRIDSSON O, SHAIKH M, et al. Platform signaling for generating platform content [J]. MIS quarterly, 2020, 44 (3) : 1177-1205.

[271] IANSITE M, LEVIEN R. The keystone advantage: what the new dynamics of business ecosystems mean for strategy, innovation, and sustainability [M]. Boston: Harvard Business School Press, 2004.

[272] IANSITI M, LEVIEN R. Strategy as ecology [J]. Harvard business review, 2004, 126 (3) : 68-78.

[273] IANSITI M, LEVIEN R. The keystone advantage: what the new dynamics of business ecosystems mean for stategy, innovation, and sustainability [M]. Brighton: Harvard Business School Press, 2004.

[274] IMAI K I. Platforms and real options in industrial organization [J]. The Japanese economic review, 2000, 51 (3) : 308-333.

[275] INOUE Y. Indirect innovation management by platform ecosystem governance and positioning: toward collective ambidexterity in the ecosystems [J]. Technological forecasting and social change, 2021, 166: 1206-1252.

[276] TURNER J R, SIMISTER S J. Project contract management and a theory of organization [J]. International journal of project management, 2001, 19 (8) : 457-464.

[277] KUJALA J, NYSTÉN-HAARALA S, NUOTTILA J. Flexible contracting in project business [J]. International journal of managing projects in business, 2015, 8 (1) 92-106.

[278] NICKERSON J A, ZENGE T R. A knowledge-based theory of the firm: the problem-solving perspective [J]. Organization science, 2004, 15 (6) : 617-632.

[279] JACOBIDES M G, BILLINGER S. Designing the boundaries of the firm: from "make, buy, or ally" to the dynamic benefits of vertical architecture [J]. Organization science, 2006, 17 (2) : 249-261.

[280] JACOBIDES M G, KNUDSEN T, AUGIER M. Benefiting from innovation: value creation, value appropriation and the role of industry architectures [J]. Research policy, 2006, 35 (8) : 1200-1221.

[281] JACOBIDES M G, CENNAMO C, GAWER A. Towards a theory of ecosystems [J]. Strategic management journal, 2018, 39 (8) : 2255-2276.

[282] JACOBIDES M G, WINTER S G. The co-evolution of capabilities and transaction costs: explaining the institutional structure of production [J]. Strategic management journal, 2005, 26 (5) : 395-413.

[283] JEAN-CHRISTOPHE P, ASWIN P. Digital media infrastructures: pipes, platforms, and politics [J]. Media, culture and society, 2019, 41 (2) : 163-174.

[284] FRYNAS J G. Corporate social responsibility and societal governance: lessons from transparency in the oil and gas sector [J]. Journal of business ethics, 2010, 93 (2) : 163-179.

[285] CHURCH J, GANDAL N. Systems competition, vertical merger and foreclosure [J]. Journal of economics and management strategy, 2000 (9) : 25-51.

[286] JIA K, KENNEY M. The Chinese platform business group: an alternative to the Silicon Valley model? [J]. Journal of Chinese governance, 2021 (3) : 1-23.

[287] ELKINGTON J. Towards the sustainable corporation: win-win-win business strategies for sustainable development [J]. California management review, 1994, 36 (2) : 90-100.

[288] OYEKAN J, PRABHU V, TIWARI A, et al. Remote real-time collaboration through synchronous exchange of digitised human-workpiece interactions [J]. Future generation computer systems, 2017.

[289] JOHNSON M W, CHRISTENSEN C C, KAGERMANN H. Reinventing your business model [J]. Harvard business review, 2008, 86 (11) : 50-59.

[290] JOSÉ V D, NIEBORG D, POELL T. Reframing platform power [J]. Internet policy review: journal on Internet regulation, 2019, 8 (2) : 1-18.

[291] CANNON J P, ACHROL R S, GUNDLACH G T. Contracts, norms, and plural form governance [J]. Journal of the academy of marketing science, 2000, 28 (2) : 180-194.

[292] JOVANOVOC M, SJÖDIN D, PARIDA V. Co-evolution of platform architecture, platform services, and platform governance: expanding the platform value of industrial digital platforms [J]. Technovation, 2021, 118: 1-14.

[293] BALOGUN J, JOHNSON G. Organizational restructuring and middle manager sensemaking [J]. The academy of management journal, 2004, 47 (4) : 523-549.

[294] HSUAN J, OVANOVIC M, CLEMENTE D H. Exploring digital servitization trajectories within product-service-software space [J]. International journal of operations and production management, 2021, 41 (5) : 598-621.

[295] JULLIEN B, SAND-ZANTMAN W. The economics of platforms: a theory guide for competition policy [J]. Information economics and policy, 2021 (54) : 1-19.

[296] LI J. Electronic commerce: strategies and models for business-to-business trading [J]. Journal of small business and enterprise development, 2003, 10 (3) : 358-360.

[297] FOSS K, NICOLAI J. The limits to designed orders: authority under "distributed knowledge" conditions [J]. The review of Austrian economics, 2006, 19 (4) : 261-274.

[298] KAISER U, WRIGHT J. Price structure in two-sided markets: evidence from the magazine industry [J]. International journal of industrial organization, 2006 (1) : 1-28.

[299] KANDORI M, ROB R. Bandwagon effect and long run technology choice [J]. Games and economic behavior, 1998 (22) : 30-60.

[300] KANE G C, ALAVI M, LABIANCA G, et al. What's different about social media networks? A framework and research agenda [J]. MIS quarterly, 2014, 38 (1) : 275-304.

[301] KAPOOR R, AGARWAL S. Sustaining superior performance in business ecosystems: evidence from application software developers in the iOS and Android smartphone ecosystems [J]. Organization science, 2017, 28 (3) : 531-551.

[302] KARHU K, GUSTAFSSON R, LYYTINEN K. Exploiting and defending open digital platforms with boundary resources: Android's five platform forks [J]. Information systems research, 2018, 29 (2) : 479-497.

[303] KATERINA, GOLDFAIN E K. On compatibility in two-sided markets [R]. Bonn: University of Bonn, 2007.

[304] KATZ M L, SHAPIRO C. Network externalities, competition, and compatibility [J]. The American economic review, 1985, 75 (3) : 424-440.

[305] KATZ M L, SHAPIRO C. Product introduction with network externalities [J]. The journal of industrial economics, 1992: 55-83.

[306] KATZ M L, ShAPIRO C. Product introduction with network externalities [J]. The journal of industrial economics, 1992, 40 (1) : 55-83.

[307] KATZ M L, SHARPIO C. Network externalities, competition and compatibility [J]. American economic review, 1985, 75 (3) : 424-440.

[308] KATZ M L. Platform economics and antitrust enforcement: a little knowledge is a dangerous thing [J]. Journal of economics and management strategy, 2019, 28 (1) : 138-152.

[309] KAZAN E, TAN C W, LIM E T, et al. Digital platform competition: the case of UK mobile payment platforms [J]. Journal of management information systems, 2018, 35 (1) : 180-219.

[310] KEIDEL J, BICAN P M, RIAR F. Influential factors of network changes: dynamic network ties and sustainable startup embeddedness [J]. Sustainability, 2021, 13 (11) : 1-20.

[311] DAVIS K. Can business afford to ignore social responsibilities? [J]. California management review, 1960, 2 (3) : 70-76.

[312] KELLY K. What technology wants? [M]. New York: Penguin Books, 2010.

[313] KENNEY M, ZYSMAN J. The rise of the platform economy [J]. Issues in science and technology, 2016, 32 (3) : 61-69.

[314] KHAN L. Amazon's antitrust paradox [J]. The Yale law journal, 2017, 126 (3) : 710-805.

[315] KHANAGHA S, ANSARI S, PAROUTIS S, et al. Mutualism and the dynamics of new platform creation: a study of Cisco and fog computing [J]. Strategic management journal, 2022, 43 (3) : 476-506.

[316] KHAZAM J, MOWERY D. The commercialization of RISC: strategies for the creation of dominant designs [J]. Research policy, 1994, 23 (1) : 89-102.

[317] KHURSHID F, PARK W, CHAN F. The impact of competition on vertical integration: the role of technological niche width [J]. Business strategy and the environment, 2020, 29 (3) : 789-800.

[318] KIM D. Equilibrium analysis of a two-sided market with multiple platforms of monopoly provider [J]. International telecommunications policy review, 2012, 19 (3) : 1-22.

[319] KIM H, LEE J N, HAN J. The role of IT in business ecosystems [J]. Communications of the ACM,

2010, 53 (3) : 151-156.

[320] KIM J, YOO J. Platform growth model: the four stages of growth model [J]. Sustainability, 2019, 11 (20) : 1-16.

[321] KIM W C, MAUBORGNE R. Blue ocean strategy, expanded edition: how to create uncontested market space and make the competition irrelevant [M]. Brighton: Harvard Business Review Press, 2014.

[322] KING G, PAN J, ROBERTS M E. Reverse engineering censorship in China: randomized experimentation and participant observation [J]. Science, 2014, 345 (6199) : 1-10.

[323] KLETTE T J. Market power, scale economies and productivity: estimates from a panel of establishment data [J]. The journal of industrial economics, 1999, 47 (4) : 451-476.

[324] KOELLINGER P. Why are some entrepreneurs more innovative than others? [J]. Small business economics, 2008, 31 (1) : 21-37.

[325] KOGUT B, ZANDER U. Knowledge of the firm, combinative capabilities, and the replication of technology [J]. Organization science, 1992, 3 (3) : 383-397.

[326] KOH J, KIN Y G. Knowledge sharing in virtual communities: an e-business perspective [J]. Expert system with applications, 2004, 26 (2) : 155-166.

[327] MANIKAS K, HANSEN K M. Software ecosystems: a systematic literature review [J]. The journal of systems and software, 2013, 86 (5) .

[328] KONTINEN T, OJALA A. Network ties in the international opportunity recognition of family SMEs [J]. International business review, 2011, 20 (4) : 440-453.

[329] KRETSCHMER T, LEIPONEN A, SCHILLING M, et al. Platform ecosystems as meta-organizations: implications for platform strategies [J]. Strategic management journal, 2022, 43 (3) : 405-424.

[330] KRISHNAN V, GUPTA S. Appropriateness and impact of platform-based product development [J]. Management science, 2001, 47 (1) : 52-68.

[331] Kristiansen E G. R&D in the presence of network externalities: timing and compatibility [J]. The RAND journal of economics, 1996, 29 (3) : 531-547.

[332] KSHETRI N. Big data's role in expanding access to financial services in China [J]. International journal of information management, 2016, 36 (3) : 297-308.

[333] KULATILAKA N, LIN L. Impact of licensing on investment and financing of technology development [J]. Management science, 2006, 52 (12) : 1824-1837.

[334] KWAK K, KIM W, PARK K. Complementary multiplatforms in the growing innovation ecosystem: evidence from 3D printing technology [J]. Technological forecasting and social change, 2018, 136 (11) : 192-207.

[335] LAMPÓN J F, CABANELAS P, GONZÁLEZBENITO J. The impact of modular platforms on automobile manufacturing networks [J]. Production planning and control, 2017, 28 (4) : 335-348.

[336] LANGLOIS R N, ROBERTSON P L. Networks and innovation in a modular system: lessons from the microcomputer and stereo component industries [J]. Research policy, 1992, 21 (4) : 297-313.

[337] LARSSON R. The handshake between invisible and visible hands [J]. International studies of management and organization, 1993, 23 (1) : 87-106.

[338] LAURA P, ZENGER T. Do formal contracts and relational governance function as substitutes or complements? [J]. Strategic management journal, 2002, 23 (8) : 707-725.

[339] LAURSEN K, SALTER A. Open for innovation: the role of openness in explaining innovation

performance among UK manufacturing firms［J］. Strategic management journal, 2006, 27 (2) : 131-150.

［340］ LEE D, MENDELSON H. Divide and conquer: competing with free technology under network effects ［J］. Production and operations management, 2008, 17 (1) : 12-28.

［341］ LEE R S. Vertical integration and exclusivity in platform and two-sided markets［J］. American economic review, 2013, 103 (7) : 2960-3000.

［342］ LEE R S. Vertical integration and exclusivity in platform and two-sided markets［M］. New York: NET Institute, 2007.

［343］ LEIBENSTEIN H. Bandwagon, snob, and veblen effects in the theory of consumers' demanad［J］. Quarterly journal of economics, 1950, 64 (2) : 183-207.

［344］ LENOX M J. The role of private decentralized institutions in sustaining industry self-regulation［J］. Organization science, 2006, 17 (6) : 677-690.

［345］ SALAMON L M, DEWEES S. In search of the nonprofit sector［J］. American behavioral scientist, 2002, 45 (11) : 1716-1740.

［346］ LEVINTHAL D A, WORKIEWICZ M. When two bosses are better than one: nearly decomposable systems and organizational adaptation［J］. Organization science, 2018, 29 (2) , 207-224.

［347］ LI Z, AGARWAL A. Platform integration and demand spillovers in complementary markets: evidence from Facebook's integration of Instagram［J］. Management science, 2017, 63 (10) : 3438-3458.

［348］ LI Z W, PENARD T. The role of quantitative and qualitative network effects in B2B platform competition［J］. Managerial and decision economics, 2014, 35 (1) : 1-19.

［349］ LIANG C, SHI Z M, RAGHU T S. The spillover of spotlight: platform recommendation in the mobile app market［J］. Information systems research, 2019, 30 (4) : 1296-1318.

［350］ EINAV L, FARRONATO C, LEVIN J. Peer-to-Peer markets［J］. Annual review of economics, 2016, 8 (1) : 615-635.

［351］ XU L Z, CHEN J Q, WHINSTON A. Price competition and endogenous valuation in search advertising ［J］. Journal of marketing research, 2011, 48 (3) : 566-586.

［352］ LLEWELLYN D, THOMAS W. Architectural leverage: putting platforms in context［J］. The academy of management perspectives, 2014: 198-219.

［353］ LU L. How a little ant challenges giant banks? The rise of Ant Financial (Alipay) 's fintech empire and relevant regulatory concerns［J］. International company and commercial law review, 2018, 28 (1) : 12-30.

［354］ GOGAN L M, ARTENE A, SARCA I, et al. The impact of intellectual capital on organizational performance［J］. Procedia: social and behavioral sciences, 2016, 221 (7) : 194-202.

［355］ MACDUFFIE J P. Modularity as property, modularization as process and "modularity" as frame: lessons from product architecture initiatives in the global automotive industry［J］. Global strategy journal, 2013, 3 (1) : 8-40.

［356］ Maclean D, MACLNTOSH R, SEIDL D. Rethinking dynamic capabilities from a creative action perspective［J］. Strategic organization, 2015, 13 (4) : 340-352.

［357］ MAHADEVAN B. Business models for Internet-based e-commerce［J］. California management review, 2000, 42: 55-69.

［358］ MAJUMDAR S K, VENKATARAMAN S. Network effects and the adoption of new technology: evidence from the US telecommunications industry［J］. Strategic management journal, 1998, 19

(11) : 1045-1062.

[359] MÄKINEN S J, SEPPÄNEN M, ORTT J R. Introduction to the special issue: platforms, contingencies and new product development [J]. Journal of product innovation management, 2013, 31 (3) : 412-416.

[360] RAVI M, RAJIB S L. Market share contracts in B2B procurement settings with heterogeneous user preferences [J]. Production and operations management, 2021, 31 (3) : 1290-1308.

[361] OSTERLOH M, FREY B S. Motivation, knowledge transfer, and organizational forms [J]. Organization science, 2000, 11 (5) : 538-550.

[362] MARUYAMA M, FLATH D, MINAMIKAWA K, et al. Platform selection by software developers: theory and evidence [J]. Journal of the Japanese and international economies, 2015, 38: 282-303.

[363] O'SULLIVAN M. The innovative enterprise and corporate governance [J]. Cambridge journal of economics, 2000, 24 (4) .

[364] MATUTES C, REGIBEAU P. Mix and match: product compatibility without network externalities [J]. The RAND journal of economics, 1988 (19) : 221-234.

[365] MATUTES C, REGIBEAU P. A selective review of the economics of standardization: entry deterrence, technological progress and international competition [J]. European journal of political economy, 1996, 12 (2) : 183-209.

[366] SCHREIECK M, SAFETLI H, SIDDIQUI S A, et al. A matching algorithm for dynamic ridesharing [J]. Transportation research procedia, 2016, 19: 272-285.

[367] MAY R, MCLEAN A. Theoretical ecology: principles and applications [M]. New York: Oxford University Press, 2007.

[368] MAYER-SCHONBERGER V, INGELSSON E. Big data and medicine: a big deal? [J]. Journal of internal medicine, 2018, 283 (5) : 418-429.

[369] MAZZUCATO M, RYANC J, GOUZOULIS G. Theorising and mapping modern economic rents [R]. London: University College London Institute for Innovation and Public Purpose, 2020.

[370] MCGRATHM E. Product strategy for high-technology companies [M]. Homewood, IL: Irwin, 1995.

[371] MCINTYRE D P, SRINIVASAN A. Networks, platforms, and strategy: emerging views and next steps [J]. Strategic management journal, 2017, 38 (1) : 141-160.

[372] MCINTYRE D P, SUBRAMANIAM M. Strategy in network industries: a review and research agenda [J]. Journal of management, 2009, 35 (6) : 1494-1517.

[373] MCKNIGHT D H, CHOUDHURY V, KACMAR C. Developing and validating trust measures for e-commerce: an integrative typology [J]. Informs, 2002 (3) : 344-359.

[374] MEAFEE R P, et al. Multiproduct monopoly, commodity bundling, and correlation of values [J]. Quarterly journal of economics, 1989, 1 (2) : 371-383.

[375] MEIJERS H. Does the Internet generate economic growth, international trade, or both? [J]. International economics and economic policy. 2012, 11 (1) : 137-163.

[376] MEKINEN S J, KANNIAINEN J, PELTOLA I. Investigating adoption of free beta applications in a platform-based business ecosystem [J]. Journal of product innovation management, 2014, 31 (3) : 451-465.

[377] MENOR L J, ROTH A V. New service development competence in retail banking: construct development and measurement validation [J]. Journal of operations management, 2007, 25 (4) : 825-846.

［378］ MENOR L J, ROTH A V. New service development competence and performance: an empirical investigation in retail banking［J］. Production and operations management, 2008, 17 (3) : 267-284.

［379］ MENOR L J, TATIKONDA M V, SAMPSON S E. New service development: areas for exploitation and exploration［J］. Journal of operations management, 2002, 20 (2) : 135-157.

［380］ MEYER M H, DE TORE A. Perspective: creating a platform-based approach for developing new services［J］. Journal of product innovation management, 2001, 18 (3) : 188-204.

［381］ MEYER M H, LEHNERD A P. The power of product platforms［M］. New York: The Free Press, 1997.

［382］ MEYER M H, UTTERBACK J M. The product family and the dynamics of core capability［J］. MIT Sloan management review, 1993, 34 (3) : 29-47.

［383］ BARNETT M L. Stakeholder influence capacity and the variability of financial returns to corporate social responsibility［J］. Academy of management review, 2007, 32 (3) : 794-816.

［384］ MILLER C D, TOH P K. Complementary components and returns from coordination within ecosystems via standard setting［J］. Strategic management journal, 2022, 43 (3) : 627-662.

［385］ MILLER R, LESSARD D. The strategic management of large engineering projects: shaping institutions, risks, and governance［M］. Cambridge: The MIT Press: 2001.

［386］ MILNE G R, MASON C H. An ecological niche theory approach to the measurement of brand competition［J］. Marketing letters, 1990, 1 (3) : 267-281.

［387］ MINDRUTA D, MOEEN M, AGARWAL R. A two-sided matching approach for partner selection and assessing complementarities in partners' attributes in inter-firm alliances［J］. Strategic management journal, 2016, 37 (1) : 206-231.

［388］ MITAL M, SARKAR S. Multihoming behavior of users in social networking web sites: a theoretical model［J］. Information technology and people, 2011, 24 (4) : 378-392.

［389］ MOAZED A, JOHNSON N L. Modern monopolies: what it takes to dominate the 21st century economy［M］. New York: St. Martin's Press, 2016.

［390］ MOORE J. The death of competition［J］. Fortune, 1996, 133 (7) : 90-92.

［391］ MOORE J F. Business ecosystems and the view from the firm［J］. Antitrust bulletin, 2006, 51 (1) : 31-75.

［392］ MOORE J F. Predators and prey: a new ecology of competition［J］. Harvard business review, 1993, 71 (3) : 75-86.

［393］ MOORE J F. The death of competition: leadership and strategy in the age of business ecosystems［M］. New York: Harper Collins Publishers, 1996.

［394］ MUFFATTO M, ROVEDA M. Developing product platforms: analysis of the development process［J］. Technovation, 2000, 20 (11) : 617-630.

［395］ MURRY J P, HEIDE J B. Managing promotion program participation within manufacturer-retailer relationships［J］. Journal of marketing, 1998, 62 (1) : 58-69.

［396］ MUSACCHIO J, KIM D. Network platform competition in a two-sided market: implications to the net neutrality issue［C］. Arlington, VA: Proceedings of TPRC Conference, 2009.

［397］ NADEEM W, JUNTUNEN M, HAJLI N. The role of ethical perceptions in consumers' participation and value co-creation on sharing economy platforms［J］. Journal of business ethics, 2021, 169 (5) : 1-21.

［398］ HAYASHI N, OSTROM E, WALKER J, et al. Reciprocity, trust, and the sense of control［J］.

Rationality and society, 1999, 11 (1) : 27-46.

[399] NAMBISAN S, BARON R A. On the costs of digital entrepreneurship: role conflict, stress, and venture performance in digital platform-based ecosystems [J]. Journal of business research, 2021, 125: 520-532.

[400] NARDI B A, O'DAY V L. Information ecologies: using technology with heart [M]. Cambridge: The MIT Press, 1999.

[401] NELSON R R, WINTER S G. The Schumpeterian tradeoff revisited [J]. American economic review, 1982, 72 (1) : 114-132.

[402] ARGYRES N, MAYER K J. Contract design as a firm capability: an integration of learning and transaction cost perspectives [J]. The academy of management review, 2007, 32 (4) : 1060-1077.

[403] CLIFTON N, KEAST R, PICKERNELL D, et al. Network structure, knowledge governance, and firm performance: evidence from innovation networks and SMEs in the UK [J]. Growth and change, 2010, 41 (3) : 337-373.

[404] FOSS N J, MAHONEY J T. Exploring knowledge governance [J]. International journal of strategic change management, 2010, 2 (2-3) : 93-101.

[405] FOSS N J, HUSTED K, MICHAILOVA S. Governing knowledge sharing in organizations: levels of analysis, governance mechanisms, and research directions [J]. Journal of management studies, 2010, 47 (3) : 455-482.

[406] FOSS N J. Knowledge and organization in the theory of the multinational corporation: some foundational issues [J]. Journal of management and governance, 2006, 10: 3-20.

[407] NIKOU S, BOUWMAN H, REUVER M. The potential of converged mobile telecommunication services: a conjoint analysis [J]. Info: the journal of policy, regulation and strategy for telecommunications, information and media, 2012, 14 (5) : 21-35.

[408] THOMAS N G, GEORGE J, JOHN N R. Performance outcomes of purchasing arrangements in industrial buyer-vendor relationships [J]. Journal of marketing, 1990, 54 (4) : 80-93.

[409] NOOTEBOOM B. Institutions and forms of co-ordination in innovation systems [J]. Organization studies, 2000, 21 (5) .

[410] OCHS J, PARK I. Overcoming the coordination problem: dynamic formation of networks [J]. Journal of economic theory, 2010, 145 (2) : 689-720.

[411] SHENKAR O, ZEIRA Y. Role Conflict and role ambiguity of chief executive officers in international joint ventures [J]. Journal of international business studies, 1992, 23 (1) : 53-75.

[412] O'HALLORAN D, KVOCHKO E. Industrial Internet of things: unleashing the potential of connected products and services [R]. Switzerland: Davos-Klosters, 2015.

[413] WILLIAMSON O E. Transaction cost economics: how it works; where it is headed [J]. De economist, 1998, 146 (1) : 23-58.

[414] O'MAHONY S, KARP R. From proprietary to collective governance: how do platform participation strategies evolve? [J]. Strategic management journal, 2022, 43 (3) : 530-562.

[415] ORTON J D, WEICK K E. Loosely coupled systems: a reconceptualization [J]. Academy of management review, 1990, 15 (2) : 203-223.

[416] OWEN-SMITH J, POWELL W W. Knowledge networks as channels and conduits: the effects of spillovers in the Boston biotechnology community [J]. Organization science, 2004, 15 (1) : 5-21.

[417] OZALP H, CENNAMO C, GAWER A. Disruption in platform-based ecosystems [J]. Journal of

management studies, 2018, 55 (7) : 1203-1241.

［418］ OZCAN P, HANNAH D P. Forced ecosystems and digital stepchildren: reconfiguring advertising suppliers to realize disruptive social media technology［J］. Strategy science, 2020, 5 (3) : 193-217.

［419］ PANDEY S, KUMAR D. Customer-to-customer value co-creation in different service settings［J］. Qualitative market research: an international journal, 2020, 23 (1) : 123-143.

［420］ PANICO C, CENNAMO C. User preferences and strategic interactions in platform ecosystems［J］. Strategic management journal, 2022, 43 (3) : 507-529.

［421］ PARASURAMAN A, COLBY C L. Techno-ready marketing: how and why your customers adopt technology［M］. New York: Free Press, 2001.

［422］ PARASURAMAN A. Technology readiness index (Tri) a multiple-item scale to measure readiness to embrace new technologies［J］. Journal of service research, 2000, 2 (4) : 307-320.

［423］ PARIDA V, BURSTRÖM T, VISNJIC I, et al. Orchestrating industrial ecosystem in circular economy: a two-stage transformation model for large manufacturing companies［J］. Journal of business research, 2019, 101: 715-725.

［424］ PARKER B A, CAPIZZI J A, GRIMALDI A S, et al. Effect of statins on skeletal muscle function［J］. Circulation, 2013, 127 (1) : 96-103.

［425］ PARKER G, ALSTYNE M W. Innovation, openness and platform control［R］. Mimeo Tulane University and MIT, 2014.

［426］ PARKER GG, ALSTYNE M W, CHOUDARY S. Platform revolution［M］. New York: W. W. Nortonand Company, 2016.

［427］ PARKER G G, ALSTYNE M W. Two-sided network effects: a theory of information product design［J］. Management science, 2005, 51 (10) : 1494-1504.

［428］ PARKER G G, ALSTYNE M W, JIANG X. Platform ecosystems: how developers invert the firm［J］. Management information systems quarterly, 2017, 41 (1) : 255-266.

［429］ PARKER G G, ALSTYNE M W. Innovation, openness, and platform control［J］. Management science, 2017, 64 (7) : 3015-3032.

［430］ KLEMPERER P. Markets with consumer switching costs［J］. The quarterly journal of economics, 1987, 102 (2) : 375-394.

［431］ LI P, TAN D, WANG G Y, et al. Retailer's vertical integration strategies under different business modes［J］. European journal of operational research, 2021, 294 (3) : 965-975.

［432］ PEKKARINENS, ULKUNIEMI P. Modularity in developing business services by platform approach［J］. The international journal of logistics management, 2008, 19 (1) : 84-103.

［433］ PELTONIEMI M, VUORI E. Business ecosystem as the new approach to complex adaptive business enviroment［J］. Proceedings of e-business research forum, 2004, 27 (9) : 267-281.

［434］ PENROSE E T. The theory of the growth of the firm［M］. Oxford: Oxford University Press, 1995.

［435］ PERRONS R K. The open kimono: how intel balances trust and power to maintain platform leadership［J］. Research policy, 2009, 38 (8) : 1300-1312.

［436］ PETIT N. Big tech and the digital economy: the moligopoly scenario［M］. New York: Oxford University Press, 2020.

［437］ PFEFFER J, NOWAK P. Joint ventures and inter-organizational interdependence［J］. Administrative science quarterly, 1976, 21 (3) : 398-418.

［438］ PFEFFER J, SALANCIK G R. The external control of organizations: a resource dependence perspective [M]. New York: Social Science Electronic Publishing, 1978.

[439] PFLÜGLER C, SCHREIECK M, HERNANDEZ G, et al. A concept for the architecture of an open platform for modular mobility services in the smart city [J]. Transportation research procedia, 2016, 19: 199-206.

[440] PISANO P, PIRONTI M, RIEPLE A. Identify innovative business models: can innovative business models enable players to react to ongoing or unpredictable trends [J]. Journal of entrepreneurship research, 2015, 5 (3): 181-199.

[441] PON B, SEPPÄLÄ T, KENNEY M. Android and the demise of operating system-based power: firm strategy and platform control in the post-PC world [J]. Telecommunications policy, 2014, 38 (11): 979-991.

[442] PORTER C M, WOO S E. Untangling the networking phenomenon: a dynamic psychological perspective on how and why people network [J]. Journal of management, 2015, 41 (5): 1-24.

[443] PORTER M E, HEPPELMANN J E. How smart, connected products are transforming competition [J]. Harvard business review, 2014, 92 (11): 11-64.

[444] PORTER M E, KRAMER M R. Strategy and society: The link between competitive advantage and corporate social responsibility [J]. Harvard business review, 2006, 12: 78-92.

[445] PORTER M E, MILLAR V E. How information gives you competitive advantage [J]. Harvard business review, 1985, 36 (4): 149-174.

[446] PORTER M E. Competitive advantage [M]. New York: Free Press, 1985.

[447] PRAHALAD C K, HAMEL G. The core competence of the corporation [J]. Harvard business review, 1990, 68 (3): 79-91.

[448] PRAHALAD C K, RAMASWAMY V. Co-creation experiences: the next practice in value creation [J]. Journal of interactive marketing, 2004, 18 (3): 5-14.

[449] PRUFER J, SCHOTTMULLER C. Competing with big data [J]. The journal of industrial economics, 2021, 69 (4): 967-1008.

[450] QUERBES A, FRENKEN K. Grounding the "mirroring hypothesis" towards a general theory of organization design in new product development [J]. Journal of engineering and technology management, 2018, 47: 81-95.

[451] COASE R H. The problem of social cost [J]. Journal of law and economics, 2013, 3: 1-44.

[452] RAMMAL H, ROSE E. New perspectives on the internationalization of service firms [J]. International marketing review, 2014.

[453] MANTENA R, SANKARANARAYANAN R, VISWANATHAN S. Platform-based information goods: the economics of exclusivity [J]. Decision support systems, 2010, 50 (1): 79-92.

[454] RAYPORT J F, SVIOKLA J J. Exploiting the virtual value chain [J]. Harvard business review, 1995, 73 (6): 75-85.

[455] REGIBEAU P, ROCKETT K E. The timing of product introduction and the credibility of compatibility decisions [J]. International journal of industrial organization, 1996, 14 (6): 801-823.

[456] REISINGER M, RESSNER L, SCHMIDTKE R. Two-sided markets with pecuniary and participation externalities [J]. Journal of industrial economics, 2009, 57 (1): 32-57.

[457] REY P, SALANT D. Abuse of dominance and licensing of intellectual property [R]. Toulouse: IDEI working paper, 2007.

[458] RIETVELD J, EGGERS J P. Demand heterogeneity in platform markets: implications for

complementors［J］. Organization science, 2018, 29 (2) : 304-322.

［459］ RIETVELD J, SCHILLING M A, BELLAVITIS C. Platform strategy: managing ecosystem value through selective promotion of complements［J］. Organization science, 2019 (6) : 1232-1251.

［460］ RIETVELD J, SCHILLING M A. Platform competition: a systematic and interdisciplinary review of the literature［J］. Journal of management, 2021, 47 (6) : 1528-1563.

［461］ RINDFLEISCH A, HEIDE J B. Transaction cost analysis: past, present, and future applications［J］. Journal of marketing, 1997, 61 (4) : 30-54.

［462］ RITALA P, GOLNAM A, WEGMANN A. Coopetition-based business models: the case of Amazon.com［J］. Industrial marketing management, 2014, 43 (2) : 236-249.

［463］ RITTER T, WILKINSON I F, JOHNSTON W J. Managing in complex business networks［J］. Industrial marketing management, 2004, 33 (3) : 175-183.

［464］ ROBERTSON D, ULRICH K. Planning for product platforms［J］. MIT Sloan management review, 1998, 39 (4) : 19-31.

［465］ ALLEN R, MASTERS D. Artificial Intelligence: the right to protection from discrimination caused by algorithms, machine learning and automated decision-making［J］. ERA Forum: journal of the academy of European law, 2020, 20 (4) : 585-598.

［466］ TEIGLAND R, FEY C F, BIRKINSHAW J. Knowledge dissemination in global R&D operations: an empirical study of multinationals in the high technology electronics industry［J］. Management international review, 2000, 40 (1) : 49-77.

［467］ KEAST R, MANDELL M. The collaborative push: moving beyond rhetoric and gaining evidence［J］. Journal of management and governance, 2014, 18 (1) : 9-28.

［468］ ROCHET J C, TIROLE J. Defining two sided markets［R］. Toulouse: University of Toulouse (IDEI), 2004.

［469］ ROCHET J C, TIROLE J. Tying in two-sided markets and the honor all cards rule［J］. International journal of industrial organization, 2008, 26 (6) : 1333-1347.

［470］ ROCHET J C, TIROLE J. Cooperation among competitors: the economics of payment card associations［J］. The RAND journal of economics, 2002, 33 (4) : 549-570.

［471］ ROCHET J C, TIROLE J. Platform competition in two-side markets［J］. Journal of European economic association, 2003 (4) : 990-1029.

［472］ ROCHET J C, TIROLE J. Two-sided markets: a progress report［J］. The RAND journal of economics, 2006, 37 (3) : 645-667.

［473］ ROCHET J C. Macroeconomic shocks and banking supervision［J］. Journal of financial stability, 2004, 1 (1) : 93-110.

［474］ ROHLFS J, VARIAN H. Bandwagon effects in high technology industries［J］. Academy of management review, 2002, 27 (3) : 457-460.

［475］ ROHLFS J. A theory of interdependent demand for a communication service［J］. The Bell journal of economics and management science, 1974, 5 (1) : 16-37.

［476］ ROMA P, VASI M. Diversification and performance in the mobile app market: the role of the platform ecosystem［J］. Technological forecasting and social change, 2019, 147: 123-139.

［477］ RONG G, LIU G, HOU D, et al. Effect of particle shape on mechanical behaviors of rocks: a numerical study using clumped particle model［J］. The scientific world journal, 2013.

［478］ RONG K, LIN Y, SHI Y, et al. Linking business ecosystem lifecycle with platform strategy: a triple view of technology, application and organization [J]. International journal of technology management, 2013, 62 (1), 75-94.

[479] RUFFLE B J, WEISS A, ETZIONY A. The role of critical mass in establishing a successful network market: an experimental investigation [J]. Journal of behavioral and experimental economics, 2015, 58: 101-110.

[480] RUMELT R P, SCHENDEL D, TEECE D J. Strategic management and economics [J]. Strategic management journal, 1991, 12 (S2): 5-29.

[481] WAGEMAN R, GEORGE B. Incentives and cooperation: the joint effects of task and reward interdependence on group performance [J]. Journal of organizational behavior, 1997, 18 (2).

[482] RUUTU S, CASEY T, KOTOVIRTA V. Development and competition of digital service platforms: a system dynamics approach [J]. Technological forecasting and social change, 2017, 117: 119-130.

[483] RYSMAN M. An empirical analysis of payment card usage [R]. Boston: Boston University, 2004.

[484] RYSMAN M. The economics of two-sided markets [J]. The journal of economic perspectives, 2009 (3): 125-143.

[485] SAADATMAND F, LINDGREN R, SCHULTZE U. Configurations of platform organizations: implications for complementor engagement [J]. Research policy, 2019, 48 (8): 1-17.

[486] SADOWSKI J. The Internet of landlords: digital platforms and new mechanisms of rentier capitalism [J]. Antipode, 2020, 52 (2): 562-580.

[487] SANCHEZ R, MAHONEY J T. Modularity, flexibility and knowledge management in product and organization design [J]. Strategic management journal, 1996, 17 (S2): 63-76.

[488] SANDERSON S, UZUMERI M. Managing product families: the case of the Sony Walkman [J]. Research policy, 1995, 24 (5): 761-782.

[489] SANTOS F M, EISENHARDT K M. Organizational boundaries and theories of organization [J]. Organization science, 2005, 16 (5): 491-508.

[490] SAURA J R, RIBEIRO-SORIANO D, PALACIOS-MARQUÉS D. Setting B2B digital marketing in artificial intelligence-based CRMs: a review and directions for future research [J]. Industrial marketing management, 2021, 98: 161-178.

[491] SAWHNEY M S. Leveraged high-variety strategies: from portfolio thinking to platform thinking [J]. Journal of the academy of marketing science, 1998, 26 (1): 54-61.

[492] SCHENK E, GUITTARD C, PÉNIN J. Open or proprietary? Choosing the right crowsourcing platform for innovation [J]. Technological forecasting and social change, 2019, 144 (7): 303-310.

[493] SCHILLING M A. Protecting or diffusing a technology platform: tradeoffs in appropriability, network externalities, architectural control [J]. Platforms, markets and innovation, 2009: 192.

[494] SCHILLING M A. Toward a general modular systems theory and its application to interfirm product modularity [J]. Academy of management review, 2000, 25 (2): 312-334.

[495] SCHILLING M A. Understanding the alliance data [J]. Strategic management journal, 2009, 30 (3): 233-260.

[496] SCHILLING M A. Technological leapfrogging: lessons from the U. S. video game console industry [J]. California management review, 2003, 45 (3): 6-32.

[497] SCHMALENSEE R, EVANS D S. Industrial organization of markets with two-sided platforms [J]. Competition policy international, 2008, 3 (1): 151-179.

[498] SCHMEISS J, HOELZLE K, TECH R P G. Designing governance mechanisms in platform

ecosystems: addressing the paradox of openness through blockchain technology [J]. California management review, 2019, 62 (1): 121-143.

[499] SCHMITTER C. Seven (disputable) theses concerning the future of "tranatlanticised" or "globalised" political science [J]. European political science, 2002, 1 (2): 23-40.

[500] SCHOLTEN S, SCHOLTEN U. Platform-based innovation management: directing external innovational efforts in platform ecosystems [J]. Journal of the knowledge economy, 2012, 3: 164-184.

[501] SENYARD J, BAKER T, STEFFENS P, et al. Bricolage as a path to innovativeness for resource constrained new firms [J]. Journal of product innovation management, 2014, 31 (2): 211-230.

[502] SHAPIRO C, VARIAN H. The art of standard wars [J]. California management review, 1999, 41 (2): 8-16.

[503] HUNT S, MORGAN R M. Organizational commitment: one of many commitments or key mediating construct? [J]. The academy of management journal, 1994, 37 (6): 1568-1587.

[504] SHEREMATA W A. Competing through innovation in network markets: strategies for challengers [J]. Academy of management review, 2004, 29 (3): 359-377.

[505] SHIPILOV A, GAWER A. Integrating research on inter-organizational networks and ecosystems [J]. Academy of management annals, 2020, 14 (1): 92-121.

[506] SHRIVER S K, NAIR H S, HOSFSTETTER R. Social ties and user-generated content: evidence from an online social network [J]. Management science, 2013, 59 (6): 1425-1443.

[507] SHY O. The economics of network industries [M]. London: Cambridge University Press, 2001.

[508] SHY O. A short survey of network economics [J]. Review of industrial organization, 2011, 38 (2): 119-149.

[509] SIMCOE T, WATSON J. Forking, fragmentation, and splintering [J]. Strategy science, 2019, 4 (4): 283-297.

[510] SIMCOE T. Open standards and intellectual property rights [J]. Open innovation: researching a new paradigm, 2006, 161: 183.

[511] SIMON H A. Altruism and economics [J]. The American economic review, 1993, 83 (2): 156-161.

[512] SIMON H A. The architecture of complexity [J]. Proceedings of the American philosophical society, 1962, 106 (6): 467-482.

[513] SIRMON D G, HITT M A, IRELANDR D, et al. Resource orchestration to create competitive advantage: breadth, depth and life cycle effects [J]. Journal of management, 2011, 37 (5): 1390-1412.

[514] SLYWOTZKY A, WEBER K. Demand: creating what people love before they know they want it [M]. Paris: Hachette UK, 2011.

[515] SMYRNAIOS N. Internet oligopoly: the corporate takeover of our digital world [M]. Beijing: Emerald Group Publishing, 2018.

[516] PEMSELS, WIEWIORA A, MÜLLER R, et al. A conceptualization of knowledge governance in project-based organizations [J]. International journal of project management, 2014, 32 (8): 1411-1422.

[517] SONG P, XUE L, RAI A, et al. The ecosystem of software platform: a study of asymmetric cross-side network effects and platform governance [J]. MIS quarterly, 2018, 42 (1): 121-142.

[518] SORKUN M, FURLAN A. Product and organizational modularity: a contingent view of the mirroring

hypothesis [J]. European management review, 2017, 14 (2): 205-224.

[519] SPREITZER G M. Social structural characteristics of psychological empowerment [J]. Academy of management journal, 1996, 39 (2): 483-504.

[520] SPULBER D F. Market microstructure and intermediation [J]. Journal of economic perspectives, 1996, 10 (3): 135-152.

[521] SRINIVASAN A, VENKATRAMAN N. Entrepreneurship in digital platforms: a network-centric view [J]. Strategic entrepreneurship journal, 2018, 12 (1): 54-71.

[522] STABELL C B, FJELDSTAD D. Configuring value for competitive advantage: on chains, shops, and networks [J]. Strategic management journal, 1998, 19 (5): 413-437.

[523] STALLKAMP M, SCHOTTER A. Platforms without borders? The international strategies of digital platform firms [J]. Global strategy journal, 2021, 11 (1): 58-80.

[524] BORZILLO S. Balancing control and autonomy in communities of practice: governance patterns and knowledge in nine multinationals [J]. Journal of business strategy, 2017, 38 (3): 10-20.

[525] STEFI A, BERGER M, HESS T. What influences platform provider's degree of openness?: Measuring and analyzing the degree of platform openness [C] // LASSENIUS C, SMOLANDER K. Software business: towards continuous value delivery. Berlin: Springer International Publishing, 2014: 258-272.

[526] STEINBAUM M, STUCKE M E. The effective competition standard: a new standard for antitrust [R]. New York: Roosevelt Institute, 2018.

[527] STEINER M, WIEGAND N, EGGERT A, et al. Platform adoption in system markets: the roles of preference heterogeneity and consumer expectations [J]. International journal of research in marketing, 2016, 33 (2): 276-296.

[528] SU Y S, ZHENG Z X, CHEN J, et al. A multi-platform collaboration innovation ecosystem: the case of China [J]. Management decision, 2018, 56 (1): 125-142.

[529] SUAREZ F F, KIRTLEY J. Dethroning an established platform [J]. MIT Sloan management review, 2012, 53 (4): 35-41.

[530] SUAREZ P, ANDERSON W, MAHAL V, et al. Impacts of flooding and climate change on urban transportation: a systemwide performance assessment of the Boston metro area [J]. Transportation research part D: transport and environment, 2005, 10 (3): 231-244.

[531] SUCHMAN M C. Managing legitimacy: strategic and institutional approaches [J]. Academy of management review, 1995, 20 (3): 571-610.

[532] SUN M, TSE E. When does the winner take all in two-sided markets [J]. Review of network economics, 2007, 6 (1): 16-41.

[533] GULATI S, HUKAM C Y. Towards good governance [J]. The Indian journal of public administration, 1998, 44 (3): 2-16.

[534] ATHEY S, BAGWELL K. Optimal collusion with private information [J]. The RAND journal of economics, 2001, 32 (3): 428-465.

[535] TAN B, PAN S L, LU X, et al. The role of IS capabilities in the development of multi-sided platforms: the digital ecosystem strategy of Alibaba.com [J]. Journal of the association for information systems, 2015, 16 (4): 2.

[536] TEE R, DAVIES A, WHYTE J. Modular designs and integrating practices: managing collaboration through coordination and cooperation [J]. Research policy, 2018, 48 (1): 51-61.

[537] TEE R, GAWER A. Industry architecture as a determinant of successful platform strategies: a case

[538] study of the i-mode mobile Internet service [J]. European management review, 2009, 6 (4) : 217-232.

[538] TEECE D J, PISANO G, SHUEN A. Dynamic capabilities and strategic management [J]. Strategic management journal, 1997, 18 (7) : 509-533.

[539] TEECE D J. Explicating dynamic capabilities: the nature and microfoundations of (sustainable) enterprise performance [J]. Strategic management journal, 2007, 28 (13) : 1319-1350.

[540] TEECE D J. Profiting from innovation in the digital economy: enabling technologies, standards, and licensing models in the wireless world [J]. Research policy, 2018, 47 (8) : 1367-1387.

[541] TEECE D J. Towards an economic theory of the multiproduct firm [J]. Journal of economic behavior and organization, 1982, 3 (1) : 39-63.

[542] TEECE D J. Dynamic capabilities and (digital) platform lifecycles [J]. Advances in strategic management, 2017, 37: 211-225.

[543] TEECE D J. Profiting from technological innovation: implications for integration, collaboration, licensing and public policy [J]. Research policy, 1986, 15 (6) : 285-305.

[544] TELLIS G J, YIN E, NIRAJ R. Does quality win? Network effects versus quality in high-tech markets [J]. Journal of marketing research, 2009, 46 (2) : 135-149.

[545] BIEDENBACHT, SÖDERHOLM A. The challenge of organizing change in hypercompetitive industries: a literature review [J]. Journal of change management, 2008, 8 (2) : 123-145.

[546] MELLEWIGT T, HOETKER G, WEIBEL A. Editorial: governing interorganizational relationships: balancing formal governance mechanisms and trust [J]. Management review, 2006, 17 (1) : 5-8.

[547] TIROLE J. The theory of industrial organization [M]. Cambridge: The MIT Press, 1998.

[548] TIWANA A. Platform ecosystems: aligning architecture, governance, and strategy [M]. San Francisco: Morgan Kaufmann Publishers Inc, 2014.

[549] TIWANA A. Platform ecosystems: aligning architecture, governance, and strategy [M]. London: Elsevier Science Publishers, 2014.

[550] TIWANA A. Platform synergy: architectural origins and competitive consequences [J]. Information systems research, 2018, 29 (4) : 829-848.

[551] TIWANA A, KONSYNSKI B, BUSH A A. Research commentary: platform evolution: coevolution of platform architecture, governance, and environmental dynamics [J]. Information systems research, 2010, 21 (4) : 675-687.

[552] TIWANA A. Evolutionary competition in platform ecosystems [J]. Information systems research, 2015, 26 (2) : 266-281.

[553] TIWANA A. Platform ecosystems: aligningarchitecture, governance and strategy [M]. Amsterdam: Newnes, 2013: 25-44.

[554] TOLLEFSON C, ZITO A, GALE F. Symposium overview: conceptualizing new governance arrangements [J]. Public administration, 2012, 90 (1) : 3-18.

[555] TUCKER C, ZHANG J J. Growing two-sided networks by advising the user base: a field experiment [J]. Marketing science, 2010, 29 (5) : 805-814.

[556] TUCKER C. Identifying formal and informal influence in technology adoption with network externalities [J]. Management science, 2008, 54 (12) : 2024-2038.

[557] TURA N, KUTVONEN A, RITALA P. Platform design framework: conceptualisation and application [J]. Technology analysis and strategic management, 2018, 30 (8) : 881-894.

[558] Tushman M L, ANDERSON P. Technological discontinuities and organizational environments [J]. Administrative science quarterly, 1986, 31 (3) : 439-465.

[559] TUSHMAN M L, MURMANN J P. Dominant designs, technology cycles, and organizational outcomes [J]. Academy of management proceedings and membership directory, 1998, 21 (1) : 53-86.

[560] SIMONSOHN U. eBay's crowded evenings: competition neglect in market entry decisions [J]. Management science, 2010, 56 (7) : 1060-1073.

[561] VARGO S L, LUSCH R. Evolving to a new dominant logic for marketing [J]. Journal of marketing, 2004, 68 (1) : 1-17.

[562] VENKATRAMAN N, LEE C H. Preferential linkage and network evolution: a conceptual model and empirical test in the U. S. video game sector [J]. The academy of management journal, 2004, 47 (6) : 876-892.

[563] MAHNKE V, PEDERSEN T, VENZIN M. The impact of knowledge management on MNC subsidiary performance: the role of absorptive capacity [J]. Management international review, 2005, 45 (2) : 101-119.

[564] VOSS C, ZOMERDIJK L. Innovation in experiential services: an empirical view [M]. Hockessin: AIM Research, 2007.

[565] WADE J. Dynamics of organizational communities and technological bandwagons: an empirical investigation of community evolution in the microprocessor market [J]. Strategic management journal, summer special issue, 1995 (16) : 111-133.

[566] WANG P, SWANSON E B. Customer relationship management as advertised: exploiting and sustaining technological momentum [J]. Information technology and people, 2008, 21 (4) : 323-349.

[567] WANG R D, MILLER C D. Complementors' engagement in an ecosystem: a study of publishers' e-book offerings on Amazon Kindle [J]. Strategic management journal, 2020, 41 (1) : 3-26.

[568] WAREHAM J, FOX P B, GINER J L C. Technology ecosystem governance [J]. Organization science, 2014, 25 (4) : 1195-1215.

[569] WATHNE K H, HEIDE J B. Opportunism in interfirm relationships: forms, outcomes, and solutions [J]. Journal of marketing, 2000, 64 (4) : 36-51.

[570] WEBER M S, FULK J, MONGE P. The emergence and evolution of social networking sites as an organizational form [J]. Management communication quarterly, 2016, 30 (3) : 305-332.

[571] D E WECK O L, ROOS D, MAGEE C L. Engineering systems: meeting human needs in a complex technological world [M]. Cambridge: The MIT Press, 2011.

[572] WEN W, ZHU F. Threat of platform-owner entry and complementor responses: evidence from the mobile app market [J]. Strategic management journal, 2019, 40 (9) : 1336-1367.

[573] WERNERFELT B. A resource-based view of the firm [J]. Strategic management journal, 1984, 5 (2) : 171-180.

[574] WEST J, WOOD D. Evolving an open ecosystem: the rise and fall of the symbian platform [J]. Advances in strategic management, 2013 (30) : 27-67.

[575] WEST J. Challenges of funding open innovation platforms [M] // CHESBROUGH H, VANHAVERBEKE W, WEST J. New frontiers in open innovation. Oxford: Oxford University Press, 2014 (1) : 71-93.

[576] WESTERN B. Punishment and inequality in America [M]. New York: Russell Sage Foundation, 2006.

［577］WEYL E G. A price theory of multi-sided platforms［J］. American economic review, 2010 (4) : 1642-1672.

［578］WHEELWRIGHT S C, CLARK K B. Creating project plans to focus product development［M］. Boston: Harvard Business School Pub, 1992.

［579］WHEELWRIGHT S C, CLARK K B. Revolutionizing product development: quantum leaps in speed, efficiency and quality［M］. New York: Free Press, 1992.

［580］WHEELWRIGHT S C, CLARK K B. Competing through development capability in a manufacturing-based organization［J］. Business Horizons, 1992, 35 (4) : 29-43.

［581］WHINSTO M D. Tying, foreclosure, and exclusion［J］. American economics review, 1990, 80 (4) : 837-859.

［582］WILLIAMSON P J, MEYER A. Ecosystem advantage: how to successfully harness the power of partners［J］. California management review, 2012, 55 (1) : 24-46.

［583］WILLIAMSON Ó. Transaction-cost economics: the governance of contractual relations［J］. Journal of law and economics, 1979 (2) : 233-261.

［584］WILSON J Q, KELLING G L. Broken windows: the police and neighborhood safety［J］. Atlantic monthly, 1982, 249 (3) : 29-38.

［585］WITT U. "Lock-in" vs. "critical masses": industrial change under network externalities［J］. International journal of industrial organization, 1997, 15 (6) : 753-773.

［586］WRIGHT J. Optimal card payment systems［J］. European economic review, 2003, 47 (4) : 587-612.

［587］WRIGHT J. One-sided logic in two-sided markets［J］. Review of network economics, 2010, 3 (1) : 42-63.

［588］XIE J, ZHU W, WEI L, et al. Platform competition with partial multi-homing: when both same-side and cross-side network effects exist［J］. International journal of production economics, 2021, 233 (3) : 1-17.

［589］YADAV M S, PAVLOU P A. Marketing in computer-mediated environments: research synthesis and new directions［J］. Journal of marketing, 2014, 78 (1) : 20-40.

［590］YADAV P L, HAN S H, KIM H. Sustaining competitive advantage through corporate environmental performance［J］. Business strategy and the environment, 2017, 26 (3) : 345-357.

［591］YALCIN T, OFEK E, KOENIGSBERG O, et al. Complementary goods: creating, capturing, and competing for value［J］. Marketing science, 2013, 32 (4) : 554-569.

［592］OBERTY C Z, PÉREZ J B. Assessing the team environment for knowledge sharing: an empirical analysis［J］. International journal of human resource management, 2003, 14 (7) : 1227-1245.

［593］ZHANG Y, LI J, TONG T W. Platform governance matters: how platform gate keeping affects knowledge sharing among complementors［J］. Strategic management journal, 2020 (3) : 599-626.

［594］ZHU F, FURR N. Products to platforms: marketing the leap［J］. Harvard business review, 2016, 94 (4) : 74-78.

［595］ZHU F, LIU Q. Competing with complementors: an empirical look at Amazon.com［J］. Strategic management journal, 2018, 39 (10) : 2618-2642.

［596］ZHU F, IANSITI M. Entry into platform-based markets［J］. Strategic management journal, 2012, 33 (1) : 88-106.

［597］ZHU F. Friends or foes? Examining platform owners' entry into complementors' spaces［J］. Journal of economics and management strategy, 2019, 28 (1) : 23-28.

[598] ZOTT C, AMIT R. The fit between product market strategy and business model: implications for firm performance [J]. Strategic management journal, 2008, 29 (1): 1-26.

[599] ZOTT C, AMIT R. Business model design: an activity system perspective [J]. Long range planning, 2010, 43 (2): 216-226.

[600] ZUBOFF S. Big other: surveillance capitalism and the prospects of an information civilization [J]. Journal of information technology, 2015, 30 (1): 75-89.

[601] 奥佛尔，得希. 互联网商务模式与战略：理论和案例 [M]. 李明志，等译. 北京：清华大学出版社，2005.

[602] 蒂瓦纳. 平台生态系统：架构策划、治理与策略 [M]. 侯赟慧，赵驰，译. 北京：北京大学出版社，2018.

[603] 加威尔，库苏麦诺. 平台领导：英特尔、微软和思科如何推动行业创新 [M]. 袁申国，刘兰凤，译. 广州：广东经济出版社，2007.

[604] 白景坤，李思晗，李红艳. 开放视角下企业的知识治理和隐性知识共享 [J]. 科研管理，2021，43（1）：143-152.

[605] 白景坤，张雅，李思晗. 平台企业知识治理与价值共创关系研究 [J]. 科学学研究，2020，38（12）：2193-2201.

[606] 白景坤，张贞贞，薛刘洋. 互联网情境下基于平台的企业创新组织机制研究：以韩都衣舍为例 [J]. 中国软科学，2019（2）：181-192.

[607] 毕玮. 基于平台型商业生态系统的工业企业新价值形态创造策略 [J]. 中共青岛市委党校青岛行政学院学报，2021（5）：26-34.

[608] 蔡剑，李洋，刘向东，等. 基于产业转型特征的企业创新价值评价方法 [J]. 中国软科学，2021（11）：185-192.

[609] 蔡宁，王节祥，杨大鹏. 产业融合背景下平台包络战略选择与竞争优势构建：基于浙报传媒的案例研究 [J]. 中国工业经济，2015（5）：96-109.

[610] 蔡文之. 网络：21世纪的权力与挑战 [M]. 上海：上海人民出版社，2007.

[611] 曹虹剑，张建英，刘丹. 模块化分工、协同与技术创新：基于战略性新兴产业的研究 [J]. 中国软科学，2015，295（7）：100-110.

[612] 曹俊浩，陈宏民，孙武军. 多平台接入对B2B平台竞争策略的影响：基于双边市场视角 [J]. 财经研究，2010（9）：91-99.

[613] 曹兴，张岩. 知识状态、双元学习对创新网络核心企业形成的影响研究 [J]. 湖南社会科学，2017（6）：115-123.

[614] 曹仰锋，孔欣欣. 黑海战略：工业互联网时代的新战略模式 [J]. 清华管理评论，2020（11）：86-93.

[615] 曹仰锋. 企业将进入数字化、智能化管理新时代 [J]. 现代国企研究，2021，184（6）：30-33.

[616] 曹仰锋. 黑海战略：海尔如何构建平台生态系统 [M]. 中信出版集团，2021.

[617] 曹仰锋. 世界三大"产业互联网平台"的战略与功能 [J]. 清华管理评论，2019（4）：44-51.

[618] 曾航. 一只iPhone的全球之旅 [J]. 珠江水运，2011（21）：89.

[619] 曾鸣. 智能商业 [M]. 北京：中信出版集团，2018.

[620] 曾惜. "互联网+"背景下高新技术企业知识治理对知识型员工创新能力的影响研究：基于知识共享的视角 [D]. 南昌：江西财经大学，2019.

[621] 柴旭东. 中国企业的工业互联网实践：以航天云网为例 [J]. 中国工业和信息化，2018（7）：48-57.

[622] 陈兵,林思宇.互联网平台垄断治理机制:基于平台双轮垄断发生机理的考察[J].中国流通经济,2021(6):37-51.

[623] 陈兵.互联网平台经济运行的规制基调[J].中国特色社会主义研究,2018(3):51-60.

[624] 陈兵.企业制度建设普遍存在的问题及对策分析[J].企业改革与管理,2020(12):26-27.

[625] 陈兵.网络经济下相关市场支配地位认定探析:以"3Q"案为例[J].价格理论与实践,2015,375(9):16-20.

[626] 陈超,陈拥军.互联网平台模式与传统企业再造[J].科技进步与对策,2016(6):84-88.

[627] 陈氚.权力的隐身术:互联网时代的权力技术隐喻[J].福建论坛(人文社会科学版),2015(12):67-72.

[628] 陈春花,廖建文.打造数字战略的认知框架[J].哈佛商业评论,2018.

[629] 陈春花,赵海然.共生:未来企业组织进化路径[J].当代电力文化,2018,65(11):88.

[630] 陈冬梅,王俐珍,陈安霓.数字化与战略管理理论:回顾、挑战与展望[J].管理世界,2020(5):220-236.

[631] 陈光锋.互联网思维:商业颠覆与重构[M].北京:机械工业出版社,2014.

[632] 陈汉威,胡继春.从"百度案"看我国互联网行业反垄断的困境与出路[J].价格理论与实践,2014,360(6):32-34.

[633] 陈弘斐,胡东兰,李勇坚.平台经济领域的反垄断与平台企业的杀手并购行为[J].东北财经大学学报,2021(1):78-85.

[634] 陈宏民,胥莉.双边市场:企业竞争环境的新视角[M].上海:上海人民出版社,2007.

[635] 陈宏民.平台竞争:从跨界到颠覆[M].上海:上海交通大学出版社,2020.

[636] 陈宏民.网络外部性与规模经济性的替代关系[J].管理科学学报,2007(3):1-6.

[637] 陈劲,吴波.开放式创新下企业开放度与外部关键资源获取[J].科研管理,2012(9):10-21.

[638] 陈林,张家才.数字时代中的相关市场理论:从单边市场到双边市场[J].财经研究,2020(3):109-123.

[639] 陈龙.平台经济的劳动权益保障挑战与对策建议:以外卖平台的骑手劳动为例[J].社会治理,2020(8):22-28.

[640] 陈鹏.治理的算法和算法的治理[J].观察与思考,2020(1):95-104.

[641] 陈仕华,郑文全.公司治理理论的最新进展:一个新的分析框架[J].管理世界,2010(2):156-166.

[642] 陈庭强,沈嘉贤,杨青浩,等.平台经济反垄断的双边市场治理路径:基于阿里垄断事件的案例研究[J].管理评论,2022(3):338-252.

[643] 陈威如,王诗一.平台转型[M].北京:中信出版集团,2016.

[644] 陈威如,徐玮伶.平台组织:迎接全员创新的时代[J].清华管理评论,2014(8):46-54.

[645] 陈威如,余卓轩.平台战略:正在席卷全球的商业模式革命[M].北京:中信出版社,2013.

[646] 陈武,陈建安,李燕萍.工业互联网平台:内涵、演化与赋能[J].经济管理,2022(5):189-208.

[647] 陈雪琳,周冬梅,鲁若愚.平台生态系统中互补者的多边关系研究:理论溯源与框架构建[J/OL].研究与发展管理.(2022-07-29)[2023-01-30].https://doi.org/10.13581/j.cnki.rdm.20211717.

[648] 陈应龙.双边市场中平台的商业模式研究[M].杭州:浙江大学出版社,2016.

[649] 陈永伟.平台经济的竞争与治理问题:挑战与思考[J].产业组织评论,2017(3):137-154.

[650] 陈永伟.平台生态系统战略:如何发展和领导生态系统[J].清华管理评论,2019(12):

86-92.

[651] 程贵孙, 陈宏民, 孙武军. 网络外部性与企业纵向兼并分析[J]. 中国管理科学, 2005（6）: 131-135.

[652] 程贵孙. 组内网络外部性对双边市场定价的影响分析[J]. 管理科学, 2010（1）: 107-113.

[653] 程立茹. 互联网经济下企业价值网络创新研究[J]. 中国工业经济, 2013（9）: 82-94.

[654] 池军, 田莉. 刍议与技术创新类型相匹配的创业战略选择[J]. 现代财经（天津财经大学学报）, 2009, 29（11）: 71-76.

[655] 初翔, 仲秋雁. 平台竞争战略分析框架研究: 结合探索性与解释性案例[J]. 中国管理科学, 2014（11）: 519-524.

[656] 崔保国, 刘金河. 论网络空间中的平台治理[J]. 全球传媒学刊, 2020, 7（1）: 86-101.

[657] 崔桂林, 王盼. 从产品思维到产业思维的五层跨越[J]. 清华管理评论, 2019（7-8）: 30-38.

[658] 安德森, 派恩二世. 21世纪企业竞争前沿: 大规模定制模式下的敏捷产品开发[M]. 冯涓, 李和良, 白立新, 译. 北京: 机械工业出版社, 1999.

[659] 戴德宝, 刘西洋, 范体军. "互联网+"时代网络个性化推荐采纳意愿影响因素研究[J]. 中国软科学, 2015, 296（8）: 163-172.

[660] 戴水文, 符正平, 祝振铎. 中国新兴企业的组织模块化构建及价值创造: 基于战略复杂性视角的华为公司案例研究[J]. 南京大学学报（哲学·人文科学·社会科学）, 2018, 55（2）: 56-68.

[661] 埃文斯, 施马兰奇. 连接: 多边平台经济学[M]. 张昕, 黄勇, 张艳华, 译. 北京: 中信出版集团, 2018.

[662] 莫契拉. 数字化未来: 本世纪20年代行业、企业和职业指南[M]. 薛亮, 译. 北京: 现代出版社, 2020.

[663] 戴一鑫, 郑江淮. 供给侧视角下的长三角制造业生产率变迁与转型升级[J]. 江西社会科学, 2017, 37（8）: 44-53.

[664] 戴勇, 刘颖洁. 基于组态分析的数字平台生态系统内部治理因素及效果研究[J]. 科研管理, 2022（2）: 46-54.

[665] 德鲁克. 管理的实践: 珍藏版[M]. 齐若兰, 译. 北京: 机械工业出版社, 2009.

[666] 邓娇娇. 公共项目契约治理与关系治理的整合及其治理机理研究[D]. 天津: 天津大学, 2013.

[667] 邓崧, 黄岚, 马步涛. 基于数据主权的数据跨境管理比较研究[J]. 情报杂志, 2021, 40（6）: 119-126.

[668] 丁辰灵. 互联网公司的失败史[J]. 财会月刊, 2014, 711（35）: 38-39.

[669] 董津津, 陈关聚. 技术创新视角下平台生态系统形成、融合与治理研究[J]. 科技进步与对策, 2020（20）: 20-26.

[670] 董亮, 赵健. 双边市场理论: 一个综述[J]. 世界经济文汇, 2012（1）: 53-61.

[671] 董维刚, 林鑫. 中国B2C市场独家交易的竞争效应[J]. 产业经济评论, 2018（2）: 18-37.

[672] 董岳, 王翔, 周冰莲, 等. 互联网+时代商业模式创新的演变过程研究[J]. 中国科技论坛, 2017（2）: 150-155.

[673] 杜华勇, 王节祥, 李其原. 产业互联网平台价值共创机理: 基于宏图智能物流的案例研究[J]. 商业经济与管理, 2021（3）: 5-18.

[674] 杜俊义, 吴琼. 平台战略理论研究综述[J]. 商业流通, 2022（17）: 13-16.

[675] 杜勇, 曹磊, 谭畅. 平台化如何助力制造企业跨越转型升级的数字鸿沟？: 基于宗申集团的探索性案例研究[J]. 管理世界, 2022（6）: 117-138.

[676] 杜玉申, 楚世伟. 平台网络成长的动力机制与复杂平台网络管理[J]. 中国科技论坛, 2017

（2）：44-50.

[677] 杜玉申，杨春辉. 平台网络管理的"情境 – 范式"匹配模型［J］. 外国经济与管理，2016（8）：27-45.

[678] 段鹏. 平台经济时代算法权力问题的治理路径探索［J］. 东岳论丛，2020（5）：110-117.

[679] 段文奇，于林海. 网络平台再设计的动机、战略和措施研究［J］. 图书馆学研究，2009（9）：16-19.

[680] 方军，程军霞，徐思彦. 平台时代［M］. 北京：机械工业出版社，2018.

[681] 方兴东，严峰. 网络平台"超级权力"的形成与治理［J］. 人民论坛·学术前沿，2019（14）：90-101，111.

[682] 方兴东，钟祥铭. 互联网平台反垄断的本质与对策［J］. 现代出版，2021（2）：37-45.

[683] 方兴东. "互联互通"解析与治理：从历史维度与全球视野透视中国互联网深层次问题与对策［J］. 湖南师范大学社会科学学报，2021（50）：1-13.

[684] 方译翎，曹麒麟，丁蕊. 平台商业生态系统演化过程分析：基于S-D logic价值创造视角［J］. 商业经济研究，2020（15）：77-81.

[685] 方译翎. 产业互联网背景下企业战略、组织模式与发展路径［J］. 商业经济研究，2021（13）：118-121.

[686] 费钟琳，黄幸婷，曹丽. 基于两权分离理论的产业创新平台治理模式分类研究［J］. 管理现代化，2017，37（5）：25-28.

[687] 冯华，陈亚琦. 平台商业模式创新研究：基于互联网环境下的时空契合分析［J］. 中国工业经济，2016（3）：99-113.

[688] 冯小亮，李丹妮，童泽林，等. 基于众包模式的虚拟人力资源奖励设计研究［J］. 中国人力资源开发，2017（10）：90-98.

[689] 傅瑜，隋广军，赵子乐. 单寡头竞争性垄断：新型市场结构理论构建：基于互联网平台企业的考察［J］. 中国工业经济，2014（1）：140-152.

[690] 傅瑜. 网络规模、多元化与双边市场战略：网络效应下平台竞争策略研究综述［J］. 科技管理研究，2013（6）：192-196.

[691] 傅瑜. 中国互联网平台企业竞争策略与市场结构研究［D］. 广州：暨南大学，2013.

[692] 高举红，武凯，王璐. 平台供应链生态系统形成动因及价值共创影响因素分析［J］. 供应链管理，2021（6）：20-30.

[693] 高良谋，张一进. 平台理论的演进与启示［J］. 中国科技论坛，2018（1）：123-131.

[694] 高锡荣，杨建，张嗣成. 互联网平台企业商业模式构建：基于扎根理论的探索性研究［J］. 重庆工商大学学报（社会科学版），2020（4）：34-48.

[695] 斯托克，华夏风. 作为理论的治理：五个论点［J］. 国际社会科学杂志（中文版），2019，36（3）：23-32.

[696] 葛安茹，唐方成. 基于平台包络视角的平台生态系统竞争优势构建路径研究［J］. 科技进步与对策，2021（8）：84-90.

[697] 工业互联网产业联盟. 工业互联网平台白皮书：2019［R］. 北京：中国信息通信研究院，2019.

[698] 工业互联网产业联盟. 工业互联网体系架构：版本2.0［R］. 北京：中国信息通信研究院，2020.

[699] 龚丽敏，江诗松. 平台型商业生态系统战略管理研究前沿：视角和对象［J］. 外国经济与管理，2016，38（6）：38-50，62.

[700] 郭渐强，陈荣昌. 网络平台权力治理：法治困境与现实出路［J］. 理论探索，2019，238（4）：

116-122,128.
[701] 郭兰平. 平台企业的开放性研究 [D]. 南昌：江西财经大学，2014.
[702] 郭岚，张祥建. 基于网络外部性的价值模块整合与兼容性选择 [J]. 中国工业经济，2005（4）：103-110.
[703] 郭旭文. 电子商务生态系统的构成、特征及其演化路径 [J]. 商业经济研究，2014（10）：71-72.
[704] 韩沐野. 传统科层制组织向平台型组织转型的演进路径研究：以海尔平台化变革为案例 [J]. 中国人力资源开发，2017（3）：114-120.
[705] 韩炜，邓渝. 商业生态系统研究述评与展望 [J]. 南开管理评论，2020（3）：14-17.
[706] 韩炜，杨俊，陈逢文，等. 创业企业如何构建联结组合提升绩效？：基于"结构–资源"互动过程的案例研究 [J]. 管理世界，2017（10）：130-149.
[707] 韩炜，杨俊，胡新华，等. 商业模式创新如何塑造商业生态系统属性差异？：基于两家新创企业的跨案例纵向研究与理论模型构建 [J]. 管理世界，2021，37（1）：7，88-107.
[708] 韩新华，李丹林. 从二元到三角：网络空间权力结构重构及其对规制路径的影响 [J]. 广西社会科学，2020（5）：104-110.
[709] 郝斌，GUERIN A M. 组织模块化对组织价值创新的影响：基于产品特性调节效应的实证研究 [J]. 南开管理评论，2011，14（2）：126-134，160.
[710] 郝斌，任浩，GUERIN A M. 组织模块化设计：基本原理与理论架构 [J]. 中国工业经济，2007，231（6）：80-87.
[711] 郝斌，任浩. 模块化组织关联界面：形式、机理与效力机制 [J]. 科研管理，2010，31（6）：118-125.
[712] 何勇. 电子商务平台"寡头化"趋势的经济学分析 [J]. 上海经济研究，2016（3）：104-111.
[713] 何玉长，刘泉林. 数字经济的技术基础、价值本质与价值构成 [J]. 深圳大学学报（人文社会科学版），2021（3）：57-66.
[714] 贺锦江，王节祥，蔡宁. 场域转变视角下互联网平台企业的制度创业研究 [J]. 科学学研究，2019，37（12）：2231-2240.
[715] 贺俊. 创新平台的竞争策略：前沿进展与拓展方向 [J]. 经济管理，2020，42（8）：190-208.
[716] 洪学军. 关于加强数字法治建设的若干思考：以算法、数据、平台治理法治化为视角 [J]. 法律适用，2022（5）：140-148.
[717] 侯宏，石涌江. 生态型企业的非线性成长之道 [J]. 清华管理评论，2017（12）：33-38.
[718] 侯宏. 从平台领导到生态共演：产业互联网的制度视角 [J]. 清华管理评论，2019（12）：94-103.
[719] 侯宏. 从消费互联网寡头格局迈向产业互联网生态共同体 [J]. 清华管理评论，2019（4）：72-83.
[720] 侯宏. 未来已来：产业空间下的生态竞争与演化 [J]. 清华管理评论，2021（1-2）：83-92.
[721] 侯姝琦，程雪军. 大数据时代个人信用信息权益的法律保护缺位与完善 [J]. 征信，2022，40（9）：25-34.
[722] 侯赟慧，卞慧敏，刘军杰. 网络平台型商业生态系统的演化运行机制研究 [J]. 江苏商论，2019（3）：26，27-33.
[723] 胡斌，王莉丽. 物联网环境下的企业组织结构变革 [J]. 管理世界，2020，36（8）：202-210，211，232.
[724] 胡岗岚，卢向华，黄丽华. 电子商务生态系统及其演化路径 [J]. 经济管理，2009，31（6）：

110-116.

[725] 胡国栋,王晓杰.平台企业的演化逻辑及自组织机制:基于海尔集团的案例研究[J].中国软科学,2019,339(3):143-152.

[726] 胡国栋,王琪.平台企业:互联网思维与组织流程再造[J].河北大学学报(哲学社会科学版):2017(2):110-117.

[727] 胡继晔,杜牧真.数字平台垄断趋势的博弈分析及应对[J].管理学刊,2021(2):38-54.

[728] 胡乐炜,赵晶,江毅.基于互联网平台的服务型企业知识共享能力形成及作用过程研究:权变理论视角[J].管理评论,2018,30(10):95-105.

[729] 胡丽.互联网经营者相关商品市场界定方法的反思与重构[J].法学杂志,2014,35(6):60-66.

[730] 胡晓平.重构平台与生态:从平台1.0到平台3.0的演进[J].赤峰学院学报(自然科学版),2021(5):30-35.

[731] 胡泳,郝亚洲.平台的逻辑[J].IT经理世界,2013(8):127-128.

[732] 花磊.平台企业开放策略演化博弈分析[J].合作经济与科技,2018(10):112-116.

[733] 华中生.网络环境下的平台服务模式及其管理问题[J].管理科学学报,2013(12):1-12.

[734] 黄楚新,王丹."互联网+"意味着什么:对"互联网+"的深层认识[J].新闻与写作,2015(5):5-9.

[735] 黄纯纯.网络产业组织理论的历史、发展和局限[J].经济研究,2011(4):147-160.

[736] 黄国平.消费互联网行业失序发展的深层成因及治理之策[J].人民论坛,2021(28):76-80.

[737] 黄江明,丁玲,崔争艳.企业生态位构筑商业生态竞争优势:宇通和北汽案例比较[J].管理评论,2016(5):220-231.

[738] 黄群慧,余泳泽,张松林.互联网发展与制造业生产率提升:内在机制与中国经验[J].中国工业经济,2019(8):5-23.

[739] 黄晓红.织锦产业链产品竞争、平台商业模式和治理绩效的研究[D].南京:东南大学,2015.

[740] 霍明奎,蒋春芳.基于信息生态理论的政务微信平台用户互动意愿影响因素及提升策略研究[J].电子政务,2020(3):110-120.

[741] 纪汉霖,王小芳.平台差异化且用户部分多归属的双边市场竞争[J].系统工程理论与实践,2014(6):1398-1406.

[742] 纪汉霖.用户部分多归属条件下的双边市场定价策略[J].系统工程理论与实践,2011(1):75-83.

[743] 季成,徐福缘.平台企业管理:打造最具魅力的企业[M].上海:上海交通大学出版社,2014.

[744] 贾根良.网络组织:超越市场与企业两分法[J].经济社会体制比较,1998(4):14-20.

[745] 贾开.从"互联网+"到"智能+"变革:意义、内涵与治理创新[J].电子政务,2019(5):57-64.

[746] 艾博年,曼宁.商业新模式:企业数字化转型之路[M].邵真,译.北京:中国人民大学出版社,2018.

[747] 江积海,李琴.平台型商业模式创新中连接属性影响价值共创的内在机理:Airbnb的案例研究[J].管理评论,2016(7):252-260.

[748] 江积海,张烁亮.平台型商业模式创新中价值创造的属性动因及其作用机理[J].中国科技论坛,2015(7):154-160.

[749] 江小涓,黄颖轩.数字时代的市场秩序、市场监管与平台治理[J].经济研究,2021(12):20-41.

［750］姜翰，金占明．关系成员企业管理者社会资本水平其机会主义行为间关系的实证研究：以中外合资企业为例［J］．南开管理评论，2008（4）：34-42．

［751］姜琪，王璐．平台经济市场结构决定因素、最优形式与规制启示［J］．上海经济研究，2019（11）：18-29．

［752］蒋传海，杨渭文．互补产品、捆绑销售和市场竞争［C］．大连：产业组织前沿问题国际研讨会会议文集，2011．

［753］蒋国银．平台经济数字治理：框架、要素与路径［J］．人民论坛·学术前沿，2021（Z1）：32-39．

［754］焦豪．企业数字化升级的内在逻辑与路径设计研究［J］．社会科学辑刊，2022（2）：96-104，209．

［755］帕克，埃尔斯泰恩，邱达利．平台革命：改变世界的商业模式［M］．志鹏，译．北京：机械工业出版社，2017．

［756］里夫金．零边际成本社会［J］．房地产导刊，2014（12）：105．

［757］里夫金．零边际成本社会：一个物联网、合作共赢的新经济时代［M］．赛迪研究院专家组，译．北京：中信出版集团，2014．

［758］解学梅，余佳惠．用户参与产品创新的国外研究热点与演进脉络分析：基于文献计量学视角［J］．南开管理评论，2021（9）：1-28．

［759］金帆．价值生态系统：云经济时代的价值创造机制［J］．中国工业经济，2014（4）：97-109．

［760］金鹏，沈雷，薛哲彬，等．我国服装行业大规模定制的发展现状与策略分析［J］．上海纺织科技，2020，48（6）：1-4．

［761］金善明．反垄断法解释中经济学分析的限度［J］．环球法律评论，2018，40（6）：101-116．

［762］金杨华，潘建林．基于嵌入式开放创新的平台领导与用户创业协同模式：淘宝网案例研究［J］．中国工业经济，2014，311（2）：148-160．

［763］靳小翠，朱玲玲．网络平台企业社会责任的基础理论和治理研究综述［J］．财务与会计，2021（6）：99-104．

［764］井润田，赵宇楠，滕颖．平台组织、机制设计与小微创业过程：基于海尔集团组织平台化转型的案例研究［J］．管理学季刊，2016，1（4）：38-71，136．

［765］景秀艳．生产网络、网络权力与企业空间行为［M］．北京：中国经济出版社，2008．

［766］康梅生．双边市场环境中电子商务平台的竞争与合作研究［J］．商业经济研究，2019（5）：76-79．

［767］舍基．人人时代：无组织的组织力量：经典版［M］．胡泳，沈满琳，译．杭州：浙江人民出版社，2015．

［768］安德森．免费：商业的未来［M］．蒋旭峰，冯斌，璩静，译．北京：中信出版社，2009．

［769］孔祥俊．论互联网平台反垄断的宏观定位：基于政治、政策和法律的分析［J］．比较法研究，2021（2）：85-106．

［770］雷雨嫣，刘启雷，陈关聚．网络视角下创新生态位与系统稳定性关系研究［J］．科学学研究，2019（3）：534-544．

［771］李春利，高良谋，安岗．数字平台组织的本质及演进：基于分工视角［J］．产经评论，2021（6）：134-147．

［772］李广乾，陶涛．电子商务平台生态化与平台治理政策［J］．管理世界，2018，34（6）：104-109．

［773］李海舰，陈小勇．企业无边界发展研究：基于案例的视角［J］．中国工业经济，2011（6）：89-98．

[774] 李海舰,郭树民. 从经营企业到经营社会:从经营社会的视角经营企业[J]. 中国工业经济, 2008(5):87-98.

[775] 李海舰,李燕. 企业组织形态演进研究:从工业经济时代到智能经济时代[J]. 经济管理, 2019,41(10):22-36.

[776] 李海舰,聂辉华. 全球化时代的企业运营:从脑体合一走向脑体分离[J]. 中国工业经济, 2002(12):5-14.

[777] 李海舰,田跃新,李文杰. 互联网思维与传统企业再造[J]. 中国工业经济, 2014(10):136-146.

[778] 李海舰,朱芳芳. 重新定义员工:从员工1.0到员工4.0的演进[J]. 中国工业经济, 2017(10):156-173.

[779] 李宏,孙道军. 平台经济新战略[M]. 北京:中国经济出版社, 2018.

[780] 李怀,高良谋. 新经济的冲击与竞争性垄断市场结构的出现:观察微软案例的一个理论框架[J]. 经济研究, 2001(10):29-37.

[781] 李辉,吴晓云,袁磊. 行业结构特征对企业平台战略选择的影响[J]. 企业经济, 2022(6):80-88.

[782] 李杰,邱伯华. 工业大数据[J]. 中国商界, 2015(8):123.

[783] 李静. B2C电子商务企业盈利模式研究:以亚马逊公司为例[J]. 财会通讯, 2017, 748(20):61-65.

[784] 李君,邱君降. 工业互联网平台的演进路径、核心能力建设及应用推广[J]. 科技管理研究, 2019(13):182-186.

[785] 李凯,樊明太. 我国平台经济反垄断监管的新问题、新特征与路径选择[J]. 改革, 2021(3):56-65.

[786] 李雷,简兆权,张鲁艳. 服务主导逻辑产生原因、核心观点探析与未来研究展望[J]. 外国经济与管理, 2013, 35(4):2-12.

[787] 李雷,杨怀珍. 基于确定需求的上游层面VMI模式的利益分配机制[J]. 控制与决策, 2012, 27(3):441-445.

[788] 李雷,赵先德,简兆权. 网络环境下平台企业的运营策略研究[J]. 管理科学学报, 2016(3):15-33.

[789] 李凌. "平台经济"视野下的业态创新与企业发展[J]. 国际市场, 2013, 490(4):11-15.

[790] 李凌. 平台经济发展与政府管制模式变革[J]. 经济学家, 2015(7):27-34.

[791] 李敏,刘采妮,白争辉,等. 平台经济发展与"保就业和稳就业":基于就业弹性与劳动过程的分析[J]. 中国人力资源开发, 2020(7):84-95.

[792] 李鹏,胡汉辉. 企业到平台生态系统的跃迁:机理与路径[J]. 科技进步与对策, 2016(10):1-5.

[793] 李琦,刘骊. B2B电子商务平台理论研究[J]. 天津工业大学学报, 2001(6):52-54.

[794] 李世杰,李倩. 产业链整合视角下电商平台企业的成长机理:来自市场渠道变革的新证据[J]. 中国流通经济, 2019, 33(9):83-92.

[795] 李韬,冯贺霞. 平台经济的市场逻辑、价值逻辑与治理逻辑研究[J]. 电子政务, 2022(3):66-76.

[796] 李维安. 探求知识管理的制度基础:知识治理[J]. 南开管理评论, 2007(3):1.

[797] 李维安. 网络治理催生治理流程再造[J]. 南开管理评论, 2014, 17(6):1.

[798] 李伟阳,肖红军. 基于管理视角的企业社会责任演进与发展[J]. 首都经济贸易大学学报,

2010, 12 (5): 61-69.

[799] 李伟阳, 肖红军. 企业社会责任概念探究 [J]. 经济管理, 2008 (Z2): 177-185.
[800] 李伟阳, 肖红军. 全面社会责任管理: 新的企业管理模式 [J]. 中国工业经济, 2010 (1): 114-123.
[801] 李伟阳. 基于企业本质的企业社会责任边界研究 [J]. 中国工业经济, 2010 (9): 89-100.
[802] 李小玲, 李新建. 双边市场中平台企业的运作机制研究评述 [J]. 中南财经政法大学学报, 2013 (1): 31-37, 76.
[803] 李晓华, 王怡帆. 数据价值链与价值创造机制研究 [J]. 经济纵横, 2020 (11): 54-62.
[804] 李晓华. "互联网+"改造传统产业的理论基础 [J]. 经济纵横, 2016, 364 (3): 57-63.
[805] 李晓华. 产业组织的垂直解体与网络化 [J]. 中国工业经济, 2005 (7): 28-35.
[806] 李晓赞. 汽车平台战略在大众集团的运用及其应用意义 [J]. 时代汽车, 2016, 260 (3): 36-38.
[807] 李勇坚, 夏杰长. 数字经济背景下超级平台双轮垄断的潜在风险与防范策略 [J]. 改革, 2020 (8): 58-67.
[808] 李允尧, 刘海运, 黄少坚. 平台经济理论研究动态 [J]. 经济学动态, 2013 (7): 123-129.
[809] 李振华, 马梦月, 吴文清. 多中心治理模式下区域科技孵化网络框架与效率提升途径 [J]. 科技进步与对策, 2014, 31 (18): 40-45.
[810] 李震, 王新新. 平台内网络效应与跨平台网络效应作用机制研究 [J]. 科技进步与对策, 2016 (20): 18-24.
[811] 梁晗, 费少卿. 基于非价格策略的平台组织治理模式探究: 以阿里巴巴电子商务平台为例 [J]. 中国人力资源开发, 2017 (8): 117-124.
[812] 梁运文, 谭力文. 商业生态系统价值结构、企业角色与战略选择 [J]. 南开管理评论, 2005 (1): 57-63.
[813] 廖建文, 崔之瑜. 企业要想活得好, 就得撬动"商业生态圈" [J]. 销售与管理, 2019 (9): 120-123.
[814] 廖建文, 崔之瑜. 企业优势矩阵: 竞争 VS 生态 [J]. 哈佛商业评论, 2016 (7): 111-118.
[815] 廖建文, 崔之瑜. 优化生态圈, 迎接"HER"时代 [J]. 哈佛商业评论, 2015.
[816] 廖建文, 施德俊. 从"连接"到"联结": 商业关系的重构, 竞争优势的重建 [J]. 清华商业评论, 2014 (9): 24-36.
[817] 廖建文, 施德俊. 后互联网时代的商业新规则: 伴随移动社交网络而来的新冲击、新挑战、新机遇 [J]. 清华商业评论, 2014 (3): 48-55.
[818] 廖建文. 从经典战略到创新战略 [J]. 北大商业评论, 2013 (1): 58-63.
[819] 廖建文. 撬动企业的商业生态圈 [J]. 商业文化, 2016 (9): 36-39.
[820] 令狐克睿, 简兆权. 制造业服务化价值共创模式研究: 基于服务生态系统视角 [J]. 华东经济管理, 2017 (6): 84-92.
[821] 刘畅, 梅亮, 陈劲. 基于互补者视角的平台生态系统研究评述 [J]. 软科学, 2022 (4): 8-16.
[822] 刘刚, 熊立峰. 消费者需求动态响应、企业边界选择与商业生态系统构建: 基于 Apple 的案例研究 [J]. 中国工业经济, 2013 (5): 122-134.
[823] 刘海建. 企业组织结构刚性与战略变革: 理论与实证研究 [M]. 北京: 商务印书馆, 2013.
[824] 刘继峰, 曾晓梅. 论用户数据的竞争法保护路径 [J]. 价格理论与实践, 2018, 405 (3): 26-30.
[825] 刘家明, 耿长娟. 从分散监管到协同共治: 平台经济规范健康发展的出路 [J]. 商业研究, 2020

（8）：37-44.

[826] 刘家明，蒋亚琴，王海霞. 互联网平台免费的逻辑、机理与可持续性［J］. 价格理论与实践，2019（10）：116-119.

[827] 刘家明. 双边平台战略研究的进展与趋势［J］. 企业经济，2016，35（2）：58-63.

[828] 刘江鹏. 企业成长的双元模型：平台增长及其内在机理［J］. 中国工业经济，2015（6）：148-160.

[829] 刘杰. 企业走向新的数字化之路［J］. 清华管理评论，2019（9）：75-83.

[830] 刘林青，雷昊，谭畅. 平台领导权争夺：扩网、聚核与协同［J］. 清华管理评论，2015（3）：22-30.

[831] 刘林青，谭畅，江诗松，等. 平台领导权获取的方向盘模型：基于利丰公司的案例研究［J］. 中国工业经济，2015（1）：134-146.

[832] 刘启，李明志. 双边市场与平台理论研究综述［J］. 经济问题，2008，347（7）：17-20.

[833] 刘人怀，张镒. 互补性资产对双元创新的影响及平台开放度的调节作用［J］. 管理学报，2019（7）：949-956.

[834] 刘绍荣，夏宁敏，唐欢，等. 平台型组织［M］. 北京：中信出版集团，2019.

[835] 刘学. 重构平台生态［M］. 北京：北京大学出版社，2017.

[836] 刘洋，应瑛. 架构理论研究脉络梳理与未来展望［J］. 外国经济与管理，2012（6）：74-80.

[837] 刘奕，夏杰长. 共享经济理论与政策研究动态［J］. 经济学动态，2016（4）：116-125.

[838] 刘奕，夏杰长. 平台经济助力畅通服务消费内循环：作用机理与政策设计［J］. 改革，2021（11）：19-29.

[839] 刘云. 互联网平台反垄断的国际趋势及中国应对［J］. 政法论坛，2020（6）：92-101.

[840] 刘震，蔡之骥. 政治经济学视角下互联网平台经济的金融化［J］. 政治经济学评论，2020，11（4）：180-192.

[841] 刘重阳，曲创. 平台垄断、劣币现象与信息监管：基于搜索引擎市场的研究［J］. 经济与管理研究，2018，39（7）：92-107.

[842] 刘宗沅，骆温平. 平台企业与合作伙伴：从传统合作到生态合作的演变：以菜鸟网络与快递企业为例［J］. 大连理工大学学报（社会科学版），2021（2）：31-41.

[843] 柳洲. "互联网+"与产业集群互联网化升级研究［J］. 科学学与科学技术管理，2015，36（8）：73-82.

[844] 娄策群，周承聪. 信息生态链：概念、本质和类型［J］. 图书情报工作，2007（9）：29-32.

[845] 楼润平，李贝，齐晓梅. 中国互联网企业的成长路径、公司战略及管理策略研究［J］. 管理评论，2021，33（1）：229-241.

[846] 卢福财，金环. 互联网是否促进了制造业产品升级：基于技术复杂度的分析［J］. 财贸经济，2020，41（5）：99-115.

[847] 卢远瞩，包开花，刘家龙. 数字平台用户多归属能促进创新吗？［J］. 中央财经大学学报，2022（5）：84-98.

[848] 鲁文龙，陈宏民. 产品差异化与企业兼容性选择［J］. 华中科技大学学报（自然科学版），2003（12）：69-71.

[849] 鲁彦，曲创. 互联网平台跨界竞争与监管对策研究［J］. 山东社会科学，2019（6）：112-117.

[850] 鲁彦，曲创. 用户迁移、单边锁定与市场进入［J］. 当代财经，2016，378（5）：98-107.

[851] 鲁泽霖，李强治. 电子商务平台的演化逻辑和运营机理［J］. 电信科学，2019（7）：152-158.

[852] 路江涌. 生态创新：企业如何跨越生命周期［J］. 清华管理评论，2019（11）：84-92.

[853] 路文通. 不同市场结构下网络交易平台开放度选择研究 [D]. 成都：电子科技大学，2020.

[854] 罗超平，胡猛，翟琼. 竞争与反竞争：论互联网与市场势力的中国实践 [J]. 中国软科学，2021 (7)：21-30.

[855] 罗珉，杜华勇. 平台领导的实质选择权 [J]. 中国工业经济，2018 (2)：82-99.

[856] 罗珉，李亮宇. 互联网时代的商业模式创新：价值创造视角 [J]. 中国工业经济，2015 (1)：95-107.

[857] 罗巍，张阳，唐震. 基于协同创新的欧盟创新驿站平台机制研究 [J]. 科技管理研究，2015，35 (23)：10-14.

[858] 罗兴武，林芝易，刘洋，等. 平台研究：前沿演进与理论框架：基于CiteSpace Ⅴ知识图谱分析 [J]. 科技进步与对策，2020 (22)：152-160.

[859] 罗振洲，黄群慧. 创业导向与知识刚性：环境动态性的调节效应 [J]. 科技管理研究，2019，39 (18)：176-183.

[860] 罗仲伟，李先军，宋翔，等. 从"赋权"到"赋能"的企业组织结构演进：基于韩都衣舍案例的研究 [J]. 中国工业经济，2017 (9)：174-192.

[861] 吕铁. 我国工业互联网产业的变革路径探究：从平台系统架构视角出发 [J]. 人民论坛·学术前沿，2020 (13)：13-22.

[862] 吕文晶，陈劲，刘进. 工业互联网的智能制造模式与企业平台建设：基于海尔集团的案例研究 [J]. 中国软科学，2019 (7)：1-13.

[863] 摩尔，坦比尼. 巨头：失控的互联网企业 [M]. 魏瑞莉，倪金丹，译. 杭州：浙江大学出版社，2020.

[864] 马浩，侯宏，刘昶. 数字经济时代的生态系统战略：一个ECO框架 [J]. 清华管理评论，2021 (3)：24-33.

[865] 马化腾，赵博. 互联网+ [J]. 中国共青团，2015，392 (10)：26.

[866] 马继华. 5G时代运营商对外并购能否同步启动 [J]. 中国电信业，2017 (6)：24-25.

[867] 马景昊，梁正瀚. 平台经济赋能电商产业高质量发展的策略 [J]. 企业经济，2021 (4)：106-112.

[868] 马蔷. 互联网平台企业竞合战略选择的多案例研究：基于数据资源的视角 [D]. 长春：吉林大学，2017.

[869] 马永开，李仕明，潘景铭. 工业互联网之价值共创模式 [J]. 管理世界，2020 (8)：211-222.

[870] 克尔伯格. 超越竞争文化：在相互依存的时代从针锋相对到互利共赢 [M]. 成群，雷雨田，译. 上海：上海社会科学院出版社，2015.

[871] 毛丰付. 界面标准的形成机制与演进途径研究 [J]. 商业经济与管理，2009，215 (9)：44-51.

[872] 孟昌，翟慧元. 网络产业组织中的双边市场研究：文献述评 [J]. 北京工商大学学报（社会科学版），2013，28 (1)：28-35.

[873] 孟凡新. 共享经济模式下的网络交易市场治理：淘宝平台例证 [J]. 改革，2015 (12)：104-111.

[874] 缪沁男，魏江，杨升曦. 服务型数字平台的赋能机制演化研究：基于钉钉的案例分析 [J]. 科学学研究，2022，40 (1)：182-192.

[875] 穆胜. 释放潜能：平台型组织的进化路线图 [M]. 北京：人民邮电出版社，2017.

[876] 斯尔尼塞克. 平台资本主义 [M]. 程水英，译. 广州：广东人民出版社，2018.

[877] 宁萍，杨惠馨. 平台企业进入互补市场的动机与策略选择：基于淘宝天猫平台的多案例分析 [J]. 经济管理，2021 (2)：106-122.

[878] 宁萍,杨蕙馨.平台企业进入互补市场会推动互补商创新响应吗:以Apple进入摄影与录像市场为例[J].当代财经,2020(3):102-113.

[879] 宁萍.平台企业进入互补市场的策略研究[D].济南:山东大学,2021.

[880] 欧阳日辉.从"+互联网"到"互联网+":技术革命如何孕育新型经济社会形态[J].人民论坛·学术前沿,2015,74(10):25-38.

[881] 潘松挺,杨大鹏.企业生态圈战略选择与生态优势构建:以乐视控股为例[J].科技进步与对策,2017(21):80-87.

[882] 潘小军,陈宏民,胥莉.基于网络外部性的产品升级与兼容选择分析[J].系统工程理论方法应用,2006(2):97-102.

[883] 彭本红,马铮,张晨.平台企业开放式服务创新跨界搜索模式研究:以百度为例[J].中国科技论坛,2017(8):152-158.

[884] 彭冰,曹里加.证券交易所监管功能研究:从企业组织的视角[J].中国法学,2005(1):83-90.

[885] 彭毫,罗珉.数字化平台战略:理论与实务[M].北京:经济管理出版社,2021.

[886] 彭正银,姚双双.平台生态系统中平台企业与互补企业实现协同合作的路径研究:基于演化博弈分析[J].软科学,2023,37(5):87-95,114.

[887] 皮圣雷."跨界竞争"下企业的优势与竞合结构[J].清华管理评论,2021(9):44-50.

[888] 平新乔."互联网+"与制造业创新驱动发展[J].学术研究,2019(3):76-80,177.

[889] 浦徐进,王臻臻,金德龙,等.平台竞争情形下的供应商归属策略研究[J].产经评论,2022,13(5):17-30.

[890] 钱丽娜,戴顿.平台战略新思维[J].商学院,2015(Z1):104-106.

[891] 钱平凡,钱鹏展.平台生态系统发展精要与政策含义[J].重庆理工大学学报(社会科学版),2017(2):1-9.

[892] 钱雨,孙新波,苏钟海,等.传统企业动态能力与数字平台商业模式创新机制的案例研究[J].研究与发展管理,2021(1):175-188.

[893] 乔露露,袁平红.网络平台垄断势力识别及规制研究[J].齐齐哈尔大学学报(哲学社会科学版),2019(12):49-51,108.

[894] 青木昌彦,周黎安.为什么多样性制度继续在演进?[J].经济社会体制比较,2001(6):30-39.

[895] 青木昌彦,安藤晴彦.模块时代:新产业结构的本质[M].周国荣,译.上海:上海远东出版社,2003.

[896] 邱玉霞,袁方玉,石海瑞.模式创新与动态能力联动:互联网平台企业竞争优势形成机理[J].经济问题,2021(10):68-76,94.

[897] 邱泽奇.数字平台企业的组织特征与治理创新方向[J].人民论谈·学术前沿,2021(21):44-55.

[898] 曲创,刘洪波.交叉网络外部性、平台异质性与对角兼并的圈定效应[J].产业经济研究,2018(2):15-28.

[899] 曲创,刘龙.互联网平台排他性协议的竞争效应:来自电商平台的证据[J].西安财经大学学报,2021(3):32-42.

[900] 曲创,刘重阳.平台竞争一定能提高信息匹配效率吗?:基于中国搜索引擎市场的分析[J].经济研究,2019(8):120-135.

［901］ 曲创，王夕琛. 互联网平台垄断行为的特征、成因与监管策略［J］. 改革，2021（5）：53-63.

［902］ 曲创，项泽兵，刘少蕾. 平台差异化竞争与激励性排他交易［J］. 中国人民大学学报，2022（4）：40-54.

［903］ 曲振涛，周正，周方召. 网络外部性下的电子商务平台竞争与规制：基于双边市场理论的研究［J］. 中国工业经济，2010，265（4）：120-129.

［904］ 权锡鉴，史晓洁，宋晓缤，等. 资本配置结构优化的企业混合所有制：工业互联网平台的赋能机理与本质［J］. 会计研究，2020（12）：99-112.

［905］ 任志安. 企业网络：一种跨企业界面的知识共享组织［J］. 生产力研究，2006（1）：183-185.

［906］ 任志安. 网络治理理论及其新进展：一个演化的观点［J］. 中大管理研究，2008，3（2）：94-106.

［907］ 荣帅，李庆满，赵宏霞. 平台企业跨界经营中的跨市场网络效应与颠覆性创新［J］. 科技进步与对策，2018（14）：81-87.

［908］ 芮明杰，张琰. 模块化组织理论研究综述［J］. 当代财经，2008，280（3）：122-128.

［909］ 芮明杰，等. 平台经济趋势与战略［M］. 上海：上海财经大学出版社，2018.

［910］ 芮明杰，刘明宇. 模块化网络状产业链的知识分工与创新［J］. 当代财经，2006（4）：83-86.

［911］ 邵鹏，胡平. 电子商务平台商业模式创新与演变的案例研究［J］. 科研管理，2016（7）：81-88.

［912］ 佘雪琼，王利平. 新组织形式如何形成？：对50年研究的回顾与整合［J］. 外国经济与管理，2018，40（3）：34-53.

［913］ 申尊焕，龙建成. 网络平台企业治理机制探析［J］. 西安电子科技大学学报（社会科学版），2017，27（4）：66-72.

［914］ 石岢然，王帆，汪克峰. 考虑B2B平台横向与纵向公平偏好的银行激励机制研究［J］. 金融理论与实践，2018（11）：31-36.

［915］ 石喜爱，李廉水，程中华，等. "互联网+"对中国制造业价值链攀升的影响分析［J］. 科学学研究，2018，36（8）：1384-1394.

［916］ 石先梅. 互联网平台企业垄断形成机理：从数据竞争到数据租金［J］. 管理学刊，2021（6）：1-12.

［917］ 时建中，马栋. 双重身份视角下平台自治与反垄断监管的界限［J］. 竞争政策研究，2020（4）：41-53.

［918］ 史普润，曹佳颖，贾军. 后进平台竞争策略研究：理论分析与案例验证［J］. 常州大学学报（社会科学版），2022（1）：57-63.

［919］ 帅旭，陈宏民. 具有网络外部性的产品兼容性决策分析［J］. 管理工程学报，2004（1）：35-38.

［920］ 帅旭，陈宏民. 网络外部性与市场竞争：中国移动通信产业竞争的网络经济学分析［J］. 世界经济，2003（4）：45-51，80.

［921］ 宋红岩. 网络权力的生成、冲突与道义［J］. 江淮论坛，2013（3）：124-128.

［922］ 宋杰. 中国创时代：科创企业如何融入国际市场？［J］. 中国经济周刊，2016，639（39）：46-47.

［923］ 苏治，荆文君，孙宝文. 分层式垄断竞争：互联网行业市场结构特征研究：基于互联网平台类企业的分析［J］. 管理世界，2018（4）：80-100，187-188.

［924］ 孙晋. 数字平台的反垄断监管［J］. 中国社会科学，2021（5）：101-127.

［925］ 孙菁，王京. 网络平台的资产性质及其价值创造研究［M］. 北京：经济科学出版社，2018.

［926］ 孙军，高彦彦. 农村人口半城镇化视阈下的中国经济增长机制及其风险研究［J］. 上海经济研究，2016，336（9）：17-24，32.

［927］孙黎，杨晓明．迭代创新：网络时代的创新捷径［J］．清华管理评论，2014，22（6）：30-37．

［928］孙韶阳．网络市场"平台–政府"双层治理模式建构与机理分析［J］．商业经济研究，2022（11）：78-82．

［929］孙耀吾，曾艳，翟翌．开放度影响软件平台创新绩效实证研究［J］．科研管理，2020（3）：31-42．

［930］孙耀吾，王雅兰．高技术服务创新网络主导企业最优平台开放度选择研究［J］．研究与发展管理，2016（6）：19-26．

［931］孙毅．数字经济学［M］．北京：机械工业出版社，2021．

［932］孙中伟．从"个体赋权"迈向"集体赋权"与"个体赋能"：21世纪以来中国农民工劳动权益保护路径反思［J］．华东理工大学学报（社会科学版），2013（2）：10-20．

［933］谈毅，慕继丰．论合同治理和关系治理的互补性与有效性［J］．公共管理学报，2008（3）：56-62，124．

［934］谭家超，李芳．互联网平台经济领域的反垄断：国际经验与对策建议［J］．改革，2021（3）：66-78．

［935］谭丽霞．未来已来 从海尔生物看新型组织价值创造与衡量［J］．中国管理会计，2019，10（4）：58-65．

［936］谭松涛，阚铄，崔小勇．互联网沟通能够改善市场信息效率吗？：基于深交所"互动易"网络平台的研究［J］．金融研究，2016，429（3）：174-188．

［937］汤道生，朱恒源．产业互联网的中国路径［M］．北京：中信出版集团，2020．

［938］唐彬，卢艳秋，叶英平．大数据能力视角下平台企业知识创造模型研究［J］．情报理论与实践，2020，43（7）：123-129．

［939］唐要家．数字平台的经济属性与监管政策体系研究［J］．经济纵横，2021（4）：43-51．

［940］唐永，曾宪元．数字经济生态系统中的时间、空间与主体间性：基于资本批判视域［J］．学习与实践，2020（1）：121-130．

［941］梯若尔．共同利益经济学［M］．张昕竹，译．北京：商务印书馆，2019．

［942］梯若尔．数字时代的竞争与产业挑战［J］．中国经济报告，2021（3）：4-13．

［943］田曹阳．电子商务平台的垄断性与规制研究［D］．蚌埠：安徽财经大学，2017．

［944］田磊．如何走向模块化管理［J］．企业管理，2015，401（1）：80-83．

［945］田小军．从流量为王到数据为王，如何对待未来新石油（数据）[M]//腾讯研究院．网络法论丛：第1卷．北京：中国政法大学出版社，2018．

［946］万兴，邵菲菲．数字平台生态系统的价值共创研究进展［J］．首都经济贸易大学学报，2017（5）：89-97．

［947］万兴，杨晶．互联网平台选择、纵向一体化与企业绩效［J］．中国工业经济，2017（7）：156-174．

［948］汪怀君，汝绪华．人工智能算法歧视及其治理［J］．科学技术哲学研究，2020，37（2）：101-106．

［949］汪旭晖，卢星彤，林晶．平台型电商责任追索策略对平台型电商集体声誉的影响研究［J］．商业经济与管理，2021，355（5）：5-17．

［950］汪旭晖，王东明．互补还是替代：事前控制与事后救济对平台型电商企业声誉的影响研究［J］．南开管理评论，2018，21（6）：67-82．

［951］汪旭晖，张其林．平台型电商企业的温室管理模式研究：基于阿里巴巴集团旗下平台型网络市场的案例［J］．中国工业经济，2016（11）：108-125．

[952] 汪旭晖，张其林. 平台型网络市场中的"柠檬问题"形成机理与治理机制：基于阿里巴巴的案例研究 [J]. 中国软科学，2017（10）：31-52.

[953] 汪毓宗. 农产品电商平台存在的问题及对策 [D]. 南昌：江西师范大学，2016.

[954] 王彬彬，李晓燕. 互联网平台组织的源起、本质、缺陷与制度重构 [J]. 马克思主义研究，2018（12）：65-73.

[955] 王晨，宋亮，李少昆. 工业互联网平台：发展趋势与挑战 [J]. 中国工程科学，2018（2）：15-19.

[956] 王晨. 我国工业互联网平台发展影响因素及驱动政策研究 [D]. 北京：北京建筑大学，2020.

[957] 王峰. 工业互联网平台分类研究 [J]. 电信技术，2017（10）：8-11.

[958] 王凤彬，李东红，张婷婷，等. 产品开发组织超模块化及其对创新的影响：以丰田汽车为案例的研究 [J]. 中国工业经济，2011，275（2）：131-141.

[959] 王凤彬，王骁鹏，张驰. 超模块平台组织结构与客制化创业支持：基于海尔向平台组织转型的嵌入式案例研究 [J]. 管理世界，2019（2）：121-150.

[960] 王国才，王希凤. 基于网络外部性的产品纵向差异竞争与市场结构研究 [J]. 数量经济技术经济研究，2005（5）：129-140.

[961] 王国才. 基于 Salop 模型的网络企业横向并购研究 [J]. 系统工程学报，2009（3）：343-349.

[962] 王海光. 沃尔玛公司人力资源管理中的文化导向 [J]. 经济管理，2003（7）：56-58.

[963] 王建安，张钢. 组织模块化及其测量：一个基于松散耦合系统的分析框架 [J]. 西安电子科技大学学报（社会科学版），2008，77（6）：1-10.

[964] 王建平. 工业4.0战略驱动下企业平台生态圈构建与组织变革 [J]. 科技进步与对策，2018（16）：91-96.

[965] 王建伟. 发展工业互联网平台体系推动两化融合迈上新台阶 [J]. 中国信息化，2018（4）：9-11.

[966] 王健友. 知识治理的起源与理论脉络梳理 [J]. 外国经济与管理，2007（6）：19-26.

[967] 王节祥，蔡宁，盛亚. 龙头企业跨界创业、双平台架构与产业集群生态升级：基于江苏宜兴"环境医院"模式的案例研究 [J]. 中国工业经济，2018，359（2）：157-175.

[968] 王节祥，陈威如，江诗松，等. 平台生态系统中的参与者战略：互补与依赖关系的解耦 [J]. 管理世界，2021（2）：10，126-147.

[969] 王节祥，陈威如. 平台演化与生态参与者战略 [J]. 清华管理评论，2019（12）：76-85.

[970] 王节祥，李俊，娄淑珍. 数字平台边界选择和开放度治理的演进分析：基于"浙报集团"新闻平台和游戏平台的案例研究 [J]. 财贸研究，2022（4）：87-98.

[971] 王节祥，刘永贲，陈威如. 平台企业如何激发生态互补者创新 [J]. 清华管理评论，2021（5）：88-94.

[972] 王节祥. 互联网平台企业的边界选择与开放度治理研究：平台二重性视角 [D]. 杭州：浙江大学，2016.

[973] 王京. 平台生态系统演化机理研究：以云制造产业为例 [J]. 中国软科学，2021（11）：29-35.

[974] 王静云，刘颖，吕本富. 平台互联互通的概念、现状及机理分析 [J]. 汕头大学学报（人文社会科学版），2021（10）：20-29.

[975] 王可，李连燕."互联网+"对中国制造业发展影响的实证研究 [J]. 数量经济技术经济研究，2018，35（6）：3-20.

[976] 王克喜，袁际军，黄敏镁，等. 多平台下的参数化产品族多目标智能优化 [J]. 中国管理科学，2011，19（4）：111-119.

[977] 王坤. 平台企业法通论 [M]. 北京：知识产权出版社，2020.

[978] 王岭，廖文军. 互联网平台"二选一"的反竞争效应研究：以京东诉天猫"二选一"案为例 [J]. 管理学刊，2021，34（2）：80-93.

[979] 王千. 互联网企业平台生态圈及其金融生态圈研究：基于共同价值的视角 [J]. 国际金融研究，2014（11）：76-86.

[980] 王秋丞. 商业企业的社会责任 [J]. 江苏商业管理干部学院学报，1987（2）：21-23.

[981] 王诗宗. 治理理论与公共行政学范式进步 [J]. 中国社会科学，2010（4）：87-100，222.

[982] 王姝，陈劲，梁靓. 网络众包模式的协同自组织创新效应分析 [J]. 科研管理，2014，35（4）：26-33.

[983] 王水莲，于程灏，张佳悦. 工业互联网平台价值创造过程研究 [J]. 中国科技论坛，2022（4）：78-88.

[984] 王伟光，冯荣凯，尹博. 产业创新网络中核心企业控制力能够促进知识溢出吗？[J]. 管理世界，2015（6）：99-109.

[985] 王伟楠，吴欣桐，梅亮. 创新生态系统：一个情境视角的系统性评述 [J]. 科研管理，2019（9）：25-36.

[986] 王先林，方翔. 平台经济领域反垄断的趋势、挑战与应对 [J]. 山东大学学报（哲学社会科学版），2021（1）：87-97.

[987] 王翔，肖挺. 产业融合视角下服务业企业商业模式创新绩效分析 [J]. 技术经济，2015，34（5）：48-57.

[988] 王小芳，纪汉霖. 用户基础与拥挤效应及双边平台的市场进入 [J]. 系统工程学报，2015（4）：466-475.

[989] 王新新，张佳佳. 价值涌现：平台生态系统价值创造的新逻辑 [J]. 经济管理，2021（2）：188-208.

[990] 王馨博，李春利，高良谋. 平台到底是什么：基于分工与协调视角 [J]. 科技进步与对策，2022（3）：153-160.

[991] 王兴. 中国互联网产业已到拐点 [J]. 互联网经济，2016（12）：27.

[992] 王毅，袁宇航. 新产品开发中的平台战略研究 [J]. 中国软科学，2003（4）：41，55-58.

[993] 王毅. 数字创新与全球价值链变革 [J]. 清华管理评论，2020（3）：52-58.

[994] 王勇，刘航，冯骅. 平台市场的公共监管、私人监管与协同监管：一个对比研究 [J]. 经济研究，2020（3）：148-162.

[995] 王勇，戎柯. 平台管理 [M]. 北京：中信出版集团，2018.

[996] 王禹媚. 重构的三次方，我们迎来最好的"互联网+"时代 [J]. 重型汽车，2015，146（2）：37-38.

[997] 王振兴，韩伊静，李云新. 大数据背景下社会治理现代化：解读、困境与路径 [J]. 电子政务，2019（4）：84-92.

[998] 王峥，龚轶. 创新共同体：概念、框架与模式 [J]. 科学学研究，2018（1）：140-148，175.

[999] 王志宏，杨震. 人工智能技术研究及未来智能化信息服务体系的思考 [J]. 电信科学，2017，33（5）：1-11.

[1000] 王志鹏，张祥建，涂景一. 大数据时代平台权力的扩张与异化 [J]. 江西社会科学，2016（5）：222-228.

[1001] 韦铁，鲁若愚. 基于Hotelling改进模型的服务创新差异化竞争战略研究 [J]. 管理工程学报，2013（3）：69-73.

[1002] 魏际刚. 平台经济正在改变产业发展格局［N］. 中国经济时报，2019-08-16（2）.

[1003] 魏江，黄学，刘洋. 基于组织模块化与技术模块化"同构／异构"协同的跨边界研发网络架构［J］. 中国工业经济，2014，313（4）：148-160.

[1004] 魏江，赵江琦，邓爽. 基于模块化架构的金融服务创新模式研究［J］. 科学学研究，2009（11）：1720-1728.

[1005] 魏守华，顾佳佳，姜悦. 知识溢出、吸收能力与经济绩效的研究述评［J］. 现代经济探讨，2017（9）：123-132.

[1006] 翁轶丛，陈宏民，倪苏云. 基于网络外部性的企业横向兼并研究［J］. 系统工程学报，2003（2）：13-18.

[1007] 吴昌南. 定价、虚假发行量与规制政策：基于双边平台理论的视角［J］. 中国工业经济，2014（2）：109-121.

[1008] 吴定玉，张治觉，刘叶云. 企业社会责任视角下产业集群治理的逻辑与机制［J］. 湖南师范大学社会科学学报，2017，46（1）：103-110.

[1009] 吴琴，巫强. "互联网＋"驱动传统产业跨界融合的作用机制研究［J］. 学海，2020（4）：163-169.

[1010] 吴绍波，顾新. 战略性新兴产业创新生态系统协同创新的治理模式选择研究［J］. 研究与发展管理，2014（1）：13-21.

[1011] 吴绍波. 战略性新兴产业创新生态系统协同创新的治理机制研究［J］. 中国科技论坛，2013（10）：5-9.

[1012] 吴士健，孙专专，刘新民. 知识治理模式、组织学习方式及平衡策略对组织创造力的影响［J］. 科技进步与对策，2017，34（16）：132-139.

[1013] 吴松强，曹新雨，蔡婷婷. 网络嵌入性、知识搜索与企业创新能力关系研究：基于江苏先进制造业集群的实证检验［J］. 科技进步与对策，2020，37（22）：99-105.

[1014] 吴修铭. 注意力经济：如何把大众的注意力变成生意［M］. 李梁，译. 北京：中信出版集团，2018.

[1015] 吴修铭. 总开关：信息帝国的兴衰变迁［M］. 顾佳，译. 北京：中信出版社，2011.

[1016] 吴绪亮，刘雅甜. 平台间网络外部性与平台竞争策略［J］. 经济与管理研究，2017（1）：72-83.

[1017] 吴义爽，朱学才. 生态位视角下平台生态系统的动态治理研究：抖音和快手的比较案例分析［J］. 安徽大学学报（哲学社会科学版），2021（5）：145-156.

[1018] 吴义爽，朱学才. 数字市场的生态竞争：基于平台的视角［J］. 南京邮电大学学报（社会科学版），2022（1）：59-72.

[1019] 吴义爽. 平台企业主导的生产性服务业集聚发展研究［J］. 科研管理，2014，35（7）：20-26.

[1020] 吴义爽. 能力差异、网络杠杆与平台企业竞争优势的共同演化［J］. 科学学与科学技术管理，2019（10）：38-53.

[1021] 吴志艳，罗继锋. 算法价格歧视和顾客感知背叛［J］. 上海对外经贸大学学报，2022，29（5）：108-124.

[1022] 吴宗法，陈伟. 互联网反垄断规制的难点及应对思路［J］. 价格理论与实践，2016，384（6）：37-40.

[1023] 武志伟，茅宁，陈莹. 企业间合作绩效影响机制的实证研究：基于148家国内企业的分析［J］. 管理世界，2005（9）：99-106.

[1024] 夏大慰，熊红星. 网络效应、消费偏好与标准竞争［J］. 中国工业经济，2005（5）：43-49.

[1025] 夏宁敏. 产业互联网时代平台进化四部曲[J]. 清华管理评论, 2019 (12): 104-111.

[1026] 肖红军, 李平. 平台企业社会责任的生态化治理[J]. 管理世界, 2019 (4): 120-144, 196.

[1027] 肖红军, 阳镇. 平台企业社会责任: 逻辑起点与实践范式[J]. 经济管理, 2020 (4): 37-53.

[1028] 肖红军, 阳镇. 平台企业社会责任治理: 理论分野与研究展望[J]. 西安交通大学学报(社会科学版), 2020, 40 (1): 57-68.

[1029] 肖红军. 共享价值、商业生态圈与企业竞争范式转变[J]. 改革, 2015 (7): 129-141.

[1030] 肖红军. 平台化履责: 企业社会责任实践新范式[J]. 经济管理, 2017 (3): 193-208.

[1031] 肖梦黎. 平台企业的权力生成与规制选择研究[J]. 河北法学, 2020 (10): 73-87.

[1032] 谢德荪. 三星的流创新[J]. 中国企业家, 2012 (20): 40-41.

[1033] 谢富胜, 吴越, 王生升. 平台经济全球化的政治经济学分析[J]. 中国社会科学, 2019 (12): 62-81, 200.

[1034] 谢富胜, 吴越. 平台竞争、三重垄断与金融融合[J]. 经济学动态, 2021 (10): 34-47.

[1035] 谢洪明, 黄宇琨, 王玲娜. 平台生态系统成长动因与机理研究: 以阿里巴巴集团为例[J]. 浙江工业大学学报(社会科学版), 2019 (1): 56-63, 88.

[1036] 谢康, 吴瑶, 肖静华, 等. 组织变革中的战略风险控制: 基于企业互联网转型的多案例研究[J]. 管理世界, 2016 (2): 133-148.

[1037] 谢佩洪, 陈昌东, 周帆. 平台企业生态圈战略研究前沿探析[J]. 上海对外经贸大学学报, 2017 (5): 24, 54-64.

[1038] 谢秋华, 刘潇. 平台企业如何重塑商业生态系统?: 基于资源编排理论的纵向案例研究[J]. 科技管理研究, 2021 (20): 131-143.

[1039] 谢汶磊. 数字巨头跨界扩张的竞争法挑战与应对[J]. 湖北经济学院学报, 2022 (2): 116-124.

[1040] 谢新水, 张小明. 平台经济竞争中的合作机理探究: 消解认知偏差的学理思路[J]. 行政论坛, 2022 (4): 124-132.

[1041] 谢新水. 对平台经济三种数字竞争策略的辩证分析[J]. 浙江学刊, 2022 (4): 27-37.

[1042] 谢一风, 林明, 万君宝. 交易成本、结构洞与产业创新平台的运作机理[J]. 江西社会科学, 2012 (2): 66-70.

[1043] 谢永平, 韦联达, 邵理辰. 核心企业网络权力对创新网络成员行为影响[J]. 工业工程与管理, 2014 (7): 72-78.

[1044] 谢永珍, 赵琳, 王维祝. 治理行为、治理绩效: 内涵、传导机理与测量[J]. 山东大学学报(哲学社会科学版), 2013 (6): 80-94.

[1045] 谢运博, 陈宏民. 多归属、互联网平台企业合并与社会总福利[J]. 管理评论, 2018 (8): 115-125.

[1046] 谢运博, 陈宏民. 互联网平台企业横向合并的模式研究[J]. 软科学, 2016 (6): 104-107.

[1047] 熊鸿儒. 数字经济时代反垄断规制的主要挑战与国际经验[J]. 经济纵横, 2019 (7): 87-97.

[1048] 熊鸿儒. 我国数字经济发展中的平台垄断及其治理策略[J]. 改革, 2019 (7): 52-61.

[1049] 熊艳平. B2C电子商务盈利模式分析[J]. 才智, 2012 (2): 51.

[1050] 胥莉, 陈宏民, 潘小军. 消费者多方持有行为与厂商的兼容性选择: 基于双边市场理论的探讨[J]. 世界经济, 2006 (12): 28-40.

[1051] 胥莉. 企业技术创新激励模式研究[D]. 成都: 西南交通大学, 2006.

[1052] 徐进, 张江华. 多边市场中平台策略分析[J]. 山东大学学报(理学版), 2019 (7): 117-123.

[1053] 徐晋, 张祥建. 平台经济学初探[J]. 中国工业经济, 2006 (5): 40-47.

［1054］ 徐晋. 平台经济学：平台竞争的理论与实践［M］. 上海：上海交通大学出版社，2007.

［1055］ 徐敬宏，胡世明. 5G时代互联网平台治理的现状、热点与体系构建［J］. 西南民族大学学报（人文社会科学版），2022（3）：144-150.

［1056］ 徐康宁. 数字经济对世界经济的深刻影响及其全球治理［J］. 华南师范大学学报（社会科学版），2022（1）：83-92.

［1057］ 徐鹏杰. 互联网时代下企业竞争范式的转变：从竞争优势到生态优势：以韩都衣舍为例［J］. 中国人力资源开发，2017（5）：104-109.

［1058］ 徐人平，舒晓楠，汪林祥，等. 以快速成型为纽带的分散网络化制造：知识经济时代制造企业持续发展和虚拟化的模式［J］. 昆明理工大学学报（自然科学版），2001（4）：10-14.

［1059］ 许荻迪. 平台势力的生成、异化与事前事后二元融合治理［J］. 改革，2022（3）：24-38.

［1060］ 许多奇. Libra：超级平台私权力的本质与监管［J］. 探索与争鸣，2019（11）：38-41.

［1061］ 许可. 网络平台规制的双重逻辑及其反思［J］. 网络信息法学研究，2018（1）：105-121，310-311.

［1062］ 宣晓，段文奇，柯玲芬. 用户网络对双边平台市场竞争的影响机理研究［J］. 软科学，2017（8）：99-108.

［1063］ 莫塞德，约翰逊. 平台垄断：主导21世纪经济的力量［M］. 杨菲，译. 北京：机械工业出版社，2018.

［1064］ 严北战. 产业集群治理模式演化机理及其路径研究［J］. 商业研究，2013（11）：6-10.

［1065］ 严玲，贺星红，邓娇娇. 公共项目治理绩效度量研究：一个理论及实证框架［J］. 软科学，2013，27（10）：131-134，144.

［1066］ 阳晓伟. "负竞争性"：对新古典经济学物品划分理论的挑战与完善：兼论平台经济的生发逻辑［J］. 浙江社会科学，2021（1）：23-33.

［1067］ 阳镇，陈劲，尹西明. 平台企业双元属性下的社会责任治理创新：理解数字化平台的新视角［J］. 财贸研究，2021，32（12）：1-12，64.

［1068］ 阳镇，许英杰. 平台经济背景下企业社会责任的治理［J］. 企业经济，2018，37（5）：78-86.

［1069］ 阳镇. 平台企业社会责任：边界、治理与评价［J］. 经济学家，2018（5）：79-88.

［1070］ 杨德明，刘泳文. "互联网+"：价值创造，抑或价值摧毁？［J］. 郑州航空工业管理学院学报，2018，36（5）：48-61.

［1071］ 杨迪，汪少敏，任华. 基于人工智能的智能交互系统体系架构［J］. 电信科学，2018，34（12）：92-101.

［1072］ 杨蕙馨，李峰，吴炜峰. 互联网条件下企业边界及其战略选择［J］. 中国工业经济，2008，248（11）：88-97.

［1073］ 杨蕙馨，宁萍. 平台边界选择与平台生态治理［J］. 社会科学辑刊，2021（5）：135-144.

［1074］ 杨蕙馨，孙孟子，杨振一. 中国制造业服务化转型升级路径研究与展望［J］. 经济与管理评论，2020（1）：58-68.

［1075］ 杨丽. 平台分化、交叉平台效应与平台竞争：以淘宝网的分化与竞争为例［J］. 研究与发展管理，2018（2）：151-160.

［1076］ 杨吕乐，张敏，张艳. 国内外知识共享研究的系统综述：基础理论、知识体系与未来展望［J］. 图书馆学研究，2018（8）：2-11.

［1077］ 杨善林，周开乐. 大数据中的管理问题：基于大数据的资源观［J］. 管理科学学报，2015，18（5）：1-8.

［1078］ 杨善林，周开乐，等. 互联网的资源观［J］. 管理科学学报，2016（9）：1-11.

［1079］杨学成，陶晓波．从实体价值链、价值矩阵到柔性价值网：以小米公司的社会化价值共创为例［J］．管理评论，2015（7）：232-240．

［1080］杨雪琴，田桂瑛，谢建军．"互联网+"背景下供应链平台生态圈模式创新探究［J］．商业经济研究，2019（1）：5-8．

［1081］叶开．O2O实践：互联网+战略落地的O2O方法［M］．北京：机械工业出版社，2015．

［1082］叶秀敏．平台经济理论与实践［M］．北京：中国社会科学出版社，2018．

［1083］祖克曼．超级链接者：破解新互联网时代的成功密码［M］．林玮，张晨，译．杭州：浙江人民出版社，2018．

［1084］易明．产业集群治理结构与网络权力关系配置［J］．宏观经济研究，2010，136（3）：42-47．

［1085］易前良，唐芳云．平台化背景下我国网络在线内容治理的新模式［J］．现代传播（中国传媒大学学报），2021（1）：13-20．

［1086］易前良．平台中心化：网络传播形态变迁中的权力聚集：兼论互联网赋权研究的"平台"视角［J］．现代传播（中国传媒大学学报），2019，41（9）：6-12．

［1087］易宪容，陈颖颖，于伟．平台经济的实质及运作机制研究［J］．江苏社会科学，2020（6）：70-78，242．

［1088］易余胤，李贝贝．考虑交叉网络外部性的视频平台商业模式研究［J］．管理科学学报，2020（11）：1-22．

［1089］尹锋林，李玲娟．算法私人治理的三个维度：主体、内容与方式［J］．理论月刊，2021（3）：141-149．

［1090］尹苗苗，王晶，彭建娟，等．新企业市场进入的前因、过程及后果：一个整合框架［J］．外国经济与管理，2019，41（1）：45-56．

［1091］尹贻林，赵华，严玲，等．公共项目合同治理与关系治理的理论整合研究［J］．科技进步与对策，2011，28（13）：1-4．

［1092］尹振涛，陈媛先，徐建军．平台经济的典型特征、垄断分析与反垄断监管［J］．南开管理评论，2022（3）：213-224．

［1093］于淼，朱方伟，张杰，等．知识治理：源起、前沿研究与理论框架［J］．科研管理，2021，42（4）：65-72．

［1094］于晓宇，金晓玲，吴祝欣．困局与破局：工业互联网平台的打造［J］．清华管理评论，2019（4）：58-65．

［1095］于晓宇，王洋凯，李雅洁．VUCA时代下的企业生态战略［J］．清华管理评论，2018（12）：68-74．

［1096］于左，张芝秀，王昊哲．交叉网络外部性、独家交易与互联网平台竞争［J］．改革，2021（10）：131-144．

［1097］余菲菲，董飞．平台生态系统下我国中小制造企业与互联网融合发展路径研究［J］．科技进步与对策，2019（20）：77-84．

［1098］余文涛，吴士炜．互联网平台经济与行业生产效率变革：基于第三次经济普查数据的实证检验［J］．财经科学，2019（8）：55-68．

［1099］余文涛，吴士炜．互联网平台经济与正在缓解的市场扭曲［J］．财贸经济，2020（5）：146-160．

［1100］俞可平．国家治理的中国特色和普遍趋势［J］．公共管理评论，2019，1（3）：25-32．

［1101］俞可平．中国治理评估框架［J］．经济社会体制比较，2008，140（6）：1-9．

［1102］俞晔．网络社区对B2C电子商务平台品牌忠诚影响机理实证研究［D］．上海：上海交通大学，

2010.
[1103] 俞永福. "互联网+"的本质是重构供需[J]. 商周刊, 2015, 471(10): 47.
[1104] 袁宇, 张嵩, 卢宝周. 制造业创业平台动态演化及治理机制: 边界资源调优视角[J]. 中国软科学, 2021(11): 103-116.
[1105] 袁正, 朱子贤. 可能治理曲线与理想转型模式[J]. 中国经济问题, 2014(3): 19-26.
[1106] 袁志刚. 东西方文明下数字经济的垄断共性与分殊[J]. 探索与争鸣, 2021(2): 5-8.
[1107] 岳素芳, 肖广岭. 公共科技服务平台的内涵、类型及特征探析[J]. 自然辩证法研究, 2015, 31(8): 60-65.
[1108] 穆尔. 竞争的衰亡: 商业生态系统时代的领导与战略[M]. 梁骏, 杨飞雪, 李丽娜, 译. 北京: 北京出版社, 1999.
[1109] 詹小慧, 杨东涛, 栾贞增. 企业生态系统中企业间的协同演化: 基于价值观管理的视角[J]. 科技管理研究, 2016, 36(15): 262-266.
[1110] 张宝建, 薄香芳, 陈劲, 等. 数字平台生态系统价值生成逻辑[J]. 科技进步与对策, 2022(11): 1-10.
[1111] 张晨颖. 公共性视角下的互联网平台反垄断规制[J]. 法学研究, 2021(4): 149-170.
[1112] 张宏, 范祎丽, 叶敏. 企业社会责任对财务绩效的影响研究: 基于内部控制的作用[J]. 生产力研究, 2019(10): 137-141, 161.
[1113] 张化尧, 薛珂, 徐敏赛, 等. 商业孵化型平台生态系统的价值共创机制: 小米案例[J]. 科研管理, 2021, 42(3): 71-79.
[1114] 张军成, 赵明明, 赵龙. "互联网+金融"生态成长的逻辑与形态[J]. 生产力研究, 2016, 289(8): 21-23, 84.
[1115] 张凯, 李华琛, 刘维奇. 双边市场中用户满意度与平台战略的选择[J]. 管理科学学报, 2017(6): 42-63.
[1116] 张凌寒. 平台"穿透式监管"的理据及限度[J]. 法律科学(西北政法大学学报), 2022(1): 106-114.
[1117] 张路娜, 胡贝贝, 王胜光. 数字经济演进机理及特征研究[J]. 科学学研究, 2021(3): 406-414.
[1118] 张铭洪. 网络经济下的反垄断困境: 理论与政策分析[J]. 中国经济问题, 2005(2): 75-79.
[1119] 张千帆, 于晓娟, 张亚军. 网络平台企业合作的定价机制研究: 基于多归属情形[J]. 运筹与管理, 2016, 25(1): 231-237.
[1120] 张瑞敏. 企业要做生态圈[J]. 现代企业文化(上旬), 2017(1): 74-76.
[1121] 张首魁, 党兴华, 李莉. 松散耦合系统: 技术创新网络组织结构研究[J]. 中国软科学, 2006, 189(9): 122-129.
[1122] 张苏, 刘维奇. 双边市场理论视角下的电子商务革命: 基于网络购物平台的分析[J]. 贵州社会科学, 2017(2): 138-142.
[1123] 张素伦. 互联网背景下反垄断法实施理念研究[J]. 河南师范大学学报(哲学社会科学版), 2016, 43(4): 103-110.
[1124] 张巍, 任浩, 曲怡颖. 从创意到创新: 公平感知与齐美尔联结的作用[J]. 科学学研究, 2015, 33(11): 1621-1633, 1748.
[1125] 张文松, 郝宏兰. 互联网时代的企业战略管理[M]. 北京: 中央广播电视大学出版社, 2016.
[1126] 张曦. 双边市场横向兼并的福利效应研究[J]. 商业研究, 2016(3): 51-58.
[1127] 张骁. 企业家多任务时间取向与中小企业国际化扩张: 多视角整合分析框架[J]. 学海,

2019,175(1):171-177.

[1128] 张小宁,赵剑波.新工业革命背景下的平台战略与创新:海尔平台战略案例研究[J].科学学与科学技术管理,2015(3):77-86.

[1129] 张小宁.平台战略研究评述及展望[J].经济管理,2014(3):190-199.

[1130] 张轩慧,赵宇翔,刘炜,等.数字人文众包抄录平台用户体验优化的行动研究:基于社会技术系统理论[J].中国图书馆学报,2020(5):94-113.

[1131] 张燕,张祥建.平台权力的结构、扩张机制与异化效应[J].社会科学家,2022(2):98-109.

[1132] 张一进,张进松.互联网行业平台企业发展战略研究:以淘宝网平台为例[J].华东经济与管理,2016(6):54-61.

[1133] 张镒,刘人怀,陈海权.商业生态圈中平台企业生态优势形成路径:基于京东的纵向案例研究[J].经济与管理研究,2018(9):114-124.

[1134] 张镒,刘人怀.平台领导力对探索式创新的影响及平台开放度的调节作用[J].管理学报,2020(10):1506-1513.

[1135] 张镒,刘人怀.商业生态系统中互联网平台企业领导特征:基于扎根理论的探索性研究[J].当代经济管理,2021(6):51-57.

[1136] 张元钊,李鸿阶.我国互联网平台垄断现象、机理与治理思路[J].福建论坛(人文社会科学版),2021(7):72-84.

[1137] 张云秋,唐方成.平台网络外部性的产生机理与诱导机制研究[J].北京交通大学学报(社会科学版),2014(4):39-45.

[1138] 张运生,邹思明,张利飞.基于定价的高科技企业创新生态系统治理模式研究[J].中国软科学,2011(12):157-165.

[1139] 张兆曙,段君.网络平台的治理困境与数据使用权创新:走向基于网络公民权的数据权益共享机制[J].浙江学刊,2020(6):38-47.

[1140] 张志安,冉桢.中国互联网平台治理:路径、效果与特征[J].新闻与写作,2022(5):57-69.

[1141] 章凯,李朋波,罗文豪,等.组织—员工目标融合的策略:基于海尔自主经营体管理的案例研究[J].管理世界,2014(4):124-145.

[1142] 赵昌文,许召元.国际金融危机以来中国企业转型升级的调查研究[J].管理世界,2013(4):8-15.

[1143] 赵大伟.互联网思维独孤九剑[M].北京:机械工业出版社,2014.

[1144] 赵福全,刘宗巍,李赞.汽车产品平台化模块化开发模式与实施策略[J].汽车技术,2017,501(6):1-6.

[1145] 赵宏霞,王梦娟,王国涛.工业互联网平台生态嵌入对参与企业探索式创新绩效的影响[J].科技进步与对策,2022(15):89-98.

[1146] 赵慢,戴维奇.互联网思维下众创空间建设思考[J].科技创业月刊,2018,31(3):8-10.

[1147] 赵青.新时代中国平台经济竞争法治的实践进路[J].统一战线学研究,2022(3):80-89.

[1148] 赵兴峰.企业4.0:数据驱动的企业组织升维[J].清华管理评论,2019(5):30-37.

[1149] 赵银翠.网络众筹平台权力及其行政法规制[J].晋阳学刊,2020(3):123-129.

[1150] 赵镛浩.平台战争:移动互联网时代企业的终极PK[M].北京:北京大学出版社,2012.

[1151] 赵宇楠,程震霞,井润田.平台组织交互设计及演化机制探究[J].管理科学,2019(3):7-19.

[1152] 甄伟丽,尚佳琪,方译翎.企业平台包络战略的内涵、范式与路径[J].质量与市场,2021

（6）：163-165.

[1153] 郑称德，于笑丰，杨雪，等. 平台治理的国外研究综述［J］. 南京邮电大学学报（社会科学版），2016（3）：26-41.

[1154] 郑戈. 算法的法律与法律的算法［J］. 中国法律评论，2018（2）：66-85.

[1155] 郑红亮. 公司治理理论与中国国有企业改革［J］. 经济研究，1998（10）：21-28.

[1156] 郑少芳，唐方成，葛安茹，等. 高新技术企业间知识治理对协同创新绩效的影响［J］. 科技进步与对策，2020，37（15）：107-115.

[1157] 郑胜华，陈乐平，丁琼瑶. 双边平台商业生态系统理论及管理策略［J］. 浙江工业大学学报（社会科学版），2017（4）：410-416.

[1158] 郑帅，王海军. 模块化下企业创新生态系统结构与演化机制：海尔集团2005—2019年的纵向案例研究［J］. 科研管理，2021，42（1）：33-46.

[1159] 郑英隆. 平台价值共创与生态治理模式研究［J］. 公共治理研究，2021（5）：92-98.

[1160] 郑志来. "互联网+"视角下普惠金融发展路径和对策研究［J］. 经济体制改革，2016，199（4）：145-149.

[1161] 中国电子信息产业发展研究院. 工业互联网平台新模式新业态白皮书［R］. 北京：中国电子信息产业发展研究院，2020.

[1162] 中国互联网协会. 中国互联网企业综合实力研究报告：2020年［EB/OL］.（2020-10-30）[2023-04-05]. https://www.isc.org.cn/editor/attached/file/20201026/20201029.pdf.

[1163] 中华人民共和国国家发展和改革委员会. 着力优化发展环境推动平台经济健康发展：《关于推动平台经济规范健康持续发展的若干意见》解读［R/OL］.（2022-01-19）[2023-05-01]. https://www.ndrc.gov.cn/xxgk/jd/jd/202201/t20220119_1312332.html?code=&state=123.

[1164] 钟祥铭，方兴东. "围墙花园"破拆：互联网平台治理的一个关键问题［J］. 现代出版，2021（5）：62-67.

[1165] 钟勇. 平台经济助推新发展格局构建的机理与路径［J］. 新视野，2021（9）：38-44.

[1166] 周德良，杨雪. 平台组织：产生动因与最优规模研究［J］. 管理学刊，2015，28（6）：54-58.

[1167] 周枫. 资源·技术·思维：大数据时代档案馆的三维诠释［J］. 档案学研究，2013，135（6）：61-64.

[1168] 周逢良，张丹宁. 网络组织视角下的大企业集群社会责任研究［J］. 科协论坛（下半月），2012（8）：124-126.

[1169] 周鸿祎. 颠覆性创新［J］. 唯实（现代管理），2014，73（1）：45.

[1170] 周辉. 微商治理：平台责任与政府监管［J］. 中国科技论坛，2016（10）：26-31.

[1171] 周洁如. 移动社交网平台商业模式及其创新［M］. 上海：上海交通大学出版社，2016.

[1172] 周立军，王美萍，杨静. 互联网企业财务绩效与社会责任绩效的关系研究：基于生命周期理论［J］. 投资研究，2017，36（1）：121-130.

[1173] 周生辉，张永强. 免费模式的本质［J］. 企业管理，2014（7）：41-43.

[1174] 周文，韩文龙. 平台经济发展再审视：垄断与数字税新挑战［J］. 中国社会科学，2021（3）：103-118，206.

[1175] 周文，何雨晴. 平台经济反垄断的政治经济学审视［J］. 财经问题研究，2021（7）：3-10.

[1176] 周文，何雨晴. 社会主义基本经济制度与国家治理现代化［J］. 经济纵横，2020（9）：1-9，136.

[1177] 周文辉，邱韵瑾，金可可，等. 电商平台与双边市场价值共创对网络效应的作用机制：基于淘宝网案例分析［J］. 软科学，2015（4）：83-89.

[1178] 周孝. 平台企业横向并购反垄断规制:争议、难点与对策[J]. 法治研究, 2021(4): 135-147.

[1179] 周茵, 庄贵军, 王非. 破解渠道投机的恶性循环:合同治理与关系治理权变模型[J]. 西安交通大学学报(社会科学版), 2015, 35(1): 40-47.

[1180] 周英, 辛悦, 马榕. 数字经济下制造业供应链的生态系统治理模式研究:基于海尔COSMOPlat工业互联网的案例分析[J]. 供应链管理, 2020(9): 51-61.

[1181] 周振华. 信息化与产业融合[M]. 上海:上海人民出版社, 2003.

[1182] 周志勇, 任涛林, 孙明, 等. 工业互联网平台体系架构及应用研究[J]. 中国仪器仪表, 2021(6): 45-50.

[1183] 周志勇, 赵潇楚, 等. 国内外工业互联网平台发展现状研究[J]. 中国仪器仪表, 2022(1): 62-65.

[1184] 朱冰杰. 社交网络媒体平台的用户内容生成与审核机制研究[D]. 北京:北京邮电大学, 2015.

[1185] 朱芳芳. 平台商业模式研究前沿及展望[J]. 中国流通经济, 2018, 32(5): 108-117.

[1186] 朱桂龙, 蔡朝林, 许治. 网络环境下产业集群创新生态系统竞争优势形成与演化:基于生态租金视角[J]. 研究与发展管理, 2018, 30(4): 2-13.

[1187] 朱国军, 王修齐, 孙军. 工业互联网平台企业成长演化机理:交互赋能视域下双案例研究[J]. 科技进步与对策, 2020(24): 108-115.

[1188] 朱勤, 段义学. 平台企业成长路径分析:基于"新美大"的案例分析[J]. 当代经济, 2019(9): 94-97.

[1189] 朱文忠, 尚亚博. 我国平台企业社会责任及其治理研究:基于文献分析视角[J]. 管理评论, 2020, 32(6): 175-183.

[1190] 朱晓红, 陈寒松, 张腾. 知识经济背景下平台企业构建过程中的迭代创新模式:基于动态能力视角的双案例研究[J]. 管理世界, 2019(3): 142-156, 207-208.

[1191] 朱英明, 佘之祥, 方创琳. 借鉴发达国家经验建设江苏智能制造生态体系[J]. 群众, 2019(2): 39-40.

[1192] 诸波, 张明薇, 佟成生. 分权化组织的管理控制系统创新:来自京瓷和海尔的双案例研究[J]. 管理会计研究, 2020(6): 28-42, 87.

[1193] 宗良, 徐田昊, 叶银丹. 平台经济:全球反垄断新动向与中国健康发展路径[J]. 新视野, 2021, 225(3): 25-30, 44.

[1194] 邹开亮, 王霞. 互联网平台市场支配地位的认定障碍与路径优化[J]. 价格理论与实践, 2021(4): 26-32.

[1195] 左静. 基于网络外部性的企业纵向兼并模型及其规制研究[J]. 消费导刊, 2009(8): 65-66.